BRONNIE WARE

5 Dinge, die Sterbende am meisten bereuen

GOLDMANN
Lesen erleben

Buch

Nach vielen Reisen durch die ganze Welt, auf der Suche nach dem, was dem Leben Sinn gibt, findet die Australierin Bronnie Ware eine neue Aufgabe: Sie begleitet Menschen in den letzten Wochen ihres Lebens. In ihrem Buch erzählt sie von wunderbaren Begegnungen und berührenden Gesprächen, in denen die Sterbenden auf ihr Leben zurückblicken. Viel zu oft stellen sie fest, dass sie nicht den Mut hatten, ihre eigenen Wünsche zu verwirklichen, sondern das taten, was andere von ihnen erwarteten; dass sie der Arbeit zu viel und den Freunden zu wenig Zeit widmeten; und schließlich, dass sie sich nicht erlaubten, glücklich zu sein. Es sind Erkenntnisse, die nachdenklich machen und in Erinnerung rufen, worauf es wirklich ankommt im Leben. Ein ermutigendes Buch, das die Kraft hat, Veränderungen anzustoßen – damit wir das Leben führen, das wir wirklich wollen.

Autorin

Bronnie Ware stammt aus Australien und ist Autorin, Songwriterin und Sängerin. Nach einigen Jahren als Bankangestellte zog es sie in die weite Welt, sie lebte in England und auf einer Südseeinsel. Anschließend arbeitete sie acht Jahre als Palliativkrankenschwester und schrieb darüber in ihrem Blog »Inspiration and Chai«. Heute lebt Bronnie Ware wieder in Australien.

Bronnie Ware

5 Dinge, die Sterbende am meisten bereuen

Einsichten, die Ihr Leben verändern werden

Aus dem Englischen
von Wibke Kuhn

GOLDMANN

Die englische Originalausgabe erschien 2012
unter dem Titel »The Top Five Regrets of the Dying.
A Life Transformed by the Dearly Departing«
im Verlag Hay House Australia Pty. Ltd.

Dieses Buch ist auch als E-Book erhältlich.

MIX
Papier aus verantwortungsvollen Quellen
FSC® C014496

Verlagsgruppe Random House FSC® N001967
Das FSC®-zertifizierte Papier *Pamo House* für dieses Buch
liefert Arctic Paper Mochenwangen GmbH.

1. Auflage
Taschenbuchausgabe Mai 2015
Wilhelm Goldmann Verlag, München,
in der Verlagsgruppe Random House GmbH

Umschlaggestaltung: UNO Werbeagentur, München,
in Anlehnung an die Gestaltung der HC-Ausgabe
und unter Verwendung von Motiven von FinePic®, München
Lektorat: Gisela Fichtl
DF · Herstellung: Str.
Druck und Einband: GGP Media GmbH, Pößneck
Printed in Germany
ISBN: 978-3-442-15752-5
www.goldmann-verlag.de

Besuchen Sie den Goldmann Verlag im Netz

Inhalt

Vorwort

Eines lauen Sommerabends in einer kleinen Provinzstadt wurde eine Unterhaltung geführt, wie sie sicher in diesem Moment an vielen anderen Orten der Welt auch geführt wurde. Da tauschten sich zwei Leute aus und erzählten von ihren Plänen. Der Unterschied zu anderen Gesprächen lag jedoch darin, dass das Leben der einen Person hinterher eine völlig andere Wendung nahm. Und diese Person war ich.

Cec gibt in Australien eine tolle Zeitschrift für Folkmusik heraus mit dem Titel *Trad and Now*. Man kennt und liebt ihn für die Unterstützung, die er der australischen Folk-Szene zukommen lässt, und für sein breites, fröhliches Grinsen. Wir waren gerade auf einem Folk-Festival und plauderten passenderweise über unsere Liebe zur Musik. Das Gespräch kam auch auf die Herausforderungen, denen ich gerade gegenüberstand, nämlich einen Sponsor zu finden für das Gitarren- und Songwriting-Programm, das ich in einem Frauengefängnis abhalten wollte. »Sobald du die Sache am Laufen hast, gib mir Bescheid, dann bringen wir einen Artikel in unserer Zeitung.« Cec sprach mir Mut zu für mein Projekt.

Tatsächlich brachte ich die Sache ins Laufen, und nach einer Weile schrieb ich für die Zeitschrift eine Geschichte über meine Erfahrungen. Als ich fertig war, fragte ich mich, warum ich nicht mehr Geschichten schrieb. Schließlich hatte ich schon immer geschrieben. Als sommersprossiges kleines Mädchen hatte ich Brieffreunde in der ganzen Welt. Das war zu der Zeit, als die Menschen noch handgeschriebene Briefe schickten – so richtig mit Umschlag und Briefkasten.

Auch als Erwachsene schrieb ich weiter. Freunde bekamen noch immer handgeschriebene Briefe von mir, und ich führte jahrelang Tagebuch. Und jetzt war ich Songwriterin, schrieb also immer noch (obwohl ich jetzt neben dem Stift auch noch eine Gitarre in der Hand hatte). Aber als ich mit einem altmodischen Füller vor einem Blatt Papier am Küchentisch saß, um meine Erfahrungen mit dem Gefängnisprogramm festzuhalten, erwachte der Spaß am Schreiben neu. Ich bedankte mich bei Cec und beschloss wenig später, einen Blog zu beginnen. Was dann passierte, gab meinem Leben eine großartige Wendung.

»Inspiration and Chai« begann in einem gemütlichen kleinen Cottage in den Blue Mountains in Australien, bei einer Tasse Chai, versteht sich. Einer meiner ersten Artikel handelte von den Versäumnissen, die die Sterbenden, die ich gepflegt hatte, am meisten bereut hatten. Vor meinem Gefängnisjob hatte ich als Pflegerin für sterbende Menschen gearbeitet, das war also noch ziemlich frisch. In den folgenden Monaten gewann dieser Artikel eine Eigendynamik, wie sie die Dinge nur im Internet bekommen. Ich bekam Mails von wildfremden Leuten, die mir wegen dieses Artikels schrieben, aber auch wegen anderer Beiträge, die ich seitdem verfasst hatte.

Fast ein Jahr später wohnte ich in einem anderen kleinen Cottage, diesmal in einer ländlichen Gegend. Eines Montagmorgens, als ich schreibend auf der Veranda saß, beschloss ich, mal wieder die neuen Gastkommentare auf meiner Webseite zu checken. Ich war verblüfft, aber auch irgendwie amüsiert. Tags drauf sah ich noch mal nach und am nächsten Tag wieder. Da war tatsächlich etwas so richtig ins Rollen gekommen. Der Artikel mit dem Titel »Die fünf Dinge, die die Leute auf dem Sterbebett am meisten bereuen« hatte sich verselbstständigt.

Aus jedem Winkel der Welt kamen Mails, auch Anfragen von anderen Autoren, die den Artikel in ihren eigenen Blogs zitieren und in diverse Sprachen übersetzen wollten. Die Leute lasen meinen Blog in Zügen in Schweden, an Bushaltestellen in Alaska, in Büros in Indien, beim Frühstück in Irland und so weiter und so fort. Nicht alle stimmten dem Artikel zu, aber er bot genug Diskussionsstoff, um seine Reise um die Welt fortzusetzen. Und den wenigen, die nicht damit einverstanden waren, schrieb ich: »Ich habe mir das nicht selbst ausgedacht – ich gebe nur wieder, was diese Menschen mir anvertraut haben.« Mindestens 95 Prozent des Feedbacks war jedoch wundervoll. Und es unterstrich auch, wie viel wir alle gemeinsam haben, ungeachtet kultureller Unterschiede.

Während der ganzen Zeit wohnte ich in meinem Cottage und freute mich an den Vögeln und Wildtieren, die von dem Bach vor meinem Haus angezogen wurden. Tag für Tag saß ich an dem Tisch auf meiner Veranda, arbeitete weiter und ergriff die Chancen, die sich mir boten. In den folgenden Monaten lasen über eine Million Menschen »Die fünf Dinge, die die Leute auf dem Sterbebett am meisten bereuen«. Innerhalb eines Jahres hatte sich diese Zahl mehr als verdreifacht.

Auf Grund der riesigen Menge von Menschen, die sich von diesem Thema angesprochen fühlten, und der Anfragen, die ich nach dem Artikel erhielt, beschloss ich, das Thema weiter auszuarbeiten. Wie so viele andere hatte ich schon immer ein Buch schreiben wollen. Und wie sich herausstellte, konnte ich erst hier formulieren, was ich bei der Pflege sterbender Menschen gelernt hatte. Jetzt konnte ich endlich das Buch schreiben, das ich schon immer hatte schreiben wollen. Dieses Buch.

Wie Sie beim Lesen merken werden, habe ich mich nie sonderlich an traditionelle Lebensentwürfe gehalten, wenn es so etwas denn gibt. Ich lebe, wie das Leben mich führt, und schreibe dieses Buch einfach als eine Frau, die eine Geschichte zu erzählen hat.

Um die Privatsphäre von Verwandten und Freunden zu schützen, habe ich fast alle Namen im Buch geändert. Nur mein erster Yogalehrer, meine Chefin im Zentrum für Pränataldiagnostik, der Besitzer des Campingplatzes, meine Mentorin im Gefängnis und einige Songwriter werden mit ihrem richtigen Namen genannt. Die chronologische Reihenfolge ist im Hinblick auf thematische Überschneidungen ebenfalls leicht verändert worden.

Spuren im Sand, Spuren im Schnee

»Ich kann meine Zähne nicht finden. Ich kann meine Zähne nicht finden.« Der vertraute Hilferuf drang bis in mein Zimmer, wo ich gerade versuchte, meinen planmäßigen freien Nachmittag zu genießen. Ich legte das Buch, in dem ich gerade las, aufs Bett und ging ins Wohnzimmer.

Wie erwartet, stand Agnes im Zimmer und grinste ihr zahnloses Grinsen, mit dem sie ebenso verwirrt wie unschuldig aussah. Wir mussten beide lachen. Inzwischen hatte der Witz ja wirklich schon einen Bart, aber alle paar Tage schaffte sie es doch wieder, ihre Prothese zu verlegen. Und es war tatsächlich immer wieder witzig.

»Ich bin sicher, du machst das bloß, damit ich wieder zu dir komme«, lachte ich, während ich an den üblichen Stellen zu suchen begann. Draußen hatte es angefangen zu schneien, was die kuschelige Wärme des Cottages noch erhöhte. Doch Agnes schüttelte energisch den Kopf. »Nein, ganz bestimmt nicht, meine Liebe! Ich hab sie vor meinem Nickerchen rausgenommen, aber als ich aufwachte, konnte ich sie nicht mehr finden.« Abgesehen von ihrem Gedächtnisverlust war sie noch sehr klar im Kopf.

Agnes und ich lebten seit vier Monaten zusammen. Ich hatte mich damals auf eine Anzeige gemeldet, in der eine Person gesucht wurde, die bereit war, bei der alten Dame einzuziehen. Als Australierin in England hatte ich zuvor schon in der Kneipe, in der ich arbeitete, gleichzeitig gewohnt, um ein Dach über dem Kopf zu haben. Es war richtig lustig gewesen, und einige der Angestellten und ein paar Einheimische wurden Freunde. Jobs an der Bar waren leicht zu kriegen, und so hatte ich gleich nach meiner Ankunft im Land Arbeit gefunden. Dafür war ich auch dankbar, doch irgendwann wurde es Zeit, etwas anderes zu machen.

Die zwei Jahre, bevor ich Australien verließ, hatte ich auf einer tropischen Insel gelebt, die so malerisch aussah wie die klischeehafteste Postkarte. Nach über einem Jahrzehnt als Bankangestellte wuchs das Bedürfnis, eine Daseinsform auszuprobieren, in der ich mich nicht Montag bis Freitag von neun bis fünf abrackern musste.

Ich war mit einer meiner Schwestern auf eine Insel in North Queensland gereist. Wir wollten im Urlaub unseren Tauchschein machen. Während sie sich unseren Tauchlehrer aufriss – was im Hinblick auf unsere Prüfung recht nützlich war –, kletterte ich auf einen Berg auf der Insel. Als ich dort oben direkt unter dem Himmel auf einem Felsblock saß und vor mich hin lächelte, kam mir die Erleuchtung: Ich wollte auf einer Insel leben.

Vier Wochen später gab es meinen Bankjob nicht mehr, und meine Habe hatte ich entweder verkauft oder zu meinen Eltern verfrachtet, die sie in einer Scheune auf ihrem Bauernhof unterstellten. Dann suchte ich mir auf einer Landkarte zwei Inseln aus, die mir einfach von ihrer geografischen Lage her geeignet schienen. Ich wusste sonst gar nichts über diese Inseln, nur, dass mir ihre Lage gefiel und dass es auf jeder ein Urlaubsresort gab. Das war vor der Internet-Ära, in der man im Handumdrehen buchstäblich alles herausfinden kann. Nachdem ich ein paar Bewerbungen in die Post gesteckt hatte, brach ich auf Richtung Norden, Bestimmungsort unbekannt. Man schrieb das Jahr 1991, ein paar Jahre bevor Handys in Australien ihren Einzug feierten.

Unterwegs bekam meine Sorglosigkeit einen frühen Dämpfer, als ich nämlich beim Trampen eine so unangenehme Erfahrung machte, dass ich von dieser Fortbewegungsart wieder Abstand nahm. Irgendwo im Nirgendwo auf einer unbefestigten Straße, weit weg von meinem Ziel läuteten meine Alarmglocken laut genug, dass ich nie wieder am Straßenrand den Daumen hochhielt. Der Typ hatte behauptet, er wolle mir zeigen, wo er wohnte, und die Besiedelung wurde immer dünner und der Busch immer dichter. Gott sei Dank blieb ich stark und resolut, und es gelang mir, mich durch Reden aus der Situation herauszumanövrieren. Er versuchte dann nur noch ein paar sabbernde Küsse, bevor ich *sehr* schnell in der richtigen Stadt aus dem Auto stieg. Danach fuhr ich nie wieder per Anhalter.

Von nun an benutzte ich öffentliche Verkehrsmittel. Abgesehen von diesem einen unschönen Erlebnis war es ein tolles Abenteuer, nicht zu wissen, wo ich demnächst landen würde. In den diversen Bussen und Zügen lernte ich auf dem Weg in wärmere Gefilde viele tolle Leute kennen. Als ich schon ein paar Wochen unterwegs war, rief ich meine Mutter an, die tatsächlich einen Brief bekommen hatte, in dem man mir einen Job auf einer der Inseln in Aussicht stellte. Ich war so erpicht darauf gewesen, meine Tretmühle in der Bank hinter mir zu lassen, dass ich dumm genug war zu schreiben, ich würde jeden Job annehmen. Wenige Tage später lebte ich also auf einer wunderschönen Insel und steckte bis zum Ellbogen in dreckigen Töpfen und Pfannen.

Das Leben auf der Insel war jedoch ein großartiges Erlebnis, denn ich war nicht nur meinem aufreibenden Montag-bis-Freitag-Trott entkommen, sondern verlor langsam, aber sicher sogar das Gefühl dafür, welcher Wochentag gerade war. Das gefiel mir unglaublich gut. Nach einem Jahr auf meiner Stelle als Spülerin arbeitete ich mich in die Bar hoch. Die Zeit in der Küche hatte mir tatsächlich auch viel

Spaß gemacht, und ich hatte wahnsinnig viel über kreatives Kochen gelernt. Trotzdem, es war eine schweißtreibende, schwere Arbeit in einer tropischen Küche ohne Klimaanlage. Meine freien Tage konnte ich immerhin mit Wanderungen durch den großartigen Regenwald verbringen, ich konnte mir ein Boot mieten und zu den Nachbarinseln fahren, tauchen gehen oder einfach nur im Paradies relaxen.

Nachdem ich ein paar Mal freiwillig Dienst an der Bar geleistet hatte, durfte ich irgendwann in diese begehrte Stellung aufrücken. Für den Blick auf das ruhige blaue Meer, den weißen Sand und die sanft schwingenden Palmwedel hätten andere eine Stange Geld gezahlt, deshalb fand ich es nicht besonders hart, hier zu arbeiten. Ich bediente fröhliche Kunden, die den Traumurlaub ihres Lebens machten, und lernte mit der Zeit, Cocktails zu mixen, die man auf Reiseprospekten hätte abbilden können. Das alles war Lichtjahre von meinem Leben in der Bank entfernt.

An der Bar lernte ich eines Tages einen Europäer kennen, der mir einen Job in seiner Druckerei anbot. Ich hatte schon immer große Reiselust verspürt, und nach über zwei Jahren auf der Insel sehnte ich mich langsam nach ein bisschen Veränderung und hätte ganz gern auch wieder ein etwas anonymeres Dasein geführt. Wenn man Tag für Tag in derselben kleinen Siedlung lebt und arbeitet, kann einem ein bisschen Privatsphäre im Alltag plötzlich heilig werden.

Nach ein paar Jahren Inselleben musste man bei der Rückkehr aufs Festland mit einem gewissen Kulturschock rechnen. Aber sich gleich noch in ein fremdes Land zu begeben, dessen Sprache ich nicht einmal verstand, war schon eine Herausforderung, um es milde auszudrücken. Im Laufe der Monate lernte ich dort einige nette Leute kennen, und ich bin froh, dass ich auch diese Erfahrung gemacht habe. Aber ich brauchte doch wieder ein paar gleichgesinnte Freunde, also machte ich mich irgendwann auf nach England. Bei meiner

Ankunft hatte ich gerade noch genug Geld, um das Ticket zu lösen, mit dem ich zu meinem einzigen Bekannten dort fahren konnte. Ich hatte noch 1 Pfund 66 in der Tasche, als ich ein neues Kapitel aufschlug.

Nev hatte ein wunderbares, breites Lächeln und spärliche weiße Locken auf dem Kopf. Außerdem war er Weinexperte und -aficionado und arbeitete passenderweise in der Weinabteilung bei Harrod's. Am ersten Tag des Sommerschlussverkaufs marschierte ich in das gut besuchte Nobelkaufhaus – ich kam direkt von der Nachtfähre und sah wahrscheinlich so obdachlos aus, wie ich war. »Hallo, Nev. Ich bin's, Bronnie. Wir haben uns vor ein paar Jahren mal kennengelernt, ich bin eine Freundin von Fiona. Du hast damals eine Nacht auf meinem Sitzsack gepennt«, eröffnete ich ihm mit einem strahlenden Lächeln.

»Ja, klar, Bronnie«, kam es zu meiner Erleichterung zurück. »Na, was ist mit dir los?«

»Ich bräuchte einen Schlafplatz für ein paar Nächte«, begann ich hoffnungsvoll.

Nev zog seinen Wohnungsschlüssel aus der Tasche. »Klar, kein Problem. Hier.« Er gab mir noch eine Wegbeschreibung zu seiner Wohnung, und damit hatte ich ein Dach über dem Kopf und ein Sofa zum Schlafen.

»Könntest du mir vielleicht auch noch zehn Pfund leihen?«, fragte ich optimistisch. Ohne zu zögern, zog er zehn Pfund aus der Tasche. Ich bedankte mich, strahlte ihn an und war endgültig aus dem Schneider. Jetzt hatte ich ein Bett und Essen.

Die Traveller-Zeitschrift, auf deren Jobteil ich meine Hoffnungen setzte, kam genau an diesem Tag heraus, also kaufte ich mir das Heft, ging in Nevs Wohnung und führte drei Telefonate. Am nächsten Morgen hatte ich ein Vorstellungsgespräch für einen Job in einem Pub in Surrey, in dem ich gleichzeitig auch wohnen sollte. Und am nächsten Nachmittag wohnte ich auch schon dort. Perfekt.

Ein paar Jahre lang lief mein Leben so dahin, mal fand ich neue Freunde, mal verliebte ich mich. Ich hatte viel Spaß damals. Das Dorfleben gefiel mir gut, manchmal erinnerte es mich an das Dasein auf der Insel, und ich war umgeben von Menschen, die mir ans Herz gewachsen waren. Außerdem waren wir nicht allzu weit entfernt von London, so dass ich problemlos öfters in die Stadt fahren konnte, was ich absolut genoss.

Aber dann meldete sich die Reiselust wieder. Ich wollte mal ein bisschen in den Nahen Osten hineinschnuppern. Die langen englischen Winter waren toll, und ich war auch froh, ein paar davon erlebt zu haben. Es war der totale Kontrast zu den langen, heißen Sommern in Australien. Doch ich beschloss, nur noch einen Winter zu bleiben. Ich wollte Geld zusammensparen, um dann weiterzuziehen. Dazu musste ich den Pub verlassen und der Versuchung widerstehen, jeden Abend mit Freunden auszugehen. Besonders viel getrunken hatte ich nie (und inzwischen trinke ich überhaupt keinen Alkohol mehr), aber wenn man jede Nacht um die Häuser zieht, kostet das doch Geld. Und mit diesem Geld wollte ich lieber verreisen.

Kaum hatte ich diese Entscheidung getroffen, fiel mir die Jobanzeige bei Agnes ins Auge, gleich in der nächsten Grafschaft. Schon beim ersten Bewerbungsgespräch wurde mir die Stelle angeboten, weil der Bauer Bill dahinterkam, dass ich selbst auf einem Bauernhof groß geworden war. Seine Mutter Agnes war Ende achtzig, hatte schulterlanges graues Haar, eine fröhliche Stimme und einen riesigen, kugelrunden Bauch, über den sich fast jeden Tag dieselbe rot-graue Strickjacke spannte. Ihr Hof war nur ungefähr eine halbe Stunde Fahrzeit entfernt, so dass es für mich leicht einzurichten war, an meinen freien Tagen meine Freunde zu treffen. Aber solange ich dort war, fühlte ich mich wie in einer anderen Welt. Ich war sehr isoliert, da ich rund um die Uhr bei Agnes sein musste, von Sonntagabend bis Freitagabend. Meine zwei freien Stunden am Nachmittag gestatteten mir kein großes Sozialleben, obwohl ich diese Zeit doch manchmal nutzte, mich mit meinem englischen Freund zu treffen.

Dean war ein wundervoller Mensch. Von Anfang an hatte uns unser Humor verbunden, gleich in den ersten Momenten unserer Bekanntschaft. Dazu kam unsere Liebe zur Musik. Wir hatten uns einen Tag nach meiner Ankunft in England kennengelernt, direkt nach meinem Bewerbungsgespräch im Pub, und bald merkten wir, dass unser Leben schöner und lustiger war, seit wir einander kannten. Doch leider war ich von nun an die meiste Zeit nicht mit Dean, sondern mit Agnes zusammen, und half ihr, ihre Zähne zu suchen. Es war schon ein Wunder, wie man in einem so kleinen Haus so viele Plätze finden konnte, an denen sich eine Prothese verstecken ließ.

Sie hatte eine zehn Jahre alte Deutsche Schäferhündin namens Princess, die überall Haare ließ. Sie war ein ganz lieber Hund, nur leider verlor sie durch die Arthritis jede Kraft in den Hinterbeinen, was bei dieser Rasse offenbar nicht ungewöhnlich ist. Nachdem ich schon mehrfach unter Princess fündig geworden war, hob ich auch jetzt ihr Hinterteil hoch und sah nach. Leider hatte ich heute kein Glück, aber es war die Mühe wert. Princess wedelte mit ihrem großen Schwanz, kehrte wieder zu ihren Träumen am Feuer zurück und vergaß die kurze Störung sofort wieder. Ab und zu kreuzten sich Agnes' und meine Wege, während wir das Haus absuchten. »Hier sind sie nicht«, rief sie aus dem Badezimmer.

»Hier auch nicht«, antwortete ich aus der Küche. Irgendwann suchte ich im Schlafzimmer und Agnes in der Küche. Es gibt nicht so viele Räume, die man in so einem kleinen Haus durchsuchen kann, also sah jeder überall nach, um wirklich ganz sicherzugehen. An diesem Tag waren ihre

Dritten in ihren Handarbeitsbeutel neben dem Wohnzimmersessel gerutscht.

»Ach, du bist einfach ein Schatz«, sagte sie und setzte die Prothese wieder ein. »Komm, schau ein bisschen Fernsehen mit mir, jetzt wo du schon mal hier bist.« Diese Strategie wendete sie oft an, und ich folgte ihrem Wunsch lächelnd. Sie war eine alte Dame, die lange allein gelebt hatte, und jetzt genoss sie die Gesellschaft. Mein Buch konnte warten. Mein Job war nicht unbedingt der anstrengendste – ich musste ihr einfach nur Gesellschaft leisten, und wenn sie außerhalb meiner Arbeitsstunden den Wunsch danach verspürte, war das für mich auch in Ordnung.

Ihre Zähne hatten wir im Laufe der Zeit schon unter dem Sofakissen gefunden, im Badezimmer am Waschbecken, in einer Teetasse im Küchenschrank, in ihrer Handtasche und an diversen anderen, fast schon unglaublichen Orten. Auch hinter dem Fernseher, im Kamin, im Mülleimer, auf dem Kühlschrank oder in einem ihrer Schuhe. Und natürlich unter dem Hintern von Princess, der großen Deutschen Schäferhündin.

Viele Leute kommen mit Routine gut zurecht. Ich persönlich habe es lieber abwechslungsreich. Aber Routine ist nicht ganz unberechtigt, und sie hilft vor allem, wenn die Menschen älter werden. Bei Agnes gab es Dinge, die jede Woche gemacht wurden, und solche, die jeden Monat einmal drankamen. Jeden Montag gingen wir zu den Ärzten, denn Agnes musste sich regelmäßigen Bluttests unterziehen. Der Termin war jede Woche genau um dieselbe Zeit. Eine Sache am Tag reichte jedoch, sonst wäre ihre nachmittägliche Gewohnheit, zu stricken und ein Nickerchen zu halten, gestört worden.

Und ob es regnete oder stürmte, Princess begleitete uns überall hin. Dazu wurde zuerst die Klappe hinten an der Ladefläche des Pick-ups heruntergelassen. Die alte Hündin wartete geduldig und schwanzwedelnd. Sie war einfach großartig. Dann hob ich ihre Vorderpfoten auf die Ladefläche, fasste rasch ihr Hinterteil und hob sie ganz hinauf, bevor ihre Hinterbeine unter ihr nachgeben konnten und wir von vorne anfangen mussten. Danach war ich zur Erinnerung mit sandfarbenen Hundehaaren bedeckt.

Rausspringen war einfacher, obwohl sie auch dabei Hilfe benötigte. Princess schaffte es zwar, die Vorderpfoten auf den Boden zu bringen, wartete dann aber, bis ich ihre Hinterbeine hinterherholte. Wenn Agnes mich in der Zwischenzeit aus irgendeinem Grund brauchte, blieb die Hündin in ihrer Position, mit dem Hinterteil in der Höhe, bis ich zu ihr kam. Sobald ich ihr geholfen hatte, trottete sie glücklich und schmerzfrei davon, wobei sie unablässig mit dem Schwanz wedelte.

Dienstags fuhren wir zum Einkaufen ins Nachbardorf. Viele ältere Leute, für die ich gearbeitet habe, lebten sehr bescheiden. Nicht so Agnes. Sie versuchte ständig, mir irgendetwas zu kaufen, vorzugsweise Sachen, die ich weder brauchte noch wollte. In jedem Gang blieben wir stehen und stritten uns. Wir lächelten, manchmal lachten wir auch richtig, aber wir waren beide stur. Am Ende schenkte mir Agnes die Hälfte der Dinge, die sie für mich ausgesucht hatte. Irgendwelche vegetarischen Köstlichkeiten, Importmangos, eine neue Haarbürste, ein Unterhemd oder irgendeine schrecklich schmeckende Zahnpasta.

Mittwochs war Bingoabend im Dorf. Da sie immer schlechter sah, ersetzte ich Agnes die Augen. Die Zahlen konnte sie zwar einigermaßen sehen und hören, aber sie vergewisserte sich vorsichtshalber immer noch einmal bei mir, bevor sie ihre Zahlen durchstrich. Ich liebte die alten Leute, die dort spielten. Ich war die einzige junge Teilnehmerin, so dass Agnes sich als etwas ganz Besonderes fühlte. Vor den anderen bezeichnete sie mich als »meine Freundin«.

»Meine Freundin und ich waren gestern einkaufen, und ich hab ihr eine neue Unterhose gekauft«, verkündete sie ernst und stolz ihren älteren Bingofreundinnen.

Dann nickten alle und lächelten mich an, während ich nur dasaß und mir dachte: »Oh Mann!«

Und sie machte munter weiter: »Diese Woche hat ihr ihre Mutter aus Australien geschrieben. Da ist es im Moment sehr heiß. Außerdem hat sie noch einen kleinen Neffen bekommen.« Abermals Nicken und Lächeln.

Nach einer Weile fing ich an zu zensieren, was ich ihr über mich erzählte. Sonst hätten die anderen noch sehr viel mehr über mein Leben erfahren, vor allem wenn meine Mutter mir hübsche Unterwäsche oder andere Geschenke schickte, um mich aus der Ferne zu verwöhnen. Aber mein Verhältnis zu Agnes war unschuldig und liebevoll, deswegen ertrug ich es auch, dass ich mich manchmal innerlich krümmte oder rot wurde, wenn sie vor anderen über mich sprach.

Donnerstag war der einzige Tag, an dem wir über Mittag wegblieben. Ein großer Tag für uns drei (Princess mitgezählt). Dann fuhren wir nämlich immer in eine Stadt in Kent, wo wir mit Agnes' Tochter zu Mittag aßen. An englischen Maßstäben gemessen sind fünfzig Kilometer eine ganz schöne Entfernung, während es für einen Australier so gut wie um die Ecke ist. Unsere Sicht auf Distanzen ist definitiv ein kultureller Unterschied.

In England kann man drei Kilometer fahren und in einem ganz anderen Dorf landen. Der Akzent kann völlig anders sein als im vorherigen Dorf, und selbst wenn man sein ganzes Leben im Nachbarort verbracht hat, kennt man hier nicht jeden. In Australien kann es einem passieren, dass man schon für einen Laib Brot achtzig Kilometer fahren muss. Die nächsten Nachbarn können so weit weg wohnen, dass sie einen anrufen oder anfunken müssen, um Hallo zu sagen, aber sie betrachten sich immer noch als Nachbarn. Ich habe einmal in einem Gebiet im Northern Territory gearbeitet, das derart abgelegen war, dass Flugzeuge zum nächsten Pub verkehrten. Auf der kleinen Landebahn standen am frühen Abend Ein- und Zweisitzer-Maschinen, und am nächsten Morgen war sie leer, wenn alle - immer noch halb abgefüllt - zu ihren riesigen Viehfarmen zurückgeflogen waren.

Der große Ausflug am Donnerstag war also wirklich ein großer Ausflug für Agnes, während ich ihn als kleine Fahrt empfand. Ihre Tochter war eine freundliche Frau, und unsere Treffen waren jedes Mal richtig nett. Die beiden aßen immer den Ploughman's Lunch: Rindfleisch, Käse und Eingelegtes. Die englische Vorliebe für Eingelegtes hat mich immer wieder erstaunt. Aber es war schon ein ganz gutes Land für Vegetarier, ich hatte immer genügend Auswahl. Da es so kalt war, gönnte ich mir meistens eine wärmende Suppe oder ein herzhaftes Nudelgericht.

Am Freitag blieben wir immer in der Gegend. Wir lebten auf einer Rinderfarm mit einem eigenen Metzgerladen. Den Hof betrieben zwei Söhne von Agnes. Am Freitagmorgen ging ich mit ihr immer zum Metzger. Obwohl sie darauf bestand, alles ganz genau und in aller Ruhe in Augenschein zu nehmen, kaufte sie jede Woche haargenau das Gleiche. Der Metzger bot ihr sogar an, ihr den Einkauf nach Hause zu liefern, aber nein. »Das ist sehr nett von Ihnen, aber ich muss herkommen und mir das Fleisch selbst aussuchen«, erwiderte sie jedes Mal höflich.

Damals war ich Vegetarierin, heute bin ich Veganerin. Trotzdem wohnte ich auf einer Rinderfarm, fast so wie der Hof, auf dem ich groß geworden bin. Obwohl ich von Fleischverzehr nichts hielt, verstand ich doch das Geschäft und die Lebensweise, weil sie mir vertraut waren.

Auf dem Rückweg vom Metzger nahmen wir grundsätzlich den Weg durch den Stall, wo wir mit den Landarbeitern und den Kühen redeten. Agnes mit ihrem Stock ging dicht neben mir, Princess trottete hinter uns her. Dabei war es ganz egal, wie kalt es war, wir zogen einfach ein paar Schichten mehr an. Und so verbrachten wir den Freitag: mit einem Besuch im Metzgerladen und hinterher bei den Kühen.

Ich staunte, wie anders die englischen Kühe behandelt wurden als unsere australischen – hier hatten sie warme Ställe, und man schenkte jedem einzelnen Tier Aufmerksamkeit. Andererseits mussten die australischen Tiere ja auch keine englischen Winter aushalten. Es machte mich immer noch schrecklich traurig, nachdem ich ja nun jede Kuh einzeln kannte, zu wissen, dass wir irgendwann ihr Fleisch im Metzgerladen kaufen würden. Das Ganze fiel mir furchtbar schwer, und irgendwie wollte es mir nie recht gelingen, den Gedanken zu unterdrücken.

Das Vegetarierthema wurde zu Hause viel diskutiert, obwohl ich schwieg und den Lebensstil meiner Familie respektierte. Ich gehörte nie zu den Vegetariern oder Veganern, die ein besonderes Bedürfnis haben, über ihre Lebensform zu sprechen. Da ich jedoch in meiner Kindheit das eine oder andere zu sehen bekommen hatte und zu guter Letzt noch einen Schaden fürs Leben davontrug, als wir auf einem Schulausflug ein Schlachthaus besuchten, verstehe ich durchaus, warum Vegetarier und Co. bei diesem Thema so leidenschaftlich werden können. Es kann einem schier das Herz zerreißen, wenn man sich einmal genau ansieht, was hinter den Kulissen dieser ganzen Fleischindustrie abläuft.

Mir war es jedoch lieber, mein Ding in aller Stille durchzuziehen und das Recht meiner Mitmenschen zu respektieren, sich eine Lebensform auszusuchen, die für sie sinnvoll ist. Nur wenn man mich darauf ansprach, wenn mein Gegenüber also wirklich Interesse bekundete, redete ich über meine Entscheidung. Nichtsdestoweniger ist es interessant, wie mich zum Teil wildfremde Menschen von der Fleischverzehrerfraktion ohne jede Provokation angingen, einfach nur, weil ich mich dafür entschieden hatte, *keine* Tiere zu essen. Vielleicht ist das einer der Gründe, warum ich über mein Vegetariertum lieber schwieg – ich wollte einfach nur meine Ruhe.

Als Agnes also anfing, mir Fragen zu stellen, warum ich Vegetarierin sei, zögerte ich. Ihre eigene Existenz hing von den Einkünften aus der Rinderzucht ab. Meine irgendwie ja auch, obwohl ich mir das wohl nicht so bewusst gemacht hatte. Ich hatte diesen Job einfach angenommen, weil ich Geld brauchte und gerne ein bisschen Freude in das Leben einer alten Dame bringen wollte.

Doch sie fragte beharrlich weiter. Also erzählte ich ihr, wie ich mich als Kind gefühlt hatte, wenn ich bei der Schlachtung von Schafen und Rindern zusah, wie mir das unter die Haut gegangen war, wie sehr ich Tiere liebte und wie ich bemerkt hatte, dass Kühe anders muhen, wenn sie wissen, dass sie gleich sterben müssen. Dieses angsterfüllte, panische Brüllen klingt mir heute noch in den Ohren.

Und das reichte. Agnes erklärte sich auf der Stelle zur Vegetarierin. »Puh«, dachte ich. »Wie soll ich das ihrer Familie beibringen?« Ihr Sohn wollte natürlich, dass sie weiter Fleisch aß, und nach langem Hin und Her willigte sie ein, zumindest einmal die Woche rotes Fleisch zu essen, einmal Fisch und einmal Geflügel. Wenn ich einen freien Tag hatte, aß sie bei ihrer Familie, dann bekam sie auch Fleisch.

Im Laufe der Zeit haben sich meine Ansichten zum Fleischverzehr nur gefestigt. Heute würde ich nicht im Traum daran denken, eine Arbeit anzunehmen, bei der ich Fleischgerichte kochen muss. Damals habe ich es noch gemacht, doch dieser Teil meines Jobs ging mir ganz schön gegen den Strich. Ich konnte nie Fleisch zubereiten, ohne traurig daran zu denken, dass das mal ein schönes Lebewesen gewesen war, das Gefühle und ein Recht auf Leben gehabt hatte. Also gefiel mir das neue Arrangement mit Agnes, obwohl meiner Meinung nach auch Fische und Geflügel Tiere waren.

Wie sich jedoch herausstellte, hatte Agnes nur eingewilligt, um ihre Ruhe zu haben. Sie hatte nämlich gar nicht vor, unter der Woche Fleisch zu essen. Also kochte ich uns die restlichen Winter- und Frühjahrsmonate köstliche vegetarische Leckereien wie deftige Nussstollen, göttliche Suppen, bunte Gemüsepfannen und Gourmetpizzas. Ich glaube, ansonsten hätte Agnes sich auch jederzeit gern von gekochten Eiern und Baked Beans ernährt. Immerhin war sie Engländerin, und die Engländer lieben ihre Bohnen.

Der Schnee schmolz, und die Märzenbecher begannen zu blühen. Die Tage wurden länger, der Himmel war wieder blau. Als der Bauernhof aus seinem Winterschlaf erwachte, liefen die neugeborenen Kälbchen auf ihren wackligen dünnen Beinen herum. Die Vögel waren wieder da und begrüßten uns jeden Tag mit ihren Liedern. Princess haarte noch mehr als sonst. Agnes und ich packten unsere Wintermäntel und Mützen weg, genossen die Frühlingssonne und führten unser gewohntes Leben noch ein paar Monate so weiter. Wir gehörten zwei grundverschiedenen Generationen an, gingen aber Tag für Tag untergehakt spazieren, erzählten uns Geschichten und hatten viel zu lachen.

Doch für mich wurde es Zeit für die Abreise. Wir hatten beide von Anfang an gewusst, dass ich wieder weiterziehen würde. Außerdem fehlte mir Dean. Unsere Wochenenden reichten mir nicht, und wir wollten unbedingt zusammen reisen. Also wurde meine Stelle neu ausgeschrieben, und unsere gemeinsame Zeit lief ab. Die Monate mit Agnes waren ein wunderbares, ganz besonderes Erlebnis für mich. Obwohl ich diese Arbeit vor allem angenommen hatte, um meine Reiselust befriedigen zu können, war es doch eine schöne Arbeit, jemandem Gesellschaft zu leisten.

Ich genoss es jedenfalls sehr viel mehr, als Bier zu zapfen. Lieber stütze ich einen alten Menschen, der gebrechlich ist, als einen jungen, der zu betrunken ist. Oder einen alten betrunkenen. Beide hatte ich in meiner Stelle auf der Insel und in dem englischen Pub zur Genüge gehabt. Ich suchte viel lieber die Prothese einer alten Dame, als schmutzige Aschenbecher und leere Biergläser einzusammeln.

Dean und ich reisten in den Nahen Osten, wo wir völlig andere, aber faszinierende Kulturen bestaunten (und jede Menge Köstliches aßen). Nach einem wunderbaren Jahr im Ausland fuhr ich zurück, um Agnes zu besuchen. Meine Nachfolgerin war auch Australierin, und wir plauderten angeregt, nachdem die alte Dame in ihrem Lehnstuhl weggedöst war. Wir erzählten uns so einiges, und irgendwann gestand mir das Mädchen, dass sie doch etwas überrascht gewesen war von Bills erster Frage bei ihrem Vorstellungsgespräch. Ich wollte wissen, was das denn für eine Frage gewesen sei, und musste losprusten, als sie es mir verriet.

Seine erste Frage war gewesen: »Du bist doch keine Vegetarierin, *oder?*«

Unerwartete Karriere

Nach den Jahren in England und im Nahen Osten kam ich schließlich nach Hause in mein geliebtes Australien. Ich war ein völlig anderer Mensch geworden, wie es eben so ist nach langen Reisen. Ich begann wieder in der Bankbranche zu arbeiten, doch mir wurde bald klar, dass mich diese Arbeit nie wieder würde ausfüllen können. Der Kundenkontakt war das einzige Highlight, und auch wenn es einfach war, an jedem beliebigen Ort eine Stelle zu finden, fühlte ich mich rastlos und war schrecklich unglücklich mit meiner Jobsituation.

Immer häufiger versuchte ich, meiner Kreativität Ausdruck zu verleihen. Eines Tages saß ich am Swan River in Perth – damals lebte ich in Western Australia – und stellte zwei Listen auf. Die eine umfasste alles, was ich gut konnte. Auf der anderen stand, was ich am liebsten machte. Dabei wurde mir klar, dass in mir irgendwie eine Künstlerin steckte, denn das Einzige, was in beiden Listen auftauchte, waren meine kreativen Talente.

»Würde ich mich überhaupt trauen, mich als Künstlerin auch nur vorzustellen?«, dachte ich mir. Obwohl ich in einem musikalischen Umfeld aufgewachsen war, hatte man mir von Anfang an eingetrichtert, dass man sich einen soliden »guten Beruf« zulegen muss. Niemand konnte verstehen, warum ich hibbelig wurde, wenn ich jeden Tag von neun bis fünf in der Bank arbeitete. Ein »solider Beruf«. Ein solider Beruf, der mich langsam, aber sicher umbrachte.

Es folgte eine Phase intensiver Selbsterforschung, und ich versuchte etwas zu finden, was ich gut konnte und mir

Freude machte. Es war eine harte Zeit für mich, als sich damals alles in mir veränderte. Irgendwann wurde mir klar, dass bei meiner Arbeit auch das Herz eine Rolle spielen musste, denn meine bisherige Arbeit, die nur mit dem Intellekt zu tun gehabt hatte, erfüllte und befriedigte mich nicht. Also begann ich meine kreativen Talente durch Schreiben und Fotografieren zu entwickeln, und landete nach einer geraumen Weile (auf ziemlich verschlungenen Pfaden) beim Songwriting und bei gelegentlichen Auftritten. Dabei arbeitete ich die ganze Zeit weiter in der Bank, allerdings nur noch in Teilzeit. Die Einschränkungen, die einem ein Vollzeitjob auferlegt, hielt ich einfach nicht mehr aus.

Perth war jedoch ziemlich weitab vom Schuss, und obwohl mir das Leben dort sehr gefiel, zog mich der Wunsch, meine Lieben ab und zu sehen zu können, wieder Richtung Osten. Also ab über die Nullarbor Plains, durch die Flinders Ranges, über die Great Ocean Road und den New England Highway bis nach Queensland, wo ich vorläufig meine Zelte aufschlug. Eine Weile arbeitete ich in einem Callcenter und rief Leute an, um ihnen ein Abo für einen Pornokanal zu verkaufen. Das war um Längen interessanter als die Bankbranche.

»Ähm.«

Schweigen.

»Ich rufe für meinen Mann an.«

»Sie würden sich also gerne für ›Night Moves‹ registrieren lassen?«, antwortete ich mit freundlicher, urteilsfreier Stimme, woraufhin die Frauen gleich immer viel entspannter wurden.

Oder die Typen fragten mich: »Wie ist das denn da? Ich meine ... sieht man da *alles?*«

»Tut mir leid, Sir, ich habe selbst nie reingeschaut. Aber ich könnte Ihnen einen einmaligen Probeabend für 6,95 Dollar anbieten, und wenn es Ihnen dann gefallen hat, können Sie wieder anrufen und monatsweise abonnieren.«

Schließlich waren da natürlich noch die unvermeidlichen Anrufe à la »Welche Farbe hat dein Slip?«. Da hängte Bronnie dann aber gleich auf. Doch wenn man fertiggekichert hatte, war es ein Bürojob wie jeder andere. Man schließt Freundschaften mit anderen Angestellten, weil es dann einfach lustiger ist. Aber meine Rastlosigkeit piesackte mich weiter.

Wir zogen wieder in meine Heimat, New South Wales. Dean, der Mann, mit dem ich in England und dem Nahen Osten zusammen gewesen war, war mit mir nach Australien gezogen. Kurz nachdem wir uns in New South Wales eine Bleibe gesucht hatten, zerbrach unsere Beziehung. Wir hatten einander mehrere Jahre sehr geliebt und waren die meiste Zeit die besten Freunde gewesen. Es tat weh zu sehen, wie diese Freundschaft in die Brüche ging. Aber wir konnten die vielen Unterschiede in unseren Auffassungen vom Leben nicht mehr unter den Teppich kehren oder drüber lachen, wie wir es früher immer gemacht hatten.

Ich war Vegetarierin. Er war Fleischesser. Ich arbeitete während der Woche in geschlossenen Räumen und sehnte mich am Wochenende nach Ausflügen. Er arbeitete die Woche über nur draußen und wollte am Wochenende zu Hause bleiben. Und so ließ sich die Liste unendlich fortsetzen, und von Woche zu Woche schien mehr hinzuzukommen. Was den einen freute, machte dem anderen überhaupt keinen Spaß. Unsere Liebe zur Musik verband uns immer noch und hielt uns wohl auch noch eine Weile zusammen. Doch am Ende brach die Kommunikation völlig zusammen, und wir mussten zusehen, wie sich unsere gemeinsamen Träume vor unseren Augen in Luft auflösten – ein Verlust, über den wir beide irgendwie hinwegkommen mussten.

Es war bitter, als unsere Beziehung zu Ende ging und die Trauer einsetzte. Ich kauerte mich schluchzend in die Ecke und wünschte mir, wir hätten unsere Beziehung doch irgendwie fortsetzen können. In meinem tiefsten Inneren wusste ich jedoch, dass das nicht gegangen wäre. Das Leben lockte uns in verschiedene Richtungen, und unsere Beziehung stand meinem und seinem Lebensplan im Weg, statt sie zu fördern.

Die Bemühungen, meinem Leben mehr Sinn zu geben, wurden immer intensiver, und eine Folge davon war, dass der Aspekt des Geldverdienens stärker in den Vordergrund rückte. Irgendwann wurde mir schmerzlich bewusst, dass man als Künstler nur sehr schwer sein Auskommen findet, bis die Arbeit Eigendynamik gewonnen und man sich einen gewissen Ruf erarbeitet hat. Ich musste mich also erstmal neu orientieren. Irgendwann würde ich mich bestimmt auch als Künstlerin ernähren können. Wenn ich davon träumen konnte, konnte ich es auch in die Tat umsetzen.

Aber ich musste irgendwie wieder Geld verdienen, und das am besten auf einem Gebiet, wo ich mit dem Herzen bei der Arbeit und ganz ich selbst sein konnte. Der Druck in der Bankbranche, Produkte zu verkaufen, war größer geworden, und ich hatte mich zu sehr verändert. Ich passte nicht mehr in diese Welt, wenn ich denn überhaupt jemals hineingepasst hatte. Da ich entschlossen war, meinen kreativen Weg fortzusetzen, entschied ich mich, wieder eine Tätigkeit als Pflegerin und Gesellschafterin anzunehmen, bei der ich mit im Hause wohnte. Zumindest blieb es mir so erspart, auch noch für meine Miete arbeiten zu müssen, und außerdem bedeutete es ein Leben jenseits der Routine.

Nachdem es Jahre der Selbsterforschung gebraucht hatte, bis ich an diesen Punkt kam, fiel meine Entscheidung letztlich ganz nebenbei, fast gedankenlos. Ich nahm die Stelle als Gesellschafterin an, um meinen kreativen Weg weitergehen zu können, eine Arbeit zu tun, hinter der ich stand, und obendrein mietfrei zu leben. Ich hatte keine Ahnung, dass meine Sehnsucht nach einer Arbeit, die mich von Herzen befriedigte, so klar erfüllt und die folgenden Jahre ein so wichtiger Teil meines Lebens und meines Lebenswerks werden würden.

Keine zwei Wochen später war ich schon in ein Haus in Hafennähe eingezogen, in einem von Sydneys exklusivsten Vororten. Meine Patientin Ruth war von ihrem älteren Bruder bewusstlos auf dem Küchenboden gefunden worden. Nach einem guten Monat entließ man sie aus dem Krankenhaus mit der Auflage, dass sie rund um die Uhr betreut wurde.

Meine einzige pflegerische Erfahrung war meine Stelle bei Agnes gewesen. Ich hatte mich noch nie um Kranke gekümmert und gab das auch ehrlich zu, als ich bei der Agentur vorsprach, die mich einstellte. Aber das war kein Hinderungsgrund. Pfleger, die bereit waren, bei ihrem Schützling einzuziehen, waren wertvoll, und das wollte man sich nicht entgehen lassen. »Tun Sie einfach so, als wüssten Sie, was Sie tun, und wenn Sie Hilfe brauchen, rufen Sie uns an.« Du liebe Zeit. Willkommen in der Pflegeindustrie, Bronnie.

Meine natürliche Fähigkeit zur Empathie half mir, meine Arbeit einigermaßen zufriedenstellend zu erledigen, obwohl ich ganz neu war. Ich behandelte Ruth einfach so, wie ich meine eigene Großmutter behandelt hätte, die ich sehr gern gehabt hatte. Ich versorgte sie, indem ich auf ihre jeweiligen Bedürfnisse einging, und lernte Schritt für Schritt, was zu tun war. Die Gemeindeschwester kam alle paar Tage vorbei und fragte mich Dinge, von denen ich nicht die geringste Ahnung hatte. Aber da ich ihr gegenüber ganz ehrlich war, brachte sie mir alles Mögliche über Medikamente, Pflege und Fachausdrücke bei und half mir letztlich enorm.

Auch die Leute von der Agentur kamen ab und zu mal vorbei. Sie waren glücklich, dass die Kundin glücklich war, und das war's auch schon, auf Wiedersehen. Sie ahnten nicht, dass ich innerhalb kürzester Zeit emotional und körperlich restlos erschöpft war. Ich bin nicht mal sicher, ob mir das selbst überhaupt schon klar war.

Ruths Familie war froh, weil ich die alte Dame so verwöhnte. Fußmassagen, Maniküre, Gesichtsmasken und jede Menge netter Gespräche an ihrem Bett bei einer Tasse Tee. Wie gesagt, ich behandelte sie, wie ich meine eigene Großmutter behandelt hätte. Eine andere Art kam mir gar nicht in den Sinn.

Auch in der Nacht klingelte Ruth mit ihrer Glocke, und sofort kam ich die Treppe heruntergelaufen, um ihr auf den Toilettenstuhl zu helfen. »Oh, Sie sehen einfach glamourös aus«, sagte sie dann immer, wenn ich zur Tür hereinkam. Ihre Auffassung von Glamour bestand darin, dass ich meine Haare nachts manchmal zu einem Knoten zusammensteckte, weil ich vorm Schlafengehen einfach zu müde war, um die Kletten rauszubürsten. Und mein »glamouröses« Nachthemd trug ich nur deswegen, weil meine Mutter es mir aufgedrängt hatte.

»Du kannst doch nicht im Haus von so einer Dame wohnen und nackt oder in einem alten Fetzen schlafen«, bat meine Mutter. »Bitte, nimm das hier, und versprich mir, dass du es auch wirklich anziehst.« Ich respektierte den Wunsch meiner lieben Mutter und zog das Satinnachthemd an. So glamourös kam ich also vier- bis fünfmal pro Nacht halb schlafwandelnd in ihr Schlafzimmer, versuchte die Augen offenzuhalten und sehnte mich danach, der Erschöpfung zu entkommen. Doch auch am nächsten Tag brauchte Ruth mich von morgens bis abends, und ich hatte kaum Gelegenheit, mal ein paar Stündchen Schlaf nachzuholen. Obendrein nutzte ich die Zeit, in der Ruth ein Nickerchen machte, um die Hausarbeit zu erledigen.

Sogar wenn sie auf ihrem Toilettenstuhl saß, wollte sie sich unterhalten. Nachdem sie jahrelang ganz allein gewesen war, genoss sie diese hundertprozentige Aufmerksamkeit. Im Grunde war ich ja auch froh über unsere Freundschaft, aber ich hatte wenig Lust, mir um drei Uhr morgens anzuhören, welche Tassen und Untertassen sie vor dreißig Jahren zu dieser oder jener Dinnerparty benutzt hatte, während sie in ihren Toilettenstuhl pinkelte und mein ganzer Körper nach Schlaf schrie.

Im Laufe der Wochen erzählte mir Ruth von den Jahren an der Bucht, von den Kindern, die unten am Hafen spielten. Milch und Brot wurde von Pferdefuhrwerken geliefert, die durch die stillen Straßen zockelten. Und am Sonntag zogen alle Leute ihre besten Kleider für den Kirchgang an. Ruth erzählte von ihren Kindern und von ihrem lange verstorbenen Mann. Ihre Tochter Heather, die ich ganz reizend fand, kam jeden oder jeden zweiten Tag vorbei und war wie eine frische Brise. Ruths Sohn und seine Familie lebten auf dem Land, und hätte Heather ihren Bruder nicht erwähnt, hätte man seine Existenz nur zu leicht vergessen können. Im Leben seiner Mutter spielte er keine aktive Rolle.

Heather war für Ruth in den Jahrzehnten ihrer Witwenschaft der Fels in der Brandung. Ruths älterer Bruder James half ebenfalls aus. Er kam jeden Tag zu Fuß von seinem Haus, das ungefähr eine Meile entfernt war. Nach ihm konnte man die Uhr stellen. Und tagein, tagaus trug er denselben Pulli. Er war schon achtundachtzig und war nie verheiratet gewesen. Aber im Kopf war er noch vollkommen klar, er hatte einen großartigen Charakter, und es war ein Vergnügen, ihn und seinen schlichten Lebensstil kennenzulernen.

Ruth erholte sich jedoch nicht von ihrer Krankheit. Nach einem Monat war sie noch immer bettlägerig. Man stellte weitere Untersuchungen an, und dann teilte man mir mit, dass sie sterben würde.

Mit Tränen in den Augen wanderte ich zum Hafen hinunter. Alles fühlte sich auf einmal so surreal an. Die Kinder spielten im seichten Wasser. Die Fußgängerbrücke über die Bucht schwang leicht hin und her, als glückliche Menschen darüber gingen. Fähren auf ihrem Weg zum Circular Quay im Stadtzentrum dampften vorbei. Ich ging weiter wie im Traum, während das Gelächter einer Picknickgesellschaft zu mir herüberdrang.

Ich setzte mich hin, lehnte mich an eine Sandsteinklippe und blickte zum schönen Himmel empor. Das Wasser wurde fast bis an meine Füße gespült. Es war einer dieser perfekten Wintertage, wenn sich die Wärme der Sonne wie Balsam anfühlt. In Sydney ist es im Winter nie so kalt wie in Europa. Es war ein herrlicher Tag, an dem ein leichter Mantel völlig ausreichte. Da Ruth mir inzwischen ans Herz gewachsen war, kamen mir beim Gedanken an ihren Tod die Tränen. Meine erste Reaktion auf die Aussicht, sie bald zu verlieren, war ein Schock. Eine Yacht voll fröhlicher, gesunder Leute segelte vorbei, und mir strömten die Tränen übers Gesicht. In diesem Augenblick wurde mir bewusst, dass ich sie weiter betreuen würde, dass ich sie bis zum Tod pflegen würde.

Da ich auf einer Rinder- und später Schaffarm groß geworden war, hatte ich eine Menge sterbende oder tote Tiere gesehen. Der Tod war mir also nichts Neues, wenngleich ich immer noch schrecklich empfindlich darauf reagierte. Doch in der Gesellschaft, in der ich lebte, in der modernen Gesellschaft westlicher Prägung, war es nicht üblich, dass die Menschen regelmäßig Sterbende zu sehen bekamen. Nicht wie in manchen anderen Kulturen, in denen der Tod eines Menschen ganz offen erlebt wird, als sichtbarer Teil des täglichen Lebens.

Unsere Gesellschaft hat den Tod ausgesperrt, fast als könnte sie damit seine Existenz leugnen. Dieses Leugnen hat zur Folge, dass sowohl der Sterbende als auch seine Familie oder Freunde gänzlich unvorbereitet diesem unvermeidlichen Ereignis gegenüberstehen. Wir alle müssen einmal sterben. Doch statt die Existenz des Todes anzuerkennen, versuchen wir ihn zu verbergen. Als wollten wir uns selbst weismachen, dass die Taktik »aus den Augen, aus dem Sinn«

funktioniert. Aber das tut sie nicht. Stattdessen versuchen wir, uns durch unser materielles Leben zu bestätigen, und benehmen uns entsprechend ängstlich, sowie wir mit dem Tod konfrontiert werden.

Doch wenn wir fähig sind, unseren unvermeidlichen Tod aufrichtig anzunehmen, bevor unsere Zeit gekommen ist, können wir unsere Prioritäten verlagern, bevor es zu spät ist. Das gibt uns die Chance, unsere Energien auf Dinge zu verwenden, die die Mühe wirklich wert sind. Sobald wir uns klargemacht haben, wie begrenzt die Zeit ist, die uns noch zur Verfügung steht – auch wenn wir nicht wissen, ob es Jahre, Wochen oder Stunden sind –, werden wir nicht mehr so stark von unserem Ego angetrieben oder von der Meinung anderer Leute über uns. Stattdessen steuern wir auf das zu, was unser Herz wirklich will. Dieses Anerkennen unseres unvermeidlichen, immer näher rückenden Todes gibt uns die Chance, viel mehr Sinn und Befriedigung in der Zeit zu finden, die uns noch bleibt.

Irgendwann wurde mir klar, wie schädlich es für unsere Gesellschaft ist, den Tod so zu leugnen. Doch damals, an jenem sonnigen Wintertag, hatte ich auf Grund dieser Vermeidungshaltung keine Ahnung, was mir mit Ruth und ihrer Pflege bevorstand. Ich lehnte meinen Kopf gegen die Mauer und betete um Kraft. Nachdem ich schon alle möglichen Herausforderungen in meiner Jugend und meinem Erwachsenenleben gemeistert hatte, glaubte ich fest daran, dass ich nicht hierhergekommen wäre, wenn ich nicht fähig wäre, diese Aufgabe auch zu bewältigen. Auch wenn das meine persönliche Traurigkeit und den Schmerz nicht wirklich linderte.

Doch als ich an jenem Tag die Wärme der Sonne spürte und stumm die Tränen laufen ließ, wusste ich, dass ich eine Aufgabe zu erfüllen hatte und Ruth bis zu ihrem Tod alle Freude und allen Trost schenken wollte, die ich ihr nur geben konnte. Eine ganze Weile blieb ich so sitzen, dachte über das

Leben nach und wie mich dieses Ereignis so vollkommen unvorbereitet getroffen hatte. Trotzdem akzeptierte ich, dass ich hier etwas zu geben hatte und dass jetzt genau das von mir gefordert war. Auf dem Rückweg kam ich zu einem festen Entschluss. Ich würde in dieser Situation mein Allerbestes geben, und den verlorenen Schlaf würde ich mir später zurückholen.

Meine Arbeitgeberin kam am selben Tag vorbei und wehrte meine Erklärungen, ich hätte noch nie einen Toten gesehen, geschweige denn einen Menschen beim Sterben begleitet, mit den Worten ab: »Die Familie liebt Sie. Sie kriegen das schon hin.«

»Sie kriegen das schon hin« ist so eine geläufige Redensart bei uns, dass ich das so akzeptierte. Ruths Zustand verschlechterte sich ab diesem Zeitpunkt rapide. An meinen freien Tagen lösten mich andere Pflegerinnen ab, und als sie immer mehr auf Hilfe angewiesen war, musste ich auch die Nachtschicht nicht mehr mitmachen. Die anderen riefen mich dazu, und ich beaufsichtigte sozusagen die ganze Pflege. Doch jetzt konnte ich immerhin richtig schlafen.

Die Tage waren immer noch etwas Besonderes, und in den meisten Fällen waren Ruth und ich allein. Wir wohnten in einem ruhigen Viertel, in dem man nur ab und zu Gelächter vom hafennahen Park hörte. Heather besuchte uns regelmäßig, ebenso James und eine Reihe von Spezialisten. Hier gab es für mich enorm viel zu lernen, und ich wuchs an meiner Rolle, ohne dass mir damals das Ausmaß bewusst wurde. Ich tat einfach, was getan werden musste, und stellte den Leuten jede Menge Fragen.

Eines Morgens wollte ich gerade aus dem Haus gehen – ich hatte zwei Tage frei und freute mich schon, die Stadt zu verlassen, meinen Cousin zu besuchen und mal wieder ein wenig Leichtigkeit in mein Leben zu lassen. Da stieg mir der Geruch aus dem Schlafzimmer in die Nase.

Die Nachtschwester hatte es entweder nicht bemerkt oder nicht bemerken wollen, in der Hoffnung, die Bescherung der Tagespflegerin überlassen zu können, die jeden Moment eintreffen musste. Dinge dieser Art bekam ich in den nächsten Jahren noch oft genug zu sehen.

Ich brachte es nicht über mich, meine wunderbare Freundin auch nur eine Sekunde länger in ihren Exkrementen liegen zu lassen. Ihre Blase und ihr Darm hatten sich komplett entleert. Ruth lag ganz schlaff da und konnte mir nur mit leisen ächzenden Lauten antworten. Ihre wichtigsten Organe brachen zusammen. Widerwillig riss sich die Nachtschwester von ihrem Klatschblatt los und half mir, die liebe alte Dame umzuziehen und das Bett mit einem neuen Laken zu beziehen. Es war eine Erleichterung, als die andere Pflegerin eintraf und sofort mit Bestlaune ins Geschehen eingriff. Innerhalb kürzester Zeit war Ruth sauber und fiel in einen tiefen, erschöpften Schlaf.

Als ich gegen Abend bei meinem Cousin auf dem Land saß, war ich mit dem Herzen immer noch bei Ruth. Ich war froh, meine freie Zeit mit ihm verbringen zu können, seine lockere, humorvolle Gesellschaft tat mir gut. Ich schaffte es trotzdem nicht, die vollen zwei Nächte bei ihm zu bleiben. Ruth ging mir einfach nicht aus dem Kopf, und ich war sicher, dass ihr nicht mehr viel Zeit blieb. Ich war gerade erst ein paar Stunden bei meinem Cousin, als mich meine Arbeitgeberin anrief, mir mitteilte, dass Ruth in den letzten Zügen lag, und mich bat zurückzukommen.

Bei Einbruch der Dunkelheit war ich wieder in Sydney. Die düstere Stimmung im Haus war spürbar, noch bevor man eintrat. Heather war mit ihrem Mann da, außerdem die neue Nachtschwester, die gerade eingetroffen war, ein sehr nettes irisches Mädchen.

Heather fragte mich, ob es mir etwas ausmachen würde, wenn sie jetzt ging. Freundlich erwiderte ich, sie solle tun, wonach ihr zumute sei. Also ging sie. Ich muss zugeben, dass es mir im ersten Moment ein bisschen schwerfiel, sie dafür nicht zu verurteilen. Ich stellte mir vor, wie es wäre, wenn meine eigene Mutter im Sterben läge – ich würde Himmel und Erde in Bewegung setzen, um bei ihrem Tod bei ihr zu sein.

Man sagt, dass alles letztendlich auf Liebe oder Angst zurückzuführen ist: jedes Gefühl, jede Tat, jeder Gedanke. Ich nahm an, dass Heather sich bei ihrer Entscheidung von Angst hatte leiten lassen, und prompt fühlte ich eine Anwandlung von Mitleid und Liebe für sie. Von Anfang an hatte ich sie als eine sehr pragmatische Frau kennengelernt, manchmal vielleicht sogar arg sachlich, doch diese Situation befremdete mich. Trotzdem wollte ich nicht, dass meine eigenen Grundsätze und Konditionierungen mir im Weg standen, bloß weil Heather die Dinge anders handhabte, als ich es getan hätte. Ich war gekommen, um mich um Ruth zu kümmern, und das würde ich auch tun.

Während ich mit Erin, der anderen Pflegerin, im dunklen Zimmer saß, begann ich Heathers Handlungsweise zu akzeptieren und zu respektieren. Sie tat, was sie tun musste, weil sie alles unternommen hatte, was in ihrer Macht stand. Jahrzehntelang hatte sie nicht nur für ihre eigene Familie gesorgt, sondern sich auch darum gekümmert, dass das Leben ihrer Mutter reibungslos verlief. Sie war inzwischen völlig erschöpft, physisch wie emotional. Sie hatte alles gegeben, was sie nur geben konnte, und wollte ihre Mutter einfach friedlich schlafend in Erinnerung behalten, so wie sie war, als Heather ging. Ich lächelte respektvoll und glaubte zu verstehen.

In den folgenden Tagen jedoch erfuhr ich im Gespräch mit Heather, dass Ruth ihrer Tochter zu verstehen gegeben hatte, es sei ihr lieber, wenn sie gehe. Heather kannte ihre Mutter gut genug, um ihre Wünsche erspüren zu können.

Sie war aus Liebe gegangen – und nicht aus Furcht. In den folgenden Jahren erlebte ich solche Situationen noch öfter. Nicht jeder Sterbende will, dass seine Familie anwesend ist. Manche nehmen Abschied, während sie noch bei Bewusstsein sind, und ziehen es vor, sich ganz am Ende von Pflegern begleiten zu lassen, so dass ihre Familien sie in anderer Erinnerung behalten können.

Erin und ich unterhielten uns leise. Die Anwesenheit des Todes in diesem Zimmer war bereits zu spüren. Erin erzählte, in ihrer Familie wäre in so einem Moment der ganze Raum voll. Tanten, Onkel, Cousinen, Nachbarn und Kinder – jeder würde kommen und sich verabschieden, damit der Sterbende in Frieden gehen kann.

Wir verfielen immer wieder in Schweigen, sahen Ruth an, beobachteten sie und warteten. Die Nacht war unglaublich still, während ich Ruth in Gedanken meine ganze Liebe sandte. Erin und ich plauderten wieder ein wenig, dann verstummten wir. Das Mädchen war genau die Art Mensch, mit dem man so ein Erlebnis teilen kann – sie fühlte mit, weil es in ihrer Natur lag.

Plötzlich fuhr sie hoch. »Sie hat die Augen aufgemacht«, sagte sie. Ruth war die ganze Schicht über halb im Koma gewesen. »Sie sieht dich an.«

Ich rückte näher ans Bett und hielt Ruths Hand. »Ich bin hier, meine Liebe. Alles in Ordnung.«

Sie sah mir direkt in die Augen, und einen Moment später begann ihr Geist den Körper zu verlassen. Sie bebte kurz. Dann war es ganz still.

Im nächsten Augenblick rollten mir Tränen über die Wangen. Ich bedankte mich im Stillen bei Ruth für das, was wir geteilt hatten, sagte ihr, dass ich sie liebte, und wünschte ihr alles Gute für ihre Reise. Es war ein andächtiger Moment, voller Stille und Liebe. Während ich mit hellwachen Sinnen in diesem dunklen Zimmer stand, hielt ich mir vor Augen, was für Segnungen ich aus dieser Zeit geschöpft hatte, die ich mit Ruth hatte verbringen dürfen.

Da holte Ruths Körper plötzlich noch einmal tief Luft. Ich machte einen Satz nach hinten, fluchte und spürte, wie mir das Herz aus der Brust springen wollte. »Scheiße, Mann!«, sagte ich zu Erin.

Sie lachte. »Das ist ganz normal, Bronnie. So was kommt oft vor.«

»Na gut, danke für die Warnung«, erwiderte ich lächelnd, obwohl ich noch immer unter Schock stand. Mein Herz hämmerte wie wild, und die ganze Feierlichkeit des Augenblicks war dahin. Zögernd trat ich wieder ans Bett. »Passiert das jetzt noch mal?«, flüsterte ich.

»Kann schon sein.«

Wir warteten schweigend noch eine Minute und wagten selbst kaum zu atmen. »Sie ist fort, Erin. Ich fühle, dass sie fort ist«, sagte ich schließlich.

»Gott segne sie«, kam es von uns beiden wie aus einem Munde. Wir zogen unsere Stühle näher ans Bett und blieben eine Weile in ehrfürchtigem Schweigen und liebevollem Respekt neben Ruth sitzen. Ich musste mich auch noch ein bisschen beruhigen nach dem Riesenschrecken von eben.

Heather und meine Arbeitgeberin hatten mich um einen Anruf gebeten, wenn es so weit war, also griff ich zum Telefon. Es war ungefähr halb drei Uhr morgens. Keiner von ihnen konnte jetzt etwas unternehmen. Vorab war ich schon instruiert worden, wie ich weiter verfahren musste. Ich rief den Arzt an, der vorbeikommen und die Todesurkunde ausstellen sollte, und verständigte danach das Bestattungsinstitut.

Erin und ich saßen in der Küche, bis Ruths Leiche gegen Sonnenaufgang abgeholt wurde. In diesen Stunden gingen wir beide ab und zu noch einmal zu Ruth – als würden wir einem inneren Impuls gehorchen, uns immer noch um ihren

Körper zu sorgen, obwohl sie ihn bereits verlassen hatte. Außerdem gefiel es mir nicht, dass sie so allein dort lag. Diese seltsame, dunkle Zeit war einerseits etwas Besonderes, aber in dieser Nacht nach ihrem Tod lag auch eine spürbare Leere über dem Haus.

Am nächsten Tag bot man mir an, Ruths Haus zu hüten. Heather meinte, es würde Monate dauern, bis es sich verkaufen ließ, und die Familie würde sich sicherer fühlen, wenn es nicht leer stand, sondern in der Zwischenzeit bewohnt blieb. So blieb ich noch eine Weile in Ruths Haus, was in meiner Situation ein echter Segen für mich war. Außerdem tat es mir gut, an einem Ort zu leben, der mir einigermaßen vertraut war.

Allerdings war mir eines klar geworden: Eine 24-Stunden-Betreuung, bei der man mit dem Patienten im gleichen Haus lebt, erschöpft einen zu sehr. Bei meinen zukünftigen Patienten würde ich jede Nacht nach Hause gehen, sonst kam ich zu gar nichts anderem mehr. Diese Art von Pflege verlangte mir wesentlich mehr ab, als einfach nur einem Menschen Gesellschaft zu leisten.

In den nächsten Monaten half ich Heather, Ruths Habseligkeiten anderweitig unterzubringen. Ihre materielle Umgebung wurde Stück für Stück aufgelöst, wie es jedem einmal passieren wird. Ich hatte so lange nomadisch gelebt, dass ich immer noch eine Abneigung dagegen hegte, zu viel zu besitzen. Daher lehnte ich viele Dinge ab, die Heather mir netterweise anbot. Es waren ja doch nur Sachen, und auch wenn sie meiner Freundin Ruth gehört hatten, wusste ich, dass ihre Erinnerung am besten in meinem Herzen bewahrt bleiben würde, und so ist es auch.

Allerdings verliebte ich mich in ein paar alte Lampen, die ich bis heute noch habe. Ruths Haus wurde von den neuen Besitzern abgerissen und durch einen modernen Betonbau ersetzt. Der alte Frangipani-Baum, dessen Sommerduft jahrzehntelang das Haus durchdrungen hatte, wurde im Bruchteil einer Sekunde plattgemacht und durch einen Pool ersetzt. Ich bekam eine Einladung zur Housewarming-Party im neuen Haus.

Den Leuten, die Ruths Heim gekauft hatten, hatten die Spinnen und ihre Netze im Garten gar nicht zugesagt. Ruth und ich hatten immer im Wintergarten gesessen und zugesehen, wie die Radnetzspinne ihr Netz webte, das so stabil ist, dass man es anheben kann, um darunter hindurchzugehen. Ein Wunderwerk, das wir geliebt und geteilt hatten. Als ich neben dem Pool stand und die ganzen neuen, modischen Pflanzen betrachtete, die einen alten, über Jahre hinweg liebevoll kultivierten Garten ersetzt hatten, freute ich mich, eine Radnetzspinne zu entdecken, die ihr Netz hoch über einer der neuen Pflanzen webte.

Lächelnd sandte ich Ruth meine ganze Liebe und wusste, dass sie mich auf ihre Art an diesem Tag dort besuchte. Ihr Haus mochte fort sein, aber ihr Geist war noch bei mir. Ich dankte dem neuen Besitzer für die Einladung, plauderte ein wenig und ging dann hinunter zum Hafen. Dort suchte ich den Platz auf, an den ich mich gesetzt hatte, als ich von Ruths unheilbarer Krankheit erfahren hatte. Ich war dankbar für alles, was wir geteilt hatten und was ich aus dieser Freundschaft gelernt hatte.

An jenem Sommertag musste ich lächeln, als mir klar wurde, wie viel mehr ich bekommen hatte, viel mehr als einfach nur eine mietfreie Unterkunft. Und indem sie meinen Blick auf diese Radnetzspinne lenkte, hatte Ruth zurückgelächelt.

Das Glück des Loslassens

Nach Ruths Tod arbeitete ich hie und da eine Schicht als Pflegerin, und bei der Ablöse lernte ich andere Pflegerinnen kennen. Diese wenigen Minuten waren die einzige Zeit, in der man Kontakt mit Kollegen hatte. Während der langen Zwölf-Stunden-Schichten gab es kein Geplänkel oder Gelächter im Team, man sah sich ja immer nur zur Übergabe. Der Patient, seine Familie und das medizinische Personal, das während meiner Schicht vorbeikam, waren die einzigen Kontakte.

Das machte die Beziehungen zu den Patienten noch persönlicher. Außerdem gab es mir Zeit, gelegentlich zu lesen, zu schreiben, meine Meditationssitzungen fortzusetzen oder ein bisschen Yoga zu machen. Viele Pflegerinnen wurden wahnsinnig, weil sie so viel Zeit allein verbringen mussten, und es war nichts Ungewöhnliches, morgens irgendwo anzukommen und schon vor dem Frühstück den Fernseher laufen zu sehen. Ich war froh, dass ich so problemlos allein sein konnte. Mir kamen die langen Stunden der Stille sogar sehr zupass. Es waren zwar Leute da, aber normalerweise ist das Haus eines sterbenden Menschen ein sehr friedlicher Ort.

Zumindest war das der Fall, als ich Stellas Haus in der alleengesäumten Vorstadtstraße betrat. Nicht nur, weil sie im Sterben lag – hier lebten überhaupt friedliche, sanfte Menschen. Stella hatte langes, glattes weißes Haar. Anmutig war das erste Wort, das mir in den Sinn kam, als wir uns kennenlernten, obwohl sie da ja schon krank im Bett lag. Ihr

Ehemann George, der mich ganz ungezwungen willkommen hieß, war ein wunderbarer Mann.

Wenn man akzeptieren muss, dass ein Familienmitglied stirbt, bedeutet allein das schon eine enorme Umwälzung im Leben. Doch wenn diese Person in das Stadium kommt, in dem sie vierundzwanzig Stunden am Tag betreut werden muss, ist es mit dem gewohnten Leben der Familie völlig vorbei. Ihre Privatsphäre und die besonderen Momente, die zwei Menschen in ihren vier Wänden geteilt haben, sind für immer verloren.

Die Pfleger kamen und gingen, ein Schichtwechsel am Morgen und einer am Abend. Manche kamen regelmäßig, andere nur einmal, zwischen ihren eigenen regelmäßigen Patienten. Ich musste mich also auf neue Gesichter einstellen, neue Persönlichkeiten und unterschiedliche Auffassungen von Berufsethos. Innerhalb relativ kurzer Zeit wurde ich Stellas ständige Tagespflegerin. Ab und zu kam eine Gemeindeschwester vorbei und auch der Arzt, der uns Schmerzmittel brachte. Ihn sah ich im Laufe der folgenden Jahre bei vielen Kunden, ein ganz besonderer, reizender, warmherziger Mensch.

Nach der Erfahrung mit Ruth meinte meine Arbeitgeberin, ich hätte meine Sache großartig gemacht, und bot mir Spezialkurse zur Weiterbildung in Palliativpflege an, falls ich weiter auf diesem Gebiet arbeiten wollte. Ich nahm das Angebot an, weil ich spürte, dass das Leben mich vorerst in diese Richtung zog. Die Zeit und die Lernprozesse mit Ruth hatten tiefe Spuren in mir hinterlassen und den Wunsch, auf diesem Gebiet weiter zu wachsen und Erfahrungen zu sammeln.

Meine Fortbildung beinhaltete zwei Workshops. Bei einem wurde mir und den anderen Pflegern gezeigt, wie man sich die Hände richtig wusch. Der andere war eine sehr kurze Einführung ins richtige Heben. Und das war's auch schon so ziemlich mit meiner offiziellen Ausbildung. Dann schickte mich meine Arbeitgeberin zu Stella, schärfte mir aber ein, nicht zu sagen, dass ich erst eine einzige Sterbebegleitung gemacht hatte. Sie glaubte, dass ich diesem Job gewachsen sein würde, und das glaubte ich auch.

Aufrichtigkeit war immer schon ein wichtiger Teil meines Charakters. Doch als die Familie mich nach meinen Erfahrungen fragte, log ich tatsächlich, weil ich die Stelle brauchte. Außerdem gab es neue Gesetze zu bestimmten Qualifikationen, die ich leider nicht besaß. Obwohl ich meine Fähigkeiten nicht unter Beweis stellen konnte, indem ich von früheren Fällen erzählte, wollte ich, dass Stellas Familie mir vertraute. In meinem Innersten wusste ich ja, dass ich diese Arbeit gut machen konnte, denn mehr als alles andere waren hier Behutsamkeit und Intuition gefragt. Also behauptete ich auf ihre Fragen, dass ich schon mehrere Leute gepflegt hätte. Das Lügen ging mir jedoch so gegen den Strich, dass ich danach nie wieder bei einem Patienten gelogen habe.

Stella achtete sehr auf Hygiene und wollte jeden Tag ein frisch bezogenes Bett. Aber sie war auch eine Dame mit Stil, die das Nachthemd passend zu Farbe und Muster des Bettbezugs aussuchte. George erzählte mir einmal lachend, wie er Ärger bekommen hatte, weil er die falsche Bettwäsche zu ihrem Nachthemd ausgesucht hatte. Ich lachte mit und sagte, was ich zu fast all den Familien meiner zukünftiger Patienten sagen würde: »Wenn es sie glücklich macht, dann soll sie es so haben.«

Und so stellte mir eine große, anmutige Frau, die sterbend in ihrem Nachthemd und dem dazu passenden Bettzeug lag, Fragen über mein Leben.

»Meditieren Sie?«, wollte sie wissen.

»Ja«, antwortete ich begeistert. Diese Frage hatte ich nicht erwartet.

Stella fuhr fort: »Und nach welcher Schule?« Ich sagte es ihr, und sie nickte wissend.

»Machen Sie auch Yoga?«, forschte sie weiter.

»Ja, das tu ich«, erwiderte ich, »aber leider nicht so oft, wie ich gern möchte.«

»Meditieren Sie täglich?«

»Ja, zweimal am Tag.«

Ich musste einfach lächeln, als sie kurz darauf mit ihrer sanften Stimme sagte: »Gott sei Dank. Ich habe eine Ewigkeit auf Sie gewartet. Jetzt kann ich endlich sterben.«

Stella war vierzig Jahre lang Yoga-Lehrerin gewesen, lange bevor Yoga in westlichen Kulturen alltäglich wurde. Damals war es noch eine Kuriosität aus dem Osten. Sie war mehrfach in Indien gewesen und hatte sich ihrem Weg voll und ganz verschrieben.

Früher hatte Stella auf Anfrage immer angegeben, sie sei Gymnastiklehrerin, weil Yoga für die Welt, in der sie lebte, zu abwegig war. Aber im Laufe der Zeit entwickelte sich die Gesellschaft glücklicherweise weiter, so dass sie sich nicht mehr verstecken musste und vielen Schülern die Kunst und Weisheit ihres Weges näherbringen konnte.

Ihr Mann war zwar schon Rentner, arbeitete aber immer noch ein bisschen von zu Hause aus. Er töpferte friedlich vor sich hin, und ich genoss seine Anwesenheit. Die Hausbibliothek war voller spiritueller Klassiker. Viele hatte ich schon gelesen, aber eine ganze Menge stand auch noch auf meiner Liste. Diese Bibliothek war der wahrgewordene Traum für einen jeden Leser, vor allem für einen, der sich für Philosophie, Psychologie und Spiritualität interessierte. Ich verschlang so viel wie möglich davon. Manchmal wachte Stella auf, fragte mich, was für ein Buch ich gerade las und wo ich gerade war, und dann kommentierte sie meine Lektüre. Sie kannte diese Bücher alle. Wenn sie munter genug für lange Unterhaltungen war – was leider nicht allzu oft der Fall war –, drehte sich unser Gespräch immer um Philosophie. Wir teilten viele Theorien und stellten fest, dass sich unsere Denkweise nicht sehr voneinander unterschied.

Auch bei meinen Yogaübungen machte ich riesige Fortschritte. Ich hatte nicht das Gefühl, verstecken zu müssen, was ich tat, oder in ein anderes Zimmer gehen zu müssen. Die Tür zu Stellas Schlafzimmer war nie geschlossen, so dass jederzeit ein frischer Luftzug hindurchwehte. Dieses Haus war ein wunderbarer Arbeitsplatz. Stellas friedliche weiße Katze namens Yogi lag am Fußende des Bettes und sah mir zu. Da die Nachmittage in dieser Gegend so besonders ruhig waren, nutzte ich diese Zeit meistens für Dehn- und Atemübungen. Es war immer eine angenehme Überraschung, wenn ich dachte, dass Stella schlief, sie mir aber plötzlich einen Kommentar zu meiner Position zurief, wie ich meine Haltung verbessern oder eine ähnliche ausprobieren könnte, die vielleicht etwas dynamischer und anspruchsvoller war. Dann döste sie wieder ein.

Damals machte ich seit fünf Jahren Yoga. Angefangen hatte es in Fremantle, einem Vorort von Perth, während der Zeit, als ich in Western Australia lebte. Zweimal die Woche sprang ich auf mein Rad und fuhr durch ein paar Vororte nach Fremantle. Der Lehrer hieß Kale und führte mich ganz wunderbar ins Yoga ein. Er hatte erst sehr spät im Leben seinen eigenen Weg gefunden und war über Rückenschmerzen zum Yoga gekommen. Doch das Leben hatte offensichtlich große Pläne mit ihm, und so fand er seine Berufung, sehr zum Wohle seiner vielen eifrigen Schüler.

Als wir Perth verlassen hatten, war mein Leben eine Weile sehr rastlos, doch Yoga zog mich weiterhin an. An jedem Wohnort suchte ich mir einen Kurs. Bei manchen machte ich nur kurz mit. Ich entdeckte keinen Kurs, der mich so ansprach wie der von Kale, es war vergebliche Liebesmüh. So etwas würde ich nie wieder finden.

In Stellas Schlafzimmer wurde mir klar, warum mich meine Übungen nie ganz zufriedenstellten, ich suchte immer noch nach einem Lehrer, statt mich nach mir selbst zu richten. Dank Stellas Anleitung veränderte sich diese Haltung für immer. Ich habe seitdem noch andere Kurse besucht, weil ich dabei immer noch ein Stückchen weiter komme, als ich es mit meinen Sitzungen allein zu Hause schaffen könnte. Außerdem lernt man dort auch prima Leute kennen, die auf derselben Wellenlänge liegen. Doch meine häuslichen Yogastunden stehen jetzt auf sicherem Boden, denn die Praxis selbst ist der Lehrer. Stella hat in mir ihre letzte Schülerin geprägt.

Am meisten frustrierte es sie, dass sie bereit war zu sterben, der Tod aber nicht kommen wollte. Wenn ich morgens eintrat und sie fragte, wie es ihr ging, antwortete sie oft: »Na, wie soll's mir schon gehen? Ich bin immer noch hier, obwohl ich gar nicht will.«

Sie selbst konnte nicht mehr meditieren. Nach all den Jahren geistiger Disziplin und der Verbindung mit sich selbst, die sie durch die Meditation erlebt hatte, war sie davon ausgegangen, es wäre jetzt, wo sie heimgehen würde, eine ganz natürliche Sache. Sie hatte sogar erwartet, ihre Sitzungen würden nur noch intensiver. Doch stattdessen wurden nur meine Sitzungen intensiver. Jeden Nachmittag, wenn sie wegdämmerte, meditierte ich. »Hast du ein Glück«, sagte sie hinterher immer. »Ich bin so frustriert, ich kann nicht meditieren, und sterben kann ich auch nicht.«

»Vielleicht bist du wegen mir noch hier. Vielleicht gibt es noch ein paar Dinge, die ich von dir lernen muss, und deswegen ist deine Zeit noch nicht gekommen«, schlug ich vor.

Sie nickte. »Das kann ich akzeptieren.«

Aber wie immer, wenn zwei Leute in engeren Kontakt miteinander kommen, konnten beide Beteiligten voneinander lernen. Als ich das Thema Loslassen anschnitt, begann Stella mehr inneren Frieden zu finden. Während ich an ihrem Bett saß und erzählte, wie ich in der Vergangenheit gelernt hatte loszulassen, hörte sie mir aufmerksam zu.

Im Laufe der Jahre hatte ich immer darauf vertraut, dass die Dinge schon gut gehen würden. Ich erzählte ihr, wie ich mich vor ein paar Jahren einfach auf den Weg gemacht hatte, um irgendwohin zu ziehen, wo es ein bisschen kühler war – und beim Aufbruch hatte ich nur einen vollen Tank und fünfzig Dollar. Mir schwebte eine Stadt an der Südküste von New South Wales vor, also schlug ich ungefähr diese Richtung ein. Unterwegs besuchte ich Freunde, fand tageweise Arbeit, die es mir erlaubte, meine Reise fortzusetzen. Da ich schon immer nomadisch veranlagt gewesen war, hatte ich Freunde an allen möglichen Ecken und Enden, und es war herrlich, sie alle mal wiederzusehen. Manche von ihnen hatte ich fast ein Jahrzehnt nicht mehr getroffen. Irgendwann kam ich in der Stadt an, die ich mir ausgesucht hatte, wenn auch mit sehr wenig Geld in der Tasche.

Den schönsten Blick der Stadt bot ein Campingplatz auf einer Landzunge, von dort oben sah man auf den mächtigen Pazifik. Ich blieb dort, um zu übernachten. Der Rücksitz meines alten Jeeps war ausgebaut und durch eine Matratze ersetzt worden, und wenn ich weiterfahren wollte, zog ich einfach die Vorhänge hoch. Voilà, so einfach war Mobilsein. Ich sondierte die Jobs in der Stadt, und zunächst sah es ein bisschen schwierig aus. Es war Herbst, meine liebste Jahreszeit. Also genoss ich einfach ein paar Tage das herrliche Wetter und ging viel spazieren.

Allerdings konnte ich mir so die Miete für den Wohnwagenplatz dauerhaft nicht leisten. Mir ging das Geld aus, und ich war nur noch dort, um zu duschen und damit ich eine Basis hatte, während ich mir die ersten Kontakte in der Stadt aufbaute. Also kaufte ich mir ein paar Essensvorräte und fuhr aufs Land. Ich folgte den Schildern zu einem nicht allzu weit entfernten Fluss ins Binnenland. Da ich bislang immer schon darauf vertraut hatte, dass alles gut gehen würde, wusste ich, dass ich mich meinen Ängsten frontal stellen musste. Wenn ich etwas durch bloße Zuversicht erzwingen wollte, musste ich zuerst mein Hirn ausschalten, und das war immer der schwierigste Part.

Ungesunde Denkmuster meldeten sich zurück, Folgen meiner alten Konditionierungen und den Behauptungen der Gesellschaft, man könne nicht so leben. Die alten Ängste rührten sich wieder, und ich überlegte krampfhaft, wie um alles in der Welt ich die Dinge auf die Reihe kriegen sollte. Das Einzige, was mich in der Vergangenheit in so einem Moment immer gerettet hatte (und mich auch jetzt wieder retten würde), war die Konzentration aufs Hier und Jetzt. Um sich seinen Ängsten zu stellen, gibt es keinen besseren Ort als die Natur, wo man in den normalen Rhythmus des Lebens zurückfinden kann.

Nachdem ich meine Ängste zum Schweigen gebracht hatte, genoss ich wunderbare Tage, an denen ich einfache, vollwertige Nahrung verzehrte, im kristallklaren, reinigenden Flusswasser schwamm, die seltsamsten Formen von Flora und Fauna beobachtete, den zahllosen Varianten des Vogelgesangs lauschte und las. Es war eine andächtige, wunderschöne Zeit, in der ich Weite atmete.

Es vergingen knapp zwei Wochen, bis ich zum ersten Mal Menschen sah. Der Tag war sehr schön. Es handelte sich um eine Familie - drei Generationen -, die ein Picknick am Fluss machten. Daraus schloss ich, dass wohl gerade Wochenende sein musste. Ich ließ meinen Jeep unversperrt zurück und brach zu einem großen Spaziergang durch den Busch auf, damit die Leute den Ort allein genießen konnten. Am Spätnachmittag lag ich in meinem Auto, Türen und Heckklappe standen offen, und las. Die Dämmerung warf ein magisches Licht durch die Bäume.

Als die Familie aufbrach, trennte sich die Mutter der beiden Kinder, eine Frau in meinem Alter, kurz von der Gruppe. Ihr Mann, ihre Eltern und die Kinder gingen schon zum Auto. Sie kam zu mir herüber und beugte sich in meinen Jeep. Ich blickte überrascht auf und lächelte sie an. Sie flüsterte mir einfach nur zu: »Ich beneide Sie um Ihre Freiheit.« Wir mussten beide lachen, und sie ging, ohne noch ein Wort zu sagen oder eine Antwort abzuwarten.

Als ich in der Nacht bei offenen Vorhängen in meinem Jeep lag, die Frösche am Fluss quakten und eine Million Sterne mir Gesellschaft leistete, lachte ich noch einmal, als ich an die Frau dachte. Sie hatte recht. Ich war so frei, wie irgend möglich. Mein Geld und meine Essensvorräte reichten gerade mal für die nächsten Tage, aber in diesem Moment war ich so frei, wie ein Mensch nur sein kann.

Die Leute haben mich oft gefragt, ob ich bei meinen ganzen Reisen in den Busch oder an andere Orte Australiens keine Angst gehabt hätte. Die Antwort lautet Nein. Nur ganz selten hatte ich dazu mal Grund. Es gab ein paar Situationen, die vielleicht ungut hätten ausgehen können, zum Beispiel mein Erlebnis beim Autostop. Aber ich hatte es ja heil überstanden, und schließlich lernt man ja gerade aus solchen unschönen Erfahrungen. Da ich jeden Schritt intuitiv tat, versuchte ich immer, so zuversichtlich wie möglich voranzugehen, denn ich wusste ja, dass ich am Ende zurechtkommen würde.

Alles in allem sind wir aber doch soziale Wesen, also machte ich mich irgendwann wieder auf den Weg zurück in die Stadt. Ich rief meine Mutter an, zu der ich eine gesunde, liebevolle Beziehung habe. Da sie meine Mutter ist, machte sie sich natürlich immer ein wenig Sorgen um mein Wohlergehen. Aber sie spürte auch, dass dieses Nomadenleben zu mir gehörte. Sie verurteilte meine Entscheidungen nie, war aber jedes Mal erleichtert, wenn ich mich wieder bei ihr meldete. Am Vortag hatte sie für zwei Dollar ein Los gekauft, sie wollte mir im Falle eines Gewinns das Geld schenken. Sie ist von Natur aus ein so freigebiger Mensch, dass das Leben sie im Gegenzug auch reich beschenkt – und prompt gewann ihr Los.

»Du gibst mir auf so viele andere Arten etwas«, sagte sie. »Ich bestehe darauf, dass du das Geld nimmst. Es ist sowieso nur zu mir gekommen, weil ich dir damit helfen wollte.« So kam ich also zu Geld, von dem ich wieder ein paar Wochen bestreiten konnte.

Als ich am nächsten Morgen in meinem Jeep auf dem Campingplatz aufwachte, stand ich auf und machte mich auf den Weg nach unten zu den Klippen, um den Sonnenaufgang über dem Meer zu beobachten. Ich liebe diesen ersten Lichtschimmer, der aufsteigt, wenn die Sterne noch am Himmel stehen, und gleichzeitig ein neuer Tag beginnt. Während sich der Himmel von Rosa zu Orange verfärbte, saß ich auf den Klippen und sah einer Schule von Delfinen zu, die dort unten schwammen und aus purer Lebensfreude aus dem Wasser schossen. In diesem Augenblick wusste ich einfach, dass alles gut werden würde.

Nachdem ich mit dem Besitzer des Campingplatzes ein langes, anregendes Gespräch über das Leben und das Reisen geführt hatte, kam er zu meinem Jeep und hielt mir einen Schlüssel hin. »Hier. Van Nummer acht brauche ich die nächsten zehn Tage nicht. Nimm ihn, und komm bloß nicht auf die Idee, mir einen Cent dafür zu bezahlen. Wenn meine Tochter in ihrem Jeep schlafen würde, würde ich auch hoffen, dass jemand so etwas für sie tut.«

»Danke, Ted«, sagte ich und musste vor lauter Dankbarkeit ein paar Tränen unterdrücken.

Also hatte ich für die nächsten zehn Tage ein Dach über dem Kopf und konnte mir sogar etwas kochen. Allerdings begannen mich in dieser Zeit wieder Ängste wegen meiner

Situation zu quälen. Ich musste Geld verdienen. Meine Lebensmittelvorräte schwanden auch dahin. Jeden Tag klapperte ich sämtliche Läden in der Stadt ab und lernte dabei auch jede Menge prima Leute kennen, doch ein Job sprang dabei nicht heraus. Als ich die Landzunge hochging, zurück zu Campingplatz und Van, atmete ich tief durch, versuchte, meine Gedanken nur in der Gegenwart zu belassen, aber trotzdem eine Lösung für die Zukunft zu finden.

Diesen Teil meines Lebens hasste ich. Diesen Zwang, immer wieder jede Vorsicht in den Wind zu schlagen und mich regelmäßig in solche schwierigen Situationen zu bringen. Andererseits war es eine Art Sucht. Ich stellte mich jedes Mal von Neuem meinen Ängsten, und irgendwie fiel ich stets wieder auf die Füße. In gewisser Hinsicht wurde es von Mal zu Mal schwerer, mich mit so viel Zuversicht in die Situation zu stürzen, weil immer schlimmere Ängste in mir aufstiegen. Zugleich wurde es auch einfacher. Ich hatte meine Zuversicht schon mehr als einmal bis an die äußerste Grenze strapaziert und war hinterher nicht nur klüger, sondern glaubte auch fester an mich selbst. Das Leben schien mir sinnvoller, so wie ich es lebte, ganz egal, wie hart es manchmal war. Ich passte damit nur einfach nicht in eine konventionelle Gesellschaft.

An diesem Punkt befand ich mich also, als ich der beginnenden Ebbe zusah, und mir vor Augen hielt, wie wichtig es ist, sich dem Lauf der Dinge hinzugeben, loszulassen und der Natur zu gestatten, ihre Magie zu entfalten. Dieselbe Kraft, die die Gezeiten lenkt, die Kraft, die die Jahreszeiten kommen und gehen lässt und Leben schafft, würde sicher auch in der Lage sein, mir die Chance in die Hände zu spielen, die ich brauchte. Aber erst musste ich loslassen. Es war eine schreckliche Verschwendung meiner Energie, wenn ich versuchte, Zeitpunkt und Ergebnis selbst zu bestimmen. Ich hatte meine Pläne gemacht und alles Nötige unternommen.

Jetzt war es an der Zeit, dass ich einen Schritt zurücktrat und das Leben machen ließ.

Ich musste leise über mich selbst lachen, als es mir wieder einfiel. Dabei hatte ich diese Lektion schon früher gelernt. Wenn ich am äußersten Ende eines dünnen Zweiges angekommen war, konnte ich mich nur noch meinem Schicksal überlassen und abwarten, wo ich landete. Es war höchste Zeit loszulassen.

Loslassen ist nicht dasselbe wie Aufgeben, ganz im Gegenteil. Loslassen erfordert eine gehörige Portion Mut. Oft gelingt es uns nur, wenn es zu schmerzhaft wird, um irgendein bestimmtes Ergebnis zu kämpfen. Tatsächlich ist es wie eine Befreiung, an diesen Punkt zu kommen, auch wenn es nicht gerade Spaß macht. Sobald man akzeptieren kann, dass man selbst nichts mehr tun kann und die Dinge einer höheren Macht in die Hände geben muss, wirkt diese innere Haltung wie ein Katalysator, und alles kommt ins Rollen.

Auch am nächsten Morgen ging ich hinunter zu den Klippen ans Wasser, wo mich bei Sonnenaufgang wieder die spielenden Delfine begrüßten. Ich fühlte mich völlig leer und ausgelaugt nach diesen ganzen Attacken von Angst, Schmerz und Widerstand, die letztlich zum Loslassen geführt hatten. Die emotionale Erschöpfung hatte mich enorm viel Kraft gekostet. Doch während ich den Delfinen zusah und die Morgendämmerung auf mich wirken ließ, gestattete ich mir langsam, aber sicher, wieder Hoffnung zu schöpfen.

Als ich wenige Tage später mit ein paar Urlaubern auf dem Campingplatz ein ganz harmloses Gespräch führte, bot man mir einen Job in Melbourne an, ungefähr sieben Stunden Fahrt Richtung Süden. »Warum nicht?«, dachte ich. Ich konnte gehen, wohin ich wollte, und ich hatte sowieso vor, in eine etwas kühlere Klimazone zu ziehen. Melbourne wurde bald meine Lieblingsstadt in Australien, und das ist sie bis heute. Aber damals hatte ich sie noch nicht in Betracht gezogen, und ich ahnte nicht, wie sehr ich vom Leben in dieser kreativen Stadt profitieren würde. Erst als ich losließ und gedanklich ganz in der Gegenwart blieb, konnte mir diese Chance über den Weg laufen.

Nachdem ich Stella meine Geschichte zu Ende erzählt hatte, lächelten wir beide. Sie aß ihre halbe Erdbeere und stimmte mir zu, ohne sich dabei von ihrem Ego leiten zu lassen. Sie hatte versucht, den Zeitpunkt ihres Todes selbst zu bestimmen. Es wurde Zeit, dass sie die Zügel aus der Hand gab, und auch wenn ihr der Gedanke nicht sonderlich gefiel, fand sie sich damit ab, dass es vielleicht noch ein bisschen dauern würde, bis ihre Zeit kam. Der menschliche Körper wird in neun Monaten gebildet. Manchmal braucht es auch eine Weile, bis er seine Funktionen einstellen kann.

Allerdings war sie inzwischen sehr schwach und aß kaum noch etwas. Ihr fehlte die Energie zum Essen, doch immerhin nahm sie ab und zu ein kleines Stückchen Obst zu sich, einfach um etwas zu schmecken. Am Vortag waren es zwei Trauben gewesen. Heute war es eine halbe Erdbeere.

Ihre Krankheit hätte ihr eigentlich viele Schmerzen verursachen müssen, vor allem weil sie erst in so fortgeschrittenem Stadium diagnostiziert worden war. Aber sie hatte sehr wenig Schmerzen, was ihren Arzt in Erstaunen versetzte. Im Verlauf der Krankheit spürte Stella im Grunde in erster Linie Erschöpfung. Durch die Arbeit, die sie auf ihrer spirituellen Reise getan hatte, hatte sie eine sehr starke Verbindung zu ihrem Körper aufgebaut, das half ihr jetzt, so dass sie fast schmerzfrei war. Aus demselben Grund kam auch ihr Tod sehr sanft.

Zwei, drei Tage vorher hatte ich bemerkt, dass ihre Finger stark angeschwollen waren. Nun schnitt ihr Ehering tief ins Fleisch und schien die Durchblutung dort zu stören. Als ich bei meiner Agentur anrief, erklärte mir die Krankenschwester, dass der Ring entfernt werden musste. George legte sich neben seine Frau auf das Bett, und ich bearbeitete ihren Finger mit Wasser und Seife, um den Ring behutsam abnehmen zu können. Es dauerte eine ganze Weile, und am Ende weinten sowohl Stella als auch George. Ich kam mir vor wie ein Monster, doch als es mir schließlich gelungen war, dieses Symbol ihrer Liebe zu entfernen, das sie ein halbes Jahrhundert an ihrem Finger getragen hatte, kamen auch mir die Tränen.

George, der ein unglaublich lieber Mann war, gab ihr zärtliche Kosenamen, wie so oft während ihres langen Ehelebens. Ich verließ das Zimmer, damit die beiden diesen kostbaren Moment teilen konnten, in dem sie sich ganz nahe waren, vielleicht sogar das letzte Mal in ihrem Leben einander im Arm hielten. Weinend stand ich im Badezimmer, und trotzdem empfand ich es als Segen, dass ich Zeuge dieser tiefen Liebe hatte werden dürfen. So etwas hatte ich noch nie gesehen. Es verband sie eine tiefe Freundschaft, beide waren sanft und überlegt im Umgang mit anderen Menschen, aber vor allem miteinander. Die beiden weinen zu sehen, als der Ehering für immer von Stellas Finger gezogen wurde, tat mir sehr weh.

Ihr Sohn und ihre Töchter kamen regelmäßig zu Besuch, und jetzt, wo es aufs Ende zuging, kamen sie noch öfter. Ich mochte sie alle. Sie waren sehr unterschiedlich, aber alles anständige, freundliche Menschen. Zu einer der Töchter hatte ich jedoch ein besonders enges Verhältnis.

Eines Tages schlug das Wetter unerwartet um, und ich fror, weil ich nicht genug angezogen hatte. George bestand darauf, dass ich eine von Stellas Strickjacken überzog. Beide fanden, dass mir die Jacke ausgezeichnet stand. Es war so ein Kleidungsstück, das einem im Laden niemals ins Auge fallen würde, weil es einfach nicht zum eigenen Stil passt. Aber wenn man es anzieht, verliebt man sich sofort. Die Familie,

Stella inklusive, schenkte mir die Strickjacke. Heute, Jahre später, trage ich sie noch immer. Stella hatte wirklich einen ganz schön guten Geschmack.

In derselben Nacht, ich war zu Hause und schlief, fiel sie ins Koma. Als ich am nächsten Morgen kam, herrschte im ganzen Haus andächtige Stille. George und David, der Sohn, waren dort. Während eine sanfte Brise durch die Schlafzimmertür hereinzog, lag George neben seiner schönen Frau auf dem Bett. Er hielt ihre Hand, die langsam kalt wurde. Stella war noch am Leben, aber in solchen Fällen, wenn der Tod bald eintritt, wird die Durchblutung in den Gliedmaßen immer schlechter. Auch ihre Füße waren schon kalt. David saß auf einem Stuhl neben dem Bett und hielt ihre andere Hand. Ich setzte mich auf einen zweiten Stuhl und legte ihr die Hand auf den Fuß. Es war mir wohl ein Bedürfnis, sie ebenfalls zu berühren.

Nach über zwölf Stunden in tiefem Koma schlug Stella die Augen auf, blickte zur Decke und lächelte. George setzte sich auf. »Sie lächelt«, stellte er verblüfft fest. »Sie lächelt irgendetwas an.«

Stella war sich unserer überhaupt nicht mehr bewusst. Doch wem oder was ihr Lächeln auch gegolten haben mochte, es befestigte einen Glauben in mir, der seitdem nie mehr ins Wanken gekommen ist. Nachdem ich selbst schon durch Meditation herrliche Orte gesehen hatte, die weit jenseits des normalen, menschlichen Erfahrungsbereiches lagen, hatte ich nie bezweifelt, dass es ein Leben nach dem Tod gibt. Aber als ich jetzt sah, wie verblüffend glücklich Stella aussah, als sie mit offenen Augen zur Decke blickte und lächelte, war ich endgültig überzeugt, dass mich nichts mehr von dieser Annahme abbringen würde. Es gibt einen Ort, an den wir nach unserem Tod gehen oder zurückgehen.

Nach diesem Lächeln stieß Stella einen kleinen Seufzer aus, ihre Augen rollten nach oben, und es war still. George und David sahen mich an, als erwarteten sie eine Bestätigung von mir. Nachdem ich zuvor nur Ruth hatte sterben sehen, wartete ich auf den letzten großen Atemzug, doch er kam nicht. »Ist sie tot? Ist sie jetzt tot?«, fragten sie mich. Aus ihren Stimmen sprachen Verzweiflung und herzzerreißender Kummer.

Als ich an ihrem Hals nach dem Puls tastete, spürte ich nur den Rhythmus meines eigenen heftigen Herzschlags. Ich stand unter enormem Druck und hatte keine Ahnung, was ich tun sollte. Verzweifelt sahen mich die beiden an. Ich wollte nicht Stellas Tod verkünden, wenn sie am Ende noch mal zwei Tage weiterlebte oder auch nur noch einen letzten tiefen Atemzug tat. Ich betete stumm um Hilfe.

Da kam auf einmal eine große Ruhe über mich, und ich wusste, dass sie von uns gegangen war. Es war so ein leichter, anmutiger und sanfter Tod gewesen, dass ich nicht hätte sagen können, ob sie wirklich gestorben war. Doch diese Welle von Liebe, die mich jetzt durchflutete, bestätigte mir, dass sie gegangen war. Ich nickte, und George und David verließen sofort das Zimmer. Das herzzerreißendste Schluchzen hallte durchs Haus, als George klar wurde, dass seine geliebte Frau nun für immer fort war. Ich blieb stumm bei Stella sitzen und ließ ebenfalls die Tränen fließen.

Ein paar Stunden später, als die restliche Familie da war und man sich mit den praktischen Details auseinandersetzte, verabschiedeten wir uns voneinander. Aus dem Morgen war ein sehr heißer Tag geworden, und ich überlegte, was ich mit mir anfangen sollte. Ich wünschte mir irgendeine oberflächliche Art von Ablenkung. Noch immer besaß ich den Jeep, mit dem ich schon meine ganzen langen Fahrten gemacht hatte. Die Fahrertür musste man – schon seit einer ganzen Weile – kräftig zuknallen, damit sie richtig schloss. Heute jedoch zerbrach das Fenster der Fahrertür dabei in tausend Scherben, die in das Kartenfach an der Türinnenseite fielen.

Ich starrte die Tür an. Die Ereignisse dieses Morgens hatten mich schon genug durcheinandergebracht, und dieser Riesenlärm verstörte mich zusätzlich. Ich sah aus dem Fenster, das jetzt bis auf ein paar Scherben nicht mehr verglast war, und akzeptierte, dass es wahrscheinlich das Beste für mich sein würde, einfach nach Hause zu fahren.

Es dauerte drei Tage, bis das Ersatzfenster eintraf. Also verbrachte ich diese Tage zu Hause und unten am Hafen. Währenddessen dankte ich Stella die ganze Zeit dafür, dass sie mich nach Hause geschickt hatte. Es war das Beste für mich, denn hier konnte ich einfach ich sein. Ein paar Monate später bekam ich einen Brief von Therese, Stellas Tochter, mit der ich mich am meisten angefreundet hatte. Am Tag nach Stellas Tod war Therese die Straße entlanggegangen und hatte dabei natürlich an ihre Mutter gedacht. Da flog auf einmal ein riesiger weißer Kakadu vor ihr herab, so nah, dass sie den Luftzug von seinen Flügeln spürte. Stella war genau die Art Frau, die dazu fähig war, uns solche Zeichen zu schicken, und Thereses Brief freute mich ungeheuer.

Nachdem ungefähr ein Jahr vergangen war, besuchte ich die Familie. Sie hatten mich zum Essen eingeladen, und ich freute mich sehr auf den Abend, vor allem auf ein Wiedersehen mit dem lieben George. Ich wollte wissen, wie er jetzt zurechtkam. Therese und ihr Mann waren ebenfalls da. Der Abend begann sehr nett, und ich freute mich zu hören, dass George sich viel mit anderen Menschen umgab, indem er zum Beispiel zum Bridgespielen ging. Dann kam die Unterhaltung auf das Thema, das mich mit meiner »Lüge« konfrontierte. Therese fragte mich, inwiefern der Tod ihrer Mutter anders gewesen sei im Vergleich mit meinen anderen Schützlingen, oder irgendetwas in der Richtung. Das war meine große Chance, um reinen Tisch zu machen und ihnen zu gestehen, wie unerfahren ich gewesen war, als ich Stella betreute.

Ich glaube wirklich nicht, dass sie mir in diesem Moment böse gewesen wären, denn sie waren alle sehr froh darüber, was für gute Dienste ich geleistet hatte. Trotzdem konnte ich die Wahrheit nicht über die Lippen bringen, denn George freute sich so sehr, mich zu Gast zu haben, und machte immer wieder Bemerkungen, wie schön es war, dass wir alle mal wieder zusammen waren. Ich bin sicher, das brachte ihm Stella irgendwie ein bisschen zurück. Eigentlich hätte ich Therese an diesem Abend noch einmal beiseitenehmen wollen und ihr die ganze Geschichte erzählen, doch es ergab sich keine Gelegenheit.

Da jeder von uns sein Leben weiterlebte, verloren wir uns danach recht bald aus den Augen. Aber ein paar Jahre später, als wir uns alle noch einmal trafen, bekam ich die Gelegenheit, der Familie zu sagen, wie unerfahren ich damals gewesen war und wie ich es bedauert hatte, nicht gleich ehrlich zu ihnen gewesen zu sein. Sie reagierten sehr verständnisvoll und verziehen mir sofort. Sie meinten, ich hätte es mehr als wettgemacht mit meinem Einfühlungsvermögen und meinem Mitgefühl. Genau wie ich hatten sie von Anfang an gespürt, dass ich die richtige Pflegerin für ihre Mutter war. Es war wunderschön, sich wieder zu treffen und Erinnerungen auszutauschen. Im Winter trage ich heute noch Stellas Strickjacke und denke ab und zu an sie. Letzten Winter hatte ich die Jacke an, als ich ein Buch las, das sie mir gegeben hatte, und ich hielt einen Moment inne und lächelte, während ich meine Erinnerungen Revue passieren ließ. Diese Arbeit brachte einen auf jeden Fall mit wundervollen Menschen zusammen.

Aber so oder so war mir die Geschichte mit meiner Lüge eine Lehre. Nach Stella beschloss ich, dass ich nie wieder einen Schützling oder seine Familie belügen würde. Das Wichtigste war, dass ich etwas daraus gelernt hatte. Ich war ein aufrichtiger Mensch, und egal, wie schwer einem diese

Aufrichtigkeit manches Mal fallen mochte, sie war der einzig mögliche Weg für mich, wenn ich mich in meiner Haut wohlfühlen wollte.

Weil ich meine Lehre daraus zog, konnte ich mir selbst verzeihen, und das ist die größtmögliche Vergebung, die ein Mensch erreichen kann.

Versäumnis Nummer 1:

Ich wünschte, ich hätte den Mut gehabt, mir selbst treu zu bleiben, statt so zu leben, wie andere es von mir erwarteten.

Kaum hatte ich Grace kennengelernt, da war sie auch schon eine meiner liebsten Palliativpatienten. Sie war eine winzige Frau mit einem riesigen Herzen. Das hatte sie ihren Kindern weitergegeben, die alle ebenso wunderbare Menschen waren wie ihre Mutter und inzwischen selbst Eltern.

Grace lebte in einem ganz anderen Stadtteil als die meisten unserer Patienten. Eine Straße in einem Vorort ohne Wohnblöcke rechts und links. Mein erster Eindruck war, dass man hier hervorragend Fernsehserien drehen könnte, denn dieser Ort vibrierte nur so von Familienenergie. Was ich an Grace und ihrer Familie am meisten mochte, war ihre bodenständige Art und wie herzlich sie mich aufnahmen.

Am Anfang lief es wie mit allen anderen Patienten: Wir erzählten uns Geschichten, um uns gegenseitig kennenzulernen. Im Badezimmer und auf der Toilette kamen die üblichen Kommentare, wie würdelos Grace es fand, dass jemand anders ihr den Hintern abwischen musste und dass so ein nettes, junges Ding wie ich doch keine so grässliche Arbeit tun sollte. Doch ich gewöhnte mich an diesen Teil meiner Arbeit und versuchte, Grace und all meinen anderen Schützlingen die Situation leichter zu machen, indem ich kein großes Aufhebens davon machte. Krankheit ist zweifellos ein

Weg, der das Ego auflöst. Und wenn man unheilbar krank ist, gehört Würde endgültig der Vergangenheit an. Diese Situation muss man akzeptieren, ob man will oder nicht, ebenso wie die Tatsache, dass einem ein Fremder den Hintern abwischt, denn irgendwann werden die Patienten einfach zu krank, um sich darüber noch Gedanken zu machen.

Grace war über fünfzig Jahre verheiratet gewesen und hatte ein Leben geführt, wie man es von ihr erwartete. Sie hatte wunderbare Kinder großgezogen und freute sich nun an ihren Enkeln, die inzwischen auch schon zu Teenagern herangewachsen waren. Offenbar war ihr Mann aber eine Art Tyrann gewesen, der Grace das Eheleben jahrzehntelang sauer gemacht hatte. Es war eine Erleichterung für alle Beteiligten, als er vor wenigen Monaten dauerhaft in einem Pflegeheim untergebracht worden war.

Ihr gesamtes Eheleben lang hatte Grace davon geträumt, unabhängig von ihrem Mann zu leben, zu reisen, nicht mehr unter seiner diktatorischen Fuchtel zu stehen, vor allem anderen aber einfach ein schlichtes, glückliches Leben zu führen. Obwohl sie schon über achtzig war, war sie immer noch sehr fit und gesund gewesen für ihr Alter. Solange man gesund ist, ist man auch mobil, und das war Grace, als ihr Mann ins Heim kam.

Doch kurz nachdem die neu gefundene, lang ersehnte Freiheit angebrochen war, fühlte Grace sich sehr krank. Wenige Tage später bekam sie die Diagnose, dass sie an einer unheilbaren Krankheit litt, und zwar bereits in fortgeschrittenem Stadium. Das Ganze wurde noch bitterer dadurch, dass sie ihre Krankheit ihrem Mann zu verdanken hatte, der jahrzehntelang im Haus geraucht hatte. Die Krankheit war aggressiv, und innerhalb eines Monats war Grace völlig entkräftet und bettlägerig. Sie konnte nur noch langsam mit einer Gehhilfe ins Bad schlurfen, wenn ihr jemand dabei half. Die Träume, die sie ein Leben lang aufgeschoben hatte, würde sie nicht mehr ausleben können. Es war zu spät. Der Kummer darüber ließ ihr keine Ruhe und quälte sie sehr.

»Warum habe ich nicht einfach getan, was ich wollte? Warum habe ich ihm erlaubt, mir ständig Vorschriften zu machen? Warum war ich nicht stark genug?« Diese Fragen hörte ich immer wieder. Sie war wütend auf sich selbst, weil sie nie den nötigen Mut gefunden hatte. Ihre Kinder bestätigten, was für ein hartes Leben sie gehabt hatte, und bemitleideten ihre Mutter ebenso wie ich.

»Lassen Sie niemals zu, dass irgendjemand Sie von dem abhält, was Sie wollen, Bronnie«, sagte sie. »Bitte versprechen Sie das einer sterbenden Frau.« Ich versprach es und erklärte ihr, dass ich das Glück hatte, Tochter einer großartigen Mutter zu sein, die mir als lebendes Beispiel Unabhängigkeit beigebracht hatte.

»Schauen Sie mich an«, fuhr Grace fort. »Ich sterbe. Ich sterbe! Wie konnte ich nur jahrelang darauf warten, frei und unabhängig zu sein ... und jetzt ist es zu spät?!« Es war zweifellos eine tragische Situation, die mich in den folgenden Jahren immer wieder daran erinnerte, so zu leben, wie ich es mir wünschte.

In ihrem Schlafzimmer, das mit Erinnerungsgegenständen und Fotos ihrer Familie geschmückt war, unterhielten wir uns in den ersten Wochen stundenlang. Doch es ging rapide bergab mit ihr. Grace erklärte, sie sei überhaupt nicht gegen die Ehe. Ihrer Meinung nach konnte sie etwas Wunderschönes sein, eine großartige Chance, durch gemeinsames Lernen zu wachsen. Sie war allerdings gegen die Doktrin ihrer Generation, die verlangte, dass man auf Gedeih und Verderb in seiner Ehe ausharren musste. Sie selbst hatte es so gemacht und dabei ihr eigenes Glück verpasst. Sie hatte ihr Leben ihrem Mann gewidmet, der ihre Liebe für selbstverständlich nahm.

Jetzt, wo sie starb, war es ihr egal, was die Leute von ihr dachten, und sie ärgerte sich darüber, dass sie nicht früher an diesen Punkt gekommen war. Grace hatte den Schein gewahrt und gelebt, wie andere es von ihr erwarteten, und erst jetzt wurde ihr klar, dass sie sich selbst so entschieden hatte und dass ihre Entscheidung auf Angst basierte. Obwohl ich alles tat, um ihr zu helfen, und ihr klarzumachen versuchte, wie wichtig es war, sich selbst zu vergeben, machte sie die Erkenntnis, dass es zu spät war, völlig fertig.

Die meisten meiner Aufträge waren dieser Art: die längerfristige Betreuung eines einzelnen Patienten, bei dem ich bis zu seinem Tod blieb. Zwischen diesen Aufträgen pflegte ich im Laufe der Jahre noch andere Sterbende, die ich nur ein paar Mal sah. Und Graces kummervolle, verzweifelte, frustrierte Worte bekam ich von vielen zu hören. Von allem, was ich an den Sterbebetten hörte und lernte, von allem, was die Sterbenden rückblickend am meisten bereuten – dies war die häufigste Aussage: *Sie bedauerten, sich bei der Gestaltung ihres Lebens nicht selbst treu gewesen zu sein.* Und diese Erkenntnis war gleichzeitig die, die am meisten Schmerz verursachte, weil es für die Patienten zu spät war.

»Ich hätte ja gar kein besonders großartiges Leben führen wollen«, erklärte Grace in ihrem Bett bei einer unserer zahlreichen Unterhaltungen. »Ich bin ein guter Mensch, ich wollte nie jemandem wehtun.« Grace war einer der nettesten Menschen, die ich je getroffen hatte, sie wäre sowieso nicht fähig gewesen, irgendjemandem wehzutun. »Aber ich hätte mir auch ein paar Sachen für mich gewünscht, und dazu hatte ich einfach nicht genug Mut.«

Jetzt begriff Grace, dass es für alle besser gewesen wäre, wenn sie solchen Wünschen nachgegeben hätte. »Na ja, für alle außer meinen Mann«, fügte sie hinzu, und man sah ihr an, wie sehr sie sich über sich selbst ärgerte. »Ich wäre glücklicher gewesen, und in unserer Familie hätte nicht jahrzehntelang Trübsal herrschen müssen. Warum hab ich mir das alles von ihm gefallen lassen? Warum, Bronnie? Warum?« Sie brach in herzzerreißendes Schluchzen aus, und ich hielt die liebe alte Dame in den Armen, solange die Tränen flossen.

Als ihre Tränen versiegt waren, sah sie mich fest entschlossen an. »Ich meine es ernst. Versprechen Sie dieser sterbenden Frau, dass Sie sich selbst immer treu bleiben, dass Sie mutig genug sein werden, so zu leben, wie Sie es sich wünschen, egal, was andere dazu sagen.« Die Spitzengardinen bewegten sich leicht im Wind. Wir sahen uns in die Augen voller Liebe, Klarheit und Entschlossenheit.

»Ich verspreche es Ihnen, Grace. Ich versuche es jetzt schon. Aber ich verspreche Ihnen hiermit, dass ich auf jeden Fall so weitermachen werde«, erwiderte ich aufrichtig und aus tiefstem Herzen. Sie hielt meine Hand fest und lächelte, weil sie wusste, dass ihre bittere Lektion nicht vollkommen umsonst gewesen war. Als ich Grace erzählte, dass ich über zehn Jahre meines Erwachsenenlebens mit unbefriedigenden Tätigkeiten in Bankverwaltung und -Management zugebracht hatte, begann sie mich besser zu verstehen und hörte mir mit großem Interesse zu. Als ich aus Übersee zurückgekommen war, hatte ich noch ein paar weitere Jahre in der Bank draufgelegt – aber diese Zeit nannte ich meine »Entwöhnung«, in der ich mich endgültig von dieser Branche abnabelte.

Die ersten paar Jahre nach der Schule machten ja noch Spaß. Es gab viele Auszubildende, und in erster Linie ging es bei der Arbeit darum, mit anderen Leuten zusammen zu sein. Die Azubis waren alle siebzehn, achtzehn Jahre alt, und so lief es darauf hinaus, dass wir in der Arbeit unsere Freunde trafen und dabei das Geld verdienten, das wir am Wochenende auf den Kopf hauen konnten. Die Arbeit selbst fiel mir am Anfang sehr leicht, und wenn ich mit dem Herzen bei diesem Job gewesen wäre, hätte das vielleicht auch so bleiben können. Aber das war ich eben nie. Nach ein paar Jahren wurde ich ruhelos und begann, mein Leben zu hinterfragen. Trotzdem führte ich das Leben, das man von mir erwartete, noch zehn Jahre so weiter, obwohl ich die ganze Zeit wusste, dass irgendwo noch mehr auf mich wartete. Aber ich hatte nie den Mut gehabt, danach zu suchen.

Was mich am meisten davon abhielt, aus dem Muster auszubrechen, war die Angst vor dem Spott mancher Familienmitglieder. Doch ich lebte das Leben von jemand anderem, und das konnte nicht funktionieren. Trotzdem machte ich weiter und wechselte regelmäßig Arbeitgeber, Uniform und Wohnort. Irgendwann war ich mit Vollgas auf dem Karriereweg, weil ich für die meisten Banken gearbeitet hatte und auf so vielen verschiedenen Posten wie kaum jemand anders in meinem Alter. Ohne es wirklich darauf angelegt zu haben, war ich plötzlich erfolgreich.

Ich opferte meine Arbeitswoche weiterhin einer Branche, die nichts für meine Seele tat, und war schrecklich unglücklich. Es gibt jede Menge Menschen, die ihren Bankjob lieben, und das freut mich für sie. Die Banken brauchen solche Leute. Heute gibt es auch Gelegenheiten, auf Gebieten zu arbeiten, in denen man der Allgemeinheit etwas zurückgeben kann. Aber genau wie Grace hatte ich mit meinem Bankjob ein Leben geführt, wie es andere von mir erwartet hatten, aber nicht das Leben, das ich selbst gewollt hatte.

Da ich es manchen in meiner Familie nicht recht machen konnte und Mühe hatte, die zu sein, die ich ihrer Meinung nach sein sollte, konnte ich sie zumindest in puncto Beruf ruhig stellen, indem ich meinen »guten Job« behielt. Die Angst und die Aussicht, mich noch viel stärker dem Urteil meiner Familie auszusetzen als bisher, hatten mich fest im Griff und schienen mir keine andere Wahl zu lassen.

Das schwarze Schaf der Familie zu sein ist niemals eine einfache Aufgabe. Schwarze Schafe spielen verschiedene

Rollen in der Familiendynamik. Aber das ist nicht immer leicht. Wenn die wichtigsten Spieler in der Gruppe ihre Kraft daraus ziehen, dass sie andere kleiner machen, ist der Weg nach oben ziemlich schwierig. Aber ich stellte bei meiner jetzigen Arbeit, wo ich es mit so vielen Familien zu tun hatte, fest, dass es keine Familie ohne Konflikte gibt. Jede Familie hat ihre Aufgabe, jede einzelne. Bei meiner war das nicht anders, obwohl diese Erkenntnis meinen Schmerz damals nicht unbedingt linderte.

Seit ich mich erinnern kann, macht meine Familie Witze über mich. Ich war die Schwimmerin in einer Familie von Reitern, Vegetarierin auf einer Schaffarm, Nomadin in einer Familie von Siedlern und so weiter. Oft sagte jemand etwas aus Spaß, ohne zu merken, dass er mir damit wehtat. Aber wenn man sich einen Witz jahrzehntelang anhören muss, ist er irgendwann nicht mehr witzig. Bei anderer Gelegenheit – viel zu oft – fielen hingegen absichtlich kränkende Worte. So etwas würde einen über die Jahre selbst dann noch kleinkriegen, wenn man die Kraft von tausend Menschen hätte. Vor allem, wenn man sich kaum an eine Zeit in seinem Leben erinnern kann, in der man nicht verspottet, angeschrien oder als absolut hoffnungsloser Fall bezeichnet worden war.

Folglich hatte ich Familiendynamik bis dahin nie besonders geschätzt. Und die einfachste Art, damit klarzukommen, bestand darin, das Leben zu führen, das man von mir erwartete. Doch irgendwann begann ich mich zurückzuziehen und abzukapseln. Das war meine Überlebenstaktik.

Künstler werden auf der ganzen Welt missverstanden, und ich war Künstlerin, auch wenn mir das damals noch nicht klar war. Ich wusste nur, dass es nicht wirklich mein Fall war, Bankkunden eine Versicherung aufzuschwatzen, wenn sie einfach nur ihren Gehaltsscheck aufs Konto einzahlen wollten. Die monatlichen Umsätze waren mir völlig egal. Ich wollte den Kunden einfach nur einen freundlichen Service bieten, und das machte ich sehr gut. Aber das reichte natürlich nicht in der sich wandelnden Welt des Bankgeschäfts. Jetzt hieß es nur noch verkaufen, verkaufen, verkaufen.

Angeblich tun wir viel mehr, um Schmerz zu vermeiden, als um uns Vergnügen zu bereiten. Deswegen finden wir den Mut, Veränderungen vorzunehmen, erst, wenn der Schmerz zu groß wird. Bis dahin fraß sich der Schmerz immer tiefer in mich hinein, bis er den kritischen Punkt erreicht hatte.

Als ich wieder mal einen »guten Job« kündigte und mich plötzlich aufmachte, auf einer Insel zu leben, brach die große Verwirrung aus. »Warum macht sie denn so was? Wo will sie denn diesmal hin?« Ich selbst dachte voller Vorfreude nur das eine: »Ich werde auf einer Insel leben!« Je weiter weg, umso glücklicher war ich. Mein Leben dort gehörte ganz mir, und es war ein gutes Leben. Der einzige Kontakt, den ich zum Festland hatte, war der zu meiner Mutter, die mein Fels in der Brandung und meine über alles geschätzte Freundin blieb.

In diesen Jahren auf der Insel begann ich, mich nebenbei ein wenig mit Meditation zu beschäftigen. Später fand ich ganz zu diesem Weg, der mir die Chance bot, eine Verbindung zum Guten in mir zu knüpfen, wie kein anderer. Meditation half mir, die schöne und mächtige Kraft, die man Mitgefühl nennt, zu verstehen und zu erfahren.

Der Schmerz, den andere mir zugefügt hatten, war nur die Projektion ihres eigenen Leidens auf mich. Glückliche Menschen behandeln andere nicht so. Sie verurteilen niemanden, weil er versucht, sich in seiner Lebensführung selbst treu zu bleiben. Wenn sie überhaupt Stellung nehmen, dann in Form von Respekt. Als ich begriff, dass der Schmerz früherer Generationen in meine hineingetragen wurde, konnte ich mich in meinem eigenen Leben endlich davon freimachen. Ich würde niemals einen anderen beherrschen können, und ich hatte auch gar nicht das Verlangen danach. Die Menschen verändern sich, weil sie es wollen, und zwar zu dem Zeitpunkt, an dem sie bereit sind.

Es war befreiend, das Leben so mitfühlend zu betrachten und zu akzeptieren, dass ich vielleicht niemals die verständnisvolle, liebevolle Beziehung haben würde, nach der ich mich früher gesehnt hatte. Dieser Schritt veränderte mein Leben in vielerlei Hinsicht. Da ich den ständigen Schmerz meines eigenen Heilungsprozesses kannte, konnte ich auch verstehen, warum nicht jeder den Mut hat, sich seiner eigenen Vergangenheit zu stellen, zumindest nicht, bevor es absolut unerträglich wird.

Bis zu einem gewissen Grad bestand die beschriebene Dynamik noch mehrere Jahre hindurch, aber sie berührte mich immer weniger. Es kostete mich Kraft und Zeit, aber ich hatte verstanden, dass es nicht wirklich um mich ging. Es ging immer nur um die Person, die versuchte, mich zu kritisieren oder zu verurteilen.

Es gibt da eine buddhistische Legende: Buddha wird von einem wütenden Mann angeschrien, bleibt aber völlig ungerührt. Als ihn andere fragen, wie er es schafft, so ruhig und unbeeindruckt zu bleiben, antwortet Buddha mit einer Frage: »Wenn dir jemand ein Geschenk gibt und du entscheidest, dass du es nicht annimmst, wem gehört dieses Geschenk dann?« Natürlich bleibt es beim Gebenden. Genauso war es mit den Worten, die man mir manchmal immer noch ungerechtfertigt um die Ohren schlug. Ich hörte einfach auf, sie anzunehmen, und fühlte stattdessen Mitleid, denn diese Worte kamen ja definitiv nicht von einem glücklichen Menschen.

Doch das Wichtigste, was ich jemals im Leben gelernt habe, das Allerallerwichtigste, ist die Tatsache, dass *Mitleid bei dir selbst anfängt*. Als ich Mitleid mit anderen entwickelte, konnte auch in mir der Heilungsprozess beginnen und sich fortsetzen. Diese Erkenntnis half mir immer wieder, wenn die alten Verhaltensmuster wieder das Ruder übernehmen wollten. Ich konnte das Leiden erkennen und mir klarmachen, dass es überhaupt nicht um mich ging. Da stieg der Schmerz eines anderen hoch und suchte sein Ventil. Das galt natürlich nicht nur für Beziehungen innerhalb der Familie, es ließ sich auf alle Beziehungen anwenden: persönliche, öffentliche und professionelle. Wir alle leiden irgendwann einmal. Wir alle haben unseren Schmerz.

Wesentlich schwerer war es jedoch, Mitleid für mich selbst zu entwickeln, und dieser Prozess sollte Jahre in Anspruch nehmen, auch wenn ich das damals noch nicht wusste. Wir sind alle so streng mit uns selbst, und das ganz ohne Grund. Es war ein schwieriger Lernprozess, mir selbst mit Liebe und Freundlichkeit zu begegnen und anzuerkennen, wie sehr ich gelitten hatte. Da war es fast noch einfacher, sich die unfairen Meinungen anderer anzuhören und anzunehmen, weil man es schließlich so gewohnt war. Vielleicht hat es mich nicht glücklich gemacht, aber zu lernen, nett zu mir zu sein und mir selbst Mitleid entgegenzubringen war ein Prozess, in den ich hineinwachsen musste. Immerhin hatte der Heilungsprozess jetzt begonnen.

Mit diesem neuen Ansatz von Selbstliebe, Selbstrespekt und Mitleid mit mir selbst verlor die alte Familiendynamik langsam, aber sicher ihre Macht. Ich fand die Kraft zu widersprechen und verschaffte mir endlich Gehör, statt mich immer nur zurückzuziehen. Natürlich drückte auch ich damit meinen eigenen Schmerz aus und nicht so sehr den über die anderen, gegen die ich mich richtete. Wir alle interpretieren das, was uns geschieht, auf unsere eigene Art. Ich sprach also über mein eigenes Leid und ließ es heraus. Es erforderte viel Mut, die jahrzehntealten Muster zu durchbrechen. Aber ich hatte nichts mehr zu verlieren, und ich war an einem Punkt, an dem ich den Schmerz zu schweigen nicht mehr ertragen konnte.

In Wirklichkeit steht hinter all unserem Schmerz aber nur der Wunsch, geliebt, akzeptiert und verstanden zu werden. Mitleid war also der einzige Weg nach vorn: Mitleid und Geduld. Trotz allem bestand zwischen uns immer noch Liebe, wenn auch in recht brüchigem Gewand.

Es kam mir vor, als wäre ich immer und immer wieder denselben Fluss hinabgeschwommen und wäre dabei jedes Mal auf einen riesigen Felsblock gestoßen, der mir den Weg versperrte, wenn ich einfach der Strömung folgte. Er war immer da, doch eines Tages wurde mir klar, dass er ewig dort sein würde. Statt also immer wieder demselben Felsen, derselben Blockade, gegenüberzustehen, suchte ich mir eine andere Schwimmstrecke, wo ich frei war und natürlich vorwärtskam. Ich musste mich nicht immer wieder diesem Hindernis ausliefern, das mein natürliches Vorankommen störte und jedes Mal unweigerlich zu Blockaden und Schmerz führte.

Es wurde Zeit, die Dinge anders anzugehen. Es wurde Zeit, einen anderen Weg zu finden, den Mund aufzumachen und zu sagen: »Es reicht.« Ich war nicht bereit, dieselben Muster weiter zu ertragen. Selbst wenn ich am Ende einsamer sein sollte, hätte ich zumindest Frieden. Der andere Weg war jedenfalls nicht friedlich.

Nachdem ich den Mund aufgemacht hatte, änderten sich die Dinge zunächst in mir selbst. Ich hatte mehr Selbstachtung und konnte mich klarer ausdrücken. Endlich war da eine neue, gesündere Saat in mir aufgegangen. Ich wusste zwar noch nicht, wie ich die Pflänzchen hegen sollte, aber immerhin waren sie da. Es wurde langsam Zeit, als der Mensch zu leben, der ich sein wollte, ein kleiner Schritt nach dem anderen.

Nachdem ich Grace das alles erzählt hatte, wurde unsere Beziehung ganz von selbst enger. Sie gab mir recht, dass jede Familie ihre Aufgabe zu bewältigen hat. Sie konnte sich an keine Familie erinnern, die nicht ihre Schwierigkeiten gehabt hätte, und auch sie glaubte, dass die meisten Menschen durch ihre Familien am meisten lernen können. Wir sprachen darüber, dass man Menschen nur lieben kann, indem man sie genau so akzeptiert, wie sie sind, und keine Erwartungen an sie stellt. Das ist zwar einfacher gesagt als getan, aber das ist der liebevollste Weg, den es gibt.

Grace erzählte mir noch viel mehr Geschichten: von ihrem Leben, von ihren heranwachsenden Kindern, über die Veränderungen im Viertel, und immer wieder kam sie darauf zurück, wie sehr sie es auf dem Sterbebett bereute, nicht das Leben gelebt zu haben, dass sie sich gewünscht hätte, sondern das Leben, das andere von ihr erwarteten. Wenn man nur noch wenig Zeit hat, hat man durch schonungslose Ehrlichkeit nicht mehr viel zu verlieren. Was wir jetzt miteinander teilten, gehörte zu den allerwichtigsten Dingen. Alle Themen, über die wir sprachen, waren zutiefst persönlich – leeres Geplauder gab es nicht mehr. Unerwarteterweise hatte es eine heilende Wirkung auf mich, mich Grace so zu öffnen, und mein offenes Ohr hatte heilende Wirkung auf sie.

Irgendwann kamen wir auch auf das Thema, wo ich im Leben gerade stand, auf meine musikalischen Ambitionen, dass ich angefangen hatte, Songs zu schreiben und damit aufzutreten. Beim Teetrinken bat sie mich, am nächsten Tag meine Gitarre mitzubringen und ihr etwas vorzuspielen, was mir ein absolutes Vergnügen war. Freudestrahlend sang ich Grace etwas vor. Lächelnd und summend lag sie im Bett. Sie war von jedem Lied, das ich ihr vorspielte, so begeistert, als wäre es das Beste, was sie jemals gehört hatte. Ihre Familie kam ebenfalls dazu und hörte sich ein paar Songs an, auch sie reagierten nett und voll ermutigender Worte. Ein Song gefiel Grace ganz besonders, weil sie doch immer so gern gereist wäre. Er hieß »Unter dem Himmel Australiens«.

Von da an bat sie mich immer wieder, ihr etwas vorzusingen. Die Gitarre sei dazu gar nicht nötig, meinte Grace.

Also saß ich in ihrem Schlafzimmer und sang dieser lieben alten Dame vor. Lächelnd schloss sie die Augen und schien alles in sich aufzusaugen. Sie bat mich immer und immer wieder um bestimmte Songs, und ich wurde nie müde, sie ihr vorzusingen.

Graces Gesundheitszustand verschlechterte sich von Tag zu Tag. Obwohl sie sowieso schon so klein war, schwand sie immer noch mehr dahin. Alte Freunde kamen vorbei, um sich von ihr zu verabschieden. Die Verwandten, die an ihrem Bett saßen und mit ihr plauderten, mussten sich bemühen, die Tränen zurückzuhalten. Ihre Familie bestand aus lauter Tatmenschen, die sich sehr um sie kümmerten und regelmäßig besuchten. Das gefiel mir. Sie hatten eine Sanftheit an sich, die mich sehr anzog. Doch wenn sie alle weg waren, waren Grace und ich wieder allein, dann bat sie mich meist, ihr noch vorzusingen. Das waren ganz besondere Momente.

Sie konnte mittlerweile fast keinen Schritt mehr machen, doch obwohl sie einen Toilettenstuhl neben dem Bett akzeptiert hatte, weigerte sie sich, dort auch ihren Darm zu entleeren. Sie wollte eine richtige Toilette besuchen, damit ich den Toilettenstuhl nicht sauber machen musste. Da ließ sie sich nicht umstimmen, obwohl ich ihr versicherte, dass mir das nichts ausmachte. Also verbrachten wir Ewigkeiten damit, ins Badezimmer zu gelangen, das glücklicherweise direkt neben dem Schlafzimmer lag. Sie war sehr schwach. Wenn alles erledigt und sie gesäubert war, half ich ihr beim Aufstehen und zog ihr die Unterhose wieder hoch. Das musste mit einer einzigen geschmeidigen Bewegung erfolgen, damit sie in diesem Moment nicht das Gleichgewicht verlor.

Als wir unsere Wanderung zurück ins Schlafzimmer antraten, lehnte Grace sich auf ihre Gehhilfe, und ich ging hinter ihr her und stützte sie an den Hüften. Da merkte ich, dass ich in der Eile ein Stück von ihrem Nachthemd mit in die Unterhose gesteckt hatte. Ich lächelte über diese goldige kleine

Frau in ihren letzten Lebenstagen, die zu ihrem Bett zurückwankte. Als sie dann auf einmal anfing »Unter dem Himmel Australiens« zu singen, überwältigte mich die Freude geradezu. Sie verdrehte ein paar Worte im Text, aber das machte die Angelegenheit nur noch rührender.

Da wusste ich, dass ich gerade den Höhepunkt meiner musikalischen Karriere erreicht hatte. Nichts konnte jemals die Freude übertreffen, die ich in diesem Moment empfand. Wenn ich nie mehr einen weiteren Song geschrieben hätte, hätte es mir auch nichts ausgemacht. Diesem lieben Menschen durch meine Musik so viel Freude bereiten zu können und diese Freude dann auch noch zurückzubekommen, indem ich hörte, wie sie in ihren letzten Lebenstagen mein Lied sang, öffnete mir das Herz mehr als alles, was ich mir musikalisch je erhofft hatte.

Als ich ein paar Tage später zur Arbeit kam, spürte ich sofort, dass dies Graces letzter Tag sein würde. Ich sagte ihr, dass ich ihre Familie anrufen wollte, doch sie schüttelte zuerst den Kopf. Schwach und erschöpft, wie sie war, streckte sie die Arme nach mir aus und umarmte mich. Um ihren schwachen Armen die Anstrengung zu ersparen, legte ich mich neben sie aufs Bett und nahm sie ebenfalls in den Arm. Das tat ihr gut. Eine Weile blieben wir so liegen, redeten leise miteinander, und sie streichelte mit den Fingern meinen Arm. Als ich sie fragte, warum sie ihre Familie nicht hier haben wollte, erklärte sie, sie wolle ihnen nicht noch mehr Schmerz bereiten. Sie liebte sie zu sehr.

Aber sie mussten sich doch von ihr verabschieden, wandte ich ein, und wenn sie ihnen diese Chance nicht gab, würde sie ihnen nicht nur Schmerz zufügen, sondern zusätzlich noch Schuldgefühle verursachen, mit denen sie dann leben müssten. Das leuchtete ihr ein, und sie wollte keinesfalls, dass ihre Familie sich schuldig fühlte, weil sie nicht da gewesen war. Also erledigte ich die Anrufe, und wenig später trafen ihre Familienmitglieder ein. Doch kurz vorher wandte sich Grace trotz ihrer Erschöpfung noch einmal an mich: »Sie erinnern sich doch noch an unser Versprechen, oder, Bronnie?«

Ich nickte unter Tränen. »Ja.«

»Bleiben Sie Ihrem Herzen treu. Machen Sie sich nie Gedanken darüber, was andere Leute denken. Versprechen Sie mir das, Bronnie.« Ihre Stimme war ein kaum noch hörbares Flüstern.

»Versprochen, Grace«, erwiderte ich sanft. Sie drückte meine Hand und nickte ein. Sie wachte nur noch für wenige Augenblicke auf, in denen sie ihre Familie wahrnahm, die bis zum Ende an ihrem Bett blieb. Innerhalb weniger Stunden dämmerte Grace fort. Ihre Zeit war gekommen. Als ich hinterher schweigend in der Küche saß, hatte ich mein Versprechen immer noch im Ohr. Aber ich hatte es nicht nur Grace versprochen. Sondern auch mir selbst.

Als ich ein paar Monate später auf der Bühne stand und mein Album promotete, widmete ich ihr diesen Song. Graces Familie war auch im Publikum. Durch die Beleuchtung lagen die meisten Gesichter im Dunkeln, aber ich musste sie gar nicht sehen. Ich konnte die Liebe spüren, die uns verband, als ich an diese liebe, kleine Frau erinnerte, die nicht so gelebt hatte, wie sie es sich gewünscht hätte – aber dafür gesorgt hatte, dass ich es tat.

Der Einfluss der Umwelt

Anthony war gerade mal Ende dreißig, als wir uns an einem Samstagnachmittag kennenlernten. Er hatte dunkelblondes, lockiges Haar, und obwohl er krank war, strahlte er etwas Schelmisches aus. Für mich bedeutete es eine große Veränderung, mich um jemand Jüngeres zu kümmern. Im Nu hatten wir uns angefreundet, und trotz der Umstände wussten wir von Anfang an unseren Humor zu schätzen.

Er hatte einen jüngeren Bruder und vier jüngere Schwestern, und da seine Familie aus äußerst erfolgreichen Geschäftsleuten bestand, war er sein Leben lang verhätschelt worden. Was immer Anthony haben wollte, bekam er, und als er jünger war, spielte er das zu seinem Vorteil aus. Aber in Anbetracht der Erfolge, die die anderen Familienmitglieder vorzuweisen hatten, sah er sich auch mit hohen Erwartungen konfrontiert. Dieser Druck bewirkte bei ihm genau das Gegenteil, und trotz seiner Intelligenz und seiner Möglichkeiten hatte er ein mangelhaftes Selbstwertgefühl. Das verbarg er sehr gut unter seinem Humor und seinen Lausbübereien. Anthony konnte nicht sein, wie seine Familie ihn haben wollte, und da er der älteste Sohn war, spürte er deswegen enormen inneren Druck.

Seine Jahre als junger Erwachsener verbrachte er damit, schnelle Autos zu fahren, sich von der Polizei jagen zu lassen, die teuersten Nutten zu buchen und jedem, der seinen Weg kreuzte, Probleme zu verursachen. So weit nicht ganz unüblich für einen jungen Mann aus wohlhabenden Kreisen. Manche von den Dingen, die Anthony in seiner Vergangenheit angestellt hatte, waren alles andere als bezaubernd. Sein geringes Selbstwertgefühl führte dazu, dass er sehr riskant lebte, und er forderte sein Schicksal manches Mal auf dreiste Art heraus. Diesmal landete er hinterher mit Verletzungen der inneren Organe und Extremitäten im Krankenhaus. Er schwebte in Gefahr, nicht wieder gesund zu werden und damit auch die Freiheit zu verlieren, die ganz von der Gesundheit abhängt.

Die Ärzte taten, was sie konnten, um ihm seine Freiheit wiederzugeben, aber es sah nicht besonders hoffnungsvoll aus. Anthony hatte sich in sein Schicksal gefügt. Ihm war schon klar, dass er sich wahrscheinlich Dauerschäden zugezogen hatte, und er bat die Ärzte, die anstehenden Operationen immer so bald wie möglich durchzuführen, damit er umso schneller wusste, woran er war. Man nahm mehrere chirurgische Eingriffe vor. Dann schlief er mit Hilfe von Schmerzmitteln die erste Woche durch, und in dieser Zeit saß ich im Krankenhaus neben seinem Bett. Danach musste man abwarten, ob er sich nicht vielleicht doch schrittweise wieder erholte.

Mit der Zeit spielte es sich ein, dass ich ihm vorlas. Es fing an einem Abend an, als er mich fragte, was ich gerade las. Nachdem ich ja schon eine Weile im Mittleren Osten gelebt hatte, wollte ich gerne noch einmal dorthin zurück. Nun las ich ein Buch, das sich intelligent und unvoreingenommen mit der Lebensweise und Geschichte der Region auseinandersetzte. Mir war durchaus bewusst, dass in einigen Ländern dort die Frauen unterdrückt wurden oder dass manche Extremisten aus diesen Nationen im Namen ihrer Religion handeln (so wie Extremisten jeder Religion die Lehren der Nächstenliebe aus den Augen verlieren, die allen Religionen gemein ist). Doch ich hatte auch eine Seite dieser Kultur gesehen, die leider nie in den Medien gezeigt wird.

Die Menschen dort sind sehr warmherzig und familienorientiert und gehören zu den großzügigsten Gastgebern, die mir jemals begegnet sind. Sie öffneten sich vorbehaltlos und hießen mich, ohne zu zögern, willkommen. Genauso ging es mir mit Menschen aus diesen Regionen, die ich seitdem in Australien kennengelernt hatte. Wir im Westen haben so viel von unseren familiären Bindungen verloren, vor allem, was die ältere Generation angeht. Das sah ich mit eigenen Augen an der Zahl der einsamen Menschen in den Pflegeheimen, wo ich immer mal wieder für eine Schicht hingeschickt wurde.

Andere Kulturen und verschiedene Lebensstile faszinieren mich. Ebenso die kulinarischen Freuden, die es in anderen Kulturen zu entdecken gibt. Andererseits gleichen wir uns auch in vielerlei Hinsicht. Rassismus werde ich nie begreifen. Die meisten von uns ähneln sich schon darin, dass sie einfach nur glücklich sein wollen. Und wir alle haben ein Herz, das leiden kann.

Anthony war ganz versessen darauf, mehr über meine Lektüre zu erfahren. Nachdem ich uns eine Kanne Kräutertee gemacht hatte, dessen Aroma sanft durchs Zimmer zog, erzählte ich ihm also, was ich bis jetzt gelesen hatte. Und dann las ich weiter, allerdings laut. So verbrachten wir jeden Tag ein, zwei Stunden, die wir beide sehr genossen. Da wir mehrere Wochen vor uns hatten, konnte ich Anthony mit Büchern bekannt machen, die ihm sonst nie in die Finger geraten wären. Ich bot ihm zwar immer mehrere Themen zur Auswahl an, aber er wollte am liebsten hören, was ich las.

Also stellte ich ihm einige spirituelle Klassiker vor. Bücher über das Leben, Philosophie und Denken außerhalb der gängigen Bahnen. Hinterher entwickelte sich eine Diskussion darüber, während ich meinen pflegerischen Pflichten nachging: Ich hob einen Arm, den er nicht mehr bewegen konnte (der andere lag in Gips), verband die Wunde an einem Bein, das er nicht mehr bewegen konnte, fütterte ihn, kämmte ihn oder kümmerte mich jeweils um andere Bedürfnisse seiner persönlichen Hygiene.

Leider stellte sich heraus, dass die Verletzungen, die er sich bei seinem Unfall zugezogen hatte, zu groß waren und die Operationen nicht zum Erfolg führten. Manches ließ sich wieder heilen. Anderes blieb auf Lebenszeit geschädigt. Er konnte also nicht wieder nach Hause, da er lebenslang Hilfe und permanente persönliche Betreuung brauchte. Daraufhin wurde beschlossen, dass er in ein Pflegeheim gehen sollte, eines der besten der Stadt, wenn man nach der Broschüre und dem Preis gehen wollte.

Anthony, ein junger Mann, war jetzt umgeben von graubraunen Wänden und sterbenden alten Leuten. Es war eine grässliche Umgebung, und ich verspürte die größte Lust, die Wände in einer helleren, kräftigeren Farbe zu streichen. Doch am Anfang war er relativ glücklich dort. Es beruhigte ihn, dass seine Familie sich keine Sorgen machen musste, weil sie ihn in guten Händen wusste. Außerdem konnte er die älteren Heimbewohner aufmuntern, und sie liebten ihn. Im Laufe der Zeit nahm seine Energie jedoch ab, und der Mangel an äußeren Stimuli stumpfte seine Intelligenz ab. Er wurde ein Produkt seiner Umwelt.

Im Grunde genommen sind wir nämlich alle sehr formbare Wesen. Wir haben zwar die Wahl, für uns selbst zu denken, und den freien Willen, ganz nach unserem Herzen zu leben, aber unsere Umwelt hat großen Einfluss auf uns, vor allem solange wir das Leben noch nicht aus einer bewussteren Perspektive betrachten.

Ein anderes Beispiel für den Einfluss der Umgebung kann man bei Beförderungen beobachten. Da fangen ganz bodenständige und eigentlich zufriedene Menschen plötzlich an, wie wild in ihrem Hamsterrad zu galoppieren, weil sie immer noch mehr und mehr und mehr wollen. Der Wunsch, mit neuen Freunden auf dem neuen Einkommensniveau mithalten zu können, verändert die Leute oft, weil sie sich ihrer Umgebung anpassen. Die Gegend, in der sie vorher ganz glücklich gelebt haben, ist auf einmal nicht mehr gut genug, also ziehen sie in ein Viertel, das ihnen passender vorkommt. Manchmal macht das zwar glücklich, aber nicht immer.

Viele Menschen vom Land passen sich ans Stadtleben an und lassen sich von städtischen Moden und der geschäftigen Lebensweise anstecken. Nicht, dass es auf dem Land keine Mode gäbe, die gibt es definitiv. Vielmehr geht es darum, wie man von seinem Lebensraum beeinflusst wird. Manche Leute, die in Städten aufgewachsen sind, passen sich auch ans Landleben an, verlangsamen ihre Lebensweise, werfen die teuren Marken über Bord und finden ihr Glück in Jeans und Gummistiefeln, in denen sie über ihr Grundstück stapfen. Egal wo wir sind, solange wir nur lange genug dort sind, beeinflusst uns unsere Umgebung enorm.

Als ich Mitte zwanzig war, amüsierte ich mich prächtig. Der Beginn meiner Zwanziger war hart gewesen. Mit neunzehn war ich verlobt und führte ein ernsthaftes Leben inklusive Hypothek. Eine ungesunde Beziehung im Großen und Ganzen. Doch irgendwie überlebte ich diese Zeit, wenngleich ich rückblickend nicht weiß, wie mir das gelang. Ein Übermaß an psychischer Misshandlung, Psychospielchen und Wutanfällen verschiedenen Grades von Seiten meines Partners fraßen langsam, aber sicher mein Selbstvertrauen.

Damals wurde mir alles zu viel. Zur gleichen Zeit fand ich einen neuen Job – in einer Bank natürlich. Das Team war fantastisch, und ich merkte, dass ich das Leben wieder genoss. Ein fester Arbeitsplatz gestattete mir auch, wieder von einem Leben jenseits meiner damaligen Situation zu träumen, und ich zog aus. Wenig später siedelte ich mit meiner Arbeit an die Nordküste um und begann noch einmal neu.

Im Handumdrehen ließ ich die Zügel schießen, ging tanzen und lebte leichtsinnig, eine glückliche, sorglose Zeit.

Dabei waren auch eine Menge Drogen im Spiel. Inzwischen wusste ich, dass Alkohol nichts für mich war, und auch wenn ich noch nicht an dem Punkt angekommen war, wo ich ihn gänzlich aufgab, spielte Trinken keine große Rolle in meinem Leben. Doch es war noch jede Menge anderes Zeug im Angebot, und innerhalb eines Jahres hatte ich das meiste davon ausprobiert. Das waren noch die Zeiten vor den synthetischen Drogen wie Kristallen – also Metamphetaminen – und anderen, von denen ich noch nicht mal die gängigen Szenenamen kenne. Gras aus eigenem Anbau war in meinem Freundeskreis gang und gäbe, und als mir ein anderer Freund anbot, Opium auszuprobieren, griff ich auch zu.

Ich bewegte mich in einem Raum, in dem ich merkte, dass ich neue Dinge ausprobieren konnte, war aber klar genug im Kopf, um das meiste davon nach einmaligem Ausprobieren wieder sein zu lassen. Gott sei Dank habe ich diese Theorie nie auf Heroin angewendet. Es blieb bei jeweils einem Experiment mit Opium, Pilzen, LSD und Kokain – all das probierte ich innerhalb dieser zwölf Monate aus, dann aber nie wieder. Irgendwie hatte ich wohl das Bedürfnis nach Draufgängertum, aus Rebellion gegen die Beschränkungen, die meine Erziehung und meine Beziehung für mich bedeutet hatten. Aber darunter, auf einer unbewussten Ebene, war es der totale Mangel an Selbstwertgefühl, der inzwischen fest zu mir gehörte und den ich weiter förderte.

Ein Leben mit exzessivem Drogenkonsum war jedoch nicht mein Ding. Das wusste ich sofort, und obwohl ich froh war, manches ausprobieren zu können, sagte ich mir selbst, dass ich es mehr aus dem Wunsch heraus tat, das Leben zu erfahren, und nicht, um mich »wegzuschießen«. Es dauerte nicht lange, bis mir klar war, dass ich lieber ein gesundes Leben führte. Unbewusst aber lauerten noch immer viele Probleme, nachdem ich anderen jahrzehntelang gestattet hatte, mein Wertesystem mit ihren Meinungen zu dominieren. Glück hing immer noch sehr stark von externen Faktoren ab.

Ein paar Jahre später, nach meiner Inselepisode, lebte ich in England und zapfte Bier im Dorfpub. Speed war damals viel im Umlauf. Nachdem die Jungs am Ort sich ein paar Linien gezogen hatten, kamen sie mit ihren riesigen Pupillen in den Pub und knirschten die ganze Nacht mit den Zähnen. Jahrein, jahraus lebten sie dasselbe gleichförmige Leben – mit Speed sah die Realität natürlich ganz anders aus, es erlaubte ihnen eine völlig andere Sicht auf dieselbe Kulisse. Sie versuchten einfach nur ihrer Langeweile zu entkommen, aber wenn ich sie am Tag danach sah, melancholisch und erschöpft, fragte ich mich immer, ob dieses Erlebnis den Preis wert gewesen war.

Bei ein paar Gelegenheiten beschlossen mein Freund und ich mitzumachen. Aber wir merkten bald, dass das nicht unser Ding war. Der Kater nach Speed war grässlich, und ich fand es ganz fürchterlich, meinem Körper so etwas anzutun. Ungefähr einen Monat später befand ich mich plötzlich in einer Lage, in der sich mein Leben grundlegend änderte, wiederum beeinflusst durch meine Umwelt, den Mangel an Willen und die Unfähigkeit zu der bewussten Entscheidung, ein besseres Leben zu leben.

Dean arbeitete das ganze Wochenende, also schloss ich mich den Dorfjungs an und nahm am Abend den Zug nach London. Ich hatte noch nie einen Rave mitgemacht, weil man dort einfach nicht meine Art von Musik spielte. Aber die Jungs wollten nicht, dass ich allein zu Hause hockte, also überredeten sie mich mitzukommen und versprachen mir, dass ich mich hervorragend amüsieren würde. Da ich mit ihnen befreundet war, ließ ich mich darauf ein und fuhr mit.

Ich hatte zuvor erst einmal Ecstasy genommen, und das war gut gegangen. Nach einer albernen Nacht überstand ich den Kater, auch wenn der Tag danach nicht allzu angenehm war. Mein Magen stand Kopf, und ich hatte tagelang null Energie. Ich fand, dass ich damit ausreichend Erfahrung gesammelt hatte, also hatte ich jedes angebotene Ecstasy danach abgelehnt. Außerdem hatte ich im Anschluss auch mit dem Selbsthass leben müssen, und davon brauchte ich in meinem Leben weiß Gott nicht noch mehr. Trotzdem saß ich nun in einem Zug nach London mit acht Jungs, die mich überredeten, eine Ecstasy-Pille zu nehmen.

Die Leute in der Londoner Szene warfen sich jede Woche mehrere Pillen ein, also konnte es ja wohl nicht so tragisch sein, wenn ich eine kleine nahm, oder? Den Jungs gebe ich im Nachhinein überhaupt keine Schuld, nicht im Geringsten. Sie amüsierten sich und wollten mich an ihrem Spaß teilhaben zu lassen. Letztlich hatte ich die Entscheidung ganz allein getroffen, und als der Zug in der Victoria Station einfuhr, glitt die Tablette meine Kehle hinunter. Es war mitten im Winter, und es war klirrend kalt, wie immer in London um diese Zeit.

Als wir den Club betraten, war mir die Musik sofort zuwider, und ich hätte gewünscht, die Nacht wäre schon vorüber. Ich war eben ganz auf akustische Musik eingeschossen, viel mehr als auf digitale, aber jedem das Seine. Die Technomusik dröhnte aus den Lautsprechern. Ich entschied mich bewusst, die Situation nicht weiter zu bewerten, sondern zu akzeptieren, dass ich nun mal bis Sonnenaufgang hierbleiben musste. Ich entspannte mich und gesellte mich zu den Jungs auf der Tanzfläche. Während sie sofort abgingen, ließ ich das Ganze nur über mich ergehen.

Dann begann auf einen Schlag die Pille zu wirken, und ich wusste, dass ich aus der Menge rausmusste. Der Schweiß brach mir aus. Jedes Mal, wenn mich jemand auf der Tanzfläche anrempelte, bekam ich klaustrophobische Gefühle. Ich stolperte herum, um irgendwo ein bisschen mehr Platz zu finden. Die Bässe ließen den Boden vibrieren und wummerten durch meinen Körper. Die grinsenden Gesichter der Jungs, die in der Nähe tanzten, verschwammen. Ich verlor gerade ganz rapide die Kontrolle und musste mich schleunigst an einen sicheren Ort begeben.

Immer verzerrter nahm ich den Lärm, die lachenden Gesichter und die Lichter wahr. Verzweifelt stolperte ich durch die Nebel meiner Benommenheit zur Damentoilette. Aber so sehr ich es mir auch gewünscht hätte, ich konnte schlecht die ganze Nacht eine Toilettenkabine besetzen. Nachdem ich eine ganze Weile darüber nachgedacht hatte, gab ich mein bisschen Privatraum widerwillig auf. Ein paar Mädchen hatten immer energischer gegen die Tür gehämmert, um zu checken, ob jemand in der Kabine war.

Draußen war es zu kalt, und der erste Zug nach Hause fuhr nicht vor sechs Uhr morgens. Vom Geräusch der Toiletten und dem Lachen der kommenden und gehenden Personen wurde mir ganz schwindlig. Da entdeckte ich einen Fenstervorsprung, den ich mir zu meinem sicheren Hafen erkor. Ich kletterte über das Waschbecken auf den Vorsprung, der breit genug war, dass ich darauf sitzen konnte, ohne einen Absturz zu riskieren. Ich rutschte ein wenig zur Seite, bis ich einen etwas abgelegeneren Winkel gefunden hatte, von dem aus ich die Waschbecken überblicken konnte. Unten nur geschäftiges Treiben und Chaos. Aber jetzt konnte ich Rücken und Kopf ans Fenster lehnen und ein bisschen Ruhe finden.

Die ganze Zeit lief mir der Schweiß weiter in Strömen herunter. Die eiskalte Fensterscheibe, an der ich lehnte, verschaffte mir die ersehnte Erleichterung. Ich war jetzt in meiner eigenen Welt und kam hoffentlich besser klar. Doch mein armes Herz schlug schneller, als ein menschliches Herz schlagen sollte, und ich betete darum, diese Nacht zu überleben. Mein Puls verlangsamte sich nicht. Aber es kam mir auch nicht in den Sinn, um medizinische Hilfe zu bitten. Vielleicht war es unbewusste Angst vor dem Gesetz in Verbindung mit illegalen Drogen. Ich weiß es nicht. Aber ich hatte das Gefühl, dass ich nichts nötiger hatte, als meinen Kopf an ein eiskaltes Fenster zu lehnen.

»Alles in Ordnung, Schätzchen?«, fragte mich ein englisches Mädchen und zupfte an meinem Jeanssaum, der auf ihrer Augenhöhe war.

Ich konnte sie vage hören, blieb aber mit zurückgelehntem Kopf und offenem Mund sitzen und starrte nur an die Decke. Es war einfach zu anstrengend zu antworten. Mein Herzschlag war völlig außer Kontrolle, und ich konnte mich nicht bewegen.

»Schätzchen, alles in Ordnung mit dir?« Sie war hartnäckig. Unter Aufbietung des letzten Funkens Kraft sah ich sie an und nickte.

»Hast du Wasser?«, fragte sie. Ich zuckte mit den Schultern, woraufhin sie verschwand und mit einer Flasche Wasser für mich zurückkam. »Trink das«, verlangte sie. Ich gehorchte und sah zu, wie sie die Flasche am Wasserhahn wieder für mich auffüllte.

»Danke«, brachte ich heraus und rang mir ein Lächeln ab. So schwierig es war, aber diese Unterhaltung tat mir gut. Ich musste mich konzentrieren, damit ich mich nicht auf dem Trip verirrte, auf dem mein Geist und Körper sich befanden. Wir brachten eine kleine Plauderei zustande. Sie war ein Engel.

Die ganze Nacht blieb ich auf diesem Fenstervorsprung. Ich war unfähig, mich zu bewegen, mein Herz hämmerte immer noch, als wollte es mir gleich aus der Brust springen, und die eisige Nachtluft vom Fenster in meinem Rücken glich meine Überhitzung aus. Diese wunderbare Frau kam regelmäßig zurück, um nach mir zu sehen, füllte meine Wasserflasche auf und unterhielt sich ein wenig mit mir. Bis heute weiß ich nicht, wer sie war, aber ich möchte mir gar nicht ausmalen, was mit mir passiert wäre, wenn sie nicht gewesen wäre.

Ungefähr eine halbe Stunde, bevor der Club schloss, half sie mir herunter. Ich war immer noch völlig neben der Spur, an diesem Trip gab es absolut nichts zu genießen, aber ich konnte jetzt schon deutlicher sprechen. Ich schaffte es, sie anzulächeln und ein wenig zu reden. Aber obwohl wir das Ganze ein bisschen ins Lächerliche zogen, wussten wir beide, dass ich da gerade eine ernste Sache durchgestanden hatte, und ich umarmte sie zum Dank. Dann führte sie mich wieder in den Club, wo ich meine Freunde fand. Sie hatten mich schon die halbe Nacht gesucht und waren furchtbar erleichtert, als sie mich sahen. »Passt auf sie auf«, bat die Frau, drückte einem von ihnen meine Hand in die Hand und verabschiedete sich mit einem Kuss und einem Lächeln von mir.

Im Zug zurück konnten sich die Jungs kaum einkriegen vor Lachen. Sie redeten die ganze Zeit darüber, was für eine großartige Nacht das gewesen war. Am liebsten wären sie noch im Club, und es tat ihnen leid, dass die Wirkung der Drogen schon wieder nachließ. Ich lehnte meinen Kopf ans Fenster und tat, als würde ich schlafen, aber ich wusste, dass es noch eine Weile dauern würde, bis ich das wirklich konnte. Mein Herz klopfte immer noch wie verrückt, und ich wünschte mir nichts sehnlicher, als dass die Wirkung der Pille endlich nachließ.

Von diesem Tag an hörte ich auf, meinen kostbaren Körper mit toxischen Chemikalien zu zerstören. Nach zwei vollen Tagen Schlaf wachte ich als neue Frau wieder auf und war dankbar für die Lektion, die ich gelernt hatte. Als ich dalag und an die Decke blickte, immer noch erschöpft von der wilden Fahrt, die mein Körper hinter sich hatte, war ich einfach nur wahnsinnig erleichtert, dass ich es überlebt hatte. Es wurde Zeit, dass ich mich selbst mit mehr Respekt behandelte und besser auf das Geschenk eines gesunden Körpers achtete.

Mehrere Jahre später bot man mir bei einem Auftritt Ecstasy an, aber ich lehnte höflich und ohne zu zögern, ab. Da war so etwas schon völlig fremd für meine Welt. Ich merkte, dass ich auch jetzt ein Produkt meiner Umgebung war, aber glücklicherweise meiner neuen Umgebung. Mein Lebensstil war jetzt ein gesunder. Wenn ich mich mit Freunden traf, aßen wir gesundes Essen, tranken Tee am Kamin, unternahmen ausgedehnte Spaziergänge und schwammen im Fluss. Es war ein Umfeld, das mir viel besser gefiel, und es machte mir überhaupt nichts aus, ein Produkt dieser Umgebung zu sein.

Anthony war auch ein Produkt seiner Umwelt geworden, aber im denkbar schlimmsten Sinne. Als ich ihn in seinem ersten Jahr im Heim besuchte, diskutierte er gern über aktuelle Ereignisse, die er über Radio oder Fernsehen mitbekommen hatte. Er forderte mich auch immer auf, ihm zu erzählen, was in meinem Leben vorging, und war aufrichtig interessiert.

Im Laufe der Zeit wurde er aber so stumpf, dass er nicht mal mehr Lust hatte, mit mir nach draußen zu gehen. Vorher hatten wir dabei immer viel Spaß gehabt, hatten Sonne getankt und uns mit Passanten unterhalten. Manchmal saßen wir einfach nur im Garten des Heims, beobachteten die Vögel und erzählten uns etwas. So oder so hatten wir uns immer bestens amüsiert und viel geredet.

Wenn einer seiner Freunde oder ein Verwandter vorschlug, er solle versuchen, etwas Neues zu lernen und seine Lebensqualität damit zu heben, machte er einfach zu. »Ich wüsste nicht, wozu das gut sein sollte«, sagte er immer wieder zu mir. »Es ist doch okay hier. Ich habe mein Schicksal angenommen.« Anthony hatte das Gefühl, er verdiente, was ihm passiert war, weil er in der Vergangenheit so vielen Menschen geschadet hatte.

»Du hast deine Schuld doch weiß Gott bezahlt, Anthony«, sagte ich dann. »Du hast daraus gelernt, und darauf kommt es doch an.« Aber er konnte sich einfach nicht vergeben. Außerdem war es ihm zu viel Mühe, sich sein Leben schöner zu machen. Er hatte sich dem Tempo und dem Tagesplan des Pflegeheims angepasst und hegte keinen Ehrgeiz, noch einmal ein normales Leben in der Gesellschaft zu führen. Seine Behinderungen verschafften ihm in gewisser Hinsicht die Erleichterung, sich gar nicht mehr anstrengen zu müssen. Dabei führen viele Leute mit diversen Behinderungen ein ausgefülltes und anregendes Leben. Aber in erster Linie dienten seine Ausreden dazu, sich eventuelle Misserfolge zu ersparen. Wenn ich in ihn drang, gab er zu, dass er nicht mehr den Mut hatte, etwas auszuprobieren. Wenn er nichts versuchte, konnte er nicht scheitern. Er hatte keinen Funken Motivation mehr im Leib, und Anthony entschied sich dafür, sein Leben zu verschlafen.

So bedrückend seine Umgebung war, besuchte ich ihn noch ungefähr ein Jahr lang ab und zu. Aber einseitige Freundschaften sind ermüdend, und unsere Beziehung verwandelte sich in eine solche. Anthony hatte keine Motivation mehr, irgendjemand anzurufen, und eines Tages bekam auch ich zwischen zwei Besuchen keine Anrufe mehr von ihm. Wenn ich bei ihm war, drehte sich unsere Unterhaltung um seine Darmtätigkeit und die Unhöflichkeit der Angestellten. Außerdem war nicht zu übersehen, dass er sich überhaupt nicht mehr für seine äußere Erscheinung interessierte.

Anthony war vorzeitig gealtert, und obwohl er immer noch mindestens dreißig Jahre jünger war als die meisten anderen Heimbewohner, passte er jetzt hierher. Er war ein Produkt seiner Umgebung. Als ich zusah, wie das Licht dieses wunderbaren Mannes langsam schwächer wurde, fühlte ich mich wieder einmal deutlich daran erinnert, wie wichtig es ist, Mut zu haben, damit man ein Leben führen kann, wie es den eigenen Herzenswünschen entspricht. Leider war sein Leben ein Beispiel dafür, wie ich es nicht wollte.

Wenige Jahre später rief mich sein jüngerer Bruder an, um mir Anthonys Tod mitzuteilen. Sein Leben hatte sich bis zum Schluss nicht geändert, und er hatte sich weiterhin hartnäckig geweigert, das Heim zu irgendeinem Anlass zu verlassen, nicht mal zu Familienfesten kam er. Anthony war alles zu viel, wie mir sein Bruder erzählte. Ich fragte mich, wie seine letzten Gedanken wohl ausgesehen hatten, als er auf dem Sterbebett auf sein Leben zurückblickte.

Anthonys Angst vor dem Scheitern gab mir einen umso stärkeren Impuls. Er hatte sich dadurch, dass er sich überhaupt nicht mehr angestrengt hatte, jede Chance genommen, irgendetwas zu verbessern oder zu verändern. Scheitern hatte ja überhaupt nichts damit zu tun, ob ihm etwas gelungen oder misslungen wäre. Allein der Versuch, einmal etwas anderes zu machen, wäre ein Erfolg gewesen. Anthonys größtes Versagen lag darin, dass er ein absolutes Produkt seiner Umwelt geworden war, überhaupt keinen Wunsch mehr hatte, sich Herausforderungen zu stellen und damit sein Leben zu verbessern. Was für eine Verschwendung – er war so ein guter, intelligenter Mensch, geboren mit so vielen Talenten.

Ich dachte mir also, wenn wir alle, ich eingeschlossen, das Produkt unserer Umgebung werden, dann sollte ich mir von nun an mein Umfeld sorgfältig aussuchen. Es musste eines sein, das der Richtung entsprach, in der ich mein Leben führen wollte. Es erforderte immer noch genug Mut, so zu leben, wie ich wollte. Aber dieses neue Bewusstsein der potenziellen Effekte der Umwelt würde meinen Weg einfacher machen.

Und so achtete ich wieder viel mehr – ganz bewusst und mit neuem Mut – darauf, wie ich mir mein Leben einrichtete, und auf die Kraft, die in der freien Willensentscheidung liegt.

Selbst gemachte Fesseln

Nicht alle Beziehungen zu meinen Patienten begannen positiv. Während ich zum Großteil mit sterbenden Menschen arbeitete, pflegte ich auch solche mit psychischen Krankheiten. Da ich einen positiven, beruhigenden Effekt auf ein paar andere Kurzzeitpatienten gehabt hatte, gab man mir nun auch ein paar schwerere Fälle. Man macht keine Erfahrung im Leben umsonst. In meiner Vergangenheit hatte ich es mehr als einmal mit irrationalem Verhalten zu tun gehabt, und das schien mir jetzt beim Umgang mit schwierigen Menschen zu helfen.

Die meiste Zeit brachten mich solche anspruchsvollen Patienten nicht allzu sehr aus der Fassung. Ich sage »die meiste Zeit« – aber nicht immer. Manche Patienten konnte meine Ruhe überhaupt nicht beschwichtigen, egal, was ich versuchte. Eines Tages kam ich vor einem prächtigen Anwesen an, sicherlich eines der schönsten der ganzen Stadt, und mir kamen all die Warnungen vor der Dame in den Sinn, die hier wohnte. Florence wollte um nichts in der Welt zugeben, dass sie Pflege brauchte. Das war an sich nichts Neues. Viele ältere Menschen sträuben sich zu akzeptieren, dass sie nicht mehr so unabhängig sind wie früher. Es fällt ihnen nicht immer leicht zuzugeben, dass es so weit ist.

Auf die Verrückte, die mich laut kreischend mit einem Besen die Auffahrt wieder hinunterjagte, war ich allerdings nicht gefasst. Ihr Haar war seit wer weiß wie langer Zeit nicht mehr gepflegt worden. Die Fingernägel waren voller Dreck oder wahrscheinlich noch Schlimmerem. Sie trug zwar nur einen Pantoffel, aber mit einem Aschenputtel hatte sie wirklich nichts gemeinsam. Außerdem sah es so aus, als hätte sie seit mindestens einem Jahr ihr Kleid nicht mehr gewechselt.

»Raus hier! Runter von meinem Grundstück!«, schrie sie. »Sonst bring ich Sie um. Runter von meinem Grundstück. Sie sind doch genau wie die anderen. Raus, oder ich bring Sie um.«

Der Besen zischte durch die Luft und verfehlte mich nur knapp. Tja, ich kann ja so einiges aushalten im Leben, aber ich bin nicht dumm. Und ein Märtyrer auch nicht. Ich versuchte, Florence zu beschwichtigen, aber meine Worte stießen auf taube Ohren, und da sie drohte, mit dem Besen meine Windschutzscheibe zu zertrümmern, gab ich jeden Versuch auf, sie zu überzeugen. »Okay, okay«, sagte ich. »Ich gehe schon, Florence. Ist okay.« Sie stand am Ende ihrer Auffahrt und sah mir mit wilden Blicken nach, den Besen immer noch fest umklammert, um ihr Territorium zu verteidigen.

Im Davonfahren sah ich dieses Bild noch eine ganze Weile im Rückspiegel. Die Frau rührte sich keinen Zentimeter. Wenngleich die Szene für einen Außenstehenden sicher lustig ausgesehen hätte, empfand ich doch auch Mitleid für sie. Ich fragte mich, wer sie einmal gewesen war, was sie für ein Leben geführt hatte und was sie zu dem gemacht hatte, was sie heute war.

Einen Monat später wurden meine Fragen beantwortet, als man mich nämlich wieder zur selben Adresse schickte. Seit dem letzten Mal war Florence offenbar unter Zwang sediert worden. Ich mochte es mir gar nicht vorstellen, was für eine Angst sie gehabt haben muss. Aber nach vier Wochen in einem Kurzzeitheim für psychisch Kranke ging es ihr jetzt viel besser. Die Ärzte waren sehr zufrieden damit, wie sie auf ihre Medikamente ansprach, und entließen sie mit dem Rat, sie rund um die Uhr betreuen zu lassen.

Die Gemeindeschwester wartete schon, als ich kam. »Sie schläft gerade, aber sie wird bald aufwachen. Ich warte so lange mit Ihnen«, sagte sie. Als die Doppeltür aufging, sah ich eine gigantische Marmortreppe, Kronleuchter und ein Haus voll schöner antiker Möbel. Es schlug mir ein entsetzlich fauliger Gestank entgegen.

»Mit der Eingangshalle sind wir fertig. Ich zeig Ihnen den Rest des Hauses«, sagte die Schwester. Sie bezog sich auf den Putztrupp, dem wir im nächsten Raum begegneten. Florence hatte über zehn Jahre in einem Müllhaufen gelebt, ohne dass es jemand merkte, bis vor Kurzem ein Nachbar der Gemeindeschwester gegenüber eine Bemerkung über Florences ungewöhnliches Benehmen fallen ließ. Als sie die alte Dame besuchte, kam das Ausmaß der erbärmlichen Umstände ans Licht. Natürlich nicht mit Florences Einverständnis, denn sie ließ weiterhin niemanden an sich heran, aber die Schwester hatte durchs Fenster gespäht und den Zustand des Hauses entdeckt.

Florence ernährte sich von Dosenkonserven und hatte in ihrer Küche ungefähr einen Jahresvorrat eingelagert. Ich sah keine Spur von irgendwelchen anderen Lebensmitteln, ganz sicher nichts Frisches oder irgendetwas, was man hätte kochen können. Es war fast ein Ding der Unmöglichkeit, den Küchenboden zu sehen, so viel Müll lag herum. Das bisschen Boden, das zu erkennen war, lag unter einer zentimeterdicken schwarzen Dreckschicht. Um Florences Badezimmer stand es nicht viel besser. Es war eine ungesunde Höhle aus schmutzigen Handtüchern, getrockneten Seifenresten und offensichtlichen Anzeichen, dass hier schon sehr lange niemand mehr geduscht oder gebadet hatte.

Die Schwester führte mich nach unten, wo sich weitere sechs Zimmer und mehrere Badezimmer in ähnlich verwahrlostem Zustand befanden. Das Putzteam hatte den Auftrag, das gesamte Haus zu reinigen, und man rechnete mit ein paar

Wochen. Vom Untergeschoss aus konnte man zu einem völlig verdreckten Pool gelangen, in dem nicht mal ein Frosch hätte leben können, da bin ich ganz sicher. Als ich dort unten am Becken stand und zum Erdgeschoss des ehemals prunkvollen Hauses hinaufblickte, überlegte ich, was diese Wände wohl erzählen würden, wenn sie sprechen könnten.

Florence selbst hatte im Krankenhaus eine hygienische Wandlung erfahren und trug ein hübsches, sauberes Nachthemd. Ihr verfilztes Haar war entwirrt, gewaschen und geschnitten worden, und ihre Fingernägel waren sauber. Es war, als hätte man eine andere Frau vor sich.

Ihr Originalbett hatte einem Krankenhausbett Platz machen müssen. Man hatte mich deutlich instruiert, dass sie bei hochgeklappten Seitengittern im Bett bleiben musste, wenn ich allein mit ihr war. Morgens und nachmittags sollte jeweils noch ein zweiter Pfleger dazukommen, um mir zu helfen. Am Morgen sollte sie geduscht und für den Tag fertig gemacht werden und frühstücken. Am Nachmittag ging es vor allem darum, Florence in den Garten oder auf den Balkon zu führen, damit sie ein bisschen frische Luft genießen konnte. Zu Florences Betreuung gehörte phasenweise eine starke Sedierung. Den Rest der Zeit wurde sie aber nur mit schwächeren Medikamenten behandelt. Durch diesen Pflegeplan wurde sie viel zugänglicher.

Nach einem Monat erstrahlte das Anwesen wieder in altem Glanz. Der Putztrupp war endlich fertig geworden, sollte aber in Zukunft weiter einmal die Woche vorbeikommen. Mittlerweile hatte Florence manchmal überraschend klare Momente und konnte mir aus ihrem Leben erzählen, das früher einmal grandios und aufregend gewesen war. Sie war auf den luxuriösesten Kreuzfahrtschiffen um die Welt gesegelt und hatte viele herrliche Flecken der Erde gesehen. Manchmal zeigte sie auf irgendeine Schublade, und ich gab ihr die Fotos, damit sie mir zu jedem etwas erzählen konnte. Es fiel mir schwer, mir vorzustellen, dass die Frau auf den Bildern dieselbe Person sein sollte. Nur manchmal erkannte ich sie in der schönen, jungen Dame, die mir von den Fotos entgegenlachte.

Ich würde nicht behaupten, dass wir ein enges Verhältnis entwickelten, aber wir konnten uns irgendwann so gut leiden, dass wir unsere Gesellschaft akzeptierten. Manchmal gab es auch noch Momente, in denen ich die verrückte Wilde in ihr sah. Ohne einen zweiten Pfleger konnte man sie definitiv nicht aus dem Bett holen. Während sie ganz bereitwillig ihre Medikamente schluckte, machte sie immer noch jeden Tag einen riesigen Aufstand, wenn man sie duschen wollte, und mir graute jedes Mal ganz schrecklich vor dem Haarwaschtag. Doch sobald sie aus der Dusche trat, war sie wieder die Liebenswürdigkeit in Person und stand lachend vor dem Spiegel, wie die beeindruckende Frau, die sie in vergangenen Tagen einmal gewesen war.

Die Familie war schon immer sehr vermögend gewesen. Uraltes Geld, wie sie es nannte. Ihr Mann war auch reich gewesen, aber nicht annähernd ihre Liga. Nach ein paar krummen Geschäften wanderte er für mehrere Jahre ins Gefängnis. Die einzige Verwandte, die Florence in ihrem Leben noch zuließ, vertraute mir an, dass die alte Frau damals begonnen hatte, gegen alles und jeden paranoiden Verdacht zu schöpfen.

Ihr Mann starb ein Jahr nach seiner Entlassung aus dem Gefängnis. Es ergab sich also keine Gelegenheit, ihre Paranoia zu heilen oder zu lindern, und sie wurde psychisch immer labiler. Sie hatte ihm immer völlig vertraut und glaubte, dass die anderen Leute nur ihr Geld wollten und an seiner Gefängnisstrafe schuld waren. Da es für unsere Beziehung keinen Unterschied machte, ob ihr Mann schuldig gewesen war oder nicht, dachte ich keine Sekunde über diese Frage nach.

Meistens akzeptierte Florence, dass sie in ihrem Krankenhausbett leben musste. Sie war einfach glücklich, dass sie in ihrem eigenen Zuhause wohnen konnte, und manchmal gab sie sogar zu, dass sie die Gesellschaft von uns Pflegern genoss. Doch jeden Nachmittag, ein paar Stunden bevor die zweite Pflegerin dazukam, glitt Florence in ihren alten Zustand ab und wurde wieder eine völlig andere Frau. Ich hätte fast die Uhr danach stellen können.

»Lassen Sie mich raus. Lassen Sie mich aus diesem verdammten Bett raus. Hilfe. Hilfe. Hilfe. HILFE!«, schrie sie, dass es durchs ganze Haus schallte und von den Marmorböden widerhallte. Wenn ich in ihr Zimmer kam, gelang es mir zuweilen, sie für ein paar Sekunden zu beruhigen, aber nur ein paar. Damit meine ich, maximal drei Sekunden. Dann ging es wieder los. »Hilfe. Hilfe. Hilfe. HIIIILFEEEE!«

Wären wir nicht in dieser luxuriösen Riesenvilla gewesen, mit ihren dicken Wänden und dem bequemen Abstand zu den Nachbarn, hätten die Leute garantiert jeden Tag einmal die Polizei gerufen. Im Grunde war es egal, ob ich im Zimmer war oder nicht. Sie schrie um Hilfe und forderte, dass man sie aus dem Bett ließ, bis die zweite Pflegerin eintraf und wir sie herauslassen konnten.

In diesen Momenten hatte man keine Chance, an sie heranzukommen. Einerseits tat sie mir leid, und ich war versucht, sie aus dem Bett zu lassen, aber ich kannte ja auch ihre andere Seite. Ich hatte keine Lust, dafür meine Sicherheit aufs Spiel zu setzen. Das Bild, wie sie mich mit grimmiger Entschlossenheit mit dem Besen vom Grundstück jagte, stand mir immer noch lebhaft vor Augen. Während ihrer nachmittäglichen Schreikrämpfe erhaschte ich immer wieder einen Blick auf diese kriegerische Persönlichkeit, daher vertraute ich auf die professionellen Pfleger, die den Pflegeplan so und nicht anders festgesetzt hatten. Trotzdem tat sie mir leid. Es muss doch schrecklich sein, wenn man ein Gefangener im eigenen Haus ist.

Die Seitengitter an ihrem Bett und juristische sowie professionelle Entscheidungen waren die Faktoren, die

Florence momentan gefangen hielten. Davor war sie jedoch Gefangene ihrer Paranoia gewesen. Ihre Krankheit hatte ihr die Freiheit geraubt, ihr eigenes Heim zu verlassen. Dazu kam ihr krankhaftes Misstrauen gegen die Leute, die ihr ja etwas stehlen könnten, wenn sie das Haus doch einmal verließ. Zwar sind die meisten Leute nicht in ihrem Bett gefangen, aber man kann auch so ein Leben führen, in dem man sich von selbst gemachten Fesseln gefangen halten lässt.

Eine meiner frühesten Erinnerungen ist die, wie ich in einer Kiste gefangen war. Doch ich fühlte mich gar nicht gefangen. Es war eine große Holzkiste an einer Außenwand unseres Hauses. Eines meiner älteren Geschwister überredete mich hineinzuklettern und schloss dann den Deckel. Ich weiß noch, wie ich in der Dunkelheit saß, mich dabei aber ganz sicher und glücklich fühlte. Obwohl ich erst zwei, drei Jahre alt war, konnte ich gut mit mir selbst alleine sein und genoss den Frieden. Wenig später hörte ich die panische Stimme meiner Mutter meinen Namen rufen, ich meldete mich, und alles war gut. Man ließ mich hinaus, und ich kehrte zurück ins Chaos unseres Familienlebens.

In meinem Erwachsenenleben schränkten mich freilich ganz andere Fesseln ein. Ich versuchte, Schritt für Schritt den Mut für eine Lebensführung nach meinen eigenen Ideen aufzubringen, doch oft standen mir meine alten Denkmuster im Weg. Nach und nach befreite ich mich von solchen selbst gemachten Fesseln, aber es fiel mir schon sehr schwer, über mein grässliches Lampenfieber hinwegzukommen.

Wenn mir jemand gesagt hätte, dass meine Hobbys Fotografieren und Schreiben mich irgendwann dazu führen würden, dass ich auf einer Bühne auftrete, hätte ich wahrscheinlich über die Absurdität dieses Gedankens gelacht. Es fing damit an, dass ich meine Fotos auf Märkten verkaufte, später dann in Galerien. Ich verkaufte zwar nicht genug, um ein nennenswertes Einkommen damit zu erzielen, aber es ermutigte mich, langsam, aber sicher auf diesem Weg weiterzugehen.

Ich beschloss also, in der Fotobranche weiterzuarbeiten, und ergatterte einen Job in einem professionellen Fotolabor in Melbourne. Leider war es ein Bürojob, und nach einem Jahr Langeweile, Neonlichter und Fensterlosigkeit musste ich mir eingestehen, dass das nicht befriedigender war als meine Arbeitsplätze in der Bank. Ich hatte keine Chance gehabt, zur kreativen Seite vorzudringen, und da ich überhaupt kein Interesse für meine Tätigkeit aufbringen konnte, begann ich irgendwann gedankenlose Fehler zu machen. Ich weiß noch, dass ich in der Arbeit immer viel vor mich hinseufzte: Ellbogen aufstützen, Kinn auf die Hand, Suche nach einer Lösung für meinen Wunsch nach Befriedigung im Job – nächster Seufzer.

Immerhin hatte ich begriffen, dass ich mich nicht in diese Branche begeben musste, um schöne Fotos zu machen. Mit Hilfe einiger neuer, digital versierter Freunde kreierte ich ein kleines Buch mit Fotos und inspirierenden Texten. Wieder bekam ich viel gutes Feedback zur Qualität meiner Arbeit, aber nicht genug, um dem Buch zur Veröffentlichung zu verhelfen. Die Kosten farbigen Buchdrucks waren ein wichtiger Faktor, wie ich den Briefen der angeschriebenen Verleger entnehmen konnte, wobei manche aber bemerkten, es sei wirklich ein schönes Buch.

Ein paar Jahre steckte ich jedes Quäntchen Energie und Aufmerksamkeit in dieses Projekt. Aber die Ablehnungsbriefe stapelten sich immer höher, auch wenn manche mich aufrichtig ermutigten. Ich weinte Tränen aus Frust über meine vergeblichen Bemühungen, zum Trost griff ich zur Gitarre. Ich konnte kaum spielen, aber ich schrieb die Hälfte meines ersten Songs. Damals war mir die Wichtigkeit dieses Moments gar nicht bewusst.

Ich hatte inzwischen genug über die Kraft des Loslassens gelernt und so akzeptierte ich, dass es letztlich nicht wichtig war, ob mein Fotobuch veröffentlicht wurde oder nicht. In meinen Augen war es allein deswegen schon ein Erfolg gewesen, weil ich den Mut gehabt hatte, es zu versuchen. Erfolg hängt nicht davon ab, ob jemand sagt, ja, wir werden Ihr Buch veröffentlichen, oder nein, wir bringen es nicht heraus. Es geht vielmehr um den Mut, unabhängig von solchen Dingen man selbst zu sein. Das Buchprojekt war insofern erfolgreich gewesen, als ich eine wertvolle Lektion dadurch gelernt hatte, und so war ich schließlich fähig, es auch wieder loszulassen. Vielleicht war dieses Buch einfach nur zu mir gekommen, weil ich etwas lernen sollte. Oder vielleicht würde dieses Projekt auch erst später richtig in die Gänge kommen, wenn ich wirklich dafür bereit war.

So oder so – ich musste loslassen. Meine Bemühungen hatten mich völlig erschöpft, und ich hatte viel zu viel Energie hineingesteckt, dieses Buch unbedingt zu veröffentlichen. Es war an der Zeit, wieder zu leben und nicht ständig zu versuchen, die Resultate zu kontrollieren. Der Song, den ich zur Hälfte geschrieben hatte, blieb halb vergessen liegen. Jetzt suchte ich nach Antworten und verwendete immer mehr Zeit auf Meditation und meine Heilung. Nach einer meiner vielen Meditations- und Schweigeübungen verspürte ich den starken Drang, diesen halb fertigen Song zu vollenden. Von jenem Tag an wusste ich, dass Songwriting ein Teil meines Lebenswerks sein würde. Denn ich schrieb nicht nur diesen einen Song fertig, sondern gleich noch einen neuen. Ich konnte nicht genug bekommen, nachdem ich erst mal angefangen hatte, sie flossen geradezu aus mir heraus.

Als Kinder hatten wir Konzerte für Verwandte und Freunde abgehalten. Musik lag mir in den Genen. Obwohl meine Eltern ihre »vernünftigen« Berufe hatten, war mein Vater Gitarrist und Songwriter, als er meine Mutter kennenlernte, die damals Sängerin war. Aber ich hatte mich nie bewusst danach gesehnt, auf der Bühne zu stehen. Und das tat ich auch jetzt nicht. Tatsächlich jagte mir der Gedanke sogar Angst ein. Nicht nur der Gedanke, auf der Bühne zu stehen, sondern die Tatsache, dass meine Arbeit mich ins Licht der Öffentlichkeit zog. Ich war ganz glücklich mit meinem anonymen Dasein. Viele Songwriter treten gar nicht selbst auf, und am liebsten wollte ich so einer werden. Aber wenn ich meine Arbeit überhaupt erst mal zu Gehör bringen wollte, musste ich meine eigenen Songs selbst auf einer Bühne vorstellen.

Davor graute mir ganz schrecklich, es wühlte mich innerlich richtig auf. Es war schon so schmerzhaft für mich gewesen, eine Arbeit zu suchen, die ich liebte, und irgendwie schien diese Suche nie recht enden zu wollen. Jetzt konnte ich nicht akzeptieren, dass die Arbeit, zu der es mich so deutlich hinzog, mich vor ein Publikum stellen würde, wo ich doch meine Privatsphäre immer so geliebt und gehütet hatte. Das Leben, das ich da vor meinem inneren Auge sah, war definitiv nicht das Leben, das ich führen wollte.

Aber wir bekommen unsere Lektionen, damit wir in unserem Heilungsprozess vorankommen, und nicht, damit wir Spaß haben. Diese Zeit war eine unheimliche Herausforderung für mich. Dabei war es auch nicht sonderlich hilfreich, dass ich mir von bestimmten Leuten jede Menge negative Kommentare anhören durfte zu meinen neuen Lebensplänen. Am liebsten hätte ich es gehabt, dass das Leben mich einfach wieder schluckt und unauffällig weiterwursteln lässt.

Ich verbrachte viel Zeit ganz allein an einem meiner Lieblingsflüsse. Wochenlang ging ich dort schwimmen und versuchte zu akzeptieren, dass das Leben mich eben jetzt in diese Richtung führte. Das frische Wasser reinigte mich mit jedem Schwimmzug, den ich tat. Wenn ich untertauchte, glitt die andere Welt davon. Abgesehen vom Vogelgesang und dem sanften Wind, der leise durch die Bäume am Ufer strich, gab es überhaupt keine Geräusche am Fluss. Die friedliche Ruhe war heilsam, und ich sog sie so oft wie möglich in mich ein. Einmal sah ich ein Schnabeltier, das dafür bekannt ist, dass es sehr scheu ist und sich nur selten zeigt, wenn Menschen in der Nähe sind. Solche Geschenke bauten mich unheimlich auf.

Als ich am Ufer saß, mir der Wind sanft über das Gesicht strich und ich der Natur gestattete, ihre Wunder an meiner müden Seele zu wirken, musste ich aufrichtig mit mir sein. Wenn ich alle Erfahrungen meines Lebens zusammennahm, konnte ich erkennen, dass ein Teil von mir in meinem tiefsten Inneren schon immer gewusst hatte, dass ich einmal auf welche Weise auch immer ans Licht der Öffentlichkeit treten würde. Die Entscheidung, einen Teil meines Lebens für mich zu behalten, lag ganz bei mir, und ich konnte das auch schaffen. Schließlich war es mein Leben, und ich entschied, wie ich mit den Entwicklungen umging.

Am Ende akzeptierte ich also, dass ich – hoffentlich – irgendwie in meine Rolle hineinwachsen würde, wenn es denn wirklich zu meinem Lebensweg gehörte und ich anderen damit helfen konnte. Es fiel mir noch leichter, es zuzulassen, weil ich darauf vertraute, dass ich selbst an diesen Lernprozessen wachsen würde, ganz egal, wer meine Musik sonst noch zu Ohren bekommen würde. Die Unterstützung von ein paar Freunden, die selbst Musik machten, war damals jedoch lebensrettend für mich.

Wenn ich daran denke, wie ich mit meinen Auftritten anfing, tut mir das Publikum genauso leid wie ich. Obwohl die Musik durchaus erträglich war, sah man mir lange an, dass ich Auftritte ganz grässlich fand. Meine Hände zitterten, die Gitarre wackelte, ich griff neben die Saiten, und meine Stimme versagte. Ich hasste es aus ganzem Herzen und musste mich manchmal sogar übergeben vor lauter Nervosität. Meditation half mir in dieser Hinsicht sehr. Und Üben auch. Wie bei allen Dingen gilt auch hier: Wenn man hartnäckig dranbleibt, wird man irgendwann besser. Und trotz meiner ganzen Nervosität und Angst gab es etwas, was mich doch weitertrieb. Nämlich die Einsicht, dass dies Teil meines Lebenswerks war, und mein Anliegen, etwas Wertvolles zu geben. Es war auch der Wunsch, gehört zu werden. Hier hatte sich ein Weg aufgetan, Gedanken mitzuteilen, die ich allzu lange unterdrückt hatte.

Ich war schon gut über dreißig, als ich meinen ersten Song fertigschrieb, und dann vergingen noch einmal ein, zwei Jahre, bis ich anfing aufzutreten. Da ich mittlerweile überhaupt keinen Alkohol mehr trank, musste ich mich meinen Ängsten aussetzen, ohne künstliche Hilfe. Das Auftreten half mir aber auch, mich zu öffnen. Es brachte viele gute Seiten mit sich. In der Zeit, als ich Florence betreute, machte ich zusammen mit anderen Songwritern meine Runde durch die Pubs der Stadt. Das meiste ging mir schrecklich gegen den Strich. Ich war damals sehr einsam, weil ich mich nach so vielen emotionalen Verletzungen ganz in mich selbst zurückgezogen hatte. Ich konnte zwar auf die Bühne gehen und meine Songs singen, aber sehr lange machte mir das überhaupt keinen Spaß.

Doch es half mir zu wachsen. Wenn man seine persönlichen Gedanken mit einem Raum voll Fremder teilt, muss man sich zwangsweise wieder öffnen. Die konstant positiven Reaktionen auf meine Songs und das, was ich zu sagen hatte, ermutigten mich auch als Songwriter.

Später wurde mir klar, dass ich bei Veranstaltungen auftrat, die nicht zu meinem Stil und meinem Charakter passten. Nachdem ich über Jahre hinweg allzu viele laute Gigs gespielt hatte, verabschiedete ich mich für immer von Pub-Auftritten. Ich hatte meine Lehrzeit hinter mir. Das mochte zwar auch bedeuten, dass ich jetzt generell weniger Auftrittsmöglichkeiten hatte, aber da ich nicht so viel Wert darauf legte, live in Pubs aufzutreten und auf diese Art bekannt zu werden, störte mich das nicht weiter. Zu diesem Zeitpunkt bekam ich die ersten Auftritte auf Folkfestivals und hatte das Glücksgefühl kennengelernt, das es für den Auftretenden bedeutet, ein respektvolles Publikum zu haben, das die Songs nicht nur anhört, sondern sie wirklich versteht. Diese Verbindung zu Gleichgesinnten ist einfach ein großartiges Gefühl. Von nun an spielte ich nur noch auf schönen Veranstaltungen und passenden Festivals.

Wenn ich daran zurückdenke, wer ich war, als ich anfing aufzutreten, kann ich mich in diesem zerbrechlichen Wesen von damals kaum wiedererkennen. Wenn ich heute live spiele, bin ich selbstbewusst, weil ich auf den richtigen Veranstaltungen, vor dem richtigen Publikum spiele. Meine Songs haben eine Botschaft und schlagen eher sanfte Töne an. Das können sie. Das dürfen sie. Ich muss mich nicht mehr gegen die Tomboladurchsagen durchsetzen, die gleichzeitig mit meinem Auftritt übers Mikro ausgerufen werden, und verliere nicht die Verbindung zum Publikum, weil auf den Wandfernsehern ein Boxkampf übertragen wird. Wenn ich einen Fehler mache, lache ich leise über mich selbst und mache weiter. Schließlich sind Künstler auch nur Menschen.

Es ist auch erfrischend, dass ich nicht mehr von Mister Unschlagbar angegafft werde. Sie wissen schon, der Typ, der im ganzen Pub die meisten Drinks gekippt hat und auf einmal überzeugt ist, Johnny Depps Zwillingsbruder zu sein. Dann stellt er sich direkt vor die Bühne. Grinst einen an, wiegt sich dabei vor und zurück, bringt auch noch das Kunststück fertig, keinen Tropfen von seinem achtzehnten Bier zu verschütten. Er ist absolut überzeugt davon, dass er Gottes Geschenk an die Frauen ist, und widmet dir sein Nicken und Zwinkern, dabei lässt er seine Hüften nur für die Dame auf der Bühne kreisen. Und wenn man wirklich gut war, dann wartet er hinterher seitlich neben der Bühne, um alle Gebete zu erhören, die man jemals über Männer und tolle Liebhaber gen Himmel geschickt hat. Ja, ich kenne diese Typen. Gott segne sie.

So überwand ich also nicht nur mein anfängliches Grauen vor Bühnenauftritten, sondern ging dabei mutig meinen kreativen Weg weiter. Außerdem hatte ich vor Kurzem ein einjähriges Musikstudium absolviert. Da ich mehr über die Musikindustrie wissen wollte, hatte ich mir ein paar musiktheoretische Grundlagen angeeignet, zumindest genug, um meine Aufnahmeprüfung zu bestehen. Zu dieser Prüfung gehörte auch eine zittrige Darbietung eines meiner eigenen Songs. Aber ich wurde aufgenommen. Ich war über dreißig, absolvierte eine Ausbildung und genoss jede Minute davon.

Allerdings musste ich bei Auftritten verschiedene Techniken anwenden, um meine Nervosität in den Griff zu kriegen. Üben gehörte ganz bestimmt dazu. Indem ich mich einfach immer wieder auf die Bühne stellte, wuchs im Laufe der Zeit mein Selbstbewusstsein, aber ich sang und spielte auch besser. Die zwei Dinge, die mir jedoch am meisten halfen, waren die Techniken, mit denen ich mich von meinen rationalen Überlegungen losmachte. Diese Techniken lassen sich auf alles anwenden, nicht nur auf Auftritte, und haben mir seitdem auch in anderen Zusammenhängen geholfen.

Wenn meine Nerven sich meldeten oder negative Gedanken nach oben kamen, im Stile von »Was zum Teufel hab ich mir dabei gedacht, mich auf diese Bühne zu stellen?«, begann ich mitten im Song zu meditieren. Das heißt nicht, dass ich plötzlich aufhörte zu singen oder mich im Lotussitz auf die Bühne setzte. Ich sang weiter, und ich spielte auch weiter Gitarre. Doch ich verlagerte meine Konzentration ganz aufs Atmen und beobachtete, wie ich einatmete, ausatmete, einatmete, ausatmete. Währenddessen verließ ich mich völlig auf mein motorisches Gedächtnis, das meine Finger auf die richtigen Saiten legen würde, und vertraute darauf, dass die Wörter weiter aus mir herausfließen würden. In diesem Moment musste ich mich ganz aufs Atmen konzentrieren. Das funktionierte unglaublich gut, weil ich auf diese Weise wieder ruhig wurde und mit verbessertem Ausdruck und größerer Präsenz zu meinem Song zurückkehren konnte.

Die andere Technik, die meine Denkweise änderte und meinem Lampenfieber ein Ende setzte, bestand darin, dass ich meine Person gedanklich aus der Gleichung nahm und mir vorstellte, dass es einfach nur darum ging, den Menschen im Publikum etwas zu schenken. Vor meinem Auftritt sprach ich ein schlichtes stummes Gebet und dankte der Musik, die durch mich strömen und diesen Menschen Freude schenken würde. Dann trat ich quasi einen Schritt beiseite und genoss die Musik genauso wie das Publikum.

Durch Bühnenauftritte habe ich viele tolle Dinge gelernt. Ich bin sehr dankbar, dass mich das Leben zu einem Zeitpunkt auf Trab gehalten hat, als mir eigentlich gar nicht nach Trab zumute war. Wie könnten wir jemals herausfinden, welche Geschenke hinter unseren Herausforderungen warten, wenn wir diese Herausforderungen erst gar nicht annehmen? Das erfahren wir erst, wenn wir unsere Lektionen lernen. Ob ich in Zukunft weiter auftrete oder nicht, ist für mich wirklich nicht mehr wichtig. Wenn ja, werde ich es in vollen Zügen genießen. Und wenn nicht, dann werde ich in vollen Zügen genießen, was ich stattdessen tue. Ob so oder so, es ist mir egal. Ich werde einfach meinem Weg folgen.

Indem ich meine flatterigen Nerven in den Griff bekam, bekam ich meinen Geist auch in anderer Hinsicht in den Griff. Ich machte mich frei von den Fesseln, die ich mir mit schädlichen Denkmustern ein Leben lang selbst angelegt hatte. Wir alle haben solche Fesseln, von denen wir uns frei machen müssen. Die meisten davon sind keine körperlichen Einschränkungen, und wenn sie es sind, ist es sehr wahrscheinlich, dass sie von nicht körperlichen Einschränkungen herstammen, also schädlichen Denkmustern und negativen Überzeugungen.

Leider war auch die liebe Florence an ihr Bett gefesselt, bis die zweite Pflegerin eintraf. Da meine Anwesenheit ihr Geschrei nicht dämpfte, fand ich es netter von mir, wenn ich den Raum verließ. Ab und zu schaute ich wieder ins Zimmer. Dann machte sie zwei Sekunden Pause, sah mich an, sah wieder weg und schrie weiter »Hilfe!«. Sie hätte Sängerin werden sollen. Bei den Lungen.

Im Hafen von Sydney segelten die Yachten vorbei. Ich dachte an die Zeiten zurück, in denen ich mit ein paar Seglern befreundet gewesen war. Ich lächelte, als ich überlegte, was wohl aus ihnen geworden sein mochte. Da riss mich die Klingel aus meinen Überlegungen.

Sowie wir die Seitengitter an ihrem Bett herunterließen, endete das Geschrei sofort. Einfach so. Florence lächelte uns an. »Hallo, meine Lieben! Na, hatten Sie einen schönen Tag bis jetzt?«, fragte sie. Die andere Pflegerin und ich tauschten grinsend einen Blick, während wir der alten Dame aus dem Bett halfen. Obwohl die andere Schwester nicht jeden Tag stundenlang Florences Gebrüll aushalten musste, bekam sie es doch jeden Nachmittag bei ihrem Eintreffen mit.

»Danke, ganz wunderbar, Florence. Und selbst?«, fragte ich.

»Ach, es war ganz nett, Schätzchen. Ich hab gerade die Boote im Hafen beobachtet. Mittwochs ist immer Regatta, wissen Sie?«

»Oh ja«, stimmte ich zu.

Wenn wir zusammen durch den Garten gingen, bestaunten wir alle drei die Farben. Der Garten war ebenfalls jahrelang vernachlässigt worden. Aber der Verwandte, der vor Kurzem die Vollmacht über Florences Konten erhalten hatte, hatte darauf bestanden, den Garten hübsch herrichten zu lassen, damit Florence in ihren wenigen lichten Momenten etwas zum Freuen hatte. Also waren Gärtner gekommen, um ein paar Wunder zu wirken, und auch das Wasser im Pool war wieder sauber und klar.

»Sehen Sie sich nur meinen schönen Garten an«, sagte sie. »Wie großartig er um diese Jahreszeit immer aussieht.« Wir stimmten ihr beide aus ganzem Herzen zu. Unter der ganzen Verwahrlosung hatte sich doch ein wunderschöner Garten gehalten, der jetzt wieder in vollem Glanz erstrahlen konnte.

»Ich war vorgestern hier draußen, um diese Blumen zu pflanzen, wissen Sie? Wenn man einen Garten hat, muss man immer dranbleiben, vor allem bei diesen ganzen Kriechpflanzen.« Wieder gaben wir ihr lächelnd recht. Wenn man sich vor Augen hielt, dass dieser Garten noch vor ein, zwei Monaten ein schäbiger, zugewucherter Dschungel gewesen war, war es amüsant, sich Florences Sicht der Dinge anzuhören.

Sie zupfte ein paar Kletterpflanzen von den Blumen weg und fuhr fort: »Wer einen Garten hat, darf nicht faul sein. So etwas verlangt eine Menge Liebe und Zeit.« Wir fragten sie nach einigen Blumen, und sie antwortete mit überraschender Klarheit und Fachwissen. »Diese Ranke würde die Blumen abwürgen«, erklärte Florence, während sie noch mehr von den Kletterpflanzen von ihren Blumen wegzog. »Ich würde nie zulassen, dass mich jemand so fesselt, und ich möchte auch nicht, dass irgendetwas meine Pflanzen fesselt.«

Und während Florence weiter die Schlingpflanzen in ihrem schönen Garten abriss, sprach ich im Stillen ein Dankgebet, weil ich den Mut gefunden hatte, mich von meinen eigenen Fesseln zu befreien. Wie die Blumen durfte auch ich jetzt endlich frei wachsen und blühen.

Versäumnis Nummer 2:

Ich wünschte, ich hätte nicht so viel gearbeitet.

Während ich das Geschirr abtrocknete, hörte ich meinen Patienten John in seinem Arbeitszimmer kichern wie ein Lausbub. »Ja, das richtige Alter hat sie auch«, gackerte er, und beschrieb mich weiter seinem Freund am anderen Ende der Leitung. John war fast neunzig. Ich war Mitte dreißig. Ich musste daran denken, was mir ein Siebzigjähriger einmal gesagt hatte: »Alle Männer sind Jungs.« Lächelnd schüttelte ich den Kopf.

Als er später aus seinem Arbeitszimmer kam, war John wieder ganz der diplomatische Gentleman, nichts Spitzbübisches war mehr zu sehen. Doch er wollte mich gern zum Essen ausführen und fragte, ob ich ein rosa Kleid hätte. Und wenn nicht, dürfte er mir dann wohl eines kaufen? Ich lachte und lehnte sein Angebot, mir ein rosa Kleid zu kaufen, höflich ab, weil ich tatsächlich schon eines hatte. Es gehörte zwar nicht zu meiner Pflegeuniform, aber ich teilte ihm mit, dass es mir eine Freude sein würde, einem alten sterbenden Mann diesen Gefallen zu tun. Seine Begeisterung kannte keine Grenzen.

Dann reservierte er einen Tisch in einem sehr teuren Restaurant. Es war der beste Tisch, von dem aus man über einen Park bis zum Hafen sehen konnte. John sah sehr elegant aus in seinem Marinejackett mit den goldenen Besätzen. In der

Luft lag ein Hauch von Aftershave. Er legte mir die Hand auf den Rücken und führte mich zu unserem Tisch. Nachdem ich die Aussicht bewundert hatte, wandte ich den Blick wieder zu ihm und ertappte ihn dabei, wie er vier Männern an einem Nebentisch zuzwinkerte. Sie musterten mich kichernd, machten aber schlagartig ernste Gesichter, als sie merkten, dass ich ihnen auf die Schliche gekommen war.

»Sind das Freunde von dir, John?«, fragte ich lächelnd. Stotternd gestand er, dass er seinen Freunden zeigen wollte, was für ein Glück er mit mir hatte, einer Pflegerin mit so beeindruckenden körperlichen Qualitäten. Ich prustete los. »In einem Raum voller Neunundachtzigjähriger hat jede Frau beeindruckende körperliche Qualitäten.« Doch ich muss zugeben, sein Benehmen war tadellos, und ich wünschte, mehr Männer meiner Generation würden über die Tischmanieren und diesen Charme verfügen, die er mir gegenüber an den Tag legte. Wir hatten ein wunderbares Mittagessen. John hatte vorher angerufen und angekündigt, dass er eine Veganerin mitbrachte, und das Restaurant hatte extra für mich einen köstlichen Gemüsestrudel gebacken.

Wie sich herausstellte, durften seine Freunde unsere Mahlzeit nicht stören oder zu uns an den Tisch kommen. Er wollte mich ihnen hinterher vorstellen. Obwohl sie schon lange zu Ende gegessen hatten, blieben sie also alle geduldig sitzen, bis John und ich auch fertig gegessen und geredet hatten. Dann legte er mir wieder die Hand auf den Rücken und führte mich zu ihrem Tisch, wo ich die perfekte Freundin spielte – ich war ganz bezaubernd zu allen, widmete John aber die größte Aufmerksamkeit. Er erinnerte mich an einen Gockel mit stolz gesträubtem Prachtgefieder. Wir hatten wirklich Spaß.

Darunter steckte allerdings ein sterbender Mann. Was schadete es schon, wenn ich bei so einem harmlosen Spiel mitmachte, wahrscheinlich einem seiner allerletzten Ausflüge in die Welt? Sobald ich zu Hause war, vertauschte ich mein rosa Kleid gegen praktischere Arbeitskleidung – sehr zu Johns Enttäuschung – und half ihm ins Bett. So sehr ihn unser Ausflug beflügelt hatte, nun war er doch erschöpft.

Die Energie sterbender Menschen ist so gering, dass sich schon ein kleiner Ausflug für sie anfühlt, als hätten sie eine 80-Stunden-Woche im Steinbruch hinter sich. Es laugt sie völlig aus. Familie und Freunde machen sich oft nicht klar, wie sehr ihre gut gemeinten Besuche kranke Menschen erschöpfen können. In der letzten Lebenswoche können Besuche von mehr als fünf oder zehn Minuten harte Arbeit für die Patienten bedeuten, und gerade in dieser Zeit werden sie mit Besuchen bombardiert.

An diesem Nachmittag waren John und ich jedoch allein, und er schlief tief und fest. Ich legte mein rosa Kleid zusammen und packte es wieder in meine Tasche. Es gefiel mir, ihm mit dem Mittagessen so eine Freude bereitet zu haben. Mir selbst hatte es ja auch Freude gemacht.

Auch in anderer Hinsicht profitierte John von meinem jungen Alter. Da ich mehr von Computern verstand als er, machte ich mich wieder an die Arbeit in seinem Büro, die ich im Monat zuvor angefangen hatte. Für einen Mann seines Alters ging er bewundernswert geschickt mit Computern um, er gab sich wirklich Mühe, mit der Technologie unseres Zeitalters Schritt zu halten. Doch seine Dateien waren das reinste Chaos, denn er hatte das Ordnungsprinzip mit Ordnern und übergeordneten Ordnern nicht begriffen. Während er schlief, dachte ich mir also Kategorien aus, in die ich Hunderte von Dokumenten einsortierte, während ich gleichzeitig einen Index anlegte, damit er die aufgeräumten Dateien wiederfinden konnte. Doch wie gesagt, für einen Mann seines Alters war sein Umgang mit Computern bemerkenswert.

Als ich in der folgenden Woche sah, wie sich Johns Zustand verschlechterte, war ich froh, dass wir schon zum Mittagessen ausgegangen waren. Er würde das Haus nicht noch einmal verlassen. Vielleicht hatte er noch ein paar Wochen, vielleicht auch nicht, auf jeden Fall schwanden seine Kräfte sehr schnell dahin. Eines Spätnachmittags saßen wir auf seinem Balkon und beobachteten den Sonnenuntergang über Harbour Bridge und der Oper. John trug Bademantel und Pantoffeln und kämpfte mit seinem Essen. »Kein Problem, John, iss einfach, so viel du kannst oder magst«, sagte ich. Wir wussten beide, welche unausgesprochenen Worte dahinter steckten. John würde sterben, und zwar in naher Zukunft. Nickend legte er die Gabel auf den Teller und reichte ihn mir. Ich stellte das Tablett beiseite, und wir betrachteten weiter den Sonnenuntergang.

In diesen Frieden hinein sagte John auf einmal: »Ich wünschte, ich hätte nicht so viel gearbeitet, Bronnie. Was für ein Trottel ich gewesen bin.« Ich saß ihm gegenüber und sah ihn an. Er brauchte keine Ermunterung, um fortzufahren. »Verdammt, ich hab viel zu hart gearbeitet, und jetzt bin ich ein einsamer, alter Mann und liege im Sterben. Das Schlimmste daran ist, dass ich als Rentner die ganze Zeit allein war, obwohl es gar nicht nötig gewesen wäre.« Ich hörte mir seine ganze Geschichte an.

John und Margaret hatten fünf Kinder großgezogen, von denen vier inzwischen eigene Kinder hatten. Das fünfte war mit Anfang dreißig verstorben. Als alle Kinder erwachsen waren und das Haus verlassen hatten, bat Margaret ihren Mann, in Ruhestand zu gehen. Beide waren fit und gesund und hatten genug Geld beiseitegelegt, um ihren Lebensabend bequem genießen zu können. Aber er meinte immer, es würde vielleicht doch nicht ganz reichen. Margaret antwortete jedes Mal, sie könnten doch ihr riesiges, jetzt fast leeres Haus verkaufen und etwas Passenderes kaufen, dann würde auch noch etwas Kapital frei werden. Dieser Kampf zog sich über fünfzehn Jahre hin, doch er arbeitete immer weiter.

Margaret war einsam und hätte gern ihre Ehe neu entdeckt, jetzt wo Kinder und Arbeit eigentlich abgehakt waren. Jahrelang verschlang sie alle möglichen Reiseprospekte und schlug verschiedene Länder und Regionen vor, die sie zusammen bereisen könnten. Auch John wäre gern mehr gereist, und so stimmte er Margarets Vorschlägen immer zu. Doch leider genoss er auch den Status, den seine Arbeit ihm verlieh. Dabei mochte er die Arbeit an sich gar nicht so sehr, wie er mir gestand, sondern nur die Rolle, die er dadurch in der Gesellschaft und bei seinen Freunden spielte. Die Jagd nach dem nächsten großen Deal war eine Art Sucht für ihn geworden.

Eines Abends, als Margaret ihn mit Tränen in den Augen bat, sich endlich zur Ruhe zu setzen, sah er seine wundervolle Frau an und begriff, dass sie nicht nur einsam war und sich nach seiner Gesellschaft sehnte, sondern dass sie inzwischen beide alt geworden waren. Diese wunderbare Frau hatte mit unglaublicher Geduld darauf gewartet, dass er in Rente ging. Als er sie so betrachtete, war sie für ihn immer noch so schön wie an dem Tag, an dem er sie kennengelernt hatte. Aber John begriff zum ersten Mal in seinem Leben, dass sie nicht ewig leben würden.

Obwohl er aus unerklärlichen Gründen wie versteinert war, willigte er an jenem Abend ein. Margaret war aufgesprungen und ihm um den Hals gefallen, und aus ihren kummervollen Tränen waren Freudentränen geworden. Doch ihr Lächeln hielt nicht lange an, denn im nächsten Moment fügte er hinzu: »In einem Jahr.« Damals hatte seine Firma gerade einen neuen Deal an der Angel, den er aushandelte, und er wollte die Sache unbedingt noch zu einem guten Abschluss bringen. Seine Frau hatte fünfzehn Jahre lang darauf gewartet, dass er in Rente ging. Da konnte sie es doch sicher noch ein Jahr länger aushalten. Es war ein Kompromiss, aber sie stimmte nur widerwillig zu. Während die Sonne am Horizont versank, gestand mir John, dass er sich schon damals selbstsüchtig vorgekommen war, aber er konnte sich einfach nicht aus dem Berufsleben zurückziehen, bevor er nicht diesen einen Deal noch abgeschlossen hatte.

Nachdem seine geliebte Frau jahrelang davon geträumt hatte, wurden ihre Träume schließlich doch Wirklichkeit. Sie machte konkrete Pläne und telefonierte regelmäßig mit einem Reisebüro. Wenn er von der Arbeit nach Hause kam, wartete sie jedes Mal mit einem schönen Abendessen auf ihn. Und während sie an dem Tisch aßen, um den sich einmal ihre ganze Familie geschart hatte, teilte sie begeistert all ihre Gedanken und Ideen mit ihm. John konnte sich jetzt langsam auch mit dem Gedanken an den Ruhestand anfreunden, obwohl er immer noch darauf bestand, seine zwölf Monate zu Ende zu bringen.

Vier Monate nach seinem Versprechen, acht Monate, bevor er es einlösen sollte, klagte Margaret plötzlich, ihr sei so flau im Magen. Zuerst war ihr nur ein bisschen schlecht, aber als sich ihr Zustand nach einer Woche nicht geändert hatte, teilte sie ihm eines Abends mit, dass sie einen Termin beim Arzt gemacht habe. Es war schon dunkel. In der Ferne hörte man den Verkehr der anderen heimkehrenden Arbeiter. »Aber ich bin sicher, es ist nichts«, fügte sie mit erzwungener Fröhlichkeit hinzu.

John machte sich zwar Sorgen, weil sie sich nicht gut fühlte, aber es kam ihm gar nicht in den Sinn, dass mehr dahinterstecken könnte. Bis ihm Margaret am nächsten Tag eröffnete, der Arzt habe ein paar Labortests vorgeschlagen. Selbst wenn die Testergebnisse in der nächsten Woche nicht gewesen wären, hätten beide gemerkt, dass etwas im Argen lag, denn sie fühlte sich immer unwohler und hatte Schmerzen. Doch wie schlimm es stand, hatten sie beide nicht erwartet. Margaret würde sterben.

Wir verbringen so viel Zeit damit, Pläne für die Zukunft zu

schmieden, machen uns abhängig von irgendwelchen Ereignissen, die erst noch eintreffen müssen, damit wir glücklich sein können, und tun so, als hätten wir alle Zeit der Welt – dabei haben wir nichts anderes als das Leben heute. Es war nachvollziehbar, dass John seine Entscheidung schwer bereute. Ich verstehe durchaus, dass man seine Arbeit lieben kann, und dafür muss sich auch niemand schuldig fühlen. Ich liebte meine Tätigkeit zu diesem Zeitpunkt ja auch, trotz der Traurigkeit, die so oft mit ihr verbunden war.

Aber als ich ihn fragte, ob er seine Arbeit genauso genossen hätte, wenn er von zu Hause nicht so viel Rückhalt gehabt hätte, schüttelte John den Kopf. »Natürlich mochte ich meine Arbeit. Und ich mochte definitiv den Status, den sie mir verschaffte, aber was habe ich jetzt davon? Ich habe weniger Zeit auf das verwendet, was mich im Leben aufrecht hielt: Margaret und meine Familie, meine liebe Margaret. Sie hat mich immer geliebt und unterstützt. Aber ich war nicht für sie da. Außerdem war sie so lustig. Wir hätten auf Reisen so viel Spaß haben können.«

Margaret war drei Monate vor Johns geplantem Rentenbeginn gestorben. Auf Grund ihrer Krankheit war er zu diesem Zeitpunkt freilich schon in Rente gegangen. John erzählte mir, dass ihn in seinem Ruhestand seitdem die Schuldgefühle geplagt hatten. Bis zu einem gewissen Grad konnte er akzeptieren, dass er diesen »Fehler« gemacht hatte, doch er sehnte sich jetzt so sehr danach, mit Margaret zu reisen und zu lachen.

»Ich glaube, ich hatte Angst. Ja, das war es. Ich hatte eine Todesangst. Meine Rolle definierte mich irgendwie. Jetzt, wo ich selbst im Sterben liege, ist mir natürlich klar, dass man im Leben mehr als genug erreicht hat, wenn man ein guter Mensch war. Warum lassen wir uns unseren Wert bloß so gern durch materielle Güter definieren?« Er dachte laut, und in dem, was er sagte, lag Traurigkeit für vergangene und zukünftige Generationen, die alles wollten, ihre Bedeutung danach bemaßen, was sie besaßen und was sie taten, statt danach zu gehen, wer sie im Herzen waren.

»Versteh mich nicht falsch – es ist nichts Verkehrtes daran, wenn man sich ein besseres Leben wünscht«, sagte er. »Das Problem ist nur, dass die Jagd nach mehr und das Bedürfnis, durch unsere Erfolge und Eigentümer Anerkennung zu finden, uns von den wirklich wichtigen Dingen abhalten können. Zeit mit Menschen zu verbringen, die wir lieben, Zeit mit Dingen zu verbringen, die wir lieben, und Ausgeglichenheit. Wahrscheinlich geht es überhaupt um Ausgeglichenheit, oder?«

Ich nickte stumm. Inzwischen waren über uns ein paar Sterne aufgegangen, und die bunten Lichter der Stadt wurden von der Wasseroberfläche reflektiert. Ausgeglichenheit hatte für mich auch immer eine gewisse Herausforderung dargestellt. Sogar in meiner momentanen Rolle schien es immer alles oder nichts zu heißen. Zwölfstündige Schichten waren an der Tagesordnung, und wenn das Ende der Patienten näher rückte, wollten sie und ihre Familien so viel Beständigkeit wie möglich beim Pflegepersonal. Es war also nicht außergewöhnlich, in ihrem letzten Monat sechs Tage pro Woche zu arbeiten, manchmal sogar dort zu übernachten, so dass ich am Ende 36 Stunden am Stück dort war. Eine 84-Stunden-Woche ist für niemand gesund, selbst wenn man seine Arbeit liebt.

Manchmal schliefen die Patienten zwar, aber dann musste ich trotzdem da sein. Dabei riefen mich jede Menge anderer Pflichten. Es kam mir vor, als hätte in meinem eigenen Leben jemand auf die Pausentaste gedrückt, obwohl ich rückblickend natürlich weiß, dass dem nicht so war, denn dieser Job war ein Teil davon. Wenn der Patient verstorben war, war ich völlig erschöpft. Normalerweise kam nach so einer anstrengenden Phase nicht gleich wieder der nächste regelmäßige

Patient. Dann begrüßte ich die Atempause, traf mich wieder mit Freunden und wandte mich meiner Musik und dem Schreiben zu, bis alles wieder von vorne losging. Die Pausen waren wunderbar, besonders wenn es längere Blöcke waren, in denen ich nur ein, zwei verstreute Schichten hie und da absolvieren musste. Allerdings brachte mich diese Unregelmäßigkeit wirtschaftlich in eine ungute Lage. Wenn ich nicht arbeitete, verdiente ich auch kein Geld.

Ungefähr um diese Zeit bot man mir eine Stelle als Büroleiterin in einem Pränatalzentrum an, in der ich nur einen Arbeitstag pro Woche leisten musste. Ich liebte diese feste Stelle. In diesem Zentrum wurden Kurse für Schwangere sowie Müttertreffs veranstaltet. Manchmal kam ich von einem Patienten, der schon bereit zum Sterben war, zu meiner Arbeit ins Zentrum, wo die Kleinkinder auf mir herumkrabbelten und mir nasse Küsse auf die Wange drückten.

Es tat mir gut, dass ich so an die Freuden und den vollständigen Kreislauf des Lebens erinnert wurde. Wenn ein Patient starb, kam im Zentrum ein neues Baby dazu. Die Kleinen waren so unglaublich zerbrechlich und wunderbar. Meine Chefin, Marie, war einer der großartigsten Menschen, den ich je kennengelernt habe. Sie hatte so ein großes Herz. Ich liebte sie und liebe sie heute noch. Zu meinen Aufgaben gehörte es unter anderem, das Kursmaterial auf den neuesten Stand zu bringen. Das bedeutete, dass ich einen Großteil meiner Zeit damit zubrachte nachzulesen, wie Frauen verschiedener Kulturen auf der ganzen Welt mit Schwangerschaft und Geburt umgingen. Wenn ich las, wie natürlich viele Kulturen die Sache angingen und wie manche den Geburtsschmerz zu reduzieren verstanden, wurde mir wieder einmal klar, wie wir Bewohner der westlichen Welt auf Angst konditioniert werden. Anderswo wurde die Geburt von Anfang bis Ende als freudiges, schönes Fest begangen.

Es richtete mich auf, mit Geburt und Leben zu tun zu haben. Manchmal machte es mich einfach fertig, immer nur neben Sterbenden zu sitzen und den Patienten und ihren Familien so viel Empathie entgegenzubringen. Überall auf der Welt gibt es Menschen, die ihr ganzes Leben der Arbeit mit Sterbenden widmen. Vielleicht gelingt es ihnen besser, sich innerlich auch wieder davon zu distanzieren. Oder vielleicht machen sie es auf eine ausgeglichenere Art und Weise. Ich weiß es nicht. So oder so haben sie meinen ganzen Respekt. Ich weiß nur eines: Dadurch, dass es einen Tag pro Woche nur um den Anfang des Lebenszyklus statt um sein Ende ging, kam wieder eine Leichtigkeit in mein Leben, von der ich gar nicht mehr gewusst hatte, dass sie mir in diesen Jahren so gefehlt hatte. Die Energie hier war frisch und lebendig, als hätte mir jemand die Fenster aufgemacht und frische Luft durchziehen lassen.

Diese Kontraste jede Woche führten dazu, dass ich mir meine Patienten auch wieder als Babys vorstellen konnte. Und wenn mir frischgebackene Mütter stolz ihre geliebten Neugeborenen vorstellten, dachte ich mir, dass diese Babys hoffentlich auch älter werden und ein erfülltes Leben führen würden. Und eines Tages würden auch sie den letzten Tag ihres Lebens erreichen, wie meine Patienten. Es war eine ziemlich interessante Zeit, in der ich so eng mit beiden Polen dieses Spektrums zu tun hatte. Es war ein Segen.

Von da an konnte ich auch mehr Mitleid für andere Menschen in meinem Leben empfinden, weil mir klar wurde, dass sie irgendwann einmal auch zerbrechliche kleine Babys gewesen waren und irgendwann einmal sterben müssen, so wie ich auch. Ich begann meine Eltern, Geschwister, Freunde und Fremde als Babys und kleine Kinder zu sehen, die irgendwann einmal mit aller Unschuld und Hoffnung aufs Leben vertraut hatten. Ich dachte darüber nach, wer sie waren, bevor die Verletzungen anderer – seien es Verwandte,

Freunde oder die Gesellschaft – auf sie abgeladen wurden, so dass das natürliche Vertrauen und ihre angeborene Offenheit darunter litten. Auf einmal wurde mir klar, dass alle Menschen im Herzen gut sind, und ich begann sie alle mit dem Beschützerinstinkt einer fürsorglichen Mutter zu lieben.

Ich sah es nicht mehr so, als wären die verletzenden Dinge, die man im Laufe der Jahre zu mir gesagt hatte, wirklich von diesen Menschen gekommen. Diese Worte kamen von ihren eigenen Verletzungen, nicht von den wundervollen, reinen Wesen, als die sie geboren worden waren. Das kostbare Baby, als das sie vor Jahrzehnten auf die Welt gekommen waren, war immer noch ein Teil von ihnen. Ein liebes, kleines, unschuldiges Kind lebte immer noch in ihnen. Und eines Tages würden sie, wie viele andere Leute auf dem Sterbebett auch, rückblickend Weisheit erlangen.

Es mochte Zeiten gegeben haben, in denen ich dachte, ich würde bestimmte Menschen in meinem Leben nicht lieben. Aber nun sah ich, dass es nur ihr Benehmen und ihre Äußerungen waren, die ich nicht liebte. Jetzt liebte ich ihre unschuldigen Herzen, Herzen, die irgendwann einmal darauf vertraut hatten, dass die Welt sie gut behandeln und glücklich machen würde. Wenn das nicht geschah, begann das Leiden, und ihr Schmerz und ihre Enttäuschung brachte sie manchmal zu Reaktionen, die wenig förderlich waren. Ich war nicht anders. Auch ich hatte anderen Schmerzen verursacht auf Grund meines eigenen Leides, meiner eigenen Enttäuschung darüber, dass mein Leben sich nicht so entwickelt hatte, wie ich es mir gewünscht hätte. Das kleine Mädchen, dessen Vertrauen bei der Konfrontation mit dem Schmerz anderer gebrochen worden war, hatte mit seinem eigenen Schmerz reagiert.

In den Herzen meiner lieben Familie und aller anderen Menschen lebte noch diese ursprüngliche Reinheit. Sie war nur vom Schmerz und vom Leben überschattet. Ob ich das

Glück und die Freundschaft, die ich mir einmal von bestimmten Leuten erhofft hatte, finden würde, musste sich erst noch herausstellen. Aber im Grunde war es nicht mehr wichtig. Ich erkannte jetzt, dass sie alle einmal wunderbare kleine Babys gewesen waren, mit all dem Vertrauen und der Unschuld, die ein Baby hat. Alle Unfreundlichkeiten, die anderen gesagt wurden, waren nur die Manifestation des Leidens eines verirrten Kindes. So wie bei mir. Und allein dafür konnte ich sie schon weiterlieben.

Als ich neben John auf dem Balkon saß, sah ich auch in ihm das zerbrechliche Kind. Ein kostbarer kleiner Junge, der irgendeinem Einfluss ausgesetzt war, der in ihm den Glauben weckte, dass er glücklicher sein würde, wenn er sich durch seine Arbeit bewies, als wenn er mit seiner Frau auf Reisen ging. Jetzt war er zwar ein alter Mann, aber das kleine unschuldige Kind in ihm war immer noch unübersehbar. Langsam rannen ihm die Tränen über die Wangen, und er seufzte tief. Ich wollte ihn in seinen Gedanken nicht stören, räumte die Teller ab und ging nach drinnen. Als ich zurückkam, legte ich ihm eine Decke über die Beine und gab ihm einen Kuss auf die Wange, bevor ich mich wieder setzte.

»Wenn ich dir eines über das Leben sagen kann, Bronnie, dann ist es das: Richte dir das Leben nicht so ein, dass du am Ende bereuen musst, so viel gearbeitet zu haben. Ich kann jetzt sagen, dass ich nicht geahnt habe, wie ich es bereuen würde. Erst jetzt, wo mein Ende direkt bevorsteht. Aber irgendwo in meinem tiefsten Inneren habe ich doch gewusst, dass ich zu viel arbeite. Nicht nur für Margaret, sondern auch für mich. Ich wünschte von ganzem Herzen, es wäre mir damals schon so egal gewesen wie heute, was die anderen über mich denken. Ich frage mich, warum wir bis zu unserem Sterbebett warten müssen, bis wir solche Dinge rausfinden.« Er schüttelte den Kopf. »Es ist kein Fehler, wenn man seine Arbeit liebt und sich richtig engagieren will. Aber das Leben hat noch so viel mehr zu bieten. Ausgeglichenheit ist wichtig, man muss immer ausgeglichen leben.«

»Ja, John, das glaube ich auch. Ich arbeite daran, keine Sorge«, sagte ich ehrlich. Er wusste, was ich meinte. Wir hatten uns gegenseitig genug Geschichten aus unserem Leben erzählt, so dass er mich verstehen konnte. Dann begann er auf einmal in sich hineinzulachen. Ich bohrte nach, weil ich gerne mitlachen wollte.

»Na ja, ich hab doch gesagt, wenn ich dir eines sagen soll, dann das, dass du nicht zu viel arbeiten sollst. Aber mir ist gerade noch was eingefallen, das ist fast genauso wichtig.«

»Na los, sag schon«, lächelte ich.

Er sah mich mit einem schelmischen Glitzern in den Auge an und meinte: »Schmeiß bloß nie dieses rosa Kleid weg!«

Lachend bedeutete mir John, dass ich meinen Stuhl ganz nah neben seinen ziehen sollte, und so saßen wir ein paar Stunden Seite an Seite, jeder mit einer Decke über den Beinen, und blickten über den Hafen. Ab und zu wurde die Unterhaltung durch behagliches Schweigen unterbrochen, dann redeten wir wieder weiter. Dann wieder wurde die Stille nur von Johns tiefem Seufzen unterbrochen. Da ergriff ich seine Hand, und er drückte sie leicht.

Er sah mich mit einem traurigen Lächeln an. »Wenn ich irgendetwas Gutes in dieser Welt hinterlassen kann, abgesehen von meiner Familie, dann sind es diese Worte: Arbeite nicht zu viel. Bemüh dich immer um Ausgeglichenheit. Lass die Arbeit nicht dein ganzes Leben werden.« Ich lächelte sanft zurück, hob seine Hand und küsste ihm den Handrücken.

Nicht lange nach dieser Nacht starb John. Damals wusste ich es noch nicht, aber ich sollte seine Worte noch oft aus dem Munde anderer Patienten hören. Doch er hatte seine Botschaft klar formuliert, und ich würde sie niemals vergessen.

Gute Absichten und das richtige Ziel

Durch Mundpropaganda verbesserte sich irgendwann auch meine Wohnsituation. Meine Zeit in Ruths Haus war längst vorbei, aber ein ganzes Netzwerk toller Leute hatte erkannt, wie nützlich es für beide Seiten war, wenn ich in ihrer Abwesenheit auf ihre Häuser aufpasste. Ab und zu ging es mir zwar auch gründlich auf die Nerven, alle paar Wochen oder Monate umzuziehen, aber ich bekam auf diese Art auch viele schöne Häuser zu sehen. Eines davon grenzte sogar an das Grundstück des reichsten Mannes im ganzen Land. Da lebte ich weiß Gott in wohlhabenden Vierteln.

Neben mir als Housesitter gab es meistens noch eine Putzfrau und einen Gärtner, manchmal sogar noch einen eigenen Fensterputzer. Meine einzige Aufgabe bestand darin, in dem Haus zu wohnen, als wäre es mein eigenes, und es zu genießen. Es erübrigt sich zu sagen, dass mir das nicht sonderlich schwerfiel. Das Netzwerk bestand aus sehr wohlhabenden Leuten, aber manche von ihnen waren noch dazu unglaublich kreativ. Dann waren auch die Häuser hell, bunt und gemütlich.

Über einen meiner Housesitting-Kunden kam ich zu meiner Patientin Pearl. Ihr Haus war so fröhlich wie sie selbst, sofern das bei einem sterbenden Menschen möglich ist. Wir waren uns auf Anhieb sympathisch. Außerdem hatte sie drei Hunde, von denen einer normalerweise Fremden gegenüber sehr scheu war, aber innerhalb weniger Minuten saß er auf meinem Schoß. (Tiere erkennen einen Tierliebhaber sofort.) Die Reaktion des kleinen schwarzen Hundes half Pearl und mir, sofort eine Verbindung zueinander aufzubauen.

Ein paar Monate zuvor, kurz vor ihrem dreiundsechzigsten Geburtstag, hatte man bei Pearl eine unheilbare Krankheit diagnostiziert. Weil sie ihre Hunde und ihr Heim so liebte, war sie entschlossen, zu Hause zu sterben. Eine Freundin hatte sich bereits erboten, die drei Tiere zu adoptieren, wenn die Zeit gekommen war, so dass Pearl sich keine Sorgen machen musste, ob die Hunde zusammenbleiben konnten. Sie hatte sich auch schon so ziemlich damit abgefunden, dass sie bald sterben würde.

Viele meiner Patienten versuchten anfänglich noch, ihre Situation zu leugnen. Sie durchliefen ein ganzes Spektrum von Emotionen, bevor sie sich schließlich in das unvermeidliche Ende schickten. Andere befanden sich in einer Art Schockzustand, wenn man ihnen die Nachricht auf eine Art übermittelt hatte, die sie einfach überfuhr. Die Überbringer solcher Nachrichten drückten sich manchmal viel zu sachlich aus, weil sie nicht begriffen, was für eine Auswirkung ihre Worte hatten. Manchmal waren das Verwandte, manchmal professionelles medizinisches Personal. Dabei erfordern solche Anlässe wirklich Fingerspitzengefühl.

Pearl jedoch hatte mehr oder weniger schon akzeptiert, dass ihre Zeit gekommen war. Wie sie mir anvertraute, fiel ihr das Sterben deswegen nicht ganz so schwer, weil sie vor über dreißig Jahren im Abstand von nur einem Jahr ihren Mann und ihr einziges Kind, ein kleines Mädchen, verloren hatte. In ihrem Herzen wusste sie, dass sie die beiden bald wiedersehen würde.

Ihr Mann war ganz unerwartet bei einem Arbeitsunfall ums Leben gekommen, obwohl sie es nicht gerne als Unfall bezeichnete, denn sie glaubte nicht an Unfälle. »Es sollte so sein«, sagte sie. »Es hat mir schrecklich wehgetan, aber nachdem ich mehr als dreißig Jahre allein weitergelebt habe, habe ich eingesehen, dass dieser Verlust mir geholfen hat, der Mensch zu werden, der ich heute bin, und anderen zu helfen. Wenn mein Mann nicht gestorben wäre, wäre ich heute nicht, wer ich bin.«

Den Verlust ihrer kleinen Tochter sah sie auch philosophisch. Tonia war im Alter von acht Jahren an Leukämie gestorben. »Ein Kind zu verlieren ist genauso schlimm, wie alle sagen. So etwas sollten Eltern nicht durchmachen müssen. Aber wissen Sie, sie machen es eben trotzdem durch, überall auf der Welt, Tag für Tag. Ich bin nur eine von vielen.« Ich hörte zu und schätzte den Frieden, den sie ausstrahlte, als sie über ihre Tochter sprach. »Ich bin froh, dass sie nicht zu lange leiden musste. Ich glaube, sie ist in mein Leben gekommen, um mich die Freuden der bedingungslosen Liebe zu lehren. Seitdem konnte ich sie auch anderen schenken, auch wenn sie gar nicht mit mir verwandt waren. Die liebe Tonia, mein lieber kleiner Engel.«

Die einstmals glasklaren Bilder ihrer Erinnerungen waren heute etwas unscharf, aber sie hatte sie doch alle im Herzen bewahrt. Pearls Liebe zu ihrer Tochter war so stark wie eh und je. Die Liebe stirbt nicht, erklärte sie mir fröhlich. Dann erzählte sie, wie ihr Leben nach Tonias Tod eine Weile recht schwer gewesen war, bis sie nach ein paar Jahren wieder richtig Fuß fasste. Aber sie betrachtete sich nie als Opfer. Obwohl sie wusste, wie schmerzhaft es ist, ein Kind zu verlieren, und es niemand anderem wünschen würde, hatte sie immerhin erfahren, was für eine Freude es ist, ein Kind zu haben, ein Glück, das nicht jeder hat, wie sie betonte.

Wir waren uns einig, dass in jeder Herausforderung ein Geschenk liegt. »Die Leute spielen ewig das Opfer«, fuhr sie fort. »Aber wen wollen sie damit eigentlich täuschen? Im Grunde bestehlen sie doch nur sich selbst. Das Leben schuldet einem überhaupt nichts. Und andere Leute schulden einem auch nichts. Man ist sich nur *selbst* etwas schuldig. Wenn man also das Beste aus seinem Leben machen will, dann sollte man zu schätzen lernen, was es für ein Geschenk ist. Und sich auf keinen Fall als Opfer sehen.«

Ich erklärte Pearl, dass ich in meinem Leben schon so einige Opfer kennengelernt hatte, aber den größten Aha-Effekt erlebt hatte, als ich diese Einstellung auch an mir selbst entdeckte. Bestürzt musste ich feststellen, dass ich mich ausschließlich um die Aufarbeitung meiner Verletzungen gekümmert hatte und nur noch im Blick hatte, wie hart mein Leben gewesen war.

Ohne mich irgendwie zu verurteilen, stimmte sie mir zu. »Irgendwann machen wir alle mal diesen Fehler. Es gibt eine feine Trennlinie zwischen Mitleid und Opfermentalität. Mitleid ist eine heilende Kraft, die man sich entgegenbringt, wenn man gut zu sich selbst ist. Aber das Opfer spielen ist eine hochgiftige Zeitverschwendung, die nicht nur andere Menschen abstößt, sondern dem Opfer auch die Chance nimmt, jemals wirklich glücklich zu werden. Niemand ist uns irgendetwas schuldig«, wiederholte sie. »Wir sind es nur uns selbst schuldig, unseren Hintern hochzukriegen, uns über das zu freuen, was wir haben, und uns unseren Herausforderungen zu stellen. Wenn man das Leben aus dieser Perspektive angeht, dann wird man reich beschenkt.« Ich liebte diese Frau.

Sie sprach weiter darüber, was für ein hartes Leben viele Leute haben und welch schrecklichen Schwierigkeiten sich manche gegenübersehen, wie sie es dann aber doch schaffen, sich durchzukämpfen und unterwegs zumindest hie und da in kleinen Dingen ein wenig Glück zu finden. Andere hingegen beklagen sich pausenlos über ihr Leben und haben keine Ahnung, wie gut es ihnen im Vergleich zu so manch anderem geht. Es fiel mir leicht, Pearl zuzustimmen, denn obwohl ich manchmal meinen Schmerz noch in mir fühlte, verlor ich nie aus den Augen, was für Geschenke mir zuteil wurden. Und es gab immer jemand, dem es noch schlechter ging als mir.

Nachdem Pearl es nach Verlust von Ehemann und Tochter geschafft hatte, ihr Leben wieder auf Kurs zu bringen, warf sie sich mehrere Jahre ganz auf ihre Arbeit. Eine Arbeit, die ihr gefiel. Sie liebte ihre Kollegen und die Kunden und hatte das Gefühl, sie konnte sie alle inspirieren und glücklich machen, und das gelang ihr auch. Doch irgendwie blieb in ihr immer eine Leere. Über zwei Jahrzehnte schrieb sie das dem Verlust ihrer Familie zu.

Doch eines Tages erfuhr sie in einer beiläufigen Bemerkung von einem Projekt, das ihr Leben veränderte. Sie begann außerhalb ihrer Arbeitszeit einem Kunden zu helfen, der ein neues gemeinnütziges Programm auf die Beine stellte. Ohne es selbst richtig zu merken, engagierte sich Pearl immer stärker dafür, weil sie das Projekt und die Ziele dieser Leute einfach begeisterten. »Zum ersten Mal nach über zwanzig Jahren spürte ich wieder Leidenschaft. Und wissen Sie, warum?«, fragte sie. »Ich sah einen Sinn, einen echten Sinn in dem, was ich tat. Deswegen war mir meine andere Arbeit leer vorgekommen. Für mich lag einfach nicht genug Sinn darin.«

Damit konnte ich mich leicht identifizieren. Ich erzählte Pearl von meiner bisherigen Karriere, mitsamt den inneren Kämpfen, die ich durchstand, bis ich irgendwann Sterbende pflegte und mich mit Musik beschäftigte – beides Tätigkeiten, die mich immer mehr befriedigten. Sie stimmte mir zu, dass meine Arbeit wirklich einen Sinn hatte, vor allem im Vergleich zu den anderen Jobs, die ich gehabt hatte. Aber wie ich glaubte auch sie, dass jeder Mensch wahren Sinn in seiner Arbeit finden kann, wenn er auf einem Gebiet arbeitet, das für ihn genau das Richtige ist. Es war alles eine Frage der Perspektive.

Pearls Haus hatte einen schönen Wintergarten, durch dessen Glasdach die Wintersonne auf uns schien. Er war hell und wunderschön. Jeden Morgen schob ich sie mit ihrem Rollstuhl hier hinaus, normalerweise mit mindestens einem ihrer Hunde auf dem Schoß, manchmal allen dreien. Dann tranken wir literweise frischen Kräutertee und genossen das Geschenk des neuen Tages. Als ich ihr sagte, dass es sich für mich überhaupt nicht wie Arbeit anfühlte, bei ihr zu sein, hellte sich ihre Miene auf, und sie meinte: »Natürlich, so sollte es ja auch sein. Wenn wir eine Arbeit machen, die wir lieben, fühlt es sich nicht wie Arbeit an. Es ist einfach nur eine natürliche Verlängerung unserer selbst.«

Das gemeinnützige Projekt führte dazu, dass Pearl die Arbeit ihres Lebens fand. Innerhalb eines Jahres hatte sie ihren alten Job gekündigt und ging ganz in ihrer neuen Rolle auf. Die Bezahlung war anfangs niedriger, aber das war ihr egal. Im Laufe der Zeit stieg ihr Gehalt. »Manchmal muss man ein paar Schritte zurückgehen, damit man Anlauf für seinen Sprung nehmen kann«, lachte sie. »Geld wird so missverstanden. Es hält die Leute ewig in den falschen Jobs, weil sie glauben, dass sie kein Geld machen können, wenn sie tun, was sie lieben. Dabei kann es genau andersrum sein. Wenn man absolut liebt, was man tut, kann man sich dem Fluss des Geldes besser öffnen, denn man ist viel stärker von seiner Arbeit absorbiert und viel glücklicher als Mensch. Es dauert natürlich ein wenig, die Haltung zu ändern und nicht immer nur daran zu denken, wie wohl das nächste Geld reinkommt.«

Eine Freundin von mir hatte das einmal ganz gut formuliert, und ich erzählte Pearl davon. Wir legen zu viel Gewicht aufs Geld. Stattdessen müssten wir herausfinden, was wir tun wollen, und dann mit Konzentration, Entschlossenheit und Zuversicht darauf zuarbeiten. Es sollte dabei nicht ums Geld gehen. Denn das Geld kommt von selbst, oft aus ganz unerwarteten Quellen.

Ich hatte das auch schon gelernt. Wenn kein Geld mehr kam, lag es normalerweise daran, dass ich mich gedanklich zu sehr mit der Angst vor Geldmangel aufhielt, und prompt wurde der Mangel größer. Wenn ich mich auf die Schönheit des Tages konzentrierte, mich über die Dinge freute, die ich hatte, und auf das hinarbeitete, wozu ich mich hingezogen fühlte, kam das Geld, das ich brauchte, grundsätzlich meines Weges.

Eine der größten Belohnungen für den Mut, weiter auf das hinzuarbeiten, was ich wollte, erhielt ich, als ich mein erstes Album aufnahm. Das Timing war perfekt, denn ich war gerade mal wieder zum Housesitting in einem meiner liebsten Häuser, wo wir auch die Aufnahmen machen konnten. Es war ein wunderschönes, dunkelrosa Haus, von dem aus man einen Streifen Regenwald sehen konnte. Alle Beteiligten konnten sich problemlos auf ein Zeitfenster für die Produktion einigen, sogar mein Produzent, der sonst eigentlich immer sehr beschäftigt war. Die anderen Musiker waren auch glücklich mit unserem Zeitplan. Nur eines fehlte: Geld! Ein bisschen hatte ich, aber nicht genug.

Doch alles in mir trieb mich, die Vorbereitungen trotzdem fortzusetzen, also tat ich es. Die Musiker wurden gebucht. Ich verwandte viel Zeit darauf, zu üben und meinen Songs den letzten Schliff zu verleihen. Aber als die Tage näher kamen, begann die Zuversicht, die mich bis jetzt getragen hatte, langsam zu schwinden. Irgendwo tief in mir wusste ich, dass ich nicht bis hierher geführt worden wäre, wenn die Realisierung dieses Projekts nicht möglich wäre. In meinen stärkeren Momenten hatte ich den felsenfesten Glauben, dass alles gut gehen würde. Schließlich hatte ich in der Vergangenheit schon an viel größere, unmöglich scheinende Dinge geglaubt. Ich vertraute mir und meiner Fähigkeit, das, was ich brauchte, auch anzuziehen. Aber nun kam die Angst doch an die Oberfläche, und meine Zuversicht reichte nicht mehr aus, um sie abzuwehren.

Wir sollten am Montag mit den Aufnahmen beginnen. Es war Freitagnachmittag, und das Geld war immer noch nicht aufgetaucht. Die Angst tobte in mir. Der Produzent konnte sich keine unbezahlte Arbeitszeit leisten. Die anderen Musiker hatten auch nur begrenzt Zeit. Als ich in Panik zu geraten drohte, ging ich zu meinem Meditationskissen und setzte mich. Die Tränen liefen mir herunter. Sie hatten sich über Monate hinweg aufgestaut, als ich noch versucht hatte, konzentriert und stark zu bleiben. Jetzt strömten sie alle heraus. Schluchzend ließ ich meine ganze Frustration heraus und gestand mir ein, dass ich nicht mehr konnte. Ich hatte keine Kraft mehr. Ich hatte getan, wohin mich das Leben geführt hatte, aber jetzt kam ich nicht mehr weiter. Es war zu hart. Ich *konnte* nicht mehr.

Und dann »Ahhh!«. Der wunderschöne Moment des Loslassens! Da war er mal wieder. Es gab nichts mehr, was ich tun konnte. Ich musste die Dinge jetzt einfach höheren Mächten überlassen. Ich fühlte mich so verzagt und ausgelaugt, dass ich beschloss, auszugehen und zur Zerstreuung auf irgendein Konzert zu gehen. Genau in diesem Moment rief eine Freundin an, die nichts von meiner Situation wusste, und lud mich ein, mit ihr und einer anderen Freundin auszugehen. Sie wollten in ein Literaturcafé. Das fand ich attraktiver, als allein auf ein Konzert zu gehen, so nahm ich die Einladung an. Ich versprach mir, die Nacht zu genießen und meine Situation zu vergessen, und ging fröhlich aus dem Haus. Morgen war ein neuer Tag, und dann würde ich mich mit den Dingen auseinandersetzen. Aber heute Abend musste ich alles einfach mal vergessen.

Während meine Freundin Gabriela sich bei den Büchern umsah, saß ich in der Cafélounge und plauderte mit ihrer Freundin. Leanne und ich hatten uns erst einmal ganz kurz vor ein paar Jahren getroffen, seitdem hatten sich unsere Wege nicht mehr gekreuzt. Sie fragte mich, wo ich wohnte, und ich erzählte ihr von meinem Leben als Housesitter. Das faszinierte sie. Zugleich konnte ich ihr damit helfen, denn sie wollte ins Immobiliengeschäft gehen und hörte sich meine Meinung zu den verschiedenen Vororten an, in denen ich bis jetzt gewohnt hatte. Sie fragte weiter, und ich erzählte ihr, dass ich diese Lebensweise gewählt hatte, weil ich mietfrei leben wollte, um mich leichter meinen kreativen Projekten, vor allem der Musik, widmen zu können.

Leanne machte gerade eine sehr unangenehme Scheidung durch, und sie genoss die Ablenkung genauso wie ich. So floss unsere Unterhaltung ganz entspannt und mühelos dahin. Schließlich fragte sie mich nach meinem Album, und auf einmal war ich wieder in meiner gegenwärtigen Situation und bedauerte, dass ich dieses Thema zugelassen hatte. Aber ich erzählte ihr einfach ganz aufrichtig, wie die Dinge lagen, und dass ich gerade nur noch auf ein Wunder wartete, das mich rettete.

Sie fragte mich mehr, nach meinem Album, nach den Leuten, die daran mit mir arbeiteten, nach der geplanten Instrumentierung, woher meine Beziehung zur Musik kam und was mich zum Auftreten bewog. Ich stand ihr Rede und Antwort. Dann erklärte sie ohne weitere Umschweife, dass sie schon immer die Kunst hatte unterstützen wollen, aber nicht wusste, wen sie sponsern sollte. Jetzt machte sie eine ungute Phase im Leben durch, wollte etwas Positives tun, und deswegen würde sie am Montagmorgen mit dem benötigten Bargeld bei meinem Haus sein.

Ich brach in Tränen der Erleichterung und der Freude aus. Ich konnte es nicht glauben. Ohne groß zu überlegen, umarmte ich sie aus ganzem Herzen und musste dabei den Drang unterdrücken, in hemmungsloses Schluchzen auszubrechen. Es war überstanden. Ich hatte es geschafft. Das Album würde produziert werden. Das Geld hatte sich eingestellt.

Leanne kam auch ein paar Mal während der Aufnahmen vorbei. Ich fand es schön, dass sie da war. Sie lag auf dem

Teppich und hörte uns über Kopfhörer beim Singen und Spielen zu. Andererseits war sie aber auch ganz unparteiisch. Es reichte ihr zu wissen, dass das Album mit ihrer Hilfe produziert werden konnte. Was für eine wunderbare, großzügige Frau sie war! Dieser Vorfall verlieh mir später immer wieder Kraft, wenn ich an das Unmögliche glauben musste. Die Hilfe kommt. Wir müssen ihr nur Platz machen.

Pearl war begeistert von meiner Geschichte, weil sie alles bestätigte, woran sie glaubte. »Das stimmt haargenau. Angst blockiert uns. Geld ist nur eine andere Art von Energie, eine Energie, die uns allen Gutes und Glück bringen will. Aber wir setzen es falsch ein. Wir geben ihm Macht, jagen ihm hinterher, fürchten es, bringen unser Leben durchs Streben nach Geld aus dem Gleichgewicht und sind ganz besessen davon«, stellte sie fest. »Dabei ist es so einfach zu haben wie die Luft, die wir atmen. Wir verschwenden unsere Zeit ja auch nicht damit, uns Sorgen zu machen, ob wir genug Luft kriegen. Daher sollten wir unsere Zeit auch nicht damit verschwenden, uns Sorgen zu machen, ob wir genug Geld haben werden. Genau solche Gedanken blockieren den natürlichen Fluss dieser liebenden, kreativen Energie zu uns.« Ich verstand sie und stimmte zu.

Als Pearl zu dem gemeinnützigen Projekt dazustieß, war die Finanzierung eine beständige Sorge der Leute, die schon dort arbeiteten. Ihre ganze Energie ging dafür drauf, sich darum zu kümmern, wie man das Geld auftreiben könnte, nicht mehr für den Grund, warum sie es brauchten. Gott sei Dank waren die Leute empfänglich für Pearls Philosophie. Zwar hatten sie anfangs nicht genug Zuversicht, um zu glauben, dass sie die Mittel für jeden Bereich des Projekts bekommen könnten, aber sie vertrauten in Pearls Zuversicht. Also erklärten sie sich einverstanden, auf den Erfolg des Projekts hinzuarbeiten, in der Hoffnung, dass das Geld schon kommen würde. Wo sich die Gelegenheit bot, unternahmen sie auch aktive Schritte, um die Finanzierung zu ermöglichen. Aber sie lernten auch loszulassen, wenn sie nichts mehr tun konnten, und gleichzeitig weiterzuarbeiten, als wäre das Geld schon unterwegs. Pearls Zuversicht wankte nicht eine Sekunde, und sie beflügelte damit das ganze Team.

Schon bald begann dem Projekt aus diversen unerwarteten Quellen Geld zuzufließen, was für große Freude unter den Mitarbeitern sorgte. Das Programm konnte auf eine weitere Vorstadt ausgedehnt werden, so dass noch mehr Menschen geholfen werden konnte. Nach ein paar Jahren verdienten Pearl und die anderen ein anständiges Gehalt, konnten das Programm noch einmal erweitern, immer mehr Menschen in Not helfen – und nicht eine Sekunde fühlte es sich für sie an wie Arbeit.

Die Sonne war inzwischen über Pearls Haus hinweggegangen, und wir verzogen uns wieder ins Wohnzimmer, wo ich kurz zuvor im Kamin eingeschürt hatte. Pearl war erschöpft, aber sie wollte nicht ins Bett, bevor es Abend wurde, wenn es sich irgend vermeiden ließ. Tagsüber machte sie ihre Nickerchen auf dem Sofa neben dem Kamin. Ich machte es ihr gemütlich, schüttelte die Kissen auf und breitete eine schöne, große Decke über sie. Sie war bunt, wie Pearl und ihr gesamtes Haus. Das Feuer gab ein schönes Licht und verbreitete Gemütlichkeit. Als Pearl bequem lag, sprangen die Hunde aufs Sofa und kuschelten sich dazu. Es war ein schöner Anblick: Pearl, die Hunde, das Feuer, die Farben im Haus – noch heute, Jahre später, habe ich es deutlich vor Augen.

»Die Sache mit dem Geld hängt aber auch von den Absichten ab«, erklärte sie. Ich holte mir einen Stuhl und setzte mich zu ihr. Solche Gespräche mit ihr genoss ich sehr. »Das Geld fließt am besten, wenn die Absichten gut sind. Wir konnten die Mittel für unser Projekt auftun, weil wir anderen damit Gutes taten. Natürlich profitierten wir selbst auch davon, wir taten etwas, das uns gefiel, und verdienten damit Geld, und außerdem verlieh es unserem Leben einen Sinn.«

Das sei so, meinte Pearl, weil der Sinn hinter unserem Tun so wichtig ist. Wenn wir einen Sinn darin sehen, gehen wir die Dinge automatisch mit den richtigen Absichten an. Jede sinnvolle Arbeit kommt irgendwie irgendjemand zugute. Das Geld stellt sich dann ganz von selbst ein, um unser Ziel zu unterstützen, vorausgesetzt, wir tun dafür, was wir können, und blockieren den Geldfluss nicht durch Angst. Gerade Menschen mittleren Alters stellen sich plötzlich ganz neue Fragen, und sie spüren den Wunsch, durch ihre Arbeit Kontakt zur Welt herzustellen. Das ist die natürliche Sehnsucht nach dem Sinn, von dem Pearl sprach.

Sie war eine intelligente, weise Frau und teilte ihre Gedanken großzügig mit mir. Ich denke, wir hätten uns auch dann so mühelos verstanden, wenn sie nicht im Sterben gelegen wäre. Pearl stellte fest, dass zum Beispiel Eltern nicht immer an ihren eigenen Wert glauben und daran, dass ihre Absicht, glückliche Kinder großzuziehen, einer der größten Beiträge zur Gesellschaft ist: Sie bringen gute Erwachsene hervor. Pearl hasste es, wenn eine Frau sagte, sie sei *nur* Mutter, dabei war das doch das Wichtigste überhaupt, eine Arbeit mit wahrem Sinn. Dasselbe galt für gärtnernde Menschen, die mit ihrer Arbeit die Schönheit der Erde feierten.

Mir fiel die nette Dame ein, die ich in Perth kennengelernt hatte, und ich erzählte Pearl, wie ihr Garten mich jeden Morgen auf dem Weg zum Bahnhof glücklich gemacht hatte. Er machte mir mit seinen blühenden Blumen und bunten Bäumen so viel Freude, dass ich der Frau irgendwann eine Karte in den Briefkasten warf, um ihr dafür zu danken. Der Garten verschönerte mir tatsächlich jeden Tag. Bunte Blumen und exotische Pflanzen ergänzten sich so wunderbar, und jeden Tag bot sich ein neuer Anblick, hatte sich wieder irgendetwas verändert. Eines Tages sah ich die Gärtnerin selbst, eine achtzigjährige Dame, und sagte ihr, wie sehr mir ihr Garten gefiel. Yvonne kam sofort darauf, dass ich ihr die Karte geschrieben haben musste, und damit begann eine neue Freundschaft.

»Ja, das war ihr Sinn – der Garten. Den Sinn in seinem Leben zu finden ist fast das Wichtigste überhaupt«, fuhr Pearl fort. »In gewisser Hinsicht wünschte ich, ich hätte nicht so viele Jahre mit einer Arbeit verbracht, die angenehm war, aber wenig Bedeutung für mein echtes Lebenswerk hatte, nämlich die Arbeit, die ich durch das Projekt fand. Aber mein Job führte mich meiner Bestimmung zu, denn es war ja ein Kunde von dort, der mir half, meinen Weg zu dieser Veränderung zu finden. Es kann Jahre dauern, bis man herausgefunden hat, was man tun will, und ich brauchte tatsächlich Jahre. Aber die Befriedigung, die einen dann erwartet, ist die Mühen der Suche wert.«

Ich dachte an die Mühen, die es mich gekostet hatte, um eine Arbeit zu finden, die mich befriedigte, und stimmte ihr zu. Während ich mit dieser wunderbaren Frau und ihren drei freundlichen Hunden am Kamin saß, war ich sehr dankbar dafür, dass ich das alles als meine Arbeit bezeichnen konnte. Ich sagte es Pearl, und sie lächelte zustimmend.

»Wenn ich überhaupt irgendetwas bedauern wollte, Bronnie, dann wäre es, dass ich so viele Jahre in einem Nullachtfünfzehn-Job gearbeitet habe. Das Leben geht so schnell vorbei. Ich weiß das, weil ich meine Familie verloren habe. Aber manchmal passiert es, dass uns gewisse Dinge klar sind, lange bevor wir in der Lage sind, entsprechend zu handeln. Also könnte ich das zwar bereuen, aber das tu ich nicht. Stattdessen bin ich lieber nachsichtig mit mir und verzeihe mir, dass ich nicht fähig war, meine alte Stelle früher aufzugeben und die vielen Zeichen zu sehen.« Auch ich war der Meinung, dass es viel gesünder ist, sich zu vergeben, als

Dinge zu bereuen. Ich erzählte Pearl, wie viel ich von meinen Patienten lernte.

Sie lachte. »Stimmt. Sie haben keine Ausreden mehr. Sie können später nicht auf dem Sterbebett sagen, Sie hätten es gern früher gewusst. Stattdessen können Sie aus all unseren Fehlern lernen.« Ich gab ihr recht. Aber ich sah auch, dass das Reden Pearl sehr erschöpfte. Also sorgte ich dafür, dass sie es bequem hatte, zog die Vorhänge zu und ließ sie im Schein des Kaminfeuers ausruhen. Als ich noch einen Moment an der Tür stehen blieb und sie und ihre drei Hunde betrachtete, lief mir eine Träne über die Wange.

Obwohl ich immer noch lernen musste, meinen wahren Wert zu erkennen, war ich vor Freude überwältigt, dass ich jetzt immerhin einen Job fürs Herz hatte. Lächelnd ging ich in die Küche. Nachdem ich mir eine Tasse Chai gekocht hatte, machte ich es mir in einem anderen wunderschönen Zimmer gemütlich, solange Pearl schlief. Es war ein ruhiger Nachmittag im Viertel, obwohl das in diesem Haus auch keinen Unterschied mehr gemacht hätte, denn Pearls Haus war immer friedlich, nicht nur im Sinne von still, auch die Atmosphäre.

Ich verbrachte noch ein paar Wochen mit ihr, aber sie wurde von Tag zu Tag schwächer, bis sie schließlich akzeptieren musste, dass es einfach zu kräftezehrend war, das Bett zu verlassen. Sie hatte ihr Zuhause bis zum letzten Moment zu schätzen gewusst und genossen, jetzt sollte ich es – stellvertretend für sie – genauso genießen, solange ich bei ihr war. Ich lächelte und versicherte ihr, sie müsse sich keine Sorgen machen. Noch viel mehr als ihr wunderbares Zuhause genoss ich jedoch die Begegnung mit Pearl.

Freunde kamen, um Abschied von ihr zu nehmen, darunter auch die, mit denen sie für die gemeinnützigen Projekte gearbeitet hatte. Sie sprachen davon, wie Pearl ihr Leben verändert hatte und ihre Arbeit eine dauerhafte Spur hinterlassen hatte, weil sie so vielen geholfen hatte. Doch um etwas Sinnvolles zu tun, muss man nichts Großartiges in Angriff nehmen. Manche Menschen können Tausenden helfen. Manche helfen vielleicht nur einem oder zweien. Das ist egal, ihre Arbeit ist gleich wichtig. Wir alle haben eine bestimmte Aufgabe, und indem wir darauf hinarbeiten, diese Aufgabe zu finden, tun wir allen Menschen Gutes. Natürlich hilft es uns auch selbst. Denn unsere Arbeit ist dann keine Arbeit mehr, wie Pearl sagte, sondern eine befriedigende Verlängerung unser selbst.

Als ich am Tag von Pearls Tod die Tür hinter mir zuzog, trat ich in die wunderschöne Wintersonne hinaus. Ich blieb stehen, atmete tief durch und begrüßte die Sonne, die auf mein Gesicht herunterschien. In all meinen Jahren im Bankwesen hatte ich immer nur die Absicht gehabt, eine Arbeit zu finden, die ich liebte.

Jetzt, im Wintersonnenschein, dachte ich lächelnd an Pearl und was für ein wunderbarer Mensch sie gewesen war. Tatsächlich hatte ich eine Arbeit gefunden, die ich liebte und durch die ich mich gesegnet fühlte. Ich brauchte eine Weile, um mich von ihrem Vorgarten loszureißen, verloren in meine Gedanken und in meine Dankbarkeit, und sandte Pearl all meine Liebe. Aber es war nicht mehr wichtig. Ich lächelte, und das hatte ich meiner Arbeit zu verdanken.

Der Segen der Einfachheit

Verständlicherweise litten während der letzten Wochen meiner Patienten auch die Familien der Sterbenden enorm. Die meisten Familienmitglieder waren zwischen Anfang vierzig und Ende fünfzig, und die Mehrheit hatte selbst Kinder.

Die Angst, einen Elternteil zu verlieren, vielleicht auch die Angst vor dem eigenen Schmerz, führt oft zu sehr heftigem Verhalten. Das machte mir immer wieder bewusst, wie schädlich es ist, in einer Gesellschaft zu leben, die den Tod auszuklammern versucht. Die Menschen sind überhaupt nicht vorbereitet auf die Heftigkeit der Gefühle, die diese Situation mit sich bringt, und reagieren zudem schrecklich ängstlich und verletzlich. Die Familie trifft es oft noch mehr. Meine Patienten fanden ihren Frieden, bevor sie starben, doch die Gefühle der Kinder gerieten völlig außer Kontrolle, nur noch beherrscht von Angst und Panik.

Da ich in Privathäusern arbeitete, erlebte ich den Lebensstil und die Dynamik zahlloser Familien hautnah mit. So erfuhr ich, dass fast alle Familien mit gewissen Herausforderungen zu kämpfen haben, dass sie Heilungsprozesse durchmachen und voneinander lernen müssen. Manchen war gar nicht wirklich bewusst, welche Mechanismen bei den einzelnen Familienmitgliedern zum Auslöser wurden. Aber solche Mechanismen gab es immer. Wenn ich hörte, wie Geschwister miteinander stritten, hielt ich mich respektvoll heraus und versuchte, die Situation mit so viel Mitgefühl wie möglich zu betrachten.

Ein wichtiges Thema in dieser Phase ist Kontrolle. Oft

gab es einen unter den Geschwistern, der alles kontrollieren wollte: die Art, wie das Haus geführt wurde, den Einkaufszettel, die Pfleger, die bevorstehende Beerdigung, alles. Wenn andere Geschwister versuchten, etwas beizutragen oder ihre Ansicht zu äußern, führte das zu Streit. Jeder hat das Recht, etwas beizutragen, und weil die verbliebene Zeit so kurz ist, hat auch jeder ein gesteigertes Bedürfnis danach. Doch bei der dominierenden Person in der Familie verstärkt sich in dieser Zeit der Wunsch, alles selbst zu steuern, oft noch. Es war herzzerreißend, diese Demonstrationen von Macht beziehungsweise vermeintlicher Macht mit anzusehen, weil sie so sehr von Angst befeuert waren.

Für mich jedoch stand das Wohlbefinden meines Patienten an erster Stelle, vor absolut allem anderen. Wenn ich hörte, wie sich an Charlies Bett ein Schreiduell anbahnte, war ich im Handumdrehen im Zimmer. Mein lieber Patient lag im Bett, rechts und links davon standen seine erwachsenen Kinder, Greg und Maryanne. Sie schrien sich verzweifelt an und hatten jede Beherrschung verloren. »Bitte, das reicht jetzt«, sagte ich fest, aber freundlich. »Wenn Sie das austragen müssen, dann bitte im Nebenzimmer. Schauen Sie sich Ihren Vater an. Er liegt hier im Sterben, machen Sie sich das doch bitte mal klar.«

Maryanne brach in Tränen aus und entschuldigte sich bei ihrem Vater. Charlie war ein friedlicher Mann, und anscheinend war er das schon immer gewesen. »Er schikaniert mich die ganze Zeit«, sagte sie über ihren Bruder. Maryanne hatte schöne blaue Augen und langes schwarzes Haar. Sie hätte einem Künstler Modell sitzen können, dachte ich mir. Aber jetzt waren ihre Augen vom Weinen gerötet und schauten furchtbar traurig.

Greg konterte sofort: »Tja, ich sehe einfach nicht ein, warum du genauso viel erben solltest wie ich. Du bist weggezogen. Du hast dich weniger gekümmert. Ich habe hart gearbeitet und war am meisten für Dad da, seit Mum gestorben ist.« Mir tat das Herz weh, wenn ich Greg und seine Argumente hörte. Hinter diesen Worten steckte ein zerbrechlicher, verletzter kleiner Junge. In beiden konnte ich ihren Vater erkennen, aber ich glaube, Greg muss auch seiner Mutter ähnlich gesehen haben. Sein Haar war braun, sein Teint heller als der seiner Schwester. Doch er weinte nicht. Er rauchte vor Wut.

Er sah Charlie an, um ihm eine Stellungnahme zu entlocken, doch dann zuckte er nur mit den Schultern und sah mich mit seinen traurigen großen, blauen Augen an. Ich führte die beiden hinaus und meinte: »Vielleicht wäre es am besten, wenn Sie beide jetzt das Zimmer verlassen. Das hilft hier niemandem, am allerwenigsten Ihrem Vater.« Wir machten Tee, setzten uns in die Küche, und ich hörte ihrer Unterhaltung zu. Maryanne hatte nicht viel zu sagen, und als ich sie nach dem Grund fragte, sagte sie, es sei die Aufregung nicht wert. Doch unter den verletzenden Worten, die sie sich an den Kopf warfen, konnte ich immer noch die Liebe erkennen. Ich dachte daran, wie Aufrichtigkeit begonnen hatte, meine familiäre Situation zu heilen, und ermutigte die beiden zum Reden.

Meine Beziehung zu meinem Vater zum Beispiel war früher sehr stürmisch und schmerzhaft für mich gewesen. Aber Aufrichtigkeit, Mitgefühl und Zeit hatten die Verletzungen wunderbar geheilt. Jetzt genossen wir eine sehr respektvolle, heitere, zärtliche Freundschaft. Es gab eine Zeit, in der ich das nie für möglich gehalten hätte, aber jede familiäre Beziehung kann heilen, wenn die Liebe bleibt und beide Parteien dazu bereit sind, wie es bei uns der Fall war. Es war offensichtlich, dass zwischen Greg und Maryanne immer noch Liebe übrig war und auch die Sehnsucht, vom anderen verstanden zu werden. Es war eben alles verzerrt durch den Schmerz.

Nachdem die beiden ihren Kummer formuliert hatten, fragte ich, was sie aneinander mochten. »Nichts«, antwortete Greg schroff. Ich lockerte die Situation mit Humor auf, und nach einer Weile rückte er plötzlich mit ein paar Sachen heraus. Maryanne nannte ebenfalls ein paar Eigenschaften. Beide hatten mit ihrem Ego zu kämpfen, vor allem Greg, denn er wollte seine Schwester unbedingt hassen. Aber ich hatte diese Anregung gebracht, weil es bei mir damals funktioniert hatte, wenn ich an meine eigenen Familienmitglieder dachte. In den Jahren, als meine Beziehung zu ihnen am schmerzhaftesten war, versuchte ich auf Dinge zurückzugreifen, die ich an ihnen mochte oder sogar liebte. Zuerst ging es mir wie Greg, und mir wollte kaum etwas einfallen. Aber das war nur mein Schmerz, der da aus mir sprach und mich blind machte für ihre guten Seiten. Als ich mich davon befreit hatte, wurde mir klar, dass sie alle anständige, gutherzige Menschen waren, auch wenn die Unterschiede in unserer Lebensweise vielleicht verhindern, dass wir jemals ein besonders enges Verhältnis haben werden.

Ich konnte mich an Dinge aus der Vergangenheit erinnern, die sie mit den besten Absichten getan hatten. Auch wenn manche davon später leider gegen mich verwendet wurden, waren sie zunächst nett gemeint gewesen. Inzwischen erkannte ich auch, dass es Gelegenheiten gegeben hatte, bei denen sie versucht hatten, mir ihre Liebe zu zeigen. Aber ich war so verletzt gewesen, dass ich alles zurückgewiesen und weggestoßen hatte. Hinter all diesen Missverständnissen verbargen sich jedoch wunderbare Menschen – wie es jeder ist unter der Schicht, die das beste Selbst überschatten kann. Heute waren also Greg und Maryanne dran, ein paar von ihren Missstimmigkeiten zu bereinigen.

Wie sich herausstellte, hatte Greg jahrzehntelang eine Abneigung gegen seine Schwester gehegt, weil sie den Mut besessen hatte, das Leben zu leben, zu dem sie sich berufen fühlte, das Leben, das sie sich wünschte. Doch Maryanne war nicht daran schuld, dass Greg nie dasselbe getan hatte. Vielmehr hatte er sich selbst im Weg gestanden. An diesem Nachmittag kamen viele Gefühle an die Oberfläche, und auch wenn sie am Ende nicht gerade als beste Freunde auseinandergingen, waren sie doch ein gutes Stück weiter als zu Anfang. Jeder von ihnen verbrachte noch ein Weilchen allein mit Charlie, dann fuhren sie, und mein Patient und ich waren wieder allein.

Nachdem seine Kinder gegangen waren und ich in sein Zimmer trat, sah er mich nur kopfschüttelnd an und lachte leise. »Tja, mein Mädchen. Das baut sich jetzt schon seit zwanzig Jahren auf. Ich hab mich schon immer gefragt, wann der Vulkan wohl ausbricht«, kicherte er. »Ich bin froh, dass es passiert ist, bevor ich gehe. Vielleicht darf ich ja doch noch erleben, wie die beiden Freunde werden.«

Die Vögel sangen in den Bäumen, und ein oranger Schmetterling flog vorbei. Wir sahen lächelnd zu und plauderten weiter. Charlie erzählte, dass die beiden als Kinder durchweg sehr enge Freunde gewesen waren. Greg passte immer auf seine kleine Schwester auf, und sie vergötterte ihn. Als sie jedoch ein unabhängig denkender Teenager wurde, hatten sie angefangen zu streiten und nie wieder zur alten Nähe zurückgefunden.

»Aber wissen Sie, Bronnie, ich mache mir gar keine Sorgen um Maryanne. Die ist relativ glücklich. Es geht mir um Greg. Er hat nie aufgehört, sich beweisen zu wollen. Wenn er sagt, dass er immer mehr für mich getan hat als Maryanne, hat er in gewisser Hinsicht recht. Andererseits hat sie mir in weniger sichtbarer Weise auch sehr geholfen. Aber es hat ihn ja niemand gezwungen. Meistens hat er Sachen gemacht, die ich noch gut selbst hätte erledigen können – und eigentlich auch gern selbst erledigt hätte.« Er seufzte. »Er macht Überstunden ohne Ende in einem Job, den er hasst, und hat

Kinder, die er nie zu sehen kriegt, und im Grunde weiß ich nicht wirklich, warum er das tut.«

»Weiß er, dass Sie ihn lieben, Charlie?«, fragte ich kühn. Er sah mich verdattert an.

»Na, ich denke doch. Ich sage immer was, wenn er das hier im Haus gut gemacht hat. Er weiß, dass ich stolz auf ihn bin.«

»Woher? Haben Sie ihm schon mal auf den Kopf zugesagt, dass Sie stolz darauf sind, was er für ein Mensch ist? Statt davon zu reden, was er hier im Haus gemacht hat?«

Er hielt kurz inne. »Nicht direkt, nein. Aber er weiß es«, antwortete Charlie.

»Woher?« Ich blieb hartnäckig.

Charlie lachte. »Ihr verdammten Frauen. Ihr müsst aber auch immer bis in die tiefsten Tiefen gehen, oder?« Ich musste auch lachen und erzählte ihm, was ich dachte. Er hörte respektvoll und offen zu. Ich fragte mich, ob seine Bemerkung, dass Greg immer versuchte, sich selbst zu beweisen, am Ende damit zu tun hatte, dass der Sohn die Liebe und Anerkennung seines Vaters suchte. Diese Unterhaltung setzte sich fort, während ich Charlie duschte und mit dem Rollstuhl wieder ans Bett fuhr. Er duschte am liebsten nachmittags, aber langsam wurde es zu beschwerlich für ihn, und sicher würde es nicht mehr lange dauern, bis er nur noch im Bett liegend gewaschen werden konnte. Er bekam kaum Luft, und wenn er nach seiner Dusche wieder im Bett war, dauerte es eine ganze Weile, bis er gleichmäßig weiteratmen konnte. Von Tag zu Tag wurde er ein wenig zerbrechlicher. Also ließ ich ihn im Bett ausruhen.

Als ich nach ein paar Stunden wieder den Kopf in sein Zimmer streckte, wandte er sich mir zu und lächelte. Ich setzte mich ans Bett, half ihm beim Trinken und fragte, ob er noch etwas brauchte. Er schüttelte den Kopf, dann erzählte er weiter von seinen Kindern. »Ich möchte nur, dass die beiden glücklich sind. Mehr sollten Eltern sich nicht von ihren

Kindern wünschen. Ich wünschte, Greg würde sein Leben einfacher gestalten und nicht mehr so viel arbeiten. Er ist ein guter Mann, aber in seinem Innersten ist er nicht glücklich«, vertraute er mir an. »Das einfache Leben ist das gute Leben. So haben meine Frau und ich immer gelebt. Nicht, dass wir eine andere Wahl gehabt hätten. Damals war es wirklich hart. Aber Einfachheit ist auch heute noch möglich. Und es ist eine gute Entscheidung, so zu leben.«

Ein Foto, das Charlie als umwerfend gutaussehenden jungen Mann neben seiner Braut zeigte, stand in der Mitte des Kaminsimses in seinem Zimmer. Ich stellte mir vor, wie seine Frau und er die kleinen Kinder Greg und Maryanne großzogen. Charlie war sehr direkt, und das mochte ich an ihm. Seine Aufrichtigkeit hatte etwas Altmodisches. Auch jetzt sprach er alles aus, wie es ihm in den Sinn kam. »Wissen Sie, ich glaube nicht, dass er wirklich weiß, dass ich ihn liebe. Ich habe diese Worte nie ausgesprochen.«

»Wir sind alle verschieden, Charlie«, sagte ich. »Manche Leute erkennen es an den Taten, aber die meisten müssen es ausdrücklich hören. Vielleicht gehört Greg zu diesen Leuten. Was kann es schon schaden, wenn Sie es ihm sagen?«

Er nickte. »Ich muss es ihm sagen. In was für einer schrecklichen Welt leben wir, dass ein siebzigjähriger Mann nervös wird bei dem Gedanken, seinem Sohn zu sagen, dass er ihn liebt. Wissen Sie, ich habe keine Übung in so was«, lachte er, doch dann wurde sein Gesicht wieder ernst. Sein Blick verriet Entschlossenheit. »Glauben Sie, ich könnte ihn davon überzeugen, ein einfacheres Leben zu leben, wenn er nicht immer um meine Anerkennung ringen müsste, wenn er weiß, dass ich ihn liebe? Ich liebe ihn nämlich wirklich.«

Ich meinte, niemand könne voraussagen, wie eine andere Person reagieren wird. Es gebe also keine Garantie, dass dieses Gespräch Gregs Lebensweise ändern würde. Wichtig sei aber, dass es ihm höchstwahrscheinlich mehr Frieden schenken würde, wenn er wusste, dass er die Liebe und Wertschätzung seines Vaters genoss.

Das Thema, ein einfaches Leben zu führen, wurde für Charlie immer wichtiger, je näher sein Tod rückte. Die Leute arbeiteten seiner Meinung nach aus allen möglichen Gründen zu viel. Oft denken sie, sie hätten keine Wahl, weil sie nicht aus ihrem Hamsterrad aus Rechnungenzahlen und Familieernähren aussteigen können. Charlie hatte auch Verständnis dafür. Er räumte ein, dass es für viele Leute wirklich schwierig ist, ihren Lebensunterhalt zu verdienen, doch er beharrte darauf, dass man immer auch Alternativen habe. »Man muss nur die Perspektive ändern. Müssen wir wirklich in so einem großen Haus wohnen? Brauchen wir so ein protziges Auto?« Manchmal müsse man eben die Denkweise ändern und neue Lösungen finden, sagte Charlie, man müsse darüber nachdenken, was man wirklich liebe, und als Familie auf größere Ausgeglichenheit hinarbeiten.

Gemeinschaft sei auch ein Weg zur Einfachheit, erklärte Charlie. Wenn wir mehr zusammenarbeiten würden, würden wir auch nicht so viele Ressourcen brauchen. Es gäbe weniger Verschwendung, und wir würden wieder lernen, einander zu helfen. Egoismus und Stolz verhindern oft, dass eine Gemeinschaft entsteht oder weiterentwickelt wird, meinte er. Aber wenn wir nachhaltiger und einfacher leben wollen, müssen wir begreifen, wie ungeheuer wichtig Gemeinschaft für uns ist. Es stimmte ihn traurig, dass wir das in unserer schnelllebigen und unausgeglichenen Zeit vergessen hätten.

Ihm war durchaus bewusst, dass es heutzutage finanziell sehr schwierig werden kann. Die Gesellschaft hatte ihre wahren Prioritäten aus den Augen verloren, meinte er, und sie brauchte dringend eine Lektion in Sachen Einfachheit. Aber das wird nur geschehen, wenn einzelne Individuen vorangehen, einer nach dem anderen. Dann wird die Gesellschaft irgendwann so denken und leben, wie die Mehrheit denkt und lebt, wie immer. Er glaubte auch, dass die momentanen Machthaber einen tüchtigen Tritt in den Hintern bräuchten. Hie und da gab es ein paar gute Leute in den politischen Systemen der Welt. Aber oft wurden ihnen von der Bürokratie Steine in den Weg gelegt oder von Menschen, die mehr Geld und Macht hatten. Um also eine wirkliche Veränderung herbeizuführen, musste jeder Einzelne von uns eine Aufgabe erfüllen. Unser Leben wieder einfacher zu gestalten war schon mal ein sehr guter Anfang.

Charlie hatte selbst Kinder großgezogen, daher verstand er sehr wohl, was für einen Druck es bedeutete zu überleben und eine Familie zu ernähren. Aber jetzt, da er im Sterben lag und die Dinge aus einer anderen Perspektive sah, wünschte er sich, das alles wäre ihm schon früher so klar gewesen, dann hätte er auch Greg anders anleiten können. »Kinder sind glücklicher, wenn sie mehr Zeit mit ihren Eltern verbringen können, nicht, wenn sie mehr Spielzeug haben. Vielleicht beschweren sie sich zu Anfang. Aber die glücklichsten Kinder sind trotzdem die, die wirklich Zeit mit ihren Eltern verbringen. Am besten mit beiden. Außerdem brauchen kleine Jungen mehr männlichen Einfluss. Wie können Gregs Söhne den bekommen, wenn ihr Vater die ganze Zeit arbeitet, um sich selbst zu beweisen?« Charlie dachte nach, und ich sah, wie er zu neuen Einsichten gelangte. »Ich liebe meinen Sohn. Und ich muss es ihm sagen, stimmt's?«

Ich nickte froh. Dann fragte er mich aus heiterem Himmel: »Ist Ihr Leben einfach?« Ich lachte leise.

»Ja, mein materielles Leben ist ziemlich einfach, Charlie. Und ich arbeite auch daran, Schritt für Schritt mein emotionales Leben zu vereinfachen«, antwortete ich ehrlich. Ich musste ein bisschen lachen, als ich an die Komplikationen meines Gefühlslebens in den letzten Jahren dachte – das war alles andere als einfach gewesen. »Meditation hat mir enorm geholfen, mein Denken zu vereinfachen. Mein ganzes Leben profitiert davon in der einen oder anderen Hinsicht. Das hat mich wirklich verändert, und ich kann jetzt so einige Dinge überwinden, die mich früher immer behindert haben. Mein Denken ist heute schon viel, viel einfacher als früher. Und mein materielles Leben ist auch ziemlich schlicht.«

Charlie entstammte einer anderen Generation mit einem ganz anderen Lebensstil, daher wusste er nichts über Meditation. Er stellte sich irgendwelche Leute in Übersee vor, die in orangen Kutten mit geschlossenen Augen dasaßen. Er fragte genauer nach, und ich erklärte es ihm so einfach wie möglich: Indem wir lernen, unseren Geist zu konzentrieren, können wir plötzlich unser eigenes Denken beobachten. Dadurch wird uns klar, wie viel von unserem Leben durch einen Geist gestaltet wird, den wir selbst gar nicht mehr unter Kontrolle haben und der uns unnötiges Leid und Ängste verursacht. Wenn solche ungesunden Denkmuster wachsen und sich verstärken, identifizieren wir uns damit, als wäre das unsere Persönlichkeit, und passen unser ganzes Leben daran an. Dabei sind wir das gar nicht, und in uns würde noch so viel mehr stecken.

Wir sind weise, intuitive Geschöpfe, aber geblendet von den Ängsten und Fehlinterpretationen unseres Geistes, mit denen er im Laufe der Jahre auf das Leben reagiert hat, positiv wie negativ. Wenn wir lernen, unseren Geist in der Meditation zu konzentrieren – etwa indem wir unseren Atem beobachten, um ein einfaches Beispiel zu nennen –, holen wir uns den Einfluss auf unser eigenes Denken zurück und haben die Chance, bewusst bessere Gedanken zu denken. Und dadurch ein glücklicheres Leben zu führen.

Charlie starrte mich sprachlos an. Lächelnd wartete ich ab. »Wow«, sagte er schließlich. »Warum hab ich Sie nicht schon vor fünfzig Jahren getroffen?« Ich sprang lachend auf und gab ihm noch einen Schluck zu trinken.

»Warum habe *ich* mich nicht schon vor Jahren getroffen,

Charlie?«, lachte ich. »Das hätte mir eine Menge Schmerz erspart.«

Irgendwann kam unsere Unterhaltung auf die Einfachheit meines materiellen Lebens und was ich damit gemeint hätte. Nachdem ich jahrelang ständig umgezogen war, erzählte ich ihm, hatte ich angefangen, die Wichtigkeit von Besitz zu hinterfragen. Bei manchen Umzügen nahm ich meine Möbel mit. Bei anderen lagerte ich die Sachen entweder kostenlos auf einem Bauernhof ein oder in einem Schuppen, für den ich etwas bezahlen musste. Und jedes Mal, wenn ich eine Weile ohne diese Besitztümer gelebt hatte, wurde mir klar, wie wenig ich das alles brauchte, um glücklich zu sein. Daher stellte ich mir irgendwann die Frage, warum ich es überhaupt behielt.

Also hatte ich meine Möbel verkauft. Mein Besitz bestand nur noch aus Haushaltswaren, so dass ich mich zu einem gegebenen Zeitpunkt irgendwo anders neu einrichten konnte. Und diese Zeit würde sicher einmal wieder kommen, denn ich habe es schon immer geliebt, eine eigene Küche zu haben. Mein Nomadentum gefiel mir. Es lag eine große Freiheit darin. Aber selbst Freiheit hat ihren Preis. Alles hat seinen Preis. Meistens war es der Wunsch nach einer eigenen Küche, der in mir das Verlangen weckte, mich mal wieder fest niederzulassen.

Sobald ich jedoch ein bis anderthalb Jahre wieder einen festen Wohnsitz gehabt hatte, vermisste ich die Abwechslung, und ich wollte wieder ins kalte Wasser springen. Besitz belastete mich, ich fühlte mich gefesselt davon. Und nachdem ich dieses Muster an mir erkannt hatte, akzeptierte ich, dass es in meiner jetzigen Lebensphase wohl besser war, erst gar nicht so viel zu besitzen. Jedes Mal, wenn ich irgendwo neu angefangen hatte, war ich auch ganz leicht wieder an Möbel gekommen, durch Mundpropaganda, in Secondhandläden und auf Flohmärkten. Das fand ich super. Gebrauchtes zu kaufen passte auch besser zu meiner Liebe zu dieser Erde, denn so wurde ihr nichts von ihren schwindenden Rohstoffen genommen. Unsere Wegwerfgesellschaft scheint zu vergessen, dass alles Neue irgendwoher kommen und alles Alte irgendwohin gehen muss. In den meisten Fällen muss die Erde die Last von beidem tragen. Das bedeutet einen hohen Preis für das Überleben unseres Planeten und all seiner Geschöpfe, wir Menschen eingeschlossen.

Wenn ich mir ein neues Heim einrichtete, kam ich immer wieder zu faszinierenden Sachen. Ich hätte mir niemals Sorgen gemacht, dass die Möbel ausbleiben könnten. Deshalb hatte es jedes Mal geklappt, und das auch noch problemlos. Im Laufe der Jahre habe ich richtig tolle Stücke besessen. Und wenn sich schon die Möbel jedes Mal so leicht einstellten, dann würde alles andere sicher auch nicht auf sich warten lassen.

Nachdem ich zwölf Monate lang Lagerkosten für meine Habseligkeiten bezahlt hatte, beschloss ich, dass das reine Geldverschwendung war, eine Belastung, die gar nicht erforderlich war. Mit Hilfe eines wunderbaren, zuverlässigen Freundes veranstaltete ich einen Garagenflohmarkt. Besteck, Bücher, Teppiche, Bettwäsche, Schmuck, Bilder, alles wurde verkauft. Es machte Spaß, die Begeisterung der Leute zu beobachten, als meine Sachen ihre neuen Besitztümer und Schnäppchen wurden. Was übrig blieb, wanderte noch am selben Nachmittag zur Wohlfahrt.

Mittlerweile fuhr ich ein Auto von der Größe eines Schuhkartons. Mein Jeep war im Jahr zuvor auf einer sechsspurigen Autobahn auf spektakuläre Art aus dem Leben geschieden. Mein jetziges Auto war zwar unglaublich sparsam und spritzig in der Stadt, dafür aber winzigklein. Ich nannte es liebevoll »Reiskörnchen«. Ziel des Garagenflohmarkts war es nämlich, hinterher nur noch so viel zu besitzen, wie in mein Reiskörnchen passte.

Es blieben insgesamt fünf Umzugskisten übrig, darunter zwei Kisten mit meinen Lieblingsbüchern. Ich behielt nur die, von denen ich wusste, dass ich sie wieder lesen würde, oder inspirierende Bücher, die ich anderen leihen oder schenken wollte. Der Rest meiner Bücher wanderte in andere Hände und bereitete jemand anders Vergnügen. Die übrigen Kisten enthielten CDs, Tagebücher, Fotoalben, ein paar kleine Erinnerungsstücke, den Patchwork-Quilt, den meine Mutter einmal für mich gemacht hatte, und meine Kleidung. Mit meinem bis obenhin vollgestopften Reiskörnchen und voll aufgedrehtem Radio brach ich auf in eine neue Phase meines Lebens.

Zur Musik, die mich begleitete, gehörten Songs von Guy Clark, The Waifs, Ben Lee, David Hosking, Cyndi Boste, Shawn Mullins, Mary Chapin Carpenter, Fred Eaglesmith, Abba, The Waterboys, JJ Cale, Sara Tindley, Karl Broadie, John Prine, Heather Nova, David Francey, Lucinda Williams, Yusuf und The Ozark Mountain Daredevils. Alles fantastische Musik, und jeder Song ein toller Reisebegleiter. Glücklich und frei sang ich mit, während die Kilometer unter mir hindurchglitten und ich wusste, dass ich all meine weltlichen Besitztümer bei mir im Auto hatte. Nach ungefähr tausend Kilometern machte ich Halt bei meiner Familie und lud die Kisten aus. Danach hatte ich nur noch meine Kleider.

Charlie hörte begeistert zu und rieb sich die alten, wettergegerbten Hände, weil ihm meine Geschichte so gefiel. Dann erzählte ich, dass ich nach dieser Reise damals noch eine Weile ziellos herumgezogen war. Jetzt war ich in Sydney und lebte als Housesitterin Deluxe, und mein Leben war tatsächlich ziemlich schlicht. Charlie wusste jetzt, dass ich verstand, was er über die zentrale Bedeutung von Einfachheit hatte sagen wollen. Wir waren uns einig, dass den Leuten nicht immer einleuchtet, dass übermäßig großer Besitz belasten kann, selbst wenn sie gar nicht die Absicht haben umzuziehen. Wenn man Dinge aussortiert und weggibt, fühlt man sich hinterher auch innerlich viel freier.

Greg kam am nächsten Tag und verbrachte die ganze Zeit bei seinem Vater. Auf Charlies Bitte hin hatte ich Maryanne angerufen und sie gebeten, heute nicht vorbeizuschauen. Am nächsten Tag sollte es andersrum laufen – Maryanne würde ihren Vater ganz für sich allein haben und Greg nicht kommen. Charlie hatte mich gebeten, ab und zu diskret ins Zimmer zu kommen und mit meiner Anwesenheit die Situation zu entspannen, für den Fall, dass Greg und er irgendwie verkrampfte Momente hätten. Doch das war gar nicht nötig. Die paar Male, die ich hineinging, um eine Kanne Tee zu bringen oder eine Nachricht auszurichten, war es offensichtlich, dass die beiden gerade sehr wichtige persönliche Dinge miteinander besprachen.

Kurz bevor Greg aufbrechen sollte, damit sein Vater sich wieder ausruhen konnte, riefen sie mich herein. Gregs Augen waren vom Weinen gerötet, und die beiden hielten einander die Hand. »Bronnie, ich wollte, dass auch Sie das wissen«, verkündete Charlie, »ich liebe diesen Mann von ganzem Herzen. Er ist ein guter Sohn und ein toller Mensch.«

Als ich das hörte, musste ich natürlich fast weinen. »Mein Sohn genügt mir, wie er ist«, fuhr Charlie fort. »Es gibt nichts, was er beweisen müsste. Es gibt nichts, was er tun oder haben müsste, um ein besserer Mensch zu werden. Ich liebe diesen Mann, so wie er hier neben mir sitzt, von Kopf bis Fuß. Und es hat mir im Leben viel Freude bereitet, dass ich sein Vater sein konnte.«

Lächelnd sagte ich, dass Greg auch glücklich sein konnte, Charlie zum Vater zu haben. Greg stimmte zu und wischte sich mit dem Ärmel die Tränen ab. »Und Dad meinte, in Sachen Einfachheit könnte ich ein, zwei Dinge von Ihnen lernen.«

Lachend meinte ich, dass sein Vater noch genug Zeit hatte, Greg in dieser Hinsicht selbst auf den Weg zu bringen, dazu brauchte er mich nicht. Aber als ich ging, sagte ich noch einmal mit einem Lächeln: »Das Einzige, was ich Ihnen dazu ans Herz legen will, ist der Satz – *lebe einfach.«*

Maryanne kam am nächsten Tag. Ich hörte, wie auch sie mit ihrem Vater lachte und weinte. In diesem Haushalt wurde eine Menge Liebe geteilt, und ich spürte, wie mich das positiv beeinflusste. In den nächsten paar Wochen verbrachten die drei viel Zeit miteinander und kamen sich dabei viel näher. Ich hörte Charlie nie wieder sich verabschieden, ohne den beiden gesagt zu haben, dass er sie liebte und dass sie dasselbe erwiderten. Die Kommunikationswege waren rechtzeitig wieder geöffnet worden, so dass die Wunden heilen konnten, solange Charlie noch am Leben war.

Am Tag seines Todes saßen Greg und Maryanne rechts und links von ihrem Vater und hielten seine Hände. Auf ihre Bitte setzte ich mich mit ins Zimmer. Er schlief friedlich ein. Seine Atemzüge wurden immer langsamer, bis sie ganz ausblieben. Es war ein heller Morgen, und wie immer sangen die Vögel vor seinem Fenster, was dem Moment eine gewisse Schönheit verlieh. Sie gaben ihm singend das Geleit.

Ich ließ Greg und Maryanne allein und setzte mich eine Weile auf die Veranda, wo ich meine eigenen Erinnerungen an Charlie Revue passieren ließ und ihm meine Gebete und guten Wünsche mit auf den Weg gab, wo auch immer er jetzt sein mochte. Als ich wieder hereinkam, saßen die Geschwister auf derselben Seite des Bettes, hielten sich bei der Hand und betrachteten ihren Vater. Sie lächelten unter Tränen und sprachen mit Freude von ihm.

Ungefähr ein Jahr später bekam ich eine Mail von Greg. Seine Familie und er hatten ihr großes Haus verkauft. Er hatte sich von seiner Firma versetzen lassen, verdiente jetzt weniger Geld und wohnte in einer ländlichen Kleinstadt. Er musste genauso weit in die Arbeit pendeln wie früher, aber jetzt war es eine Landstraße, die in die nächstgrößere Stadt führte, und er brauchte für die Strecke nur noch die Hälfte der Zeit. Das verschaffte ihm jeden Tag anderthalb Stunden mehr Zeit für seine Kinder. Die Lebenshaltungskosten waren ebenfalls niedriger, weil ihr Leben einfacher geworden war. Dahingegen hatte sich ihre Lebensqualität enorm verbessert. Seine Frau war jetzt glücklich, sie mochten ihre neuen Freunde und ihren Lebensstil. Er dankte mir, dass ich mich um seinen Vater gekümmert hatte, und sprach auch mit liebevollen Worten von Maryanne, die anscheinend gerade erst zu Besuch bei ihm gewesen war.

Verständlicherweise freute mich diese Mail enorm. Sie ließ mich gedanklich zurückreisen zu Charlie, seinen blauen Augen, seinem entzückenden Lächeln und zu unseren Gesprächen. Zu wissen, dass seine Worte nicht nur gehört, sondern tatsächlich umgesetzt worden waren, war ein wunderbares Gefühl.

Das Beste an der ganzen Mail waren jedoch Gregs Abschlussworte. Er wünschte mir für mein Leben alles Gute und setzte darunter als eine Art Fazit zwei Worte. Ich musste übers ganze Gesicht grinsen.

Lebe einfach.

Allerdings, Greg und Charlie. Allerdings.

Versäumnis Nummer 3:

Ich wünschte, ich hätte den Mut gehabt, meinen Gefühlen Ausdruck zu verleihen.

Für einen Vierundneunzigjährigen, der gerade im Sterben liegt, sah Jozsef bemerkenswert gut aus, als wir uns zum ersten Mal trafen. Er war ein sanfter Mensch mit einem wundervollen Lächeln, mit dem er manchmal wie ein kleiner Junge aussah. Mit seinem leisen, aber sehr schlagfertigen Humor war er mir auf Anhieb sympathisch.

Jozsefs Familie hatte beschlossen, ihm nicht zu sagen, dass er sterben würde. Das fand ich zwar schwierig, aber ich versuchte, diese Entscheidung so gut wie möglich zu respektieren. Im Laufe der nächsten Wochen verschlechterte sich sein Gesundheitszustand jedoch so drastisch, dass man unmöglich darüber hinweggehen konnte. Er konnte nicht einmal mehr ohne Hilfe stehen. Von Tag zu Tag war er mehr auf meine Kraft angewiesen. Man musste nicht erst auf seine Krankheit hinweisen, sie war offensichtlich, sobald er versuchte zu stehen oder sich aufzusetzen, und bei jeder unserer gemeinsamen Bemühungen nahmen wir das schweigend zur Kenntnis. Während seine Familie also weiterhin ihre Scharade veranstaltete und ihm nichts von seiner unheilbaren Krankheit sagte, begann Jozsef langsam zu dämmern, was los war. Er war wirklich sehr krank.

Er bekam Medikamente, um seine Schmerzen so gut wie möglich zu unterdrücken. Doch wie bei vielen anderen gehörte auch bei ihm Verstopfung zu den Nebenwirkungen. Es gibt Tabletten, die diese Nebenwirkung bekämpfen sollen, aber bei Jozsef schlugen sie nicht so gut an. Also musste ich der Darmentleerung nachhelfen, indem ich dem armen alten Kerl Medikamente ins Rektum einführte. Wenn man erst einmal so krank ist, ist es mit jeder Intimsphäre vorbei. Jedenfalls konnte man kaum noch von Würde sprechen, wenn Jozsef sich auf die Seite drehen musste, damit ich ihm den kleinen Schlauch einführen konnte. Ich versuchte natürlich, der Situation die Peinlichkeit mit ein paar Worten zu nehmen, die ich mich später noch oft zu anderen Patienten sagen hörte.

»Wissen Sie, Jozsef, am Anfang unseres Lebens dreht sich alles um Essen und Kacken, und am Ende geht es auch wieder bloß um Essen und Kacken«, scherzte ich. Meine Arbeit mit Sterbenden erschloss mir den Kreislauf des Lebens in aller Deutlichkeit. Die Dinge, die zu Anfang am wichtigsten für das Wohlbefinden eines Babys sind, sind Nahrung und die Entleerung von Darm und Blase. Am Ende des Lebens drehen sich die Sorgen um den Sterbenden auch darum, ob er noch isst und ob Darm und Blase funktionieren.

Es ist eine Erleichterung für alle, wenn ein Sterbender, der starke Schmerzmittel einnimmt, schließlich den Darm entleeren kann und so zumindest diesen Schmerz loswird. So war es auch bei Jozsef, als er wenig später zur Toilette musste und die Explosion aus seinem Hintern genoss. Mich erleichterte es genauso, nicht nur, weil mein Patient sich nun wieder besser fühlte, sondern auch, weil mir diese Maßnahme gleich beim ersten Mal gelungen war.

Einer seiner Söhne wohnte in einer nahe gelegenen Vorstadt und besuchte ihn täglich. Ein zweiter Sohn wohnte in einem anderen Staat, die Tochter lebte in Übersee. Jeden Tag unterhielten sich Jozsef und sein Sohn ein wenig, in erster Linie über den Wirtschaftsteil der Zeitung, bis Jozsef zu müde wurde. Und das war ziemlich schnell der Fall, weil sich sein Gesundheitszustand so schnell verschlechterte. Ich mochte seinen Sohn, auch wenn wir keine sonderlich enge Verbindung entwickelten. Doch ich hatte keinen Grund, ihn nicht zu mögen. Als ich Jozsef gegenüber später erwähnte, dass sein Sohn ein netter Mann sei, antwortete er: »Der interessiert sich bloß für mein Geld.« Da ich die Menschen lieber nach meinem eigenen Eindruck beurteile, versuchte ich, meine Meinung über seinen Sohn nicht von diesem Kommentar beeinflussen zu lassen.

Im Laufe der nächsten Wochen erzählte mir mein Patient viel von seinem Leben, hauptsächlich darüber, wie sehr er seine Arbeit geliebt hatte. Seine Frau Gizela und er waren Holocaust-Überlebende, die nach ihrer Befreiung in Australien landeten. Die Geschichten über seine Zeit in den Lagern kamen bruchstückhaft. Aber ich bohrte nicht nach. Ich war da, um ihm zuzuhören, ich sollte nicht entscheiden, was er mir erzählen wollte. Es war offensichtlich, dass seiner Frau und ihm das Leben leichterfiel, indem sie nicht über diese Zeit redeten. Ich versuchte, mich so gut wie möglich in die Situation einzufühlen, und stellte mir mit Grauen vor, wie viel Schmerz sie in sich getragen hatten. Sie taten mir beide von Herzen leid.

Jozsef und ich kamen von einem Thema zum nächsten und sprachen auch über andere Dinge. Wir konnten uns gut leiden, denn wir hatten dieselbe Art von Humor und waren beide eher ruhige Menschen. Der Altersabstand fiel nicht sonderlich ins Gewicht, denn unsere Gespräche flossen ganz natürlich dahin, und mit jedem Tag unterhielten wir uns besser. Währenddessen kam Gizela regelmäßig mit Essen herein und versuchte, Jozsef zum Essen zu überreden. Sie war eine tolle Köchin, aber obwohl er inzwischen fast gar nichts mehr hinunterbrachte, machte sie trotzdem noch riesige Mengen. Teilweise war das wahrscheinlich einfach Gewohnheit, aber teilweise auch eine Art der Verdrängung.

Irgendwie hatte die Familie auch Jozsefs Arzt überredet, ihm nicht zu erzählen, dass er sterben musste. Die reinste Massenverdrängung. Aber sie begnügten sich nicht damit, ihm die Wahrheit über seinen Zustand und die unvermeidliche Verschlechterung vorzuenthalten, sie versuchten ihn auch noch davon zu überzeugen, dass es ihm langsam besser ging. »Na los, Jozsef, iss auf. Dann wirst du im Handumdrehen wieder gesund«, sagte Gizela oft. Sie tat mir auch so leid. Es musste eine ungeheure Last bedeuten, solche Angst vor der Wahrheit zu haben.

Mittlerweile aß Jozsef nur noch einen Becher Joghurt pro Tag und war unglaublich schwach. Er schaffte es nicht mal mehr ins Wohnzimmer, wenn man ihm dabei half, aber sie wollten ihm immer noch weismachen, dass er rasch wieder gesund werden würde. Ich hüllte mich in Schweigen, bis Jozsef mich direkt darauf ansprach.

Gizela war gerade aus dem Zimmer gegangen. Jozsef lehnte sich zurück, und ich begann mit einer Fußmassage, etwas, was er sein Leben lang nicht gekannt hatte, woran er sich in den letzten Wochen aber mit Freuden gewöhnt hatte. Ich liebte es, meine Patienten so zu verwöhnen, und vielleicht entwickelten wir deshalb so ein enges Verhältnis. Viele meiner Gespräche mit ihnen entwickelten sich, während ich ihnen die Füße massierte, die Haare bürstete, den Rücken kratzte oder die Nägel feilte.

»Ich werde sterben, stimmt's, Bronnie?«, fragte er, sowie seine Frau das Zimmer verlassen hatte.

Ich sah ihn freundlich an und nickte. »Ja, Jozsef.«

Er nickte erleichtert, weil man ihm endlich die Wahrheit gesagt hatte. Nach meinem Erlebnis mit Stellas Familie konnte ich um keinen Preis der Welt mehr unaufrichtig sein. Er sah eine Weile aus dem Fenster. Ich massierte ihm in wohliger Stille weiter die Füße.

»Danke. Danke, dass Sie mir die Wahrheit gesagt haben«,

antwortete er schließlich mit seinem breiten Akzent. Ich lächelte und nickte. Wieder trat für eine Weile Stille ein. Dann sprach er weiter. »Meine Familie kommt einfach nicht damit zurecht«, sagte er. »Gizela bringt es nicht über sich, mit mir darüber zu reden, das wäre zu schmerzhaft für sie. Sie wird es verkraften. Aber sie kann einfach nicht darüber reden.«

Er hatte seinen Frieden, weil er jetzt wusste, wie es um ihn stand, und ich hatte meinen Frieden, weil ich ehrlich gewesen war. »Ich habe nicht mehr lange, oder?«, fuhr er fort.

»Ich glaube nicht, Jozsef.«

»Wochen? Oder Monate?«, fragte er.

»Das weiß ich wirklich nicht. Aber ich würde sagen, dass es eher Wochen oder Tage sind. Das ist so mein Gefühl, aber ich weiß es wirklich nicht«, erwiderte ich aufrichtig. Er nickte und sah wieder aus dem Fenster.

Kaum jemand kann wirklich *genau* vorhersagen, wann jemand sterben wird, außer wenn der Sterbende wirklich nur noch wenige Tage vor sich hat. Aber diese Fragen stellten Patienten und Familien immer, manchmal sogar öfters. Ich konnte inzwischen abschätzen, wie schnell ein Patient abbaute, aber ich erlebte auch, wie rasch sich die Dinge ändern konnten. Manchmal sah es so aus, als würden sie sich kurz erholen, bevor sie endgültig heimgingen. Der Erfolg in meiner Rolle als Pflegerin lag darin, dass ich rein intuitiv arbeitete. Auf dieser Basis hatte ich auch Jozsefs Frage beantwortet, wenn auch etwas widerstrebend. Ich wollte ihm einfach nicht vormachen, er hätte noch Monate zu leben, wenn damit überhaupt nicht zu rechnen war.

Die Fußmassage war abgeschlossen, und ich schaute auch aus dem Fenster. Nach einer Weile brach er das Schweigen. »Ich wünschte, ich hätte nicht so viel gearbeitet.« Ich wartete, bis er fortfuhr. »Ich habe meine Arbeit geliebt, wirklich. Deswegen habe ich auch so viel gearbeitet, und natürlich auch, um meine und ihre Familie zu ernähren.«

»Aber das ist doch schön. Warum sollten Sie es dann bereuen?«

Er erklärte, dass er es zum Teil wegen seiner Familie bereute, die die meiste Zeit nur wenig von ihm gesehen hatte. Aber hauptsächlich hatte er das Gefühl, dass er ihnen nie eine Chance gegeben hatte, ihn wirklich kennenzulernen. »Ich hatte Angst, meine Gefühle zu zeigen. Deswegen habe ich gearbeitet und gearbeitet und meine Familie auf Distanz gehalten. Sie hatten es nicht verdient, so allein zu sein. Jetzt wünsche ich mir, sie hätten mich wirklich gekannt.«

Jozsef erklärte, er habe sich bis vor wenigen Jahren selbst nicht richtig gekannt, also war es sowieso die Frage, ob sie eine Chance gehabt hätten, ihn wirklich kennenzulernen. Seine lieben Augen waren traurig, als wir uns über Beziehungsmuster unterhielten und wie schwierig es ist, sie zu durchbrechen. Außerdem sprachen wir darüber, wie wichtig es für eine Beziehung ist, ihr maximales Potenzial zu entfalten. Er hatte auch das Gefühl, er habe sich die Chance entgehen lassen, ein liebevolles und warmes Verhältnis zu seinen Kindern aufzubauen. Das Einzige, was er ihnen vorgelebt hatte, war, wie man Geld verdient und bewertet. »Was hat das jetzt für einen Sinn?« Er seufzte.

»Na ja«, versuchte ich zu argumentieren. »Sie haben getan, was Sie sich damals vorgenommen hatten. Sie hinterlassen Ihren Kindern so viel, dass sie ein bequemes Leben führen können. Sie haben für sie gesorgt, so wie Sie es wollten.«

Eine einzelne Träne rann ihm über die Wange. »Aber sie kennen mich nicht. Sie kennen mich nicht.« Ich sah ihn liebevoll an. »Und ich hätte so gerne, dass sie mich kennen.« Seine Tränen begannen zu fließen. Ich blieb schweigend neben ihm sitzen, solange er weinte.

Nach einer Weile meinte ich, es sei doch noch nicht zu spät. Aber da war er anderer Meinung. Mittlerweile war er schon zu schwach, um länger zu sprechen, so dass allein das schon ein Problem gewesen wäre. Außerdem gab er zu, dass er nicht wusste, wie er mit ihnen über solche tiefen Gefühle sprechen sollte. Ich bot ihm an, Gizela und seinen Sohn zu holen, damit sie bei unserem Gespräch dabei waren. Vielleicht fiele es ihm ja einfacher, wenn ich dabei war. Doch er schüttelte nur den Kopf und wischte sich die Tränen ab. »Nein. Es ist zu spät. Sagen wir ihnen nicht, dass ich Bescheid weiß. Es ist leichter für sie, wenn wir sie weiter in ihrem Glauben lassen. Ich weiß, dass ich sterbe. Es ist in Ordnung.«

Jozsef war fast so alt wie meine Großmutter bei ihrem Tod. Obwohl ihr Leben sehr unterschiedlich verlaufen war, war irgendetwas an Menschen diesen Alters, womit ich mich sehr wohl fühlte. Meine Oma und ich konnten jedoch sehr leicht über den Tod sprechen. Sie meinte, mit mir sei es einfacher als mit ihren eigenen Kindern.

Ihr Zwillingsbruder und sie waren die ältesten von elf Kindern. Oma war erst dreizehn, als ihre Mutter starb, und sie zog ihre Geschwister alleine groß. Ihr Vater war »ein harter Mann«, so hatte sie es ausgedrückt. Bei anderen Gelegenheiten nannte sie ihn auch mal »das Aas«. Er brachte Essen nach Hause, aber sonst nicht viel, vor allem keine Liebe, sagte sie.

Ungefähr ein Jahr nach dem Tod ihrer Mutter starb das jüngste ihrer Geschwister, die kleine Charlotte. Nachdem sie ihre kleinen Geschwister aufgezogen hatte, zog Oma noch einmal sieben eigene Kinder groß, darunter auch meine Mutter. Als ich geboren wurde, mit meinem dunklen Lockenkopf und den großen, fragenden Augen, sah Oma in mir das Ebenbild von Charlotte. So standen wir uns vom ersten Tag an sehr nahe.

Wenn sie uns besuchen kam, waren wir alle immer ganz aufgeregt. Kinder lieben Besuch, und wir waren da nicht anders. Oma war kaum größer als 1,50 Meter, aber sie war eine tolle, dynamische Frau. Das musste sie auch sein, bei der Kindheit, die sie gehabt hatte. Die Liebe, die sie mir schenkte, war bedingungslos und nie wertend. Die folgende Geschichte ist ein schönes Beispiel dafür unter vielen: Meine Mutter war einmal mit ihrer eigenen Zwillingsschwester auf einem wohlverdienten Urlaub in Übersee, und mein Vater arbeitete ein paar Tage pro Woche außer Haus. Also kam Oma, um sich um uns zu kümmern.

Ich war damals zwölf, fast dreizehn, und war im ersten Highschool-Jahr an einer Klosterschule. Die Schule war hinter drei Meter hohen Ziegelsteinmauern versteckt und wurde von Nonnen geführt, von denen einige wirklich liebenswürdige Frauen waren. Die Direktorin jedoch war knallhart und trug den wenig zärtlichen Spitznamen »Eisengesicht«. Die älteren Schülerinnen hatten uns gleich am ersten Tag vor ihr gewarnt. Heute, als erwachsene Frau und unbeeinflusst von irgendwelchem Gerede, muss ich einräumen, dass sie unter ihrem rauen Äußeren vielleicht eine nette Frau war. Das möchte ich jedenfalls glauben. Aber sie führte ein strenges Regiment, und in all meinen Jahren dort sah ich sie tatsächlich nicht ein einziges Mal lächeln.

In meinem ersten Highschool-Jahr war irgendetwas in mir offenbar auf der Suche nach etwas anderem, und so befand ich mich eine Weile in Gesellschaft von zwei der toughsten Mädchen der Klasse. Ich war ein ziemlich braves Kind und war der Direktorin bis jetzt noch nicht aufgefallen, was mir gerade recht war.

In der Mittagspause kletterten wir auf einen Baum und über den Zaun, rannten in die Stadt und gingen in einen Laden, wo wir jeder ein Paar Ohrringe mit unseren Initialen klauten. Der schnelle Erfolg machte uns mutig, und so gingen wir in den nächsten Laden, in dem wir Lipgloss mitgehen ließen. Ich rieb gerade meine süß schmeckenden Lippen aufeinander und lachte, weil mir das so gefiel – da spürte ich eine breite Hand auf meiner Schulter, und eine Stimme sagte: »Gib das doch mal her, bitte.«

Meine Beine gaben fast unter mir nach, als ich mit einem der anderen Mädchen (die Zweite war davongerannt) ins Büro des Geschäftsführers geführt wurde. Sie riefen die Direktorin an, die auch schon auf uns wartete, als wir völlig zerknirscht auftauchten. Sie klopfte sich mit dem Lineal in die Hand und sagte mit strenger Stimme: »In mein Büro.«

»Ja, Schwester«, sagten wir untertänig und wie aus einem Munde. Hätten wir Schwänze gehabt, hätten wir sie zwischen die Beine geklemmt.

Der Laden hatte mit der Schule abgemacht, dass man keine Anzeige erstatten würde. Aber wir mussten nach Hause gehen und unseren Eltern selbst erzählen, was wir angerichtet hatten. Dann mussten die Eltern die Direktorin anrufen und bestätigen, dass wir es ihnen erzählt hatten. Außerdem wurden wir für das gesamte Halbjahr vom Sportunterricht suspendiert, und da wir Sport über alles liebten, waren wir am Boden zerstört. Zuletzt mussten wir noch ein Dutzend Hiebe mit dem Lineal auf unsere Waden ertragen. Sie war eine harte Frau.

Da Mum in Übersee war und Dad erst am Wochenende heimkommen würde, hatte ich schreckliche Angst. Ich war ein so sensibles, sanftes Kind, dass mir schon eine laute Stimme Angst einjagen konnte. Aber Oma war ja da, also nahm ich sie beiseite. Mit bebender Unterlippe erzählte ich ihr, was ich getan hatte. Sie saß da und hörte mir zu, ohne mich zu unterbrechen oder zu reagieren. Sie wartete, bis ich fertig war. Bis dahin hatte ich mir bereits die Augen ausgeheult.

»Nun, wirst du es wohl wieder tun?«, fragte sie.

»Nein, Oma, ich versprech's«, erklärte ich feierlich.

»Dann hast du deine Lektion also gelernt?«

»Ja, Oma, ganz bestimmt«, beteuerte ich. »Ich werd's nicht wieder tun.«

»Gut«, meinte sie. »Dann wollen wir es deinem Vater nicht erzählen, und morgen rufe ich für dich in der Schule an.«

Und damit war die Sache erledigt. Gott segne sie. Aber die Angst, die mir diese ganze Sache eingejagt hatte, war so riesengroß, dass ich nicht bloß auf immer vom Ladendiebstahl geheilt war, sondern auch nie mehr einen Fuß in den bewussten Laden setzen konnte.

Jahre später, als ich die Highschool beendet hatte, verließ ich die Kleinstadt, in der ich aufgewachsen war. Ich konnte es gar nicht abwarten, meine Flügel auszubreiten, und nahm den ersten Job an, der mir angeboten wurde, in einer Bank in der Nähe von Omas Wohnung in der Stadt, fünf Stunden entfernt. Bei meiner Oma und meiner Tante einzuziehen war für mich die nächstliegende, praktischste Option.

Dass ich als Achtzehnjährige, die frisch vom Bauernhof und von der Klosterschule kam, für neue Erfahrungen aufgeschlossen war, war nicht überraschend. Als meine Mutter erriet, dass ich keine Jungfrau mehr war, war sie so entsetzt, dass sie mich beinahe enterbt hätte, weil sie nicht glauben konnte, dass ich, ein braves Mädchen mit gesundem Menschenverstand, so leicht zu verführen gewesen war. Oma brachte die Dinge wieder in Ordnung, indem sie meiner Mutter erklärte, sie solle sich entspannen, die Zeiten hätten sich geändert, und ich sei auf meine Art immer noch ein gutes Mädchen. Von diesem Zeitpunkt an intensivierte sich meine Beziehung zu diesen zwei wunderbaren Frauen immer mehr.

Als ich die Welt des Alkohols entdeckte und betrunken in Omas Wohnung zurückkam, stellte sie mir sicherheitshalber einen Eimer neben das Bett. Sie war klug, akzeptierte mich, wie ich war, und spielte eine enorm positive Rolle in meinem Leben. Allerdings war sie auch erleichtert, als ich schon in relativ jungen Jahren verkündete, dass Alkohol nicht mein Ding war.

Oma überlebte all ihre Brüder und Schwestern, was ihr das Herz brach, weil ihre Geschwister wie ihre eigenen Kinder für sie gewesen waren. Später schrieben wir uns und erzählten uns immer ganz offen, was in unserem Leben geschah. Ich teilte mit ihr die Trauer um den Verlust ihrer letzten Schwester und ihren Frust über das Älterwerden, weil sie Schritt für Schritt ihre Unabhängigkeit einbüßte. Es brach mir das Herz, sie im Laufe der Jahre immer langsamer werden zu sehen, und ich musste mich der Tatsache stellen, dass sie nicht ewig leben würde.

Irgendwann fiel es mir schwer, die Tränen zurückzuhalten, wenn wir uns unterhielten. Also sagte ich ihr ganz offen, wie sehr ich sie liebte und wie sehr ich sie vermissen würde, wenn ihre Zeit kam. Danach waren wir in der Lage, mit absoluter Aufrichtigkeit über den Tod zu sprechen. Und darüber bin ich schrecklich froh. Ohne zu verleugnen, was uns bevorstand, konnten wir jedes Gespräch genießen, und sie konnte ihre Gedanken über das Sterben mit mir teilen. Oma war schon Jahre vor ihrem Ableben bereit zu gehen.

Als ich nach ein paar Jahren aus Übersee heimkam, konnte ich es kaum erwarten, sie zu sehen. Sie hatte sich unglaublich verändert. Ihr Haar war jetzt völlig weiß, sie ging am Stock und war noch mehr in sich zusammengesunken. Meine Oma war jetzt eine sehr, sehr alte Dame. Sie war über neunzig, aber immer noch die tolle Frau, die ich kannte. Ihr Geist war ganz klar, und unsere Gespräche, die sich noch etwa ein Jahr lang fortsetzten, waren immer sehr befriedigend.

Der Anruf kam am Montag, als ich in der Bank war – es war eine meiner letzten Anstellungen, ich managte die Filiale. Meine Großmutter war in der Nacht zuvor im Schlaf gestorben. Der Boden gab unter meinen Füßen nach, und ich musste meine Bürotür zumachen. Ich legte die Arme auf den Schreibtisch, ließ den Kopf darauf sinken und schluchzte, um von meiner geliebten Oma Abschied zu nehmen und meinen Verlust zu beweinen. »Ach Oma, Oma, Oma«, weinte ich in meine Arme.

Ich machte früh Feierabend. Meine Augen waren trüb, und ich war zu traurig, um klar zu denken. Trotzdem machte ich noch kurz Halt an meinem Postfach und blätterte halb betäubt die Briefe und Rechnungen durch. Plötzlich hielt ich verblüfft inne. Ich hielt eine Postkarte von meiner kleinen Oma in der Hand. Sie hatte sie am Freitag aufgegeben und war Sonntagnacht eingeschlafen. Eine Tränenflut – halb aus Kummer, halb aus Freude – brach aus mir hervor, und ich drückte die Karte ans Herz. Ich schluchzte, musste aber gleichzeitig lachen.

Ich war so dankbar für die Verbindung, die wir gehabt hatten, und dass ich aufrichtig mit ihr über den Tod gesprochen hatte. Nichts war ungesagt geblieben. Sie wusste, dass ich sie liebte, und ich wusste, dass sie mich liebte. Vor allem, als ich die schönen Worte las, die sie mir geschrieben hatte. *»Ich hab Dich so lieb, mein Schätzchen. Ich denke so oft an Dich. Ich wünsche Dir, dass über jedem Tag Deines Lebens die Sonne scheint, Bron. Deine Oma.«*

Der Gedanke, dass sie sterben könnte, hatte mich schon vor ihrem Ableben zum Weinen gebracht. Natürlich weinte ich auch, als es passiert war. Aber in mir war auch Frieden, denn ich wusste, dass wir uns dem Unvermeidlichen mit Aufrichtigkeit und Offenheit gestellt hatten. Diesen Frieden habe ich immer noch in mir. Ihr Gesicht lächelt mich von einem gerahmten Foto an, das auf meinem Tisch steht. Obwohl es noch manche Tage gibt, an denen ich sie sehr vermisse, habe ich keinen Zweifel daran, dass unsere Aufrichtigkeit unser Verhältnis so besonders machte, dass es mich auch heute noch positiv beeinflusst.

Für meinen lieben Patienten Jozsef war es jedoch nicht so einfach. Für ihn und seine Familie war Ehrlichkeit inzwischen zu schmerzhaft geworden. Sie taten mir so leid, weil ich ihren Schmerz und Frust mitfühlte. Ich mochte mir kaum vorstellen, was dieser nette Mann alles hatte durchmachen müssen. Gizela setzte ihm weiterhin ihre Riesenportionen vor und ermunterte ihn aufzuessen. Er lächelte sie sanft an und lehnte das Essen jedes Mal ab. Abends kamen andere Pfleger, aber tagsüber war hauptsächlich ich bei ihm. Wir kannten einander, und er fühlte sich wohl mit mir, weil er zumindest mir gegenüber offen sein konnte.

Daher war ich überrascht und traurig, als ich erfuhr, dass ich durch eine andere Pflegerin ersetzt werden sollte. Sein Sohn hatte sich über die Pflegekosten beklagt. Als ich dem Sohn erklärte, dass Jozsef nur noch ein bis zwei Wochen zu leben hatte, blieb er dennoch bei seinem Entschluss, denn er meinte, sein Vater könne genauso gut noch Jahre leben. Seine Lösung war eine illegale Kraft, die bereit war, den Job für einen Apfel und ein Ei zu übernehmen.

Ich bat Gizela inständig, ihren Sohn umzustimmen, aber vergeblich. Sie hatten sich entschieden. Anderswo wartete neue Arbeit auf mich. Aber das war ja auch gar nicht das Problem. Es ging darum, dass Jozsef endlich jemand zum Reden gefunden hatte und sich mit mir wohlfühlte. Sein Glück hätte in den letzten ein, zwei Wochen seines Lebens doch eigentlich an erster Stelle stehen sollen. Ich mochte gar nicht daran denken, wie unpersönlich die Alternative aussehen mochte, vor allem, weil er auf Grund seiner Schwäche und seiner Atemprobleme nicht mehr sprechen konnte. Dazu kam noch die Sprachbarriere mit der neuen Pflegerin. Auch sie tat mir leid.

Doch es lag nicht mehr in meiner Hand, und ich musste darauf vertrauen, dass auch diese Ereignisse Teil von Jozsefs Lebensweg waren. Wie kann irgendjemand von uns wissen, was ein anderer Mensch in seinem Leben lernen soll? Das ist unmöglich. Also verabschiedeten wir uns mit einer Umarmung und einem Lächeln, das mehr sagte, als Worte ausdrücken könnten. Als ich auf der Schwelle war, drehte ich mich noch einmal um, und wir lächelten uns wortlos an. Dann war es Zeit zu gehen. Als ich wegfuhr, wusste ich, dass er mir in Gedanken gerade aus dem Fenster nachsah, und meine Tränen begannen zu fließen. Meine Rolle brachte mich mit Leuten in Kontakt, die ich sonst nie kennengelernt hätte, und ich war glücklich darüber, so viel mit ihnen zu teilen und von ihnen zu lernen, auch wenn es manchmal schwer war.

Jozsefs Enkelin rief mich ungefähr eine Woche später an, um mir mitzuteilen, dass er in der letzten Nacht gestorben war. Ich freute mich für ihn. Seine Krankheit hätte ihm sowieso keine Lebensqualität mehr gelassen, es war also besser so. Während ich über alles nachdachte, fand ich, dass es ein Segen gewesen war. Und ich war dankbar für das seltene Geschenk, dass ich von diesen sterbenden Menschen lernen durfte. Wir werden alle einmal sterben, aber meine Arbeit hielt mir vor Augen, dass wir alle auch eine Wahl haben, wie wir unser Leben bis dahin gestalten können.

Nachdem ich die Qualen beobachtet hatte, die Jozsef erleiden musste, weil er nicht fähig war, seine Gefühle zum Ausdruck zu bringen, war ich umso entschlossener, es selbst immer zu versuchen und den Mut zu haben, meine Emotionen zu teilen. Die Mauern, die ich um meine Privatsphäre errichtet hatte, begannen zu bröckeln, und ich fragte mich, warum wir alle solche Angst haben, ehrlich und offen zu sein. Natürlich wollen wir in erster Linie Schmerzen vermeiden, die wir uns mit unserer Ehrlichkeit einbrocken können. Aber diese Mauern, die wir da um uns bauen, bescheren uns doch auch Schmerzen, weil wir andere davon abhalten, uns so kennenzulernen, wie wir wirklich sind. Es hatte mich für immer verändert, dass ich die Tränen auf dem Gesicht dieses lieben alten Mannes gesehen hatte, der sich so danach gesehnt hätte, gekannt und verstanden zu werden.

Nach der Nachricht von Jozsefs Tod setzte ich mich in einen Park in Strandnähe und ließ die Umgebung auf mich wirken. Überall spielten Kinder, und ich beobachtete, wie natürlich sie einander ihre Gefühle mitteilten. Wenn sie jemand mochten, sagten sie es ihm. Wenn sie traurig waren, weinten sie und ließen es heraus, und dann waren sie wieder froh. Sie wussten noch nicht, wie man Gefühle unterdrückt. Es war schön zu beobachten, wie ehrlich sie miteinander umgingen. Außerdem war es erfrischend zu sehen, wie sie spielten und zusammenarbeiteten.

Wir haben eine Gesellschaft geschaffen, in der die Erwachsenen voneinander isoliert leben. Der natürliche Zustand der Kinder, die ich beobachtete, war hingegen Zusammenarbeit, Ausdruck der eigenen Gefühle und Fröhlichkeit. Es machte mich zwar traurig, dass wir als Erwachsene die Fähigkeit zu so totaler Offenheit verloren haben, aber es gab mir auch Hoffnung. Wenn wir einmal so gewesen sind – der eine mehr, der andere weniger –, dann könnten wir vielleicht auch lernen, wieder so zu werden.

Ich fasste einen klaren Entschluss, als ich dort im Park am Strand saß. Die Dinge, die der arme Jozsef bereut hatte, würde ich nie bereuen müssen. Es wurde Zeit, mehr Mut zu entwickeln und meinen Gefühlen stärker Ausdruck zu verleihen.

Die Mauern um mein Herz waren überflüssig geworden. Und endlich hatte der Prozess des Einreißens begonnen.

Frei von Schuldgefühlen

Die Glocke klingelte und riss mich in meiner neuesten Bleibe aus dem Schlummer. Ich schlüpfte in meine Pantoffeln, wickelte mich in einen Morgenmantel und ging die Treppe hoch zu Jude. Sie brachte ein paar Worte hervor, die für ein ungeübtes Ohr wie ein Knurren geklungen hätten, und bat mich, sie umzulagern, weil ihr Bein ihr Schmerzen verursachte. Sobald sie es bequem hatte und wieder lächelte, schaltete ich ihre Lampe aus, wünschte ihr süße Träume und ging zurück in mein schönes bequemes Bett.

Jude hatte mich per Mundpropaganda gefunden. Irgendjemand aus Songwriter-Kreisen wusste, dass ich als Pflegerin und Housesitterin arbeitete, und gab meine Telefonnummer weiter. Die Mehrheit meiner Patienten war bis jetzt älter oder zumindest in ihrer zweiten Lebenshälfte gewesen, und die meisten starben an einer Krankheit, die mit Krebs zu tun hatte, aber nicht alle. Jude hingegen war erst vierundvierzig und litt an einer Erkrankung der Motoneuronen. Ihr Mann und ihre Tochter, eine bezaubernde Neunjährige mit rotbraunen Locken und einem goldigen Lächeln, waren liebevolle, wunderbare Leute, genau wie Jude.

Als ich die Arbeit bei ihr antrat, hatte die Familie die Agenturen, die ständig neue Leute schickten, gründlich satt. Jude hatte zahlreiche und sehr spezielle Bedürfnisse, vor allem was ihre Behaglichkeit und ihr abnehmendes Sprechvermögen betraf. Also wünschte man sich immer mehr eine Pflegekraft, die möglichst flächendeckend anwesend war. Die Pflegerinnen, die in meiner Freizeit meinen Dienst versahen, wurden speziell angelernt, was ich auf Grund meiner Erfahrung glücklicherweise selbst machen konnte. Da Jude ihr eigenes Gewicht nicht mehr tragen konnte, benutzten wir eine hydraulische Hebevorrichtung, um sie in den Rollstuhl beziehungsweise ins Bett zu heben. Von Tag zu Tag beobachtete ich, wie ihre Fähigkeiten weiter abnahmen, und ich war froh, dass ich gekommen war, als sie sich noch einigermaßen hatte verständlich machen können, denn so konnte ich die Knurrlaute besser verstehen, mit denen sie später kommunizierte.

Jude stammte aus einer sehr wohlhabenden Familie und stand als junge Frau unter dem Druck, eine gute Partie zu machen und das Leben zu führen, das man von ihr erwartete. Ihr erstes Auto war eine Luxuskarosse, die mehr kostete, als die meisten Leute im Jahr verdienen. Bis sie Mitte zwanzig war, hatte sie keinen Fuß in ein normales Kaufhaus gesetzt. Sie kannte nur Designerkleidung. Dafür hatte ihr Elternhaus gesorgt.

Trotzdem war sie immer ein sehr bodenständiger und kreativer Mensch geblieben. Ein einfaches Leben war alles, was sie wollte, vertraute sie mir an. Aber ihre Eltern bestanden darauf, dass sie an die Uni ging, und stellten sie vor die Wahl, entweder Wirtschaft oder Jura zu studieren. Etwas anderes kam gar nicht in Frage, auch wenn sie kurz erwähnte, sie würde gern Kunstgeschichte belegen. Unter dem Druck der Erwartungen entschied sich Jude also für Jura. Ihre Entscheidung beruhte auf der Überlegung, dass ihre Eltern ja eines Tages sterben würden und sie ihr Wissen dann für eine gute Sache einsetzen konnte, entweder für die Kunst oder für wohltätige Zwecke. Doch so weit kam es nie. Ihr Vater lebte inzwischen nicht mehr, aber es war sehr wahrscheinlich, dass Jude vor ihrer Mutter sterben würde. Sie war sowieso nicht mehr in der Lage zu arbeiten.

Ihre Liebe zur Kunst führte letztlich dazu, dass sie sich

in Edward verliebte, einen Künstler. Wie sie beide erzählten, fühlten sie sich vom ersten Moment an zueinander hingezogen, und diese Gefühle waren offenbar in den Jahren ihres Zusammenlebens nicht geschwunden. Obwohl beide zunächst etwas schüchtern waren, hatte die gegenseitige Anziehung ihnen schließlich doch den nötigen Mut verliehen.

Im Handumdrehen waren sie verliebt, und alles rundherum wurde unwichtig, weil sie füreinander die ganze Welt waren. Judes Familie war entsetzt über ihre Wahl, denn Edward stammte aus einer eher bescheidenen Familie und war es zufrieden, ein schlichtes Leben zu führen und seine künstlerische Tätigkeit zu verfolgen. Tatsächlich war er als Künstler sogar ziemlich erfolgreich. Aber da er keinen konventionellen Bürojob hatte, konnte er niemals vor den Augen von Judes Eltern bestehen.

So musste sie sich leider zwischen ihren Eltern und Edward entscheiden, und sie entschied sich für Edward. Natürlich, lachte sie. Da gab es nicht viel zu entscheiden. Sie liebte ihn von ganzem Herzen und er sie ebenso. Jude wurde von ihrer Familie geächtet. Aus ihrem früheren Leben blieben ihr nur eine Handvoll enger Freunde. Aber sie bewegte sich jetzt in einer anderen, glücklicheren Welt, in der sie auch so akzeptiert wurde, wie sie war, und so genoss sie die neuen Freundschaften, die sich ergaben.

Ein paar Jahre später konnten Jude und Edward ihre kleine Tochter Layla in ihrem Leben begrüßen. Jude wünschte sich, dass ihre Eltern ihre Enkelin kennenlernten, und gab sich alle Mühe, eine Versöhnung in die Wege zu leiten. Zu guter Letzt gab ihr Vater nach und konnte noch eine echte, liebevolle Beziehung zu seiner Enkelin aufbauen und genießen, bevor er starb. Sein Verhältnis zu Jude verbesserte sich dabei auch. Zu Edward war er zwar höflich, aber er hatte sein Leben lang mit der Tatsache zu kämpfen, dass ein Künstler das Herz seiner Tochter gewonnen hatte, also wurde diese Beziehung nie besonders eng. Trotzdem kaufte Judes Vater infolge seiner Beziehung zu Layla ein Anwesen in Hafennähe für die Familie seiner Tochter, sehr zum Unmut der Mutter.

Alles lief ganz wunderbar, erzählte man mir, bis Jude plötzlich ungeschickt wurde, und das in einem Ausmaß, dass man es irgendwann nicht mehr ignorieren konnte. Jude und Edward berichteten mir ganz einmütig von den Ereignissen – und ich glaube, wäre sie nicht krank gewesen, wären sie nicht weniger einmütig gewesen. Sie standen sich einfach sehr nahe. Ihre Liebe zu beobachten war für mich ebenso beeindruckend wie herzzerreißend. Und sie gehörten beide meiner eigenen Generation an.

Wir unterhielten uns stundenlang, tiefe und aufrichtige Gespräche. Dabei redeten wir auch darüber, wie es ist, in so einem Alter den Tod zu akzeptieren. Wir können uns ganz leicht einreden, dass wir ewig leben. Aber so läuft es eben nicht. In den Stürmen des Lebens gibt es immer auch ein paar Jüngere, die gehen müssen. Wie blühende Blumen, die noch keine Frucht getragen haben, werden sie aus dem Leben gerissen, bevor sie ihr volles Potenzial entfalten konnten. Andere erreichen die volle Reife und treten ab, wenn sie gerade auf dem Höhepunkt des Lebens sind. Wieder andere leben über die Blütezeit ihres Lebens hinaus und degenerieren langsam, aber sicher im Laufe der Jahre.

Man sagt oft, jemand ist gestorben, bevor seine Zeit gekommen ist, aber so ist es nicht. Wir alle gehen genau dann, wenn unsere Zeit gekommen ist. Millionen von Menschen ist kein langes Leben bestimmt. Die Annahme, dass wir alle ewig leben können – oder zumindest bis ins hohe Alter –, ist daran schuld, dass wir so schockiert und verzweifelt sind, wenn ein junger Mensch stirbt. Dabei gehört auch das zum Leben, bei allen Spezies. Manche sterben jung, manche in mittlerem Alter, und andere werden sehr alt. Natürlich bricht es einem das Herz, jüngere Leute sterben zu sehen, wenn es doch so aussieht, als hätten sie noch ihr ganzes Leben vor sich. Ich habe Freunde, die kleine Kinder verloren haben, und habe ihren Herzschmerz miterlebt, der bei manchen nie ganz verschwindet. Aber diesen Kindern oder jungen Erwachsenen war eben kein langes Leben bestimmt. Sie kommen in unser Leben, strahlen hell, und nach ihrem Tod hat man eine reine Erinnerung an das, was sie einem während ihrer kurzen Zeit gegeben haben.

Da Jude über vierzig bis dahin noch völlig gesund gewesen war, wäre es leicht gewesen zu sagen, wie falsch es doch war, dass so eine gute Frau im Alter von gerade mal vierundvierzig Jahren sterben musste. Doch Edward und sie hatten es akzeptiert, und sie waren dankbar, dass sie sich getroffen und eine so große Liebe kennengelernt hatten. Außerdem waren sie mit Layla gesegnet worden. In dieser Hinsicht war Jude ganz friedlich, denn sie wusste, dass sie die Ehre gehabt hatte, dieses bezaubernde kleine Mädchen durch seine ersten neun Lebensjahre zu begleiten. Natürlich tat ihr das Herz weh bei dem Gedanken, dass sie nicht mehr da sein würde, um zuzusehen, wie aus dem kleinen Mädchen eine Frau wurde, und sie dachte auch an den Schmerz, den Layla durch den Verlust ihrer Mutter erleiden würde. Doch das Wissen, dass ihre Tochter einen liebenden Vater hatte, der sie auf ihrem weiteren Lebensweg begleiten würde, half Jude sehr.

Inzwischen war Jude völlig auf die Hilfe anderer angewiesen und konnte sich nicht mehr aus eigener Kraft bewegen. Doch am meisten frustrierte es sie, dass sie nicht mehr sprechen konnte. Als ich sie eines Abends umbettete, erzählte sie mir, ihre größte Angst sei, eines Tages nicht mehr mitteilen zu können, dass sie Schmerzen habe, und dann im Bett liegen und alles aushalten zu müssen. Ich dachte darüber nach, wie schwierig das Leben sein kann und was für verschiedene Lektionen es jedem von uns erteilt. Was für eine grässliche

Art, seine letzten Wochen zu verleben – bei Bewusstsein zu sein, aber keine Kommunikationsmöglichkeit mehr zu haben. Und dazu Schmerzen, die niemand bemerkt oder zumindest nicht wüsste, wie man sie beheben könnte. Das geschieht sicher auf der ganzen Welt bei Menschen mit Krankheiten wie Schlaganfällen oder Hirnverletzungen. Oh Gott, was für eine schreckliche Art zu leben. Das rückte mein eigenes Leben gleich wieder ein bisschen in die richtige Perspektive.

Ich hörte, wie Judes Sprechfähigkeit jeden Tag ein Stück schlechter wurde. Manchmal ging es noch relativ gut. An anderen Tagen konnte ich nur verstehen, was sie meinte, weil wir einander kannten und ich aus der Intuition heraus arbeitete. An solchen Tagen griff Jude manchmal auf ein spezielles Computerprogramm zurück. Zwischen den Gläsern einer Spezialbrille befand sich ein Laser, den sie auf die Buchstaben auf dem Bildschirm richten konnte. Wenn sie lange genug auf einem Buchstaben verweilte, wurde er geschrieben, und dann ging sie weiter zum nächsten. Sobald sie ein paar Buchstaben geschrieben hatte, wurde ein ganzes Wort vorgeschlagen, und so weiter. Das ging zwar sehr langsam, aber zumindest konnte sie sich so Gehör verschaffen. Im Stillen dankte ich den Menschen, die ihr solche Möglichkeiten gaben, indem sie dieses Programm entwickelt hatten. Doch bald würde Jude nicht einmal mehr ihren Kopf bewegen können, und dann ließ sich auch der Computer nicht mehr nutzen.

An ihren guten Tagen hörte ich also so viel wie möglich zu, während Jude redete. Sie hatte vieles zu sagen. Ich hielt ihr geduldig immer wieder ein Saftglas an die Lippen, so dass sie Schlückchen um Schlückchen nehmen konnte, damit sie weiter sprechen konnte. Vor allem eines wollte sie mitteilen, und das tat sie immer und immer wieder. »Wir müssen den Mut haben, unsere Gefühle zum Ausdruck zu bringen«, sagte sie. Wie passend, dachte ich, im Hinblick auf meinen eigenen Lebensweg.

Obwohl sie durch ihre Entscheidung für Edward jede Beziehung zu ihrer Mutter verloren hatte, war sie glücklich, weil sie wusste, dass sie zumindest dafür mutig genug gewesen war, und sie hatte es auch nie bereuen müssen. Doch jetzt sehnte sie sich danach, ihre Gefühle mit ihrer Mutter zu teilen, denn diese hatte Jude nie als Mutter erlebt. Jude hatte ihr schon vor einiger Zeit einen Brief geschrieben, der in Edwards Schreibtischschublade wartete. Tatsächlich wusste die Mutter von der Krankheit. Aber sie blieb stur und unversöhnlich und war unfähig, ihre sterbende Tochter zu besuchen.

»Wir müssen lernen, unsere Gefühle *jetzt* auszudrücken«, betonte Jude. »Nicht, wenn es schon zu spät ist. Keiner von uns kann wissen, wann es zu spät ist. Sag den Menschen, dass du sie liebst. Sag ihnen, dass du sie zu schätzen weißt. Wenn sie deine Ehrlichkeit nicht mögen oder anders reagieren, als du es dir erhofft hattest, ist das egal. Wichtig ist nur, dass du es ihnen gesagt hast.«

Sie meinte, das sei genauso wichtig für die Sterbenden wie für die Hinterbliebenen. Die Sterbenden müssen wissen, dass alles gesagt ist. Das bringt ihnen Frieden, sagte sie. Wenn die Hinterbliebenen auch den Mut haben, ihre Gefühle ehrlich auszudrücken, werden sie dieses Versäumnis bei ihrem eigenen Ableben nicht beklagen müssen. Und sie müssen auch nicht mit dem Schuldgefühl leben, dass ein geliebter Mensch gestorben ist und dabei Dinge ungesagt geblieben sind.

Diesen Punkt klarzumachen war Jude ein umso dringenderes Anliegen, als sie ein Jahr zuvor unerwartet eine Freundin verloren hatte. Das hatte ihre Welt völlig erschüttert. Tracey war eine quirlige Frau gewesen, der Mittelpunkt jeder Party. Alle mochten sie, weil sie so ein großes Herz hatte und niemals voreingenommen war.

»Man verliert sich so leicht in der Geschäftigkeit seines eigenen Lebens und verbringt nicht genug Zeit mit den Menschen, die man liebt, seien es Verwandte oder Freunde.

Aber man muss sich den Gedanken abgewöhnen, dass diese geliebten Menschen ewig da sein werden. Im Nu kann es vorbei sein«, mahnte Jude. Sie war dankbar, dass sie die Zeit gehabt hatte, Abschied zu nehmen, aber sie betonte, dass nicht jeder den Vorteil hat, am Ende noch einmal seine Gefühle auszudrücken. Tatsächlich haben Millionen von Menschen keine Zeit dafür, weil sie ganz plötzlich sterben.

Obwohl sie dadurch, dass sie ihre Gefühle für Edward klar ausgedrückt hatte, die Beziehung zu ihrer Mutter ruiniert hatte, war Jude natürlich froh, dass sie den Mut zur Ehrlichkeit gehabt hatte. Auf diese Weise konnte sie nicht nur die Fülle der Liebe erfahren, die Edward und sie immer noch teilten, sondern hatte auch ihren inneren Frieden, weil sie wusste, dass sie ihrem Herzen treu geblieben war. Es machte ihr auch deutlich, wie stark sie bis dahin unter der Kontrolle ihrer Eltern gestanden war, vor allem ihrer Mutter. Wenn eine Beziehung auf Kontrolle aufbaut, sagte sie, wie kann man dann überhaupt eine wirklich gesunde Beziehung zum anderen unterhalten? Wenn das also die einzige Art von Beziehung war, die man ihr anbot, dann war sie besser bedient, wenn sie darauf verzichtete.

Nachdem sie den Versuch unternommen hatte, mit ihrer Mutter zu sprechen, konnte Jude nun sagen, dass sie ohne Schuldgefühle sterben würde. Sie hatte den Mut besessen, ihren Gefühlen Ausdruck zu geben. Gott sei Dank hatte sie sich Tracey gegenüber genauso verhalten – Jude war immer sehr ehrlich zu ihr gewesen, und so groß der Schock war, die Freundin zu verlieren, war sie doch ohne jedes Schuldgefühl. Nur wenige Tage vor dem Tod ihrer Freundin waren die beiden zusammen Mittag essen gegangen. Als sie sich zum Abschied umarmten, hatte Jude Tracey gesagt, wie sehr sie sie liebte und wie viel ihr ihre Freundschaft bedeutete.

Bei den meisten Verwandten und Freunden von Tracey hatte es anders ausgesehen. Sie war so fröhlich gewesen, dass sich wohl kaum einer hätte vorstellen können, sie könnte irgendwann nicht mehr da sein. Und dann verlor sie ganz plötzlich ihr Leben bei einem Autounfall. Die letzten Ausläufer des Schocks und der Schuldgefühle waren in Judes Freundeskreis fast ein ganzes Jahr später immer noch spürbar.

»Sie hat das Leben anderer verändert, aber sie haben es ihr nie gesagt. Tracey gehörte nicht zu der Sorte Menschen, die Bestätigung brauchen, das nicht. Aber jetzt müssen die Leute damit leben, dass sie sich diese Mühe nicht gemacht haben, und ich habe beobachtet, wie manchen von ihnen die Schuldgefühle das Leben vergiften, weil sie sich damit quälen, was sie anders hätten machen sollen.« Das konnte ich freilich gut verstehen. »Außerdem hätte Tracey die ausdrückliche Wertschätzung zwar nicht gebraucht«, fuhr Jude fort, »aber es hätte sie sicher gefreut, solche Worte von anderen zu hören. Sie war so offen und so wunderbar. Und jetzt ist sie weg.«

Ich stimmte ihr natürlich zu. Seine Gefühle mitzuteilen und aufrichtig miteinander zu sein ist wichtig. Mich hatte das Leben schon ganz besonders mit dieser Art von Lektionen bombardiert, und jetzt wurden sie mir im Gespräch mit Jude erneut erteilt. Sie war eine wunderbare Frau mit einer natürlichen Eleganz, obwohl sie teilweise schon die Kontrolle über ihren Körper verlor. Manchmal sabberte sie, und ihre Kleidung musste eher praktischen als modischen Überlegungen gehorchen. Doch ihr Geist und der Rest von dem, was sie einmal gewesen war, blieb mit seiner ganzen Strahlkraft erhalten. Ich lächelte sie an und brachte meine Zustimmung zum Ausdruck: »Das stimmt. Es wird so vieles aus Stolz, Trägheit oder Angst vor Demütigungen zurückgehalten. Aber manchmal erfordert diese Ehrlichkeit auch eine Menge Mut, Jude, und wir sind nicht immer stark genug.«

»Ja, Mut braucht man allerdings, Bronnie«, erwiderte sie. »Das versuche ich ja gerade zu sagen. Man braucht Mut, seine Gefühle auszudrücken, vor allem, wenn etwas nicht gut läuft und man Hilfe braucht oder wenn man einem Menschen, den man liebt, nie seine aufrichtigen Gefühle eröffnet hat und nicht weiß, wie er es aufnehmen wird. Aber je mehr man es übt, umso leichter wird es. Stolz ist so eine Zeitverschwendung. Ganz ehrlich, schau mich doch an, wie ich hier liege. Ich kann mir nicht mal mehr selbst den Hintern abwischen. Aber was macht das schon? Wir sind alle Menschen. Wir dürfen auch verletzlich sein. Das gehört dazu.«

Bevor ich zu Jude und Edward kam, war das Leben besonders schwer für mich gewesen. Ich beschloss, Jude einiges davon zu erzählen, weil es zeigte, wie schwierig es zuweilen sein kann, anderen seine Gefühle mitzuteilen.

Meine Pflegejobs waren eine Weile nicht mehr so regelmäßig gekommen. Mal kam alles auf einmal, dann wieder gar nichts. Es störte mich nicht weiter, weil von dieser Zeit eben meine kreative Arbeit profitierte. Doch nach annähernd zwei Monaten fast ohne Arbeit wurde es langsam ein bisschen schwierig, und weit und breit war kein Job in Sicht. Das Geld, das ich verdiente, investierte ich normalerweise gleich wieder in meine kreative Arbeit, daher hatte ich keine großen Ersparnisse, auf die ich hätte zurückgreifen können. Doch nachdem ich derlei Engpässe früher schon überstanden hatte, machte ich mir in solchen Momenten nie allzu große Sorgen.

Mit den Housesitter-Jobs lief es genauso. Manchmal hatte ich keine Ahnung, wo ich als Nächstes hinziehen würde, und wusste nur, wann die Besitzer meiner derzeitigen Bleibe zurückkehrten. Doch normalerweise tauchte in letzter Minute das nächste Haus auf. Wenn ich besser drauf war, genoss ich dieses Risiko und die Aufregung sogar ein wenig. Da floss schon Adrenalin. Es geschah relativ oft, dass mich jemand ganz panisch anrief und fragte, ob ich auf sein Haus aufpassen könnte, und zwar ab morgen, weil er ganz plötzlich verreisen musste. Bei diesen Telefonaten gab es auf beiden Seiten erleichterte Seufzer und Lächeln.

Manchmal stimmten sich die Kunden meines Housesitting-Netzwerks auch miteinander ab, um sicherzugehen, dass ich auch bestimmt verfügbar war. Sie planten ihre Urlaube so, dass sie abfuhren, wenn andere Freunde wieder nach Hause kamen. Dann wurde ich manchmal auf Monate im Voraus gebucht. Das mochte ich, denn es machte das Leben gleich viel einfacher.

Doch dann gab es wieder Zeiten, wo ich einfach nichts fand, so dass ich ein paar Tage oder auch ein, zwei Wochen zwischen zwei Housesitting-Jobs kein Dach über dem Kopf hatte. Dann verließ ich entweder die Stadt, besuchte jemand auf dem Land und genoss die Pause. Oder, wenn ich einen besonderen Patienten hatte, den ich nicht allein lassen wollte, übernachtete ich im Gästezimmer oder auf dem Sofa einer Freundin. Anfangs war es ganz einfach. Aber nachdem ich ein paar Jahre so gelebt hatte, wurde es mir langsam unangenehm, um Unterkunft zu bitten, und ich hatte das Gefühl, nicht mehr ganz so willkommen zu sein. Meine Freunde behaupteten zwar, das sei nicht wahr. Sie unterstützten mich und verstanden mich gut genug, um zu wissen, dass ich nicht ewig so weitermachen würde. Als ich in den Jahren zuvor eine eigene Wohnung gehabt hatte, hatte ich immer Besuch gehabt, aber ich tat mich mit dem Geben eben leichter als mit dem Nehmen, da hatte ich noch etwas zu lernen.

Wenn ich Freunde mehrmals um Obdach bitten musste, fühlte ich mich absolut mies. Ich hatte zwar viele Verletzungen aus meiner Vergangenheit aufgearbeitet und dadurch Mitleid für andere entwickelt, aber es kostete mich noch viel Arbeit und Schmerzen, meine Einstellung zu mir selbst zu ändern. Ich musste jahrzehntelang eingeübte negative Denkmuster auflösen, und es dauerte eine ganze Weile, bis ich mein Denken von Grund auf ändern konnte. In vielerlei

Hinsicht war die Saat für Neues und Positives gelegt worden, die jetzt auch allmählich aufging. Aber ich musste immer wieder das alte Unkraut ausreißen, das manchmal noch an die Oberfläche wollte.

Einmal hatte ich schon ewig keinen Job mehr gehabt, das Geld war so gut wie aufgebraucht, und ich war verzweifelt. Also rief ich meine beste Freundin an und fragte sie, ob ich bei ihr wohnen könnte. Aber sie machte selbst gerade einiges durch, so dass diese Möglichkeit ausfiel. Es ging dabei überhaupt nicht um mich, sondern um ihre eigenen Angelegenheiten und ihr Leben. Aber auf Grund meiner Denkmuster und meines damaligen emotionalen Zustands empfand ich es als totale Zurückweisung und fühlte mich noch mieser, weil ich sie auch noch in eine Lage gebracht hatte, in der sie Nein sagen musste. Widerstrebend rief ich noch ein paar andere Freunde an, aber, nein, tut uns leid, voll belegt mit Besuch aus dem Nachbarstaat, selbst verreist, völlig in einem Projekt versunken, das alle Konzentration erfordert. Ich hatte kein Geld mehr, um die Stadt zu verlassen und zurückzukommen, und leihen wollte ich mir nichts, denn dann hätte ich mich bloß noch schlechter gefühlt. Also gewöhnte ich mich an den Gedanken, dass ich vorerst in meinem Auto schlafen musste.

Früher, als ich noch in meinem Jeep umhergereist war, war das kein Problem gewesen. Im Gegenteil hätte ich mir damals kaum einen schöneren Schlafplatz vorstellen können als das gemütliche Bett in diesem alten Auto. Aber im Reiskörnchen war das etwas ganz anderes – das Auto war so klein, dass ich im Liegen nicht mal die Füße ausstrecken konnte. Außerdem hatte es keine Vorhänge, die mir ein bisschen Privatsphäre verschafft hätten, und es war mitten im Winter. Doch mir fiel niemand ein, den ich hätte anrufen können, ohne mir noch doofer vorzukommen. Ich hatte zwar ein bisschen Angst, so exponiert in der Stadt zu schlafen, aber ich fügte mich in mein Schicksal, weil ein verzweifelter Mensch das manchmal eben tun muss.

Also fuhr ich vor dem Dunkelwerden durch die Stadt, um mir ein paar Plätze anzusehen, die mir passend und einigermaßen sicher schienen. Außerdem musste ich ja dran denken, dass ich vielleicht einmal auf die Toilette musste, und ich hatte wahrlich keine Lust, die Leute aufzuscheuchen, indem ich mitten in der Nacht in ihren Vorgarten pinkelte. Das war nicht die Art von Aufmerksamkeit, die ich brauchte, gerade in meiner momentanen Gefühlslage.

Wenn man obdachlos ist und keinem auffallen will, sind die Tage ganz schön lang. Man kann sich erst ein Plätzchen zum Bleiben einrichten, wenn alle anderen zu Hause sind und es sich selbst gemütlich gemacht haben, und bei Sonnenaufgang muss man schon wieder wach sein und wegfahren. In der Zwischenzeit ist man obdachlos, das heißt man kann nicht heimfahren und abwarten. Ja, das waren lange Tage, und die Nächte waren sehr ungemütlich, ekelhaft kalt und einsam.

Eines Nachts ging ich zu einem Konzert in ein Café, und versuchte dann so lange wie möglich bei einer Tasse Tee zu bleiben. Ich kam mir vor wie der alte Mann in Ralph McTells Song »Streets of London«, der versucht, sich seine Tasse Tee die Nacht über so einzuteilen, dass er im Café bleiben kann. Ironie des Schicksals, dachte ich mir, dass ausgerechnet dieses Lied eines der ersten war, die ich auf der Gitarre gelernt hatte.

Bei Sonnenaufgang ging ich zu den öffentlichen Toiletten am Strand, bis sie aufmachten. Dort wusch ich mich, putzte mir die Zähne und ging auf die Toilette, während ich die finsteren Blicke des städtischen Angestellten über mich ergehen ließ, der die Anlage aufgesperrt hatte. Ich glaube, er hielt mich für einen wilden Camper, eine Schmarotzerin oder so was. Aber er hätte gar nicht schlechter von mir denken können, als ich selbst von mir dachte. Also war es mir im Grunde egal. Und eine der Segnungen, die ich aus meiner Zeit mit der Pflege Sterbender mitgenommen hatte, war die, dass es mir tatsächlich ziemlich egal war, was andere über mich dachten. Ich hatte genug eigene Probleme.

Einen anderen Abend ging ich zum Hare-Krishna-Projekt »Gebt den Hungernden zu essen«. Als ich mich jetzt in die Schlange stellte, wurde mir wieder die Ironie des Schicksals bewusst, denn für genau dieses Programm hatte ich, wenn ich Geld hatte, des Öfteren zehn oder zwanzig Dollar in die Spendendose gesteckt. Ich mochte die Hare-Krishna-Bewegung. Sie waren Vegetarier, spielten fröhliche Musik und gaben hungrigen Leuten zu essen. Das reichte mir. Aber jetzt war ich der Empfänger ihrer Gefälligkeiten, und das fand ich ziemlich demütigend.

Eines Morgens, als ich auf einem Felsen am Hafen saß, betete ich um Kraft, Ausdauer und ein Wunder. In diesem Moment kam eine ganze Schule Delfine vorbei, einer warf sich spielerisch aus dem Wasser. Gerade hatte ich mein Leben noch so ernst und sorgenvoll betrachtet, aber dieser Anblick gab mir wieder ein bisschen Hoffnung. Dann fielen mir ein paar Freunde ein, die ein wenig außerhalb der Stadt wohnten, und ich beschloss, sie anzurufen und um Unterkunft zu bitten. Sie waren immer so nett gewesen, aber mein Gefühl von Wertlosigkeit und Versagertum hatte mir den Schwung genommen, noch mehr Leute um Hilfe zu bitten oder überhaupt nur nachzudenken, wen ich sonst noch ansprechen könnte. Ich hatte nicht den Mut gehabt, meine Gefühle auszudrücken, obwohl ich zu diesen freundlichen Menschen einfach nur hätte sagen müssen: »Hej, mir geht's gerade scheiße. Kann ich bitte zu euch kommen und eine Weile bei euch wohnen?«

Nachdem ich diesen Entschluss gefasst hatte, wurde mir gleich viel leichter ums Herz, und ich brach zu einem Spaziergang am Hafen auf. Doch noch bevor ich meine Freunde anrufen konnte, klingelte mein Handy, und es war Edward, der mich fragte, ob ich gerade frei war und mich um Jude kümmern könnte und ob ich wohl gleich anfangen könnte. Falls ich eine Wohnung brauchte, hätten sie auch ein schönes Apartment auf ihrem Grundstück. In dieser Nacht konnte ich mich wieder richtig ausstrecken und litt nicht mehr unter der Kälte und Krämpfen. Nach einem erholsamen Bad legte ich mich unter eine warme, kuschelige Decke. Ich hatte ein gesundes Essen mit drei wunderbaren Leuten zu mir genommen und verdiente wieder Geld. Wie schnell sich das Leben doch ändern kann!

Ich könnte jetzt natürlich auf diese Zeit zurückblicken und sagen, das lag alles daran, dass mir die Arbeit und die Housesitting-Angebote ausgegangen waren. Rein äußerlich stimmt das ja auch. Aber ich hatte die Situation durch meinen Mangel an Selbstwertgefühl geschaffen und indem ich die schlechte, alte Saat bewässerte. Anscheinend waren aber auch ein paar neue Saatkörner aufgegangen, denn bei anderen Gelegenheiten gelang mir schon ein wundervolles, großzügiges Leben. Doch es brauchte eine gewisse Zeit, bis ich lernte, diese alten Muster in meinem Kopf zu löschen, und ich hatte es mir noch schwerer gemacht, weil ich so unfähig war, um Hilfe zu bitten.

Als ich einmal zu einem späteren Zeitpunkt wieder eine Flaute bei den Housesitting-Anfragen erlebte, rief ich die Freunde an, die mir an jenem Morgen mit den Delfinen eingefallen waren, und sie luden mich freudig und liebevoll ein, ihr Gästezimmer zu beziehen. Es war mir wieder möglich, die Güte in mein Leben zu lassen. Ich musste immer noch viel lernen, wenn es darum ging, meine Gefühle auszudrücken, aber ich machte Fortschritte.

Ich erzählte Jude, dass ich Offenheit erst wieder erlernen musste, weil ich mich in der Vergangenheit sehr verschlossen hatte. Daher wusste ich ihre Ansichten und die Gelegenheit zu einem ehrlichen Gespräch über all diese Fragen so zu schätzen. »Wir müssen alle manchmal daran erinnert werden, Bronnie. Jeder schluckt ab und zu Dinge herunter, die gesagt werden müssen, ob die Leute sie hören wollen oder nicht. Wir müssen unsere Gefühle ausdrücken, um selbst zu wachsen. Damit ist allen Beteiligten geholfen, auch wenn sie es nicht merken. Und Ehrlichkeit funktioniert eben auch am besten.«

Ich blickte lächelnd zu den Schiffen im mondbeschienenen Hafen hinaus. Es war eine großartige Szenerie. Jude wandte sich wieder dem Thema Schuldgefühle zu und dass wir selbst entscheiden können, ob wir sie nicht vermeiden wollen, indem wir unseren Gefühlen ganz aufrichtig Ausdruck verleihen. Dann müssen wir uns nicht sagen, dass es zu spät ist, wenn ein geliebter Mensch sehr plötzlich stirbt. Und dann können wir auch ohne Einschränkungen sein, wie wir als Kinder waren. Wir sollten uns niemals schuldig fühlen, weil wir unsere Gefühle ausdrücken, und wir sollten niemals anderen Schuldgefühle einflößen, weil sie mutig genug dazu waren.

Nach ein paar Monaten mit Jude hatte sich ihr Zustand so drastisch verschlechtert, dass sie in ein Hospiz eingeliefert wurde. Meine Agentur versorgte mich gerade wieder regelmäßig mit Aufträgen, und ich hatte auch wieder ein längerfristiges Housesitting-Angebot. Als ich Jude im Hospiz besuchte, freute ich mich, auch von Edward und Layla die neuesten Neuigkeiten zu hören. Auf der anderen Seite des Bettes saß eine Dame, die ich noch nie gesehen hatte, aber man brauchte nicht lange, um die Ähnlichkeit zwischen Jude und ihrer Mutter festzustellen.

Edward hatte die Initiative ergriffen und Judes Brief ihrer Mutter geschickt, bevor seine geliebte Frau starb. Sie konnte inzwischen nicht mehr sprechen, aber in diesem Brief war alles gesagt worden. Jude hatte ihrer Mutter offenbart, dass sie sie geliebt hatte und immer noch liebte. Sie schrieb von glücklichen Erinnerungen, die sie immer noch hochhielt, und von den positiven Dingen, die sie von ihrer Mutter gelernt hatte. Der Brief enthielt überhaupt nichts Negatives, denn Jude hasste Schuldgefühle und wollte ihrer Mutter mitteilen, dass sie trotz der Traurigkeit ihrer Beziehung immer noch geliebt wurde. Ganz unerwartet war die Mutter ein paar Tage später aufgetaucht und war seitdem jeden Tag da gewesen. Sie hielt ihrer Tochter die Hand und sah zu, wie ihr Leben zu Ende ging.

Nachdem ich eine Weile mit ihr geredet hatte, nahm ich endgültig Abschied und bedankte mich bei ihr für alles. »Wir sehen uns, wenn ich auch dorthin komme, Jude«, sagte ich unter Tränen und lächelte. Sie antwortete mit einem Knurrlaut, und ihre Augen lächelten, was ihr Mund schon längst nicht mehr konnte.

Edward und Layla begleiteten mich zum Reiskörnchen. Er hatte meine eine Hand gefasst, sie meine andere. Wir waren alle in Tränen gebadet. Aber es floss so viel aufrichtige Liebe zwischen uns, dass die Tränen egal waren. Er erzählte mir, dass Judes Mutter viel mit ihr geredet hatte und Jude Tränen über die Wangen gelaufen waren, vor allem, als sie ihre Mutter sagen hörte, dass sie sie liebte. Ihre Mutter entschuldigte sich, so voller Vorurteile gewesen zu sein. Sie gab zu, ihre Tochter insgeheim beneidet zu haben, um ihren Mut, die Meinung der Gesellschaft zu ignorieren. Ihre Mutter hatte diese Courage nicht gehabt und sich damit selbst das wahre Glück verbaut.

Nachdem ich Edward und Layla zum Abschied umarmt hatte, wünschte ich ihnen das Beste für ihr zukünftiges Leben. Ich dachte an die wunderbare Jude, die dort drinnen lag, mit ihrer Mutter an der Seite, und daran, wie stark die Kraft der Liebe ist. Mein Herz tat weh, aber irgendwie war es auch voll Freude.

Ich war positiv überrascht, als ich ein paar Jahre später eine Mail von Edward bekam. Layla und ihre Großmutter hatten sich noch ein paar wunderschöne Monate lang kennenlernen können, bevor auch die alte Dame starb. Wie er sagte, war sie wie verwandelt, und manchmal erinnerte sie ihn an seine wunderbare Jude. Als die Immobilien verkauft waren, verließen Edward und Layla die Stadt und zogen in die Berge, wo die Luft sauber war und sie näher bei seinem Vater wohnten. Ungefähr ein Jahr zuvor hatte er eine neue Frau kennengelernt, und inzwischen war eine kleine Schwester für Layla unterwegs.

In meiner Antwortmail wünschte ich ihnen allen das Beste. Nur zu gern schrieb ich ihm auch, was mir von Jude so lebhaft in Erinnerung geblieben war: ihr Lächeln, ihre Geduld in ihrer Krankheit, ihre Schicksalsergebenheit und die Entschlossenheit, mit der sie mir mitteilte, was ihr am Herzen lag. Schuldgefühle sind Gift. Wer glücklich leben will, muss seine Gefühle ausdrücken.

Ich weiß heute noch, wie ich neben ihrem Bett saß, der Vollmond schien aufs Wasser, und Jude sprach mit mir. Sie war entschlossen zu reden, bis sie keine Stimme mehr hatte.

Sie hat mir vermittelt, was ihr wichtig war, und ich weiß jetzt selbst, wie schön es ist, seine Gefühle auszudrücken, so ehrlich, wie ein Delfin seine Freude zeigt, wenn er seine Luftsprünge macht.

Sicherer Lohn

Bei kurzfristigen Einsätzen in Pflegeheimen hatte ich hin und wieder schon mit Patienten gearbeitet, die an Alzheimer litten. Doch Nanci war meine erste sterbende Patientin, die an dieser Krankheit litt und die ich zu Hause betreute. Sie war eine sanfte Frau gewesen, Mutter von drei Kindern und Großmutter von zehn Enkeln. Ihr Mann war noch da, betrat aber nur selten das Zimmer. Man hätte fast vergessen können, dass er überhaupt noch im Hause lebte.

Nancis drei Schwestern und zwei Brüder kamen sie abwechselnd besuchen und anfangs auch ein paar Freunde, doch diese Besuche wurden mit der Zeit immer seltener. Sich um Nanci zu kümmern war harte, anstrengende Arbeit. Sie war ruhelos und schwer zu beaufsichtigen, denn sie wollte nie länger als eine Minute an einem Ort bleiben und war dabei die meiste Zeit schrecklich nervös. Friedliche Momente waren rar für sie und damit natürlich auch für mich.

Irgendwann nahm diese qualvolle Unruhe so besorgniserregende Formen an (vor allem für die Familie), dass die Dosis ihrer Medikamente erhöht wurde. Danach schlief Nanci teilweise auch tagsüber. Wenn sie wach war, konnte sie überhaupt keine sinnvollen Worte und Sätze mehr äußern, wie es für Alzheimerpatienten typisch ist. Teile eines Wortes wurden mit Teilen eines anderen vermischt. Manchmal ließ sich ein englischer Dialekt erkennen, aber nichts Strukturiertes, Zusammenhängendes. Trotzdem behandelte ich Nanci wie all meine Patienten mit Liebe und Sanftheit, plauderte mit ihr, während ich sie versorgte. Manchmal nahm sie zur Kenntnis, dass ich im Zimmer war, manchmal war sie meilenweit weg, und ich wäre ihr nicht mal aufgefallen, wenn ich zehn Köpfe gehabt hätte.

Ab und zu duschte ich sie selbst, wenn ich um acht Uhr morgens kam, aber normalerweise gehörte das zu den Aufgaben der Nachtschwester. Ich musste sie nur dann waschen, wenn die Nacht besonders anstrengend gewesen war und Nanci bei meiner Ankunft noch schlief, was mir aber genauso recht war. Doch meistens wurde sie gerade geduscht, wenn ich um acht Uhr morgens eintraf. Dann saß Nanci auf ihrem Waschstuhl, ließ sich von der Nachtschwester einseifen und lächelte mich manchmal an. Eine der Schwestern hatte jedoch völlig andere Pflegemethoden als wir anderen, und sie bestand darauf, dass man dort, wo sie herkam, die Dinge eben so machte.

Der erste Vorfall ereignete sich eines eiskalten Wintermorgens. Als ich in Nancis Zimmer kam, lag sie dort nackt und ohne Decke auf dem Bett und schlotterte vor Kälte. Sie war gerade geduscht worden, dabei hatte sich ihr Darm entleert, so dass nun ein riesiger Haufen Fäkalien unter ihrem Waschstuhl lag. Das war nichts Neues. Den Patienten ging es oft so, wenn ihr Hintern durch die Öffnung auf dem Stuhl hing, weil ihre Gedärme dieses Gefühl mit einem Toilettensitz assoziierten. Die Stühle wurden ja auch benutzt, um über einer Toilette sitzen zu können, wenn der Patient einen erhöhten Sitz brauchte. Somit war es nicht ganz ungewöhnlich, dass so etwas auch einmal in der Dusche passierte.

Nanci war eine sittsame Frau aus einer sittsamen Familie. Es wäre schon traumatisch genug für sie gewesen, nackt ohne Decke dort zu liegen, aber nun fror sie auch noch erbärmlich. Wie sie so auf dem Bett lag, sah sie aus wie ein zerbrechliches kleines Kind. Rasch trocknete ich sie ab und breitete eine warme Decke über sie. Die andere Schwester war im Badezimmer, wo sie das Malheur beseitigte. Ich konnte nicht anders und musste eine Bemerkung zu diesem Vorfall machen, auch wenn ich es so diplomatisch wie möglich tat. Ich meinte, ich hätte das doch später saubermachen können, denn schließlich stehe doch die Bequemlichkeit des Patienten an erster Stelle, nicht der saubere Badezimmerboden. Die Schwester antwortete nur mit einem Schulterzucken.

Der nächste Vorfall ereignete sich ein paar Wochen später. Ich trage generell ungern eine Uhr und vermeide es, mir durch eine Uhr eine Struktur diktieren zu lassen, wenn es sich irgend umgehen lässt. Wenn ich mich also nach einem streng eingeteilten Zeitplan richten muss, setze ich mich nicht unter Stress und hetze mich nicht ab, um pünktlich zu sein, sondern plane lieber sehr, sehr viel Zeit für den Weg zur Arbeit ein. Auf diese Art kann ich die Fahrt, sei sie lang oder kurz, besser genießen und ganz bei der Sache sein. An diesem bewussten Morgen war der Verkehr so flüssig gewesen, dass ich wesentlich früher ankam als erwartet.

Nach dem ersten Vorfall war die Nachtschwester dazu übergegangen, Nanci einfach früher zu duschen. Deswegen sah ich nie, wie sie mit ihr umging. Diese Schwester und ich verstanden uns eigentlich ganz gut - wir hatten schon ein paar Patienten gemeinsam betreut und einander in den letzten Jahren öfters mal bei einem Schichtwechsel gesehen. Nichtsdestoweniger hatte ich angesichts ihrer mangelnden Empathie bei Nanci und anderen Patienten einige Mühe, sie weiterhin als professionelle Pflegerin zu betrachten. Meine Zweifel wurden noch größer, als ich ins Bad kam, um guten Morgen zu sagen, und die liebe kleine Nanci bibbernd und mit klappernden Zähnen auf ihrem Waschstuhl vorfand.

Als ich fragte, was los sei, erklärte mir die Pflegerin, dort, wo sie herkam, dusche man die Leute so: den Körper erst ein paar Minuten mit eiskaltem Wasser abbrausen, dann ein paar Minuten schön warmes Wasser, dann wieder ein paar Minuten kalt, dann warm, aber am Schluss immer kalt. Das regt die Durchblutung an, behauptete sie. Das mochte so stimmen, das wusste ich nicht, und es war mir auch egal. Ich selbst fühlte mich ja auch oft sehr belebt, wenn ich in kaltem Wasser geschwommen war.

Das Problem war nur, dass es mitten im Winter war. Draußen heulte der Wind und rüttelte an den Fenstern, und auch im Haus musste man mehrere Schichten Kleidung tragen. Diese kleine Frau war so krank, dass sie bald sterben würde, die brauchte ganz sicher keine Belebung, damit sie gleich noch eine Runde um den Block joggen konnte. Nanci war viel zu zerbrechlich, um überhaupt noch irgendetwas zu machen. Alles, was sie brauchte, war Wärme und Behaglichkeit. Wir sollten uns um ihr Wohlergehen kümmern, dazu gehört eben auch Behaglichkeit. Ganz sicher aber sollten wir die Patientin nicht mit verschreckter Miene auf ihrem Waschstuhl zittern lassen, bis ihr vor Kälte die Zähne klapperten. Meiner Meinung nach sollte diese goldige Dame einfach nur mollig warm eingepackt und liebevoll umsorgt werden.

Ich war zwar nie besonders energisch, aber wenn es nötig wird, kann ich schon auf gewisse Kräfte zurückgreifen. Und ich werde in dem Moment energisch, wo ich Zeuge von Ungerechtigkeit und Grausamkeit werde. Freundlich, aber ehrlich erklärte ich der anderen Schwester meinen Standpunkt. Sie verstand, was ich meinte, und akzeptierte, dass Nanci mit warmem Wasser zu Ende geduscht wurde.

Die endlose Reihe von Tagen lief immer nach demselben Schema ab. Die bewusste Nachtschwester wollte in Urlaub fahren und würde eine ganze Weile nicht da sein. Sie wurde ersetzt durch eine andere Pflegerin, Linda, die ich schon oft getroffen hatte. Es war immer erfrischend, sie von ihrer Schicht abzulösen, denn man konnte noch schön mit ihr plaudern. Ihr Arbeitsethos gehorchte einem hohen Standard. Ich war erleichtert für unsere Patientin und sprach ein aufrichtiges Dankgebet.

Nancis sprachliche Äußerungen waren weiterhin sehr unzusammenhängend. Wenn sie nicht im Bett war, war sie die meiste Zeit unverändert rastlos und erregt. Aber auf Grund ihrer höher dosierten Medikamente hielten diese Zustände nicht lang an. Die Seitengitter an ihrem Bett sollten normalerweise permanent hochgeklappt sein. Aber wenn die Lage ruhig war, klappte ich sie herunter, um die Barrieren zwischen uns zu entfernen. Manchmal reagierte Nanci besonders positiv, wenn ich sie verwöhnte, zum Beispiel wenn ich ihre Beine eincremte und massierte. Aber selbst in diesen ruhigeren Momenten sprach Nanci, wenn überhaupt, in der Sprache, die nur Alzheimerpatienten verstehen können. Es war weder Klarheit noch Struktur vorhanden, nur gemurmelte Silben, die zusammen keinen Sinn ergaben. Als ich sie kennenlernte, war ihre Sprache schon seit mehreren Monaten auf diesem Niveau.

Eines Tages, nachdem ich ihr beim Toilettengang behilflich gewesen war, schlurfte sie an meiner Hand zurück zum Bett. Da fiel mir irgendeine Tube aus der anderen Hand, und ich lachte, als ich mich bückte, um sie aufzuheben. Ich behandelte Nanci immer so wie alle anderen Patienten, auch wenn sie geistig meilenweit entfernt war. Also redete ich weiter mit ihr und lachte, als ich mich wieder aufrichtete. In diesem Moment sah Nanci mir ganz klar und direkt in die Augen und sagte: »Ich finde Sie ganz reizend.«

Ein Strahlen breitete sich auf meinem Gesicht aus, und wir standen uns eine Weile lächelnd gegenüber. Ich sah eine geistig völlig gesunde und klare Person an. In diesem Moment wusste sie absolut, was mit ihr geschah. Also erwiderte ich wahrheitsgemäß: »Ich Sie auch, Nanci.« Ihr Lächeln wurde auch breiter, und wir umarmten uns, und danach lächelten wir uns noch einmal an. Es war wunderschön.

Inzwischen konnte sie aber das Gleichgewicht nicht mehr besonders gut halten, also gingen wir Hand in Hand weiter zu ihrem Bett. Als ich sie auf die Kante setzte und mich bückte, um ihre Beine hochzuheben, sagte Nanci wieder einen völlig unverständlichen, durcheinandergewürfelten Satz in ihrer Alzheimersprache. Sie war wieder weggetreten, aber davor war sie kurz da gewesen, so klar, wie ein Mensch nur sein kann.

Niemand wird mich jemals vom Gegenteil überzeugen. Mag sein, dass Alzheimerpatienten die meiste Zeit nicht wissen, was um sie herum geschieht. Aber nur weil sie ihre Gedanken nicht klar vermitteln können und oft sehr verwirrt sind, heißt das noch lange nicht, dass sie nicht das eine oder andere doch mitbekommen. Als ich dieses Phänomen mit eigenen Augen gesehen hatte, änderte sich meine Sicht auf diese und andere Krankheiten völlig.

Ein paar Wochen später erwähnte ich diesen Vorfall Linda gegenüber. Sie stimmte mir zu, dass das ein ganz besonderes Ereignis gewesen war. Wenig später erlebte Linda auch einen Moment der Klarheit bei Nanci, wenn auch vielleicht nicht so entzückend. Es gehörte zu ihren Aufgaben als Nachtschwester, Nanci alle vier Stunden umzubetten, um Wundliegen zu vermeiden. Oft schlief die alte Dame dann gerade tief und fest, aber es musste gemacht werden, der Arzt hatte es so angeordnet. Doch in dieser Nacht, als Linda sich um vier Uhr morgens anschickte, sie umzudrehen, sagte Nanci sehr fest und klar zu ihr: »Wagen Sie es bloß nicht, mich jetzt zu bewegen.«

»Keine Sorge, Nanci«, antwortete Linda verdattert. »Träumen Sie was Schönes.« Sie war verblüfft, ging dann aber wieder schlafen.

Die Familie kam jeden Tag und erlöste mich für eine halbe Stunde von meinen Pflichten. Da die Schichten so lang und anstrengend waren, war ich froh über die Pause. Nancis Haus befand sich in einer Vorstadt in Strandnähe, ich musste also nur den Hügel hinuntermarschieren, schon stand ich auf einem Felsen direkt am Meer. Die Steine waren zum Teil mit Seepocken bewachsen, und in den Vertiefungen standen kleine Meerwasserpfützen, aber es blieb genug Platz, den Felsen zu überqueren und sicher bis an die Kante zu gelangen. Tief atmete ich die Seeluft ein und genoss die frische Brise und die Weite des Ozeans. Manchmal stand noch jemand auf den Klippen, ein Stückchen weiter draußen, ein Saxophonspieler. Es war geradezu magisch, diese perfekten Melodien über dem Rhythmus der Wellen zu hören. Ich stand da wie verzaubert und nahm alles in mich auf, bevor ich widerstrebend wieder den Hügel hochging. Aber dann hielt mich die Musik jedes Mal für den Rest meiner Schicht aufrecht.

Natürlich erzählte ich Nanci davon, auch wenn sie sich in einer komplett anderen Welt befand. Das störte mich nicht. Meine Absicht war nur die, sie nach Möglichkeit ein wenig zu stimulieren, indem ich ihr von der Außenwelt erzählte. Ihre eigene Welt bestand mittlerweile ja nur noch aus ihrem Schlafzimmer, dem Bad und dem Wohnzimmer.

Eine paar Monate lang erwähnte ich ihr gegenüber also immer den Saxophonspieler, ohne dass ich jemals eine Reaktion oder ein Zeichen von Interesse an ihr bemerkte. Doch eines Tages, als ich beschwingt zurückkam und die Melodie zu beschreiben versuchte, die er an diesem Tag gespielt hatte (als ob man Musik jemals mit Worten wirklich beschreiben könnte), sah Nanci mir in die Augen und lächelte. Als ich ein paar Minuten später die Wäsche in den Schrank legte, fing sie auf einmal an, eine Melodie zu summen. Normalerweise war dies die Tageszeit, zu der sie am rastlosesten war, aber heute summte sie pausenlos. Doch so plötzlich, wie es angefangen hatte, hörte es auch wieder auf, dann war sie wieder meilenweit entfernt und gab nur unverständliche Silben von sich.

Wenn ich solche kurzen Momente der Klarheit bei Nanci wahrnahm, war ich immer dankbar dafür, dass ich die ganze

Zeit hartnäckig mit ihr geredet hatte, obwohl ich normalerweise nicht die Reaktionen darauf bekam, die ich mir gewünscht hätte. Aber nur weil jemand nicht so reagiert, wie man es sich wünscht, sollte man noch lange nicht bereuen, dass man den Versuch unternommen hat, sich mitzuteilen.

Die Reaktion der anderen ist ihre Sache, so wie für unsere eigenen Reaktionen auch nur wir verantwortlich sind. Während die Mauern, die ich um mich herum errichtet hatte, Ziegel für Ziegel abgebaut wurden, spürte ich ein steigendes Bedürfnis, mich mitzuteilen. Es wurde mir wichtiger auszudrücken, wer ich war. In anderer Hinsicht wurde es aber auch weniger wichtig, weil es mir immer weniger ausmachte, wie andere mich sahen. Letztendlich ging es wahrscheinlich hauptsächlich darum, wie ich mich selbst wahrnahm. Ich wollte ab jetzt bedingungslos mutig und aufrichtig sein. Es begann sich tatsächlich gut anzufühlen, Offenheit zu lernen, richtig gut sogar.

Trotzdem wusste ich, dass andere Menschen in meinem Leben es nicht unbedingt begrüßen würden, dass ich mich in so vieler Hinsicht positiv veränderte. Ich schuf neue Denkmuster, die mich langsam von meiner Vergangenheit befreiten und mir immer mehr Kraft gaben. Das gefiel anderen nicht immer, aber ich musste die sein, die ich jetzt war, und nicht die Person, die die Leute gewöhnt waren und deswegen auch erwarteten. In mir wurde ein neuer Mensch geboren, und er wollte heraus und sein neues Selbst seiner Umwelt mitteilen.

Es gab eine Freundschaft in meinem Leben, die sich schrecklich unausgewogen anfühlte, und das war sie in der Tat schon seit mehreren Jahren. Offenbar hatte ich hier eine Lektion in Sachen Grenzen zu lernen, und die lernte ich nun auch. Während in meinem Inneren all diese Veränderungen vor sich gingen, einschließlich der Befriedigung, die aus dem ehrlichen Ausdruck der eigenen Gefühle erwächst, kam ich an den Punkt, an dem ich schließlich sagen musste, wie ich mich fühlte. Also erklärte ich meiner Freundin aufrichtig meine Gedanken, in der Hoffnung, dass sie sie verstehen würde. Es war kein Angriff auf sie, ich erklärte ihr nur, wie es sich für mich anfühlte, dass ich immer diejenige war, die sich anstrengte, unsere Treffen zu arrangieren, und dass ich da ein Ungleichgewicht spürte.

Wir waren lange befreundet gewesen, und ich war sicher, dass wir über solche Aufrichtigkeit eine Lösung finden würden. Aber stattdessen erfüllte die Aufrichtigkeit den Zweck, mir zu zeigen, dass wir in letzter Zeit nur noch durch unsere gemeinsame Geschichte und Gewohnheit verbunden gewesen waren. Meine Freundin reagierte auf meine Worte mit einer Wut, zu der ich sie gar nicht für fähig gehalten hatte. Ich verstand durchaus, dass Angst und Verletztheit diese Reaktion hervorriefen, aber die Wucht, die mir da entgegenschlug, warf mich um. Mir wurde klar, dass ich diese Person überhaupt nicht kannte. Solche Gehässigkeit hatte ich nie an ihr wahrgenommen oder vermutet. Als sie den Kontakt anschließend abbrach, konnte ich ihre Entscheidung ganz ruhig akzeptieren. Es wurde Zeit, gewisse Dinge hinter mir zu lassen und in die Zukunft zu schauen.

Unsere Freundschaft in den Jahren, in der sie bestanden hatte, betrachtete ich immer noch als ein wundervolles Geschenk, und das sehe ich auch heute noch so. Am Ende bleiben nur glückliche Erinnerungen, aber es war relativ schmerzlos für mich, diese Freundschaft loszulassen, denn ich empfand es als sinnlos, eine Beziehung weiterzuführen, in der Aufrichtigkeit und Ausgewogenheit nicht möglich waren. Niemand ist perfekt, und ich bin es auch nicht. Bewusst oder unbewusst habe auch ich zum Ende dieser Freundschaft beigetragen, aber wenn man in einer Beziehung verharrt, in der man nur um des lieben Friedens willen nicht offen ist, bedeutet das, dass einer diese Beziehung beherrscht und dass sie nie ausgewogen und gesund sein wird.

Auf der anderen Seite verbesserte meine Aufrichtigkeit ein paar Jahre später eine andere Freundschaft. Mein Leben veränderte sich sehr stark. Deshalb rief ich manchmal eine Freundin an, um das alles mit jemandem zu reflektieren, der mich gut kannte. Diese Freundin war nur selten greifbar, wenn sie selbst mich nicht gerade brauchte. Das Ganze spitzte sich eines Tages zu, und da ich völlig auf dem Zahnfleisch ging, erklärte ich ganz aufrichtig, dass ich sie jetzt wirklich eine Weile als Stütze brauchte. Diese Ehrlichkeit brachte uns zehnmal enger zusammen und war der Beginn eines wunderbaren Gesprächs. Sie erzählte mir auch eine Menge, und unsere Freundschaft profitierte vom gegenseitigen Respekt und unserer emotionalen Reife. Letztendlich war sie einfach nicht die Sorte Mensch, der hundertprozentig zuverlässig sein kann, das machten wir uns beide klar und akzeptierten es auch so.

Stattdessen begann ich mich mehr auf mich selbst zu stützen und mich auf alte Freunde zu verlassen. Das verringerte mein Bedürfnis nach ihrer Freundschaft, aber meine Freundin musste sich damit abfinden, dass ich nun eben auch nicht jederzeit für sie verfügbar war. Dafür hatte ich nicht immer die Kraft, und ich hatte auch kein Bedürfnis, diese Rolle weiter zu spielen. Dass wir unsere Schwächen jeweils akzeptierten und den Mut hatten, ehrlich zueinander zu sein, brachte uns in vielerlei anderer Hinsicht näher zueinander. Heute besteht diese Freundschaft immer noch, ohne jeden Druck. Sie ist reif, sehr ehrlich und immer vergnüglich.

Wir treffen uns nicht mehr so oft wie früher, um uns immer auf den neuesten Stand zu bringen, und unser Leben ist mit dem der anderen nicht mehr so stark verknüpft. Doch alle Beziehungen sind Veränderungen unterworfen, und dazu gehören eben auch Freundschaften. Trotzdem sind wir heute engere Freundinnen denn je. Wir sind aufrichtig und akzeptieren die andere so, wie sie ist, und sehen sie nicht so, wie wir sie jeweils haben wollen. Wenn wir es mal schaffen, uns zu treffen und uns alles Mögliche zu erzählen, genießen wir beide dieses Geschenk, Zeit und Verständnis füreinander zu haben.

Die Ehrlichkeit kann einen also teuer zu stehen kommen, wie bei meiner ersten Freundschaft, andererseits weiß ich, dass all die Beziehungen in meinem Leben, die bestehen bleiben, von reifer Aufrichtigkeit getragen werden und wirklich wertvoll sind. Zu zeigen, wer ich wirklich bin, ist heutzutage eine meiner größten Triebkräfte. Ehrlich zu sein und sich zu öffnen wird übrigens immer einfacher, wenn man erst einmal damit angefangen hat. Ich habe lange gebraucht, bis ich an diesen Punkt gekommen bin, aber es ist eine enorme Befreiung. Es versetzt mich auch in die Lage, die Kämpfe wahrzunehmen, die andere Menschen mit derselben Absicht führen. Wenn ich mir ansehe, was für einen Nutzen man vom aufrichtigen Ausdruck seiner Gefühle hat, kann ich nur hoffen, dass andere irgendwann auch an diesen Punkt gelangen.

Nancis kurze Reaktion auf mich, mitten in ihrer chaotischen Sprache, gehörte zu den schönsten Momenten, die ich je erlebt habe. Wenn ich mich ihr gegenüber vorher nicht ausgedrückt hätte, egal ob eine Reaktion zu erwarten war oder nicht, wäre ich nie so belohnt worden.

Es ist ganz schön riskant, davon auszugehen, dass die anderen schon wissen, wie man sich fühlt, oder dass sie immer da sein werden – schließlich könnten sie in der nächsten Stunde tot sein. Genauso wie wir. Das ist ein ganz schön hoher Preis, den wir da in Kauf nehmen, wenn wir Menschen für selbstverständlich nehmen. Nicht jeder Tag wird glücklich sein. Wir alle wachsen und haben schwierige Zeiten durchzustehen, aber wir haben auch schöne Gedanken, die wir teilen sollten. Deswegen ist es unerlässlich, seine Gefühle regelmäßig ehrlich mitzuteilen und anderen zuzuhören. Allzu leicht verliert man sich in seiner eigenen kleinen Welt und vergisst das alles.

Es gibt einen Song von einem bekannten und beliebten australischen Songwriter namens Mick Thomas, der genau diese Gewohnheit, andere für selbstverständlich zu nehmen, auf den Punkt bringt. Der Song handelt davon, wie ein Typ derart mit seinem eigenen Leben beschäftigt ist, dass er nicht mal merkt, wenn seine Frau ihre Haarfarbe oder andere Dinge verändert hat. Die wichtigste Botschaft, die zentrale Zeile dieses Liedes lautet: »Er vergaß, dass sie schön war.«

Obwohl es hier um jemanden geht, der seine Frau als selbstverständlich nimmt, lässt sich der Text auf jeden anwenden. Frauen nehmen ihre Männer auch für selbstverständlich und sehen ihre innere und äußere Schönheit nicht mehr. Außerdem merken Frauen nicht immer, dass Männer ihre Liebe auf andere Art zeigen, zum Beispiel indem sie Sachen für ihre Partnerin tun. Kinder nehmen ihre Eltern für selbstverständlich. Eltern manchmal auch ihre Kinder. Freunde, Cousins, Brüder, Schwestern, Kollegen, Großeltern werden alle für selbstverständlich genommen.

Es fällt uns leicht, bei anderen das in den Mittelpunkt zu stellen, was man nicht mag. In Wirklichkeit ist dies jedoch immer nur ein Spiegelbild unserer eigenen Person. Doch selbst die Dinge, die wir an anderen lieben, werden allzu oft nicht gewürdigt. Ja, manchmal erfordert es Mut, aufrichtig zu sprechen, und wir können die Reaktion unseres Gegenübers nicht beeinflussen. Wir müssen aber auch offen für seine Bedürfnisse sein.

Doch ich habe erfahren, dass Ehrlichkeit belohnt wird, auch wenn es vielleicht nicht auf die Art geschieht, die wir erwartet hätten. Vielleicht kommt die Belohnung in Form von Selbstrespekt oder als ein Leben ohne Schuldgefühle, wenn jemand gestorben ist, in Form von befriedigenderen

Beziehungen, als Ende von schädlichen Beziehungen oder in einer Weise, von der wir vorher nichts ahnten. Je länger man den ehrlichen Ausdruck seiner Gefühle aufschiebt, umso länger trägt man die Dinge mit sich herum, die gesagt werden müssen.

Von Nanci kamen keine klaren Worte mehr, aber das war egal. Das Geschenk, das ich an jenem Tag erhalten hatte, war mir Belohnung genug. Ihr Enkel bemerkte auch noch einmal einen klaren Moment bei ihr, als er ihr eines Nachmittags etwas vorsang. Nanci sagte nichts, aber sie sah ihrem Enkel in die Augen und lächelte ihn liebevoll an – nicht wie ein Alzheimerpatient, sondern wie eine Großmutter, die ihren Enkel stolz anlächelt, der sich an diesem Tag entschieden hatte, seine Gefühle durch Singen auszudrücken.

Wir können nicht vorauswissen, welche Geschenke uns begegnen, bevor sie da sind, aber eines weiß ich ganz bestimmt: Mut und Aufrichtigkeit werden *immer* belohnt.

Versäumnis Nummer 4:

Ich wünschte, ich hätte den Kontakt zu meinen Freunden gehalten.

Zwischen den langfristigen Pflegejobs in den Privathäusern meiner Patienten arbeitete ich immer mal wieder Schichten in Pflegeheimen. Allerdings keine gewöhnlichen Schichten, wofür ich ganz dankbar war, denn ich fand diese Heime absolut grässlich. Die Patienten dort lagen nicht unbedingt im Sterben, sondern brauchten nur spezielle Hilfe. Manchmal wurde ich einfach als zusätzliche Arbeitskraft für ein bestehendes Team angestellt und sollte mich gar nicht um einen bestimmten Patienten kümmern.

Wenn man sich seine Illusionen über unsere Gesellschaft bewahren möchte, sollte man Pflegeheimen tunlichst fernbleiben. Doch wenn Sie sich stark genug fühlen, um sich das Leben ungefiltert anzusehen, dann besuchen Sie doch mal eines und verbringen Sie ein bisschen Zeit dort. Viele einsame Menschen gibt es da – richtig viele. Und jeder von uns könnte jederzeit auch dort landen.

Bei diesen Gelegenheiten erlebte ich auch verschiedene Pflegeteams. Das war manchmal eine niederschmetternde Erfahrung, manchmal aber auch sehr beeindruckend. Einige Pfleger, mit denen ich in diesen Jahren kurz zusammenarbeitete, waren wunderbare, gutherzige Menschen, die ganz offensichtlich den richtigen Beruf gewählt hatten. Sie waren geistig rege und hatten ein freundliches Wesen. Dem Himmel sei Dank für solche Leute. Doch da die meisten Pflegeheime personell unterbesetzt sind, müssen die Mitarbeiter ihre gute Laune permanent auf eine ganze Menge Patienten verteilen.

Am anderen Ende der Skala waren die, die im Laufe ihres Arbeitslebens müde und mutlos geworden waren oder die noch nie Begeisterung für diesen Beruf besessen hatten. In der Nacht, in der ich Doris kennenlernte, arbeitete ich in einem Team, in dem ein schrecklicher Mangel an Empathie herrschte.

Die Heimbewohner schlurften gerade mit ihren Gehstöcken und Rollatoren in den gemeinschaftlichen Speisesaal. Es waren durch die Bank relativ betuchte Leute, denn es handelte sich um ein privates, sogenanntes »Luxus«-Pflegeheim. Tatsächlich war die Innenausstattung wunderschön, die Gärten gepflegt und die Gemeinschaftsbereiche sauber. Doch das Essen war fürchterlich. Die Mahlzeiten wurden außerhalb des Heims vorgekocht und in der Mikrowelle aufgewärmt, es schmeckte nach überhaupt nichts und sah auch nicht appetitlich aus. An dem Essen, das ich hier sah, war nichts Frisches oder Nahrhaftes. Die Heimbewohner bestellten ihr Essen jeweils am Ende einer Woche, und dann stellte man ihnen im Speisesaal einen Teller Was-weiß-ich vor die Nase, ohne dass sich das Personal zu einem Gruß oder einem freundlichen Wort bemüßigt gefühlt hätte.

Als sie mein fröhliches Gesicht sahen, berührten die Leute meine Hand, damit ich bei ihnen am Tisch blieb und mit ihnen plauderte. Es waren ganz normale Menschen, geistig völlig klar und an sozialen Kontakten interessiert. Ihr Körper alterte und wurde schwächer, aber das war auch schon alles. Ein, zwei Jahre zuvor hatten diese charmanten, netten Leute noch ein völlig unabhängiges Leben geführt. Als ich in die Küche ging, um das nächste Tablett zu holen, erwarteten mich die finsteren Gesichter der anderen Teammitglieder. Ich hatte auf meiner Runde mit einigen Bewohnern ein bisschen geredet und gelacht, und das rief große Missbilligung hervor. Ich ignorierte es einfach.

Als ich eine Portion Lamm zurückbrachte, erklärte ich der Chefin freundlich: »Bernie hat Huhn bestellt, kein Lamm.«

Sie antwortete halb lachend: »Der kriegt, was wir ihm vorsetzen, aus.«

»Ach kommen Sie.« Ich ließ mich von diesem Unfug nicht einschüchtern. »Wir können ihm doch sicher eine Portion Huhn geben.«

»Der kriegt Lamm, oder er hungert«, erwiderte sie grimmig. Ich sah sie an und hatte Mitleid mit ihr, so offensichtlich unglücklich, wie sie war. Aber vor der Art, mit der sie ihre Rolle ausfüllte, hatte ich keinen Respekt.

Eine nette Kollegin schloss sich mir an, als ich Bernie das Lamm zurückbrachte. »Mach dir wegen der keinen Kopf, Bronnie. Die ist immer so«, meinte Rebecca.

Ich lächelte und war froh über ihre aufrichtige Herzlichkeit. »Ich mach mir auch keinen Kopf wegen ihr. Mir liegen die Bewohner am Herzen, die sich tagein, tagaus so eine Behandlung gefallen lassen müssen.«

»Als ich hier angefangen habe, hat mir das auch ganz schön zugesetzt«, stimmte Rebecca zu. »Aber jetzt tue ich einfach alles, um ihnen im Rahmen meiner Möglichkeiten die netteste Behandlung zukommen zu lassen.«

»Gute Entscheidung«, antwortete ich lächelnd.

Sie tätschelte mir kurz den Rücken, bevor sie weiterging. »Ein paar von uns kümmern sich wirklich liebevoll um die Patienten. Wir sind nicht genug, aber immerhin ein paar.«

Nachdem das Essen serviert und aufgegessen und die Küche aufgeräumt worden war, gingen ein paar Teammitglieder zum Rauchen nach draußen. Ein paar von uns blieben drinnen und plauderten mit den Heimbewohnern, die von ihren Tischen aufstanden und den Speisesaal verließen. Es ging sehr heiter zu, weil sich immer gleich ein Dutzend von ihnen um jeden von uns scharte, um mit uns zu lachen. Ihre Schlagfertigkeit und Fröhlichkeit verblüffte mich, und ich konnte nur staunen über die Widerstandsfähigkeit dieser Menschen, die sich diesen Bedingungen so gut angepasst hatten.

Jeder Heimbewohner hatte sein eigenes Zimmer und Badezimmer. Wenn ich am Abend die Runde machte, um ihnen beim Umziehen zu helfen, erkannte ich in jedem Raum ein wenig von der Persönlichkeit seines Bewohners: hier Fotos von lächelnden Familien und Gemälde, dort Häkeldeckchen und Lieblingstassen. Auf manchen Balkonen standen Topfpflanzen.

Doris hatte schon ihr rosa Nachthemd an, als ich fröhlich ihr Zimmer betrat und mich vorstellte. Doch sie lächelte mich nur wortlos an und wandte den Blick ab. Als ich fragte, ob alles in Ordnung sei, entfesselte ich eine Tränenflut. Sofort setzte ich mich neben sie aufs Bett und nahm sie in den Arm. Sie schluchzte und klammerte sich verzweifelt an mich. Wir sprachen kein Wort. Ich betete um Kraft und wartete ab.

Als die Tränen von einem Moment auf den anderen versiegt waren, griff sie nach ihrem Taschentuch. »Ach, ich bin wirklich dumm«, meinte sie, während sie sich die Augen abtupfte. »Entschuldigen Sie, meine Liebe. Ich bin einfach nur eine dumme alte Frau.«

»Aber was ist denn los mit Ihnen?«, fragte ich sanft.

Doris seufzte, dann erzählte sie mir, dass sie seit vier Monaten hier war und bis jetzt kaum ein fröhliches Gesicht zu sehen bekommen hatte. Sie sagte, durch mein Lächeln seien ihre ganzen aufgestauten Tränen losgebrochen. Als ich das hörte, hätte ich am liebsten selbst angefangen zu weinen. Ihre einzige Tochter lebte in Japan, aber sie standen sich nicht mehr besonders nahe, auch wenn sie sich relativ oft meldete.

»Wenn man als Mutter so ein süßes kleines Mädchen im Arm hält, kann man sich nicht vorstellen, dass irgendetwas jemals diese Nähe auslöschen könnte. Und doch ist es jetzt so. Das Leben hat sie ausgelöscht. Nicht durch einen Streit oder so, nein. Einfach das Leben und seine Geschäftigkeit«, erzählte sie. »Sie hat jetzt ihr eigenes Leben, und im Laufe der Jahre habe ich gelernt, dass man loslassen muss. Ich habe sie auf die Welt gebracht, aber unsere Kinder sind nicht unser Besitz. Wir haben nur die wundervolle Aufgabe, sie so lange zu führen, bis sie fliegen können, und genau das tut sie jetzt.«

Diese liebe alte Dame war mir sofort sympathisch, und ich versprach ihr, in einer halben Stunde für ein längeres Schwätzchen zurückzukommen, wenn sie es schaffte, bis zum Ende meiner Schicht wach zu bleiben. Sie meinte, das fände sie großartig.

Später saß Doris in ihrem Bett und redete und redete. Ich saß in einem Stuhl neben ihr und hörte zu. Die ganze Zeit über hielt sie meine Hand. Ab und zu spielte sie mit meinen Fingern oder mit dem Ring, den ich trug, ohne dass sie es bemerkte. »Ich bin vor Einsamkeit fast gestorben hier drinnen, meine Liebe. Ich habe gehört, dass so etwas geht, und es geht auch. Einsamkeit kann einen bestimmt umbringen. Manchmal bin ich ganz ausgehungert nach einer menschlichen Berührung«, sagte sie traurig. Meine Umarmung war die erste seit Monaten.

Sie wollte mich nicht damit belasten, aber ich bestand darauf, dass sie weitersprach. Ich wollte aufrichtig mehr über sie erfahren, also fuhr sie fort. »Am meisten vermisse ich meine Freunde. Manche sind schon tot. Manche sind in derselben Situation wie ich. Zu manchen habe ich einfach den Kontakt verloren. Ich wünschte, ich hätte den Kontakt nie abreißen lassen. Man denkt immer, dass die Freunde immer da sein werden. Aber das Leben geht weiter, und plötzlich stehen Sie da und haben keinen Menschen auf der Welt, der Sie versteht oder irgendetwas über Ihre Geschichte weiß.« Ich schlug ihr vor zu versuchen, ein paar dieser verlorenen

Freunde zu kontaktieren. Sie schüttelte den Kopf und meinte: »Ich wüsste gar nicht, wo ich da anfangen sollte.«

»Ich kann Ihnen doch helfen«, bot ich an und erklärte ihr ein wenig, wie das Internet funktioniert. Das alles war Doris völlig neu, aber so ungefähr begriff sie es. Erst lehnte sie ab, weil sie mir nicht die Zeit stehlen wollte. Aber am Ende konnte ich sie davon überzeugen, dass es mir eine Freude wäre. Nachforschungen anstellen, so etwas gefällt mir. In meiner Zeit als Bankangestellte hatte ich auch eine Weile in der Betrugsermittlungsabteilung gearbeitet, das hatte mir richtig Spaß gemacht. Bei diesem Vergleich musste sie lachen. »Bitte, erlauben Sie es mir«, bat ich. Also willigte sie mit einem hoffnungsvollen, wehmütigen Lächeln ein.

Es gab mehrere Gründe, warum ich Doris helfen wollte. Zum einen hatte ich sie vom ersten Augenblick an gemocht, und zum andern *konnte* ich ihr helfen. Ich hatte die Fähigkeiten, die erforderlich waren, um ihre Freunde zu finden, aber ich wollte ihr auch helfen, weil ich wusste, wie sie sich fühlte. Ich kannte den lähmenden Schmerz längerfristiger Einsamkeit selbst und die Sehnsucht nach einem Menschen, der einen versteht.

Früher hatte mich der Schmerz über meine Vergangenheit so fertiggemacht, dass ich mich weit in mich selbst zurückgezogen hatte. Viele Leute sitzen diesem Irrtum auf, dass sie glauben, wenn man die Menschen von sich fernhält, hält man auch den Schmerz fern. Man vermeidet weitere Verletzungen, denn wenn einem niemand nahekommen kann, kann einem auch niemand mehr wehtun. Aber natürlich gibt es nur einen Weg, der zur Heilung führt: Man muss die Liebe in und durch sein Leben fließen lassen und darf sie nicht abblocken. Freilich kann es lange dauern, bis man diesen Punkt erreicht.

Nach außen hin war ich freundlich zu den Menschen, die mir begegneten, aber der Schmerz, den ich von meiner schwierigen Vergangenheit in mir trug, drückte mich immer noch nieder. Inzwischen war ich definitiv so weit, dass ich die Leute bemitleiden konnte, die mir früher ihre Negativität um die Ohren geschlagen hatten. Das war aber nicht das Problem. Vielmehr musste ich meine Gedanken über mich selbst ändern, und das konnte noch dauern. Jahrzehntelanges negatives Denken musste getilgt werden, und manchmal war der Schmerz schier unerträglich. Obwohl ich rein verstandesmäßig wusste, dass ich mehr wert war, als ich konditioniert war zu glauben, war der emotionale Heilungsprozess bei Weitem noch nicht abgeschlossen.

»Sunday Morning Coming Down« wurde meine Hymne. Ich hatte die Musik von Kris Kristofferson immer gemocht, und meine eigenen Songs waren stark von ihm beeinflusst. Ich fand, dieser Song drückte meine Einsamkeit am besten aus. Sonntage waren immer das Schlimmste. Lucinda Williams hat auch einmal einen guten Song darüber geschrieben: »I can't seem to make it through Sundays«, singt sie.

Aber es waren nicht nur die Sonntage. Einsamkeit hinterlässt eine Leere im Herzen, die einen körperlich umbringen kann. Der Schmerz ist unerträglich, und je länger er anhält, umso größer wird die Verzweiflung. In jenen Jahren lief ich kilometerweit über irgendwelche Straßen, auf dem Land und in der Stadt. Einsamkeit ist nicht der Mangel an Menschen. Es ist ein Mangel an Verständnis und Akzeptiertwerden. Unzählige Menschen auf der ganzen Welt haben Einsamkeit in überfüllten Räumen erlebt. In der Tat wird die Einsamkeit oft noch deutlicher, wenn man allein in einem überfüllten Raum sitzt.

Es ist egal, wie viele Menschen man um sich hat. Wenn niemand da ist, der einen versteht oder so akzeptiert, wie man ist, kann die Einsamkeit ziemlich schnell ihr hässliches Gesicht zeigen. Das ist etwas ganz anderes als Alleinsein – das war ich in der Vergangenheit oft und gern. Alleinsein kann bedeuten, dass man einsam *oder* glücklich ist. Einsamkeit ist die Sehnsucht nach einem Menschen, der einen versteht. Manchmal gehen Alleinsein und Einsamkeit Hand in Hand, aber oft eben auch nicht.

Die Einsamkeit wurde so unerträglich und der Schmerz in meinem Herzen so konstant, dass ich gar nicht so selten an Selbstmord dachte. Natürlich wollte ich im Grunde gar nicht sterben. Meinen eigenen Wert zu erkennen, statt nur zu sehen, was andere mir eingeflößt hatten, und mich von meinem Schmerz zu befreien kostete mich manchmal fast übermenschliche Kräfte. Der Liebe und dem Glück zu gestatten, wieder in mein Leben einzukehren, und mir klarzumachen, dass ich beides verdiente, war manchmal so schrecklich schwierig, dass mir die Option Selbstmord attraktiver schien.

Irgendwann, als der Schmerz und die Einsamkeit schließlich unerträglich wurden, wurden meine Gebete erhört – als Akt der Freundlichkeit und des Verständnisses. Ein Freund rief mich genau zur rechten Zeit an. Er wusste, dass ich mit ein paar Dingen schwer zu kämpfen hatte, aber er wusste nicht, dass ich gerade leise weinend meinen Abschiedsbrief schrieb. Ich war bereit zu gehen, denn ich konnte den endlosen Seelenschmerz nicht mehr ertragen.

Mein Freund bestand darauf, dass ich einfach nur zuhören sollte, ich brauchte kein Wort zu sagen. Unter Tränen und in meiner ganzen Erschöpfung gab ich widerwillig nach. Dann hörte ich, wie er anfing Gitarre zu spielen, und mir drang die sanfte Melodie von Don McLeans Song »Vincent« ins Ohr, der von Vincent van Goghs Leiden erzählt. Den Namen »Vincent« ersetzte er durch »Bronnie«. Meine Tränen strömten noch reichlicher, als ich mich mit dem Song, der Tragödie und dem Schmerz identifizierte. Als er fertig war, schluchzte ich immer noch. Ich hätte nichts anderes tun können. Mein Freund wartete geduldig und schweigend ab, irgendwann bedankte ich mich bei ihm und legte – immer noch weinend – auf. Ich hätte kein Wort mehr herausbringen können.

Als ich in jener Nacht einschlief, war ich völlig ausgelaugt und emotional erschöpft. Doch ich musste zugeben, dass durch das Verständnis und die lieben Absichten meines Freundes zumindest wieder ein kleines Licht der Hoffnung angezündet worden war. Am nächsten Abend rief aus heiterem Himmel ein Freund aus England an. Wir unterhielten uns lang und offen, und meine Kräfte kehrten langsam, aber sicher zurück.

Bei einer anderen sehr heiklen Gelegenheit – etwas später, aber immer noch in diesen einsamen Jahren – betete und flehte ich um Hilfe, während ich mir schreckliche Mühe gab, stark zu sein. Als ich mit dem Auto auf dem Weg in die Stadt war, flog ein nicht gerade kleiner Vogel gegen meine Windschutzscheibe und starb. Natürlich fühlte ich als Tierfreundin mich hinterher grässlich, aber andererseits war es auch ein Weckruf. Das Leben kann im Bruchteil einer Sekunde zu Ende sein – wollte ich das wirklich?

Ich dankte dem Vogel für die Rolle, die er in meiner Entwicklung gespielt hatte, und fuhr achtsamer weiter. Genau in diesem Moment wurde im Radio ein klassisches Stück gespielt, das eine ganz wunderbare, erhebende Wirkung auf mich hatte. Die unglaublich zarten Klänge beruhigten mich und nahmen mir ganz sanft meinen Herzschmerz. Ich erlebte einen wunderschönen inspirierenden Moment mit dieser Musik. Da beschloss ich, dass es im Leben um genau solche Dinge geht: schöne Momente völliger Reinheit. So einfach ist das. Schöne Momente. Und ich wollte leben, um mehr davon erleben und wertschätzen zu können.

Ich hatte also durchaus selbst schon eine solche Traurigkeit und Einsamkeit kennengelernt, deshalb verstand ich, dass Doris' Schmerz ganz real war. Bei den Mahlzeiten war sie zwar umgeben von Leuten, und im Laufe des

Tages auch ab und zu. Doch sie sehnte sich nach Verständnis und Angenommensein, sie vermisste ihre Freunde, weil das die Menschen waren, die sie wirklich verstanden. Wenn ich ihr also helfen konnte, diesen Schmerz zu lindern, warum nicht?

In der folgenden Woche kam ich bei ihr vorbei und holte ihre handschriftliche Liste mit Namen ab. Doris teilte mir über diese vier Freunde alles mit, was sie wusste, auch, wo sie gewohnt hatten, als sie das letzte Mal Kontakt mit ihnen gehabt hatte. Wir tranken zusammen Tee, während sie mir ihre Geschichten erzählte.

Eine der Frauen war leicht ausfindig zu machen, aber sie hatte einen Schlaganfall erlitten und konnte nicht mehr sprechen. Als Doris das erfuhr, diktierte sie mir eine kurze Botschaft, die der Sohn ihrer Freundin ihr vorlesen sollte. So traurig sie auch über den Zustand ihrer Freundin war, sie freute sich, dass ihr zumindest eine Botschaft weitergeleitet werden konnte.

Liebe Elsie,
es tut mir leid zu hören, dass es Dir nicht gut geht. Die Jahre sind nur so davongelaufen. Alison lebt noch immer in Japan. Ich hab das Haus verkauft und wohne in einem Pflegeheim. Eine junge Dame schreibt diesen Brief für mich. Ich liebe Dich, Elsie.
Deine Doris

Ein schlichter Brief, aber er sagte alles, was sie sagen wollte. Ich rief Elsies Sohn am Abend an und gab ihm die Botschaft durch. Später rief er mich zurück und erzählte, dass Elsie vor Freude gelächelt hatte. Das wiederum gab ich Doris weiter, woraufhin auch sie zufrieden lächelte.

Im Laufe der nächsten Wochen gelang es mir, zwei weitere Freunde zu finden. Leider waren beide schon gestorben.

Doris konnte gut damit umgehen. Seufzend meinte sie: »Na ja, das war ja auch irgendwie zu erwarten, meine Liebe.«

Der Druck, wenigstens ihre letzte Freundin zu finden, verlieh mir große Entschlossenheit. Ich durchkämmte das Internet und rief zahllose Leute an, aber es sah nicht gut aus. Die Leute waren total nett und hilfsbereit, wenn ich anrief, aber »Tut mir leid. Richtiger Name, falsche Familie« war die Standardantwort.

In der Zwischenzeit besuchte ich Doris immer noch zweimal pro Woche. Sie nahm meine Hand, wenn ich mich hinsetzte, und hielt sie während unseres Gesprächs die ganze Zeit fest. Manchmal bestand sie darauf, dass ich doch bestimmt Besseres zu tun hatte, und dann versuchte sie, mich wegzuschicken oder mich zu überzeugen, dass ich gar nicht erst kommen sollte. Aber wenn ich ihr versicherte, dass mir diese Besuche ebenfalls großen Spaß bereiteten, was ja auch der Wahrheit entsprach, dann sah ich die Erleichterung auf ihrem Gesicht, und sie freute sich schrecklich auf jeden neuen Besuch. Von älteren Leuten kann man viel lernen, weil sie so viel Geschichte in sich tragen. Wie könnten mir unsere wunderbaren Gespräche keinen Spaß machen? Es war immer wieder faszinierend.

Schließlich kam der Durchbruch bei der Suche nach ihrer letzten Freundin. Ich bekam einen Anruf von einem älteren Herrn, der meinte, er sei früher Lorraines Nachbar gewesen. Er teilte mir mit, in welche Vorstadt die Familie gezogen war, und so konnte ich sie erfolgreich aufspüren. Tatsächlich meldete sich Lorraine selbst am Telefon, mit einer sehr freundlichen, älteren Stimme. Als ich ihr erklärte, wer ich war und was ich wollte, schnappte sie vor Freude nach Luft und gab herzlich gern ihr Einverständnis, dass ich Doris ihre Nummer weitergab.

Natürlich ging ich damit direkt zu ihr. Grinsend umarmte ich Doris und drückte ihr den Zettel mit Lorraines Nummer in die Hand. Sie packte mich gleich noch einmal und umarmte mich ganz aufgeregt. Es war wundervoll. Ich konnte ihr das Telefon gar nicht schnell genug bringen. Bevor sie die Nummer wählte, sagte ich, dass ich sie zum Telefonieren alleine lassen wollte. Sie protestierte schwach, aber ich konnte sehen, dass es ihr wirklich egal war, denn sie war viel zu aufgeregt. Sie bat mich, wenigstens so lange zu warten, bis der Anruf durchgestellt wurde, damit war ich einverstanden. Also tauschten wir zum Abschied noch eine warme, liebevolle Umarmung, bevor sie Lorraines Nummer wählte. Mir schlug das Herz bis zum Hals vor lauter Aufregung.

Doris umklammerte den Hörer, und als sie die Stimme ihrer Freundin hörte, hellte sich ihr Gesicht vor Freude auf. Doris' Stimme klang genauso alt wie die von Lorraine, aber der Geist dieses Telefongesprächs war eher so, als würden zwei junge Frauen plaudern. Innerhalb kürzester Zeit lachten sie und schwatzten ohne Pause. Unterdessen räumte ich das Zimmer auf, wirtschaftete ein wenig herum und konnte mich einfach nicht von diesem unglaublichen Glück losreißen. Aber irgendwann ging ich dann doch. Als ich an der Tür stand, winkte ich der strahlenden Doris wortlos zu. Sie hielt einen Moment inne, bat Lorraine zu warten und sagte zu mir: »Danke, Schätzchen. Vielen Dank.« Ich nickte und lächelte so breit, dass mir das Gesicht wehtat. Als ich den Flur hinunterging, hörte ich Doris immer noch lachen, bis die Tür endgültig zufiel. Aber ich lächelte, bis ich zu Hause war.

Es war ein wunderschöner Tag, der geradezu zum Schwimmen einlud. Immer noch in Hochstimmung tauchte und schwamm ich mehrere Stunden und genoss das Wasser, das mich umgab. Zu Hause bekam ich kurz nach Sonnenuntergang einen Anruf von Rebecca, der netten Kollegin, die ich an meinem Abend dort kennengelernt hatte, als ich auch Doris traf.

Die liebe Doris war noch am selben Nachmittag im Schlaf verstorben.

Mir liefen die Tränen übers Gesicht, aber es lag neben der Trauer auch Freude darin. Immerhin war die liebe alte Dame glücklich gestorben.

Es ist unglaublich, wie ein bisschen Zeit das Leben eines Menschen so verändern kann. Wenn ich an die einsame Frau denke, die ich am ersten Abend kennenlernte, und sie mit dem Menschen vergleiche, den ich an seinem letzten Tag umarmte, gibt es kein Geld, das mir diese Befriedigung ersetzen könnte.

In Pflegeheimen auf der ganzen Welt gibt es Tausende von wunderbaren, aber sehr einsamen Menschen. Es gibt auch viele junge Menschen, die ihr Leben in Pflegeheimen verbringen müssen. Aber ob jung oder alt – ein paar Stunden pro Woche mit einer neuen Freundschaft kann für diese Menschen und das letzte Kapitel ihres Lebens einen ganz dramatischen Unterschied bedeuten. Natürlich wäre es am besten, wenn man die Leute gar nicht erst ins Pflegeheim bringen müsste, aber das ist leider nicht immer möglich. Es leben viele Menschen in Heimen, die gar nicht dort leben sollten, Menschen, derer man sich quasi entledigt hat. Es ist schrecklich, so etwas mit anzusehen. Wenn man solchen Leuten jedoch ein bisschen Zeit schenkt, kann man ihr Leben einschneidend verändern.

In meinen Augen war das Timing für Doris' Tod perfekt. Ihre Zeit war gekommen, und sie war glücklich gewesen. Wir hatten die Rolle gespielt, die wir jeweils im Leben des anderen hatten spielen sollen, und dafür werde ich immer dankbar sein. Sie war eine sehr liebenswerte Frau. Lorraine und ich begegneten uns wenig später. Das Telefonat hatte ewig lang gedauert, erzählte sie, und als sie am Ende auflegten, waren beide sehr glücklich. Wir saßen in einem Café unter Bäumen und unterhielten uns fröhlich über Doris und das

Leben im Allgemeinen, bis es Zeit wurde, Lorraine heimzufahren. Es hatte mich sehr gefreut, nach Doris auch noch ihre Freundin kennenzulernen.

Und natürlich hoffte ich, dass unsere liebe Freundin all ihre anderen Freunde wiedertraf, als sie hinüberging.

Freunde bis in den Tod

Der hektische Rhythmus von Sydney begann langsam an mir zu zehren. Da sich kein Housesitting-Auftrag am Horizont zeigen wollte, gab es auch nichts, was mich in dieser Stadt hielt, also zog ich südwärts, um in Melbourne ein neues Kapitel aufzuschlagen. Es war schon mehrere Jahre her, dass ich von dort weggegangen war, deswegen fand ich es wunderschön, wieder hier zu sein, die Freuden so einer herrlich kreativen Stadt zu genießen und alte Freunde wiederzutreffen. Außerdem war mir mein Ruf als Housesitter vorausgeeilt, und im Handumdrehen war ich wieder gebucht.

Das erste Haus, in dem ich einzog, war das Ferienhäuschen von Marie, meiner Chefin im Pränatalzentrum in Sydney. Es lag ungefähr eine Stunde südlich von Melbourne, auf der wunderschönen Mornington-Halbinsel, und da es durch und durch von ihrer Energie geprägt war, fühlte ich mich sofort wie zu Hause. Bei meiner Ankunft war Herbst, und in den ersten paar Wochen wanderte ich über zerklüftete Klippen, während zu meinen Füßen das Wasser gegen die Felsen brandete. Ich fühlte mich unglaublich lebendig, wenn ich mit Hut und dickem Mantel lange Spaziergänge unternahm und mich dabei vom kalten Seewind anpusten ließ. Ich genoss es und ging spazieren, solange ich konnte. Dann setzte ich mich im Haus ans offene Kaminfeuer und verbrachte den Abend mit Schreiben und Gitarrespielen.

Ich hätte zwar ewig so weitermachen können, aber irgendwann brauchte ich auch wieder ein Einkommen, und so begann ich Elizabeth zu pflegen. In gewisser Hinsicht brach mir ihre Situation das Herz, aber ich hatte inzwischen gelernt zu akzeptieren, dass uns allen verschiedene Lektionen erteilt werden. Was für andere tragisch aussehen mag, konnte für die betroffene Person zugleich eine große Gelegenheit sein zu wachsen und zu lernen.

Während ich meine eigenen Probleme aufarbeitete, lernte ich erkennen, was für Geschenke in solchen Lernprozessen auf uns warten, und auch ich wurde durch meine Vergangenheit letztlich beschenkt. Ich entdeckte viel Gutes, Gaben, die ich nicht bekommen hätte, wenn ich im perfekten Elternhaus groß geworden wäre – wenn es so etwas denn überhaupt gibt. Stärke, Vergebenkönnen, Mitleid, Freundlichkeit und viele andere Lektionen hatte ich erst durch meine persönlichen Umstände gelernt – für diese Umstände an sich war ich weiß Gott nicht nur dankbar, aber sie formten aus mir tagtäglich einen besseren Menschen.

Also musste ich auch angesichts des Leids meiner Patienten innerlich einen Schritt zurücktreten und akzeptieren, dass ich nicht wusste, was sie dabei lernen sollten. Aus irgendeinem Grund hatten sie genau die Art von Leben angezogen, die sie lebten, und es lag nicht an mir, daran etwas zu ändern. Ich war hier, um ihnen in ihren letzten Wochen liebevolle Pflege, Freundschaft, Akzeptanz und Behutsamkeit angedeihen zu lassen. Wenn ihnen das half, ihren Frieden zu finden, wie es ja manchmal der Fall war, dann war meine Arbeit gleich noch mal so befriedigend für mich. Ich gab etwas und bekam dafür etwas zurück, und meine Arbeit auf diesem Gebiet beschenkte mich ja nun wirklich reich.

Außerdem war es mir eine Ehre, mit Sterbenden zu arbeiten. Ihre Erinnerungen und Geschichten änderten mein eigenes Leben. Es war ein unschätzbar wertvolles Geschenk, dass ich in meinem Alter schon an ihren Gedanken und Einsichten teilhaben konnte. Vieles von dem, was ich von meinen Patienten gelernt hatte, konnte ich inzwischen auf mein eigenes Leben anwenden. Ich musste nicht warten, bis ich auf dem Sterbebett lag, um dann dieselben Dinge zu bereuen wie sie. Jedes Mal, wenn ich das Haus eines neuen Patienten betrat, betrat ich gleichzeitig ein neues Klassenzimmer, entweder mit neuen Lektionen oder mit ähnlichen, nur aus anderer Perspektive. In beiden Fällen nahm ich so viel wie möglich in mich auf.

Elizabeth war noch keine ältere Frau, vielleicht fünfundfünfzig Jahre alt. Sie war die letzten fünfzehn Jahre Alkoholikerin gewesen und starb nun an den Krankheiten, die sie sich durch ihre Sucht zugezogen hatte. Am Morgen meiner Ankunft schlief sie noch, und ihr Sohn führte mich unterdessen durchs Haus und erklärte mir ihre Krankheit. Außerdem verkündete er mir, die Familie habe beschlossen, ihr nicht zu sagen, dass sie im Sterben lag. »Ach je«, dachte ich. »Nicht schon wieder.«

Da ich mich ständig selbst weiterentwickeln und inneren Frieden finden wollte, versuchte ich so viel wie möglich in der Gegenwart zu leben. Wie ich bald merkte, war das im Fall von Elizabeth der einzig gangbare Weg. Wenn sie mich fragen sollte, ob sie im Sterben lag, würde ich mich damit befassen, vorerst musste ich mir aber keine Gedanken darüber machen. Vielleicht würde sie mich nie fragen, das war okay für mich – aber belügen würde ich sie sicher nicht.

Verwirrung und Verzweiflung umgaben Elizabeth. Die Familie hatte allen Alkohol aus dem Haus entfernt und in einen Schrank in der Garage gesperrt, wo sie sich selbst bedienten, wenn sie Lust hatten. Da Elizabeth sterbenskrank war, hatten sie beschlossen, ihr jeden Zugang zu Alkohol komplett zu verwehren. Das fand ich entsetzlich. Sie lag doch sowieso im Sterben, also warum wollten sie ihr zusätzlich noch den Schmerz eines Entzugs antun? Aber auch hier galt: Es war nicht mein Leben, und meine Entscheidung war es auch nicht.

Schon in allzu jungen Jahren hatte ich mit Alkoholikern zu tun gehabt. Als ich später in der Gastronomie arbeitete, auf der Insel und auch auf meinen Reisen, bekam ich noch mehr zu sehen. Alkohol fördert nicht gerade die besten Seiten in einem Menschen. Er ruiniert nicht nur das Gute im Betroffenen, sondern gleich ganze Familien, Freundschaften, Karrieren und die Unschuld der Kinder, die dem ausgesetzt sind. Mit der Abhängigkeit von anderen Drogen ist es nicht anders. Das Einzige, was die besten Seiten an jedem Menschen hervorbringt, ist die Liebe.

Alkoholismus ist aber auch eine Krankheit. Sie kann zwar behandelt werden, aber der Betroffene braucht ständige, liebevolle Unterstützung, um das Muster zu durchbrechen, wieder an sich selbst zu glauben und an sein Potenzial, ein besseres Leben zu führen. Einen chronischen Alkoholiker auf Entzug zu setzen, ohne ihm liebevolle Unterstützung oder Erklärungen zu gewähren, erschien mir ganz schön grausam.

Elizabeth wusste nur, dass sie krank war. Ihre Energie war völlig aufgebraucht. Bei fast allen Tätigkeiten brauchte sie Hilfe, und ihr Appetit wurde immer geringer. Außerdem verlangte sie verzweifelt nach Alkohol. Die Familie erzählte ihr, der Arzt habe angeordnet, sie dürfe »eine Weile« nichts mehr trinken. Ich musste mich schon anstrengen, die Angehörigen dafür nicht zu verurteilen, vor allem, wenn ich sah, wie sie sich selbst regelmäßig heimlich ihr Gläschen gönnten, während sie es einer sterbenden Frau verweigerten. Aber wer war ich schon, um zu beurteilen, was für eine Lektion diesen Menschen im Leben bestimmt war?

Ihre generelle körperliche Schwäche gestattete Elizabeth nicht mehr aufzustehen. Außerdem verhinderte die Familie den Besuch einiger Freunde, weil sie auch Trinker waren. Es war nicht überraschend, dass Elizabeth verzweifelt und verwirrt war, schließlich hatte man ihr jedes Vergnügen geraubt.

Die Besuchssperre für ihre Trinkerfreunde akzeptierte sie

mit stiller Resignation, obwohl man ihr damit so viel mehr genommen hatte. Bevor Elizabeth krank geworden war, war sie Vorstandsmitglied mehrerer Wohltätigkeitsorganisationen gewesen. Diese Freunde waren ihre Verbindung zur Außenwelt und zu ihrem vorherigen Leben.

Nach sechs oder sieben Wochen schwanden ihre Kräfte rapide, und sie musste sich immer häufiger ausruhen. Elizabeth war ziemlich lustig, auf eine unaufdringliche Art. In völlig unerwarteten Momenten kam plötzlich ihr trockener Humor zum Vorschein. Manchmal musste ich grinsen, weil mir nach Schichtende eine ihrer Bemerkungen noch einmal einfiel. Wir waren uns mittlerweile sehr sympathisch geworden und hatten innerhalb der Einschränkungen, die ihre Krankheit ihr auferlegten, einen regelmäßigen Tagesablauf eingeführt. Dazu gehörte auch unsere morgendliche Tasse Tee im Wintergarten. Das war bei Weitem der hübscheste Raum im ganzen Haus, und zu dieser Jahreszeit schien herrlich die Sonne herein. An einem solchen Morgen an unserem sonnigen Plätzchen war es auch, dass unsere Freundschaft eine neue Ebene erreichte.

»Was halten Sie davon, Bronnie, dass ich mich einfach nicht erhole? Ich trinke nichts mehr und werde trotzdem jeden Tag schwächer. Was glauben Sie?«, fragte Elizabeth.

Ich blickte sie liebevoll an und fragte behutsam zurück: »Was meinen *Sie*, woran es liegt? Sicher haben Sie auch schon darüber nachgedacht, oder?« Ich war einfühlsam, wollte aber zuerst von ihr hören, was sie darüber dachte.

»Ich trau mich gar nicht, es auszusprechen«, seufzte sie. »Das ist mir einfach eine Nummer zu groß. Aber in meinem Innersten weiß ich die Antwort.«

Wir schwiegen eine Weile und beobachteten die Vögel vor dem Fenster. Die Sonne schien warm zu uns herein. »Wenn ich Sie frage, sagen Sie es mir dann? Ich brauche diese Ehrlichkeit wirklich.« Ich nickte verständnisvoll.

»Ist es das, was ich glaube?«, fragte sie. Sie konnte die Frage fast nicht zu Ende bringen. Aber ich blieb ganz ruhig, sandte ihr meine Liebe und wartete, ob sie weitersprechen wollte. Und sie wollte weitersprechen. »Oh Gott, es ist also das, was ich glaube«, beantwortete sie ihre Frage seufzend selbst. »Ich werde sterben, stimmt's? Ich beiße ins sprichwörtliche Gras. Ich fliege mit den Engeln. Ich gehe heim oder was auch immer. Ich sterbe! Ich sterbe, so sieht es aus, oder?« Ganz befangen von der Bittersüße, dass sie nun die Wahrheit wusste, nickte ich langsam.

Schweigend sahen wir den Vögeln zu, bis Elizabeth wieder sprechen konnte. Das dauerte eine ganze Weile, aber ich konnte mit meinen Patienten eigentlich immer schweigend zusammensitzen, ohne dass die Stille unangenehm oder peinlich geworden wäre. Sie hatten so vieles, worüber sie nachdenken und was sie in sich aufnehmen mussten, dass eine Unterhaltung manchmal einfach nur störte. Es war völlig unnötig, die Stille dann mit Worten zu füllen. Wenn sie bereit waren, würden sie schon wieder das Wort ergreifen. Und das tat auch Elizabeth nach einiger Zeit.

Sie gestand, sie ahne es schon seit Längerem, und die Unaufrichtigkeit ihrer Familie sei sehr frustrierend für sie. Es war grausam, ihr die Freunde und das Sozialleben wegzunehmen, sagte sie, und ich musste ihr recht geben. Elizabeth wusste, dass sie nicht kräftig genug war, um aus dem Haus zu gehen, aber sie sagte, sie würde ab und zu gerne jemand von ihren Freunden sehen. Manchmal kamen Bekannte vorbei, die von der Familie gutgeheißen wurden und denen man so weit vertraute, dass sie keinen Alkohol einschmuggelten. Das seien alles sehr nette Leute, meinte sie, aber zu keinem von ihnen habe sie wirklich ein nahes Verhältnis.

Nachdem wir diesen Grad an Aufrichtigkeit erreicht hatten, floss unsere Unterhaltung ungehindert weiter. Die Zeit war zu knapp, um noch ein Blatt vor den Mund zu nehmen.

Also genossen Elizabeth und ich unsere Gesellschaft von Tag zu Tag mehr. Nachdem ich jahrelang so zurückgezogen gelebt hatte, war ich jetzt oft überrascht über mich selbst, wie leicht ich meine persönlichen Gedanken ausdrückte. Jetzt, wo sie den Tod auf der Schwelle wusste, fand auch Elizabeth die Offenheit unseres Austausches sehr wohltuend. Anfangs war sie wütend auf ihre Familie, die ihr nicht gesagt hatte, dass sie sterben würde, aber irgendwann akzeptierte sie es. Sie nahm an, dass das Kontrollverhalten ihrer Verwandten auf Angst zurückzuführen war. Deswegen konnte sie ihnen verzeihen.

Doch konnte sie nicht länger so tun, als wüsste sie nicht, was ihr bevorstand, also sprach sie ihre Verwandten an einem meiner freien Tage direkt darauf an. Dieses Gespräch brachte sie einander ein ganzes Stück näher, und die Familie war erleichtert, weil ihr nun niemand mehr die Wahrheit eröffnen musste. Ich war froh, das zu hören, aber auch erleichtert, dass niemand wegen meiner Aufrichtigkeit wütend auf mich war. Trotzdem blieb ihre Familie bei ihrem Standpunkt und erlaubte ihr den Kontakt mit ihren Trinkerfreunden nur per Telefon.

Doch Elizabeth entwickelte sich enorm weiter und akzeptierte diese Entscheidung ohne jede Resignation. Gegenüber ihrer Familie hätte sie es nicht zugeben wollen, aber mir gegenüber räumte sie ein, dass dieser Freundeskreis wahrscheinlich sowieso nur durch den Alkohol zusammengehalten worden war. Ich erzählte Elizabeth von meinen eigenen Erfahrungen. Vor mehreren Jahren hatte sich mein Freundeskreis radikal verändert, als ich mich nämlich vom Kiffen verabschiedete. Da war klar geworden, wer wirklich zu meinen Freunden gehört hatte und wer sich nur als mein Freund bezeichnete, weil wir unsere Joints zusammen rauchten. Wie sich herausstellte, fühlten sich einige Leute, die ich eigentlich für sehr gute Freunde gehalten hatte, gar nicht besonders wohl in meiner Gegenwart, wenn ich nicht stoned war wie sie. Deswegen war keiner von ihnen ein schlechterer Mensch. Aber als ich aufhörte, mich in dieser Welt zu bewegen, erkannte ich, dass mich mit manchen Leuten nur das Grasrauchen verbunden hatte. Ohne Gras gab es keinen gemeinsamen Nenner mehr, der unsere Freundschaft zusammenhielt. Und so drifteten wir in völlig unterschiedliche Richtungen.

»Ich wünschte, ich wäre mit meinen Freunden in Kontakt geblieben. Mit meinen richtigen Freunden«, sagte sie, und ich erkannte in ihren Worten die Worte ehemaliger Patienten wieder. »Meine Trinkerei hat mich von meinen Freundeskreisen entfernt, und jetzt, nach fünfzehn Jahren, habe ich nicht mehr viel, was mich mit den alten Freunden verbinden könnte. Sie sind sowieso alle weggezogen.«

Als wir über die Bekannten sprachen, die sie besuchen durften, meinte Elizabeth, sie würde diese Leute nicht ihre »Freunde« nennen. Wir redeten darüber, wie oberflächlich dieses Wort manchmal benutzt wird und dass es so viele verschiedene Niveaus von Freundschaft gibt. In letzter Zeit war ich dazu übergegangen, einige von meinen »Freunden« eher als sehr nette Bekannte einzustufen. Das bedeutete nicht, dass ich weniger von ihnen hielt. Sie waren immer noch wichtig für mein Leben, aber nachdem ich einige sehr dunkle Ecken in mir aufgesucht hatte, wusste ich besser, was ein wahrer Freund ist. Es ist leicht, eine Menge Bekannte zu haben, und ich mochte diese Leute, weil wir uns gegenseitig das Leben schöner machten. Aber wenn es hart auf hart kommt, gibt es nicht viele, die mit einem den schlimmsten Schmerz durchstehen können. Wer das tut, ist ein wahrer Freund.

»Ich schätze, es geht darum, die richtigen Freunde für die richtige Gelegenheit zu haben«, sinnierte Elizabeth. »Ich habe nicht die richtigen Freunde für diese Gelegenheit, nämlich mein Ableben. Verstehen Sie, was ich meine?«

Ich nickte und erzählte von einem Szenario aus meinem Leben, das zwar bei Weitem nicht so ernst gewesen war wie ihres, bei dem ich aber auch nicht die richtigen Freunde für diese spezielle Situation gehabt hatte. Und wenn ich daran zurückdachte, konnte ich definitiv verstehen, dass es verschiedene Ebenen von Freundschaften und Verbindungen gibt, und manchmal sehnen wir uns nicht nach einer bestimmten Person, sondern eher nach einer bestimmten Art von Freundschaft.

Nach meinen Jahren auf der Insel hatte ich eine Weile in einer Druckerei in Europa gearbeitet. Meine Kollegen waren nett, und ich genoss die Chancen, die sich mir boten und mir die Welt noch weiter öffneten. Doch die Inselbewohner waren wie eine Familie gewesen. Wenn einer von uns weg war, zum Beispiel in Urlaub auf dem Festland, sagte er immer, wie schön es doch war, zur Inselfamilie zurückzukehren.

Ich fand neue Freunde in Europa, obwohl ich sie heute rückblickend wohl auch eher nette Bekannte nennen würde. Einmal machte ich mit drei Bekannten meines Alters eine Reise durch mehrere Länder. In den italienischen Alpen hatten wir eine Hütte gemietet, ohne Elektrizität und fließend Wasser. Es war fantastisch, eine völlig andere Landschaft als mein geliebtes Australien, das seine eigene Großartigkeit besitzt, aber eben ganz anders ist. Ich fand die Alpen überwältigend schön.

Wir wuschen uns in einem Bach, der aus den Bergen kam. Obwohl es Sommer war, war das Wasser eisig kalt – hier floss wirklich nur geschmolzener Schnee. Ich setzte mich mitten in das talwärts rauschende Wasser und schnappte nach Luft. Trotzdem genoss ich gleichzeitig noch die fantastische Aussicht und fühlte mich gestärkt. Nichtsdestoweniger war das Wasser wirklich beißend kalt.

Wenn ich mich einmal überwunden habe, in einem eiskalten Fluss oder Meer zu schwimmen, fühle ich mich hinterher immer ein bisschen aufgedreht, wie Hunde nach einem Bad. Die rennen dann auch herum wie verrückt, überdreht und energiegeladen, ganz egal, ob sie das Bad genossen haben oder nicht. So ging es mir auch, nachdem ich in diesem eisigen Gebirgsbach gebadet hatte: Ich fühlte mich so richtig zum Blödeln aufgelegt.

Ich war also ein bisschen überdreht, als ich mich abtrocknete, anzog und zur Hütte zurückkam. Ich machte ein paar gutmütige Scherze und amüsierte mich ganz prächtig, als ich meinen neuen Freunden kleine alberne Anekdötchen erzählte. Bis mir klar wurde, dass sie mit keinem meiner Witze etwas anfangen konnten. Aus ihrem verwirrten Lächeln sprach ein »Was zum Teufel redet die da?«, und ich wusste Bescheid. Allerdings muss ich gestehen, dass ich angesichts ihrer verblüfften Mienen gleich noch mehr lachen musste. Na, immerhin hatte ich Spaß mit meinen Witzen. Die drei waren fröhliche, liebenswerte Menschen, aber das Problem war, dass der Humor in unseren Kulturen so unterschiedlich war. Plötzlich fehlten mir meine alten Freunde so richtig schmerzlich. Die hätten nicht nur mit meiner Albernheit etwas anfangen können, sie hätten sich über meine Witze totgelacht, selbst welche gemacht, und am Ende hätten wir uns alle gekrümmt vor Lachen.

An jenem Abend saßen wir nach einer ausgedehnten Nachmittagswanderung zu einem Berggipfel im Laternenlicht beim Essen zusammen und unterhielten uns. Es war schön. Aber wenig später zogen sich alle bis auf mich zum Schlafen zurück. Die Wanderung war großartig gewesen, und mir war noch immer zum Jubeln zumute. Ich wünschte mir nichts mehr, als mit Freunden zusammenzusitzen und unter Gelächter diesen fantastischen Tag ausklingen zu lassen. Ganz bestimmt wollte ich noch nicht zu Bett gehen.

Aber da meine Freunde schliefen, war es ganz still in der Hütte. Ich trug eine Laterne in meine kleine Kammer, stellte sie auf den Tisch und verbrachte die nächsten zwei Stunden mit Schreiben. In der Ferne hörte ich Kirchenglocken und Kühe, die sich in der Nacht bewegten. In dieser herrlichen kleinen Hütte in den Alpen zu sitzen und bei Laternenlicht zu schreiben, während in der Ferne die Kuhglocken bimmelten, war so ein Glücksgefühl, dass ich einfach lächeln musste. Diese Welt war so weit von meiner eigenen entfernt, doch obwohl mich der Frieden dieses Augenblicks überwältigte, vermisste ich ganz fürchterlich meine alten Freunde.

Es war die perfekte Nacht – aber mit den falschen Leuten. Es gab viele Gründe, jeden dieser drei Reisegenossen zu mögen, und ich mochte sie ja auch. Doch jetzt erlebte ich gerade einen ganz besonderen Moment, und ich hätte ihn so gern mit den richtigen Leuten geteilt, mit Freunden, die mich wirklich kannten. Das war freilich unmöglich. Und so genoss ich diesen köstlichen Augenblick ganz allein.

Ich wusste deshalb genau, was Elizabeth meinte mit ihrem Wunsch, jetzt die richtigen Freunde um sich zu haben. Manchmal gibt es eben nur ganz bestimmte Menschen, die einen bedingungslos verstehen – und das sind die alten Freunde. So hatte ich es in dieser Nacht in den Alpen empfunden, und so war es jetzt für Elizabeth, als sie zu akzeptieren begann, dass sich ihr Leben dem Ende näherte.

Als der Arzt auf Visite kam, fragte ich ihn unter vier Augen, ob es in Elizabeths Zustand einen Unterschied machen würde, wenn sie Alkohol trank. Er schüttelte den Kopf. »Nein. Sie ist jetzt so oder so auf der Zielgeraden. Ich habe der Familie gesagt, wenn die Patientin abends mal einen Brandy möchte, sollen sie ihr das ruhig erlauben. Tun sie das denn nicht?« Ich schüttelte den Kopf, und er wiederholte, dass es jetzt wirklich keinen Unterschied mehr machte.

Später sprach ich ihre Verwandten ganz ruhig darauf an, aber sie blieben hart. Die Familie hatte es so beschlossen, und nein, sie würden ihr keinen Alkohol mehr geben. Sie erklärten mir auch, warum. Die Elizabeth, mit der ich meine Zeit verbrachte, und die Elizabeth, die unter Alkoholeinfluss stand, waren zwei völlig verschiedene Persönlichkeiten. Tatsächlich konnten sie es alle kaum glauben, wie angenehm sie jetzt wieder war, denn seit mindestens fünfzehn Jahren hatte sie keiner mehr so erleben dürfen.

In den nächsten Wochen fragte ich genauer nach, wenn sie auf ihre Alkoholsucht zu sprechen kam. Elizabeth meinte, sie hätte zwar immer noch ein starkes Verlangen danach, aber andererseits war sie auch irgendwie froh, sich noch einmal daran zu erinnern, wer sie gewesen war, bevor der Alkohol die Kontrolle über ihr Leben übernahm. Es hatte eigentlich ganz harmlos angefangen. Sie hatte zum Abendessen mit der Familie immer ein paar Gläschen Wein getrunken, und das habe sie jahrelang ohne Probleme so gehalten.

Doch dann wurde sie sozial aktiver und trat Gremien verschiedener Wohlfahrtsorganisationen bei. Sie gab zu, dass die meisten, die sie dort traf, gar nicht übermäßig tranken, aber sie hatte sich zu denen hingezogen gefühlt, die es taten. Zu Hause fühlte sie sich gar nicht mehr wahrgenommen, aber unter diesen neuen Freunden war sie jemand. Jetzt, wo sie wieder klarer sah, wusste sie natürlich, dass all diese Leute genauso bedürftig gewesen waren wie sie, dass sie durch diesen Freundeskreis und ihr Trinken versucht hatten, sich ihres Wertes zu versichern.

Der Alkohol gab ihr Selbstvertrauen, erzählte Elizabeth, beziehungsweise, wenn sie betrunken war, hatte sie das Gefühl, sie würde selbstbewusst auftreten. Doch in Wirklichkeit wurde sie nur sehr direkt, laut und irgendwann bitter und gemein. Damit hatte sie auch ihren alten Freundeskreis verloren. Man hatte versucht, mit Liebe auf sie zuzugehen und sie zu unterstützen, damit sie ihren eigenen Niedergang erkannte, der ihnen allen schier das Herz brach. Doch sie reagierte arrogant und stieß alle zurück.

Ihrem alkoholisierten Geist schienen ihre neuen Freunde unheimlich loyal, weil sie sie für ihre Trinkerei nicht verurteilten. Doch das lag nur daran, dass sie selbst tranken. Der andere Grund, mit dem sie ihre Trinkerei in diesen Jahren vor sich selbst gerechtfertigt hatte, war der, dass ihre Familie sie jetzt wenigstens wahrnahm. Vielleicht nicht gerade positiv, aber sie fühlte sich zumindest nicht mehr ignoriert wie vor ihrer Alkoholsucht. Ihr Kontrollverlust garantierte ihr die Aufmerksamkeit ihrer Familie.

Je hilfloser Elizabeth wurde, umso mehr mussten ihre Verwandten ihr helfen, und umso mieser begann sie sich irgendwann zu fühlen. Anfangs hatte ihr die ganze Aufmerksamkeit ja gefallen, aber am Ende konnte sie sich gar nicht mehr selbst helfen, und so wurde sie immer unsicherer und bekam eine negative Einstellung zu sich selbst. Früher war sie verletzt gewesen, weil ihre Familie sie nicht wahrnahm, jetzt war sie völlig von ihnen abhängig und hasste sich dafür. Das befeuerte die Spirale ihres Selbsthasses immer weiter.

»Wissen Sie, Bronnie, nicht jeder will wirklich geheilt werden. Und eine ganze Weile wollte ich das auch nicht. Die Rolle der Kranken gab mir eine Identität. Natürlich habe ich auf diese Art verhindert, dass ich mich zu einem besseren Menschen entwickle. Aber ich bekam Aufmerksamkeit, und solange ich versuchte, mir etwas vorzumachen, war ich glücklicher, als wenn ich mutig und gesund gewesen wäre.« Dieses Eingeständnis von Elizabeth zeigte eine Frau, die im Rückblick auf ihr Leben plötzlich zu großen Einsichten kam. Fast drei Monate Trockenheit und das Wissen, dass sie im Sterben lag, veränderten sie grundlegend.

Nachdem ich Elizabeths komplette Version ihrer Alkoholsucht kannte, konnte ich sie und ihre Familie auch besser verstehen. Letztendlich hatte die strenge Unnachgiebigkeit ihrer Familie dafür gesorgt, dass sie wieder ein besserer Mensch werden konnte. Ich hätte es zwar nicht so rigoros und heimlichtuerisch gemacht, aber ich musste am Ende doch respektieren, dass sie versuchten, Elizabeth und sich selbst damit zu helfen. Und das gelang ihnen ja auch. Elizabeth selbst war ein Teil dieses Erfolgs. Indem sie sich ihrem Tod stellte, konnte sie ihr Leben aus einer anderen Perspektive betrachten, und sie hatte ihre Lektion tapfer gelernt.

In ihren letzten zwei Wochen beobachtete ich, wie sich zwischen Elizabeth und ihrer Familie ganz außergewöhnliche Heilungsprozesse abspielten. Zu den schönsten Dingen, die ich bei der Betreuung Sterbender gelernt habe, gehört die Erkenntnis, dass man die Fähigkeit zum Dazulernen bei keinem Menschen unterschätzen darf. Der Frieden, zu dem Elizabeth fand, war derselbe, den ich schon bei früheren Patienten beobachtet hatte. Es war ermutigend, das zu sehen.

Ungefähr eine Woche vor ihrem Tod sprach ich mit ihrem Mann und einem ihrer Söhne über Elizabeths Bedauern, ihre alten Freunde verloren zu haben. Ich fragte nach, ob es wirklich zu spät sei, den einen oder anderen zu kontaktieren, und sei es nur für ein Telefongespräch mit ihr. Inzwischen war die Sorge, dass irgendwelche Freunde Alkohol zu Elizabeth schmuggeln könnten, aus der Welt. Das war nun die allergeringste Sorge. Jetzt war nur noch wichtig, dass sie sich wohlfühlte, und da die Familie wieder so zusammengewachsen war, griff man meine Idee begeistert auf.

Ein paar Tage später betraten zwei attraktive, gesunde, sympathische Frauen das Zimmer, nachdem ich Elizabeth bequem im Bett aufgesetzt und ihr ein bisschen Tee gebracht hatte. Eine der beiden lebte in den Bergen vor der Stadt, ungefähr eine Stunde entfernt. Die andere war von der Sunshine Coast in Queensland nach Melbourne geflogen, als sie hörte, wie es um Elizabeth stand. Jetzt saßen sie an ihrem Bett, redeten mit ihr, hielten sich bei den Händen und lächelten.

Ich verließ das Zimmer, um sie miteinander allein zu lassen und selbst ein paar stille Freudentränen vergießen zu können. Im Hinausgehen hörte ich, wie Elizabeth sich bei den beiden entschuldigte, und sie ihr im nächsten Augenblick verziehen. Das war Vergangenheit, und es war nicht mehr wichtig, sagten sie. Ihr Mann Roger und ich saßen in der Küche, beide mit Tränen in den Augen, aber trotzdem überglücklich.

Die Freundinnen blieben ein paar Stunden. Hinterher war Elizabeth freudig erregt, aber auch komplett erschöpft. Sie fiel sofort in einen tiefen Schlaf, und ich konnte vor dem Heimgehen gar nicht mehr mit ihr plaudern. Als ich ein paar Tage später wiederkam, war sie sehr schwach, wollte aber reden.

»War das nicht wunderbar? Ach, dass ich ihre Gesichter noch mal sehen durfte!«, lächelte sie glücklich. Sie konnte den Kopf nicht mehr vom Kissen heben und warf mir von der Seite einen Blick zu.

»Ja, das war wirklich schön«, bestätigte ich.

»Verlieren Sie nie den Kontakt zu den Freunden, die Ihnen am wichtigsten sind, Bronnie. Die Menschen, die Sie so akzeptieren, wie Sie sind, und die Sie sehr gut kennen, sind am Ende mehr wert als alles andere. Und ich spreche aus Erfahrung.« Trotz ihres erbärmlichen Zustands brachte sie ein Lächeln zustande. »Lassen Sie nicht zu, dass das Leben Sie davon abhält. Sorgen Sie dafür, dass Sie immer wissen, wo Ihre Freunde gerade sind, und teilen Sie ihnen mit, dass Sie sie zu schätzen wissen. Haben Sie auch keine Angst, sich verletzlich zu geben. Ich habe so viel Zeit verschwendet, weil ich nicht fähig war, meinen Freunden zu zeigen, wie schlecht es mir ging.« Elizabeth hatte sich selbst verziehen und damit aufgehört, sich selbst zu verurteilen. Sie hatte ihren Frieden gefunden, und sie hatte ihre Freunde wiedergefunden.

Als ihr letzter Morgen kam, befeuchtete ich ihr die Lippen. Ihr Mund produzierte nicht mehr genug Speichel, so dass das Sprechen ihr Mühe machte (wozu sie sowieso kaum mehr die

Energie hatte). Als ich fertig war, lächelte sie mich an und bewegte die Lippen zu einem »Danke«. Ich erwiderte ihre Dankbarkeit mit einem Lächeln, küsste sie auf die Stirn und hielt ihr einen Moment die Hand, die sie ein wenig drückte.

Ihr Zimmer war voller Menschen, die sie liebten. Ihre ganze Familie war anwesend, auch die zwei wunderbaren Damen, die ich vor ein paar Tagen kennengelernt hatte. Ich trat vom Bett zurück, damit sich die Leute um sie scharen konnten, die sie am meisten geliebt hatte.

Gerade noch rechtzeitig hatte Elizabeth die Liebe wieder in ihr Leben gelassen und den Wert ihrer Familie und ihrer wahren Freunde erkannt. Sie verließ diese Erde umgeben von Liebe, in dem Wissen, dass man sie sehr geschätzt hatte und dass ihre Freunde wussten, dass sie sie auch liebte.

Das Glück ins Leben lassen

Was den reinen Arbeitsaufwand betraf, war Harry der pflegeleichteste Patient, den ich jemals hatte. Nicht nur, weil er selbst so ein wunderbarer Mensch war, sondern auch, weil seine Familie darauf bestand, alles selbst zu tun. Drei seiner fünf Töchter lebten in derselben Vorstadt und brachten ihm so gut wie immer seine Hauptmahlzeiten vorbei. Und einer seiner Söhne wollte seinen Vater unbedingt selbst pflegen. Als ich sie fragte, warum ich überhaupt da war, versicherten mir die Töchter und anderen Söhne, dass sie auf meine Anwesenheit nicht verzichten wollten.

Das bedeutete, dass ich viel Zeit mit Lesen und Schreiben verbrachte. In einem sauberen, aufgeräumten Haus, dessen einziger Bewohner bettlägerig ist, fällt nicht allzu viel Arbeit an. Aber ich kreierte in der Küche ein paar Rezepte für leckere Suppen.

Harry hatte buschige Augenbrauen, Haare in den Ohren, ein rotes Gesicht und ein offenes Lachen. Wir waren einander auf Anhieb sympathisch. Schon in den ersten Minuten unseres Kennenlernens mussten wir beide fürchterlich über einen Witz lachen – eine leichte, natürliche Beziehung vom ersten Moment an also.

Sein Sohn Brian war da ganz anders. Er war übernervös. Sein Vater und er hatten sich vor Jahren zerstritten, und obwohl sie den Kontakt nicht abgebrochen hatten, war das Band zwischen ihnen nie wieder so geworden wie früher. Der Rest der Familie behauptete, es sei Brians Schuld gewesen. Ich weiß es nicht, denn ich war damals nicht dabei, und ich wusste auch nicht, wie das aus Harrys oder Brians Perspektive aussah. Es spielte ohnehin keine Rolle für mich. Doch es war offensichtlich, dass Brian jetzt die verlorene Zeit wiedergutzumachen versuchte, indem er darauf bestand, seinen Vater fast allein zu pflegen.

So unterbrach er jeden Versuch meinerseits, Harry zu helfen. Ich war inzwischen ziemlich geschickt darin, die richtige, bequemste Position für einen Patienten zu finden. Dieses Betten war eine intuitive Angelegenheit, zu der sich auch viele Patienten äußerten. Oft schütteln die Verwandten die Kissen auf und arrangieren irgendwelche Polster neu, um dem Kranken etwas Nettes zu tun. Dabei ist ihnen nicht klar, wie empfindlich sein Körper inzwischen ist, so dass ihm die kleinste Veränderung oft das bisschen Bequemlichkeit raubt, das er noch genießen kann.

Wenn sein Sohn ihn widerstrebend verließ, um für ein paar Stunden in die Arbeit zu gehen, sorgte ich als Erstes dafür, dass Harry wieder bequem lag. Wenn es unter Tag auch nur den kleinsten Moment gab, in dem ich mich um ihn kümmern konnte, ohne dass mich sein Sohn geradezu von ihm wegbiss, bat Harry mich, ihm ganz schnell die Kissen zu arrangieren.

Nachmittags hatten wir ein paar wenige Stunden, bevor die vielköpfige Familie wieder zum Abendessen eintraf, auch wenn Harry selbst kaum mehr etwas aß. Diese Stunden allein waren wunderbar, und Harry nannte sie »Friedensstunden«. Wir unterhielten uns und lachten, während ich mich um seine körperlichen Bedürfnisse kümmerte. Danach tranken wir meistens eine Tasse Tee und plauderten weiter.

Harry hatte seine Frau vor zwanzig Jahren verloren, es aber geschafft, danach trotzdem noch ein gutes Leben zu führen. Er mochte seine Arbeit, und als er in Rente ging, war er noch beschäftigter, weil er diversen Sport- und Gesellschaftsclubs beitrat. Seine jetzige Krankheit war zwar unheilbar, aber bis dahin hatte er sein Leben lang eine exzellente Gesundheit besessen.

»Ich habe das Geschenk der Gesundheit respektiert«, erzählte Harry, »indem ich aktiv blieb und mich nie um irgendwelche Regeln kümmerte, dass ich mich so oder so verhalten sollte, wenn ich so und so alt werden wollte. Die Leute sind oft selbst schuld, wenn sie vorzeitig altern, wissen Sie.« Obwohl er im Sterben lag, war Harry der gesündeste Achtzigjährige, den ich je gesehen hatte. Seine Krankheit zermürbte ihn zwar langsam, aber man sah ihm immer noch an, dass er vorher sehr fit gewesen war. Wenn ich ihm zum Beispiel die Beine massierte, bemerkte ich immer noch den Muskeltonus von seinen Wanderungen und Spaziergängen.

»Wenn man in Rente ist und die Kinder ihre eigenen Kinder großziehen, braucht man Freunde mehr denn je«, meinte Harry. »Deswegen bin ich, als meine Frau starb, Gott hab sie selig, dem Ruderclub beigetreten. Und dann einem Wanderverein. Ich weiß gar nicht, wie ich noch die Zeit zum Arbeiten fand.«

Harry glaubte fest an den Wert der Großfamilie, in der die Großeltern ein wesentlicher Teil des Lebens ihrer Enkel sind und viel Zeit mit ihnen verbringen dürfen. Das sah man an dem Verhältnis, das er zu seinen Enkeln hatte, die ihn täglich besuchten. Er hatte einen sehr positiven und liebevollen Einfluss auf sie.

»Meine Familie kommt an erster Stelle, aber man braucht auch Menschen im eigenen Alter. Wenn ich nicht die Freunde gehabt hätte, die ich in den Vereinen kennengelernt habe, wäre ich ein sehr einsamer alter Mann gewesen. Ich hätte zwar Gesellschaft gehabt, weil ich ja meine Kinder und Enkel habe, aber mir hätte die Gesellschaft von Menschen gefehlt, die in meinem Alter sind und ähnlich denken.«

Wir verbrachten Stunden in seinem Zimmer mit Plaudern, bis uns die Abendsonne warnte, dass die Friedensstunden fast vorüber waren. Bald würde die Familie wieder dazustoßen, aber Harry redete mit mir weiter, solange es ging. Er konnte nicht verstehen, warum so viele Leute erst viel zu spät einsahen, wie wichtig Freunde sind. Obwohl er es schön fand, wenn ältere Leute von ihren Familien geliebt und respektiert blieben, frustrierte es ihn, dass so viele von ihnen keinen Raum mehr für Freundschaften ließen.

»Das wird ihnen erst aufgehen, wenn es zu spät ist«, meinte er. »Aber das ist nicht nur in meiner Generation so. Wenn ich mir die Jüngeren ansehe, die sind alle so ungeheuer beschäftigt und gönnen sich nicht mal ein bisschen Zeit für sich und um Dinge zu tun, die sie privat glücklich machen. Auf die Art verlieren sie völlig den Kontakt mit sich selbst. Wenn man ein bisschen Zeit mit seinen Freunden verbringt, wird man wieder daran erinnert, wer man ist, wenn man gerade nicht Mutter, Vater, Oma oder Opa ist. Verstehen Sie, was ich meine?«

Ich konnte bestätigen, dass ich viele Leute so hatte leben sehen, dass es aber auch genug andere gab, die immer dieses kleine bisschen Zeit für sich selbst reservierten und viel glücklichere Menschen waren. Außerdem waren sie auch eine viel angenehmere Gesellschaft.

»Genau!« Er lachte und klopfte zur Bestätigung aufs Bett. »Gute Freundschaften regen uns an. Die Schönheit einer Freundschaft liegt darin, dass uns unsere Freunde als die nehmen, die wir sind, über das hinaus, was wir gemeinsam haben. Bei Freundschaft geht es darum, so angenommen zu werden, wie man ist, nicht als derjenige, der man gerne sein würde, ein Partner oder ein Verwandter. Wir müssen unsere Freundschaften pflegen, meine Liebe.«

Dem steten Strom der Besucher war zu entnehmen, dass dieser Mann keine leeren Prinzipien gepredigt hatte. Seine Freunde waren alle fröhliche, herzliche Menschen, die Freude mit ins Haus brachten. Da sie aber auch respektvoll mit seiner

Krankheit umgingen, akzeptierten sie es ohne Weiteres, wenn er manchmal schlief und nicht gestört werden durfte.

An einem anderen Nachmittag fragte mich Harry nach meinen eigenen Freundschaften. Ich erzählte ihm von meinen engen Freunden und erklärte, dass sich in letzter Zeit einige meiner anderen Freundschaften geändert hatten, genauso wie ich.

»Na ja, das ist nur natürlich«, meinte er. »Freunde werden ein Leben lang kommen und gehen. Deswegen sollten wir sie schätzen, solange sie bei uns sind. Manchmal hat man einfach die Dinge miteinander geteilt und voneinander gelernt, die man teilen und lernen sollte, und dann geht man wieder auseinander. Aber andere Freundschaften dauern auch über lange Strecken an. Gemeinsame Geschichte und Verständnis sind sehr tröstlich, wenn man am Ende des Weges angekommen ist.«

Bei all unseren Gesprächen waren wir uns einig, dass Frauen Freundschaften ganz anders angehen als Männer. Frauen bewerten Freundschaften viel emotionaler, das heißt, dass Freundschaften auch enger werden, wenn man sich viel über emotionale Angelegenheiten unterhalten hat. Männer brauchen Freunde auch zum Reden, sagte Harry. Aber sie tun sich damit leichter, wenn sie nebenher etwas zusammen machen, zum Beispiel Tennis spielen, Fahrrad fahren oder andere Aktivitäten. Männer genießen Freundschaften, wenn sie damit Probleme aufarbeiten und lösen können, egal ob körperlich oder emotional, und deswegen gelingt ihnen das am besten, wenn sie aktiv sind.

»Zum Beispiel, wenn sie zusammen einen Weidezaun bauen«, meinte ich.

Harry prustete los. »Du liebe Güte, da sieht man's mal wieder – man kann das Mädchen vom Land wegkriegen, aber man wird niemals das Land aus dem Mädchen rauskriegen. Ja, das ist ein ziemlich ländliches Beispiel, Bronnie, aber genau darum geht es. Einen Zaun bauen oder irgendetwas Handfestes zusammen machen, so was schweißt Männer zusammen.«

Er lachte noch ein bisschen und sagte, wenn ich jemals einen gutaussehenden Mann an mich binden wollte, müsste ich ihm nur beim Zäunebauen helfen. Ich versprach ihm, mir den Tipp zu merken.

Er erzählte mir seine Lieblingsgeschichten vom Freundschaftenschließen und betonte dabei noch einmal, was für ein Segen seine verbliebenen Freundschaften waren. Jeden Tag kamen ihn nette Leute besuchen. Sie hatten untereinander sogar einen Stundenplan abgesprochen, damit sie ihn nicht zu sehr erschöpften. Und auf diese Art konnte jeder auch noch mal Zeit mit Harry verbringen. Das fand ich sehr verantwortungsbewusst und wunderbar.

Wir stellten fest, dass wir in unseren Friedensstunden auch eine neue Freundschaft in unser Leben ließen, nämlich die zwischen uns. Es verstimmte ihn zu wissen, dass ich den Rest des Tages lesend oder schreibend in einem anderen Teil des Hauses saß, statt plaudernd bei ihm zu sitzen. Er hatte recht, und ich lachte. Aber er verstand genauso wie ich Brians Bedürfnis, Wiedergutmachung zu leisten und seinem Vater zu helfen. Harry wollte nicht, dass Brian sich später mit Schuldgefühlen herumschlug. Allerdings war er sicher, dass sich das wohl trotzdem nicht verhindern ließ. Deshalb spielte er das Spiel bereitwillig mit, damit sich sein Sohn in ihren letzten gemeinsamen Wochen gebraucht fühlte. »Auch wenn er mir die Kissen nicht richtig zurechtlegen kann«, seufzte Harry.

Er betrachtete seine Krankheit und das, was noch auf ihn zukam, ganz philosophisch. Er hatte sein Leben in vollen Zügen genossen, sagte er, und jetzt war er bereit, sich anzusehen, was danach kam. Wenn er manchmal über sein nahes Ende redete, lenkte er das Gespräch immer noch oft auf das

Thema Freunde: die Erinnerungen, ihr Wert, die Notwendigkeit von Freundschaften für das Lebensglück. Außerdem ermunterte er mich, ihm meine liebsten Erinnerungen an Freunde zu erzählen. »Fangen Sie mit jemand aus Ihren Kindertagen an. Ich würde zu gerne etwas über Ihre Kindheit hören.« Und als ich anfing zu erzählen, lachte er, denn meine Geschichte spielte vor einem ländlichen Hintergrund, einem Weizenfeld.

Als ich zwölf Jahre alt war, hatten wir keine Rinderfarm mit Kleefeldern mehr, sondern eine Schaffarm mit Weizenfeldern. Sie lag kilometerweit von der nächsten Stadt entfernt, und über ihr spannte sich ein endloser majestätischer Himmel. Ungefähr ein Jahr später verschwand plötzlich mein erster Hund, der damals sieben Jahre alt war. Wir glauben, dass er vielleicht von einer Schlange gebissen wurde, denn er wurde nie gefunden. Das war nicht wirklich erstaunlich, denn die Farm war sehr weitläufig, aber ich war natürlich am Boden zerstört. Ein paar Monate später kaufte mir meine Familie einen neuen Hund. Es war eine kleine weiße Malteserhündin, die sich hartnäckig der Einsicht verschloss, dass sie ein Haushund sein sollte. Stattdessen verbrachte sie den ganzen Tag damit, die Schäferhunde, Bordercollies und Kelpies über die Weiden zu jagen.

Meine beste Freundin in meinen Highschool-Jahren und noch eine ganze Weile danach war Fiona. Obwohl sie in der Stadt lebte, verbrachten wir viel Zeit zusammen auf dem Hof. Manchmal übernachtete ich auch in der Stadt im Haus ihrer Eltern, vor allem, als wir ein bisschen älter wurden und es den einen oder anderen Jungen zu küssen galt. Was Fiona und mich unter anderem über die Jahre sehr verband, war unsere Neigung zu ausgedehnten Spaziergängen. Ich kann gar nicht sagen, wie viele Kilometer wir in den Jahrzehnten unserer Freundschaft gemeinsam zurückgelegt haben: Strände, Wälder, Stadtstraßen, fremde Länder, Buschpfade, alles Mögliche. Angefangen hat es mit unseren Spaziergängen über die Weizenfelder.

Wie immer begleiteten uns meine Hündin und noch ein paar von den anderen Hunden. Wenn wir uns umdrehten, sahen wir oft auch noch ein, zwei Katzen, die ebenfalls mitkamen. Wir Mädchen blieben auf dem Pfad. Er führte zu dem Feld, das am weitesten entfernt lag. Die Hunde aber rannten gleich quer durch den Weizen. Das ging, solange das Getreide noch niedrig stand, aber wenn es höher wuchs, wurde meine kleine Hündin unsichtbar. Fiona und ich bekamen an diesem Tag einen unglaublich witzigen Sketch präsentiert.

Im Gefolge der großen Hunde, deren Köpfe man über den höchsten Halmen immer noch sehen konnte, sah man einen Streifen auf dem Feld, der von unten bewegt wurde – das war das kleine Malteserhündchen, das den beiden anderen Hunden blindlings hinterherrannte. Ab und zu hörte diese Bewegung auf, und dann erschien ein kleiner weißer Kopf wie ein U-Boot-Periskop über den Ähren und hielt nach den anderen Hunden Ausschau. Dann verschwand er wieder im Weizen, und der Streifen bewegte sich in der neuen Richtung weiter. Dann hörte es wieder auf, der kleine weiße Kopf erschien, sichtete sein Ziel, verschwand sofort wieder und rannte weiter. Das ging ewig so weiter, und am Ende brachen Fiona und ich jedes Mal in ausgelassenes Teenager-Gekicher aus, wenn wir den kleinen weißen Kopf auftauchen sahen. Wir lachten so sehr, dass uns die Kiefer wehtaten und wir uns aneinanderlehnen mussten, um uns zu stützen. Bis der kleine Hund seinen nächsten Luftsprung vollführte, so dass wir in einem erneuten Lachanfall zusammensackten. Am Ende konnten wir kaum noch stehen.

Als ich mir diese schlichte, aber kostbare Erinnerung wieder ins Gedächtnis rief, wurde mir sofort wieder der Wert von wahrer Freundschaft bewusst. Harry und ich lachten zusammen. Wie sehr fehlte mir die Unschuld der Jugend und dieses sorglose, ungehemmte Gelächter mit Fiona. »Wo ist sie heute?«, wollte Harry wissen. Ich berichtete, dass sie im Ausland lebte und wir uns aus den Augen verloren hatten. Das Leben war weitergegangen, sagte ich, und jetzt gab es andere in meinem Leben, die mir näher standen. Unsere Freundschaft war auch von anderen Faktoren beeinflusst worden, von anderen Leuten, aber auch von unterschiedlicher Geschmacksentwicklung und zunehmend verschiedenen Lebensstilen. Harry stimmte mir zu, dass man die Uhr nicht zurückdrehen kann, aber vielleicht würde das Leben ja dafür sorgen, dass sich unsere Wege wieder einmal kreuzten. Nachdem ich schon viele zirkuläre Prozesse im Leben beobachtet hatte, meinte ich, dass das durchaus möglich war. Aber es war im Grunde nicht wichtig. Ich schätzte diese Erinnerungen und wünschte Fiona nur das Beste, und im Stillen dankte ich ihr für so manchen Lernprozess und die Freundschaft, die wir geteilt hatten.

Viele meiner schönsten Erinnerungen an Freunde haben etwas mit Spazierengehen, Reden und Lachen zu tun. In den nächsten ein, zwei Wochen erzählte ich Harry auch von ein paar anderen Freundschaften. Auch er war immer gern spazieren gegangen und erzählte mir von den Orten, an denen er gewandert war, und von den Freunden, die dabei gewesen waren. Ich konnte mir gut vorstellen, dass Harry jede Gruppe mit seinem Gelächter anstecken konnte. Bei dem Gedanken musste ich lächeln, und als er mich nach dem Grund fragte, verriet ich es ihm nur zu gern. Er bestätigte, dass sie bei ihren Wanderungen immer viel gelacht hatten.

In der Woche darauf musste ich Harry verlassen, weil ich selbst zu einer langen Wanderung aufbrach. Als ich sie gebucht hatte, war ich nicht sicher gewesen, ob er noch am Leben sein würde. Jetzt freute ich mich einerseits, aus der Stadt rauszukommen, andererseits war ich ein bisschen traurig, ihn zu verlassen, weil ich nicht wusste, ob er bei meiner Rückkehr noch da sein würde. Doch als ich Harry von meinen Plänen erzählte, war er von ganzem Herzen begeistert und meinte, er würde im Geiste mit mir kommen, ob er nun noch lebte oder tot war.

Die alljährlich stattfindende Wanderung führte durch ein entlegenes Gebiet und endete immer am gleichen See. Dafür wanderte man aber jedes Mal einen anderen Zufluss entlang. Dieses Jahr gingen wir bei ein paar Bauernhöfen los, die direkt an einer Flussmündung standen. Diesem Fluss sollten wir folgen – auch wenn es jetzt zum Großteil nur noch trockenes Flussbett war –, bis wir irgendwann den See erreichten.

Das Konzept der Wanderung bestand darin, den Teilnehmern im Kontakt mit der Erde die Gelegenheit zu eröffnen zu gesunden, indem man über die von uralten Zivilisationen ausgetretenen Pfade lief. In alten Zeiten waren Flüsse wie Autobahnen, oder zumindest Verkehrsstraßen, und die Stämme lebten an ihren Ufern oder gingen am Ufer entlang von einem Ort zum nächsten. Ein Aborigine-Ältester segnete uns mit einer reinigenden Rauchzeremonie. Dann starteten wir und wanderten sechs Tage lang.

Jeder fiel in seinen eigenen Rhythmus. Wir waren ungefähr ein Dutzend Wanderer. Manche gingen in Gruppen und unterhielten sich die ganze Zeit. Andere stießen gelegentlich zu einem Gespräch dazu und gingen dann wieder. Einige blieben stehen und fotografierten alles, wieder andere gingen eher allein. Jede Nacht kamen ein paar Ehrenamtliche mit einem Wohnwagen, in dem sich unsere Ausrüstung befand, und wir bauten ein Lager auf. An einem friedlichen Lagerfeuer wurde ein gemeinsames Abendessen zubereitet, während sich unter dem großartigen Sternenzelt neue wunderbare Freundschaften anbahnten.

Mit jedem Schritt intensivierte sich die Verbindung mit der Erde. Ich unterhielt mich zwar gerne mit den anderen, wenn wir eine Pause machten, aber ich ging lieber allein, was sich bei meinem Tempo sowieso kaum vermeiden ließ. Nachdem ich immer sehr viel gelaufen war, hatte ich jetzt ein natürliches Grundtempo, mit dem ich den Hauptteil der Gruppe schnell hinter mir ließ. Ein anderer Wanderer, die weise und liebevolle Seele, die diese Veranstaltung ins Leben gerufen hatte, war noch vor mir, auch er folgte seinem eigenen Rhythmus.

Wenn man so allein immer nur vor sich hin wandert, werden einem viele Dinge klar. Mir wurde etwa bewusst, dass ich mit dem Housesitting aufhören wollte. Etwas in mir sehnte sich mal wieder nach einer eigenen Küche. Die viele Veränderung, die ich immer so gemocht hatte, begann mich anzustrengen. Ohne großes Aufhebens wurde diese neue Saat gesät – ich nahm es einfach hin, dass sich manche Dinge veränderten. Friedlich wanderte ich weiter.

Heutzutage ist es selten, dass man so weit laufen kann, weil das Land durch Privatbesitz zerstückelt ist. Glücklicherweise wurde das vorab geklärt, so dass wir unbehelligt über die Grundstücke der Bauernhöfe wandern durften. In unserem hektischen Leben kann es einem leicht passieren, dass man sich der Erde unter den Füßen gar nicht mehr richtig bewusst ist. Natürlich spüren die meisten von uns eine Verbindung, wenn wir innehalten und die Schönheit der Natur genießen. Aber sechs Tage am Stück ungehindert wandern zu können gab mir ein Gefühl von Verbundenheit mit der Erde, das mir gefehlt hatte, ohne dass ich es gemerkt hätte, obwohl ich mich doch auch vorher so oft an der Welt gefreut hatte.

Unterwegs entdeckten wir Ritzzeichnungen von uralten Völkern und bestaunten die großartigen Roten Eukalyptusbäume, die Hunderte von Jahren alt sind. Neben den komplizierten Ritzzeichnungen sah man an manchen Stellen auch, wo vor Urzeiten für den Bau von Kanus Rinde abgetrennt worden war. Die Zeichen der Existenz alter Völker, deren Stämme sich lange verloren hatten, berührten und inspirierten mich. Außerdem spürte man an manchen Stellen eine unglaublich starke Energie. Das war sicher auch der Grund, weswegen man dieser Wanderstrecke heilsame Wirkungen zuschrieb.

Dazu kam noch, dass mich die Landschaft an meine Heimat erinnerte. Sogar der Geruch von Schafscheiße entfesselte eine Flut von Erinnerungen, und ich genoss es, mich einmal wieder in diesem trockenen, staubigen Klima aufzuhalten. Mit jedem Schritt verbesserte sich meine Kondition, und ich träumte davon, in eine Welt zurückzukehren, in der die Füße das wichtigste Transportmittel waren. Es kam mir einfach viel sinnvoller vor als dieses ganze Gehetze und Getöse des modernen Lebens.

Einmal fand ich eine kühle Wasserstelle, in der ich schwimmen konnte. Ich hatte die Gruppe gerade verloren, und das Schwimmen war mir eine willkommene Abwechslung. Ich zog mich aus, badete in dem sauberen, frischen Wasser und hatte das Gefühl, geradezu verjüngt zu werden. Es reinigte meinen Geist genauso wie meinen Körper. Jeder Moment dieser Woche war ein spirituelles Geschenk, und von Tag zu Tag wuchs die Verbindung zur Natur.

Die Landschaft veränderte sich unablässig während der Tagesetappen von ungefähr acht Uhr morgens bis fünf Uhr nachmittags, wenn wir wieder unser Lager errichteten. Hin und wieder konnte man noch andere Zeichen früherer Bewohner entdecken. Ein alter Wagen, der irgendwann einmal im Morast versunken war, war jetzt zu einem Teil der trockenen Landschaft geworden, wahrscheinlich schon seit über hundert Jahren. Eine Steinhütte ohne Dach verriet, dass einmal Leute am Fluss gewohnt hatten. Der beste Moment war aber der, als wir die Ritzzeichnungen entdeckten und uns klar wurde, was für eine einzigartige Geschichtsstunde uns gerade zuteilwurde, die die Existenz der Urvölker bestätigte, auf deren Spuren wir gerade wandelten.

Nach sechs vollen Tagen Wanderung und ungefähr achtzig zurückgelegten Kilometern kamen wir müde, aber in Hochstimmung ans Ziel. Traurig verabschiedete ich mich von den anderen Teilnehmern, aber noch trauriger war ich darüber, dass die Wanderung vorüber war. Am nächsten Tag umrundete ich den ausgetrockneten See und wanderte dabei noch einmal fünf Stunden, weil ich einfach nicht aufhören konnte zu laufen. Ein paar Tage später sollte ein kleines Musikfestival stattfinden, das mit ähnlichem Respekt vor der Natur veranstaltet wurde wie die Wanderung. Also blieb ich noch und fuhr erst danach endgültig nach Melbourne zurück.

Glücklicherweise war Harry noch nicht gestorben, so dass ich noch ein bisschen Zeit mit ihm verbringen konnte. In den zehn Tagen meiner Abwesenheit hatte die Krankheit seinen Körper jedoch ganz erobert, und ich fand ihn völlig ausgemergelt vor. Aus seinen einstmals muskulösen Beinen war jeder Tonus gewichen, und sein großes, rundes Gesicht war hager, mit loser Haut. Es war jedoch immer noch Harry, und immer noch ein höchst sympathischer, wunderbarer Mann.

Brians verzweifelter Wunsch, sich um seinen Vater zu kümmern, hatte sich jedoch weiter verstärkt. Er war bevormundender als je zuvor und verließ das Haus nachmittags nur noch für höchstens eine Stunde. Ich war dankbar, dass Harry und ich unsere Friedensstunden genossen hatten, bevor ich weg war, denn jetzt boten sich kaum noch solche Gelegenheiten. Zu Brians obsessivem Verhalten kam noch die Tatsache, dass Harry jetzt sowieso viel mehr schlief.

Aber wie das Leben so spielt, rief eines Morgens unerwartet Brians Arbeitgeber an, und er musste die Pflege widerstrebend mir überlassen. Gott sei Dank war das zu einem Zeitpunkt, an dem Harry geistig besonders klar war – auch wenn das bei ihm nicht mehr allzu viel hieß. Aber er war wach und konnte zumindest ein bisschen sprechen.

Auf seine Bitte hin erzählte ich ihm von meiner Wanderung und von den Einsichten, die ich in diesen Tagen gewonnen hatte. Er fragte mich auch nach den anderen Teilnehmern und den positiven Veränderungen, die sie oder ich festgestellt hatten. Es gab viel zu erzählen.

»Und was unternehmen Sie diese Woche mit Ihren Freunden, Bronnie?«, fragte er mit seiner schwächer werdenden Stimme. »Wie viel Zeit zweigen Sie von Ihrer Woche ab, um sie mit richtig guten Freunden zu verbringen? Das würde mich interessieren.« Ich lachte über seine Hartnäckigkeit bei diesem Thema und meinte, es würde noch genug Gelegenheit geben, den Kontakt zu meinen Freunden wieder aufzufrischen. Im Moment wollte ich meine Zeit mit ihm, Harry, genießen, der ebenfalls mein Freund war.

»Das reicht nicht, meine Liebe. Sie tun genau dasselbe wie alle anderen. Sie müssen doch inzwischen gelernt haben, dass Sie auch ein bisschen Zeit für sich selbst brauchen. Job und Privatleben müssen ausgewogen sein, und Sie müssen sich regelmäßig Zeit für Ihre Freunde nehmen. Tun Sie es mehr für sich als für sie. Wir brauchen unsere Freunde.« Harry sah mich mit strengem, warnendem Blick an. Wir wussten beide, dass hinter seiner Hartnäckigkeit Liebe steckte.

Er hatte recht. Ich musste mir regelmäßig Zeit für meine Freunde freihalten, statt ständig Zwölf-Stunden-Schichten zu arbeiten und später dann alles wieder auf einen Schlag aufholen zu wollen. So sehr ich meine Arbeit liebte und so viel ich manchmal auch zu lachen hatte mit meinen Patienten und ihren Familien, ich lebte dabei doch in einer ziemlich ernsten Welt. Mit sterbenden Menschen zusammen zu sein und die Trauer ihrer Verwandten zu erleben war so belastend, dass ich daneben ein bisschen Leichtigkeit in mein Leben bringen musste, und das konnten nur meine Freunde. Meinem Leben fehlte die Freude, und das konnte ich mir erst jetzt wirklich eingestehen.

»Sie haben recht, Harry«, gab ich zu. Er lächelte und breitete die Arme aus, um mich an sich zu ziehen. Ich beugte mich über das Bett und drückte ihn lächelnd.

»Es geht nicht nur darum, mit Ihren Freunden in Kontakt zu bleiben, meine Liebe. Wichtig ist vielmehr, dass Sie sich selbst das Geschenk ihrer Gesellschaft machen. Das verstehen Sie doch, oder?«, fragte er, mit Worten ebenso sehr wie mit Blicken.

Ich nickte überzeugt und antwortete: »Ja, Harry, das verstehe ich.« Als ich ihn später ein wenig allein ließ, damit er sich ausruhen konnte, freute ich mich, dass er mir das so klargemacht hatte und dass wir so aufrichtig miteinander reden konnten.

Harry war ein sanfter Tod vergönnt. Er starb ein paar Nächte später im Schlaf. Seine Tochter, die mich anrief, um es mir mitzuteilen, bedankte sich aufrichtig bei mir. Ich erwiderte, Harry hätte auch eine Menge für mich getan. Es war mir ein Vergnügen gewesen, seine Bekanntschaft zu machen.

»Halten Sie sich Zeit für Ihre Freunde frei«, höre ich ihn heute noch sagen. Die Worte dieses lieben alten Mannes mit den buschigen Augenbrauen, dem roten Gesicht und dem breiten Lächeln leben in mir weiter.

Versäumnis Nummer 5:

Ich wünschte, ich hätte mir mehr Freude gegönnt.

Als Managerin eines Weltkonzerns war Rosemary ihrer Zeit voraus. Sie hatte Karriere gemacht, lange bevor Frauen in diese Art von Führungsposition gelangten. Vorher hatte sie jedoch mit den damaligen gesellschaftlichen Erwartungen konform gelebt. Sie hatte jung geheiratet und war in ihrer Ehe körperlichen und seelischen Misshandlungen ausgesetzt. Als sie eines Tages fast gestorben wäre, weil ihr Mann sie besonders brutal geschlagen hatte, wurde es Zeit, auszubrechen.

Obwohl sie einen sehr guten Grund hatte, diese Ehe zu beenden, war eine Scheidung damals ein Skandal. Um in ihrer Heimatstadt dem Ruf ihrer Familie nicht zu schaden, zog Rosemary in die Stadt und fing von vorne an.

Das Leben hatte ihr Herz und ihr Denken verhärtet. Ihr Selbstwertgefühl und die Wertschätzung ihrer Familie holte sie sich jetzt durch ihren Erfolg in einer männerdominierten Welt. Noch einmal eine Partnerschaft einzugehen kam ihr überhaupt nicht in den Sinn. Stattdessen kletterte Rosemary zielstrebig die Karriereleiter hoch, mit einem hohen IQ und viel harter Arbeit, bis sie die erste Frau in ihrem Bundesstaat war, die einen so hohen Managerposten innehatte.

Rosemary war daran gewöhnt, den Leuten zu sagen, was sie zu tun hatten, und sie genoss die Macht, die ihre einschüchternde Art ihr verlieh. Dieses Benehmen schlug sich dann auch in der Art nieder, wie sie ihre Pflegerinnen behandelte. Und so entließ sie eine nach der anderen, weil sie nie zufrieden war. Bis ich kam. Sie mochte mich, weil ich früher im Bankwesen beschäftigt gewesen war, was in ihren Augen bedeutete, dass ich schon mal nicht ganz dumm sein konnte. Diese Art zu denken fand bei mir natürlich wenig Beifall, aber ich hatte so oder so nichts mehr zu beweisen, also dachte ich mir, soll sie mich doch einschätzen, wie sie möchte. Hauptsache, sie war glücklich damit. Immerhin war sie über achtzig und lag im Sterben. Rosemary forderte mich bald als ihre Hauptpflegerin an.

Am Morgen war es immer besonders übel, dann kommandierte sie einen herum und war schrecklich giftig. Da ich inzwischen ganz gut wusste, wer ich war, ließ ich mir das bis zu einem gewissen Grad gefallen, wusste aber auch, wo die Grenzen waren. Als sie eines Tages besonders böse und beleidigend wurde, stellte ich Rosemary ein Ultimatum. Entweder sie ist freundlicher zu mir, oder ich bin weg. Daraufhin fing sie an zu schreien, dann sollte ich doch gehen, raus mit mir. Da saß sie auf ihrer Bettkante und steigerte sich in immer noch mehr Gemeinheiten hinein.

Ich setzte mich einfach neben sie. »Gehen Sie doch! Raus!«, brüllte sie und zeigte auf die Tür. Ich saß ruhig da, sah sie an, sandte ihr freundliche Gedanken und wartete, bis der Ausbruch vorbei war. Dann war es still. Ungefähr eine Minute saßen wir so nebeneinander, ohne Worte, aber so nah beieinander, dass wir uns hätten aneinanderlehnen können. »Fertig?«, fragte ich mit einem milden Lächeln.

»Vorerst«, schnauzte sie. Ich nickte und sagte immer noch nichts. Das Schweigen hielt an. Schließlich legte ich den Arm um sie, küsste sie auf die Wange und ging in die Küche. Ein paar Minuten später kam ich mit einer Kanne Tee zurück. Rosemary saß immer noch so da wie vorher und sah aus wie ein verlorenes kleines Mädchen.

Ich half ihr hoch und führte sie zum Sofa gegenüber. Der Tee wartete schon auf dem Beistelltischchen. Rosemary setzte sich. Ich legte ihr eine wunderschöne Decke über die Beine, und sie blickte lächelnd zu mir auf. Dann setzte ich mich neben sie. »Ich hab solche Angst und bin so allein. Bitte verlassen Sie mich nicht«, sagte sie. »Bei Ihnen fühle ich mich so gut aufgehoben.«

»Ich gehe nirgendwohin. Ist schon okay. Solange Sie mich mit Respekt behandeln, bin ich für Sie da«, sagte ich aufrichtig.

Sie lächelte mich an wie ein kleines liebesbedürftiges Mädchen. »Dann bleiben Sie bitte. Ich möchte, dass Sie bleiben.« Ich nickte, küsste sie noch einmal auf die Wange, und sie strahlte.

Von diesem Moment an verbesserte sich unser Verhältnis schlagartig. Sie erzählte mir von ihrer Vergangenheit, und ich lernte sie besser verstehen. Sie hatte die Menschen immer zurückgestoßen. Da ich mich lange genug selbst nach diesem Muster verhalten hatte, aber auch wusste, wie wohltuend es war, damit zu brechen, erklärte ich Rosemary, dass es nicht zu spät war, die Menschen an sich heranzulassen. Sie sagte, sie wüsste nicht wie, aber sie wollte es auf jeden Fall versuchen und netter zu den Leuten sein.

Ihre Krankheit entwickelte sich nur langsam, aber es gab doch genug Anzeichen dafür, dass sie sich täglich weiter in ihrem Körper ausbreitete. So wurde sie immer schwächer. Die Veränderung ging am Anfang langsam vor sich, und Rosemary versuchte es immer wieder zu verdrängen. Sie schmiedete Pläne, dass ich ihre Buchführung übernehmen und ihr Investment-Portfolio in Ordnung bringen sollte, und verlor sich in Details. Ich hörte einfach zu, auch wenn ich wusste, dass es dazu nicht mehr kommen würde. Rosemary kündigte an, dass sie sich ein paar Stunden mit mir zusammensetzen würde, um mich quasi einzuarbeiten, sobald sie sich kräftig genug dazu fühlte. Ich konnte immer wieder beobachten, dass die Leute noch Zukunftspläne schmiedeten, obwohl ihre Kräfte von Tag zu Tag nachließen.

Außerdem bestand sie darauf, dass ich überall in der Stadt Termine für sie machte. Sie ließ mich vom Telefon im Schlafzimmer aus anrufen, so dass sie jedes meiner Worte hören, sich ständig einmischen und damit das ganze Gespräch kontrollieren konnte. Dann musste ich die Termine wieder verschieben oder absagen. Rosemary war zweifellos eine sehr dominante Persönlichkeit. Ich ließ mich gern darauf ein, gewisse unnötige Dinge für sie zu erledigen, aber manches lehnte ich auch rundheraus ab. So hatte ich zum Beispiel keine Lust, meine Zeit und Energie darauf zu verschwenden, nach Dingen zu suchen, die wir schon an jedem Fleckchen im Haus erfolglos gesucht hatten.

Jeden Tag bröckelten ihre emotionalen Mauern ein Stückchen weiter ab, und wir kamen uns immer näher. Rosemarys Verwandte lebten weit weg, aber sie riefen regelmäßig an. Ein paar Freunde kamen sie regelmäßig besuchen und auch ein paar ehemalige Geschäftspartner. Aber die meiste Zeit war es ein ziemlich stilles Haus mit einem wunderschönen Garten, den wir zusammen genossen.

Eines Nachmittags legte ich Bettwäsche zusammen. Rosemary saß im Rollstuhl und sah mir zu. Sie befahl mir, mit dem Summen aufzuhören. »Es geht mir auf den Wecker, dass Sie die ganze Zeit so fröhlich sind und ständig am Summen«, erklärte sie trübselig. Ich brachte meine Arbeit zu Ende, machte den Wäscheschrank zu, drehte mich um und sah sie amüsiert an. »Na, ist doch wahr«, sagte sie. »Immer summen Sie, immer sind Sie fröhlich. Ich wünschte, es würde Ihnen ab und zu auch mal elend gehen.«

Das war so typisch Rosemary, dass es mich nicht überraschte. Ich war nicht immer fröhlich, aber wenn ich es war, dann meckerte sie deswegen herum. Statt ihr zu antworten, sah ich sie einfach an, machte eine Pirouette, streckte ihr die Zunge heraus und ging lachend hinaus. Sie liebte mich für solche Dinge. Als ich wenig später zurückkam, lächelte sie gehässig, aber man sah ihr an, dass sie mich trotzdem akzeptierte. Danach äußerte sie sich nie wieder so abfällig über meine positive Stimmung.

»Warum sind Sie so fröhlich?«, fragte mich Rosemary eines Morgens bald danach. »Ich meine, nicht nur heute, sondern generell. Warum sind Sie so fröhlich?« Ich lächelte über diese Frage und dachte mir, dass ich es ganz schön weit gebracht hatte, wenn jemand mir so eine Frage stellen konnte. In Anbetracht dessen, was ich selbst zu der Zeit durchmachte, als ich Rosemary pflegte, war es sogar eine ziemlich erschütternde Frage.

»Weil Glücklichsein eine Entscheidung ist, Rosemary, und ich versuche, mich jeden Tag dafür zu entscheiden. An manchen Tagen kann ich das einfach nicht. Wie Sie hatte auch ich ein hartes Leben, auf eine andere Art, aber trotzdem hart. Aber statt mich ständig darin zu verbeißen, was alles nicht so gut läuft und wie schwer ich es doch habe, versuche ich jeden Tag die guten Seiten zu entdecken und den Moment, in dem ich gerade lebe, einigermaßen zu genießen«, antwortete ich ehrlich. »Wir können uns selbst aussuchen, worauf wir unseren Blick richten. Ich versuche, mich auf die positiven Dinge zu verlegen, zum Beispiel, dass ich Sie besser kennenlerne, dass ich eine Arbeit tue, die ich liebe, dass ich nicht mehr unter dem Druck irgendwelcher vertrieblicher Vorgaben stehe. Und außerdem bin ich froh, dass ich gesund bin, und freue mich über jeden Tag, den ich lebe.« Rosemary lächelte und sah mich aufmerksam an.

Was sie nicht wusste, war, dass ich zu dieser Zeit selbst mit einer Krankheit zu tun hatte. Kurz zuvor hatte ich einen kleineren Eingriff gehabt. Als mich der Facharzt anrief, um mir die Resultate mitzuteilen, erklärte er mir, dass sie nicht ganz in Ordnung seien und dass sofort eine größere OP erforderlich war. Ich sagte ihm, dass ich darüber nachdenken würde.

»Da gibt es nichts nachzudenken«, beharrte er. »Sie *müssen* sich operieren lassen, sonst könnten Sie in einem Jahr schon tot sein.« Wieder sagte ich ihm, dass ich darüber nachdenken würde. Ich hatte durch meinen Körper schon viele wichtige Dinge gelernt. Das ist auch nicht überraschend, denn in unserem Körper wird unsere Vergangenheit gespeichert. Alle Schmerzen und alle Freuden manifestieren sich auf die eine oder andere Art im Körper. Nachdem es mir schon gelungen war, ein paar kleinere Beschwerden loszuwerden, indem ich quälende emotionale Wunden heilen ließ, hielt ich das hier eher für ein großes Geschenk. Also würde ich meine Krankheit auch aus dieser Perspektive angehen.

Doch da ich schon genug mit meinen Ängsten zu kämpfen hatte, konnte ich nur ein, zwei Leuten von dieser Situation erzählen. Ich würde meine ganze Kraft brauchen, um sie zu überstehen und mich auf das zu konzentrieren, was ich wollte – nämlich Gesundheit. Ich konnte es nicht riskieren, die Meinungen oder Ängste anderer Leute aufzunehmen. Sie mochten es zwar gut meinen, aber ich hatte kein bisschen Platz für die Ängste anderer Leute auf meiner Reise zur Heilung. Es wurde noch wichtiger, meinen Gefühlen Ausdruck zu verleihen und Dinge loszulassen, die aus meinem tiefsten Inneren emporstiegen, und eine Weile sah es ganz schön dunkel aus. Viele Verletzungen aus meiner Vergangenheit stiegen wieder an die Oberfläche.

Zu einem bestimmten Zeitpunkt wurde es so schwierig und emotional so schmerzhaft, dass ich den Gedanken an den Tod sogar begrüßte und die Krankheit bat, mich mitzunehmen. Als ich ernsthaft mein gesamtes Leben überdenken musste und akzeptieren, dass ich vielleicht wirklich daran sterben und nicht bis ins hohe Alter leben würde, fand ich zu einem überwältigenden inneren Frieden. Mir wurde klar, dass ich schon ein ganz unglaubliches Leben gelebt hatte und dass ich den Mut gehabt hatte, meinem Herzen und meiner Berufung zu folgen. Daher konnte ich dem Tod ins Gesicht sehen und die Entscheidung akzeptieren. Der Frieden, der sich daraufhin einstellte, war ganz wunderbar.

Während ich einerseits meine gewohnten Meditationssitzungen weiterführte, las ich diverse Bücher über Heilung und Visualisierungstechniken und ließ alle Gefühle heraus, die herauswollten. In mir begannen sich gewisse Dinge zu verlagern und zu verändern. Irgendwann erreichte ich einen Punkt, an dem ich das Gefühl hatte, dass ich das Schlimmste hinter mir hatte und auf dem Weg zur Genesung war.

Da trug man mir einen Housesitting-Auftrag in einem kleinen, einfachen Cottage an, das mit Wein überwuchert und hinter einem hohen Zaun versteckt war. Es lag in einem ziemlich reichen Vorort, war aber fast unsichtbar, und ich verliebte mich auf den ersten Blick. Außerdem hatte dieses Haus eine riesige Wanne, und ein Vollbad war für mich schon immer eine Art lebensrettende Maßnahme gewesen. Da ich in so einer tollen Umgebung wohnen konnte, beschloss ich, gleich noch eine Saftfastenkur zu beginnen, wie schon unzählige Male zuvor, und ein paar Tage der Stille und Meditation einzulegen.

Mein Körper war schon immer ein toller Indikator für meine Gefühle gewesen. Wenn sich ein kleines Zipperlein meldete, konnte ich sofort erkennen, wo meine Gedanken oder Taten in den Tagen oder Wochen zuvor gewesen waren. Nach einer Weile konnte ich daher sehr klar und aufrichtig mit meinem Körper kommunizieren. Ich hörte ihm jetzt immer zu und tat mein Bestes, um seinen Zustand zu verbessern. Patienten oder Freunde vertrauten mir oft an, dass sie schon von ihrer Krankheit gewusst hatten, aber doch noch eine ganze Weile brauchten, bis sie etwas dagegen unternahmen. Nachdem ich gesehen hatte, was ein Leben zu bieten hat, wenn man nicht mehr gesund ist, hatte ich gelernt, auf jedes Signal meines Körpers so schnell und so effektiv wie möglich zu reagieren. Gesundheit bedeutet unwahrscheinliche Freiheit, aber wenn sie einmal verloren ist, bleibt sie oft verloren.

Eine der Meditationsübungen, die ich in diesem Cottage absolvierte, hatte ich aus einem Buch, das ich mir kürzlich gekauft hatte. Es beschäftigte sich mit der Intelligenz und der Zusammenarbeit unserer Zellen und bot eine Anleitung, wie man sie bitten konnte, die Krankheit aus dem Körper zu vertreiben. Heilung auf Zellebene. Am Vormittag setzte ich mich also auf mein Meditationskissen und ließ mich an einen tiefen, friedlichen Ort in meinem Inneren gleiten. Mit Hilfe von Visualisierungen bat ich meine Zellen, mich vom letzten bisschen meiner Krankheit zu befreien, sollte ich noch etwas davon in mir tragen.

Dann erinnere ich mich nur noch, dass ich in der nächsten Sekunde zur Toilette rannte und mich schwallartig erbrach. Das kam aus den tiefsten Tiefen meines Körpers, und ich übergab mich endlos lange, bis ich spürte, dass absolut nichts mehr in mir war. Völlig ausgelaugt saß ich auf dem Boden, lehnte mich an die Badewanne und wartete benommen, ob noch mehr kommen würde. Es kam, und dann noch mehr, bis es irgendwann vorbei war. Ich musste mich zum Aufstehen auf die Badewanne stützen, so erschöpft war ich. Außerdem tat mir mein Magen weh von den vielen Kontraktionen. Als ich in mein Meditationszimmer zurückkam, stand ich völlig neben mir. Ich legte mich auf den weichen Teppich, zog eine große Decke über mich, rollte mich in Embryonalstellung zusammen und schlief sechs Stunden am Stück.

Die Spätnachmittagssonne schien ins Zimmer, und die beginnende Abendkühle weckte mich sanft. Als ich so gemütlich unter meiner Decke lag und das schöne Licht durchs Fenster fallen sah, fühlte ich mich, als hätte ein neues Leben angefangen. Ich sprach ein Dankgebet für die Führung und den Mut, die mir diese Heilung ermöglicht hatten. Mein Körper war noch geschwächt von den Ereignissen des Tages. Aber als ich mich wieder besser bewegen und den Abend in Angriff nehmen konnte, überkam mich Euphorie. Ich bereitete mir nach dem Fasten eine leichte Mahlzeit, und mein Gesicht schmerzte geradezu vor Glück. Es war vorbei.

Mein Körper war genesen, und in den Jahren seitdem hat sich kein Zeichen dieser Krankheit mehr gezeigt. Ich habe Respekt vor den Entscheidungen jedes Einzelnen über seine Behandlungswege – sei es eine Operation, naturheilkundliche Therapien, östliche Heilmethoden oder westliche Medikamente. Doch ich hatte die richtige Methode für mich selbst gefunden. Ich hatte alles, was ich jemals gelernt hatte, gebraucht, um diese Zeit zu überstehen, aber ich hatte es geschafft.

Ich fand es nie angebracht, diese Geschichte meinen Patienten zu erzählen. Denn die Methoden, die ich dabei anwandte, setzten vier Jahrzehnte eigener Lebenserfahrung als Vorbereitung und viele Monate für die Heilung voraus. Es wäre nicht nett gewesen, falsche Hoffnungen zu wecken. Schließlich lernte ich sie alle erst in einer Phase kennen, in der sie dem endgültigen Ende ihrer Krankheit und ihres Lebens schon allzu nah waren.

Nach diesem Erlebnis lernte ich das Geschenk meines Lebens noch mehr zu schätzen und begriff, dass man sich jeden Tag dafür entscheiden muss, glücklich zu sein – eine ganz neue Angewohnheit, die ich jetzt in mein Denken integrierte. Es gab auch Tage, an denen ich einfach nicht glücklich sein konnte, aber ich glaube, dass man friedlicher lebt, wenn man das hinnimmt. So kann man schwerere Tage akzeptieren, weil man weiß, dass auch sie ihre Geschenke bringen und irgendwann wieder vorübergehen werden. Und dann wartet das Glück schon wieder auf der anderen Seite. Es brachte natürlich weitere positive Veränderungen mit sich, als ich mich bewusst entschied, mich auf mein Glück zu konzentrieren und auf das, was mir an Gutem zuteilwurde.

Als Rosemary mich also fragte, warum ich immer vor mich hinsummte und glücklich war, war es, weil ich kurz zuvor ein selbstgemachtes Wunder erlebt hatte und mich stark und beschenkt fühlte.

Rosemary wollte auch gern glücklich sein, wie sie mir später anvertraute, aber sie wusste nicht, wie sie es anfangen sollte. »Na ja, reden Sie es sich einfach ein, eine halbe Stunde etwa. Vielleicht gefällt es Ihnen so gut, dass Sie dann tatsächlich glücklich sind. Schon allein der körperliche Akt des Lächelns verändert Ihre Gefühle, Rosemary. Versuchen Sie doch mal, während der nächsten halben Stunde nicht böse zu gucken, zu jammern oder irgendetwas Negatives zu sagen. Sagen Sie stattdessen nette Dinge, oder konzentrieren Sie sich von mir aus nur auf den Garten, aber auf jeden Fall müssen Sie lächeln«, wies ich sie an. Ich erinnerte Rosemary daran, dass ich sie früher nicht gekannt hatte, so dass sie jetzt einfach sein konnte, wer sie wollte. Manchmal muss man sich bewusst anstrengen, um glücklich zu sein.

»Wissen Sie, ich glaube, ich hatte immer das Gefühl, dass ich es nicht verdiene, glücklich zu sein. Meine gescheiterte Ehe befleckte den Namen und den Ruf meiner Familie. Wie kann ich glücklich sein?«, fragte sie mit einer Ehrlichkeit, die mir das Herz brach.

»Sie erlauben es sich einfach selbst. Sie sind eine wunderbare Frau, und Sie haben es verdient, Glück zu erleben. Gestehen Sie es sich zu, entscheiden Sie sich dafür, es zu sein.« Mir selbst waren in der Vergangenheit dieselben Dinge im Weg gestanden, mit denen Rosemary zu kämpfen hatte. Also erinnerte ich sie noch einmal daran, dass die Meinung oder der Ruf ihrer Familie ihr nur dann das Glück rauben konnten, wenn sie es zuließ. Ich lockerte die Stimmung mit ein wenig Humor auf, damit das Glück besser fließen konnte.

Obwohl Rosemary anfangs ein wenig zögerte, begann sie sich selbst zu erlauben, glücklich zu sein. Jeden Tag wurde sie ein wenig offener, sie schenkte ihrer Umwelt öfter ein Lächeln, das dann zuweilen sogar in richtiges Lachen überging. Wenn sie wieder eine ihrer alten Launen überkam und sie mir einen unhöflichen Befehl erteilte, lachte ich bloß und sagte: »Nein, ich glaube nicht, dass ich auf solche Befehle reagiere!« Statt dann noch unhöflicher zu werden, lachte sie und bat mich höflich, woraufhin ich ihr nur zu gerne jeden Wunsch erfüllte.

Doch von Tag zu Tag verschlechterte sich ihr Gesundheitszustand, und inzwischen so sehr, dass sie es selbst bemerkte. Sie redete zwar immer noch davon, dass sie mir zeigen würde, wie ich ihre Bücher handhaben sollte, aber sie sah mich nicht mehr verwundert an, wenn ich nicht mit ermutigenden Worten darauf einging. Rosemary konnte auch immer seltener aufstehen. Sie musste akzeptieren, dass sie jetzt im Bett gewaschen wurde, denn es wäre zu riskant für ihre Gesundheit und meinen Rücken gewesen, sie in die Dusche zu bringen.

Wenn ich zu lange mit kleineren Arbeiten im Haus unterwegs war, rief sie mich wieder zu sich, damit ich ihr Gesellschaft leistete. Da sie inzwischen in einem Krankenhausbett lag, stand ihr eigenes Bett daneben leer. Das Krankenhausbett war notwendig geworden, weil sie nicht mehr mithelfen konnte, wenn man sie aus dem Bett hob. Die Hydraulik gestattete ihr auch, sich aufzusetzen, ohne mir oder der Nachtschwester den Rücken zu brechen. Wenn ich also nichts weiter zu tun hatte, als ihr Gesellschaft zu leisten, dann legte ich mich auf ihr altes Bett, und wir unterhielten uns. Rosemary fand es am bequemsten, wenn sie auf der Seite lag. Das strengte sie nicht so an, und für mich war es auch sehr gemütlich.

Schon bald gewöhnten wir uns an, am Nachmittag ein Schläfchen zu halten. Um diese Uhrzeit war es in ihrer

Straße sehr ruhig, und ich war ja direkt neben ihr, falls sie etwas brauchte. Also schlief ich auch gut, wenn ich mich unter die Decken gekuschelt hatte. Wenn wir aufwachten, erzählten wir uns unsere Träume und unterhielten uns im Liegen weiter, bis ich aufstehen und meine Arbeiten erledigen musste. Das waren ganz spezielle, zärtliche Momente für uns beide.

Eines Nachmittags, als wir uns gerade wieder so unterhielten, fragte mich Rosemary, wie der Tod aussieht, vor allem der Teil mit dem Sterben. Diese Fragen hatten mir andere Patienten auch schon gestellt. Wahrscheinlich ist das dasselbe, wie wenn eine schwangere Frau von anderen Frauen wissen will, wie eine Geburt abläuft. Oder man fragt Reisende, wie dieses oder jenes Land so ist. Aber in diesem Fall hat der Sterbende ja niemanden, der gestorben ist und ihm Auskunft geben könnte, denn die Toten sind ja meistens nicht mehr da. Also fragte man oft mich nach meiner Ansicht und meinen Erfahrungen. Ich erzählte ganz aufrichtig von Stella, die mit einem Lächeln heimgegangen war. Ich erzählte auch, dass der Übergang jedes Mal nur ganz kurz gedauert hatte. Stellas Geschichte beruhigte die Leute immer, genauso wie mich damals.

In der modernen Gesellschaft wird bei der Pflege Sterbender – oder allgemein Kranker – so wenig Gewicht auf das spirituelle und emotionale Wohlergehen gelegt. Wenn sie sich nicht gerade in einem Zentrum befinden, in dem diese Aspekte des Lebens ebenso beachtet werden, müssen sie normalerweise allein über diese Fragen nachdenken. Das macht ihnen große Angst, und es isoliert sie. In unserer Gesellschaft klafft eine große Lücke zwischen der Behandlung der körperlichen Gesundheit und der Erkenntnis, dass die spirituelle und emotionale Gesundheit miteinander in Verbindung stehen. Würde man diese Bedürfnisse und alle Aspekte des Weges eines Patienten zusammenfassen, könnten Sterbende vor ihren letzten Wochen oder Tagen wesentlich größeren inneren Frieden finden.

Auf diesem Gebiet zeigt sich ganz deutlich, was für ungute Folgen es hat, wenn wir den Tod vor den Augen der Gesellschaft verbergen. Sterbende haben so viele Fragen, die schon viel früher hätten gestellt werden können, wenn sie sich bewusst gemacht hätten, dass sie eines Tages sterben müssen, wie wir alle. Wenn diese Fragen früher gestellt worden wären, könnten die Menschen ihre Antworten und ihren Frieden schneller finden. Und sie müssten ihren nahenden Tod nicht vor lauter Angst leugnen, wie es so oft geschieht.

Doch dann kam die Zeit, als Rosemary ihren nahenden Tod nicht mehr leugnen konnte. Manchmal wollte sie alleine sein. »Ich hab vieles, worüber ich nachdenken muss«, sagte sie dann.

Als ich eines Abends in ihr Zimmer zurückkam, verkündete sie: »Ich wünschte, ich hätte mir gestattet, glücklicher zu sein. Was für ein jämmerlicher Mensch ich gewesen bin. Ich hab einfach gedacht, dass ich kein Glück verdiene. Aber ich verdiene es. Das weiß ich jetzt. Als ich heute Morgen mit dir gelacht habe, wurde mir klar, dass es überhaupt keinen Grund gibt, Schuldgefühle zu haben, weil man glücklich ist.« Ich setzte mich auf ihre Bettkante und hörte ihr zu.

»Es ist wirklich unsere eigene Entscheidung, oder? Wir können uns vom Glücklichsein abhalten, weil wir glauben, dass wir es nicht verdienen, oder weil wir zulassen, dass die Meinungen anderer ein Teil von uns werden. Aber das sind gar nicht wir, stimmt's? Denn wir können genau der Mensch sein, der wir uns zu sein erlauben. Oh Gott, warum bin ich bloß nicht schon früher drauf gekommen? So eine Verschwendung!«

Ich lächelte sie liebevoll an. »An dem Punkt war ich auch schon mal, Rosemary. Man ist einfach am besten beraten, wenn man sanft und mitfühlend mit sich selbst ist. Aber jetzt haben Sie es doch begriffen, und zumindest in letzter Zeit haben Sie ein bisschen Glück in Ihr Leben gelassen. Und wir hatten schöne Momente miteinander.« Rosemary erinnerte sich an ein paar Dinge, über die wir gelacht hatten, und stimmte mir zu. Jetzt war sie wieder ganz fröhlich.

»Neuerdings fange ich an, mich selbst zu mögen, Bronnie, diese leichtere Seite an mir.« Sie lächelte, als ich sagte, dass ich diese Seite auch an ihr mochte. »Oh, ich war eine ganz schöne Tyrannin, was?«, kicherte sie, als sie an unsere ersten gemeinsamen Wochen zurückdachte.

Es war aber nicht so, dass wir nur miteinander gelacht hätten. Es gab auch traurige und zärtliche Momente, in denen wir uns bei den Händen hielten und zusammen weinten, denn wir wussten, was auf sie zukam. Aber zumindest hatte Rosemary in ihren letzten Monaten ein wenig Glück erfahren. Sie hatte ein so schönes Lächeln. Ich kann es immer noch vor meinem inneren Auge sehen.

An ihrem letzten Nachmittag hatte eine Lungenentzündung sie schon fest im Griff, und ihre Atemwege waren total verschleimt. Inzwischen waren auch ein paar Verwandte eingetroffen und einige nette Freunde. Obwohl ihr Tod nicht der sanfteste war, den ich je gesehen hatte, starb sie doch unglaublich schnell. Jetzt war diese liebe Frau an einen anderen Ort gegangen.

An diesem Nachmittag sollte die Gemeindeschwester kommen, und sie kam zehn Minuten nach Rosemarys Tod. Während die Verwandten und Freunde in der Küche saßen und redeten, wuschen die Schwester und ich die Tote und zogen ihr ein frisches Nachthemd an. Die Schwester hatte Rosemary noch nie gesehen, und als wir uns mit der Leiche beschäftigten, fragte sie mich, wie sie als Mensch gewesen war.

Ich sah die Leiche meiner lieben Freundin an und das friedliche Gesicht, das jetzt für immer eingeschlafen war. Ich lächelte. Die Erinnerung an die Nachmittage, an denen wir nebeneinander in den Betten gelegen hatten, wurde wach. Dazwischen blitzten Bilder von Rosemary auf, wie sie mich anblaffte, aber auch wie sie lachte.

»Sie war glücklich«, erwiderte ich wahrheitsgemäß. »Ja, sie war eine glückliche Frau.«

Glück ist jetzt

Von all meinen Patienten war Cath mit Abstand die philosophischste. Sie hatte zu allem eine Meinung. Aber nicht irgendeine, sondern wohlfundiert. Aus Bildungshunger und Liebe zur Philosophie hatte sie sich in den einundfünfzig Jahren ihres Lebens einen enormen Wissensfundus angeeignet. Cath lebte noch immer in dem Haus, in dem sie geboren worden war. »Meine Mutter ist hier geboren und gestorben. Und ich werde das auch so halten«, stellte sie entschlossen fest.

Was sie ebenfalls liebte, waren Vollbäder, also unterhielten wir uns in unseren ersten paar Monaten meistens, während sie in der Wanne lag und ich auf einem Hocker danebensaß. Da ich ihre Neigung teilte, wollte ich Cath unbedingt helfen, so lange wie möglich baden zu können. Doch nach einer Weile wurde sie schwächer und konnte nicht mehr ein- oder aussteigen, auch nicht mit meiner Hilfe. Das Risiko eines Sturzes war einfach zu groß.

Als ihr klar wurde, dass sie gerade zum letzten Mal in ihrem Leben in der Badewanne saß, begann Cath zu weinen, und die Tränen tropften ins Wasser. »Alles geht dahin. Jetzt ist es die Badewanne. Dann kann ich nicht mehr gehen. Dann werde ich nicht mal mehr stehen können, und dann bin ich irgendwann selbst weg. Alles geht dahin. Mein Leben geht dem Ende zu.« Ihr Weinen steigerte sich zu einem wilden, ungehemmten Schluchzen. So sehr mir das ans Herz ging und so nahe ich selbst den Tränen war, es tat auch gut, einmal jemanden zu sehen, der seine Gefühle mit solcher Aufrichtigkeit zeigen konnte.

Eine ganze Tränenflut brach da aus ihrem tiefsten Inneren hervor. Als nichts mehr übrig war, saß sie still und erschöpft vom Weinen da, starrte aufs Wasser und zeichnete Muster auf die Oberfläche. Dann fing es wieder an, und jeder Schluchzer schien von einem noch tieferen, verborgeneren Ort zu kommen. Sie weinte um jede traurige Erinnerung, um alle Menschen, die sie verloren hatte, um alle, die sie verlieren würde, wenn sie ging. Aber in erster Linie weinte Cath um sich selbst.

Jedes Mal, wenn ich gehen wollte, um ihr ein wenig Privatsphäre zu lassen, schüttelte sie den Kopf und bat mich zu bleiben. Also blieb ich auf dem Hocker sitzen, sandte ihr Gedanken voller Liebe und saß einfach nur da. Es war herzzerreißend, aber gleichzeitig auch gesund, denn ich wusste, dass das alles aus ihrem Innersten kam.

Als eine weitere halbe Stunde vergangen war und das Wasser nicht mehr warm genug war, bot ich ihr an, noch etwas nachlaufen zu lassen. Doch sie schüttelte den Kopf. »Nein, schon in Ordnung. Jetzt wird es Zeit«, und damit zog sie den Stöpsel und sah mich an, damit ich ihr hinaushalf. Hinterher fuhr ich sie mit ihrem Rollstuhl an die Sonne, und in ihrem hellblauen Bademantel und den feuerroten Pantoffeln wirkte sie ganz ruhig.

»Hör mal, der Vogel«, lächelte sie. Wir saßen schweigend da und hörten zu, genossen das Lied und lächelten noch mehr, als wir hörten, wie ein Stückchen die Straße hinunter ein anderer Vogel von seinem Baum antwortete. »Jetzt ist jeder Tag wie ein Geschenk, weißt du. Das war schon immer so, aber erst jetzt lebe ich langsam und bewusst genug. Ich sehe die unglaubliche Schönheit, die uns jeder Tag bietet. Wir können so viel für selbstverständlich nehmen. Hör doch.« Von ein paar anderen Bäumen in der Nähe hörte man noch andere Vögel singen.

Cath erzählte, wie sie erkannt hatte, was für eine mächtige

Kraft die Dankbarkeit ist. Es ist so einfach, immer noch mehr vom Leben zu wollen, sagte sie, und das mag bis zu einem gewissen Grad ja auch in Ordnung sein, denn zu unserem Träumen und Wachsen gehört ja auch eine gewisse Ausdehnung des Selbst. Aber da wir nie alles bekommen werden, was wir wollen, und immer weiterwachsen, ist es enorm wichtig, dass wir zu schätzen wissen, was wir alles schon haben. Das Leben vergeht so schnell, egal ob man mit zwanzig, vierzig oder achtzig stirbt. Sie hatte recht. Jeder Tag an sich ist ein Geschenk und ein Segen. Überhaupt ist alles, was wir haben, der Moment, in dem wir gerade leben.

In den letzten zwanzig Jahren hatte ich ein Dankbarkeitstagebuch geführt, in dem ich am Abend ein paar Dinge notierte, für die ich dankbar war. Oft gab es zahllose Dinge, für die ich dankbar sein konnte. Aber ab und zu, in meinen dunkelsten Zeiten, kostete es mich Mühe, etwas zu finden. Die emotionale Erschöpfung hatte mich so ausgelaugt, dass es mich schon überforderte, die Geschenke in meinem Leben zu erkennen. Trotzdem hörte ich nicht auf. Und jedes Mal gelang es mir doch noch, Dinge zu nennen, für die ich dankbar war, zum Beispiel sauberes Wasser, ein Dach über dem Kopf, Essen im Bauch, ein Lächeln von einem Fremden, ein singender Vogel.

Ich wusste die Dinge am Abend zu schätzen, wenn ich sie aufschrieb, erklärte ich Cath, doch brauchte es einiges Training, um sie schon dann schätzen zu können, wenn ich sie erlebte. Ich gewöhnte mir dieses Bewusstsein an, indem ich jedes Mal ein stilles Dankgebet sprach, wenn mir ein solches Geschenk gemacht wurde.

Die Natur hatte meinen Dank definitiv immer sofort bekommen. Wenn eine sanfte Brise mein Gesicht küsste, war ich dankbar, gesund genug zu sein, um mich draußen aufhalten und sie genießen zu können. Aber ich wollte noch dankbarer für andere Dinge sein. Obwohl mir das Tagebuch sicherlich schon die Augen geöffnet hatte, kam die Dankbarkeit im Alltag erst in mein Leben, als es mir gelang, wirklich immer im gegenwärtigen Augenblick zu leben. Es gibt in jeder Stunde irgendetwas, wofür man sich bedanken kann, beschloss ich, und so nahm ich diese Gewohnheit erfolgreich an.

»Ich bin sicher, dass einem viele Geschenke zuteil werden, wenn man immer so dankbar ist, oder?«, fragte Cath.

»Wenn ich es zulasse, Cath, wenn ich meinen eigenen Wert nicht vergesse und die Dinge einfach fließen lasse, dann ja. Ich habe in meinem Leben definitiv schon ein paar große Geschenke bekommen. Manchmal stehe ich mir bloß selbst im Weg. Es geht mir wie anderen Menschen auch: Wenn ich dankbar bin und alles fließen lasse, bekomme ich viel, viel mehr.«

Cath lachte, als sie diese Theorie hörte, und stimmte mir zu. »Ja, die Dinge wollen uns tatsächlich zufließen. Aber wenn wir sie nicht zu uns lassen und nicht dankbar sind, blockieren wir sie, glaube ich. Den meisten Leuten ist gar nicht klar, wie gut sie es haben. Mir ging es lange Zeit genauso. Aber Gott sei Dank ist mir das schon aufgegangen, bevor diese Krankheit zuschlug, also hatte ich schon einen ganz anderen Ausgangspunkt.«

Nachdem wir eine Weile die Sonne genossen hatten, brauchte Cath ihr Mittagessen und dann ein wenig Ruhe. Zum Essen gab es Eis und Kompott. Das war alles, was sie noch zu sich nehmen konnte. Alles andere fand sie zu anstrengend zu kauen und geschmacklich zu fad. Nach der Mahlzeit hob ich ihre Beine aufs Bett, legte sie in eine bequeme Position und zog die Vorhänge zu. Die Dosis ihrer Schmerzmittel war gerade erst erhöht worden, was ihr Erleichterung verschaffte, sie aber auch stärker erschöpfte. Sie fiel sofort in einen tiefen Schlaf.

Am frühen Abend war Caths Ex-Freundin vorbeigekommen. Die beiden trugen sich nichts nach. Sie waren nach ihrer Trennung vor über zehn Jahren gute Freunde geblieben. Es war eine freundliche, respektvolle Freundschaft. Daneben gab es noch ein paar andere Leute, die sie regelmäßig besuchten, wie Caths älterer Bruder mit seiner Frau und den Kindern, und ihr jüngerer Bruder. Manche Nachbarn kamen täglich vorbei, und Freunde und Kollegen schauten vorbei, so oft es sich einrichten ließ. Sie war eine sehr beliebte Frau.

Nach den verschiedenen Geschichten zu urteilen, die ihre Besucher erzählten, war Cath in ihrem Job sehr engagiert gewesen, und sie hatte wohl immer eine positive Ausstrahlung auf ihr Umfeld. Wie alle Sterbenden genoss sie es jetzt, wenn ihre Besucher ihr das Neueste aus ihrem Leben erzählten und was in der Welt da draußen so passierte. Wenn Menschen im Sterben liegen und nicht mehr selbst in dieser Welt leben können, saugen sie jede klitzekleine Neuigkeit von draußen begierig in sich auf. Oft wissen die Freunde und Verwandten gar nicht, was sie erzählen sollen. Doch ein Mensch, der Berichte über das Leben draußen hört, bleibt geistig mit der Welt in Verbindung, und das ist auf jeden Fall positiv für ihn.

Genauso war das auch bei Cath. Sie wollte so viele erfreuliche Dinge wie möglich hören. Für die Besucher war das aber ziemlich schwer, denn sie waren oft niedergeschlagen, schließlich würden sie jemanden verlieren, den sie sehr liebten. Auf Grund unseres unkomplizierten Verhältnisses konnte ich mit Cath offen über alles reden. Auf Anfrage ihrer Freundin Sue schnitt ich eines Tages die Emotionen ihrer Besucher an.

Sue kämpfte jeden Tag darum, ihrer Freundin gegenüber positiv aufzutreten, dabei hätte sie sich bei jedem Besuch am liebsten die Augen aus dem Kopf geweint. Sie erzählte mir, dass sie, bevor sie hereinkam, noch kurz in ihrem Auto sitzen blieb und sich fest einredete, ganz stark und fröhlich zu sein. Nach dem Besuch setzte sie sich wieder ins Auto und weinte sich die Seele aus dem Leib. »Irgendwie seh ich ihr das auch an«, meinte Cath später. »Ich weiß bloß nicht, ob ich zusätzlich zu meiner Traurigkeit auch noch die von Sue ertragen kann. Das kann ich nicht auch noch auf meine Schultern nehmen.«

»Aber du musst es doch gar nicht auf deine Schultern nehmen«, erwiderte ich. »Erlaub ihr einfach, sich aufrichtig auszudrücken, indem du nicht das Thema wechselst, wenn sie dir ihre Gefühle schildert. Sie muss das eine oder andere einfach aussprechen, und du musst nichts weiter tun, als sie zu lassen. Das heißt nicht, dass du diese Last zusätzlich tragen musst, das will sie gar nicht von dir. Sie hat bloß das Bedürfnis, dir zu sagen, wie sehr sie dich liebt, und das kann sie nicht, ohne zu weinen. Und sie kann es auch nicht, wenn du sie nicht lässt.«

Cath wusste sehr gut, was ich meinte, aber sie meinte, es mache sie auch so hilflos, allen anderen so viel Kummer zu bereiten. Es war ihr fast schon peinlich. »Du liebe Güte, Cath, ist Stolz denn an diesem Punkt deines Lebens noch wichtig?«, fragte ich direkt, aber freundlich. Sie lachte. »Behandle das Ganze einfach offen und gestatte den anderen, dir zu sagen, wie sehr sie dich lieben«, schlug ich vor.

Cath lächelte mich an und schwieg kurz, bevor sie erwiderte: »Vor einiger Zeit, als mir klar wurde, wie schwer krank ich bin, lernte ich, meine Gefühle zu akzeptieren. Das ist auch der Grund, warum ich in der Badewanne so ungehemmt weinen konnte, als du daneben saßt. Ich habe gelernt, meine Gefühle so zu akzeptieren, wie sie in einem bestimmten Moment sind, statt sie zu verdrängen. Ich betrachte sie nur als Nebenprodukt meiner Gedanken und meines Geistes. Ich weiß, dass es möglich ist, neue Gefühle entstehen zu lassen, indem man sich auf schönere Dinge konzentriert. Aber die, die ich schon in mir trage, sind ja in dem Moment ein Bestandteil meiner selbst, und ich bin am besten beraten, wenn ich sie herauslasse. Und jetzt merke ich auf einmal, dass ich die Gefühle anderer nicht respektiere, dass ich sie zurückweise und ihren ehrlichen Ausdruck blockiere.« Cath schüttelte den Kopf über sich selbst und seufzte. Nach kurzem Nachdenken sah sie mich lächelnd an und meinte: »Ich schätze, es wird Zeit, dass ich tapfer bin und auch ihre Tränen zulasse.«

Ich nickte zustimmend und gab zu bedenken, dass dann bei späteren Gelegenheiten durchaus wieder eine unbeschwertere Stimmung herrschen konnte. Aber die Gefühle ihrer Freunde und Verwandten mussten einmal zur Sprache kommen. Sie liebten Cath und brauchten die Möglichkeit, es ihr zu sagen und zu zeigen, auch wenn sie das manchmal nur unter Tränen konnten.

Wenig später kam es zu vielen tränenreichen Gesprächen zwischen Cath und ihren Besuchern, aber die Liebe, die dabei floss, war beeindruckend. Die Herzen öffneten sich, und obwohl sie einerseits schier zerbrechen wollten, wurden sie auf der anderen Seite auch geheilt, durch den freien Ausdruck von Liebe.

An einem besonders tränenreichen Tag ging ihre letzte Freundin gerade wieder, und sie weinte und lachte gleichzeitig, weil Cath und sie immer noch herumwitzelten, bis sie außer Sichtweite war. Als sie weg war, sah Cath mich liebevoll an: »Ja, es ist wichtig, seine Gefühle herauszulassen und sie zu akzeptieren. Und für meine Freunde ist es auch gesund«, meinte sie. »Auf die Art nehmen sie auch bessere Erinnerungen mit. Sie werden nicht blockiert sein, weil sie noch ganz unnötig Dinge mit sich herumschleppen.«

Ihre Analyse gefiel mir, und ich nickte. In meinen dunkleren Tagen hatte ich mich auch irgendwann von meinen Gefühlen lösen können, weil mir klar wurde, dass sie nur der emotionale Ausdruck meines Schmerzes oder meiner Freude waren, aber nicht die Person ausmachten, die ich wahrhaft war. Wie jeder Mensch trug ich die Weisheit meiner Seele in mir. Aber um mein wahres Selbst kennenzulernen, die göttliche Weisheit, die in mir wohnte, musste ich meine Gefühle herauslassen. Wenn ich das nicht tat, würden sie mich daran hindern, jemals mein wahres Potenzial zu entfalten. Deswegen freute es mich so, dass Cath zu ganz ähnlichen Schlussfolgerungen gekommen war, auch wenn sie sie etwas anders formulierte.

Da sie sowieso eher dünn war, dauerte es nicht lange, bis sie durch den Gewichtsverlust wirklich krank aussah. »Meine Zeit läuft ab. Ich kann die Anzeichen nicht ignorieren, das steht fest«, erklärte sie eines Morgens, als sie auf dem Toilettenstuhl saß. Ich unterhielt mich oft mit meinen Patienten, während sie ihr morgendliches Geschäft verrichteten und ich in der Nähe wartete. Auf die Tatsache, dass sie gerade ihren Darm entleerten, achteten wir überhaupt nicht. Das gehörte einfach zum geregelten Tagesablauf, und es war sinnlos, sich durch solche Tagesordnungspunkte von einem guten Gespräch abhalten zu lassen. Als ich Cath hinterher ins Bett half, stimmte ich ihr zu – tatsächlich deutete alles darauf hin, dass ihre Zeit jetzt ablief.

Als sie wieder bequem lag, meinte sie: »Es tut mir nicht leid, wie ich gelebt habe, weil ich aus fast allem, was ich getan habe, etwas gelernt habe. Aber wenn ich die Chance hätte, noch einmal irgendetwas anders zu machen, dann würde ich mir mehr Glück und Freude gönnen.« Ich war ein bisschen verblüfft, diese Worte ausgerechnet von ihr zu hören. Natürlich hatte ich solche Äußerungen schon von anderen Patienten gehört, aber ich hätte Cath immer als fröhlichen Menschen eingeschätzt. Na ja, so fröhlich, wie man eben sein kann, wenn man im Sterben liegt und sich auf Grund dessen ganz hundsmiserabel im eigenen Körper fühlt. Ich hakte also nach.

Sie sagte, dass sie ihre Arbeit geliebt hatte, aber immer

zu viel Gewicht auf das Ergebnis gelegt hatte. Sie hatte an Projekten für Jugendliche in sozialen Schwierigkeiten gearbeitet und glaubte daran, dass es wichtig war, einen Beitrag für die Gesellschaft zu leisten, um ein befriedigendes Leben zu führen. »Jeder von uns hat ein Talent, das er anderen zugute kommen lassen kann. Es ist egal, welche Arbeit man tut. Wichtig ist, dass man sich bewusst bemüht, einen Beitrag für die Gesellschaft zu leisten, in der Hoffnung, eine bessere Welt zu schaffen«, erklärte Cath. »Die Dinge werden nur besser, wenn uns allen bewusst wird, wie sehr wir uns gegenseitig beeinflussen und voneinander abhängen. Alleine kann man nichts Gutes tun. Wenn wir nur lernen könnten, im Interesse aller zusammenzuarbeiten, statt ständig in Konkurrenz und Angst zu leben.«

Obwohl sie erschöpft und mittlerweile die meiste Zeit ans Bett gefesselt war, hatte Cath noch eine Menge zu sagen. Die Philosophin würde der letzte Teil sein, der an ihr starb, vermutete ich (was ich natürlich gut fand). Ich massierte ihr die Arme und Hände mit Creme, während sie sprach. »Wir alle können etwas Positives beitragen. Ich habe meinen Beitrag geleistet. Aber während ich mich auf meinen Lebenszweck konzentrierte, vergaß ich darüber völlig, meine Arbeit auch zu genießen. Es ging mir nur um das Ergebnis. Als ich eines Tages die Arbeit fand, die ich wirklich liebte, eine Arbeit, die ich in der Absicht verrichtete, mich einzubringen, war ich immer noch ergebnisorientiert.«

Das hatte ich schon häufig beobachtet. Und diese Worte hatte ich auch schon oft genug von anderen Patienten gehört. Während sie auf ihr Ziel hinarbeiten, vernachlässigen sie nicht selten den gegenwärtigen Moment. Das war es, was Cath meinte. Sie machten ihr Glück vom Endergebnis abhängig und achteten nicht so sehr auf den Prozess, der dort hinführte. Ich bemerkte, dass keiner von uns immer immun dagegen ist, mich selbst eingeschlossen.

»Ja, aber auf diese Art habe ich mir eben potenzielles Glück geraubt«, fuhr sie fort. »Das meine ich, wenn ich sage, ich würde es anders machen. Natürlich ist es wichtig, nach seiner Lebensaufgabe zu suchen, aber es ist falsch, sein Glück allein vom Endergebnis abhängig zu machen. Die Dankbarkeit für jeden Tag auf dem Weg zu diesem Ergebnis ist der Schlüssel zum Glück in der Gegenwart. Und nicht erst dann, wenn die Ergebnisse sichtbar werden oder wenn man in Ruhestand geht oder wenn dies oder jenes passiert.« Cath seufzte. Sie war erschöpft von ihrem leidenschaftlichen Ausbruch, aber sie hatte – wie es so oft der Fall ist – das dringende Bedürfnis, ihre Erkenntnis weiterzugeben.

Nachdem ich zugehört und ihr gezeigt hatte, dass ich ihre Gedankengänge gut verstand, zog ich ihre Decken zurecht und ging in die Küche, um uns ein bisschen Tee zu kochen. Während ich frisches Zitronengras aus dem Garten schnitt, dachte ich über Caths Worte nach. Mir fielen ähnliche Äußerungen von anderen sterbenden Menschen ein. Ein Vogel zwitscherte, und der Geruch des Zitronengrases aus der Teekanne zog durch die Küche. Da war es nicht schwer, mich dankbar ganz im Jetzt zu fühlen.

Cath, die sich nun wieder entspannen und zuhören wollte, fragte mich, wo ich wohnte. Ich lachte kurz und erzählte, das sei immer die erste Frage meiner Freunde, wenn sie mich anriefen. »Wo wohnst du denn im Moment?« Diese Worte hörte ich oft. Also erzählte ich Cath von meinem früheren Wanderleben, dann von den letzten paar Jahren, in denen ich regelmäßig den Housesitter gespielt hatte, und schließlich auch von meinem Gefühl, dass mir die Energie für so eine unstete Existenz langsam ausging. Hier in Melbourne bekam ich auch nicht so regelmäßig und zuverlässig Aufträge wie in Sydney. Und inzwischen nervte es mich, nicht zu wissen, wo ich als Nächstes wohnen würde. Das Umziehen selbst störte mich auch. Früher hatte ich es genossen und geliebt, jetzt fand ich es langsam, aber sicher ermüdend.

Bis vor Kurzem hatte ich zwischen meinen Housesitter-Aufträgen immer bei Freunden gewohnt. Jetzt hatte ich mir ein kleines Zimmer bei einer Frau gemietet, die ich flüchtig kannte. Ich war ihr sehr dankbar für ihre Freundlichkeit und auch für die Tatsache, dass ich nicht alle paar Wochen umziehen musste, aber dieses Haus war eben doch spürbar *ihr* Reich. Es fühlte sich für mich also nie wirklich nach einem Zuhause an, und das war langfristig auch nicht ideal.

Doch das sollte alles so sein, denn die Situation trug dazu bei, dass sich meine Sehnsucht nach einer eigenen Wohnung verstärkte. Es war fast zehn Jahre her, dass ich zum letzten Mal eine eigene Wohnung, eine eigene Küche gehabt hatte. Der Wunsch danach wuchs täglich. Cath, die einundfünfzig Jahre im selben Haus gewohnt hatte, meinte, sie könnte sich so ein Leben beim besten Willen nicht vorstellen. Ich erwiderte, ich könnte mir ihr Leben auch nicht vorstellen, und obwohl ich mich langsam wieder nach einer eigenen Wohnung sehnte, würde ein Teil von mir immer ein wenig das Nomadenleben lieben. Momentan schwebte mir eine Art Fixpunkt vor, von dem aus ich meine Reisen unternehmen konnte, statt jedes Mal, wenn mich das Fernweh plagte, mein ganzes Zuhause zu verlegen.

Die Wanderjahre, die einen großen Teil meines Erwachsenenlebens ausgemacht hatten, prägten auch einen großen Teil der Person, die ich einmal gewesen war. Doch jetzt vollzogen sich Veränderungen in mir, und ich hatte weder den Wunsch noch die Energie, dieses alte Leben aufrechtzuerhalten. Ich wollte einfach mal wieder meine eigene Küche und die Privatsphäre, die man nur in seiner eigenen Wohnung hat.

Cath stimmte mir zu, dass eines im Leben garantiert ist, nämlich die Veränderung. Sie lachte und meinte, ohne mich, die ich mein Leben so oft über den Haufen warf, könnte es auch keinen Durchschnitt geben. Ich antwortete, dass Leute wie ich nötig waren, um Leute wie sie auszugleichen, die ein halbes Jahrhundert im selben Haus wohnten, und wir mussten kichern. Unsere Lebensweise war so unterschiedlich, aber wir spürten trotzdem eine sehr starke Verbindung, und die ging auf unsere gemeinsame Liebe zur Philosophie zurück.

Als Cath wissen wollte, wie ich bei der Sterbebegleitung gelandet war, war sie überrascht, von meiner Karriere im Bankwesen zu hören. »Oh, das kann ich mir ja überhaupt nicht vorstellen«, meinte sie verblüfft.

»Ich mir auch nicht mehr. Gott sei Dank.« Ich lachte. Als ich an diese Zeiten zurückdachte, war ich erstaunt, wie viel in ein Leben hineinpasst und wie schwierig es mir fiel, mir vorzustellen, dass ich mich in dieser Welt bewegt hatte, und das auch noch so lange. »Strumpfhosen, hohe Absätze und Firmenkluft – das war im Grunde nie mein Ding. Genauso wenig wie dieses strukturierte Leben.«

»Das wundert mich nicht, wenn ich so höre, was für ein Leben du seitdem geführt hast«, kicherte sie. Dann wurde sie wieder ernster und fragte, wie lange ich diese Arbeit noch machen wollte und ob ich irgendwelche anderen Pläne hätte. Es gab keinen Grund, es ihr zu verschweigen. Schließlich hatte ich schon gelernt, wie wichtig es ist, aufrichtig zu sein, und es fühlte sich großartig an, frei über dieses Thema reden zu können. In letzter Zeit hatte ich in dieser Hinsicht über viele Dinge nachgedacht, und als ich jetzt mit Cath darüber sprach, gewannen sie viel klarere Konturen.

Irgendwann in den letzten zwölf Monaten war mir die Idee gekommen, ich könnte Songwriting in einem Gefängnis unterrichten. Ich hatte keine Ahnung vom Justizvollzugssystem, aber irgendwie hatte sich diese Idee in mir festgesetzt. Und im Laufe der Zeit war dieses Saatkorn langsam gewachsen. Vor Kurzem hatte ich eine tolle Frau kennengelernt, die mich unter ihre Fittiche genommen hatte und mir zeigte, wie man es anstellt, Sponsoren zu finden.

»Ja, geh zurück zu den Lebenden, Bronnie. Du leistest hier wirklich wundervolle Arbeit, und ganz offensichtlich gehört es ja auch zum Teil zu deinem Lebenssinn. Aber es muss dir doch manchmal auch zusetzen«, meinte sie. Ich erzählte ihr, dass ich mittlerweile fast acht Jahre auf diesem Gebiet arbeitete, und während ich sprach, fühlte es sich an, als würde ich gerade zur Kenntnis nehmen, dass ich tatsächlich demnächst schlapp machen würde, wenn ich so weitermachte. Ich näherte mich dem Burnout.

Es war mir eine unglaubliche Ehre, zu sehen, wie Leute ihren Frieden fanden, Zeuge zu sein, wie sie beim Sonnenuntergang ihres Lebens noch einmal einen großen Entwicklungsschritt machten. Es bescherte mir unzählige Belohnungen, es war befriedigend und erfüllend. Ich konnte nicht leugnen, dass ich diese Arbeit geliebt hatte und es immer noch tat. Aber ich wollte auch irgendwo arbeiten, wo es vielleicht noch ein bisschen Hoffnung gab. Mit Leuten, die die Chance hatten, ihre Entwicklungsschritte noch zu gehen und ihr Leben einschneidend zu verändern, bevor sie starben. Der Wunsch, meine Tätigkeit komplett in den kreativen Bereich zu verlegen, war auch gewachsen, ebenso die Hoffnung, mehr von zu Hause aus arbeiten zu können, sobald ich eine Wohnung für mich allein gefunden hatte.

Als ich mir selbst zuhörte, wie ich all diese Gedanken vor Cath laut aussprach, bekam der ganze Prozess spürbar Energie. Ehe ich mich's versah, nahmen die Gedanken an Unterricht im Gefängnis immer mehr Raum ein. Meine Zeit im Pflegedienst näherte sich ihrem Ende. Das musste sie, denn ich hatte hier fast alles gegeben, was ich geben konnte.

Kurz vor ihrem Tod erlebte Cath noch einmal einen Aufschwung, und für ein paar Tage schien es ihr besser zu gehen. Dieses Phänomen hatte ich schon öfter beobachtet, weswegen ich jetzt rasch all ihre regelmäßigen Besucher anrief und sie bat, vorbeizukommen und noch einmal ein wenig Zeit mit ihr zu verbringen, weil sie jetzt rapide ihrem Ende entgegenging. Manche ihrer Freunde wandten sich nach ihrem Besuch noch einmal an mich, weil Cath so gut aussah und wesentlich mehr Energie ausstrahlte. Das scheint einfach ein Geschenk zu sein, das wir manchmal bekommen, wenn jemand sehr lange sehr krank gewesen ist. Auf diese Art können wir ihn ein bisschen leichter so im Gedächtnis behalten, wie er früher war, bevor die Krankheit das Ruder übernahm. Zwei Tage lang hörte man lautes Gelächter aus Caths Zimmer. Sie riss geistreiche Witze und genoss im Zusammensein mit Familie und Freunden völlige geistige Klarheit.

Doch als ich am nächsten Tag kam, sah ich eine sterbende Frau vor mir, die kaum mehr sprechen konnte. Sie war schlaff und kraftlos, und so blieb es weitere drei Tage. Die meiste Zeit schlief sie. Wenn sie wach war, lächelte sie mich an, wenn ich ihre Vorlagen wechselte und sie wusch. Sogar der Luxus, auf dem Toilettenstuhl Wasser lassen zu können, gehörte jetzt der Vergangenheit an.

Die Freunde kamen noch einmal zu Besuch und waren sehr ernster Stimmung, wenn sie gingen, denn sie wussten, dass sie sich gerade für immer von ihrer lieben Cath verabschiedet hatten. Am Abend des dritten Tages war es offensichtlich, dass sie die Nacht nicht mehr überstehen würde. Also blieb ich nach Ende meiner Schicht mit Caths Bruder und ihrer Schwägerin bei ihr. Die Nachtpflegerin hatte noch nie eine Leiche gesehen und war ungeheuer erleichtert, dass ich blieb. Als ich an den Jahre zurückliegenden Tag dachte, an dem ich selbst an ihrer Stelle gewesen war, wurde mir klar, wie weit ich gekommen war. Damals hatte ich kaum geahnt, wie viele wunderbare Menschen ich auf so persönliche Art kennenlernen würde und was für unvorhergesehene Geschenke mir auf diesem Wege zuteilwerden sollten.

In den letzten Tagen hatte Cath ihre Schmerzmittel intravenös bekommen, weil sie feste Tabletten nicht mehr schlucken konnte. Am Abend war noch einmal eine Schwester vorbeigekommen, um weitere Schmerzmittel abzugeben. Cath war nicht mehr wach. »Das wird die letzte Dosis sein«, sagte sie zu Caths Bruder und mir. »Sie wird die Nacht sowieso nicht mehr überleben.« Wir bedankten uns freundlich bei ihr, und ich brachte sie hinaus. »Sie wird noch in der nächsten Stunde sterben«, sagte die Krankenschwester, als ich mich an der Tür von ihr verabschiedete. In meiner Rolle lag so viel Freude und so viel Trauer zugleich. Trauer, weil ich Abschied nehmen und loslassen musste. Glück, weil das Leiden ein Ende hatte und zwischen mir und den Patienten so viel Liebe gewesen war. Es war bittersüß, und mir stiegen die Tränen in die Augen.

Cath wartete nicht mal mehr eine Stunde. Sie starb, als ich in ihr Zimmer zurückkam. Ihre Atmung hatte sich verlangsamt und dann ganz ausgesetzt. Als ich sie so daliegen sah und wusste, dass ihr wunderbarer Geist jetzt an einem anderen Ort war, musste ich unter Tränen lächeln. Und immer noch hörte ich ihre Stimme in meinem inneren Ohr: »Bleib nicht für immer bei den Sterbenden. Lass auch mal wieder ein bisschen Freude in dein Leben«, hatte sie mir am Morgen zuvor mit ersterbender Stimme zugeflüstert.

Da brach ich endgültig in Tränen aus, und ich ließ sie fließen, während ich neben ihrem Bett stand. »Gute Reise, meine Freundin«, sagte ich im Stillen, und es kam von Herzen. Ihr Bruder und ihre Schwägerin, die selbst weinten, kamen zu mir herüber und umarmten mich liebevoll. Dann wollte sich die Familie noch um einige Formalitäten kümmern. Ich blickte ein letztes Mal auf Caths Leiche, einen Körper, den ich so oft gewaschen und massiert hatte. Ihr Geist hatte ihn verlassen. Doch sie war in meinem Herzen, und mit einem sanften Lächeln nahm ich von ihr und ihrer Familie für immer

Abschied. Dann trat ich zum letzten Mal aus Caths Haus und zog die Tür hinter mir zu. Die Straßenlaternen warfen ihr helles Licht auf die stille Vorstadtstraße.

Wenn einer meiner Patienten gestorben war, kam mir die Welt immer irgendwie surreal vor. Meine Sinne waren geschärft, ich fühlte mich, als würde ich die Welt von einer anderen Warte aus sehen. Als ich in die Tram stieg, war ich mir der anderen Menschen um mich herum kaum bewusst. Die Welt draußen glitt vorbei, und ich dachte über Cath und unsere schöne gemeinsame Zeit nach.

Als die Tram an einer Ampel hielt, beobachtete ich lachende Menschen, die gerade ein Restaurant betraten. Es war ein lauer Abend, und alle, die ich auf der Straße herumlaufen sah, waren heiterer Stimmung. Meine müden, erschöpften Augen lächelten, als sie die Anzeichen von so viel Fröhlichkeit sahen. Als ich wieder in die Realität zurückkam, drangen Klänge aus dem Inneren der Tram an meine Ohren. Hier hörte ich auch nur fröhliche Gespräche. Es war eine von diesen Nächten, in denen das Glück förmlich in der Luft liegt. Und obwohl diese Nacht sicherlich genug Traurigkeit für mich bereitgehalten hatte, war auch Glück beigemischt, weil ich Cath kennengelernt hatte.

Das Gelächter der anderen Menschen tanzte mit mir und machte mich auch glücklich. Als die Tram wieder anfuhr, sah ich aus dem Fenster und dachte an die guten Herzen der Menschen, die ich hier sah, aber auch überall auf der Welt. Die Dankbarkeit wärmte mich, und ich musste lächeln.

Ich dachte nicht an die Vergangenheit oder an die Zukunft. Glück ist jetzt. Und ich war im Jetzt.

Eine Frage der Haltung

Einer meiner letzten Patienten, der großen und bleibenden Eindruck auf mich machte, war ein freundlicher Mann in einem Pflegeheim. Ich hatte meine Abneigung gegen Schichten in solchen Einrichtungen nie überwunden. Die Situation der Heimbewohner bedrückte mich jedes Mal, wenn ich durch die Tür kam. Deswegen akzeptierte ich solche Arbeit auch nur, wenn ich absolut keinen anderen Job mit privaten Patienten in Aussicht hatte. In diesem Fall war ich allerdings froh, dass ich angenommen hatte.

Lenny stand schon kurz vor dem Tod, als wir uns kennenlernten. Seine Tochter hatte mich als zusätzliche Pflegerin angeheuert, weil sie wusste, dass das reguläre Personal zu beschäftigt war, um ihm die Pflege angedeihen zu lassen, die sie sich für ihn wünschte. Er schlief die meiste Zeit des Tages. Tee trank er noch, wenn man ihm eine Tasse anbot, aber Essen lehnte er schon komplett ab. Wenn er wach wurde, klopfte er neben sich aufs Bett, damit ich mich möglichst nah neben ihn setzte, denn er hatte nicht mehr die Kraft, laut zu sprechen. »Ich hatte ein gutes Leben«, sagte er oft. »Ja, ein gutes Leben.«

Das war natürlich eine Frage der Haltung, und es zeigt, dass Glück mehr mit der persönlichen Entscheidung als mit den Umständen zu tun hat. Lennys Leben war alles andere als leicht gewesen. Beide Eltern waren noch vor seinem vierzehnten Lebensjahr gestorben, und in den folgenden Jahren verlor er seine Geschwister, entweder weil sie starben oder weil sie sich in alle Himmelsrichtungen zerstreuten, bis er mit keinem einzigen mehr Kontakt hatte. Als er zweiundzwanzig war, lernte er Rita kennen, die Liebe seines Lebens, die er quasi über Nacht heiratete, wie er es formulierte.

Der Ehe entsprangen vier Kinder. Ihr ältester Sohn war im Vietnamkrieg gefallen, worüber Lenny immer noch den Kopf schüttelte. Er sprach mit scharfen Worten vom Krieg und dem ganzen Wahnwitz, der darin lag. Er meinte, er würde nie begreifen, wie jemand sich einbilden konnte, dass ein Krieg jemals dauerhaften Frieden bringen könnte. Seine Gedanken über die Verrücktheit und die bekümmernde Lage der derzeitigen Weltpolitik konnte ich nur teilen. Schon bald lernte ich die Intelligenz und die Lebensweisheit dieses wunderbaren Mannes zu schätzen.

Ab und zu kamen Schwestern vorbei und boten ihm etwas zu essen an, aber er lehnte jedes Mal mit einem Lächeln ab und schüttelte den Kopf, ohne ihn vom Kissen zu heben. Die Geschäftigkeit auf den Korridoren schien nach einer Weile zu verschwinden, als wären wir in unserer eigenen Dimension, völlig unberührt von dem Lärmen nebenan.

Die älteste Tochter hatte einen Kanadier geheiratet und war weggezogen. Sechs Monate später war sie tot. Sie hatte in einem Schneesturm die Kontrolle über ihr Fahrzeug verloren. »Sie war unser Augenstern«, sagte er von ihr. »Sie war immer unser Augenstern, und jetzt ist sie für immer ein Stern.«

Seit ich in diesem Bereich arbeitete, hatte ich mir abgewöhnt, meine Tränen zurückzuhalten. Je weiter ich mich entwickelte, umso natürlicher verlieh ich meinen Gefühlen Ausdruck, ohne lange darüber nachzudenken. In unserer Gesellschaft gibt man sich immer solche Mühe, den Schein zu wahren, aber der Preis dafür ist zu hoch.

Die Aufrichtigkeit meiner eigenen Gefühle half manchmal auch den Familien, denn das eröffnete auch ihnen die Freiheit, die Tränen fließen zu lassen. Manche Leute hatten sich als Erwachsene nie gestattet zu weinen. Ich war im Laufe der Zeit immer leidenschaftlicher für Ehrlichkeit eingetreten. Daher fiel auch die eine oder andere Träne, als Lenny mir seine Geschichten erzählte. Etwas an der Schönheit dieses Menschen und an der Art, wie er von seinem Leben erzählte, brachte mich zum Weinen.

Lennys jüngster Sohn war zu sensibel für diese Welt gewesen und wurde psychisch krank. Damals gab es noch keine Unterstützung in solchen Fällen, und wenn die Familie gar nicht damit zurechtkam, wurden die Patienten ins Irrenhaus eingewiesen. Lenny und Rita wollte Alistair lieber zu Hause in einer liebevollen Umgebung behalten, doch die Ärzte gestatteten es nicht. Also verbrachte Alistair den Rest seines Lebens in einem Medikamentennebel, und Lenny sah ihn nie wieder lächeln.

Ihre andere Tochter lebte in Dubai, wo ihr Ehemann einen Bauauftrag hatte. Sie rief während meiner Schicht im Pflegeheim an und redete mit mir. Sie war ein netter Mensch, aber sie konnte nicht nach Hause zu ihrem Vater reisen.

Seine geliebte Rita war mit Ende vierzig gestorben, nur wenige Jahre, nachdem sie Alistair ans Gesundheitssystem verloren hatten. Von Ritas Diagnose bis zu ihrem Tod waren es nur wenige Wochen. Trotzdem erklärte mir dieser liebenswürdige Mann, dass er ein gutes Leben gehabt hatte. Unter Tränen fragte ich ihn, wie er das so sehen konnte. »Ich habe die Liebe kennengelernt, und die Liebe ist in all diesen Jahren nicht einen einzigen Tag weniger geworden«, sagte er.

Am liebsten wäre ich nach Ende meiner Schicht noch geblieben, aber Lenny musste sich ohnehin ausruhen. Jeden Tag betete ich auf dem Weg zum Pflegeheim darum, dass er noch am Leben war. Das war natürlich etwas zwiespältig – denn ich wusste, dass er gehen wollte, wieder bei Rita und seinen verlorenen Kindern sein wollte. Deswegen gönnte ich ihm einen baldigen Tod. Aber im Hinblick auf meine eigene

Entwicklung und das Band, das zwischen uns entstanden war, wollte ich die Begegnungen so lange wie möglich ausdehnen.

Er hatte viel gearbeitet, zu viel, wie er meinte. Aber am Anfang hatte er damit seinen Schmerz betäubt, weil er nicht wusste, wie er sonst mit den Verlusten hätte umgehen sollen. In späteren Jahren hatte er auf den Rat von Rose, seiner Tochter in Dubai, eine Therapie gemacht und gelernt, über die Ereignisse zu reden. Nachdem er über seinen Verlust hatte sprechen können, wurde er wieder gesund. Er konnte jetzt ganz freimütig von seinem Leben erzählen. Ich sagte ihm, dass ich dankbar dafür war.

Er fragte mich nach meinem Leben und fand es faszinierend, dass eine junge Frau ihren ganzen Besitz verkaufen konnte, das Auto vollpacken und in ein neues Leben fahren, ohne die geringste Vorstellung, wo die Reise hingehen sollte. Und dass sie das sogar mehrfach getan hatte.

Ich erklärte ihm, wie sehr meine erste ernsthafte Beziehung mein Leben beeinflusst hatte. Damals gab es Bereiche in mir, die erst noch entdeckt werden mussten (und solche wird es immer geben). Doch gerade angesichts der Unterdrückung, die ich damals erlebte, schien mir ein unbekanntes Leben wie ein verführerischer Lockruf. Als die Beziehung schließlich beendet war, fühlte ich mich so frei wie nie zuvor. Ich hatte ihn getroffen, als ich noch sehr jung war, hatte also nie wirklich die Freiheit des Erwachsenenlebens kennengelernt. Am Ende unserer Beziehung war ich dreiundzwanzig Jahre alt und begann zu tun, was alle Dreiundzwanzigjährigen tun sollten: Spaß haben.

Ein paar Monate später fuhr ich sechs Stunden zur Hochzeit einer Freundin und entdeckte eine Seite an mir, die mir seltsam vertraut vorkam. Etwas in mir gehörte einfach auf Reisen, und das würde auch so bleiben. Es kam mir wie die natürlichste Sache der Welt vor, lange Strecken zu fahren. Seither ist mir Freiheit eine der stärksten Triebfedern im

Leben. Die meisten Entscheidungen fällte ich nach der Überlegung, wie sie meine Freiheit beeinflussen würden, und entsprechend richtete ich mein Leben ein. Natürlich kann man auch in einem ganz normalen Leben Freiheit erlangen. Mehr als alles andere ist sie ein Geisteszustand. Die Freiheit, man selbst zu sein, ist die größte Freiheit überhaupt, unabhängig davon, in welcher Stadt oder welchem Vorort man lebt.

Lenny sagte, viele Partner glaubten, einander zu besitzen. Zwar sei für jede Beziehung ein gewisser Grad an Kompromissen und Verbindlichkeiten nötig, vor allem, wenn Kinder da seien, aber jeder Mensch müsse sich ein Gespür für sich selbst bewahren. Mit aufrichtiger Neugier befragte er mich weiter zu meinem Leben und hörte auch zu, als ich erzählte, dass ich darüber nachdachte, diesen Job über kurz oder lang an den Nagel zu hängen. »Ja«, sagte er. »Auf dich wartet ein gutes Leben, Bronnie, ohne dass du deine ganze Zeit in der Gegenwart des Todes verbringen müsstest. Geh zurück zu den Lebenden.« Er war ein lieber Mann, und ich lächelte über seinen freundlichen Segen.

Das Pflegeheim stand unter christlicher Trägerschaft. Lenny hatte allerdings nach Ritas Tod aufgehört, zur Kirche zu gehen. Nicht, weil er nicht mehr glaubte, sondern weil es für ihn zu schmerzlich war, dort zu sein, ohne neben sich die wunderschöne Singstimme seiner Frau zu hören. Er meinte, es sei ihm egal, ob sein Pflegeheim ein christliches war, irgendeine andere religiöse Trägerschaft hatte oder völlig unreligiös war. Er hätte aus jeder Situation das Beste gemacht. So oder so wusste er, dass er bald zu Rita heimgehen würde, und das war alles, was für ihn jetzt noch zählte. Aber es war nun mal ein christliches Heim, und es gab neben dem regulären Personal auch viele ehrenamtlich Tätige.

Einer von ihnen war Roy, der die Runde machte, um den Heimbewohnern täglich aus der Bibel vorzulesen. Vor ein paar Monaten hatte er seine Dienste auch Lenny angeboten, was dieser höflich abgelehnt hatte. Roy blieb hartnäckig und wiederholte sein Angebot mehrmals, aber Lenny lehnte immer wieder freundlich ab.

Jetzt, wo Lenny in den letzten Zügen lag und keine Kraft mehr hatte, um Widerstand zu leisten, kam Roy jeden Nachmittag vorbei und las ihm Bibelpassagen vor. Er las ihm lange vor. Selbst ein gesunder Mensch, dessen Hobby das Bibelstudium gewesen wäre, wäre am Ende dieses täglichen monotonen Vortrags ein bisschen müde gewesen. Aus Höflichkeit bemühte ich mich auch, aufmerksam zuzuhören, während Roy vorlas. Aber manchmal nickte ich ein, ohne es zu wollen. Wie gesagt, er las wirklich *lange*, und das ohne jeden Ausdruck in der Stimme.

Noch schlimmer war, dass Roy anschließend mit Lenny über die Passage reden wollte, die er ihm vorgelesen hatte. Als seine Pflegerin war ich für Lennys Wohlergehen verantwortlich, also erklärte ich höflich, dass er nur sprechen konnte, wenn er die Energie dazu aufbrachte, und dass man ihn zu nichts zwingen sollte. Das entsprach voll und ganz der Wahrheit.

»Ich weiß, dass Sie eine ganz reizende Dame sind, Bronnie«, sagte Lenny eines Tages leise zu mir, nachdem Roy ins nächste Zimmer weitergezogen war. »Und ich weiß, dass Sie gerne das Beste in allen Menschen sehen möchten. Aber wenn der Kerl noch einmal hier reinkommt, tret ich ihn in den Arsch, dass er von hier bis Timbuktu fliegt.« Wir lachten laut. Wie wir beide wussten, würde Roy am nächsten Nachmittag wieder auftauchen.

»Wenn ich nicht in den Himmel komme, was soll dieser ganze Religionskram dann überhaupt?«, kicherte er. »Ich kann mich sowieso nicht darauf konzentrieren, was er da liest. Ich hab gar nicht die Kraft dazu.«

»Er hat doch gute Absichten, Lenny. Das ist sicher das Wichtigste«, antwortete ich. Wir mussten beide über die Situation kichern. Roy war ein netter Mann, aber so offensichtlich es auch war, dass er es gut meinte, die Sache verwandelte sich langsam wirklich in einen Sketch. Jeden Nachmittag, wenn er eintrat, wussten wir, was uns erwartete. Er wurde den weisen Worten der Bibel durch seine monotone, leblose Vortragsweise überhaupt nicht gerecht. »Zumindest kann man es dann besser verschlafen«, lachte ich. Lenny nickte lächelnd.

Die Tage vergingen, und man hatte mir schon andere Jobs angeboten, aber ich lehnte ab. Ich wollte bei diesem wunderbaren Mann bleiben bis zu seinem Tod. Außerdem fühlte ich mich zur Loyalität gegenüber seiner Tochter Rose verpflichtet. Es wäre schrecklich für sie gewesen zu denken, dass ihr Vater in einem anderen Land im Sterben lag und jeden Tag neue Pflegerinnen hatte. Außerdem wusste ich, dass mir unsere leisen Unterhaltungen schon bald sehr fehlen würden, und ich wollte sie nicht eher drangeben als nötig. Wie sich herausstellte, kam dieser Zeitpunkt dann sowieso sehr schnell.

Es war ein geschäftiger Donnerstagnachmittag in der belebten Vorstadt. Überall Geschäftigkeit: auf den Straßen, in den Läden und auch im Pflegeheim. Das Personal schwirrte mit seinen Essenswagen über die Korridore. Die Ärzte machten ihre Runden. Die Schwestern rannten von dort nach da, weil sie mehr Arbeit hatten, als sie bewältigen konnten. Die Patienten wurden in großen Rollstühlen herumgefahren. Manche sabberten dabei und starrten in die Luft. Pflegeheime boten immer solche tragischen Szenerien, und der heutige Tag war keine Ausnahme.

Als ich an den Sekretärinnen vorbeikam, hörte ich, wie sie sich über eine andere Sekretärin ausließen, und ich fragte mich, wie jemand, der vom Tod umgeben ist, seine Energie noch in Klagen über solche trivialen Angelegenheiten stecken konnte. Aber zu der Zeit hatte ich auch schon viel von meinen wunderbaren Patienten und aus meinem eigenen Leben gelernt. Die Dinge, auf die die meisten Leute ihre Energie verwenden, sind langfristig so irrelevant.

Wie immer kam ich mir vor wie in einer anderen Welt, als ich in Lennys Zimmer kam. Man spürte den Frieden in diesem leicht abgedunkelten Zimmer schon im Moment des Eintretens. So war es von Anfang an gewesen, und ich hatte gleich am ersten Tag eine Bemerkung darüber zu Lenny gemacht. Er lächelte. »Oh ja, hier ist es wirklich friedlich. Aber das spüren nur bestimmte Menschen. Vom Personal kommen viele rein mit ihrer ganzen Geschäftigkeit, die merken überhaupt nicht, wie sich dieser Raum anfühlt.« Das konnte ich hinterher selbst beobachten. Manche seiner Besucher waren jedoch friedliebende Menschen. Sie spürten die besondere Atmosphäre sofort, und das war schön.

Da Lenny gerade schlief, zog ich mir einen Stuhl ans Bett. Eine Weile las ich in einem Buch, aber in Gedanken war ich bei ihm. Nach einer Weile rührte er sich und entdeckte mich. Er klopfte auf sein Bett, und ich gab ihm meine Hand. Daraufhin fiel er wieder in Schlaf, und die Stunden vergingen. Ab und zu bewegte er sich wieder, dann gab ich ihm einen Schluck zu trinken oder küsste einfach nur seine Hand.

»Es war ein gutes Leben«, sagte er leise in die Stille, als er aufwachte. »Es war ein gutes Leben.« Dann döste er wieder weg, während ich ihn liebevoll betrachtete. Das Herz tat mir weh, und ich vergoss ein paar Tränen. Ich fragte mich, warum ich mir nicht einen leichteren Job ohne so viel emotionales Beiwerk hatte suchen können. Manchmal war es einfach zu schmerzhaft. Trotzdem wusste ich, dass die anderen Jobs eben nicht solche Geschenke mit sich brachten, wie ich sie durch den Umgang mit meinen Patienten bekam.

»Mmm. Ein gutes Leben«, wiederholte er, schlug seine müden Augen noch einmal auf und lächelte mich an. Als er meine Tränen sah, drückte er meine Hand. »Mach dir keine Sorgen, Mädchen. Ich bin bereit.« Seine Stimme war fast schon ein Flüstern. »Versprich mir etwas.«

Ich hätte am liebsten aufgeschluchzt, aber ich lächelte durch meine Tränen. Ein Lächeln, das nicht wirklich ein Lächeln war, sondern ein Zeichen, das hier jemand erfolglos versuchte, tapfer zu sein. »Natürlich, Len.«

»Zerbrich dir nie den Kopf über irgendwelchen Kleinkram. Nichts davon ist wichtig. Nur Liebe ist wichtig. Wenn du das im Gedächtnis behältst, dass die Liebe immer gegenwärtig ist, dann wirst du ein gutes Leben haben.« Sein Atem veränderte sich, und das Sprechen fiel ihm immer schwerer.

»Danke für alles, Len«, brachte ich trotz meiner Tränen heraus. »Ich bin so glücklich, dass wir uns kennengelernt haben.« Irgendwie hörten sich diese Worte so kindisch an, denn ich hätte noch so viel mehr sagen können und wollen. Doch am Ende hatte ich meine Gefühle damit auf die einfachste Art ausgedrückt. Ich beugte mich vor und küsste ihm die Stirn. Wie ich sah, döste er schon wieder weg.

Ich ließ meinen Tränen freien Lauf. Manchmal muss man nur kurz den Stöpsel ziehen, und dann merkt man, dass da eine ganze Flut hervorbrechen will. Man weiß gar nicht, wofür diese Tränen alle sind. Ich hatte den Stöpsel gezogen, und jetzt weinte und weinte ich. Lenny schlief die nächsten Stunden durch. Es war denkbar, dass er nie wieder aufwachte. Als ich mich leergeweint hatte, sah ich ihn zärtlich und schweigend an. Und dann kam natürlich Roy hereinmarschiert.

Ich hätte am liebsten gelacht, denn ich wusste, dass Lenny die Komik der Situation gesehen hätte, wenn er wach gewesen wäre. Aber er war nicht wach, und mein schwaches Lächeln und meine blutunterlaufenen Augen, die gerade literweise Tränen vergossen hatten, hätten Roy eigentlich alles sagen müssen: Vielleicht wacht Lenny nicht mehr auf.

Wieder flossen ein paar langsame Tränen der Liebe. Aber es war kein Strom des Kummers mehr, und sie versiegten nach kurzer Zeit. Ich glaube, es war Roys nettes Gesicht und das Wissen um seine freundliche Absicht, die mich noch einmal zum Weinen gebracht hatten, auch ich wusste, dass Lenny ihn nicht hier haben wollte.

Roy setzte sich auf die andere Seite des Bettes. Er schlug seine Bibel auf, um anzufangen zu lesen, sah aber kurz zu mir herüber, wie um sich meiner Billigung zu versichern. Ich zog ein Gesicht, das ihm sagte: »Na ja, ich überlass es dir, aber ich glaube, er würde es zu schätzen wissen, wenn er jetzt in Frieden gelassen würde.« Roy nickte. Die Bibel blieb aufgeschlagen in seinen Händen, aber er las nicht. Ich war ihm dankbar dafür, dass er die Andächtigkeit dieses Augenblicks respektierte. Nicht, dass er mit dem Vorlesen aus der Bibel keine andächtigen Absichten verfolgt hätte, aber in der Feierlichkeit des Moments war es nicht nötig.

Lenny tastete mit geschlossenen Augen nach meiner Hand. Ich stand auf und gab sie ihm. Sein Atem ging rasselnd und unregelmäßig. Ich roch, was mir mittlerweile vertraut geworden war, was sich aber kaum beschreiben lässt – den Geruch des Todes.

Dann schlug Lenny die Augen auf, sah mir direkt in die Augen und lächelte.

Aber es war nicht mein Freund Lenny, den ich kennengelernt hatte. Es war Lenny und die volle Herrlichkeit seiner Seele. In seinem Lächeln lag keine Krankheit mehr. Es war das Lächeln einer Seele, die jetzt frei war vom Ego und von persönlichen Belangen.

Es war die *pure* Liebe, frei von allem anderen, strahlend, glühend, freudig.

Ich lächelte aufrichtig zurück, und mein Herz zersprang. Wir lächelten beide fröhlich, weil wir wussten, dass am Ende alles nur noch Liebe ist. So ein völlig freies Lächeln hatte ich noch nie empfangen oder gegeben. *Nichts* stand im Weg, da war nur reine Freude. Während wir uns gegenseitig anstrahlten, blieb die Zeit stehen.

Nach einer Weile schloss Lenny die Augen. Auf seinen Lippen blieb ein friedliches Lächeln. Mein eigenes Lächeln blieb auch, denn mein Herz war zu offen, als dass ich hätte aufhören können.

Wenige Minuten später starb Lenny.

Roy sah von der anderen Seite des Bettes zu, und sein Leben veränderte sich. Er schlug seine Bibel zu und sagte leise, jetzt verstehe er, wie Gottes Liebe aussehe. Er habe das Gefühl, ein Wunder erlebt zu haben, als er Lennys Frieden vor dem Tod sah. Ich stimmte ihm zu, dass Gottes Wege unergründlich sind.

Roy und ich blieben noch eine Weile schweigend sitzen. Ich wusste, dieser Moment würde unwiderruflich vorbei sein, sobald ich dem Personal Bescheid gab, und das musste ich demnächst tun. Als wir uns verabschiedeten, hielt Roy meine Hand eine ganze Weile fest und suchte die richtigen Worte. Er wusste nicht recht, was er sagen sollte oder wie er formulieren könnte, was passiert war. Irgendwie wollte er mich nicht gehen lassen, als könnte sein schöner Luftballon zerplatzen, wenn ich nicht bei ihm blieb und dieses Erlebnis mit ihm teilte.

»Wir sind gesegnet worden, Roy. Das ist alles, was wir wissen müssen«, sagte ich sanft zu ihm. Er umarmte mich fest wie ein verängstigtes Kind, als wollte er nicht damit alleine sein. »Du schaffst das, Roy.«

»Wie kann ich das irgendjemand erklären?«, fragte er.

»Vielleicht kannst du das gar nicht«, lächelte ich. »Oder doch. Ganz egal. Dieselbe Kraft, die uns dieses Wunder beschert hat, wird wieder bei dir sein, wenn du die richtigen Worte suchst, um diese Geschichte zu erzählen.«

Er schüttelte den Kopf, lächelte aber glücklich, als er sagte:

»Mein Leben wird nie wieder dasselbe sein.« Ich lächelte liebevoll, und wir nahmen uns noch einmal in den Arm.

Als die Formalitäten erledigt waren, verließ ich das Pflegeheim. Rund um Lennys Leiche war jetzt einfach zu viel Geschäftigkeit. Außerdem hatten wir genug Zeit miteinander verbracht. Der Feierabendverkehr war schon verebbt, und das Licht des Spätnachmittags fiel mit spektakulärem Effekt auf die baumgesäumte Avenue, die ich entlangging. Mein Herz war offen und lächelte. Ich war in alles und jeden verliebt.

Ja, dieser Job hatte seine Höhen und Tiefen. Aber keine Pläne und keine Qualifikation hätten mir jemals solche Geschenke zuteilwerden lassen, wie ich sie in dieser Rolle immer wieder bekommen hatte.

Ich war immer noch ganz euphorisch von dem Geschenk der Liebe, das ich gerade erhalten hatte. Tränen der Freude und der Dankbarkeit rannen mir über die Wangen, während ich mit einem breiten Lächeln weiterging.

Ja. Es ist ein gutes Leben, Lenny. Wirklich ein gutes Leben.

Zeit für neue Wege

Nachdem ich mich um so viele sterbende Menschen gekümmert hatte, war ich ebenso beschwingt wie erschöpft. In meinem Leben hatten sich daraus zahllose positive Veränderungen ergeben, aber ich brauchte einen Wechsel und verfolgte weiter die Idee, Songwriting in einem Frauengefängnis zu unterrichten.

Es gab eine Menge Bürokratie zu bewältigen, und ich musste viel über privatrechtliche karitative Stiftungen lernen – welche davon in ihren Richtlinien überhaupt Möglichkeiten für die Finanzierung eines Projekts wie des meinigen eröffneten und wie ich meine Anträge stellen musste. Einige Ratschläge kamen von einer Gruppe von Frauen, die seit mehreren Jahren Theaterworkshops im Gefängnis abhielten. Wie sich herausstellte, hatte ich während meines ersten Aufenthalts in Melbourne vor fast zehn Jahren direkt neben ihnen gewohnt. Damals hatte ich jedoch noch nicht mal meinen ersten Song geschrieben und entsprechend auch noch nicht an ein Songwriting-Programm gedacht. Aber es hatte einen seltsamen Reiz, auf dem Weg zu ihnen die altbekannte Straße wieder entlangzugehen und dabei zu überlegen, wie sehr sich mein Leben und ich selbst verändert hatten, seit ich dort gewohnt hatte.

Meine anfänglichen Bemühungen in Gefängnissen in Victoria fruchteten nichts, also beschloss ich, es in New South Wales zu versuchen. Ich führte gerade eine Fernbeziehung mit einem Mann in New South Wales. Zwar glaubte ich nicht, dass diese Beziehung dauerhaft funktionieren würde, aber sie hatte sicher bessere Chancen, wenn wir näher beieinander waren statt durch Tausende von Kilometern getrennt. Zudem wohnte auch eine furchtbar nette Cousine in der Gegend, die mir anbot, bei ihr zu wohnen, bis ich selbst etwas gefunden hatte.

Liz, die mich vor ein paar Monaten unter ihre Fittiche genommen hatte, war meine größte Hilfe während der Phase, in der sich mein Gefängnisprojekt konkretisierte. Ich verlor nie den Mut, weil sie hartnäckig daran festhielt, dass man alles auf die Beine stellen kann, wenn man sein Netzwerk nutzt und die richtigen Leute miteinander in Kontakt bringt. Außerdem musste ich an die Worte vieler meiner Patienten denken: Alleine kann man nichts Gutes tun. Wir müssen zusammenarbeiten. Liz klärte mich auch auf, wie wichtig es war, eine Schirmherrschaft zu finden. Die meisten privatrechtlichen karitativen Stiftungen verlangten, dass eine Wohltätigkeitsorganisation die Fördergelder für mich entgegennahm, damit die Stiftung in den Genuss der Steuererleichterungen kam. Dann musste ich der Wohlfahrtsorganisation die Summe in Rechnung stellen, sodass ich mein Geld als Selbstständige aus der Spende der Stiftung bekam. Eine Organisation zu finden, die bereit war, diese Fördergelder zu kanalisieren, stellte anfangs eine gewisse Herausforderung dar. Aber wie es so oft ist, wurde ich wieder an den Kreislauf des Lebens erinnert und wie häufig wir uns einmal komplett im Kreis bewegen müssen.

Bevor ich in die Kleinstadt zog, in der ich aufgewachsen bin, hatte meine Familie in einem Vorort von Sydney gelebt. Das war damals, in den Siebzigerjahren, eine ländliche Umgebung. Dort verbrachte ich mein Vorschuljahr. Jetzt öffnete sich nach zahllosen Telefonaten und Mails für mich die Tür zu einer Wohltätigkeitsorganisation durch die Kirche, mit der meine erste Schule in Verbindung stand. In der Zwischenzeit waren fünfunddreißig Jahre vergangen, und jetzt saß ich hier in einem Büro und blickte auf den Spielplatz hinunter, den ich als kleines Kind benutzt hatte. Das verlieh der Arbeit an meinem Gefängnisprojekt eine schöne sentimentale Note.

Die Begeisterung der Zuständigen für Weiterbildung in dem Frauengefängnis, das ich mir ausgesucht hatte, half mir ebenfalls, wenn die Bewerbungen für die Fördergelder wieder mal gar zu kompliziert wurden. Sie war eine fortschrittliche, enthusiastische Frau, die meine Vision teilte und meinen Vorschlag überzeugend ihrem regionalen Management vorlegte. Zunächst hatte ich zwei Frauengefängnisse kontaktiert, aber das Echo war sehr unterschiedlich ausgefallen. Die einen meinten, sie würden nicht mal Papier und Stift stellen, das müsste ich schon selbst mitbringen. Die anderen boten nicht nur Schreibzeug, sondern auch die Gitarren und alles andere, womit sie mir behilflich sein konnten. Je länger ich mit der Planung des Projekts beschäftigt war, umso klarer wurde mir, dass ich mehr als genug mit der Betreuung eines Kurses an einem Gefängnis zu tun haben würde. Da war natürlich klar, für welches der beiden Gefängnisse ich mich entschied.

Ewig sah es so aus, als würde überhaupt nichts vorangehen, aber als schließlich alles Gestalt annahm, ging es blitzschnell, und innerhalb weniger Tage war ich auf der Straße Richtung Norden. Ungefähr einen Monat wohnte ich bei meiner Cousine und ihrer vielköpfigen Familie. Nach der Stille meiner vorherigen Arbeit und meiner bisherigen Wohnsituation war es seltsam, aber auch ganz wunderbar, wieder unter so vielen Menschen zu sein. Das Haus war ganz schön chaotisch mit drei Generationen unter einem Dach, zuzüglich sieben Katzen und drei Hunden. Aber meine Sehnsucht nach einer eigenen Küche war zu groß, und obwohl ich hörte, dass man nur schlecht etwas zum Mieten bekam, fand ich – einen Tag, nachdem ich beschlossen hatte, dass es jetzt reichte – ein Cottage. Es lag in den Ausläufern der Blue Mountains, mit einem Bach und Buschland auf der anderen Straßenseite, und war einfach wunderhübsch.

Ich besaß zwar überhaupt keinen Hausrat, aber darüber machte ich mir keine Sorgen. Es fühlte sich richtig an, und das Cottage war mir so leicht zugefallen, dass ich nur noch zuversichtlicher wurde. Alles, was ich brauchte, würde schon zu mir kommen, und so geschah es auch. Es sprudelte nur so. Die Besitzer eines Schuppens, in dem man Lagerflächen mieten konnte, boten mir ein paar Sachen an, die sie entsorgen sollten – ein Sofa hier, ein bisschen Bettwäsche dort. Meine Cousine wohnte schon ein Jahrzehnt in dieser Gegend und hatte einen stabilen Freundeskreis. Über den bekam ich eine Waschmaschine. Dann kam ein Kühlschrank dazu, ebenso Bücherregale, Küchenutensilien, Vorhänge und ein antiker Schreibtisch. Ein riesiges Netzwerk von Leuten warf sich mit Begeisterung darauf, mich mit Möbeln zu versorgen. Sie gaben mir alles, was sie entbehren konnten, weil sie von meiner Situation fasziniert waren, aber auch weil sie einfach gutherzige Menschen waren. Es war wundervoll.

Ich kaufte mir einen Van, als ich in New South Wales angekommen war. Obwohl ich mich durchaus fest niederlassen wollte, hatte ich vor, auf ein paar Folk-Festivals zu gehen, und ein Bett auf Rädern war mehr mein Stil, als auf dem Festivalgelände ein Zelt aufzuschlagen. Außerdem half es mir, ein Gefühl von Freiheit zu bewahren, weil ich wusste, dass ich jederzeit wegfahren konnte, wohin ich nur wollte. Mein Timing mit dem Autokauf und dem Einzug ins Cottage war perfekt. Ich zog im selben Monat ein, in dem die alljährliche Sperrmüllentsorgung stattfand.

Die Möbel, die die Leute nicht mehr haben wollten, landeten auf dem Gehweg, und wer wollte, konnte sich etwas davon aussuchen und mitnehmen, bevor die Müllabfuhr die Reste einsammelte. Die Leute winkten mir von ihren Verandas zu, wenn sie sahen, dass ich mir kleine Gegenstände aus ihrem Sperrmüll herausklaubte, lächelten mir zu und ermunterten mich, mitzunehmen, was immer ich wollte – einen Rattan-Wäschekorb, einen schmalen Schrank für meine kleine Küche, einen Gartentisch. Außerdem konnte ich noch ein paar klassische Möbelstücke ergattern. Die ehemaligen Besitzer halfen mir zum Teil sogar eigenhändig, die Möbel in meinen Van zu hieven, darunter auch ein altes, aber tolles Sofa für meine Veranda.

Daneben ging ich auf viele Hinterhofflohmärkte, auf denen ich jede Menge Schnäppchen machte und dabei einen Riesenspaß hatte. Das Einzige, was ich gerne ladenneu haben wollte, war eine Matratze. Ich wollte eine rückenfreundliche, auf der nie jemand anders geschlafen hatte als ich, auf die nur meine eigene Energie übergehen sollte. Eine Bekannte, eine ganz wunderbare Frau, schenkte mir eine Geldsumme, weil sie es so aufregend fand, dass ich nach so vielen Jahren wieder sesshaft wurde. Die Summe war so hoch, dass ich mir davon genau eine Matratze kaufen konnte. Innerhalb von nur drei Wochen war aus sechs Kartons, die in ein kleines Auto passten, ein voll eingerichtetes Zwei-Zimmer-Cottage geworden, das so aussah, als hätte ich schon jahrelang darin gewohnt. Es war eine großartige Zeit.

An meinem ersten Abend lag ich mitten auf dem Wohnzimmerboden, streckte die Arme zu beiden Seiten aus und musste bis über beide Ohren grinsen. Meine eigenen vier Wände! Endlich hatte ich wieder meine eigenen vier Wände. Die Erleichterung, Dankbarkeit und Freude waren so überwältigend, dass mich einen Monat lang kaum jemand zu Gesicht bekam. Ich konnte mich einfach nicht losreißen von meinem Haus, wenn ich nicht gerade in die Arbeit gehen musste. Wenn ich nach Hause kam, sah ich mein Heim an und strahlte.

Ich bekam zwar nicht die ganze Fördersumme, die ich beantragt hatte, aber mit dem, was mir bewilligt wurde, konnte ich das Gefängnisprogramm zumindest in Gang bringen. Ich dachte mir, dass ich im Laufe der Zeit ja weitere Fördergelder von anderen Stiftungen beantragen konnte. Und im Grunde war es erst mal aufregend genug, überhaupt diese ersten Fördergelder zu bekommen und zu beobachten, wie meine Idee Schritt für Schritt Realität wurde. Da die Förderung von einer privaten Stiftung kam und das Justizvollzugssystem mich nicht bezahlen musste, war ich in ihren Augen eine Ehrenamtliche. Mein Lehrplanentwurf war genehmigt worden. Ich stellte vor, was ich zu lehren und zu erreichen versuchte. Da mein Programm keine offiziell anerkannte Weiterbildungsmaßnahme war, musste ich auch keine pädagogischen Qualifikationen nachweisen. Das Personal der Weiterbildungsabteilung glaubte einfach ebenso an meine Ideen und Fähigkeiten wie ich und konnte auf dieser Basis eine Genehmigung von höherer Stelle erwirken, was ich rückblickend wirklich fantastisch finde! Damals schien es mir gar nicht sonderlich ungewöhnlich. Ich machte einfach einen Schritt nach dem anderen in meinem Projekt, bis ich irgendwann in einem Raum voller verurteilter Straftäterinnen stand und anfing, sie in Songwriting zu unterrichten!

Da ich mein Lebtag in keinem Klassenzimmer unterrichtet hatte, war es ganz schön spannend, plötzlich einem Dutzend Augen ausgesetzt zu sein, von denen mich manche weiß Gott unfreundlich musterten. Vielleicht hätte es mich einschüchtern können, wenn ich länger darüber nachgedacht hätte, aber das tat ich nicht. Ich machte einfach meinen Job.

Bis ich mich mit der Weiterbildungsabteilung in Verbindung gesetzt hatte, war ich auch noch nie in einem Gefängnis gewesen. Nun stand ich also hier, hatte meine erste vorbereitete Unterrichtsstunde im Kopf und ansonsten Courage getankt bis obenhin und begann mit dem Unterricht. Es brauchte ziemlich viel trockenen Humor, bis ich überhaupt irgendwelche Reaktionen bekam, denn zuerst saßen alle bloß mit versteinerten Gesichtern da, schätzten mich mit Blicken ab und achteten darauf, vor den anderen nur ja nichts von ihrer Coolness einzubüßen. Doch nach einer Weile merkten die Frauen, dass ich okay war.

Wir machten ein paar Reimübungen, und statt die Beispiele zu benutzen, die ich mir vorher ausgedacht hatte, begann ich zu improvisieren, machte die Reime witziger, passte sie der Situation an und zog mich selbst durch den Kakao.

Hier sitze ich im Sträflingslook und hoffe auf Musik,
Doch das verdammte Reimgeübe entlockt mir nur Kritik.
Ich will doch bloß Gitarre lernen und singen wie ein Star
Dann geb ich sie mir halt 'ne Weile, bin ja noch länger da.

Ein paar von den Frauen fingen an zu kichern, trugen auch etwas bei und witzelten mit, bis irgendwann auch die anderen Gefangenen sich entspannten und etwas sagen konnten.

Na los, Miss Bronnie, leg mal los, erzähl uns, wie das geht.
Das Scheißgereime langweilt doch, es ist schon ganz schön spät.

Gelächter. Jetzt war das Eis endgültig gebrochen. Als wir ein gemeinsames Thema gefunden hatten, nämlich die Musik von Emmylou Harris, kamen wir wirklich in Fahrt.

Okay, ich hab's ja schon kapiert, gut, Theorie muss sein.
Jetzt macht doch mit und reimt mir was, bestimmt fällt euch was ein.
Gitarren kriegt ihr auch dafür, und bald, ihr werdet sehn,
Sobald ihr das hier intus habt, könnt ihr selbst spielen geh'n.

Es kam folgende Antwort:

Na gut, wenn's wirklich nötig ist, dann halten wir uns ran. Doch wär's echt schön, wenn jeder bald 'ne Klampfe kriegen kann.

Reimend flachsten wir weiter, und am Ende der ersten Unterrichtsstunde lachten wir schon ganz frei miteinander. Die meisten Frauen meldeten sich, um auch einen Reim beizutragen. Und wie sich herausstellte, machte es wirklich Spaß.

Die Leute von der Weiterbildungsabteilung waren menschlich und aufgeschlossen, und es war richtig schön, mal wieder in einem Team zu arbeiten, nachdem ich mit meinen sterbenden Patienten fast nur Einzelbetreuungen in ihren eigenen Häusern übernommen hatte. Man warnte mich jedoch davor, mich zu sehr mit den Insassinnen anzufreunden, was ich aus Sicherheits-, aber auch privaten Gründen durchaus verstehen konnte. Allerdings konnte ich nicht wirklich aus meiner Haut, und ich betrachtete meine Schülerinnen nicht als Gefängnisinsassinnen, sondern als Frauen, die Gitarre spielen und Songwriting lernen wollten. Ich hatte genug Lebenserfahrung, um im Hinterkopf zu behalten, dass ich mich in einem Gefängnis befand, aber ich lebte auch nach dem Grundsatz der Aufrichtigkeit, also konnte ich nur ich selbst sein.

Es war ein Ergebnis meiner Ehrlichkeit und meines Glaubens an diese Frauen, dass die Barrieren zwischen uns fielen, wir allmählich Vertrauen zueinander fassten und es im Laufe der Zeit weiter stärkten. Wir plauderten als Frauen miteinander, und ich ermunterte sie beharrlich, durch das Songwriting ihre weichere Seite auszudrücken, bis sie sich gestatteten, Stück für Stück die emotionalen Mauern abzubauen, die sie zum Schutz um sich errichtet hatten. Dieser Kurs wurde ein sehr persönlicher, heilsamer Raum für die

Schülerinnen. Der heilende Aspekt bildete dann auch den Schwerpunkt in meinem weiteren Lehrplan.

Mit Hilfe verschiedenster Schreibübungen lernten die Frauen, ihre Gefühle herauszulassen und irgendwann auch mit Hoffnung zu schreiben. Natürlich wurden auch Songs über Wut und Verletzungen geschrieben. Als ich sie fragte, was sie tun würden, wenn es keine Einschränkungen gäbe, keine finanziellen, geografischen oder auf ihren Fähigkeiten basierenden, fingen sie an zu träumen und hörten zum ersten Mal seit Jahren wieder auf ihr Herz. Eine wollte die Freiheit haben, mit ihren Kindern zu leben, ohne sich vor Regierungsstellen verantworten zu müssen, eine andere sagte, sie würde in einem Musikvideo mitspielen, die Nächste wollte eine Bauchstraffung. Eine wollte wissen, wie sich ein Leben ohne prügelnden Vater oder Ehemann anfühlt (denn so etwas hatte sie noch nie erlebt), eine andere wünschte sich, sie könnte für immer ihre Drogensucht loswerden, und wieder eine andere wollte im Himmel vorbeischauen und ihrer Mutter sagen, dass sie sie liebte.

Da Ehrlichkeit weiterhin das Motto blieb, verging kaum eine Unterrichtsstunde, in der keine Tränen flossen. Aber wir hatten vereinbart, dass wir hier auf jeden Fall eine Umgebung schaffen wollten, in der wir uns gegenseitig unterstützten. Frauen, die sich früher nicht ausstehen konnten, wurden toleranter, und irgendwann halfen sie einander sogar. Eine Frau wollte erst gar nicht kommen, weil eine bestimmte andere mitmachte. Dann tat sie es doch, und nach vier Stunden lobten sie sich gegenseitig für ihre Songs und verstanden sich auch auf dem Gefängnishof. Das lag in der Natur dieses Kurses. Der Mut, der nötig war, um aufrichtig etwas von sich preiszugeben, verlangte den anderen Respekt ab, und sie fühlten mit und hörten einander mit ehrlichem Interesse zu, wenn sie ihre Songs entwickelten.

Es war außerdem eine echte Herausforderung für sie, vor

dem ganzen Kurs aufzutreten. Sie ermutigten sich gegenseitig, weil sie den Schmerz in ihren Songs fühlten. Eine Schülerin, Sandy, schrieb darüber, wie hart es gewesen war, halb Aborigine, halb Weiße zu sein, so dass sie nie in irgendeines der Stadtviertel passte, in dem sie lebte. Die anderen in der Klasse kannten das Gefühl und ermutigten sie. Sie fanden, dass solche Dinge ausgesprochen werden müssen.

Eine andere, Daisy, war schon so oft im Gefängnis gewesen, meistens für Gewaltverbrechen, dass sie nicht mal wusste, wie lang sie diesmal drin bleiben musste. Sie meinte, wenn sie im Gerichtssaal saß, wurde sie jedes Mal ganz benommen und klinkte sich aus, weil es sie einfach überwältigte. (Wenig später brachte sie jedoch ihr Urteil in Erfahrung.) Sie schrieb über dieses Gefühl und wie es sie nervte, dass ihr Leben Teil eines Systems war und sich nie mehr wie ihr eigenes anfühlte. Eine andere Teilnehmerin, Lisa, schrieb einen Song für ihren Sohn, in dem sie ihm erzählte, wie stolz sie auf ihn war. Jedes Mal, wenn sie ihn spielte, schnürte es ihr die Kehle zu vor lauter Tränen, aber sie war auch sehr stolz auf sich.

Es wirkte kathartisch, diese Songs im Kurs vorzuspielen, denn es gestattete ihnen, sich nicht nur auf dem Papier auszudrücken. Freilich waren sie dabei auch ganz schön nervös. Aber da ich selbst vor Jahren dasselbe mitgemacht hatte, ebenso schüchtern und nervös wie sie gewesen war, ermutigte ich sie sanft, und die emotionalen Mauern der Angst bröckelten langsam ab. Ein paar Monate später, als eine der Teilnehmerinnen, die anfangs sehr schüchtern gewesen war, einen ihrer neuen Songs solo vor über hundert Insassen und Besuchern vorspielte, liefen mir ein paar Tränen über die Wangen, vor Freude natürlich.

Die Gruppenstärke war nie sehr groß, aber das passte allen Beteiligten ganz gut. Die ersten paar Kurse waren brechend voll, zu voll für effizienten Unterricht. Später pendelte es sich bei ungefähr zehn Teilnehmerinnen ein. Andere kamen und gingen. Sobald ihnen klar wurde, dass sie nach einem Kurs noch nicht wie Eric Clapton Gitarre spielen würden und dass der Kurs außerdem tatsächlich Arbeit machte, blieben sie nicht unbedingt. Doch es war von Vorteil, dass die Gruppen so klein waren. Diese Frauen brauchten alle viel Aufmerksamkeit, und je weniger es waren, umso besser konnte ich jede von ihnen individuell betreuen. Die Songs und Geschichten, die dabei herauskamen, waren heilsam, inspirierend und wunderschön. Die Liebe, die zwischen uns floss, stärkte uns, um es vorsichtig auszudrücken. Unter dem harten Äußeren steckten Menschen wie du und ich – Menschen, die ihre Kinder liebten, sich nach Liebe und Respekt sehnten, sich nützlich fühlen und ein Leben in Selbstrespekt führen wollten.

Nur wenige von ihnen hatten keine Schuldgefühle. Die meisten wollten in der Tat bessere Menschen werden. Doch als ich ihre persönlichen Storys hörte, sah ich nur tragische Geschichten, niedriges Selbstwertgefühl, Teufelskreise, aus denen die Frauen nicht ausbrechen konnten. Sie waren wegen diverser Verbrechen hier, manche zum Beispiel wegen illegaler Prostitution. Tatsächlich wussten manche Frauen das System aber auch durchaus zu ihrem Vorteil zu nutzen. Ihnen war bekannt, welche Gefängnisstrafen auf welche Bagatellvergehen standen, und begingen eine solche Tat pro Jahr, so dass sie über den Winter drei Monate von der Straße wegkamen, ein warmes Bett und regelmäßige Mahlzeiten hatten. Andere saßen wegen Verbrechen, die von Drogenmissbrauch oder -besitz, Körperverletzung, Betrug und Ladendiebstahl (eine Gewohnheit, die eine Frau ursprünglich angenommen hatte, um ihre Familie zu ernähren, nach der sie dann aber süchtig wurde) bis zu Alkohol am Steuer in mehreren Fällen reichten.

Das Gefängnissystem reagierte nur auf das Verbrechen, also die Auswirkungen, nicht aber auf die Verletzungen, die solchen Taten zugrunde lagen. Obwohl es ja eigentlich eine Besserungsanstalt sein sollte, gab es nur sehr wenig Hilfe für jemand, der die Denk- und Handlungsmuster seiner Vergangenheit ernsthaft ändern wollte. Hier wäre die Heilung am allernötigsten, um den Teufelskreis von niedrigem Selbstwertgefühl, Drogenkonsum, gewalttätigen Ehemännern und dem daraus resultierenden kriminellen Lebensstil zu brechen. Vielleicht würden manche Verbrecher auch noch Verbrechen begehen, wenn man ihnen solche Hilfe zur Verfügung gestellt hat. Aber die, die ich kennenlernte, hätten ihr Verhalten garantiert geändert, wenn sie dauerhafte Unterstützung während und im Anschluss an ihren Gefängnisaufenthalt gehabt hätten.

Im Gefängnis arbeiteten noch ein paar sehr nette Leute, die auch gegen dieses System waren. Daneben gab es noch ein paar Ehrenamtliche von kirchlichen Gruppen, denen es gelang, zu der einen oder anderen Frau durchzudringen und ihr zu helfen, das Ruder in ihrem Leben noch einmal herumzureißen. Aber die Wahrheit ist, dass weit mehr Geld für Sicherheit und Bürokratie ausgegeben wurde als für Therapie und Unterstützung. In einem Gefängnis mit ungefähr dreihundert Insassinnen gab es nur zwei Psychologen, und die waren oft nicht zu sprechen, weil sie überlastet waren. Wenn man sich vor dem Gefängnisaufenthalt noch nicht down gefühlt hatte, passierte einem das auf jeden Fall währenddessen und hinterher.

Nachdem ich eine informative Dokumentation über den Erfolg von Meditation in Gefängnissen gesehen hatte, erzählte ich einigen Mitarbeitern davon und meinte, ich könnte sie da mit den richtigen Leuten in Kontakt bringen. In anderen Ländern hatte man Gefangene erfolgreich in der Art von Meditation unterrichtet, die ich praktizierte. Aber hier bekam ich nur ein »Na, dann viel Glück« zu hören. Man lachte mich aus und entmutigte mich. Also arbeitete ich stattdessen mit meinen eigenen Fähigkeiten und half den Frauen in meinem Kurs, an ihre Schönheit und Güte zu glauben. Das tat ich, indem ich ihnen zeigte, wie sie sich durch ihre Songs ausdrücken konnten, durch Songs, die ihnen gehörten und die sie anderen vorspielen und mit anderen teilen konnten. Viele von ihnen hatten in ihrem Leben noch nie ein Kompliment gekriegt und saugten mein ehrlich gemeintes positives Feedback in sich auf wie Schwämme. Wenn ich ihnen Vorschläge machen wollte, wie sie ihre Songs verbessern konnten, verpackte ich sie immer in behutsames Lob.

Als sie Vertrauen zu mir gefasst und mir so einiges über das Leben auf dem Gefängnishof beigebracht hatten, hatten wir auch unsere lustigen Momente. Eines Tages erzählte eine Frau einer anderen ganz laut davon, wie es ihr gelungen war, ein Extrapaar Turnschuhe abzustauben. Als sie merkte, dass ich ihre Ausführungen mit angehört hatte, verstummte sie sofort. Doch als die anderen Teilnehmerinnen und ich sie ermunterten, erklärte sie mir den Trick auch, und auf meine Bemerkung, dass sie sich das wirklich klug ausgedacht hatte, antwortete sie: »Na ja, wir sind immerhin Kriminelle hier. Vergessen Sie nicht, wo Sie sind, Miss.« Ich musste laut loslachen. Zu diesem Zeitpunkt vertraute ich ihnen schon und war überhaupt nicht mehr eingeschüchtert, also fand ich diese Bemerkung umwerfend witzig.

Eine andere Frau kam eines Tages sichtlich aufgekratzt, aber erschöpft in den Kurs. Als ich sie fragte, ob alles okay sei, antwortete sie: »Ja, jetzt geht's mir super, Miss. Ich hatte nur einen ätzenden Morgen. Da ist so 'ne Tusse, die nervt mich schon seit Ewigkeiten, also hab ich ihr heute mal den Kopf ein bisschen in den Wäschetrockner gehalten. Jetzt ist alles in Butter.« Ich nickte überrascht. »Nee, Miss, alles bestens. Jetzt bin ich hier, und jetzt ist Musik angesagt. Der andere Scheiß ist mir egal, wenn ich hier bin. Wenn ich diesen Kurs nicht hätte, dann hätte ich die Tusse vielleicht umgebracht. Aber dann hätten sie mich aus diesem Kurs genommen, und das hätte *mich* umgebracht.« Mit diesen Worten setzte sie sich hin und arbeitete weiter an ihrem Song der letzten Woche. In der Tat war sie eine großartige Songschreiberin, mit einer der schönsten Stimmen, die ich je gehört hatte. Ich wünschte, wir hätten uns unter anderen Umständen kennengelernt, dann hätte ich zu gern am Lagerfeuer Lieder mit ihr gesungen. Aber das würde nie geschehen.

Von Woche zu Woche zeigten sich mehr positive Entwicklungen. Es war großartig, das mitzuverfolgen, und ich fühlte mich für meine Mühen mehr als belohnt. Das Personal der Weiterbildungsabteilung war ebenfalls begeistert von dem Erfolg und den positiven Veränderungen bei so vielen Teilnehmerinnen des Programms. Bald wurde dieser Kurs das Highlight der Woche – für sie genauso wie für mich.

In der Zwischenzeit hatte ich meine Fernbeziehung beendet, obwohl wir jetzt näher beieinander gewohnt hatten. Doch ich merkte, ich hätte nie weiter dem Ruf meines Herzens folgen können, wenn ich mit diesem Mann zusammengeblieben wäre. Unsere Wertvorstellungen waren einfach zu unterschiedlich. Selbstverständlich flossen ein paar Tränen, und ich musste wieder einmal am traurigen Prozess des Loslassens wachsen, aber mittlerweile war ich in meiner persönlichen Entwicklung viel zu weit vorangeschritten, als dass ich mich zu einer Lebensweise hätte zwingen können, die meinen eigenen Werten nicht gerecht wurde.

Mein häusliches Leben war trotzdem wunderschön, und ich genoss es, die Gastgeberin für Freunde zu spielen, die mich ab und zu besuchten – statt selbst ständig zu Besuch zu sein, wie in den letzten ein, zwei Jahrzehnten. Nach so viel Nomadenleben war es nicht allzu überraschend, dass ich plötzlich sehr häusliche Züge entwickelte. Ich hatte nur selten Lust, irgendwohin zu gehen, und ich wollte langfristig ganz bestimmt mehr von zu Hause aus arbeiten.

In meiner Freizeit entwickelte ich also einen Onlinekursus für Songwriting, der auf meinem Unterricht im Gefängnis aufbaute. Mein eigenes Schreiben bekam auch neuen Schwung, in diversen Zeitschriften erschienen Artikel von mir, und ich schrieb einen Blog. Der Blog gewann jede Menge Follower, was mir wieder einmal sehr deutlich machte, wie gut es mir gefiel, durch meine Arbeit mit Gleichgesinnten in Kontakt zu kommen. Außerdem fragte ich mich mal wieder, ob ich weiter an dem anstrengenden Leben eines live auftretenden Songwriters festhalten wollte. Während ich im Gefängnis unterrichtet hatte, war meine eigene Musik etwas in den Hintergrund getreten, obwohl ich immer noch ab und zu ein paar anspruchsvolle Gigs spielte. Wenn ich eine Verbindung zum Publikum fand und mich total in meiner Musik verlor, war das natürlich großartig, aber mittlerweile fand ich es befriedigender, zu Hause zu schreiben und zu arbeiten.

Obwohl das Cottage und der Job im Gefängnis toll waren, gab es ansonsten nicht allzu viel, was mich in dieser Gegend gehalten hätte. Meine Freunde von damals führten jetzt ein anderes Leben, und überhaupt hatte sich viel verändert, seitdem ich vor Jahren hier in der Nähe von Sydney gewohnt hatte. In mir wuchs die Ahnung, dass ich irgendwann dauerhaft auf dem Land leben würde. Nach über zwei Jahrzehnten Nomadenleben hatte ich nie die Sehnsucht nach der Weitläufigkeit verloren, die man nur auf einem Bauernhof hat. Ich schloss nicht viele Freundschaften an meinem neuen Wohnort, denn ich zog mich immer mehr zurück und war nach den ganzen Wanderjahren lieber in meinem eigenen Heim als anderswo.

Ohne es mir bewusst zu machen, waren meine Kursteilnehmerinnen meine besten Freunde vor Ort geworden. Im Laufe der Zeit waren die Mauern zwischen Lehrerin und Schülern oder Angestellter und Gefangenen eingestürzt. Der Kurs war einfach ein Ort, an dem eine Gruppe von Frauen

Musik machte. Ich spürte, dass die Gefängnisinsassinnen und mich gar nicht so viel trennte, und manchmal hätte ich ohne Weiteres eine von ihnen sein können. So fühlte es sich manchmal jedenfalls an. Natürlich gab es Momente, in denen ich das nicht unbedingt so empfand. Ich hatte kein Verbrechen begangen, das mich hierhergebracht hatte, aber zwischen uns bestand immer eine gewisse Nähe. Wir waren Frauen, die durch gemeinsam erlebte Aufrichtigkeit eine Verbindung entwickelt hatten. Außerdem beeinflussten mich meine eigene Zerbrechlichkeit und meine schmerzhafte Vergangenheit in gewisser Hinsicht immer noch, wenn auch bei Weitem nicht mehr so stark wie früher. Das verstärkte die Verbindung zu meinen Schülerinnen vielleicht noch mehr, denn ihre Vergangenheit war auch voller Schmerz, verschiedenster Arten von Misshandlungen und einem daraus resultierenden geringen Selbstwertgefühl.

Als ich zum ersten Mal das Gefängnis betrat, erklärte man mir, wie ich Fragen zu meinem persönlichen Leben ausweichen sollte. Ich erzählte den Frauen zwar nie, wo ich wohnte, aber statt in irgendeine vage Richtung zu deuten oder zu lügen, hatte ich offen erwidert, dass ich das nicht sagen konnte. Die Frauen respektierten das, weil wir bereits ein Vertrauensverhältnis hatten, und wenn möglich beantwortete ich ihre Fragen. Nach all den grundehrlichen Gesprächen mit meinen sterbenden Patienten genoss ich es jetzt viel mehr, offen zu sein. Die emotionalen Mauern der Privatsphäre blockieren die Güte zu sehr. Wahrheit bringt die Menschen einander näher. Wenn die Frauen mir Fragen zu meiner Vergangenheit stellten, antwortete ich aufrichtig und erklärte ihnen, was ich mir dummerweise alles hatte gefallen lassen und was ich zu lange geglaubt hatte.

Die Freundlichkeit dieser Frauen – die Einzelpersonen ebenso wie die Gruppe insgesamt – weckte etwas in mir, was sehr lange geschlafen hatte. Ich wusste nicht, wie ich mit

Freundlichkeit umgehen sollte. Ich wusste, wie man zu anderen nett ist, aber nicht, was ich tun sollte, wenn andere es zu mir waren. Entsprechend war ich überwältigt, als ich ihre Liebe und ihr ehrliches Verständnis für meinen Schmerz spürte. Diese Frauen waren wirklich unglaublich nett und wunderbar. Sie alle hatten gelitten, und viele von ihnen vermissten ihre Kinder und Familien ganz schrecklich. Trotzdem waren ihre Herzen so freundlich. Sie mochten Fehler gemacht haben und dafür im Gefängnis gelandet sein, aber nur wenige unter ihnen bereuten ihre Taten gar nicht, und ich habe keine gesehen, die nicht ein gutes, liebevolles Herz gehabt hätte.

Die Fördergelder waren langsam aufgebraucht, und nach fast einem Jahr im Gefängnis wurde mir klar, dass mich nicht die Pflege sterbender Menschen nahe an den Burnout gebracht hatte, sondern das Leben selbst. Um mich herum herrschte einfach zu viel Traurigkeit. Als ein paar meiner engeren Freunde von Tragödien heimgesucht wurden und ich für sie da zu sein versuchte, wurde das Leben noch schwerer. Nachdem ich in der ersten Runde gesehen hatte, wie mühsam es ist, Fördergelder zu bekommen, war ich nicht sicher, ob ich die Energie aufbringen konnte, das Ganze ein zweites Mal durchzuziehen. Als ich in der Nacht einschlief und zuhörte, wie meine Nachbarn sich ein Schreiduell lieferten, war meine Entscheidung gefallen. Es wurde Zeit, aufs Land zurückzukehren. Im Moment hatte ich alles getan, was ich tun konnte.

Die meisten meiner Schülerinnen waren inzwischen wieder auf freiem Fuß oder standen kurz vor der Entlassung, und dadurch fühlte ich mich auch ein bisschen freier. Ich hätte einfach weder die Klarheit noch die Energie aufbringen können, eine neue Gruppe zu unterrichten. Es wurde Zeit, dass ich lernte, mich um mich selbst zu kümmern. Also reichte ich bei der Gefängnisleitung und bei meinem Vermieter die Kündigung ein und begann neue Pläne zu schmieden.

Meine Eltern wurden langsam alt. Mama und ich hatten immer noch eine wundervoll enge Freundschaft, und ich freute mich auch über das gute Verhältnis zu meinem Vater. Deshalb wollte ich näher bei ihnen sein, damit ich nicht mehr als ein paar Stunden Fahrzeit hatte, wenn sie mich brauchten (für einen Australier ist so etwas keine nennenswerte Entfernung). Außerdem wollte ich irgendwo leben, wo ich näher an der Küste war.

Nachdem ich mir eine entsprechende Gegend ausgesucht hatte, begann ich im Internet nach Mietangeboten zu suchen. Ich legte fest, zwischen welchen zwei Städten ich wohnen wollte und wie viel Miete ich maximal zahlen wollte. Als ich nach ein paar Wochen nichts Passendes gefunden hatte, setzte ich eine Anzeige in die Lokalzeitung, in der ich klar formulierte, was ich suchte. Ich bekam mehrere Angebote, allerdings fühlte sich keines davon richtig an. Aber immerhin knüpfte ich neue Kontakte, und wenig später kam mir zu Ohren, dass da ein tolles, kleines Cottage frei war. Es lag genau dort, wo ich es gewollt hatte, kostete genau so viel Miete, wie ich mir leisten konnte, und bevor ich mich's versah, wohnte ich auf einem Bauernhof mit 800 Hektar Land.

Durch die Finsternis zum Licht

Ein kleiner Bach floss vor dem Cottage vorbei, was mir eine ständig wechselnde, herrliche Naturkulisse bescherte. Wundervolle, mächtige Bäume prägten die Landschaft. Den ganzen Tag über sangen die Vögel für mich, in der Nacht die Frösche. Abends leuchteten über meinem Kopf Millionen von Sternen - keine Straßenlaternen. Es war die reinste Wonne, vor allem, wenn ich auf meiner perfekten Veranda saß, Gitarre spielte und den Sonnenuntergang beobachtete oder zuhörte, wie der Regen auf das Blechdach prasselte. Ich war im Himmel und sprach unzählige Dankgebete.

Das Landleben bedeutet natürlich eine Menge Opfer - an Live-Musik und Kunst ist nicht mehr so leicht ranzukommen -, aber was ich hatte, reichte mir. Meine Lebensweise würde mich sowieso immer wieder auf Reisen in andere Länder führen. Es spielte also keine Rolle. Ich bewegte mich wieder im Rhythmus der Natur und lebte endlich das Leben, das ich am vernünftigsten fand. Fünf Häuser lagen über diese 800 Hektar Hügel und Täler verteilt. Ich als Mieterin durfte einfach die Weite genießen.

Alles fühlte sich sofort einfacher und leichter an. Als wäre ich nach Hause gekommen. Meine Energie war nach der Pflege so vieler sterbender Menschen und der Arbeit im Gefängnis erschöpft, deswegen war ich glücklich, einmal eine Pause einlegen und eine Weile von meinen Ersparnissen leben zu können. In der Zwischenzeit wollte ich ein wenig nach einem neuen Beschäftigungsfeld recherchieren und überlegen, welche Richtung ich einschlagen wollte, sobald ich bereit war. Ein Schritt nach dem anderen, wie es sich eben so entwickelte. Mit jedem Tag fühlte ich mich besser, als würde ich mich langsam wieder verjüngen. Positive Energien und Gedanken begannen wieder zu fließen. Ich wanderte über die Hügel und Weiden, genoss die Schlichtheit und Komplexität der Natur und brachte meine Genesung auf den Weg.

Die zurückliegenden Jahre des Wachstums, in denen ich am Bett so vieler wunderbarer, weiser Menschen gesessen hatte, hatten definitiv jede Menge positive Veränderungen in mir bewirkt. Ich lächelte, wenn ich mich an sie erinnerte, und oft rief ich mir besonders zärtliche Momente und schöne Gespräche ins Gedächtnis. Obwohl dieses Leben weit hinter mir zu liegen schien, vor allem jetzt, wo ich über die Hügel und Täler wanderte, hatte es mich enorm beeinflusst, und dafür war ich nach wie vor mehr als dankbar.

Ich musste nicht nur ein wenig Zeit zu Hause verbringen und meinen kreativen Weg fortsetzen, ich war auch mal wieder kurz davor, ins kalte Wasser zu springen, im Vertrauen darauf, dass die nächsten Schritte sich schon rechtzeitig offenbaren würden, wenn es so weit war. So war es früher ja auch immer gegangen. Nun, da ich von so viel natürlicher Schönheit umgeben war, flossen die Texte und die Musik nur so aus mir heraus. Die reiche Flora und Fauna rund um mein Cottage und der Bach halfen mir, mich in kürzester Zeit an einen sehr schlichten Lebensstil zu gewöhnen.

Doch unterbewusst lauerten immer noch die zerstörerischen Muster meines geringen Selbstwertgefühls. Auf der bewussten Ebene hatte ich im Laufe der letzten zehn Jahre eine Menge geändert, und das Leben fühlte sich leichter an denn je. In dieser Hinsicht war ich ganz friedlich und dankbar und erholte mich mit jedem neuen Tag mehr. Emotional war alles wunderbar im Fluss. Dachte ich jedenfalls.

Dann nahmen die Dinge aus heiterem Himmel eine ganz

andere Wendung. Ich lebte gerade so schön vor mich hin, dass es mich völlig aus der Bahn warf, als der Heilungsprozess mich in die dunkelsten Tiefen meiner selbst stürzte. Es stieg aus tieferen Schichten herauf denn je zuvor. Meine verbliebene Energie (ich hatte die ganze Zeit irrtümlich geglaubt, ich hätte schon neue getankt) verschwand quasi über Nacht *komplett*, als hätte jemand den Stecker gezogen und ich leblos in mich zusammensacken würde. Einfach so, aus dem Nichts heraus. Jedes Fünkchen Energie war *restlos verschwunden*.

Meine Idee, irgendeinen Gelegenheitsjob anzunehmen, um in der Gegend ein paar Kontakte knüpfen zu können, war auf einmal dahin. Der bloße Gedanke, jemandem gegenüberzutreten, schien mir völlig absurd. Es war mir unmöglich, selbst für noch so kurze Zeit überhaupt einen Job anzunehmen. Ich konnte einfach nicht. Ich musste in den innersten Kern meines Wesens hinabsteigen, um mich diesen Veränderungen zu stellen, und das war eine ganz schön heftige Tour. Doch ich hatte keine andere Wahl. Es kam hoch, ob es mir nun gefiel oder nicht, und als die Tränen kamen, waren sie nicht mehr aufzuhalten. Ich musste wieder gesund werden und mich völlig von meiner Vergangenheit freimachen, damit ich der Mensch werden konnte, der zu sein mir von Geburt an bestimmt war. Diese Monate wurden die schwersten meines Lebens, denn ich landete ganz unerwartet kopfüber im tiefsten Abgrund einer Depression mit Selbstmordgedanken.

Nicht einmal meine engsten Freunde konnten glauben, dass ich das war. Wäre ich nicht dabei gewesen, ich hätte es selbst bezweifelt. Ich hatte Depressionen bei anderen aus nächster Nähe miterlebt, hätte mir aber nie vorstellen können, je selbst in diese Lage zu geraten. Aber das ist gerade der Haken an einer Depression, und das macht es auch so schwierig für viele Erkrankte: der Schock, dass es ihnen passiert.

Manche Freunde weigerten sich einfach, es zu glauben. Das konnte doch nicht Bronnie sein, die immer alle anderen aufbaute, ausgerechnet sie sollte jetzt plötzlich selbst so völlig ins Bodenlose stürzen? Manche wussten nicht, wie sie damit umgehen sollten, mich so verletzlich zu sehen. Die Vorschläge anderer Freunde, die mich anriefen – Leute, von denen ich dachte, dass sie mich gut kannten –, waren so weit entfernt von dem, wozu ich überhaupt noch fähig war, dass ich mich hinterher nur noch missverstandener fühlte. Es hätte mich noch trauriger gemacht, wenn das gegangen wäre. Aber das war ohnehin nicht möglich. Andere Menschen waren meine kleinste Sorge. Ich konnte mich mit Mühe und Not um mich selbst kümmern, und manchmal nicht einmal das.

Ich bekam weiterhin Vorschläge von allen Seiten, wie ich meine Situation ändern könnte. Aber was Depressive am meisten brauchen, ist das Gefühl, akzeptiert zu werden. Depression ist eine Krankheit, die jedoch ein machtvoller Katalysator für positive Veränderungen sein kann, wenn man es schafft, sie im eigenen Tempo zu durchlaufen. Die moderne Gesellschaft hat diesem Phänomen den Namen Depression gegeben, aber in Wirklichkeit ist es eine Chance für eine spirituelle Wandlung und Erweckung. Es kann ein Zusammenbruch sein. Aber es kann auch ein Durchbruch werden, wenn man die Dinge mit Entschlossenheit angeht, mit Zuversicht und der Bereitschaft loszulassen. Natürlich ist das Ganze alles andere als spaßig.

Morgens wachte ich schluchzend auf, bevor ich überhaupt meinen ersten Gedanken gefasst hatte. Die Tränen begannen einfach zu fließen, noch ehe ich ganz wach war. Ich brauchte Mitleid und Geduld von guten Freunden. Manchmal drangen die Gedanken beim Aufwachen gar nicht ins Bewusstsein, die Tränen jedoch brachen hervor, sobald ich langsam wach wurde. In anderen Momenten überkam mich Traurigkeit über mich und meine Situation – das Leben kam mir damals so unfassbar schwer vor, im Grunde ja seit Jahren. Ich musste mir eingestehen, dass ich diesmal nicht die Energie besaß, um mal wieder ganz von vorn zu beginnen, aber gleichzeitig wusste ich, dass ich musste, und das walzte mich gänzlich nieder. Ich konnte mir nicht *vorstellen,* wie ich die Energie aufbringen sollte, geschweige denn sie tatsächlich in mir *finden.* Aber niemand würde an meine Haustür klopfen und mir den perfekten Job anbieten, vor allem weil ich kaum einen Menschen in dieser Gegend kannte.

In meinem engsten Freundeskreis wusste keiner so recht, wie er mit einer so tiefen Trauer und der völligen Kraftlosigkeit umgehen sollte, also riefen sie mich alle an und machten mir Vorschläge, wie ich wieder auf die Beine kommen könnte und wieder funktionierte. Das erhöhte den Druck aber nur noch, denn für so etwas war ich definitiv noch nicht bereit. Wenn es mir gelang, im Haus zu saugen, was mich *schrecklich* viel Energie kostete, dann war das schon eine echte Leistung, für die ich mich selbst lobte: »Gut gemacht, Bronnie, heute hast du schon etwas zustande gebracht.« Früher hätte ich fünf Häuser gestaubsaugt, wäre Mittag essen gegangen, ein paar Kilometer gewandert und dann noch eine Stunde geschwommen. Aber so ist das eben, wenn eine Depression zuschlägt – sie bestimmt, wo es langgeht.

Das Beste, was Freunde und liebe Verwandte tun können, besteht darin, den Zustand des Kranken zu akzeptieren. Vielleicht kommt er da raus, vielleicht auch nicht. Die Chancen stehen nicht schlecht, dass er es übersteht, vor allem, wenn er es selbst will. Die akzeptierende Haltung von Menschen, die ihn lieben, verstärkt dieses Potenzial. Doch durch Druck wird es verringert. Der Leidende muss ebenfalls akzeptieren, dass sein Leben gerade an diesem Punkt ist, denn sonst würde er sich selbst unter Druck setzen, was wiederum die Symptome nur verstärken würde. Es dauerte eine Weile, bis ich diesen Zustand erreichte, während ich mit meiner Unfähigkeit rang, ein normales Leben zu führen.

Meine Rückkehr zum Landleben hatte etwas in meinem tiefsten Inneren angezapft und holte den Schmerz herauf, der seit meiner Jugend und meiner Zeit als junge Erwachsene in mir geschlummert hatte, denn damals hatte ich in einer ganz ähnlichen Umgebung gelebt. Als ich mein Tempo verlangsamte, zu meinen Wurzeln zurückkehrte und gleichzeitig aufhörte, meine ganze Energie in die Pflege anderer Menschen zu stecken, war der Deckel dieses Fasses voller Schmerzen aufgegangen, das vor Jahrzehnten so sicher und gewaltsam verschlossen worden war. In den letzten zehn Jahren, als ich anfing, die Dinge herauszulassen, derer ich mir bewusst war, war immer mal ein bisschen durchgesickert. Doch jetzt stieg die äußerste Traurigkeit an die Oberfläche, grausam und schmerzhaft, und sie kam nicht nur aus bewussten, sondern auch aus unbewussten Ebenen. Der Schmerz über die jahrelange Kritik in meiner Jugend, darüber, nicht akzeptiert worden zu sein, wie ich war, über die Beschimpfungen und das Lächerlichmachen, dem ich ausgesetzt gewesen war – dieser ganze angestaute Schmerz stieg nun hoch, ohne dass ich es zunächst merkte. Ich weinte und weinte.

Wenn man wirklich gesund werden will, hat man keine andere Möglichkeit als die, sich den Dingen zu stellen – dem Schmerz, der Würdigung des eigenen Leidens, den Möglichkeiten des Wachstums, der Notwendigkeit der Genesung und der Notwendigkeit, Kraft in sich zu finden, indem man irgendwann stärker wird als der Schmerz. Doch diesen Lernprozess kann einem niemand abnehmen. Die Liebe von anderen hilft natürlich, und meine liebe Mutter und ein paar alte Freunde unterstützten mich sehr. Doch heilen musste ich mich letztlich selbst, da gab es kein Entkommen. Es wurde Zeit, dass ich mich mir selbst stellte. Und es wurde auch Zeit, diese Dinge aus meinem allertiefsten Inneren herauszulassen.

Die Erleichterung kam über verschiedene Wege. Durch Weinen natürlich. Oder indem ich mir alles von der Seele schrieb. Und zum ersten Mal in meinem Leben schrie ich auch alles aus mir heraus, ein richtig lautes Schreien. (Zuvor hatte ich ein einziges Mal wirklich geschrien, wenn auch unwillkürlich, als ich einmal aus einem Flugzeug gesprungen war.) Aber jetzt schrie ich auf eine andere, ganz ursprüngliche Art. Ich war dankbar, so weit von den anderen Häusern entfernt zu wohnen, so dass ich genug Privatsphäre hatte, um dieses Chaos so zu überstehen, wie es mir mein Zustand an dem jeweiligen Tag diktierte. Ich schrie die Dinge heraus, die ich als junges Mädchen so gern zu den Leuten gesagt hätte, die mich verletzt hatten. Ich brüllte auch einfach Schmerzlaute, keine Worte. Ich schrie den tiefen Frust hinaus, in dieser Situation zu stecken, und den schrecklichen Schmerz, den ich durchmachte. Ich schluchzte unkontrolliert, blieb erschöpft liegen, und irgendwann begann ganz allmählich meine Heilung.

In sentimentaleren Zeiten hatte ich Lernprozesse gern mit einer Rose verglichen. Wir legen eine Schicht nach der anderen von unserem kostbaren, verletzlichen Selbst frei, und irgendwann gelangen wir zur Mitte, zum Kern. Doch in meinem Zustand bodenloser Traurigkeit und Hoffnungslosigkeit verwarf ich diese Theorie zur Gänze und beschloss, dass Wachstum sich eher anfühlt, als würde man eine riesige Zwiebel pellen. Mit jeder neuen Schicht, die wir entfernen, wird es schmerzhafter, und bei jeder weiteren Schicht müssen wir noch mehr weinen. So ging es mir. Ich schälte eine gewaltige, riesengroße Zwiebel.

Mein tägliches Ziel hieß nicht, glücklich zu sein, sondern den Zustand, in dem ich war, überhaupt zu akzeptieren. Zu Anfang reichte meine Energie gerade mal, um weinend auf der Veranda zu stehen und in die Natur zu schauen. Ich lebte nur noch in der Gegenwart, denn ich war viel zu erschöpft von den täglichen Gefühlsausbrüchen. Manchmal war es schlicht zu schwer, auch nur über den Moment hinauszudenken, in dem ich mich gerade befand. Einen Tag nach dem anderen die Intensität meiner Gefühle zu überleben genügte mir. Ich war wie benommen, emotional völlig ausgelaugt, und des Lebens unendlich müde.

Mir wurde vor Augen geführt, dass Glück eine Entscheidung ist, also versuchte ich ganz bewusst entsprechend zu handeln, indem ich mich aufraffte aufzustehen oder in den Momenten zwischen zwei Heulanfällen irgendetwas Schönes zu entdecken. Entscheidungen und Erfolge, die anderen kaum erwähnenswert erschienen wären, waren für mich große Errungenschaften. Dinge, die einmal ganz simpel gewesen waren, wie aufstehen, Leute zurückrufen, die Kletten aus meinem Haar kämmen, mich hübsch anziehen und gesundes Essen kochen, wo ich doch am liebsten bloß Baked Beans aus der Dose gelöffelt hätte, das alles waren jetzt massive Leistungen.

Ich war nicht mehr die, die ich einmal gewesen war, und wenn ich die werden sollte, die zu sein mir auf Erden bestimmt war, dann musste ich meine Gefühle akzeptieren, sie nicht abblocken, ihnen gestatten, an die Oberfläche zu kommen, damit ich sie für immer loslassen konnte. Wir alle müssen auf unsere ganz eigene Art gesund werden. Da Antidepressiva nicht der richtige Weg für mich waren (auch wenn ich niemand dafür verurteile, wenn er sich für diese Möglichkeit entscheidet), musste ich diese Krankheit auf meine eigene Art bewältigen. Jeder Tag war anders. Manche waren voller Dunkelheit, Tränen und herzzerreißendem Kummer. Manchmal funktionierte ich einigermaßen, in einem seltsam benommenen Erschöpfungszustand, aber mit der Entschlossenheit, mir ein gesundes Essen zu kochen und die eine oder andere Portion davon einzufrieren, damit ich auch an dunkleren Tagen etwas Gutes zu essen hatte. An anderen Tagen wanderte ich über die Hügel und Weiden, wenn ich genug Energie dafür aufbrachte, weitab von anderen Menschen, und ließ die Klänge und Bilder dieser naturbelassenen Umgebung in mich eindringen.

Meditation blieb ein Teil meines Alltags. Ich mag mir gar nicht ausmalen, was ich ohne diese Fähigkeit getan hätte. Sie hatte mich früher schon gelehrt, dass Leiden unserem Geist entspringt. Die jahrelange Praxis hatte mir bereits geholfen, ungeheuer viele negative Denkmuster abzulegen. So musste die Meditation auch jetzt ein wichtiger Bestandteil meines Genesungsprozesses bleiben. Ich fragte mich, wie man ohne Meditation überhaupt mit dieser Krankheit umgehen kann. Sie lehrt einen, die eigenen Gedanken zu beobachten und sich klarzumachen, dass sie nicht mit dem Selbst identisch sind. Sie machen lediglich unseren Geist aus, und dieser ist nur ein Teil von uns und nicht das Ganze. Außerdem sind nicht alle Gedanken unsere eigenen – viele rühren von Gedanken her, die andere auf uns projiziert haben.

Dass ich mir dieser Dinge bewusst war, half mir enorm, wenn ich mich mindestens zweimal am Tag zum Meditieren hinsetzte mit dem Ziel, die tatsächliche Herrschaft über mein eigenes Denken und meinen Geist zu erlangen. Während dieser Meditationsstunden aber war ich fast immer ganz ich selbst. Es kostete mich alle Entschlossenheit, mich auf meine Sitzungen zu konzentrieren, wo doch so viel Schmerz an die Oberfläche kam und mich abzulenken versuchte. Aber indem ich bei der Meditation meine Gedanken als solche beobachtete, mich aber nicht weiter mit ihnen aufhielt, konnte ich wieder zur Ruhe gelangen, zu Liebe und Sicherheit, und ich wusste, dass dieses Chaos eines Tages vorbeigehen würde. Außerdem merkte ich dabei, dass dieser friedliche Teil meiner selbst immer noch in mir lebte. Ich musste nur viel, viel härter arbeiten, um Zugang dazu zu gewinnen. Mir tat auch die Disziplin sehr gut, die die Meditation erforderte, denn so hatte ich trotz meiner Stimmungsschwankungen jeden Tag einer Verpflichtung nachzukommen. Ich musste mich zwingen, mich hinzusetzen und zu meditieren, egal wie grässlich ich mich fühlte. Für manche Leute mögen es vielleicht die Herausforderungen ihres Jobs sein, die sie durch solche Zeiten hindurchbringen, oder irgendeine andere Routinetätigkeit. Für mich war es die Meditation.

Natürlich weinte ich auch aus den tiefsten Tiefen meiner Seele. Ich versuchte aber, das potenziell schöne Leben nicht aus den Augen zu verlieren, das auf mich wartete, wenn ich diesen Schmerz und diesen Heilungsprozess durchstand, und bemühte mich, die Hoffnung nicht zu verlieren. Wenn die Gegenwart völlig verstellt ist von Schmerzen aus der Vergangenheit, kann einem nur die Hoffnung auf eine andere Zukunft Freude bringen. Daher spielte sie eine große Rolle bei meiner Genesung. In einigermaßen ruhigen Momenten träumte ich davon, wieder normal zu funktionieren, die Talente zu nutzen, mit denen ich gesegnet war (wir alle haben sie), mit einer Arbeit, die ich liebte, gutes Geld zu verdienen, mit Freunden zu lachen, ein eigenes Grundstück an einem Fluss zu besitzen, eine neue Liebe zu wagen und ein Kind zu bekommen. Aber meistens träumte ich einfach davon, wieder Glück und Fröhlichkeit erfahren zu dürfen, morgens mit Freude im Herzen aufzuwachen aus Dankbarkeit für das Geschenk, am Leben zu sein. Ich träumte davon, glücklich zu sein, und sehnte mich danach, mich daran zu erinnern, wie sich das anfühlte. Ja, ich hoffte auf Glück.

Das Einzige, was ich tun konnte, war, so gut wie möglich im Hier und Jetzt zu leben und mich mit der Gegenwart auseinanderzusetzen. Dabei war es mir eine große Hilfe, in so einer herrlichen Umgebung zu wohnen, denn in der Natur rundherum spielten sich so viele ausgeklügelte Dinge ab, und in solchen Momenten war ich einfach nur fasziniert. Ich beobachtete die Insekten und Vögel, lauschte dem Wind in den Bäumen, betrachtete den Himmel und seine konstanten Veränderungen.

Die wunderbare Sozialarbeiterin, die ich um Hilfe bat, war ein Segen für mich. Sie praktizierte nicht nur dieselbe Meditationstechnik wie ich, sie hielt mir in gewisser Hinsicht auch einen Spiegel vor. Mit ihrer Unterstützung konnte ich mich aus verschiedenen Blickwinkeln sehen, auf eine wohlwollendere Art, und meine eigene schöne Seele würdigen. Ich erkannte auch, wie viel Energie ich investiert hatte, mich um andere zu kümmern statt um mich selbst, weil ich in meinem tiefsten Inneren nicht glaubte, dass ich es verdient hatte. Vieles davon war auf die Meinungen anderer zurückzuführen, die mich unbewusst noch immer beeinflussten, Leute, die mich nicht kannten, obwohl sie sich das einbildeten. Es gehörte zum Wandlungsprozess, dass ich entschlossen war, mich *restlos* von diesen Fesseln zu befreien. Außerdem hatte ich viel zu viele Schmerzen einer Freundin auf mich genommen, die selbst gerade schlimme Zeiten durchmachte, weil ich einfach nur eine gute Freundin sein wollte. Aber als ich hinausschwamm, um ihr zu helfen, ertrank ich selbst mit. Ich musste mein Mitleid und meine Anteilnahme für andere Menschen ein wenig einschränken und mir eine etwas weniger involvierte Art von Mitgefühl angewöhnen.

Es war wichtig und befreiend, an die Notwendigkeit erinnert zu werden, auch mit mir selbst einmal Mitleid zu haben. Diese fantastische Sozialhelferin half mir auch die schlechten Gewohnheiten zu erkennen, die ich entwickelt hatte, nämlich das schlechte Benehmen anderer Leute zu entschuldigen – früher, weil ich immer schön den oberflächlichen Frieden wahren wollte, in letzter Zeit eher, weil sie mir leidtaten. Der wundervoll direkte Beratungsstil dieser Frau war Gold wert, und ihre Aufrichtigkeit wirkte, vor allem, als sie mich fragte, ob ich mir die Goldmedaille bei der Krankenpfleger-Olympiade zum Ziel gesetzt hätte.

Ich hatte zu oft vergessen, mir selbst auch ein bisschen von meinem Mitgefühl zuzugestehen, in Gedanken wie in Taten. Doch die ganzen Jahre des Wachsens und des Loslassens waren nicht umsonst gewesen, auch wenn es sich manchmal so anfühlte. Stattdessen hatte ich den innersten Kern meiner Verletzungen erreicht, ihren eigentlichen Ursprung, und jetzt konnte ich sie langsam für immer gehen lassen.

Es kostete mich Mut und Bereitschaft, mir überhaupt zu erlauben, mich von solchen schädlichen Mustern für immer loszumachen. Ich musste meinen Schmerz zur Kenntnis nehmen, die Auswirkungen jahrelanger Kritik durch die Menschen, deren Liebe ich am meisten gebraucht hätte, und endlich aufhören, Entschuldigungen für das unfreundliche Benehmen anderer zu finden. Das schaffte ich, indem ich lernte, zu mir selbst freundlich zu sein, und die Freundlichkeit anderer *anzunehmen*. Ich hatte Güte und Glück verdient. Auch wenn andere das nicht glaubten – sie hatten nicht erlebt, was ich erlebt hatte, und es war auch nicht mehr wichtig. Ich *wusste* jetzt, dass ich überwältigende Güte verdiente. Erst als ich zu dieser wichtigen Einsicht kam, dass ich es *wirklich verdient hatte*, konnte ich anfangen, zu mir freundlich zu sein und diese Freundlichkeit anzunehmen. Das hatte ich zwar schon auf anderen Ebenen geglaubt, aber nicht in diesen Tiefen, in denen ich jetzt laborierte. Und genau hierauf musste ich mich jetzt konzentrieren, auf die Ebenen, die mein Denken und Handeln wahrhaftig beeinflussten. Es wurde Zeit, meine Freundlichkeit an mich heranzulassen. Ich hatte sie ja schließlich verdient.

Doch meine alten Denkmuster und mein niedriges Selbstwertgefühl erwiesen sich als hartnäckig, und an manchen Tagen brauchte ich tatsächlich meine ganze Kraft, um dem emotionalen und geistigen Schmerz Widerstand leisten zu können. Während ich mir Schicht um Schicht zurückeroberte, schlichen sich plötzlich erste kurze Ausblicke auf Schönheit und Euphorie ein, was ebenso erfrischend wie inspirierend war. Eine so schlichte Sache wie die Sonne, die durch die Blätter der Bäume schien, wurde auf einmal so unglaublich schön, dass ich Momente unerwarteten Glücks erlebte. Neue Seiten an mir, die sich jahrelang vorbereitet hatten, wurden jetzt ein natürlicher Teil meiner selbst. Ein paar Dinge hatten sich dauerhaft verändert, und ein paar von meinen alten Denkmustern hatte ich tatsächlich hinter mir gelassen.

Ich begriff, dass ich es mit bestimmten Aspekten meiner alten geistigen Prägung zu tun gehabt hatte, aber ich hatte sie wirklich losgelassen, daher nahm ich all das mit Dankbarkeit zur Kenntnis. Die Schönheit meines Wohnortes half mir weiterhin, ganz stark im Hier und Jetzt zu leben. Natürlich tat auch der verbliebene Schmerz sein Teil dazu. Aber es war jeden Tag wieder erhebend für mich zu sehen, wie sich die Natur rund um mein Cottage entfaltete. Und während der Schmerz Schicht um Schicht von mir abfiel, wurden meine Sinne immer weiter geschärft und schwangen noch viel stärker im Gleichklang mit der Natur. Das gab mir unglaublich viel Mut, obwohl mich immer noch schlimme Momente anfallen konnten.

Manchmal wurde ich wütend auf mich selbst, weil ich meine Depression nicht so schnell überwand, wie ich wollte. Doch Verärgerung ist nichts anderes als enttäuschte Erwartungen. Also ließ ich meine Erwartungen fahren und holte mich zurück in die Gegenwart, indem ich irgendetwas Schönes vor meinem Fenster ansah, Musik auflegte und mitsang oder mein Bewusstsein einfach auf meinen Atem oder die Geräusche um mich herum lenkte. Dann konnte ich meine Situation wieder akzeptieren und wusste, dass ich mich mit dem Tempo durch diese Krankheit arbeitete, das für meine Entwicklung gut war.

Ein paar von meinen alten Freunden schickten mir regelmäßig göttliche Naturkosmetikprodukte. Also nahm ich mir die Zeit, mich sorgfältig einzucremen, mich zu pflegen und aufzupäppeln, geistig *und* körperlich, um meine alte Unfreundlichkeit mir selbst gegenüber auszugleichen. Hinterher fühlte ich mich immer viel besser, ganz zu schweigen von meinem herrlichen Duft. Wenn ich meinen Körper so verwöhnte, erinnerte ich mich daran, wie ich meine sterbenden Patienten verwöhnt hatte. Jetzt begann ich mir dieselbe Liebe zu schenken wie damals ihnen.

Aber es blieb eine Herausforderung, stärker als der Schmerz zu sein, und obwohl nach ein paar Monaten definitiv wieder gute Tage kamen, schien die Depression mit ihren negativen Gedanken umso energischer zurückzuschlagen. Sie war offenbar nicht bereit, mich einfach so aus ihren Krallen zu lassen. Immerhin wurde sie ja auch von den negativen Mustern meiner Selbstverdammung gefüttert, die inzwischen seit über vierzig Jahren über mich geherrscht hatten. Ich hatte zu viele fremde Meinungen in mein Glaubenssystem eindringen lassen. Mein Geist schien mich zu beherrschen, und dieser Herrscher wollte das Zepter nicht abgeben.

Ich begann mir diese Herrschaft jetzt jedoch zurückzuerobern, indem ich mir endlich meinen Wert und meine Schönheit klarmachte. Statt mich auf alte Muster zu konzentrieren, behandelte ich mich mit Respekt und Liebe. Während ich im Haus herumwirtschaftete, trällerte ich fröhliche Liedchen über meine eigene Güte vor mich hin. Außerdem legte ich mir die amüsante Gewohnheit zu, jedes Mal Hallo zu meinem schönen Selbst zu sagen, wenn ich an einem Spiegel vorbeikam. Nicht zuletzt bescherte mir auch die Pflege meines Körpers, durch Bäder und gutes Essen, immer wieder kleine Glücksmomente. Schritt für Schritt kehrte meine Fröhlichkeit zurück. Meinem alten Geist gefiel das jedoch gar nicht, und die Depression schlug noch einmal ihre hässlichen Klauen tief in mich hinein. Der Umbau meines Denkens hatte sich schon über Jahre hingezogen. Aber jetzt war ein finales Duell angesagt, bei dem nur eine Seite gewinnen konnte.

Während dieser allerletzten Zuspitzung, diesem Ringkampf, in dem ich mich für immer von meinem alten Ich verabschieden wollte, gab ich irgendwann auf. Es wurde einfach *zu hart*. Trotz der Verbesserungen in meinem täglichen Leben und zunehmender Glücksmomente war ich emotional völlig erschöpft. Es hatte mich so viel Energie gekostet, an diesen Punkt zu kommen, dass meine ganze verbliebene Kraft plötzlich dahinschwand. Und so zog ich kurz vor dem Ziel wieder Selbstmord in Betracht. Ich hatte kein Jota Kraft mehr, um mich noch zu Disziplin oder Hoffnung aufzuraffen. Ich hatte mein Bestes versucht, aber nun war ich am Ende. Ich wollte sterben. Ich wollte, dass dieses Leben ein für alle Mal vorbei ist.

Ein Freund, den ich schon seit über zwanzig Jahren kannte, rief mich regelmäßig an, und dieser Engel hatte seinen ganz eigenen Ansatz. »Nimm den Hörer ab. Ich meine es ernst, ich würde dir jetzt nicht empfehlen, dich umzubringen. Nimm den Sch...hörer ab. Hör auf, so zu tun, als wärst du nicht zu Hause, nimm jetzt endlich den Sch...hörer ab.« So ging das immer weiter auf meinem Anrufbeantworter, bis ich irgendwann unter Tränen lachen musste und den Hörer abnahm. Sein Vorgehen mochte unorthodox gewesen sein, aber er hat ein wahnsinnig großes Herz, und unser Humor hatte uns schon in der Vergangenheit über vieles hinweggeholfen. Und sein Ansatz funktionierte eben auch. Ich brauchte das Lachen, und ich wusste, dass er mich sehr liebhatte, wie ich ihn auch. Lachen ist ein stark unterschätztes Werkzeug im Heilungsprozess.

Doch eines Tages, als er nicht angerufen hatte, stürzte ich in mein absolutes Tief, das schlimmste meines ganzen Lebens. Ich kritzelte einen Abschiedsbrief in unleserlicher

Schrift und nahm Abschied von meinem Leben. Ich konnte es einfach nicht mehr ertragen.

Es heißt, dass es kurz vor der Morgendämmerung immer am dunkelsten ist. Tatsächlich war dies die schwärzeste Stunde meines Lebens. Ich konnte mein Leben nicht mehr weiterführen. Es war nicht möglich, mich jemals noch schlechter zu fühlen als in jenem Moment. Ich hasste mich für die Schwäche, meinen Geist trotz aller Bemühungen nicht zurückerobern zu können. Ich hasste mich, weil ich in meinem Leben so lange so viel Mist von anderen toleriert hatte. Ich hasste mich, dass ich mich so oft für ein so hartes Leben entschieden hatte. Ich war wütend, dass es mir so viel Mut abverlangte, mir das Leben zu schaffen, das ich wollte und das ich verdient hatte. Ich hasste fast alles an mir. Das war meine schwärzeste Stunde.

In der Sekunde, in der ich meinen Abschiedsbrief zu Ende gekritzelt hatte, in dem ich mich entschuldigte und meine bodenlose Traurigkeit ausdrückte, klingelte das Telefon. Es war nicht der Freund, den ich erwartet hatte. Es war auch niemand, den ich kannte. Stattdessen zirpte mir eine fremde Frau ein fröhliches Hallo ins Ohr und wollte mir eine Notfallversicherung verkaufen!

»Na, super«, dachte ich. »Ich kann mich nicht mal richtig umbringen. Wahrscheinlich brauch ich hinterher noch einen Krankenwagen.« Ich hatte mir einen Abgrund in der Nähe ausgesucht, in den ich mit meinem Van fahren wollte, um sicherzustellen, dass ich auf keinen Fall überlebte. Ich hatte sorgfältig darüber nachgedacht, denn ich wollte nicht nur einen halbherzigen Versuch unternehmen. In meiner Planung hatte ich alle Details berücksichtigt.

Das Angebot für die Notfallversicherung (das ich geistesabwesend ablehnte) führte mir plötzlich wieder vor Augen, dass mein Versuch gelingen konnte – oder eben auch *nicht.* Ich dachte an all die netten Sanitäter, die ich im Laufe der

Jahre kennengelernt hatte, und mir wurde klar, wie gedankenlos ich gewesen war, wie sehr mich mein eigener Schmerz in Beschlag genommen hatte, dass ich nicht an die Folgen meiner Tat gedacht hatte – für diejenigen, die mich fanden, und für die, die mich liebten. Ich wusste auch ganz sicher, dass ich mein Leben nach einem misslungenen Selbstmordversuch nicht gelähmt verbringen wollte, vor allem nicht, wenn ich diese Lähmung selbst verursacht hatte. Aber es war nicht nur die Symbolik dieses Anrufs (obwohl man sich freilich kaum ein besseres Warnsignal hätte denken können), im Grunde hatte schon das Telefonklingeln den Bann gebrochen und die Nebel durchdrungen, durch die ich in den tiefsten Tiefen meines Schmerzes gestolpert war.

Dieser Schlüsselmoment wurde tatsächlich der Wendepunkt, der größte Wendepunkt meines ganzen Lebens. Ich wollte meinen Körper nicht beschädigen, der mir so viel Freiheit und Beweglichkeit geschenkt hatte, den schönen, gesunden Körper, der mich durch alles hindurchgetragen hatte. Und sterben wollte ich auch nicht. Als ich anfing, meine Beine für all die Kilometer zu lieben, die sie mich schon getragen hatten, begann ich mich zu lieben.

Während dieses Anrufs spürte ich für einen kurzen Moment lang einen Schmerz in der Herzgegend. Da wurde mir klar, dass mein armes, zartes, wunderbares Herz schon genug gelitten hatte. Noch mehr Leid und Selbsthass würde es nicht ertragen. Es brauchte Liebe, um wieder gesund zu werden, und diese Liebe, die das Allerwichtigste war, musste in erster Linie von mir selbst kommen.

Ein Leben ohne Reue

Die Geschwindigkeit, mit der sich die Dinge nach diesem Wendepunkt änderten, war phänomenal. Die Depression wich in dieser Nacht von mir und nahm ihre schwere, finstere Wolke einfach mit. Sie hatte die ganze Zeit nur darauf gewartet, dass die Liebe Einzug hielt, und als das geschah, wusste sie, dass ihre Aufgabe erfüllt war, und konnte gehen. Die nächsten paar Tage verbrachte ich damit, meine Energiereserven durch Meditation, Dankbarkeit und Ehrfurcht vor meinem wunderbaren Selbst wieder aufzufüllen. Das stärkte mein Herz, während mein Körper sich in der Badewanne erholen durfte. Ich unternahm lange, entspannte Spaziergänge über die Hügel, ohne bestimmte Strecken absolvieren zu müssen. Ich wanderte nur langsam dahin und bestaunte das Leben mit den Augen einer Wiedergeborenen. Es fühlte sich an, als wäre ich in einer so wunderschönen Welt aufgewacht, dass ich mich nur schwer an die vorige erinnern konnte.

Um den Anfang meines Lebens gebührend zu würdigen, beschloss ich, eine offizielle Abschieds- beziehungsweise Willkommenszeremonie abzuhalten. Ich sammelte Holz von den Weiden und zündete ein schönes Feuer an. Es gab Dinge, die aus meinem Leben richtig verabschiedet werden mussten, Aspekte meines alten Selbst und die Umstände, die sich daraus ergeben hatten. Ich schrieb all diese Dinge nieder, ebenso wie alles, was ich jetzt in meinem Leben willkommen heißen wollte. Als die Sonne unterging und die ersten Sterne aufgingen, stellte ich mich glücklich neben das heilsame, wärmende Feuer. Ich spürte eine enorme Liebe zu mir selbst und zum Leben, und außerdem eine unglaubliche Dankbarkeit.

Das Licht des Feuers schien warm. Froh blickte ich zum weiten Sternenzelt empor und dachte mir, dass tatsächlich jemand Neues geboren worden war. Endlich war ich der Mensch, der zu sein ich mir in den letzten Jahren so hart hatte erarbeiten müssen. Am Ende hatte ich doch zugelassen, dass ich zu diesem Menschen wurde. Die Frau, die andere zu oft entschuldigt hatte, jahrzehntelang Schmerzen ertragen und nie akzeptiert hatte, dass auch sie Glück verdiente, wurde nicht mehr benötigt. Ihre Aufgabe war erfüllt. Ich dankte ihr sanft für die Rolle, die sie in meiner Entwicklung gespielt hatte, und ließ sie ziehen.

An jedem weiteren Tag erschlossen sich mir ganz neue Freuden. Es war fast so, als würde ich das Leben zum ersten Mal entdecken. Noch nie hatte ich mich so frei gefühlt. Ein Glück, wie ich es zuvor nicht gekannt hatte, völlig frei, freudig und ohne Schuldgefühle, wurde allmählich der Normalzustand. Neue Vögel setzten sich auf den Zaun und sangen mir etwas vor. Alte folgten mir, wenn ich selig über die Weiden wanderte. Meine Sinne waren so geschärft, als hätte ich wochenlang schweigend meditiert, aber dieser überwache Zustand hielt tatsächlich an. Die Klänge waren klarer, die Farben heller und lebendiger. Ich bemerkte mindestens dreißig Grünschattierungen in der Natur rund um mein Cottage.

In mir waren ein Raum und eine Klarheit, von der ich immer geglaubt hatte, dass ich sie in mir trug, aber ich hatte sie nie erfahren können. Doch meine Vergangenheit war jetzt kaum mehr wichtig. Die Weisheit, die ich auf meinem Weg gewonnen hatte, war ein Teil von mir. Die Vergangenheit hatte mir als unglaubliche Lehrmeisterin gedient, und keine ihrer Lehren war umsonst gewesen. Doch das Leiden, das mich mitgeformt hatte, hatte seinen Zweck erfüllt und konnte jetzt einfach gehen. Ich musste nichts beweisen, nichts erklären, nichts rechtfertigen. Mir tat das Gesicht schon weh vom vielen Lächeln. Mein Leben hatte sich sozusagen über Nacht auf eine völlig andere Ebene verlagert. Nach jahrelanger Übung schaffte ich es nun endlich, mein Leben ganz in der Gegenwart zu leben.

Und dann öffneten sich mir alle möglichen Türen. Alle Bemühungen auf meinem kreativen Weg – Konzentration, Widerstandskraft und Opfer – wurden jetzt belohnt. Meine Arbeit kam richtig in Schwung, und es ergaben sich aus ganz unerwarteten Richtungen neue Gelegenheiten, Songs zu schreiben. Meine Liebe zu mir selbst hatte mir die Türen geöffnet, so dass endlich wunderbare Dinge in mein Leben treten konnten. All das hatte jahrelang geduldig gewartet, bis ich endlich bereit war.

Seitdem ist der natürliche Fluss von Güte immer stärker geworden. Neue unterstützende Netzwerke sind entstanden, sowohl professioneller als auch persönlicher Art. Natürlich wird es immer neue Dinge geben, die ich über mich selbst lernen kann, aber eines steht fest: Nie wieder werde ich auch nur das kleinste Geschenk für selbstverständlich halten.

Im Laufe der Jahre hatte ich mir ganz bewusst das Leben aufgebaut, das ich haben wollte, indem ich die Hemmnisse Schicht um Schicht abbaute. Ein wichtiger Teil dieses Prozesses bestand auch darin, dass ich mir über das Leben klar wurde, das ich leben wollte, und über die Person, die ich sein wollte. Wenn sich jetzt ab und zu Blockaden in den Weg stellen, bin ich geduldig und liebevoll mit mir selbst, während ich sie bewältige. Die Entdeckung des eigenen Selbst ist ein freudiger Prozess, und ich kann über meine Menschlichkeit lächeln.

Während all das geschah, fühlte ich mich den wundervollen Menschen, die ich betreut hatte, näher denn je. Dieses neue Leben, wie es sich mir jetzt darbot, war genau so eines, wie sie es auch als mögliches Leben vor sich gesehen hatten, als sie rückblickend von ihren Versäumnissen sprachen. In ihren letzten Wochen und Tagen, als alles andere weggefallen war, sahen sie, was für potenzielle Freuden ihnen das Leben geboten hätte, wenn sie nur anders gelebt hätten.

Doch nicht jeder Patient sprach von Versäumnissen. Manche meinten, sie hätten das eine oder andere im Nachhinein anders gemacht, aber sie hatten nicht wirklich etwas zu bereuen. Manche waren sogar wunderbar zufrieden mit dem Leben, das sie geführt hatten. Doch viele andere hatten sehr wohl etwas zu bedauern, und sie hatten den großen Wunsch, ihre Gedanken weiterzugeben. Die lange Zeit, die ich mit den Patienten jeweils verbrachte, war wahrscheinlich ein Katalysator für die Aufrichtigkeit, die ich in jeder dieser Beziehungen erfuhr. Dass ich so viel Zeit mit ihnen verbringen durfte, dafür werde ich immer dankbar sein.

Nachdem sie mir von ihren Versäumnissen erzählt hatten, war ich entschlossen, dass ich mich am Ende meines Lebens nicht so fühlen wollte, wann auch immer das sein mochte. Ich durfte nicht zulassen, dass man mir solche Einsichten schenkte und ich nichts daraus lernte. Nachdem ich jetzt die größten Prüfungen ertragen hatte, verstand ich erst, wie schwierig diese Herausforderungen sein können. Ich verstand jetzt aber auch, wie reich man belohnt wird, wenn man es schafft.

Erfüllung und Freude, auf die all diese lieben Menschen kurz vor ihrem Tod einen Blick erhaschen konnten, werden auch jedem von uns angeboten, bevor unsere Zeit kommt. Mit jedem neuen Tag wächst meine Begeisterung über den natürlichen Fluss an Güte. Sie will einen erreichen, und das tut sie auch, wenn wir lernen, wie wir es zulassen, nämlich durch Zuversicht und Selbstliebe. Sie wartet auf jeden. Man darf sich nur nicht selbst im Weg stehen, und da liegt auch die wahre Arbeit – man muss lernen, Herr der eigenen

Gedanken zu sein, indem man den Müll wegräumt, der einen daran hindert, alles fließen zu lassen.

Der Lernprozess endet nie. Man erreicht nicht irgendwann einen Entwicklungsstand, auf dem man sagen kann: »Toll. Jetzt kann ich mich zurücklehnen, ich weiß alles und schaukle gemütlich durch die Tage, ohne je wieder etwas lernen zu müssen.« Sogar Stella, die so viel Arbeit auf ihrer inneren Reise geleistet hatte, wurde ab und zu daran erinnert, dass sie einfach loslassen musste. Weil sie das schaffte, konnte sie in ihren verbliebenen Tagen noch friedvoller werden, bevor sie am Ende mit einem strahlenden Lächeln auf den Lippen ging.

Da der Lernprozess nie aufhört, sollten wir ihn willkommen heißen, statt ihm Widerstand zu leisten. Kein Tag vergeht, an dem ich nicht etwas Neues über mich selbst lerne. Aber das kann ich jetzt in liebevoller Aufgeschlossenheit tun, indem ich mich selbst bedingungslos liebe, ohne mich zu verurteilen. Sanftes und zugewandtes Lachen lässt uns ebenfalls reibungsloser wachsen.

Als Grace die Worte aussprach: »Ich wünschte, ich hätte den Mut gehabt, mein Leben so zu leben, dass ich mir selbst treu gewesen wäre, statt ein Leben, wie es andere von mir erwarteten«, war sie so traurig darüber, wie ihr Leben letztlich verlaufen war.

Es ist schade, dass es so viel Mut erfordert, der zu sein, der man wirklich ist. Aber so ist es eben. Es verlangt manchmal sogar *enormen* Mut. Zuweilen kann man nicht mal selbst in Worte fassen, wer man ist, man weiß nur, dass man eine Sehnsucht in sich trägt, die das Leben, wie man es momentan führt, nicht erfüllt. Wenn man das anderen erklären soll, die sich nicht in einen hineinversetzen können, stellt man sich vielleicht noch stärker in Frage als vorher.

Aber wie der weise Mann Buddha vor über zweitausend Jahren sagte: »Der Verstand kennt keine Antworten. Das

Herz kennt keine Fragen.« Das Herz führt einen zur Freude, nicht der Verstand. Indem man den Verstand überwindet und jede Erwartungshaltung aufgibt, kann man sein Herz hören. Wenn man dann den Mut hat, ihm auch zu folgen, findet man zum wahren Glück. In der Zwischenzeit sollte man das Herz pflegen und sich den Verstand unterwerfen. Je mehr das Herz wächst, umso mehr Freude und Frieden bringt einem das Leben. Das glückliche Leben will einen so sehr, wie man selbst das glückliche Leben will.

Als Anthony im Pflegeheim lag und mir gestand, dass er nicht den Mut hatte, sich um ein besseres Leben zu bemühen, demonstrierte er traurigerweise, was passiert, wenn man sich von seiner Angst leiten lässt. Das bedeutet nicht, dass auch Sie vor Ihrer Zeit in einem Pflegeheim enden werden. Aber der Mangel an Stimuli und Glück, der ein Teil seines Lebens wurde, herrscht genauso im Leben von Millionen Menschen unter uns. Jeder Tag war einfach eine betäubende Routine, sicher und ungefährlich, aber niemals befriedigend.

Es erfordert Kraft, große Veränderungen herbeizuführen. Je länger man in der falschen Umgebung verharrt und damit ihr Produkt bleibt, umso länger verwehrt man sich selbst die Chance, wahres Glück und Befriedigung zu erfahren. Das Leben ist zu kurz, um ihm einfach nur beim Verstreichen zuzusehen, aus einer Angst heraus, die man durchaus bewältigen könnte, wenn man sich ihr stellen würde.

Wie die Schlingpflanzen in Florences Garten, die die schönen Blumen zuwucherten und behinderten, schaffen wir alle uns manchmal unsere eigenen Fesseln im Leben. Natürlich sind manche davon nicht so leicht zu beseitigen wie die Pflanzen in Florences Garten. Viele unserer selbst gemachten Fesseln sind nach jahrzehntelangem Wachstum unglaublich stark und reagieren sehr ungnädig, wenn man sie entfernen will. Sie werden sich auf Gedeih und Verderb an Sie klammern, aber wenn Sie das zulassen, werden diese Schlingpflanzen Ihre ganze Schönheit abwürgen.

So wie sie im Laufe der Jahre geschaffen wurden, so können sie auch im Laufe der Jahre entfernt werden. Es ist ein heikler Prozess, der einem manchmal Entschlossenheit und Tapferkeit abverlangt. Man muss loslassen können. Man muss den Mut haben, schädliche Beziehungen zu beenden und zu rufen: »Genug!« Man muss sich selbst mit Respekt und Freundlichkeit behandeln, weil man beides verdient hat. Aber in erster Linie muss man seine eigenen Gedanken und Gewohnheiten genau beobachten. Wenn man sich auf diesem Wege so einiges bewusst gemacht hat, tauchen auch leichter Lösungen auf.

Ihr Leben gehört Ihnen, niemand anderem. Wenn Sie in dem, was Sie sich geschaffen haben, kein Quäntchen Glück finden können und nichts unternehmen, um das zu ändern, dann ist jeder neue Tag – der doch eigentlich ein Geschenk ist – verschwendet. Ein winziger Schritt oder eine kleine Entscheidung können ein toller Anfang sein, und natürlich muss man auch beginnen, die Verantwortung fürs eigene Glück zu übernehmen. Ein glückliches Leben kann man erreichen, ohne umzuziehen oder drastische äußerliche Änderungen vorzunehmen. Es geht darum, die Wahrnehmung zu ändern und tapfer genug zu sein, um den eigenen Wünschen auch Raum zu geben. Niemand anders kann einen glücklich oder unglücklich machen, wenn man es ihm oder ihr nicht gestattet.

Ja, wenn man den Mut hat, man selbst zu sein, und nicht die Person, die andere erwarten, benötigt man wahrscheinlich viel Kraft und Ehrlichkeit. Aber genauso viel Kraft wird es kosten, auf dem Sterbebett zu liegen und zuzugeben, dass man wünschte, man hätte anders gelebt. Ich hatte noch viele andere Patienten, die ich hier nicht erwähnt habe. Aber das Bedauern über dieses Versäumnis, *der Wunsch, sie wären sich selbst treu gewesen,* war die Klage, die ich am öftesten zu hören bekam.

Als John sagte, er wünschte, er hätte nicht so viel gearbeitet, sprach er damit auch einen häufigen Wunsch von Sterbenden aus. In seinen letzten Wochen, als er auf dem Balkon saß und dem Treiben im Hafen zusah, wurde John von seiner Reue fast zermalmt. Es ist überhaupt nichts Falsches daran, seine Arbeit zu lieben. Im Gegenteil, genau so soll es sein. Aber man muss einen Ausgleich finden, damit die Arbeit nicht das ganze Leben wird. Ich höre heute noch die tiefen Seufzer dieses lieben Mannes, als er versuchte, sich mit den Fehlentscheidungen seines Lebens abzufinden.

Als ich Charlie zuhörte, wie er die Vorzüge des einfachen Lebens pries, musste ich seiner Weisheit und Lebenserfahrung recht geben. Der wahre Wert eines Menschen ist unabhängig von seinem Besitz, es kommt darauf an, wer er ist. Sterbende wissen das. Ihre Besitztümer sind am Ende völlig bedeutungslos. Was andere Leute von ihnen denken oder was sie materiell erreicht haben, kommt ihnen zu diesem Zeitpunkt nicht einmal mehr in den Sinn.

Was am Ende wirklich wichtig ist, ist, *wie viel Glück sie den Menschen beschert haben, die sie lieben, und wie viel Zeit sie mit Dingen verbracht haben, die ihnen am Herzen lagen.* Vielen Patienten war es wichtig, dafür zu sorgen, dass andere auf dem Sterbebett nicht dieselben Versäumnisse beklagen müssen. Keinen meiner Pfleglinge hörte ich rückblickend klagen, er wünschte, er hätte mehr gekauft oder besessen, keinen einzigen. Vielmehr drehen sich die Gedanken Sterbender darum, wie sie ihr Leben gelebt haben, was sie getan haben und ob sie das Leben der Hinterbliebenen positiv beeinflusst haben, sei es nun ihre Familie oder auch die gesamte Gesellschaft.

Die Dinge, die man zu brauchen glaubt, sind manchmal gerade die, die einen an ein unerfülltes Leben fesseln.

Schlichtheit ist der Schlüssel, um so etwas zu vermeiden, und dazu die Absage an das Bedürfnis, seinen Wert durch Besitz oder die Erwartungen anderer zu definieren. Es verlangt auch Mut, etwas zu riskieren, aber man kann schließlich nicht alles in der Hand haben. Wenn man in einer scheinbar sicheren Umgebung verharrt, ist damit nicht garantiert, dass einen die Lektionen des Lebens ungeschoren lassen. Sie können einen trotzdem aus heiterem Himmel überfallen. Dasselbe gilt für die Belohnungen, die das Leben für uns bereithält, für diejenigen, die genug Mut haben, ihr Herz zu würdigen. Die Uhr tickt für jeden von uns. Es liegt ganz bei uns, wie wir unsere verbliebene Zeit verbringen.

Wie Pearl ganz richtig begriffen hatte, fließen einem die Dinge zu, wenn man sie braucht. Sie glaubte, dass es am wichtigsten ist, seinen Sinn im Leben zu suchen, seine Arbeit, egal welche, mit der richtigen Absicht zu tun, und nicht aus Angst vor Geldmangel auf einer Arbeitsstelle zu bleiben, die einen unglücklich macht. Es geht darum, zu lernen und sich zu trauen, ohne Grenzen zu denken. Man sollte nicht zu kontrollieren versuchen, wie einem die Dinge zufließen. Das Leben geht so schnell vorbei, sagte sie. Das stimmt. Manche von uns werden ein langes Leben haben, manche von uns nicht. Aber wenn man in dieser kurzen Zeit Glück und Erfüllung erleben kann, dann hat man nichts zu bereuen, wenn das Ende kommt, und das kommt unausweichlich.

Leider ist es für allzu viele Erwachsene ein Problem, ihre Gefühle auszudrücken. Auch darüber verspürten die Sterbenden Frustration und Reue, so wie Jozsef. Er wollte sich ausdrücken, aber er wusste nicht wie, weil er keine Übung darin hatte. Was er am meisten bereute, war, dass er sich selbst so viel Herzschmerz damit bereitet hatte, denn er hatte im Sterben das Gefühl, dass seine Familie ihn nie richtig gekannt hatte. Andere Patienten wurden krank von der Verbitterung, die sie mit sich herumtrugen, weil sie ebenfalls nie gelernt hatten, sich auszudrücken.

Auch in diesem Fall hilft Üben. Wenn Sie mit kleinen mutigen Schritten anfangen, Ihren Gefühlen Ausdruck zu verleihen, fällt es Ihnen leichter, sich zu öffnen. Sie können es sogar genießen, so aufrichtig mit anderen Menschen zu sein. Natürlich werden Sie die Reaktionen der anderen nie in der Hand haben. Doch egal, wie die Leute anfangs reagieren, wenn Sie plötzlich aufrichtig sprechen, am Ende wird jede Beziehung dadurch auf eine ganz neue, gesündere Ebene gehoben – oder die schädliche Beziehung verschwindet gleich ganz aus Ihrem Leben. So oder so haben Sie etwas gewonnen.

Wir können nie wissen, wie lange wir – beziehungsweise die Menschen, die wir lieben – hier sind. Statt irgendwann etwas bereuen zu müssen, eröffnen Sie den Menschen, die Ihnen etwas bedeuten, schon heute, was Sie fühlen. Wie die liebe Jude sagte: Schuldgefühle sind ein emotionales Gift, das einen für den Rest seines Lebens begleitet. Außerdem fühlt es sich gut an, die eigenen Gefühle zum Ausdruck zu bringen, wenn man sich erst einmal daran gewöhnt hat. Nur die Angst davor, wie unsere Ehrlichkeit aufgenommen werden könnte, hält uns davon zurück. Also, schicken Sie Ihre Angst in die Wüste und wagen Sie es, Ihr wundervolles Selbst anderen zu offenbaren, bevor es zu spät ist.

Wenn Sie bereits Schuldgefühle mit sich herumtragen, weil jemand gestorben ist und Dinge ungesagt geblieben sind, dann ist es jetzt an der Zeit, sich dafür zu vergeben. Sie würdigen Ihr Leben nicht, wenn Sie Schuldgefühle mit sich herumschleppen. Es wird Zeit, nachsichtig mit sich selbst zu sein. Das eine ist die Person, die Sie damals waren – aber das muss nicht mit der Person übereinstimmen, die Sie jetzt sind. Mitleid für den Menschen, der Sie einmal waren, gespendet von dem Menschen, der Sie jetzt sind, ist der erste Keim für

Sanftmut sich selbst gegenüber und die Fähigkeit, sich zu verzeihen.

Wenn die Menschen in Ihrem Leben nicht auf Ihre aufrichtig ausgedrückten Gefühle reagieren, bedeutet das nicht, dass sie Sie nicht gehört haben oder dass Sie das alles nicht hätten aussprechen sollen. Die alzheimerkranke Nanci war das beste Beispiel dafür. Doch auch andere Beziehungen in meinem Leben haben sich durch beharrliche Freundlichkeit und Aufrichtigkeit völlig verändert. Lange kam es mir so vor, als würde man meine Worte gar nicht hören. Aber als die anderen bereit waren, ihre Gefühle auszudrücken, merkte ich, dass jedes meiner Worte gehört worden war. Aber das wäre im Grunde gar nicht mehr wichtig gewesen. Es gab mir bereits Frieden zu wissen, dass ich den Mut zum ehrlichen Ausdruck meiner Gefühle besessen hatte. Wenn einer von uns plötzlich abberufen worden wäre, hätte ich keine Schuldgefühle gehabt. Ich hatte niemand für selbstverständlich genommen, es gab niemand, der nicht wusste, dass ich ihn liebte – auch wenn die Betreffenden umgekehrt vielleicht nicht fähig waren, sich genauso ehrlich zu äußern. Sagen Sie den Menschen, was Sie fühlen. Das Leben ist kurz.

Doris' Freundin aufzuspüren verschaffte mir echte Freude und Erfüllung. Als sie sagte, dass sie es bedauerte, den Kontakt zu ihren Freunden nicht gehalten zu haben, wusste ich noch nicht, wie oft ich das noch von anderen Patienten zu hören bekommen würde. Nach allem, was ich inzwischen durchgemacht habe, weiß ich, wie wertvoll meine alten, treuen Freunde waren, die mich streckenweise durch diese Zeiten getragen haben, und ich verstehe noch besser, was meine Patienten meinten, wenn sie von diesem Versäumnis sprachen. Die meisten haben Freunde, aber wenn es hart auf hart kommt, gibt es nicht viele Freunde, die einem in den allerschlimmsten Zeiten zur Seite stehen können. Zum Beispiel, wenn man im Sterben liegt.

Freundschaften bieten gemeinsame Geschichte und Verständnis. Wenn die Patienten auf ihr Leben zurückblickten, stellten sie oft fest, dass sie gerne Freunde hätten, mit denen sie sich gemeinsam erinnern könnten. Im Leben geht es turbulent zu, manche Freundschaften verlieren sich einfach. Es wird immer Leute geben, die kommen und gehen, auch Freunde. Aber mit denen, die wirklich wichtig sind, mit denjenigen, die Sie am meisten lieben, in Kontakt zu bleiben, ist jede Anstrengung wert. Das sind die, die auch für Sie da sein werden, wenn Sie sie am meisten brauchen, genauso wie Sie für Ihre Freunde da sein werden. Manchmal ist es nicht möglich, körperlich anwesend zu sein, aber auch Telefonkontakt kann einem in schweren Zeiten viel Kraft und Trost geben.

Dadurch, dass ihre Freunde sie akzeptierten und ihr verziehen, konnte die sterbende Elizabeth nach jahrelanger Alkoholkrankheit ihren Frieden finden. Am Ende geht es nur noch um Liebe und Beziehungen. Aber nicht jeder hatte das Glück, seine Freunde am Ende aufspüren zu können, obwohl er es sich gewünscht hätte. Deswegen ist es wichtig, den Kontakt gar nicht erst abreißen zu lassen. Niemand weiß, was die Zukunft bringt oder wann man sich plötzlich nach seinen Freunden sehnt. Außerdem ist es immer ein Geschenk, Freunde in seinem Leben zu haben.

Als ich den »Dienstplan« von Harrys Besucherteam sah, wurde mir die Wichtigkeit eines aktiven Freundeskreises nur noch deutlicher vor Augen geführt. Für die anderen kann diese Zeit schrecklich traurig sein, aber der Sterbende möchte seine letzten Tage so gut wie möglich genießen. Freunde bringen Humor in trübsinnige Zeiten, und dieser Humor macht den Sterbenden glücklich. Ob man stirbt oder nicht – Freunde sind die Menschen, die einen noch in den schlimmsten Zeiten zum Lachen bringen können.

Als Rosemary, die mich kurz zuvor noch angeschrien und zum Gehen aufgefordert hatte, neben mir auf dem Bett saß und zugab, dass sie sich selbst nie auch nur ein bisschen Glück und Fröhlichkeit gegönnt hatte, war sie sehr ehrlich. Dieses Geständnis verschönerte ihr die verbleibende Zeit erheblich. Weil sie nicht so geworden war, wie ihre Familie es von ihr erwartete, hatte Rosemary nicht glauben können, dass sie Glück verdiente. Doch als sie auf dem Sterbebett erkannte, dass Glück unsere eigene Entscheidung ist, lernte sie, Glück in ihr Leben zu lassen, und konnte etwas in sich selbst entdecken, das die meiste Zeit ihres Lebens verborgen in ihr geschlummert hatte. In ihren letzten Wochen kam ihr öfter mal ein wunderbares Lächeln aus.

Einer der Schlüssel zu solchem Glück besteht darin, jeden Schritt auf dem Weg dorthin wertzuschätzen. Cath sprach in ihren letzten Wochen davon, dass sie eine Menge Glück verpasst hatte, weil sie sich zu sehr auf Ergebnisse konzentriert hatte, statt auch den Weg dorthin zu schätzen. Man redet sich allzu leicht ein, das Glück hänge davon ab, dass irgendetwas Erwünschtes in Erfüllung geht, dabei ist es genau umgekehrt. Erwünschtes passiert, wenn man das Glück gefunden hat.

Vielleicht ist es nicht möglich, jeden Tag glücklich zu sein, aber es ist sehr wohl möglich, seinen Geist in diese Richtung zu lenken. Wenn man traurig ist, kann man etwas Schönes außerhalb der Traurigkeit wahrnehmen und schätzen, eine Taktik, die mir selbst geholfen hat, wieder meinen Frieden zu finden, um nur ein Beispiel zu nennen. Unser Geist kann uns großes Leid verursachen. Aber wenn man ihn erst einmal unter Kontrolle hat und richtig einzusetzen weiß, kann er auch helfen, ein schönes Leben zu schaffen. Jeder von uns hat Gründe, warum er sich leidtun kann. Jeder von uns hat schon gelitten. Aber das Leben ist uns überhaupt nichts schuldig. Wir sind uns nur selbst etwas schuldig, nämlich das Beste aus dem Leben zu machen, das wir leben, aus der Zeit, die wir noch haben, und dafür dankbar zu sein.

Wenn wir akzeptieren, dass wir immer weiter lernen müssen und dass manches dabei Leiden und manches Glück bringt, können wir zu viel größerer Gleichmut gelangen. Aus dieser Perspektive betrachtet wird Glück eine bewusstere Entscheidung, und der Wellengang scheint einem nicht mehr ganz so stürmisch. Auf manchen Wellen, die einen früher verletzt oder zerschmettert hätten, kann man mit den Fähigkeiten, die einem Erfahrung und Weisheit verleihen, vielleicht schon bald surfen.

Es ist auch völlig in Ordnung, ab und zu mal albern und ausgelassen zu sein. Man muss es sich nur selbst erlauben. Außerdem ist es sehr wohl möglich, sich auch ohne Drogen und Alkohol zu amüsieren. Es gibt keine Regel, die vorschreiben würde, dass Erwachsene nur ernst sein müssen und nicht auch mal herumblödeln dürfen. Wenn man das Leben zu ernst nimmt oder sich Sorgen macht, wie man auf die anderen wirkt, wird man es am Ende des Lebens bereuen, denn damit verhindert man nur sein Glück im Hier und Jetzt.

Natürlich ist die Sichtweise das Entscheidende, wenn man vom Glück redet. Das zeigte schon der wunderbare Lenny. Obwohl er in seinem Leben so schlimme Verluste erlitten hatte, konzentrierte er sich auf die Geschenke, die er bekommen hatte, und betrachtete sein Leben als ein gutes Leben. Dieselbe Aussicht, die man jeden Tag sieht, dasselbe Leben, kann etwas Brandneues werden, wenn man sich statt auf die negativen Aspekte darauf konzentriert, was einem hier geschenkt wird. Die Haltung dazu sucht man sich selbst aus, und die beste Art, sie zu ändern, besteht in Dankbarkeit, Würdigung und Wertschätzung der positiven Aspekte.

Obwohl mir viele Sterbende mitteilten, was sie bitter bereuten, fand am Ende doch jeder von ihnen seinen Frieden. Manche waren erst in ihren allerletzten Tagen fähig, sich selbst zu vergeben, aber es gelang ihnen noch, bevor sie starben. Viele durchlebten eine ganze Bandbreite verschiedener Gefühle, darunter Verdrängung, Angst, Wut, Reue und – das schlimmste von allen – Verurteilung der eigenen Person. Viele durchlebten aber auch positive Gefühle wie Liebe oder große Freude über die Erinnerungen, die in den letzten Wochen ihres Lebens zu ihnen zurückkamen.

Doch bevor es zu Ende ging, konnten sie alle friedlich akzeptieren, dass ihre Zeit gekommen war, und sie konnten sich selbst verzeihen, was sie im Leben versäumt hatten, egal wie sehr die Reue sie zuvor gequält hatte. Für viele von ihnen war es jedoch enorm wichtig, dass andere Menschen aus ihren Fehlern lernen konnten.

Es handelte sich bei meinen Patienten um Menschen, die Zeit gehabt hatten, über ihr Leben nachzusinnen. Wenn jemand ganz plötzlich abberufen wird, ist ihm dieser Luxus nicht vergönnt, und viele von uns werden zu dieser Gruppe gehören. Es ist so ungeheuer wichtig, dass Sie über das Leben nachdenken, das Sie jetzt führen, denn es kann sein, dass Ihnen bei Ihrem Tod nur wenig Zeit bleibt, um Ihren Frieden zu finden oder über sich nachzudenken. Stattdessen werden Sie in dem Wissen sterben, dass Sie fast das ganze Leben damit verbracht haben, das Glück auf dem falschen Wege zu suchen – Sie haben das Gefühl, dass es Ihnen immer eine lange Nase dreht, sich Ihnen ständig entzieht, weil es so sehr davon abhing, dass Ihnen die richtigen Dinge passieren oder sich ganz bestimmte Situationen einstellen. Sie werden in dem Wissen sterben, dass Sie die Gelegenheit zum Richtungswechsel einfach verpasst haben.

Der Friede, den diese lieben Menschen vor ihrem Tod fanden, ist für Sie jetzt auch in greifbare Nähe gerückt, ohne dass Sie dafür bis zu den letzten Stunden Ihres Lebens warten müssten. Es liegt bei Ihnen, Ihr Leben zu ändern, mutig zu sein und ein Dasein ganz nach Ihrem Herzen zu führen, nach dem Sie ohne Bedauern abtreten können.

Freundlichkeit und Verzeihenkönnen sind ein großartiger Ausgangspunkt. Aber diese Gefühle sollten Sie nicht nur anderen entgegenbringen, sondern auch sich selbst. Sich selbst zu vergeben ist ein ganz wichtiger Bestandteil dieses Prozesses. Wenn Ihnen das nicht gelingt, weil Sie zu hart zu sich sind, so wie ich damals, kippen Sie immer weiter Dünger auf die bereits vorhandene schlechte Saat in Ihrem Geist. Doch sobald Sie sich vergeben können, wird die Kraft dieser Saat geschwächt. An ihre Stelle tritt eine gesündere, die immer stärker wird und nach absehbarer Zeit die alte Saat überschattet, bis irgendwann nichts mehr da ist, um sie weiter zu nähren und wachsen zu lassen.

Die Tapferkeit, die Sie brauchen, um Ihr Leben zu ändern, erlangen Sie leichter, wenn Sie freundlich zu sich sind. Gut Ding will Weile haben, also ist es auch nötig, dass Sie sich in Geduld fassen. Jeder von uns ist ein großartiger Mensch, der sein Potenzial nur durch seine eigenen Denkmuster beschneidet. Wir alle sind großartig. Wenn Sie an die zahllosen Einflüsse Ihrer Umwelt und Ihrer Gene denken, durch die Sie geformt wurden, wird Ihnen klar, dass Sie eine ganz tolle, wirklich besondere Person sind. Die gesamten Erfahrungen Ihres Lebens, gute wie schlechte, haben dazu beigetragen, dass Sie keinem anderen Menschen auf diesem Planeten ähneln. Sie sind jetzt schon besonders. Sie sind jetzt schon einzigartig.

Es wird Zeit, dass Ihnen Ihr Wert bewusst wird, ebenso wie der Wert Ihrer Mitmenschen. Urteilen Sie nicht. Seien Sie nett zu sich selbst und zu anderen. Niemand kann in einen anderen hineinschlüpfen, durch seine Augen sehen und mit seinem Herzen fühlen, deswegen weiß auch niemand, wie viel der andere gelitten hat. Ein kleines bisschen Empathie kann da sehr hilfreich sein.

Indem Sie nett zu anderen sind und Ihre Urteile über Bord werfen, tun Sie auch sich einen Gefallen, weil Sie eine bessere Saat aussäen. Verzeihen Sie sich, anderen die Schuld daran gegeben zu haben, dass Sie unglücklich sind. Lernen

Sie, mild mit sich selbst umzugehen, Ihre Menschlichkeit und Zerbrechlichkeit zu akzeptieren. Verzeihen Sie auch anderen, die Ihnen die Schuld daran gegeben haben, dass sie unglücklich sind. Wir sind alle Menschen. Wir alle haben Dinge gesagt und getan, die man auch netter hätte sagen und tun können.

Das Leben ist so schnell vorbei. Aber es ist möglich, es ohne Reue zu Ende zu bringen. Es erfordert ein bisschen Mut, es richtig zu leben, das Leben zu leben, das Ihnen bestimmt ist, aber die Entscheidung liegt bei Ihnen. Und dann werden auch die Belohnungen Ihnen gehören. Würdigen Sie die Zeit, die Ihnen noch bleibt, indem Sie *sämtliche* Geschenke Ihres Lebens wertschätzen – und dazu gehört vor allem Ihr eigenes, wundervolles Selbst.

Lächeln und wissen

Wenn ich mir mein Leben heute ansehe, gibt es Momente, die mich immer noch umwerfen. Mit jedem Tag wird das Leben ein bisschen mehr so, wie ich es mir immer ausgemalt hatte. Die Person, die ich mir immer vorgestellt hatte, *bin* ich jetzt. Das habe ich durch Mut, Widerstandskraft und Disziplin geschafft und indem ich gelernt habe, mein eigenes Herz zu lieben. Das Leben kann *wirklich* leicht und voller Freude sein. Es kann wirklich problemlos dahinfließen. Und das Beste ist: Nachdem ich weiterhin gewachsen bin und weiterhin akzeptiere, dass ich alles verdiene, was mir zufällt, fallen mir die Dinge immer leichter zu.

Ein Spruch hielt mich in meiner letzten düsteren Phase hoch: *Lächeln und wissen.* An einem ganz besonders schlimmen Tag krallten sich meine alten Denkmuster mal wieder besonders hartnäckig fest und redeten mir ein, dass ich das, wovon ich träumte, gar nicht verdient hatte. Meine neu etablierten Denkmuster hingegen versuchten permanent gegenzusteuern und mir zu versichern, dass ich das alles sehr wohl verdient hatte. Also betete ich um einen sehr einfachen und klaren Rat, etwas, womit ich diese schweren Tage überstehen und was ich trotz meines tränenreichen Zustands leicht behalten konnte. Ich brauchte etwas, was mir Kraft und Hoffnung verlieh. Da kamen mir die Worte *lächeln und wissen* in den Sinn.

Ich schrieb sie auf und stellte sie an gut sichtbaren Stellen überall im Haus auf. Wenn ich daran vorbeiging, hielt ich eine Verpflichtung mir selbst gegenüber ein, und ich konnte *lächeln und wissen,* dass diese Zeit vorübergehen würde, um einer besseren Platz zu machen. Es ist viel einfacher, fest an etwas zu glauben, wenn man lächelt. Diese drei Worte hoben automatisch meine Stimmung und versicherten mir, dass ich irgendwann wieder mehr Grund zum Lächeln haben würde. Allerdings wäre es sinnlos gewesen, die Worte zu lesen, ohne wirklich zu lächeln, denn das Lächeln machte einem das Wissen viel leichter. Also lächelte ich.

Später schrieb ich darunter *Danken und wissen,* damit ich im Voraus Dankgebete sprach, in der Zuversicht und dem festen Vertrauen, dass mir alles zufließen würde. *Lächeln und wissen, danken und wissen,* das wurde mein Mantra, und wann immer ich konnte, ging ich lächelnd und wissend durch den Tag. Und ich war so fest in meinem Glauben, dass ich ein richtiges Bedürfnis hatte, mich jetzt schon zu bedanken. Meine Gebete, Träume und Pläne waren bereits erhört worden. Ich musste nur *lächeln und wissen* und *danken und wissen.* Auf diese Art hatte ich viel mehr zu lächeln als zuvor.

Selbstverständlich gab es Momente, in denen ich nicht stark genug war, auf diese Worte zurückzugreifen, so auch jenen letzten Tag äußerster Traurigkeit und Resignation. Aber das war eben zugleich der ultimative Wendepunkt. Es stimmte, dass ich nicht mehr mit dem Schmerz meiner Vergangenheit leben konnte, und in gewisser Hinsicht hatte ich recht – es war das Ende meines Lebens, zumindest des Lebens, das ich bisher gekannt hatte. Aber dafür musste ich nicht körperlich sterben. Nur dieser alte Teil von mir starb. Die alten Denkmuster überlebten das helle Licht meiner Liebe nicht. Und das neue Leben, das sich über Jahre hinweg leise herausgebildet hatte, konnte endlich geboren werden.

Und wenn ich lächelte und wusste, fühlten sich all meine Träume ganz real an und wurden noch mehr zu einem Teil von mir. Deswegen eröffneten sich mir ganz neue Chancen, als ich endlich in der Lage war, meinen eigenen Wert zu erkennen. Meine Träume waren schon da und warteten nur noch darauf, dass ich sie endlich in mein Leben ließ. Also öffnete ich ihnen mit freudigem Herzen Tür und Tor und ließ die Dinge fließen. Und das taten sie auch in vielerlei Hinsicht, persönlich wie professionell.

Einige Zeit später saß ich positiv schockiert vor meinen lieben, wunderbaren Eltern, die mir vorschlugen, ein veganes Weihnachten zu feiern. Ich strahlte aus ganzem Herzen, weil ich gerade das beste Weihnachtsgeschenk der Welt bekommen hatte. Seit über zwei Jahrzehnten hatte ich zumindest von einem vegetarischen Weihnachten geträumt. Als mein Wunsch endlich in Erfüllung ging, geschah das mit einer so entspannten Natürlichkeit, dass wir alle fanden, es sei eines der schönsten Weihnachtsfeste, die wir jemals erlebt hatten. Während meine Mutter neben mir Gemüse schnitt und mit mir scherzte und lachte, kümmerte sich mein Vater um die Musik. Countrylieder aus den Fünfzigerjahren tönten durchs Haus, während wir lachten, plauderten und ein wunderschönes Fest vorbereiteten. Es war fröhlich und entspannt.

Meine Arbeit wächst und gedeiht weiter und schenkt mir Befriedigung und Vergnügen. Es ist zwar auch möglich, als Angestellter eine Arbeit zu finden, die man liebt, aber in den heutigen Zeiten ist für mich die Selbstständigkeit der beste Weg. Es ist das, was ich am meisten brauchte und wollte: mein Leben auf meine Art zu leben, und dazu gehörte eben auch mein Arbeitsleben. In meiner neuen Existenz erreichte ich ein hohes Maß an Motivation und außerordentlicher Klarheit, begleitet von den besten Eigenschaften aus meinem alten Leben, wie zum Beispiel Selbstdisziplin.

Ich knüpfte Kontakte in der Gegend, traf mich mit Leuten. Inspiration und Ideen sprudelten nur so. Als ich wieder in die Welt zurückkam, war ich ganz begeistert, weil sich mir so viele neue, positive Möglichkeiten eröffneten. Im Rahmen gemeinnütziger Projekte hielt ich Songwriting-Workshops für sozial Benachteiligte ab. Es war wunderbar, wieder zu unterrichten und gleichzeitig mein eigener Chef zu sein. Außerdem war es natürlich äußerst befriedigend zu beobachten, wie sich die Leute in meiner Gruppe veränderten.

Nach so viel Ernst in meiner Vergangenheit war es jetzt Zeit, mehr Freude in meine Arbeit zu lassen. Also dachte ich mir eine Show für Kinder aus und trat vor Kindern im Alter bis zu fünf Jahren auf. Es war einfach entzückend, wie diese reizenden, ungehemmten kleinen Menschen zu meinen neuen Songs tanzten und herumsprangen. Daneben kam ich viel zum Schreiben und konnte ein ganzes Album für Erwachsene mit Songs füllen. Es erstaunt mich, wozu wir geistig und körperlich fähig sind, wenn wir alles loslassen, was uns gebremst hat.

Mein Blog erfuhr weiterhin großen Zulauf und interessierte immer mehr Leute für meine Arbeit. Ich designte T-Shirts, Autoaufkleber und Stofftragetaschen, die ich mit fröhlichen, positiven Zeilen aus meinen Songs bedruckte. Nicht nur die Ideen flossen, ich wurde insgesamt aktiv.

Wenn ich mich jetzt in meinen Herbstnächten an einen wunderbaren Mann kuschle, muss ich darüber lächeln, wie sehr sich das Leben ändern kann. Er ist ein so lieber Mensch. Es gab Dinge, die wir beide loslassen mussten, bevor wir zueinanderfinden konnten, aber Timing ist schon eine tolle Sache. Ich lebe das Leben jetzt aus ganz neuer Perspektive.

Auf die beste aller möglichen Arten bin ich an den Kreislauf des Lebens erinnert worden. Den Tod haben andere mir gezeigt. Ich habe aber auch meine eigene Art von Tod erlebt, indem ich zusah, wie jener alte Teil von mir endlich aufhörte zu existieren. Es war ein spiritueller Tod, der Tod eines Teils von mir, der mich jahrzehntelang in der Hand gehabt hatte. Es war aber auch die Geburt eines neuen Geistes, den ich schon lange in mir vermutet hatte und der ich immer gern gewesen wäre. Es war ein schmerzvoller Tod, aber er befreite mich vollkommen von den Konditionierungen meiner Vergangenheit, von unnötigen Lasten, von allem, was mich aufhielt.

Jetzt, wo sich mein wahres Ich ungehindert entfalten kann, entwickle ich mich weiter zu der Person, die ich wirklich bin. Nur indem ich Altes loslasse, bin ich fähig, wirklich zu erfahren, wer diese Person ist, und ich liebe sie. Ich liebe ihr Herz. Ich liebe ihre Kreativität. Ich liebe ihren Verstand. Ich liebe ihren Körper. Ich liebe ihre Freundlichkeit. Ich liebe alles an ihr.

Das Leben bewegt sich in ganz neue Richtungen. Es ist ein Neuanfang, eine Neugeburt meiner selbst. Und auf die bestmögliche Art bin ich auch an andere Neuanfänge erinnert worden. Ein kostbares Baby wächst in mir, ich habe die Chance bekommen, Mutter zu werden. Während meine Gebärmutter sich ausdehnt und mein Körper in heiliger Weiblichkeit schwillt, erfüllt mich Freude und überwältigende Dankbarkeit, dass ich diese Erfahrung machen darf. Es ist eine Welt jenseits von dem Leben, das ich einmal gekannt habe – der Isolation, der Traurigkeit, der Hoffnungslosigkeit. Und doch werde ich wieder daran erinnert, wie viel wir in einem einzigen Leben unterbringen können. Gott sei Dank habe ich meinem Leben kein Ende gesetzt, als ich es vorhatte. Gott sei Dank.

Das Band zwischen Mutter und Kind wächst täglich. Ich bin bisher auch mit wunderbarer Gesundheit gesegnet, sehr zum Ärger der armen anderen Schwangeren, die unter Morgenübelkeit leiden. Ich finde meine Schwangerschaft absolut herrlich und werde bald eine andere Seele auf ihrer menschlichen Reise begleiten, bis sie alt genug ist, in die Richtung zu fliegen, die sie sich selbst ausgesucht hat. Das Leben mag einiges an Tod und Abschieden bringen, aber es birgt auch Geburten und Anfänge. Ich bin dankbar, dass ich beidem –

im buchstäblichen wie im übertragenen Sinne – so oft ausgesetzt war.

Jedes Mal, wenn ich mal wieder voller Zuversicht ins kalte Wasser sprang, waren die Dinge am Ende nie so, wie ich sie mir vorgestellt hatte. Aber langfristig betrachtet waren sie jedes Mal besser. Die Zuversicht ist eine große Kraft, die unglaubliche Geschenke mit sich bringt. Wenn man seine Grenzen sprengt und aufhört, die Dinge immer kontrollieren zu wollen, macht man sich selbst ein enormes Geschenk.

Seltsamerweise ist es für viele – so auch für mich – fast am schwersten, das Annehmen zu lernen, sich klarzumachen, dass man es verdient hat, und der Güte zu erlauben zu fließen. Die meisten der wundersamen Lösungen, die mir in meinem Leben zugeflogen sind, sind auch über andere gekommen. Wir alle sind viel stärker mit anderen Menschen verbunden, als uns bewusst ist, und spielen eine größere Rolle im Leben anderer Leute, als wir denken.

Das Annehmen zu lernen ist also nötig, wenn man sich wahrhaftig für die Realisierung seiner Träume öffnen will. Wie jeder weiß, dem das Geben in der Natur liegt, liegt großes Vergnügen im Geben. Aber wenn Sie geben, ohne sich gleichzeitig zu gestatten, auch etwas anzunehmen, blockieren Sie nicht nur den natürlichen Fluss der Dinge zu sich und schaffen so ein Ungleichgewicht, sondern berauben auch eine andere Person der Freude des Gebens. Gestatten Sie anderen also auch zu geben. Nur Stolz oder ein Mangel an Selbstwertgefühl machen einen Menschen unfähig, etwas von anderen anzunehmen. Dabei verdient jeder Einzelne von uns diese Güte.

Wenn Sie zu denen gehören, die nicht wissen, wie man gibt, dann üben Sie einfach. Versuchen Sie es, ohne etwas zu erwarten. Es fühlt sich gut an. Geben Sie um des Gebens willen. Wer es nur tut, weil er auf eine Gegenleistung spekuliert, gibt nicht wirklich, genauso wie derjenige, der die Leute später verärgert daran erinnert. Es ist auch kein Geben im wahrhaftigsten Sinne, wenn man erwartet, dass anschließend Gutes zu einem zurückfließt. Erst wenn man in Liebe und in Taten gibt, nur um des Gebens willen, wird einem wahres Vergnügen geschenkt. Und ja, die Menschen, die in dieser Absicht geben, werden auch belohnt, aber nicht immer sofort und nicht notwendigerweise in der Art, wie sie es erwarten. Aber man muss wissen, wie man etwas annimmt, damit es in beide Richtungen fließen kann. Natürlich gehört dazu auch, sich selbst Dinge zu schenken und zu empfangen.

Es ist möglich, die Welt und uns zu verändern. Wenn wir unser eigenes Leben verbessern und darauf hinarbeiten, dass wir später einmal nichts zu bedauern haben, verbessern wir natürlich auch das Leben der Menschen um uns herum. Es ist möglich, Spaltung und Disharmonie, die wir in der Gesellschaft haben entstehen lassen, aufzuheben. Es ist möglich, glücklich zu sein. Es ist möglich, noch zu Lebzeiten und bei bester Gesundheit darauf hinzuarbeiten, dass man irgendwann einmal sterben kann, ohne etwas bereuen zu müssen.

Wir alle sind zerbrechlich auf unsere eigene Art, wie dünne Glaskugeln. Stellen Sie sich die gute alte Glühbirne mit ihrem runden Glas vor (es ist nicht ganz dasselbe Bild, wenn Sie sich eine Energiesparlampe denken, aber mit der geht es auch). Ein Teil von uns ist wie diese zerbrechliche Glashülle. Von innen scheint ein wunderschönes Licht, ein Licht, das die Dunkelheit von überall vertreiben kann. Wenn wir geboren werden, scheinen wir hell und verbreiten viel Licht und Glück um uns herum. Die Leute bestaunen unsere Schönheit und unser Licht.

Doch im Laufe der Zeit beginnt man, uns mit Dreck zu bewerfen. Der hat im Grunde gar nichts mit uns zu tun, er gehört zu den Leuten, die uns damit bewerfen. Nach einer Weile bewerfen uns nicht mehr nur die Leute in unserer direkten Umgebung mit Dreck. Er kommt von Schulfreunden,

Arbeitskollegen, der Gesellschaft, von vielen Menschen, mit denen wir zu tun haben. Die Wirkung äußert sich verschieden – manche werden Opfer, manche werden Täter, manche schlucken alles runter und tragen es lange in ihrem Inneren mit sich herum, andere lassen es anscheinend einfach ganz natürlich heraus. Egal, wie es sich auf uns auszuwirken scheint, es hindert unser eigentliches Licht und unsere Güte daran, so hell zu strahlen, wie sie könnten.

Wenn uns so viele Leute mit Dreck bewerfen, fangen wir irgendwann an zu glauben, dass sie recht haben müssen. Also machen wir irgendwann mit und bewerfen uns selbst auch noch. Warum nicht? So viele Dreckschleudern können sich doch gar nicht irren. Und wenn ich mich selbst mit Dreck bewerfe, kann es ja nur normal und in Ordnung sein, auch andere Menschen mit Dreck zu bewerfen. Ja, genau, die bewerfe ich noch ein bisschen mehr und lasse mich weiterhin auch von anderen bewerfen. Irgendwann tragen wir dann so viel Dreck mit uns herum, dass uns nicht nur das Gewicht herunterzieht, nein, auch unser Licht ist überhaupt nicht mehr zu sehen. Am Ende ist jeder Zentimeter an uns mit Dreck bedeckt – viel kommt von den anderen, manches haben wir selbst beigetragen.

Eines Tages fällt uns wieder ein, dass wir irgendwann mal ein wundervolles Licht in uns trugen. Aber es ist schon so lange dunkel, dass wir uns an diesen Teil von uns kaum noch erinnern. Manchmal, wenn wir allein und ganz still sind, können wir es immer noch fühlen. Das warme Glühen ist die ganze Zeit noch da, obwohl es von Dunkelheit umgeben ist. Und dann wird uns klar, dass wir wieder richtig strahlen wollen. Wir wollen uns daran erinnern, wer wir waren, bevor wir den Dreck anderer Leute (und unseren) mit uns herumtrugen.

Also sagen wir uns irgendwann, dass es reicht. Wir erlauben keinem mehr, uns mit Dreck zu bewerfen. Den Leuten gefällt das natürlich nicht. Aber wir sind entschlossen und weichen den Dreckwerfern aus. Langsam rubbeln wir uns ein bisschen von dieser Dreckschicht vom Körper. Aber das muss sehr vorsichtig geschehen, denn unter dieser Schicht sind wir unglaublich zerbrechlich. Wenn wir es zu grob oder zu hastig machen, zerbrechen wir und lernen unser Licht nie kennen.

Also arbeiten wir uns langsam und geduldig durch diese Schicht. Ein winziger Lichtstrahl fällt hindurch, und wir können erstmals wieder einen Blick auf unsere Schönheit werfen. Das fühlt sich gut an. Dann fängt irgendjemand wieder an, uns mit Dreck zu bewerfen, und wir müssen ihn wieder abwischen. Also wischen wir ihn ab und putzen noch ein bisschen mehr weg. Aber dann bekommen wir plötzlich Angst vor dem, was wir sehen, und bewerfen uns selbst wieder mit Dreck. Wir verdienen es schließlich nicht, so hell zu scheinen. Hier, gleich noch ein bisschen Dreck drauf. Aber unser Licht hat wieder einen Blick nach draußen werfen können und fängt an, noch heller zu scheinen. Es will gesehen werden.

Mit jedem bisschen Licht, das nach draußen dringt, fühlen wir uns besser. Wir bekommen einen Vorgeschmack davon, wie es sich anfühlen würde, wenn man diesen ganzen Dreck nicht mit sich herumschleppen müsste. Und in dem Moment erkennen wir, wie viel alle anderen auch mit sich herumtragen, und wir haben Mitleid mit ihnen. Dann beschließen wir, die anderen von jetzt an nicht mehr mit Dreck zu bewerfen. Denn wie könnten wir alle strahlen, wenn wir ständig mit Dreck um uns werfen? Wir arbeiten also weiter an uns selbst und rubbeln ganz sanft noch eine Schicht ab. Es erfordert viel Geduld und Fingerspitzengefühl, Stück für Stück muss man sich durcharbeiten. Aber jedes Mal, wenn wieder ein Lichtstrahl durchbricht, sind wir ganz aufgeregt, weil wir einen weiteren Blick auf unsere eigene Schönheit und Strahlkraft werfen können.

Manchmal sind wir in Versuchung, uns selbst oder andere noch mal mit Dreck zu bewerfen, weil wir es einfach ein Leben lang so gewohnt waren. Aber jetzt sehen wir, wie ein kleines bisschen Licht, das von uns ausgeht, anderen schon so viel helfen kann und wie sie auch immer mutiger werden. Sie fangen auch an, ihren Dreck von sich abzuputzen. Auch sie müssen sehr vorsichtig vorgehen, denn jeder ist unter dieser Schicht zart und zerbrechlich und kann sehr leicht in Scherben gehen. Vielleicht würden wir den anderen gern dabei helfen, sich davon zu befreien, aber sie müssen es selbst tun, denn nur sie allein wissen, wie zerbrechlich sie darunter sind.

Eventuell hilft es den anderen, wenn wir ihnen zeigen, wie wir es gemacht haben. Aber die Arbeit müssen sie selbst tun, in ihrem eigenen Tempo und auf ihre eigene Art. Und selbstverständlich hat nicht jeder den Mut und die Kraft, es auf einmal zu machen. Also sind wir geduldig, respektvoll und voller Mitgefühl, weil wir jetzt verstehen, wie schmerzlich und beängstigend diese Erfahrung zuweilen sein kann.

Wir fühlen uns wohl in uns. Ein ganz neues Gefühl – aber es gefällt uns. Also hören wir für immer damit auf, uns mit Dreck zu bewerfen, denn wir fangen an, die Schönheit zu lieben, die wir entdeckt haben. Unser Licht scheint immer heller und heller. Von überall her strahlt jetzt Licht aus uns. Aber Reste des ältesten Drecks kleben immer noch an uns, die sind am schwierigsten zu entfernen. Schließlich haben sie es sich hier über Jahrzehnte hinweg gemütlich eingerichtet und wollen ihren Platz ganz bestimmt nicht verlassen. Je näher wir dem Glas sind, umso vorsichtiger müssen wir reiben. Leider ist der Dreck hier am hartnäckigsten.

Es war so eine Riesenarbeit, und wir sind sehr müde. Wir haben definitiv schon einen gewaltigen Schritt vorwärts gemacht in unserer Persönlichkeitsentwicklung. Vielleicht reicht es ja. Vielleicht kann ich mit dieser letzten Dreckschicht auch leben und mich mit dem Licht begnügen, das ich jetzt ausstrahle. Aber das Licht ist auch stark und entschlossen. Es möchte, dass wir so hell scheinen wie nur möglich. Also verleiht es uns noch mehr Kraft, und wir reinigen die allerletzten Stellen.

Schließlich haben wir es geschafft, und unsere Helligkeit verblüfft jeden, in erster Linie aber uns selbst. Wir hatten ja keine Ahnung, dass wir so schön aussehen und so strahlend scheinen könnten. Wenn wir jetzt mit anderen Leuchtkugeln zusammenkommen, wollen sie genauso hell scheinen, weil sie unsere Schönheit sehen können und sich erinnern, dass sie dasselbe Potenzial in sich tragen. Sie hatten es nur vergessen, weil sie so viel Dreck mit sich herumschleppen.

Manche Leuchtkugeln glauben, dass es zu schwierig ist, das eigene Licht scheinen zu lassen, also bleiben sie zusammen im Dunkeln und versuchen sich selbst und einander zu überzeugen, dass sie auch so glücklich sind. Wer hat schon Lust auf so viel harte Arbeit, wo man sich doch so schön daran gewöhnt hat, diesen Dreck mit sich herumzutragen? Ach wieso, lass doch, mir gefällt das so, sagen sie, und bei der Gelegenheit schmeiß ich auch gleich noch ein bisschen Dreck auf andere. Ich werde ein paar von diesen hellen Lichtern da draußen bewerfen, die so glücklich sind und sich so prima amüsieren. Was fällt denen eigentlich ein, dass die so einen Spaß haben?

Also nehmen die dunklen Kugeln so viel Dreck, wie sie nur tragen können, mit nach draußen und fangen an zu werfen. Im Team arbeiten sie noch viel besser, weil sie die Deckung der Gruppe haben. Sie können aber nicht mehr so gut sehen wie früher, weil nach den großen Putzkampagnen plötzlich alles so hell leuchtet. Aber sie suchen sich ein paar Leuchtkugeln aus, die jetzt hell und glücklich strahlen, weil sie fast fertig sind mit der Entfernung des Drecks. Und dann schmeißen die dunklen Kugeln massenweise Dreck auf die hellen.

Aber der bleibt gar nicht mehr kleben. Was ist da los? Der ist doch früher immer so gut kleben geblieben!

Sie wussten nicht, dass das Licht, das so viele Jahre im Verborgenen schien, sogar noch gewachsen ist. Jetzt scheint es so warm und hell, dass der Dreck nie wieder an der Kugel kleben bleiben wird. Er tropft einfach ab, ohne auch nur die geringste Spur zu hinterlassen.

Ihr eigenes Leuchten ist auch so. Sie tragen ein Licht in Ihrem Inneren, das wunderschön ist und nur darauf wartet, endlich strahlen zu dürfen. Aber Sie brauchen Geduld und Behutsamkeit, um den ganzen Dreck zu entfernen, den Sie seit Jahrzehnten mit sich herumtragen. Doch jedes Mal, wenn Sie etwas davon entfernen, wird wieder ein Stückchen mehr von Ihrem wahren Selbst durchscheinen.

Die Reue, von der mir die lieben Verstorbenen auf ihrem Sterbebett erzählten, kann man auch nur mit Mut und Liebe bewältigen. Aber es ist Ihre eigene Entscheidung. Sie haben einen inneren Führer, der Sie Schritt für Schritt anleiten wird, wie ein Licht, das hell und fröhlich leuchten will.

Seien Sie der Mensch, der Sie wirklich sind, finden Sie zu einem ausgeglichenen Leben, seien Sie aufrichtig, bringen Sie den Leuten, die Sie lieben, Ihre echte Wertschätzung entgegen und gestatten Sie sich selbst, glücklich zu sein. Wenn Sie das tun, werden Sie nicht nur sich selbst ehren, sondern all die Menschen, die in ihren letzten Lebenswochen schier verzweifelten, weil sie nicht den Mut gehabt hatten, diese Prinzipien in ihrem eigenen Leben zu verwirklichen. Die Entscheidung liegt ganz bei Ihnen. Ihr Leben gehört Ihnen.

Wenn Ihnen unterwegs Hindernisse begegnen und Sie sich fragen, wie um Himmels willen das jemals gut werden soll, wie Sie Frieden in einer ganz bestimmten Beziehung finden können, wann sich endlich die Kontakte einstellen, die Sie brauchen, oder wie Sie das Geld zusammenbekommen sollen, das Sie benötigen, um ein Projekt umzusetzen – denken Sie immer daran: Was Ihr Herz haben will, das will auch Sie haben. Manchmal müssen Sie einfach nur einen Schritt zur Seite gehen und es hereinlassen. Stehen Sie sich nicht selbst im Weg.

Und wenn Sie dann endlich in dieser Position sind, dann richten Sie sich kerzengerade auf, nehmen Sie die Schultern zurück und atmen Sie tief und voller Liebe durch. Gehen Sie weiter, stolz auf die Person, die Sie bereits sind, zuversichtlich und vertrauensvoll, dass Sie alles verdient haben, dass Ihre Gebete erhört worden sind und dass das Gute zu Ihnen unterwegs ist. Und erinnern Sie sich einfach an ein kleines Mantra. *Lächeln und wissen. Nur lächeln und wissen.*

Dank

Mein Dank gilt allen, die mir auf meinem Weg in so vieler Hinsicht geholfen haben. Für ihre Unterstützung und/oder ihren positiven Einfluss möchte ich mich insbesondere bedanken bei: Marie Burrows, Elizabeth Cham, Valda Low, Rob Conway, Reesa Ryan, Barbara Gilder, meinem Vater, Pablo Acosta, Bruce Reid, Joan Dennis, Siegfried Kunze, Jill Marr, Guy Kachel, Michael Bloeme, Ana Goncalvez, Kate und Col Baker, Ingrid Cliff, Mark Patterson, Jane Dargaville, Jo Wallace, Bernadette und allen, die mich durch ihre positiven Reaktionen beim Schreiben und Musikmachen unterstützen.

Danke auch an die vielen Leute, die mir so oft ein Dach über dem Kopf geboten haben, zum Beispiel Mark Avellino, Tante Jo, Sue Greig, Helen Atkins, Onkel Fred, Di und Greg Burns, Dusty Cuttell, Mardi McElvenny und all meine wunderbaren Housesitter-Kunden, deren Wohnungen ich geliebt habe, als wären es meine eigenen gewesen. Vielen Dank auch den vielen netten Menschen, die mir je zu essen gegeben haben.

Für die persönliche Unterstützung auf meinen verschlungenen Pfaden möchte ich all meinen alten und neuen, nahen und fernen Freunden danken. Danke, dass ihr mein Leben in so vieler Hinsicht bereichert habt. Ganz besonders bedanke ich mich bei: Mark Neven, Sharon Rochford, Julie Skerrett, Mel Giallongo, Angeline Rattansey, Kateea McFarlane, Brad Antoniou, Angie Bidwell, Theresa Clancy, Barbra Squire, allen Mitarbeitern des Meditationszentrums in den Bergen, das mich auf den Weg des Friedens geführt hat, und bei meinem Partner. Ihr alle habt mir Rückhalt gegeben, wenn ich Ruhe nötig hatte.

Und natürlich danke ich meiner Mutter Joy (= Freude), die ihren Namen weiß Gott zu Recht trägt. Was für eine großartige Lektion in Sachen Liebe du mir durch dein Beispiel gegeben hast! Unendlichen Dank, du wunderbare Frau.

An all die großartigen Leute, die mittlerweile gestorben sind und deren Geschichten nicht nur dieses Buch ausmachen, sondern die auch mein Leben stark beeinflusst haben: Dieses Buch ist eine Hommage an euch! Ich möchte mich auch bei den Familien bedanken, für die liebevollen, unvergesslichen Zeiten, die wir zusammen erlebt haben. Ich danke Ihnen allen.

Zu guter Letzt noch ein Dankeschön an die Elster, die auf dem Baum neben dem Bach sitzt und singt, während ich dies hier schreibe. Du und all deine gefiederten Freunde, ihr habt mir beim Verfassen dieser Seiten so wunderbar Gesellschaft geleistet. Danke, Gott, dass du mich immer erhalten hast und mir so viel Schönheit geschickt hast.

Manchmal merken wir erst viel später, dass ein bestimmter Moment unserem Leben eine völlig andere Wendung gegeben hat. Viele der Momente, von denen ich in diesem Buch erzähle, haben mein Leben verändert. Cec, danke, dass du die Schriftstellerin in mir wiedererweckt hast. Und Ihnen, lieber Leser, danke ich für Ihre Art zu sein und Ihre Bereitschaft, mir zu folgen.

In liebevoller Freundschaft,
Bronnie

Auf der Veranda bei Sonnenuntergang,
Dienstag Nachmittag

www.bronnieware.com

विश्व सिनेमा का सौन्दर्यबोध

सम्पादक

श्रीराम तिवारी

प्रभुनाथ सिंह आज़मी

भारतीय ज्ञानपीठ

लोकोदय ग्रन्थमाला : ग्रन्थांक 1246

ISBN 978-93-263-5297-0

विश्व सिनेमा का सौन्दर्यबोध

(सिनेमा)

सम्पा. श्रीराम तिवारी, प्रभुनाथ सिंह आज़मी

प्रकाशक : **भारतीय ज्ञानपीठ**
18, इन्स्टीट्यूशनल एरिया, लोदी रोड, नयी दिल्ली–110 003

मुद्रक : विकास कम्प्यूटर ऐंड प्रिंटर्स, दिल्ली

आवरण चित्र : महेश्वर

आवरण–सज्जा : ज्ञानपीठ कला प्रभाग

VISHWA CINEMA KA SAUNDRYABODH
(Cinema)
Edited by Shriram Tiwari, Prabhunath Singh Azami

Published by
Bharatiya Jnanpith
18, Institutional Area, Lodi Road, New Delhi-110 003
Ph. : 011 24698417, 24626467; 23241619 (Daryaganj)
Mob. : 9350536020; e-mail : bjnanpith@gmail.com
sales@jnanpith.net, website : www.jnanpith.net

Third Edition : 2018
Price : Rs. 350

प्रस्तावना

सिनेमा हमारे समाज में एक बड़ी हद तक एक 'व्यसन' की तरह माना जाता रहा है। उसकी पहचान वयस्कता, ईर्ष्या, ललचानेवाले संसार की ओर खुलनेवाली खिड़की की ज़्यादा रही है। यह भी कि पिछले तमाम बरसों में यह आधुनिक समाज की 'लोक-संस्कृति' का लोकप्रिय विकल्प ही होता गया है। प्रतिरोध, साहित्य, विचार, सिनेमा में एक क्षीणधारा के रूप में ही मौजूद रहे हैं। पूँजी आधारित माध्यम होने की वजह से रचनात्मक के स्थान पर उसने अपने लिए बाज़ार का 'वरण' अधिक किया है। और इसीलिए सिनेमा आज के समय में एक उत्पाद के रूप में टिके रहने के लिए प्राय: मध्यकालीन विचार-परम्परा के पोषण में अपनी सार्थकता देखता है। यह चिन्तित करनेवाली सचाई है। यह भी सचाई है कि बाज़ार अभिमुख माध्यम होने की वजह से हिन्दी में सिनेमा आलोचना का कोई प्रभावी फोरम नहीं बन पाया। अलबत्ता उत्पाद को बेचने के लिए आकर्षक पत्र-पत्रिकाओं, टीवी प्रोग्रामों की कभी कोई कमी नहीं रही।

आज से कोई पच्चीस बरस पहले हिन्दी में सिनेमा आलोचना के एक कारगर हस्तक्षेप के रूप में 'पटकथा' का मंच सम्भव हुआ था। यह वह समय था जब सिनेमा कविता और विज्ञान के एक सार्थक समुच्चय की एक उज्ज्वल सम्भावना के साथ उपस्थित था। यह वह समय भी था जब राबेर ब्रेसाँ, गोदार, फेलिनी, आले राब्ब ग्रिये, आन्द्रेई तारकोवस्की, आन्द्रे वाज़्दा, रोमन पोलांस्की, ऋत्विक घटक, सत्यजित रे, मणि कौल, कुमार शहानी, श्याम बेनेगल, गोविन्द निहलानी, जी. अरविन्दन, अडूर गोपालकृष्णन् जैसे अनेक-अनेक कृतिकार सिनेमा में रच रहे थे और जीवन-परम्परा-समाज-आर्थिकी-इतिहास-राजनीति तथा अपने समय की चुनौतियों से अपनी पूरी रचनात्मक ऊर्जा के साथ रू-ब-रू थे। ऐसे चुनौती भरे समय में पटकथा ने अपने लिए शास्त्रीय सिनेमा का मानक सुनिश्चित किया था। सिनेमा में शास्त्रीयता की पहचान और स्थापना का आग्रह मुख्यकर रहा था। 'पटकथा' ने हिन्दी में सिनेमा आलोचना के अपने औज़ार गढ़ने का यत्न किया।

'पटकथा' के जीवन के एक संक्षिप्त दौर में से चयनित इस पुस्तकाकार में नैतिकता, प्रेम की ज़रूरत, युवा की नाराज़गी, राज्य के बढ़ते अधिनायकवाद, संस्कृति, राजनैतिक सिनेमा, सिनेमा में जाति संघर्ष, अधीनस्थ चेतना, जन सिनेमा, सिनेमा के भव्य सम्मोहन, नव परम्परावाद, लोकप्रिय कलारूप, सिनेमाई बिम्ब, समय, लय, यथार्थ, यथार्थ के भ्रम, जादुई यथार्थवाद, गैर कथात्मक फिल्मों, अंगरागी दृष्टि, क्रान्तिकारी तमन्ना, गैर बुर्जुआ कैमरा शैली की तलाश जैसे विषयों पर आन्द्रेई तारकोवस्की, जूरिज लोटमन, रिचर्ड मेरनबार्सम, रुडोल्फ आर्नहीम, आन्ते मिशेलसन, ब्रेन एंडरसन, फेडरिक जेम्सन, जार्ज सेनजिनेस, पॉलीन के. एल. पार्कर टेलर जैसे रचनाकारों व आलोचकों के विश्लेषण संकलित किये हैं, इस आशा के साथ कि विश्व सिनेमा के गम्भीर और सकारात्मक पक्षों की स्मृतियाँ साकार हो सकेंगी तथा सिनेमा के मात्र एक सामूहिक दिवास्वप्न की प्रतीति से हटकर एक रचनात्मक हस्तक्षेप की छोटी-सी ही सही, पर पहल हो सकेगी।

—श्रीराम तिवारी

अनुक्रम

विश्व सिनेमा
का
सौन्दर्यबोध

क्रान्तिकारी तमन्ना

आंते मिशैलसन

सिनेमा का इतिहास, समकालीन क्रान्ति के इतिहास की तरह, उभारी गयी और भंग कर दी गयी, तराशी गयी और पानी फेर दी गयी आशाओं और अपेक्षाओं का इतिवृत्त रहा है। मैंने उस शहर में फिल्म के विषय में जानना और दिलचस्पी रखना शुरू किया जहाँ ये आशाएँ और अपेक्षाएँ पलीं और पनपीं। वह अपने देश की राजनीतिक और बौद्धिक राजधानी होने के साथ-साथ फिल्म-निर्माण का केन्द्र भी है, यों कहें कि **प्लेस दे लॉपेरा** और जांइविले के बीच का फासला इतना लम्बा नहीं है कि जिसके लिए हवाई उड़ान भरनी पड़े, वह महज लोकल ट्रेन से नापा जा सकता है। इस साधारण चीज की ओर मैं आपका ध्यान इसलिए खींच रही हूँ क्योंकि जिन बातों की बाबत जो कुछ मैं कहना चाहती हूँ उसके तय होने की वजह इसी में निहित है। इससे भी ज्यादा महत्त्वपूर्ण बात यह है कि वही साधारण चीज मेरी चिन्ता के लिए किसी सामान्य, कदाचित्, निखालिस, रूपक की उक्तियाँ प्रदान करती है। फिल्म और क्रान्तिकारी तमन्नाओं के विषय में बात करने का यही अर्थ है कि संघटन और विघटन के दृष्टान्तों को उभारा जाय।

यहाँ मैं दो वक्तव्य प्रस्तुत कर रही हूँ जो एक-दूसरे से बिलकुल भिन्न किस्म की भावभूमियों और व्यावसायिकताओं से सम्बद्ध उन दो व्यक्तियों ने दिये हैं जिनकी जीवन यात्राएँ एकदम दो पीढ़ियों के फासले पर चल रही थीं। उनमें से एक थे बैंजामिन फांडेन, वामपन्थी लेखक और आलोचक, जो युवावस्था में ही जर्मन प्रताड़ना शिविर में मर गये थे। सन् 1933 में उन्होंने लिखा था :

"हम अपनी पूरी शक्ति से इस बात के लिए प्रतिबद्ध हैं कि इस दुनिया की भर्त्सना करें जो निश्चय ही नष्ट होनेवाली है। हम इसे उचित ढंग से भंग करने की माँग करते हैं, इससे चाहे अपूरणीय शून्य उत्पन्न हो, चाहे क्रान्तिकारी

दौर आकर सार्वभौम नवोदय उत्पन्न कर दे। आज की इच्छाशक्ति और चेतना के उद्देश्य ऐसे ही होने चाहिए—चाहे ऐसी तमन्नाओं के कारण चोट लगने की पूरी सम्भावना हो। जहाँ तक फिल्म का सवाल है, उसके विकास का उत्थान जितना शीघ्र हुआ, उतनी ही तेजी से उसका पतन भी हुआ। फटने की हद तक फूलकर, ऊल-जलूल और भड़कीली आडम्बरी शान के और हर किस्म की नक्काशी के चक्कर में पड़कर गुमराह होकर वह किसी दैत्याकार उद्योग की शक्ल अख्तियार कर चुकी है। उसके प्रति आकर्षण महज प्रच्छन्न था, उसमें निहित जादू...अक्षम्य विनाश के बीज को लम्बी दूरी तक गोकि थामे रहा, लेकिन आखिरकार किसी ज्वालामुखी प्रस्फुटन की तेजी के साथ वह विशाल जखीरा स्वयं अपने ही बोझ से टूट ही गया। हालाँकि फिर भी, सिनेमा उस कुछ के लिए जो वह नहीं है, उसके लिए कि जो बनने में वह असफल हो गया और उसकी चरम सम्भावनाओं के लिए हमारी दिलचस्पी को कायम रखे हुए है। हो सकता है कि फिल्म ऐसे समाज की अभिव्यक्ति है जो दिमाग के संसार का भार नहीं उठा सकती। कदाचित् धीमी चाल में अभिकल्पित यह कला, एक वयस्क महाद्वीप की यह बालिका उसके अपने शैशवकाल में ही नष्ट हो जाएगी। लेकिन शायद क्रान्ति को सम्पूर्णत: निराशा के खाते में डालना जरूरी नहीं।''

दूसरा वक्तव्य—जो सिर्फ एक वाक्य है—सन् 1964-65 फिल्म **कल्चर** में किसी सिने-अभिनेता द्वारा प्रकाशित किया गया था। असाधारण कौतुक और मौलिकता प्रदर्शित करनेवाले इस सिने-अभिनेता का नाम, टेलर मीड है और मेरे खयाल से आपमें से कुछ ने उसे गैर-व्यावसायिक तौर से बनी फिल्मों में देखा होगा। टेलर मीड ने कहा था, ''फिल्में क्रान्ति हैं।''

हमारी सबसे जीवन्त कला, फिल्म, इतनी अल्पायु है कि उसके आरम्भिक स्वप्न, उसके बड़े-बड़े दावे अभी ताजे-ताजे ही हैं, लेकिन वह तो विघटन के भीतरी, बेइलाज मानसिक आघात के द्वारा लहूलुहान और भयाक्रान्त हो गयी है। फिर साथ में चला आया अपराध-बोध और दुविधा, उसके दमनात्मक प्रभाव ओर सर्वोपरि वह आचरण कि जिसके अन्तर्गत वह विघटनात्मक सिद्धान्त, जिसका कभी प्रतिरोध तो कभी स्वागत किया गया वह किसी सौन्दर्यात्मक सिद्धान्त में तब्दील हो गया और वह आचरण कि जिसके अन्तर्गत यह प्रतिरोध या परिवर्तन सिनेमाई आकांक्षाओं को सुधारता या पुन: परिभाषित करता हो, ये सब फिल्म से सम्बद्ध अन्य बातों की तरह ही, पश्चिमी संस्कृति के इतिहास में अद्वितीय हैं।

इस माध्यम की कोई-न-कोई प्रस्तुति, कोई स्वप्न उन्नीसवीं शती में ठहरा हुआ भी है और उसके आर-पार भी है। उस युग के लोकप्रिय मनोरंजक लक्षण

के हरेक रूप—पारिवारिक एलबम, वैक्स म्यूजियम, स्वयं उपन्यास, अपने सारे रूप में पेनऑप्टिकान—को सिनेमा के किसी धुँधले और उत्सुक पूर्वाभासी आकार की तरह माना जा सकता है।

सिनेमा के पूर्वाभासी रूप में वैक्स म्यूजियम का भान मुझे तब हुआ कि जब मैं क्रिसमस मनाने के लिए फ्रांसीसी भाषा में पारंगत एक अमेरिकी प्रखर युवक के साथ **म्यूजी ग्रेविन** पहुँची। जैसे-जैसे हम धीरे-धीरे लम्बे, स्याह, घुमावदार गलियारों से गुजरे, जो कदाचित् ऐसा विशाल और दर्शनीय नज़ारा प्रस्तुत करते थे कि जिसमें आरम्भिक गॉल्स राज्य से लगाकर दे गॉल युग तक का समूचा इतिहास-क्रम क्रमानुसार उपस्थित था, तो ऐसा लगा जैसे **वैक्स म्यूजियम** अपने विशिष्ट, भुतैले, अँधेरे में, अपनी आकाशीय संदिग्धता में दर्शक पर अपनी गतिमयता का दबाव डालने में, मनोरंजन और शिक्षा के अपने घोल में, किसी-न-किसी प्रकार का सिनेमा-प्रतिमान है और निश्चय ही प्रस्तुतियों की ऐतिहासिक विद्या में आरम्भिक फिल्में राजकीय अवसरों, सार्वजनिक उत्सवों, राजा-महाराजाओं के अभिषेकों और हत्याओं का ही चित्रण करती थीं। सिनेमा के विकास की असाधारण गति एक शताब्दी की ज्ञानपिपासु फन्तासी की उक्त कल्पना की पुष्टि करती है (अभी केवल सत्तर वर्ष ही तो हुए हैं कि लुमेरी के प्रदर्शन को देखकर मोलिस ने अपनी रील बनायी थी)। उसी प्रकार, पूर्वानुमानित उमंग और सहमति ने फिल्म-निर्माण और समीक्षा को उसके आरम्भिक भव्य दौर में प्रोत्साहित किया था।

शुरुआती सैद्धान्तिक बहसों की फिजा कैसी थी जरा इस पर गौर करें : मोन्ताज की प्रकृति, जो बिम्बों की अवधारणा को **मोतियों की माला** (Linkage of Chains) के विपरीत द्वन्द्वात्मक संघर्षों में युक्त तत्त्व नहीं, कोशिकाओं के रूपों की अवधारणा में उलझाने वाला **आइजेंस्ताइन-पुदोवकिन** संवाद तक हमारे सामने था या फिर बहस का मुद्दा (गोकि इतिहासकार इससे कम परिचित थे।) यह था कि सबटाइटिल की कार्यशीलता क्या होनी चाहिए जो कि 1920 में फ्रांस में उभरी थी : दृष्टव्य अभिव्यक्ति में बाधा न हो इसलिए किर्सानोव ने उसे नापसन्द किया, रेने क्लेर ने टाइटिलों की भूमिका को एकदम न्यूनतम रखना चाहा, डेसनॉस और सुर्रियलिस्टों ने उसके पूर्णत: काव्यात्मक यानी 'काव्य के पक्ष के अर्थ को गौण' रखने के लिए उपयोगी माना। जैसे-जैसे विवाद बढ़ता गया—उस अद्वितीय तीक्ष्णता और अन्वेषण बोध के साथ जो कि फ्रांस के विवेचनात्मक संवाद का विशेष लक्षण है—वैसे टेक्नोलॉजी समस्या को अनुभूति के ही परे ले जाने की तैयारी कर रही थी। बहस में यह दावा कि मशीन की घरघराहट या ब्रेक लगने से उठने वाली खरखराहट केवल सुनाई देने वाली आवाज नहीं बल्कि दखल उत्पन्न करने वाली होती है, यह दावा मैदान से एकदम बाहर हो गया, क्योंकि फ़िल्म की ध्वनि के अन्वेषण ने समस्या को बिलकुल

ही निरस्त कर दिया।

अमूमन, बहस चाहे फलदायक रही हो, चाहे अकादेमिक दिलचस्पी वाली हो, इस खुली सहमति के सन्दर्भ में हुई माध्यम के लिए सम्भावनामय अथवा वांछनीय दिशा में शैलियाँ, रूप, अन्वेषण और सैद्धान्तिक पूर्वग्रह परस्पर पूरक थे, अन्तर्विरोधी नहीं थे। फिजाँ में सम्भावनाओं के ध्रुवीकरण की अपेक्षा रंगारंग माहौल था। अमेरिकी मूक कॉमेडी फिल्मों की सुर्रियलिस्ट सराहना आरटुड और एवस्टीन आदि की समीक्षाओं में उभरता था, रूसी फिल्म की उपलब्धियों पर विश्वव्यापी उत्तेजनाएँ प्रकट हुई थीं, ग्रिफिथ के प्रति आइजेंस्ताइन ने अपनी मुक्तकंठ से कृतज्ञता व्यक्त की थी, यानी इन सब बातों में उमंग भरे किसी विशिष्ट सिने-समुदाय का प्रमाण मिलता है। **आइजेंस्ताइन** ने अपने अत्यन्त सुन्दर निबन्ध 'ग्रिफिथ और डिकेंस और आज की फिल्म' में लिखा है—''इन फिल्मों ने मन को प्रफुल्लित किया, लेकिन उससे भी महत्त्वपूर्ण बात थी उनमें बसी हुई सम्भावनाएँ'' और 'मोंताज' के विषय में उन्होंने कहा, ''मोंताज की बुनियाद अमेरिकी फिल्म-संस्कृति द्वारा ही बनी, लेकिन उसकी पूरी, समुचित सचेत, उपयोगिता और सार्वभौम पहचान हमारी फिल्मों ने ही स्थापित की।'' उन कलाकारों और बुद्धिजीवियों का उत्साह और उल्लास भी जबर्दस्त था कि जो इस माध्यम से प्रत्यक्षत: सम्बद्ध नहीं थे। वास्तव में किसी खास तरह का खुशहाल-भाव आरम्भिक फिल्म-निर्माण और सिद्धान्त को घेरे हुए था, क्योंकि अन्तत: एक ऐसा अत्यन्त सच्चा भाव बना था कि जिसमें एक ओर साहित्य और कलाओं के आधुनिक आन्दोलन की क्रान्तिकारी आकांक्षाएँ और दूसरी ओर इस नये माध्यम की अभी तक अनचीन्हीं आशाएँ और सम्भावनाएँ एकत्र हो सकी थीं।

सिनेमा की क्रान्तिकारी क्षमता से सम्बद्ध, सामाजिक और रूपाकारी दोनों ही तरह के बौद्धिकों में सिनेमा की सुस्पष्टता के विचार के लिए सरल और मार्मिक आदरभाव था। फिर सर्वोपरि सिनेमा के विशेष रुतबे और उसकी अद्वितीय नियति के सैद्धान्तिक मतभेदों की तराशती हुई एक तात्कालिक समझ भी मौजूद थी। अपने प्रख्यात निबन्ध 'पुनरुत्पादन की तकनीकों के युग में कला कर्म' (The Work of Art in the Era of Reproduction) में वाल्टर बैंजामिन ने वरफेल जैसे लोगों को प्रतिक्रियावादी करार दिया था जो सिनेमा को फन्तासी और परिकथाओं की संयुज्य से बनी हुई तुच्छ वस्तु में घटा कर, उसकी सम्भावना की क्षीण करने में लगे थे, जो किसी दमन की ही चाल थी। इस नयी उत्कंठा की, यानी आधुनिक सौन्दर्यशास्त्र और किसी अभिव्यक्ति **एली फॉवरे** के, विज्ञान-कथा की तरह के सौन्दर्यशास्त्र पर, लिखे एक निबन्ध 'आर्ट ऑव सिनेप्लास्टिक्स' (Art of Cineplastics) की प्रकृति का ही सिनेमा द्वारा क्रान्तिकारी रूपान्तरण किये जाने

की भविष्यवाणी की गयी है।

पूर्वाशाओं एवं पूर्वानुमानों और ज्यादा ही उल्लेखनीय तौर पर, अमेरिकियों, रूसियों, फ्रांसीसियों, जर्मनों और स्केंडेनेवियनों के अन्वेषणों और उपलब्धियों की भविष्यवाणी, तभी स्वीकृति और परस्पर पहचान के साँचे के भीतर घूमते हुए माध्यम की शब्द-संयोजना और वाक्य-संरचना की सम्भावनाओं की पूरक समझदारियों के आधार पर हो चुकी थी, वह कला और उसकी स्थिति में ही अन्तर्निहित विखंडन के किसी सिद्धान्त की बढ़ती हुई चेतना के द्वारा, अन्ततः बिखर गयी।

इस सदमे का क्षण, इतिहास में आसानी से खोजा जा सकता है : तीसरे दशक के अन्त में इस कला का उभयलिंगी स्वभाव विस्तार पाकर और दृढ़ होकर किसी उद्योग में ढल चुका था, वह अब अनदेखा नहीं किया जा सकता था। औद्योगिक-क्रान्ति का क्लैसिकल इंस्ट्रमेंट चूँकि श्रम का विभाजन हुआ, इस कारण ग्रिफिथ जैसे परिश्रमी उद्योगपति, कला-उद्यमी, निर्देशक-निर्माता जो थे उनका स्थान अब वेतनभोगी कर्मचारियों ने ले लिया। अन्ततः जो परिणाम सामने आये उनमें जो कुछ घुल गया वह समझदारी के विखंडन के समानान्तर है, जिसने बदले में, बहुत जल्दी ऐसी सीमाओं और प्रचलनों को प्रयुक्त किया कि जिसने सिनेमाई-प्रयासों को रोका, विस्थापित किया और पुनर्निर्माण किया।

हमारी चर्चा उत्थान बिन्दु के पतन के विषय में है। उसने ग्रिफिथ, आइजेंस्ताइन, वॉन स्ट्रॉहेम और वेल्स जैसी अत्यन्त तेजस्वी और क्रान्तिकारी प्रतिभाओं के लिए, जैसा कि हम सब जानते हैं, कैलिफोर्निया की बहार में एक ऐसा दमघोंटू वातावरण, एक ऐसा भ्रष्टाचार रचा जिसने संसार के अधिकांश सर्वश्रेष्ठ कामों में बाधा पहुँचाना आरम्भ किया। बुद्धिजीवियों और फिल्मकारों ने एक साथ, देश-विदेश में, अविश्वास के तनाव के साथ तत्काल प्रतिक्रिया की और अनेक जगहों पर अपना हाथ खींच लिया। उदाहरणार्थ, साउंड ट्रैक को प्रयुक्त करने के व्यापक विरोध को, सिने-माध्यम का तेजी से जन-सांस्कृतिक यन्त्र बन जाने की सम्भावना के प्रति किसी दुश्मनी को प्रकाशित करने या छिपाने के लिए, निश्चय ही प्रचारित किया जा सकता था। मेरे परिचित एक मित्र, फॉण्डेन (फ्रेंच दार्शनिक) ने दावे से कहा कि 1929 में उसने सिनेमा देखना बन्द कर दिया था। उसने कहा, ''साउंड फिल्म तभी तक ठीक हैं कि जब तक वह गूँगी हैं।'' और आरटुड ने भी कहा, ''सिनेमाई यथार्थ बिम्ब के भीतर ही है, उसके पार नहीं।'' ध्वनि के विरुद्ध प्रतिरोध—जो कि शब्द के खिलाफ था, संगीत के खिलाफ नहीं, क्योंकि उसने आरम्भ से ही सिनेमाई चलन में अपना स्थान बना लिया था—मूक सरलता और अनपरखी उम्मीद के युग के प्रति किसी नास्टेल्जिया को व्यक्त करता था। कुल मिलाकर यह एक धार्मिक रुख था।

फॉण्डेन के द्वारा व्यक्त मोहभंग और नैतिक तथा सौन्दर्यबोधात्मक हताशा सामान्य थी। आधुनिक सिनेमा का इतिहास, बड़ी हद तक, कुल मिलाकर 1929 पूर्व की स्थिति की अत्यन्त दमनकारी और भ्रष्ट ताकतों से समझौता करने का इतिहास है। उस स्थिति के द्वारा उभरी सीमाओं और आचरणों का जटिल अंकन उत्पादकीय काम में लाया गया। वैसे तो ऐतिहासिक दृष्टान्त अनेक हैं, लेकिन इतनी बड़ी विडम्बना, दाँवपेंच और खुराफात पहले कभी नहीं हुई।

यह तो विघटनकारी सिद्धान्त की, सौन्दर्यात्मक प्रयोजन में इस सिद्धान्त के उन्नयन या परिवर्तन की स्वीकृति है, जो फ्रांस या यूरोप में हाल में निर्मित उन्नत फिल्मकारी की विशिष्ट चारित्रिकता में नजर आती है। यह उस सिद्धान्त के बिल्कुल स्पष्ट नकार की ओर किसी क्रान्तिकारी चेतना की लालसा है जो उन 'स्वतन्त्र' फिल्म-निर्माताओं के प्रयासों को उत्प्रेरित करता है जो किसी अमेरिकी अवाँ-गार्द जैसा कुछ रचते हैं। आज उन्नत फिल्म निर्माण की प्रकृति और क्षमताओं की बहस, फिल्म-सौन्दर्य और भावी सम्भावनाओं की चर्चा, मेरे खयाल से इस द्विविधा को मद्देनजर रखती है। उस बहस-चर्चा में, इस तथ्य को भी शामिल करना चाहिए, जैसा कि वाल्टर बैंजामिन ने कहा है, ''कि प्रश्न यह नहीं कि हम किसी कला से उलझ रहे हैं या कुछ ओर कर रहे हैं'' (कुछ लोग तो अभी भी ऐसा ही सवाल उठाते हुए दिखाई देते हैं), ''बल्कि प्रश्न यह है कि क्या इस माध्यम के उद्‌भव ने कला की प्रकृति बदली है या नहीं।''

इस देश में, उस रूपान्तरण की अवधारणा के प्रति आम प्रतिरोध अपना अत्यन्त संकटग्रस्त रवैया अख्तियार करता है, उन क्षेत्रों में नहीं जो फिल्म से असम्बद्ध हैं, बल्कि कदाचित् उनमें जो उसके विकास की प्रतिबद्धता के द्वारा प्रोत्साहित हुआ माना जाता है। मनो-सामाजिक पर्यवेक्षण के तरीके और मूल्यों को पार करने, उनका विरोध करने या उन्हें अनुभवातीत बनाने वाले समसामयिक सिनेमा के इन पहलुओं के प्रति अनेक बल्कि अधिकांश फिल्म-समीक्षा का सामान्यत: पीछे-खींचू स्वभाव उस तरीके की प्रतिगामी चिन्ता दर्शाता है कि जिसमें यूरोप और अमेरिका, दोनों में ही, युद्धोपरान्त सिनेमा, अपने शिखर पर पहुँचकर, उस संवेदना की परम्परा को पार कर गया है जो प्रमुख रूप से साहित्यिक—उन्नीसवीं सदी के पूर्व—आधुनिक उसूलों द्वारा बनी थी। यह मानना ही होगा कि उस पीढ़ी का एक बड़ा भाग जो तीसरे दशक (1920-30) में प्रौढ़ हुआ कि जो पाउंड, स्टेन और जॉयस जैसे लेखकों की रूपात्मक क्रान्तिकारिता से प्रतिबद्ध भी था और सँवारा भी गया था—ऐसे दिनों का है जिन्हें सॉल बेलो और नार्मल मेलर के उपन्यासों से सम्बद्ध दिन कह सकते हैं। यदि सिनेमाई विकास का निचोड़—जैसा कि मैं मानती हूँ—औपन्यासिक संरचना (नरेटिव स्ट्रक्चर) की

प्रकृति और भूमिका के मूल्यांकन और पुनर्निर्धारण में स्थित है, तो हम कह सकते हैं कि फिल्म-निर्माण और फिल्म-समीक्षा के अकादेमीकरण का इतिहास औपन्यासिक रूपों और मूल्यों का नाटकीय रूपों और मूल्यों में प्रतिस्थापन है—और यह उस सदी में हुआ है कि जिसमें अमेरिकी कविता फली-फूली।

इसीलिए, पिछले दिनों, जाँ लुक गोदार की दो फिल्मों : **ले पेटिट सोलदेत** और **अल्फाविले** पर आलोचनात्मक बेचैनी और मत-विमत का केन्द्रित होना बिलकुल तर्कसंगत ही है। मैंने तर्कसंगत इसीलिए कहा है, क्योंकि कतिपय औपन्यासिक प्रचलन, जिनकी कि व्याख्या इस जगह पर मैं संक्षेप में करना चाहती हूँ, उनकी प्रकृति और क्षमताएँ खासकर अल्फाविले में ऐसी हैं कि जो वास्तव में पुनर्व्याख्या के लिए एक उल्लेखनीय दृष्टान्त हैं।

तकनीकी विकास की स्वयं-सनातन द्वन्द्वात्मकता में फँसे हुए समाज में प्रेम, आजादी और भाषा की पीड़ा और मृत्यु दर, सनसनीखेज कथा के रूप में, **अल्फाविले** एक व्यग्र चिन्तन है। वह किसी गहरी शीत की अनुभूमि है। विषय-वस्तु-विरुद्ध शैली की जिस प्रचलित बहसों की उत्तेजक रिहर्सल से **अल्फाविले** का स्वागत हुआ उसने **गोदार** के केन्द्रीय महत्त्व को नकारात्मक तरीके से प्रमाणित किया। अपने कुछेक यूरोपीय समकालीन फिल्मकारों के साथ वह आज भी सिनेमा पर अपना प्रभुत्व कायम किये हुए हैं और कहीं भी, जो भी कुछ हो रहा है उसे इन लोगों की कृतियों के आमने-सामने रखकर ही परखा जा सकता है। बहरहाल, सर्वोपरि, औपन्यासिक प्रचलन (नरेटिव कन्वेंशन) की सम्भावनाओं के बाबत फिल्म का जटिल **(वक्तव्य)** दिलचस्पी और महत्त्व के विषय में, अपनी चर्चा की प्रकृति और उस चर्चा के विरुद्ध प्रस्तुत शत्रुता के अनुभव पार चला जाता है—मैंने यहाँ उसके रूपात्मक, सिनेमाई **वक्तव्य** के प्रति शत्रुता के महज विचलन (या विस्थापन) के लिए ही कहा है। फ्रांसुआ त्रुफो ने, फिल्म के इतिहास पर एक आकस्मिक प्रतिक्रिया व्यक्त करते हुए उसके नायकों को दो तरह से विभाजित किया : एक वे कि जो मनोरंजन के या कौतुक के सर्जक हैं, जैसे कि **मेलिस**, दूसरे वे कि जो प्रयोगकर्ता या अन्वेषक हैं जैसे लुमेरी। इस टिप्पणी पर **गोदार** ने जवाब दिया कि वह अक्सर मनोरंजन के आवरण में **प्रयोगात्मक** फिल्में बनाने का प्रयास करता है। अल्फाविले उसी तरह की फिल्म है। उसकी अवधारणात्मक और रूपात्मक जटिलताएँ, अपने लौकिक और पारलौकिक दोनों ही प्रकारों में, **अन्तर्वर्ती** संसार के, स्थापन और विस्थापन की संदिग्धता के, व्यापक और सूक्ष्मतः स्पष्ट रूपक में मिल जाती है।

आज पेरिस तथा उसकी सार्वजनिक इमारतों, दफ्तरों, गैरेजों, गलियारों, सीढ़ियों और एस्केलेटरों का भेद भविष्य के द्वारा उघाड़ा जा रहा है। अतीत,

वर्तमान और भविष्य के दरम्यान पर्दा—कि जैसे अन्वेषण और मनोरंजन के बीच भेद रूपाकारी युक्तियों की लगातार प्रस्तुतियों के द्वारा हटा दिया गया है। Praise de vues द्वारा Praise de conscience हासिल लिया गया है, यह फिल्म जो कि जमावर पर समूची फिल्मायी गयी है, वह दरअसल गिरावट (पतन) की फिल्म है और जैसे-जैसे औपन्यासिक-संरचना, प्रकाश और सम्पादन किसी दृष्टव्य स्पान्तरण को, या काल या दिक् के रूपान्तरण को उत्पन्न करता है, वैसे-वैसे भाषा के साथ एक निरन्तर खेल जानी-पहचानी और देखी-भाली चीजों का रूपान्तरण करता है। इस प्रकार, 1945 के बाद के पेरिस के निम्न-वर्गीय गृह-निर्माण, जो Habitations a loyers modigues कहलाते हैं, वे भविष्य के बीमार घर और पागलखाने Les Hopitaux des longues Maladies ही कहे जा सकते हैं। नगर को परिवृत करते मार्ग (Les boulevards exterieurs) अन्तरग्रही-अन्तरिक्षीय मार्गों के अनचीन्हे हैरतअंगेज संकेत में तब्दील होकर फैल जाते हैं। पतन के सिनेमाई निरूपण की तथा समय और इतिहास के गुम्फनों की खोज में जैसे-जैसे बिम्ब और ध्वनिदृष्टि एवं स्थिति पर केन्द्रित होती है, वैसे-वैसे वस्तु और स्थान की कार्यशीलता और पैमाना बदलता जाता है। अरटूड स्टैन के अनुसार : "सामने बनी-बनायी संयोजना कुछ भी नहीं है, वहाँ उसे 'बनना' है जबकि हम यहाँ खड़े हैं। जाहिर है कि हमारे लिए यह कुछ समय पहले की बात है।" एक जैसेपन और भिन्नता की तथा, 'होने' और 'बनने' की समकालीनता का आन्तरिक-स्थानान्तरण, ऐसा दिक्-काल गढ़ता है कि जिसमें अल्फाविले मस्तिष्क और विवेकशीलता की उत्पत्ति के बारे यानी प्यार के पुनर्जन्म के रूप में भाषा के पुनर्जन्म के बारे में कार्यशील होने—काल के परिप्रेक्ष्य में पतन के बाबत कार्यशील होने को बाध्य है। गोदार जिस भूत-भविष्य काल के विषय में कहता है वह हमारी वर्तमान स्थिति है।

अत: अल्फाविले के कथा-प्रवाह या कथानक में एक-के-बाद दूसरा रहस्योद्घाटन होता जाता है, उसके भाग्य-चक्र, किसी जासूसी-कथा के, यानी सुराग खोजने के, गतिवेग और तनाव के द्वारा गढ़े हुए भावबोध हैं। इस परिप्रेक्ष्य में, उस पर महत्त्वहीन या पाखंड के आरोप लगाना मन दुखाता हुआ अप्रासंगिक है : फिल्म किसी रूपरचना शास्त्र के प्रति अपनी चिन्ता प्रकट करती है। उसमे वर्ण (नरेशन) के द्वारा गतिवेग, तनाव, दबाव और व्याकरणशास्त्रीय-सामंजस्य पर ध्यान जमाया गया है—और इस मामले में वर्णन (नरेशन) का अर्थ, उस शब्द के समूचे सम्भव आशय के साथ, बयान करने का एक रूप है : यानी कहकर किसी तरह की सापेक्ष युक्तियाँ गढ़ना है।

अल्फाविले, अन्य गम्भीर यूरोपीय सिनेमा कृतियों की तरह ही, हॉलीवुड

के कमर्शियल सिनेमा की रीतियों के प्रति और उन रीतियों को क्रान्तिकारी सिनेमा के उपयोग में लेने के प्रति किसी नाजुक झुकाव का उल्लेखनीय दृष्टान्त है। उसमें निष्ठा की रूपात्मक क्रान्तिकारिता के लिए शर्त और सन्दर्भ की तरह काम हुआ है। (यहाँ यह जानकारी दिलचस्प है कि मोनोग्राम फिल्म—ब सीरीज निर्माण के प्रति गोदार का लगाव, आइजेंस्ताइन द्वारा, अपने बचपन में, रूस में आयी आरम्भिक फिल्मों के प्रति जीवन-पर्यंत लगाव के समानान्तर, या पूर्वानुमानित है। उसने **दि हाउस आव हेट** और **दि मार्क ऑव् जोर्रो** जैसी फिल्मों के प्रति आदर दर्शाते हुए बातें की हैं।) उस जासूसी-कथा का महत्त्व जो आगे चलकर रेजाँ और गोदार जैसे विद्वानों के उपयोग के लिए **हिचकॉक** द्वारा कि परिष्कृत हुआ था, वह अपने Paradigmatic चरित्र में ऐसे औपन्यासिक रूप (नरेटिव फॉर्म) की तरह है जो नाटकीय और रूपात्मक अन्वेषण के वाहन जैसा है। पतन के बाद के युग वाले हॉलीवुड में परिपक्व होकर वह ग्रहण की गयी और सुधारी गयी एवं रूपात्मक क्रान्तिकारी के हित में परिष्कृत की गयी।

इस युक्ति की आरम्भिक और निश्चय ही अत्यन्त बहुमूल्य अटकल फ्युइलदे (Feuilade) की फिल्म **वैम्पायर्स** है जो अपने सम्पूर्ण विस्तार में, पहली बार, न्यूयार्क के पिछले वर्ष के फिल्म समारोह में यहाँ दिखाई गयी। वह और **अल्फाविले** समूचे समारोह में छायी हुई थी। नितान्त निर्भीक कल्पना से भरे हुए आदमी के द्वारा रची गयी इस फिल्म का रूपात्मक अन्वेषण-भाव, फिल्म को आम जनता के लिए ''वर्णन किये जाने वाली कथा (नरेटिव) की कोई तकनीक मानने के दृढ़ वचन से बँधा हुआ है। मैंने अन्यत्र यह चर्चा की है कि अल्फाविले में विकसित हुई विषय-वस्तुओं को वैम्पायर्स किस तरह आगे बढ़ाती है और यह भी बताया है कि फिल्म-माध्यम के आरम्भिक सोपानों के ढाँचे में मेलिस और फ्युइलदे (Feuilade) के सिनेमा ने जिन सिद्धान्तों और युक्तियों से छायांकन किया उनका परवर्ती विकास अतियथार्थवादी कला और फिल्म में मिलता है।''

''यकीन मानिए,'' फ्युइलदे ने कहा था, ''मैं कहता हूँ कि अन्ततः प्रयोगकर्ता नहीं, बल्कि कदाचित् **मेलाड्रामा** रचयिता ही फिल्म की सच्ची पहचान को हासिल करेगा—और मैं भी अपने को मेलोड्रामा के ही बड़े दीवानों में शामिल करता हूँ...और मैं इस दृष्टिकोण से जरा भी दूर भागना नहीं चाहता...मैं सोचता हूँ कि मैं सच के समीप हूँ'' इसी दृष्टिकोण के प्रति गहरे लगाव ने फ्युइलदे में किसी असम्भाव्य की, खुलेपन की, अत्यन्त तीव्र उत्तेजना की गुंजाइश बनायी जिसने **वैम्पायर्स** को महानतम फिल्मों की श्रेणी में खड़ा किया। नाटकीय अनुमान और फन्तासी के बीच यानी संवाद और कविता के बीच—किसी तनाव को बसा सकने हेतु पर्याप्त लचीली और कठोर कथाबयानी-की-परम्परा के विकास पर कायम

फ्युइलदे की कृति फिल्म के अतीत की अपेक्षा उसके भविष्य से भिड़ती है। ऐसा कहें, जैसे कि रॉब्ब ग्रिये ने कहा है "कल्पना, जो सच में जीवन्त हो, तो सह सदैव वर्तमान की ही होती है।"

और, फ्युइलदे के प्रति आलें रेजाँ का मोह उक्त बात को पुष्ट करता है। अपने यूरोपीयन समकालीनों की तरह, रेजाँ की कृति, किसी ज्ञान रूप के तनावों और उत्तेजनाओं से अपनी प्रतिबद्धता कायम रखती है, सर्वोपरि जब वह उस रूप की सीमाओं को तानती है तब रूप के उस मूल्य से अपनी प्रतिबद्धता का दृष्टान्त बनती है जिससे कि उन्नत यूरोपीय सिनेमा की सर्वश्रेष्ठ फिल्में जगमगाती हैं।

अब, यदि हम ऐसा मानें (जैसा कि मैं तो मानती हूँ) कि क्रान्तिकारी तमन्ना, **सौन्दर्यात्मक और राजनीतिक**, तीसरे और शुरुआती चौथे दशक की रूसी फिल्म में हासिल हो गयी थी, तो हम यह भी जानते हैं कि यह प्रदर्शनीय सम्मिलन स्टालिनवाद की प्रतिक्रान्तिकारिता के द्वारा धो दिया गया। जैसे ही ऐसा हुआ (और स्टालिनवाद की कमोबेश निश्चित जमावट, फिल्म में ध्वनि (साउंड) के प्रवेश के समकालीन है) तभी यूरोपीय सिनेमा ओर यूरोपीय कला ने, कुल मिलाकर, तमन्ना की किसी महत्त्वपूर्ण समग्रता को हासिल करना त्याग दिया था। वियोग की प्रक्रिया यानी संघर्षशील या क्रान्तिकारी प्रयासों के रूपात्मक और राजनीतिक पहलुओं के बीच दरार, अपूरणीय तौर से, कम-से-कम हमारे समय में रच दी गयी थी। परिणाम हुआ, क्रान्तिकारिता में ढलना। राजनीतिक क्रान्तिकारी अनुभव और परम्परा के भग्नावशेष तदनन्तर नास्टेल्जिया और क्षोभ के रूप में अभिव्यक्त हुए। राजनीति रुझान वाली कला, कुल मिलाकर, शून्य के नकार का इतिवृत्त बन गयी, विखंडन का विश्लेषण मात्र रह गयी और अपनी सर्वश्रेष्ठ आधुनिकतावादी परम्परा में, संवाद के असम्भाव्य का रूपवादी वक्तव्य भर रह गयी।

गोदार की **ले पेटिट सोल्डेट** में नास्टेल्जिया और हताशा को फिल्म के नायक, माइकेल ने साफतौर से व्यक्त किया है : "चौथे दशक के आरम्भ में युवा लोगों ने क्रान्ति की थी। उदाहरणार्थ, मालरों, ड्रियू ला रोशेल और अरागाँ। अब हमारे पास ऐसा कुछ भी नहीं है। उन्होंने तो स्पेनिश गृह-युद्ध भी किया। हमारे पास तो हमारे स्वयं का युद्ध भी नहीं है।" किसी क्रान्तिकारी तरंग और आशा के लिए इस नास्टेल्जिया की रूपात्मक युक्ति में अद्‌भुत विरोधाभासों और विफलताओं का सिलसिला है। रेजाँ को ही लें, अपनी पीढ़ी में जा नितान्त अकेला ही था कि जिसकी दृढ़ वैयक्तिक राजनीतिक प्रतिबद्धता की युक्ति का प्रयास खासकर अद्‌भुत है। उसकी **हिरोशिमा** ही नहीं, **म्यूरिएल** भी उल्लेखनीय है। दोनों ही फिल्मों में, कृति की समग्र संरचना के भीतर प्रतिबद्धता को स्थित करने में उसे प्रत्यक्ष अड़चन हुई यानी जो शैली को चोट न पहुँचाए या कि संरचना

को ही बेढब न फैला दे ऐसे-ऐसे दृष्टव्य रूपक को खोजने में उसे अड़चन हुई। परिणामस्वरूप एक लयबद्ध, नाटकीय और चाक्षुष गति, यानी, मूकता का शैलीबद्ध गठन प्रकट हुआ।

इन फिल्मों के दो सुस्पष्ट राजनीतिक परिच्छेद अलग-थलग स्थित हैं, नजारे या पटरी-से-उतरे दृश्य के रूप में कोष्ठक के भीतर रखे हुए। **हिरोशिमा** में युद्ध-विरोधी जुलूस फिल्म के भीतर ही किसी फिल्म-सीक्वेंस के रूप में प्रदर्शित किया गया है जबकि **म्यूरिएल** में अल्जीरियाई युद्ध जो कि दर्शाया नहीं गया है, बल्कि किसी गैर-व्यवसायी फिल्म में एक दुखभरी मौखिक कमेंटरी के द्वारा बैरकों में फौजियों की मौजमस्ती के मिथ की पैरोडी करते हुए भोले-भाले गैर-व्यवसायी फिल्मी दृश्यों की श्रृंखलाओं के बरक्स रखकर उभारा गया है।

यह सीक्वेंस, राजनीतिक संवाद के लिए किसी सिनेमाई क्षेत्र के विखंडन का अत्यन्त प्रखर और निश्चित गठन स्थापित करता है। उस विखंडन पर हुई हताशा फिल्म का केन्द्रीय राजनीतिक वक्तव्य है। वक्तव्य की तीव्रता, बहरहाल, स्वयं से कोष्ठक में रखे हुए—वक्तव्य के ज्यादा दूर किये जाने (बिम्ब और कमेंटरी के बीच दूरी) के द्वारा अधिक मुखर बना दी गयी है। समूची कृति की बुनावट के भीतर उसका अलगाव, उसका विशिष्ट, रीतिगत वियोग, उसका अपना रंगहीन रंग सामग्री कृति के वियोग और अन्वेषित रंग से बिलकुल भिन्न है। किसी अन्दाजिया और रीतिगत विचलन के जरिए, रेने शर्मनाक कांड का बिम्ब बनाता है जिसने पाँचवें गणतन्त्र को जन्म दिया। उसका रूपक युति का रूपक है। इस विष्कंभक या विचलन के द्वारा रची गयी वह दरार, वह गलती, वह लयात्मक दृष्टव्य फाँक या युति रेने के द्वारा घोषित मूकता की घोषणा का रूप है। वह उस फिल्म के प्रति उसके नॉस्टेल्जिया की घोषणा करता है जो बनाया नहीं जा सका, वह वियोजित-सिद्धान्त और उसकी राजनीति के साथ कलाकार के संघर्ष का निरूपण है।

और यह अद्‌भुत है, जो कि कहने में दिल दुखाने की बात है कि ल गुएरेस्तफिनी में, रेने ने चरम प्रयास किया कि अपनी स्थिति की विवेकशील जिम्मेदारी को और उस सिद्धान्त के कर्कश तर्क को लागू होता हुआ माने। **एलेक्जेंडर नेवस्की** की तरह ल गुएरेस्तफिनी एक कलाकार की पराजय का इतिवृत्त है, वह किसी समूचे घुमाव को, रूप और शैली के अत्यन्त ठोस नकार को प्रस्तुत करता है। इस फिल्म में समग्र संरचना के अन्तर्गत कामुक दृश्य-श्रृंखला ऐसी है कि जो विष्कंभकों या विचलनों के रुख को अख्तियार करती है और **हिरोशिमा** में, विशेष कर **मरियनबाद** में, कोष्ठक में रखने या दूर स्थित करने को, हमारे द्वारा जानी-पहचानी शैली की सन्तई के उलट-घुमाव के जरिए हासिल

किया जाता है। ये परिच्छेद, अब ऐसी युतियाँ उत्पन्न करते हैं जो हमारे नॉस्टेल्जिया को उभारती हैं ज्यादा ही अफसोस है, बहरहाल कि वे रेने की विगत उपलब्धियों के लिए उसका ही अपना नॉस्टेल्जिया दर्शाते हैं। हेरी डिक्सन जिन्दाबाद।

कुछ वर्ष पूर्व, **ल टेम्प्स मॉडर्न में न्यू वेव** सिनेमा के निर्देशकों में ऐतिहासिक और सामाजिक चेतना की तथाकथित कमजोरी के बारे में लिखते हुए **गोल्डमान** ने अफसोस जाहिर करते हुए टिप्पणी की कि राजनीतिक ऊर्जा और ताकत वामपन्थियों में गहराई तक जमी हुई है, जबकि सिनेमाई प्रतिभा दक्षिणपन्थियों के खेमे में बसी हुई है। गोल्डमान की विशिष्ट लूकाच-प्रेमी दक्षिणपन्थी रुचि और सौन्दर्यबोध के बावजूद समस्या पर पुनर्विचार करना जरूरी है—इस लेख के भीतर की जा रही चर्चा से कहीं ज्यादा व्यापक रूप में। अत्यन्त संक्षेप में बहरहाल उसे इस तरह निरूपित किया जा सकता है : क्रान्ति उपरान्त के एकदम नजदीकी काल के युवा रूसियों के लिए समस्या जो थी, जैसा कि आइजेंस्ताइन ने कहा था, ''अभिव्यक्ति के नये और अब तक अनछुए गुणों और साधनों की तलाश करने के लिए, यानी रूप को पुन: विचारधारात्मक विषयवस्तु के स्तर तक उठाने के लिए रेने और उसके समकक्षों की समस्या यह है कि वे विचारधारात्मक विषय-वस्तु को किसी आधुनिक-संवेदना की रूपात्मक आवश्यकताओं के साथ युक्तियुक्त करें। अन्तत: किसी भी किस्म की विचारधारा—वह चाहे अतियथार्थवादी हो, चाहे मार्क्सवादी हो, या चाहे नये उपन्यास के मानवता विरोध की हो—वह कलाकार के लिए, हद-से-हद, कोई फलप्रद कामचलाऊ प्रकल्पना ही प्रदान कर सकती है।'' द्वन्द्वात्मकता के त्रिमुखी रिहर्सल की तरह मोंताज के बाबत आइजेंस्ताइन की अवधारणा सौन्दर्यात्मक तौर पर पुनरुत्थानवादी थी। ऊर्जा, साहस और बौद्धिक आवेग, जिन्होंने कि सिद्धान्त और कर्म दोनों को जारी रखा, वे हमारी सदी के आदर्श गुणों में स्थान रखने वाले गुण हैं। आइजेंस्ताइन—अपनी पराजयों में और अपनी उपलब्धियों में और अपने काम के अत्यन्त छोटे से अंश में भी—हमारे युग की संस्कृति का आदर्श है।''

उनके लेखन में एक परिच्छेद है और वह हमें प्रदान किया गया सर्वाधिक आकर्षक अंश है—जिसमें वह दिमाग के सिनेमा का विचार शृंखला की सभी दशाओं और सभी रूपों की पुनर्रचना के योग्य फिल्म का वर्णन करता है। इस बिन्दु पर, वह **बौद्धिक सिनेमा** की एक पुरातन अवधारणा से विचलित होता है जो पूँजी के उस संयोजित फिल्मी-रूपान्तरण **स्वयं चेतना की गतिविधि की प्रस्तुति** में प्रतिफलित हुआ जो विश्लेषणात्मक विधि की ज्यादा जटिल, बल्कि ज्यादा समस्याजनक दूसरी तमन्ना की प्रस्तुति है। वह विषय और वस्तु के बीच भेद के उस विलयन के प्रतिनिधि के रूप में फिल्मीय अन्तरंग एकालाप की

परिकल्पना सर्गेई आइजेंस्ताइन : **फिल्म, फार्म, एसेन इन फिल्म थ्योरी जे लीडा** द्वारा सम्पादित और अनूदित न्यूयार्क : हारकोर्ट, ब्रेस वर्ल्ड पृष्ठ 105 करता है जो एदुआई डुजार्डिन (Eduard Dujardin) के उन उपन्यासों में सर्वप्रथम प्रयुक्त हुआ था जिनमें ''चेतना के प्रवाह का प्रादुर्भाव'' हुआ था, एक ऐसा विलयन कि जो ज्वॉयस की कृति में पूर्ण हुआ। तभी तो यूलीसिस चौथे दशक (1930-40) उस दूसरी प्रमुख आदर्शवादी **(यूरोपीय)** परियोजना के अन्तर्गत आयी कि जिसमें से आइजेंस्ताइन की **बौद्धिक सिनेमा की अवधारणा** निरन्तर परिशुद्ध होती जाती है। आइजेंस्ताइन, उस काल में आयोजित एक अन्य परियोजना एक अमेरिकी त्रासदी (जिसने कि इस तरह की अटकल को उभारा था) की पटकथा पर किये जा रहे आरम्भिक काम के दौर के और उस प्रक्रिया के दौरान तैयार हुए अद्‌भुत रेखांकनों के बाबत अत्यन्त उत्तेजना के साथ बतलाते हैं कि : विचार की तरह, वे कभी दृष्टव्य बिम्बों से भिड़े तो कभी ध्वनि से। वे परस्पर मेल में ही चाहे बेमेल हों। फिर, ध्वनियों की तरह। निराकार। या ध्वनि-बिम्बों के साथ (वस्तुनिष्ठ रूप से प्रदर्शनीय ध्वनियों के साथ) भिड़े।

फिर एकाएक, परिभाषित बौद्धिक रूपाकृत शब्दों के साथ उच्चारित शब्दों की तरह ही बौद्धिक और प्रशान्तचित्त के साथ किसी स्याह पर्दे के साथ, किसी सनसनाती हुई बिम्बही दृष्टव्यता के साथ भिड़े।

फिर सम्पूर्ण सन्नाटे के ऊपर दौड़ते हुए दृष्टव्य बिम्ब।

फिर बहुसुर ध्वनियों से जुड़ते हुए। फिर बहुसुर बिम्ब। फिर दोनों से एक साथ।

फिर क्रियाशीलता के बाह्य दौर में अन्तरमिश्रित होना, फिर आन्तरिक एकालाप में बाह्य क्रियाशीलता के तत्त्वों के अन्तरमिश्रण होना।

जैसे कि आन्तरिक खेल को—आशंकाओं के अन्तरविरोध को आवेग के विस्फोटों को, विवेक की आवाज को—तेजी से या धीमी गति में, एक दूसरे की भिन्न लयों को परखते हुए और ठीक उसी वक्त, बाह्य क्रियाशीलता की लगभग सम्पूर्ण अनुपस्थिति के साथ कंट्रास्ट करते हुए : चेहरे की पाषाण नकाब के पीछे कोई उत्तेजक आन्तरिक विवाद।

...बाह्य वचन से भिन्न आन्तरिक वचन की शब्द-रचना, दृष्टव्य बिम्बों के पासंग में काँपते हुए भीतरी शब्द। बाह्य वातावरण के कंट्रास्ट में। परस्पर व्यस्त...।

और अन्त में आइजेंस्ताइन की उल्लेखनीय बात कि, ''फिल्म जब ध्वनि-फिल्म की संस्कृति में पूरी तरह तरक्की कर गयी तब उसके लिए ये टिप्पणियाँ पेटी में बन्द पड़ी रहीं—किताबों के ढेर के तले, छोटे से द्वीप की तरह, लगभग दबी हुई....। वहाँ वे पड़ी रहीं। ध्वनि आइजेंस्ताइन को एक बिलकुल भिन्न दिशा

की ओर ले गयी, **इवान द टेरिबल** की भव्य उन्मादी उत्तेजना की ओर''।

यह खोया हुआ पन्ना, बहरहाल, उस सिनेमा के लिए एक खाके की तरह था जिसका तब जन्म नहीं हुआ था। वियोग पर अमूर्तन पर, बिम्ब और ध्वनि के बदलते रिश्तों और बहुसुर पर एवं गतिमान रूपात्मक तत्त्वों के रूप में मौन और काले पर्दे के उपयोग पर उसके आग्रह से हम परिचित हैं, आइजेंस्ताइन ने कल्पना की चकमकाती उड़ानें भरते हुए, उस पन्ने पर, हमारे ही समय के पिछले दो दशकों के अमेरिकी सिनेमा की प्रमुख प्रवृत्तियों, यानी रूपात्मक युक्तियों की खोज कर ली थी।

आज से ठीक उन्नीस वर्ष पूर्व—यानी उस समय कि जब हम प्रौढ़ होने लगे थे—तब स्वतन्त्र उद्यमशील कलाकारों की कृतियों को प्रोत्साहित करने वाली एक अग्रगामी फिल्म-सोसाइटी सिनेमा-16 ने **कविता और फिल्म** विषय पर एक संगोष्ठी का आयोजन किया था। संक्षेप में प्रकाशित उसकी रिपोर्ट विशालतम और बहुआयामी दिलचस्पी दर्शाने वाला दस्तावेज है। दुबारा पढ़ने पर, हम उस चर्चा के स्तर और आवेग से चकित हो उठते हैं और सोचने लगते हैं कि आजकल की चर्चाओं और आयोजनों में किसी फलदायी बात के होने की हमारी आदत ही मिट गयी है। वह रिपोर्ट उसे युग के एक अत्यन्त महत्त्वपूर्ण दस्तावेज के रूप में, अपने समय के और उसके दृश्य के बौद्धिक इतिहास के वाद-विवादी तौर-तरीके के एक अध्याय के रूप में हमारे सामने है।

वह छठे दशक (1950-60) के प्रारम्भिक वर्षों का समय और दृश्य था और उसके प्रमुख खिलाड़ी थे : द्वितीय विश्व युद्धकाल में फिल्मकला के न्यूयार्क में निष्कासन के दौरान, सुर्रियलिस्ट परम्परा में रमा हुआ, प्रख्यात फिल्म-आलोचक **पार्कर टेलर**; किसी विशेष देशीय नाटकीयत्व के यथार्थवाद की उन दिनों उभरी गोरी आशा के प्रतीक **आर्थर मिलर**; और उस युग का अतिथि सितारा कलाकार **डॉयलान थॉमस**—ये सब उस काल के 'उपन्यास' और 'कविता' हैं। **विलार्ड मॉस को चेयरमेन** (या आजकल की भाषा में **माडरेटर**) बनाकर, **मायाडेरेन** (अपनी पीढ़ी की निश्चय ही अत्यन्त प्रतिभाशाली फिल्मकार) के द्वारा **फिल्म और कविता-के-रूप में फिल्म** को अत्यन्त ओजस्विता के साथ प्रस्तुत किया गया है।

वह अवसर दबावों का—यानी ऐसे अवसर के रूप के बाबत **फिल्म कल्चर रीडर, सम्पादक पी.एडम्स सिटने, प्रकाशक प्रैगर पब्लिशर्स, न्यूयार्क 1970।** अवधारणाओं, उसकी उपयोगिता, फिल्म पर किसी सम्भव संवाद के रीति-रिवाजों के बारे में पूर्वानुमानों का—परस्पर मिश्रण और विरोध करता है। प्रसंगवश, उसी के भीतर यह सरल लक्षण अन्तर्निहित है कि उन दिनों एक नारी होना और साथ-

ही-साथ एक फिल्मकार भी होना क्या अर्थ रखता था—**वह नारी जाति के प्रति गम्भीरता** और **फिल्म के प्रति गम्भीरता** के लिए बौद्धिकता के द्वारा गढ़ी हुई सामन्ती अवहेलना के मुकाबले खड़ी थी। थामस का हास्य और प्रचंड मनोविनोद डेरेन के द्वारा एक ऐसे विषय की व्याख्या के लिए जोशखरोश के साथ किये गये प्रयास के विरुद्ध गया था कि जिसके बाबत वे परस्पर लाभप्रद संवाद कर सकते थे।

जरा कम आत्मरत और कुछ अधिक दिलचस्प व्यक्ति, मिलर ने निश्चय ही उस वक्त उपलब्ध आम फिल्मों पर ज्यादा गहरा चिन्तन किया, और अन्तत: एक उल्लेखनीय क्षण ऐसा भी आया जब उसने एकाएक कहा ''मेरे ख्याल से, किसी फिल्म की—यानी मशीन से खुलते बिम्बों के यथार्थ की—विशेष प्रकृति के बारे में विचार करना लाभप्रद होगा। जब तक उस बात को समझ नहीं लिया जाता (और मैं नहीं सोचता कि वह समझ ली गयी है—जैसे कि स्वयं मेरे ही पास उसके बाबत् कुछेक सिद्धान्त हैं) तब तक हम किसी युक्तियुक्त आधार पर उस फिल्म के लिए कोई सौन्दर्यशास्त्र बनाने की शुरुआत नहीं कर सकते। हम मशीन में उभरे बिम्बों से किसी भी बिम्ब के मनोवैज्ञानिक अर्थ को नहीं जानते। मुझे लगता है कि कुछ बुनियादी आशंकाएँ हैं जिन पर अब चर्चा होनी चाहिए।'' कदाचित्, ये टिप्पणियाँ, डेरेन के जिस सौन्दर्यशास्त्र को मिलर सन्देहात्मक रेटरिक (Rhetoric) मानता है उसके एंटीडोट की तरह है, लेकिन उस चुनौती की ओर फेंका गया यह तीर, निश्चय ही हमारे अमेरिकी फिल्म अवाँ-गार्द और भौतिकता की पुन: परीक्षा का ही इतिहास है। फिल्म निर्माण और फिल्म प्रदर्शन की दशाओं और व्यावहारिक कठिनाइयों ने ऐसे अवाँ-गार्द को बढ़ावा दिया है जो संवाद की मनोवैज्ञानिक विधि से संवाद की ज्ञान-मीमांसक विधि की ओर घूमता है।

डेरेन ने काव्यात्मक फिल्म को इस तरह प्रतिपादित किया है जैसे कि वह ''अनुभव करने के रुख की प्रस्तुति इस अर्थ में है कि एक ही अनुभूति को कोई कवि उसी तरह से देखता है कि जिस तरह उस अनुभूति को कोई नाट्यकार देखता हो।'' ज्यादा ही तराशते हुए वह (डेरेन) उसे उसकी संरचना में लम्बवत् दर्शाती है, यानी कि वह (काव्यात्मक फिल्म) ''किसी स्थिति का ऐसा अन्वेषण है कि जिसमें वह क्षण की अनेक-कलियों को टटोलती है, उसके गुणों एवं उसकी गहराइयों से इस प्रकार सम्बद्ध है कि हमें काव्यात्मक सरोकार हो—इस भाव में नहीं कि क्या घट रहा है, बल्कि इस भाव में कि वह कैसा लगता है या उसका क्या अर्थ है। मेरी कल्पना से, कविता किसी अदृश्य का दृष्टव्य या श्रव्य रूप है, जो कि वक्तव्य की अनुभूति या उसकी भावना, या उसकी तात्त्विक विषय-वस्तु है। अब उसमें क्रियाशीलता भी सम्मिलित हो सकती है गोकि उसका

आक्रमण, मेरे शब्दों में, 'लम्बवत् आक्रमण' है, और बात जयादा ही साफ तब होगी जब हम उसे ड्रामा के प्रति 'समतल आक्रमण' से कंट्रास्ट करें जिसका, किसी अत्यन्त छोटी-सी स्थिति के अन्तर्गत एक से दूसरे भाव में होने वाले विकास से सम्बन्ध है।

कदाचित्, हम शेक्सपीयर की किसी कृति के दृष्टान्त से इस बात को बेहतर समझ सकते हैं क्योंकि वह दोनों गतियों का संयोग करती है। शेक्सपीयर की कृतियों में नाटक किसी परिस्थितियों के विकास के 'समतल' आधार पर आगे बढ़ता है यानी एक गतिविधि दूसरी गतिविधि की ओर बढ़ती है और इससे चरित्र का चित्रण होता जाता है। हर बार, गोकि वह गतिविधि के एक ऐसे बिन्दु पर पहुँचता है कि जहाँ वह नाटक के इस 'क्षण' के अर्थ को जगमगाना चाहता है और उस क्षण, यदि आप चाहें तो वह पिरामिड रचता है या उसे लम्बवत् खोजता है, ताकि आवर्ती लम्बवत् है, अन्वेषणों (कि जो कविताएँ हैं, कि जो स्वकथन हैं) के साथ-साथ समतल विकास भी होता जाय। अब यदि हम बात को इस तरह सोचते हैं तब किसी भी तरह का संयोग सम्भव हो सकता है। हम **ऑपेरा** को जोड़ सकते हैं कि जहाँ समतल विकास वस्तुत: महत्त्वहीन है, क्योंकि कथावस्तु एकदम उथली है—लेकिन वे अनेक ऐसे क्षेत्रों को एक साथ पिरोने के किसी के उपयोग में लिए जा सकते हैं जो मूल रूप से गीत्यात्मक हैं। लोकगीत (Lieder) अपने गायन में, गीत्यात्मक कविता तुल्य हैं; अत: हम देखते हैं कि सभी तरह के संयोग सम्भव हैं।''

एक बात एकदम स्पष्ट है : डेरेन कविता को किसी बिल स्वाभाविक तरीके से परिभाषित करती है, ठीक भी है, क्योंकि उसका समय एकमात्र गीत्यात्मक विधा का ही था और लोकगीत की परम्परा का हवाला देकर, वह उसे आख्यान (नरेटिव) से बिल्कुल भिन्न या असम्बद्ध मानती यद्यपि Gretchen an spinnrade के उस दृष्टिकोण से विवाद हो सकता है, लेकिन Der Erikoing के लिए उस पर ऐतराज किया जा सकता है। किसी भी हालत में, कुछ ऐसी बात पर आवेगमय होकर और उचित रूप से चिन्तन करती है जो उसके लिए और उसके युग के लिए मौलिक चिन्तन माना जा सकता है। अपनी समतल और लम्बवत् संरचनाओं में आसीन करते हुए, वह एकायामिता के विरुद्ध अलगाव आसीन करती है, फिल्म के लिए संवाद की उस युक्त ध्रुवीयता का दावा करती है, जिसे जेकबसन ने बोल की संरचना को मौन में उसके क्रमभंगों के द्वारा परखते हुए (Netonymic) और आलंकारिक प्रकारों में प्रस्तुत किया सो, आशंकाएँ उठती हैं : क्या ऐसी ध्रुवीयता उचित है, क्या प्रभावशाली हैं, क्या वे हमें यहीं इसी समय चिन्तित करती हैं?

कदाचित, हम कह सकते हैं, ''नहीं वे ऐसी नहीं हैं और न ही प्रभाव

डालती हैं'' लेकिन उपर्युक्त तीन में से अन्तिम प्रश्न में हमारी गहरी दिलचस्पी है और उसमें हमारी स्वीकृति पाने का आग्रह है।

ये ध्रुवीयताएँ किसी आलोचना की परम्परा की अनुष्ठान करने वाले एक महत्त्वपूर्ण फिल्म-निर्माता के सोचने, महसूस करने और सर्वोपरि काम करने के मनोवेग को, उनके अपने ही समय के लिए निर्धारित करने में काम आती हैं। गीति-काव्य के प्रति डेरेन की चिन्ता, निश्चय ही रूपात्मक नवोन्मेष के एक स्रोत के रूप में फिल्मीय तात्कालिकता के किसी क्रान्तिकारी संशोधन की ओर एक कदम था। अपने देश में सर्वश्रेष्ठ और अनन्त नवोन्मेष इस ताजे काम पर आज इतने वर्ष बाद प्रतिक्रिया करते हुए सोचती हूँ कि उसका सामान्य समीक्षात्मक सन्दर्भ शैली अथवा विन्यास के पहलुओं के निर्धारण के द्वारा नहीं खोजा जा सकता (इसके बावजूद कि शैली या विन्यास को संरचनात्मक कहा गया है फिर भी) बल्कि कदाचित् इस बात को पहचानते हुए खोजा जा सकता है कि सर्वश्रेष्ठ नये काम अन्वेषण के किसी नैरन्तर्य में किसी विस्तृत क्षण की तरह अपनी जगह बनाते हैं (उस नैरन्तर्य के अन्तर्गत लम्बवत्-भाव और समतल-भाव की अत्यन्त ताजी और परमपूर्ण अन्तरक्रिया का गठन करते हुए)।

लम्बवत् भाव के साथ डेरेन का स्वयं का पूर्वग्रह फिल्म के तात्कालिक दृश्यक्रमों के उस अद्भुत अन्तर्ज्ञान के किसी विस्तार के रूप में उत्पन्न होता है, जो पलक-झपक समान हूबहू टूटे-टूटे (गुँथे हुए) क्षण के भीतर घुसता है, जो उस कवि का गीत है जिसका खून किसी न किसी तरीके से किसी फिल्म में जम गया है और वह कवि वास्तव में, उस फिल्म की समूची सतह पर स्वयं पसर गया था। उसकी सूरत का प्रतिमान यह है : नरेटर की आवाज दस्तखत, हाथ और चेहरे के पुते हुए मुखौटे, अन्तरिक्ष में घुमड़ता तार का मुखौटा, आत्मकथात्मक नजारा, बर्फ-गेंदों की झड़प के रूप में चरमोत्कर्ष पर पहुँच कर प्रासंगिक आयाम को सघन करने वाली आत्मकथात्मक घटनाएँ, एक प्रख्यात कृति (Gretchen an spinnrade) के आरम्भिक दृश्य की पुनर्प्रस्तुति। और फिर आरम्भिक समर्पण है : कुलचिह्न की तरह कृति को पढ़ने की और व्याख्या करने की हिदायत तथा कवि के नाम पर रेनेसाँ दृष्टि के महान् कलाकारों को उसके द्वारा अर्पित श्रद्धांजलि जो स्पेस को विकृत करने के लिए अपनी अनिच्छा जाहिर करता है। निःसन्देह केलिगरिज्म (कि जो फ्रांसीसी फिल्मी-दुनिया के लिए किसी बेदम और अरुचिकर अभिव्यंजनावाद (expresionism) का नाम था) से डर कर, कवि अपने को नाटक तक सिमट लेता है—इस तरह गतिविधि के काल को, यद्यपि उसके दिक् के प्रति निष्ठावान् होते हुए चोट पहुँचाता है।

तब डेरेन अपनी वैयक्तिक लम्बवत्, काव्यात्मक फिल्म को साबित करने

के लिए एक ऐसी दिशा में काम करने वाली थी कास्ट्यू के सोच को उलट देने वाला होता। इसकी अपेक्षा कि काल के क्षण के भीतर किसी क्षण को गुँथते हुए जिसमें कि वह फिल्म की अभिन्नता को समाहित कर सकती थी—उसने क्षण को, किसी नर्तक के किसी विकसित गति-बोध में समाने वाली साहसिक दिक्-सम्बन्धी युक्तियों के द्वारा गठित उत्कृष्ट अनेकार्थता की किसी संरचना में फुलाते हुए, उसके साथ उलझने का प्रयास किया। फिर, स्टेन ब्रेखेज ने उस सनातन वर्तमान के, (यानी) उस फिल्मीय काल (जो वर्तमान को प्रस्तुत करने में स्मृति और अपेक्षा को सोख लेता है) के बोध को आसीद करने के लिए फिल्मीय सामयिकता (Filmictemporality) पर पुनर्विचार को क्रान्तिकारी बनाने का बीड़ा उठाया। ऐसा करने के लिए दिक्-काल के उस ग्राफ को मिटाना ही होता जिसके द्वारा भूतकालीन और वर्तमानकालीन घटनाएँ एक-दूसरे के विरुद्ध होकर अपने आपको निर्धारित करती हैं। अत: प्रस्तुतीकारण के दिक् के ऊपर ब्रेखेज का आक्रमण, दिक्-सम्बन्धी उस निष्ठा से आखिरी और अत्यन्त क्रान्तिकारी छुटकारा है कि जिसे कास्ट्यू (चूँकि वह नव-क्लैसिसिस्ट था) तकलीफ उठाकर थामे हुए था और फिर नरेटिव-संरचना के साथ वह छुटकारा पुख्ता होता है कि जब ब्रेखेज अभिव्यंजनावाद (expressionsim) की आबोहवा में साँस लेने लगता है—अमूर्तन प्रक्रिया को धका कर दृष्टव्य क्षेत्र को उस बिन्दु तक सिकोड़ते हुए कि जहाँ वह नरेटिव के दिक्-भाव को मिटाता है और काल को शुद्ध दृष्टिगत (दिखाई देने वाला समय) बनाता है। ऐसा करते हुए वह गतिविधि के दृश्य को अतिविशद बिम्बसृष्टि के चित्रपट में—जैसे कि, स्वयं दृष्टि की प्रकृति को किसी नयी कालगत विधा की विषयवस्तु के रूप प्रक्षेपित करते हुए—प्रतिस्थापित करता है उसकी सम्पादन शैली, तत्काल आग्रही और अद्वितीय रूप से तरल, अनेक दिकों को समवाय रचती है जिसे पॉल क्ली ने चाहा था और जिसे क्रान्तिकारी रूप से पुन:परिभाषित सिनेमाई-कालबोध ही उपलब्ध करा सकता था। जो काल्पनिक (यूरोपियन) है।

ऐसा करते हुए ब्रेखेज कुछ और भी करना चाहता था—जैसे फोटोग्राफी की और प्रोजेक्शन की प्रक्रियाओं का ही पुन:परीक्षण उन्हें उसी तरह आरम्भ करना कि जैसे वे थे, समग्र काम में सम्मिलित करने के लिए उनका पुनरावर्तन करना। गगनहेम फाउण्डेशन को लिखे एक प्रस्ताव में (जो डाक में डाला नहीं गया था) वह कहता है :

''ये फिल्में चित्रपट अनुभव के किसी भावबोध के दृष्टिकोण से ही नहीं बल्कि (जैसा कि हाल की मेरी सभी कृतियों में है) सेल्युलाइड की उन पट्टियों की तरह रची जाएँगी जो बहुरंगी रूपों को जगमगाने वाले प्रकाश के बरक्स हाथ

में लेकर देखने पर बोलती हुई हों। वे उस गहन सम्भव दृढ़ विश्वास के साथ रची जाएँगी कि वैसा देखना (या कोई दूसरी तरह से भी, जैसे कि स्लाइड प्रोजेक्टर में से एक वक्त में एक ही फ्रेम देखना) चित्रपट पर प्रोजेक्ट होते हुए अनुभव के साथ निश्चय ही इस तरह से एकाकार हो कि प्रक्षेपित हुए अनुभव में एक और आयाम जोड़ दे। इस निष्कर्ष पर जब मैं पहुँचता हूँ तो फिल्म के साथ अपने सक्रिय सम्बन्ध के कारण और इस अहसास की वजह से कि मेरे सारे उल्लेखनीय संयोजन (चलते बिम्बों का चलते बिम्बों से योग) उस फिल्म के अवलोकन के फलस्वरूप है जो लगभग 24 फ्रेम प्रति सेकेंड की भी और फिल्म की स्टिल पट्टियों की तरह भी, यानी दोनों ही तरह से, सम्पादक के द्वारा सम्पादित की गयी हो। इसी तरह काल-सापेक्षता की किसी सौन्दर्यात्मक समझ के कारण भी मुझे लगता है कि मेरे द्वारा तैयार फिल्मों को 16 फ्रेम प्रति सेकेंड या 24 फ्रेम प्रति सेकेंड में से किसी भी तरीके से देखी जाने वाली होना चाहिए। अभी-अभी मैंने एक ऐसे फिल्मी-स्वरूप पर काम करना शुरू किया है जो अपने अखंड रूप को (कला-कृति की संरचना को उसके तमाम भावनात्मक और बौद्धिक कथनों के साथ अखंडता मानते हुए), उलटी चलाने पर भी बरकरार रखेगा।''

(स्टेन ब्रेखेज मेटाफर्स ऑन विजन, फिल्म कल्चर क्र. 30, बसन्त 1963)

अन्तः प्रस्तुति के दिक् पर आक्रमण, फिल्म-निर्माण और फिल्म-प्रेक्षण के अनुभव के तत्त्वों और पदार्थों के पुनः दावे के साथ जुड़ा हुआ है—जो ऐसे तरीकों का विस्तार है जिनमें फिल्म के जरिए प्रकाश प्रक्षेपित किया जा सके—यानी किसी दूसरी सतह का सृजन जिसके द्वारा बिम्ब की कल्पना की जा सके, फिल्म की सतह पर चित्रकारी, उत्खनन या बाह्य-वस्तु का प्रयोग ताकि बिम्ब को देखे जाने वाला हमारा परिष्कृत भाव अपने साथ उस मायामयता का परिष्कृत भाव ले आये जिसमें वह आस्वाद बसा है। फिर, इस सबका अर्थ हुआ कि यह प्रस्ताव किया जाय कि निर्माण-प्रक्रिया की वस्तुमयता और आकस्मिकताएँ सहित सब कुछ कविता के ही आलम्ब हैं।

यही प्रस्ताव और इत्तफाक से, इतिहास के किसी दिलचस्प खेल के द्वारा आर्थर मिलर का ही प्रस्ताव हाल के सर्वश्रेष्ठ काम में स्वीकृत और विकसित हुआ है। जेकॅब्स शेरित्ज, फ्रेम्पटन, गेहर, लेंडो, वीलेंड और स्नो की कृतियों में फिल्म-स्ट्रिप बनाने वाली स्टिल फोटोग्राफिक फ्रेम के प्रति आग्रह, फड़फड़ाने के द्वारा, माध्यम का प्रकाश के प्रक्षेपण के रूप में होने के प्रति आग्रह, ध्वनि के उपयोग के द्वारा प्रक्षेपण के स्वभाव के प्रति आग्रह एवं नजर की दृढ़ता के प्रति आग्रह फिल्मी प्रक्रिया और अनुभूति की प्रकृति के प्रति किसी ऐसे ज्ञानशास्त्रीय सरोकार की शर्तों का प्रस्ताव करते हैं जिन्हें किसी भिन्न दिक् की और भिन्न

काल की जरूरत पड़ेगी—और वे किसी नये सिनेमाई संवाद के दिक् काल होंगे। अतः उस संवाद के दिक् काल के ग्राफ-बिन्दुओं का पुनरान्वेषण करना होगा और वे बहुत-कुछ खोज लिए गये हैं। वेवलेंथ (Wave length) में, कि जिसमें जूम के द्वारा खाली मचान पर कैमरा फिसलता है, स्नो, फिल्म को मोन्ताज के रूपात्मक रुझान की ओर जाने से रोककर नरेटिव रूप में लिए एक विलक्षण रूपक का पुनःसर्जन करता है। कैमरा-गतिविधि के द्वारा, दिक् के अन्वेषण के रूप में एक्शन की पुनर्व्याख्या करने में, स्नो ने फिल्मीय-रूप की एक बात से दूसरी बात में जाने के नरेटिव के रूप में, पुनःपरिभाषा की है। ला रीजन सैंटेल (La Region Centale) देखने के किसी बढ़ते हुए गतिज-बोध की अभिरुचियों में ग्राफ-बिन्दुओं को मोड़ते हुए एक ऐसे लैंडस्केप का अन्वेषण करती है जो दिक् को हमारे बोध को भीतर धक्का देता है। फ्रेमटन नास्टेल्जिया ने स्मृति और अपेक्षा के अतीत और वर्तमान के तनाव पर अभिनय करता है। जेकब्स ने टॉम, टॉम, द पाइपर्स सन के दिक् और काल का विस्तार करते हुए, फिल्म के इतिहास को एक ही अकेली कृति में अंकित कर दिया है। गेहर (Gehr) ने स्टिल (Still) में एक ऐसे दिक् को आसीन किया है कि जिसके बाबत् हमें स्वयं से पूछना चाहिए, "वह सतह कहाँ है कि जिसके सन्दर्भ में जो मैं देखता हूँ उसे मैं देख रहा हूँ?" और इस तरह के दिक् और काल का सवाल खड़ा करता है। लेंडो, पढ़ने के बरक्स खेलते देखते हुए और गलत पढ़ने के बरक्स बढ़ते हुए, काल के अन्तर्गत भावबोध की अनुभूति के प्रकारों को अनगिनत कर देता है। शेरित्ज, कार्य के बदले कारण का प्रतिस्थापन या विनियम कर देता है (जैसा कि एन.ओ.टी.एच.आई.न.जी. में)। और वीतेंड 1933 को काल के किसी ऐसे स्थिर संकेत की तरह थामती है कि जिसका अस्तित्व, उसकी चक्करदार फिल्म में, सनातन एक्शन के द्वारा समस्यात्मक बना दिया गया हो। अतः इस काल का सिनेमा, सिनेमाई मायावाद की शर्तों के किसी अन्वेषण का गठन करता है। वह अतिविशिद, गेय विधि की आकर्षक चेतनता से हटते हुए, खासकर सच्चे अन्वेषण की उस राह की ओर घूमता है, जो विश्लेषणात्मक चेतनता के गति विज्ञान को तत्क्षण बनाने के रूप में गठे हुए **बौद्धिक सिनेमा** की प्रकृति के बाबत् आइजेंस्ताइन के दिमाग को उसके अनुमानों से, इस तरह घेरे हुए था कि बरबस हमें मार्क्स के दृष्टिकोण की याद आने लगती है : "केवल परिणाम ही नहीं, बल्कि उस तक पहुँचने का माध्यम भी सत्य का एक अंश है। सत्य की खोज भी सच्ची होनी चाहिए, सच्ची खोज ही ,खुला सत्य है कि जिसके बिखरे अंश परिणाम में संयुक्त होते हैं।"

अनुवाद : **इन्दुप्रकाश कानूनगो**

कला, भौतिक यथार्थ और फिल्में

पार्कर टेलर

यह बिलकुल भ्रान्त धारणा है कि फिल्म कैमरे की आँख केवल मायावी यथार्थवाद के लक्ष्यों को ही समर्पित है और कि अपनी प्रकृति की वजह से कोई अन्य लक्ष्य प्राप्त कर ही नहीं सकती। फोटोग्राफी (स्टिल अथवा मूविंग) को लैंस की कृत्रिम आँख द्वारा छायांकित की जाने वाली वस्तु के समतुल्य मानना उतना ही मूर्खतापूर्ण है, जितना यह विश्वास कर लेना कि प्रत्येक एक जैसा देखता है (यानी जो देखता है उसे एक जैसा ग्राह्य करता है)। दृष्टि मनोवैज्ञानिक भी है और यान्त्रिक प्रक्रिया भी है। अत्यन्त वस्तुपरक वृत्तचित्र भी स्वचेष्ट जैसा-जैसा वह देखता है, दूसरे के लिए वैसा ही देखने का आग्रही होते हुए भी दृष्टि का मनोवैज्ञानिक पूर्वाग्रही रूप है। अत्यन्त निष्पक्ष रिपोर्टिंग के अन्तर्गत छपी हुई समाचार कथाएँ भी कोई पहलू (किसी न किसी ओर झुका हुआ) लिये हुए होती ही हैं और इस तरह जो रिपोर्ट वे करती हैं उसमें कोई-न-कोई पूर्ववर्ती रवैया तसदीक करती ही हैं। फिल्म अथवा समाचार-पत्र में विषयवस्तु के विस्तार की गुँजाइश जितनी-जितनी बढ़ती जाएगी उतनी-उतनी सम्भावनाएँ बढ़ती जाएँगी कि उसका पक्षधर अभिप्राय उत्पन्न हो, क्योंकि किसी मत के प्रति तटस्थ रहने के लिए थोथी निर्वैयक्तिकता अपनाने के कारण सभी तथ्यों की ओर नैतिकता हीन रुख ढलता है। यह इन्कार, याने तथ्यों का सख्त मुद्रा में ग्रहण, यह मनुष्य की नैतिक और भावनात्मक जिन्दगी पर भौतिक प्रभाव है।

देह-आकारों के अनुपात में रचे गये पुरातन यूनानी मूर्तिशिल्पों के रेनेसाँ काल को प्रेरणा मिली थी, लेकिन इस बात के आधार पर रेनेसाँ को फ़ोटाग्रफिक पेंटिंग का उद्गम मान लेना एकदम भ्रामक ही कहा जाएगा। मतलब कि प्रश्न यह नहीं है कि क्या रेनेसाँ में चित्रकला ने खरेपन को कला के शास्त्रीय सिद्धान्त और रूपंकर ज्ञान के उद्भव के रूप में हासिल कर लिया था, बल्कि प्रश्न यह है कि रूप

की हूबहू अनुकृति को ऐसा परम मूल्य प्रदान करना जो कि फोटोग्राफ (और बअसर फिल्म) द्वारा गलती से प्रतिपादित मान लिया जाता है वह कितना भ्रामक है। यद्यपि यह तर्कसंगत है कि रेनेसाँ ने क्लैसिक अतीत से नैतिक और सौन्दर्यबोधी स्तर पर यथार्थ का आदर्श स्वरूप बनने की योग्यता को, याने सचेत स्वप्नदृष्टा के सृजन, बल्कि एक तरह से यथार्थ को हासिल कर लिया था। मगर आन्द्रे मालरों ने तो अपनी पुस्तक **द मेटामाफ़ोसिस ऑव गॉड्स** में उसका उल्लेख करते हुए रेनेसाँ-तकनीक को फोटोग्राफिक खरेपन के साथ जोड़ा है। मेरे विचार से, पते की बात यह नहीं है कि चित्रकला की ऐतिहासिक प्रतिष्ठा अपने साथ फोटोग्राफ की रूपानुकारी सम्भावनाओं को रखकर इस अनुयुक्त संगति को जिलाए रखती है, बल्कि बात इसके कुछ विपरीत है कि अब तो फोटोग्राफ की प्रतिष्ठा को उस अनुपयुक्त संगति को जिलाए रखने के लिए आगे लाया गया है। हालाँकि यह है कि फिल्म की सूचनात्मक प्रवृत्तियों और कमर्शियल फिल्मों के तथाकथित मायावी यथार्थवाद ने इस भ्रान्ति को जबर्दस्त भड़काया है, लेकिन यथार्थिक लक्ष्यों के मायावाद के अलावा फिल्म का इतिहास मायावी लक्ष्यों के यथार्थवाद का भी विपुल प्रमाण देता है—जो एक बिल्कुल भिन्न पक्ष है।

उदाहरणार्थ, किसी फिल्म में से एक अकेले छायांकन को अलग कर लें—याने, रील में से किसी अकेली फ्रेम को, एक खरे स्टिल को छाँट लें तो हम देखते हैं कि उसमें वे सारे संयोजनशील तत्त्व शामिल हैं जो कि चित्रकला में होते हैं। अत: अत्यन्त सावधानी से नियन्त्रण में रखे गये फिल्म के चपल, चंचल, संयोजनशील तत्त्व, युक्तियुक्त, चित्रकला के संयोजनशील तत्त्व के अनुरूप ही होंगे। कहा जाता है कि फिल्म, मूलत: उन्नीसवीं शती की चित्रकला से आगे नहीं बढ़ी है, लेकिन यह वक्तव्य गोकि आंशिक रूप से सच्चा होकर भी अत्यन्त पूर्वाग्रही और सरलीकृत है, अत: गलत है, लेकिन अनेक कमर्शियल फिल्में, यद्यपि वैसा ही आभास देती हैं, लेकिन उक्त राय जो कि एकदम सपाट तौर पर रख दी गयी है वह गैर जिम्मेदाराना व्याख्याकर्म है, क्योंकि सबसे बड़ा कारण तो यह है कि उन्नीसवीं शती की चित्रकला स्वयं ही इतनी बड़ी चीज नहीं है कि वह इस तरह के सन्दर्भ बनने का उत्तरदायित्व ले सके। यह कहना भी अनुचित है कि इस बात का मतलब मायावी यथार्थवाद का अकादेमीकरण है, क्योंकि पिछले दो दशकों (पाँचवें और छठे) में चित्रकला में जो कुछ हुआ है उसे ध्यान से देखने पर हम पाते हैं कि आज मुक्त अमूर्त शैलियों (फ्री एब्सटरेक्ट स्कूल्स) का अकादेमीकरण मौजूद है कि सघन रूपंकरण को अकादेमिक स्तर पर झुकना पड़ा है, याने क्योंकि ढेर सारे ऐसे लोग हैं जो बकवास भरे, सरपट, घटिया निर्माण कर रहे हैं। गोकि किसी भी बड़े कलाकार ने चल-चित्रकारी (पेंटिंग इन मोशन)

का रचना प्रयोग नहीं किया है जिसकी क्षमता, तकनीकी तौर से, फिल्म में है। हालाँकि यह इसलिए नहीं कि वैसी सफलता का सिद्धान्ततः असम्भव है।

कभी-कभी सेज़ाँ के इस कथन को, कि उसने सेब नहीं चित्र बनाये हैं, कई समीक्षक खींचते रहते हैं कि क्या वे वास्तव में ही सेब दर्शाते हैं या नहीं। सेज़ाँ का दावा कला-भाषा-अर्थ (आर्ट-सेमेंटिक्स) का समयोचित रूप था और वह चित्रकला में फोटोग्राफिक प्रदर्शन के प्रति अपनी विरक्ति बतलाता है। बहरहाल, इसका यह मतलब नहीं कि सेबों की कोई अकादेमिक चित्रकारी चित्रकला से घटिया थी, क्योंकि कोई भी चित्रकार जीवन की हूबहू अनुकृति रचने के प्रयास में ऐसी उम्मीद कतई नहीं लगाता था कि वह रंगों से सेब उगा देगा जैसे कि कीमियागीर अन्य तत्त्वों से सोना बना देने की आशा में प्रयोग करते रहते थे। प्राचीन यूनानी चित्रकारों के द्वारा चितेरे गये फलों के विषय में किंवदंती है कि वे इतने हूबहू होते थे कि पक्षी उन पर चोंच मारने लगते थे, लेकिन वे फलों के उत्पादक नहीं, चित्रों के उतने ही बड़े रचयिता थे जितना कि सेजाँ था। आज, दृश्य की हूबहू अनुकृति (याने जिसे मायावी यथार्थवाद कहते हैं वह) उन्नत क्षेत्रों में अप्रचलित है, तो यह तथ्य बचा रहता है कि इस शताब्दी से मायावी यथार्थवाद का सनातन संस्कार (कल्ट) मौजूद है, जो कि जीवन की हूबहू अनुकृति से स्वभावतः सम्बद्ध है जैसा सुर्रियलिस्ट कलाकारों (जैसे सल्वेदार डाली) के कामों में है। निश्चय ही इस प्रकार की चित्रकारी का एक लक्ष्य दृश्य की हूबहू नकल करना था, किन्तु उसे जिन सन्दर्भों में प्रयुक्त किया जाता था, वे प्राकृतिक (नेचुरालिस्टिक) अथवा प्रतिरूपात्मक (रिप्रेजेंटेशन) नहीं थे, बल्कि काल्पनिक (फेंटास्टिक) और प्रतीकात्मक (सिंबॉलिक) थे। यह खूब जाहिर है कि सुर्रियलिस्ट फिल्मों ने इस सिद्धान्त को बखूबी लागू किया—फोटोग्राफ को एक कृत्रिम और काल्पनिक, अतः एकदम अयथार्थ संसार को प्रस्तुत करने के माध्यम की तरह उपयोग में लिया।

उपर्युक्त पुस्तक में मालरो की धारणा यह भी है कि प्राचीन मिस्र और यूनान में चित्रकला और शिल्पकारी दृश्यों को सचाई रूप में रूपान्तर करने का प्रयास करती थी। यह बात कला को धर्म का अनुभवातीत मूल्य प्रदान करती है, उसे ऐसा बताती है जैसे इस संसार में वह छायांकन के द्वारा मान्य नहीं हो सकती या कह सकते हैं, कि उसे छायांकन के द्वारा अवश्यम्भावी नहीं माना जा सकता। दृश्यों पर रेनेसाँ के द्वारा बसाये हुए अयथार्थ एवं दृश्यों के रूपान्तर पर प्राचीन कालों के द्वारा बसाये हुए सच के दरम्यान मालरो का यह विभेद, सौन्दर्यबोध के स्तर पर माकूल है, लेकिन आम दृश्यों का भी छायांकन कर सकने की फोटोग्राफी की ऐच्छिक क्षमता से उसका कोई ताल्लुक नहीं है जो हूबहू-दृश्यों

के आधार पर रचे हुए होने के बावजूद भी उनकी अनुकृतियाँ नहीं हैं। हम भली-भाँति जानते हैं कि फिल्म और स्टेज की सच्ची मायाएँ किस प्रकार जानबूझकर सफलता से हासिल की जा सकती हैं। अतः इसीलिए एक ऐसा मनोविज्ञान है जिसके द्वारा रेनेसाँ से पूर्व के रूपाकारों की विचित्रताओं को बाद की कलाओं की श्रेणी में रखा जा सकता है और जिससे सच एवं हूबहू दृश्य के दरम्यान मालरो के विभेद की निरर्थकता जाहिर होती है। मालरो के अनुसार बाट्टिसेली का चित्र वीनस वह मोड़ है कि जहाँ से देखने का बोध बदलता है, यानी कि अब अ-यथार्थ देखा जाना आरम्भ होता है, जिसे वह असत्य देखा जाने का आरम्भ कहता है—लेकिन, आज कितने लोगों के लिए बाट्टिसेली की वीनस और तमाम मध्यकालीन वीनसों (कि जिनमें से ही बाट्टिसेली की वीनस खिली थी) में से कौन-सी ज्यादा सच्ची है। जैसे-जैसे सत्य के बाबत सोच-विचार का विकास होता गया वैसे-वैसे धार्मिक मान्यताएँ टूटती गयीं। यदि मालरों एवं उन जैसों के लिए सत्य अभी भी ईश्वर है, तो कुछ के लिए वह अभी भी निश्चय ही सुन्दरता है।

सेजाँ के द्वारा रचे हुए स्थिर जीवन के गैर-तस्वीरी (नॉन-फोटोग्राफिक) चित्र या उसकी चित्रकला में बने हुए अमूर्त व्यक्ति-आकार क्या घोषणा करना चाहते हैं? कि वे मदिरा-पात्र या शराबी लोग नहीं हैं कि वे तो चित्र हैं। मुझे लगता है कि सेजाँ का अकसर प्रस्तुत कर दिये जाने वाला वक्तव्य अमूमन गलत समझ लिया जाता है। दरअसल, वह एक मामूली प्रचार है, उन चित्रों के खिलाफ जिनका कि वह खंडन करना चाहता था। वास्तव में तो, उसकी चित्रकारी में रचे हुए वे सरल लोग जो कि छायांकन से उतारे जैसे नहीं हैं। वे हर हालत में उतने ही सच्चे (न ज्यादा न कम) हैं जितने कि बाट्टिलेसी अथवा लिओनार्दो के सुन्दर लोग हैं—और ये वे चित्रकार हैं जिन्होंने कि मालरों के अनुसार, मायावी यथार्थवाद की उस धारा को प्रारम्भ किया जो आज तक पहुँची है। देखा जाय तो, अपने अस्तित्वबोध में, लिओनार्दो के सघन आदर्श आकारों और बाट्टिलेसी की रूपान्तर होती देवियों के बजाय तो सेजाँ की चित्रकला में बने लोग ही मानवी उभार में कम मुखर हैं। खासकर रेनेसाँ ने मनुष्य की कल्पना इस तरह से की जैसे देवताओं की मूर्तियों में है—या इसका उल्टा, जैसा आप चाहें। इसमें क्या खराबी है? क्यों-मालरो के अनुसार—किसी अफ्रीकन पूर्वज के काष्टशिल्प अधिक सच्चे हैं बजाय कि उन अलौकिक जीवों और राजकुमारों के जिनकी कि परिकल्पना बाट्टिसेनी ने एक अविभेद्यक्रम में की थी? कह सकते हैं कि प्रत्येक आदमी में अपने पुरखों की पावन मूर्ति बसी होती है, सचेतन अथवा अचेतन, चाहे वह आधुनिक उजड्डु हो अथवा रेनेसाँ—राजकुमार हो। यद्यपि, वह अपने सत्य को जिस तरह से वस्तुरूप देता है, वो भिन्न हो सकता है। फिल्म में खूब बुलन्द सादगी से पेश की गयी

एक खास बात यह है कि इमेज, व्यक्ति अथवा वस्तु न होकर, किसी ऐसी स्थिति में ही रहकर बोलती है—न किसी के सामने न पीछे—कि उस स्थिति में वह फिक्स नहीं होती है, बल्कि रूपंकर तौर से परिवर्तनीय है, मनोवैज्ञानिक स्तर पर, कोई, इमेज किसी भी वस्तु की तरह, दिक् के साथ गुँथी हुई और सनातन होती है, उसमें (दिक् में) कोई मोर्चा लेकर विलक्षण बनी हुई और जमी हुई नहीं होती है। यद्यपि अधिकांश चित्रकलाएँ, तकनीकी स्तर पर,समय का केवल क्षण ही प्रयुक्त करती हैं, वे निश्चय ही प्रेक्षक की उस क्षमता को भी लागू करवाती हैं जिससे कि वह वस्तु की और उस परिवेश की जिसमें कि वह देखी जाती है उसकी विचरण करती हुई घुमक्कड़ी छवि का भी अवलोकन करे, ठीक उसी तरह से जिस प्रकार विगत काल की चित्रकला, वास्तव में, आग्रह करती है कि संसार एक आम परिवर्तन कर चुका है। यदि कोई चित्रकला किसी क्षण की अनन्तता हो तो वह वर्तमान के साथ किसी आकस्मिक सम्बन्ध बनाने वाले किसी विगत क्षण की ही होगी, अत: समय की गति को कला टाल नहीं सकती। फिल्म-कैमरे का प्रमुख काम हूबहू दृश्यों को या कोरे यथार्थ को सेट करना और रूपान्तरों को (चाहे समय के चाहे स्पेस के) प्रयुक्त करना है। अत: फिल्म-कैमरा मनुष्य और पवित्र एवं दैवी पदार्थों के दरम्यान, यानी, मनुष्य और उसके देवताओं के बीच (ईश्वर में सीधे रूपान्तर सहित जो कि ईसा की कथा के द्वारा प्रमाणित होता है) गति को, उसके निरन्तर बदलते रिश्तों को प्रयुक्त करना है। ये सभी रूपान्तर प्रेक्षण की चपलताओं पर भी निर्भर हैं।

क्या सेज़ाँ का सेब एक अनुपम सेब (नॉन-एपल) है, अथवा कि क्या वह एक सेब का कुछ-कुछ महज सेब-सा स्वयंसिद्ध रूपान्तर है? इससे कोई फर्क नहीं पड़ता यदि चित्र सही चित्रित है, सु-रचित है। क्या सेज़ाँ के किसी चित्र का स्थिर जीवन (या पिकासो के ही किसी चित्र का स्थिर जीवन) अन्य किसी संसार में स्थित है? यदि ऐसा मान लें तो, सभी बिम्ब, वे चाहे जितने प्रतिनिधिक हों, अन्य किसी संसार में ही स्थित हैं! हूबहू रूप होना, वह चाहे एकदम नपा-तुला ही क्यों न हो, वह स्वयं ही वस्तु तो हो ही नहीं सकता। चित्रित सेब को खाया नहीं जा सकता, इसी तरह स्क्रीन पर किसी नारी-बिम्ब का आलिंगन नहीं किया जा सकता, सिवाय कि उस मनोवैज्ञानिक प्रक्रिया के द्वारा जिसे काल्पनिक मन: चित्रांकन (साइकिक प्रोजेक्शन) कहा जाता है जो कि अपने आप की सौन्दर्यात्मक समझ का हिस्सा है। बहरहाल सौन्दर्यबोधात्मक यथार्थ इस तथ्य से घटता नहीं है कि एक चित्रित सेब इतना बढ़िया दिखाई देता है कि खाया जाय कि एक फिल्म एक्ट्रेस ऐसी दिखाई देती है कि उसे छुआ जाय। कला की दुनिया यथार्थ से चाहे जितनी मिलती-जुलती हुई हो वह दर्शक के लिए पार्थिव रूप में गोपनीय,

रहस्यमय, आच्छादित ही है चाहे कितना भी ऐसा भ्रम क्यों न बना दिया जाय कि दर्शक उस एक्शन का हिस्सा है (जिस तरह अनेक रंगमंची और फिल्मी कौशल के द्वारा किया जाता है)।

दूसरे शब्दों में माया सत्य नहीं है। अतः मायावी यथार्थवाद के लिए बेहतर शब्द होगा **यथार्थवादी माया**। इस कसौटी पर, प्रकाश के विषय में वेरमीयर और मोनेट के एकदम भिन्न मतों की तुलना करें। दोनों ने ही, यही कहे कि प्रकाश को चित्रित किया—इससे लापरवाह रहकर कि चीजें और व्यक्ति कि जिन पर वह गिर रहा है उस कारण से शीघ्र पहचाने जा सकते हैं या नहीं। प्रत्येक, अपने प्रकाशों के अनुसार माया का यथार्थवादी था। क्योंकि सर्वाधिक सही मायनों में, प्रत्येक कलाकार के प्रकरण में प्रकाश दर्शाई गयी वस्तुओं के साथ अन्तर्मिश्रित होता है और अविभेद्य है। फिल्म-स्क्रीन पर रूपंकर शैली ने, उसकी धूप-छाँव ने एक रूपात्मक तत्त्व की तरह कैमरे की आँख के सामने लाये गये, किसी भी व्यक्ति या वस्तु के लिए ठीक उसी तरह दावा किया है और यदि फिल्मी धूप-छाँव ने ऐसा दावा नहीं किया है तो उसे ऐसा करना ही चाहिए था।

जिस प्रकार चलचित्रों (मूवीज) में स्थिर (स्टिल) तत्त्व समाहित हैं, उसी तरह चित्रकला में गतिशील (मूविंग) तत्त्व सन्निहित हैं, सिर्फ उन चित्रकलाओं में ही नहीं कि जिनमें आभासी गतिमयता हो बल्कि उनमें भी जो कि स्थिर जीवन (स्टिल लाइफ) की चित्रकलाएँ हैं, उनमें भी यह गतिशील तत्त्व सन्निहित है। स्थिर जीवन (स्टिल लाइफ) का कोई भी दर्शक—चाहे वह सेज़ाँ का चित्र देख रहा हो चाहे चेरडिन का—यह भूल नहीं सकता कि जिस जीवन के बीच स्वयं खड़ा है, जैसे-जैसे पल-पल बीत रहा है, वह स्थिर वस्तु नहीं है, चाहे कितने ही तकनीकी स्थिर तत्त्व उपस्थित हों, वह यथार्थवादी समय-प्रवाह में एक मायावी स्थिरता है—अथवा ठीक उसका उल्टा ही कि वह आभासी स्थिरता में (जैसा कि वास्तविक जगह में) यथार्थवादी गतिमयता है। इस अर्थ में, मनुष्य एक कैमरा है, पूरी तरह से आँख और किसी भी दिशा की ओर इच्छानुसार उन्मुख, किन्तु वह उतने भर से ज्यादा फिल्म नहीं है कि जितना भर सेज़ाँ स्वयं ही चित्रकला है। फिल्म और चित्रकला संसार को देखने वाले वस्तुपरक तरीके हैं और उन्हें ही स्थिर अथवा गतिमय संसार मान लेने का भ्रम कतई नहीं पालना चाहिए।

कला का हर दृष्टव्य काम, यहाँ तक कि दृष्टव्य वृत्तचित्र का ही हर रूप दृश्य जीवन की नब्ज के उतार-चढ़ाव एवं रूपान्तर की इच्छा और पसन्दगी की शर्तों के आधार पर संसार को परखता है। यदि कोई चित्रकार या फिल्मकार कैमरे की कृत्रिम आँख से कोरे दर्पण-प्रतिबिम्ब को परे रखकर जो दृष्टव्य है उसकी अमूर्त बानगी उतारता है तो वह चुनता भी है और रूपान्तर भी करता है फिर

भी यह याद रखना होगा—खासकर फिल्म के सन्दर्भ में—कि ये दोनों तत्त्व रूप निर्धारक हैं और यह कि पसन्दगी (चुनाव) उसके तथाकथित मायावी यथार्थवाद के ढंग में ही और फोटोग्राफी को एक कसौटी मानकर उससे जोड़ दी जाकर भी, उतावली में गढ़ दी गयी उक्ति जीवन की फाँक के बराबर किसी भी हालत में नहीं रखी जा सकती है, चाहे रूपंकर अन्वेषण या मंचीय माया को बिल्कुल न्यूनतम मात्रा तक घटा दिया जाय, फिर भी एक रूपात्मक उत्पाद ही सामने आएगा, भौतिक सच्चाई का केाई टुकड़ा कतई नहीं। फिल्म-स्क्रीन चित्रकला-फलक की तरह ही वास्तव में सीधा-सपाट है (सिवाय चित्रकला के मामले में जिसमें कि कहीं-कहीं उभार दिया जाता है) और इसलिए प्रमुखतः यह तीसरा आयाम सौन्दर्यात्मक कलाकारिता का एक अंग है।

एक आधुनिक प्रवृत्ति कथित खरी फोटोग्राफी (कैंडिड फोटोग्राफी) करने की रही है (जैसे कि नये अन्वेषी फोटोग्राफरों ने की)। इसमें सामान्य और ज्ञात को विचित्र में रूपान्तर किया जाता है। कैंडिड फोटोग्राफी, तकनीकी और भावनात्मक, दोनों ही स्तर पर, उतनी ही मिथ्याजनक है जितनी कि वह छुईमुई स्टूडियो फोटोग्राफी जो कि महज रमणीय है। जिस प्रकार स्टूडियो फोटोग्राफी सदैव जिन्दगी की ही उस्तादी का प्रतिबिम्ब अथवा विस्तार है (जैसे कि चापलूसी थी और है) जिसमें किसी करिश्में या सौन्दर्य की माया को रचने के लिए लोग अपने बेहतरीन बिन्दुओं पर जोर देने का प्रयास करते हैं, उसी प्रकार खरी-फोटाग्राफी (कैंडिड फोटोग्राफी) ताबड़तोड़ भागते हुए इसी अभियान की असंयत काट-छाँटते हुए तोंद और झुर्री को महिमामंडित करती है। वे ट्रिक्स कि जिनसे फिल्म कैमरा सामान्य अथवा आकस्मिक दृष्टि को विकृत करता है वे बहुत परिचित और अनेकानेक हैं, उनके विषय में दुःखदायी बात तो यह है कि अक्सर ही वे आड़े-तिरछे या निरर्थक उद्देश्यों के लिए काम में लायी जाती हैं, ब्रश-आघातों और रूपरेखाओं के द्वारा चित्रकला ने जो सगुण हासिल किया है उसी के समानान्तर ही फोटोग्राफी में सगुण भरने के लिए अनेक युक्तियाँ हैं। वह तो कमर्शियल फिल्में हैं जो असंस्कृत की नजरों को ही खुश रखते हुए सरलीकृत और सामान्य दृश्यों को बढ़ावा देती हैं। वे जरा भी सगुण के रूपंकर छवि के और सुगठन के रास्तों को खोलती ही नहीं।

वास्तव में, फिल्म के माध्यम को अनेकानेक कठिनाइयों का सामना करना पड़ता है, बजाय कि चित्रकला के, क्योंकि चित्रकार के ब्रश चलाने, रूपरेखाएँ बनाने की ट्रेनिंग भर की ही जरूरत रहती है। अतः फिल्म के सच्चे काम का मिथ, भौतिक यथार्थ के प्रतिनिधि के रूप में एब्सर्ड तो खैर है ही, मगर एक फेनोमेना के रूप में अजीब नहीं है, किन्तु यह मिथ मनमाना और साहसहीन है,

वह उस संसार और जीवन जिनके कि साथ वह उमड़ता है उनके एक नीरस, कल्पनाहीन और महज सूचनात्मक दृष्टिबोध के लिए प्रचार करता है। मुझे यह अत्यन्त पूर्वाग्रही लगता है कि फिल्म का प्रमुख उद्देश्य सूचना प्रदान करने का एक विशाल माध्यम होना चाहिए जैसे कि वह कोई सुपर जर्नलिज्म हो। ठीक उसी तरह से कि जिस तरह एक आदर्श समाचार संचार तटस्थ होता है वैसे ही फिल्म की मूल प्रवृत्ति भी नैतिक आग्रहों और सौन्दर्यात्मक गुणों की शर्तों पर जीवन को परखने की ही है। पत्रकारिता और विज्ञापन में, सब कुछ वैसा का वैसा सीधा-सपाट, एक समान स्तर पर निहित होता है और उसकी विशेषता महज सनसनी और खुरदरा हास्य भर ही उत्पन्न करती है। सनसनीखेज प्रवृत्ति में पत्रकारिता (वैसे ही जैसे अपी सनसनीखेज पहलुओं में विज्ञान) सिर्फ धमाके उत्पन्न करती है और निम्नस्तरीय भावनात्मक भूख को ललचाती है, अथवा हद से हद वह घटनामयी होती है, किसी चन्द्र यात्रा का पूर्वानुमान करती है, किन्तु आज तो, विज्ञान कथा लेखक भी समझते हैं कि चाँद पर यात्राएँ गोकि वे दूसरे ग्रह की ओर जेट-यान उड़ान की तरह आसान भी क्यों न हो जाएँ, वे किसी भी तरह की मानवीय समस्या का समाधान नहीं कर सकेंगी और वे आनन्द का कोई ऐसा रोमांच भी उत्पन्न नहीं कर सकेंगी जो कि सौन्दर्यात्मक हो। आजकल कई लोग जीवन में चरम सन्तुष्टि पाने के लिए कला की ओर पलटने के लिए बेचैन हुए हैं, यह उस पुराने आरोप को इंगित करता है जिसमें कला-प्रेम को पलायन माना जाता था। देखा जाय तो बात एकदम विपरीत है कि सबकी पसन्दगी वाली सामान्य सरलीकृत कल्पना का पलायनवादी तत्त्व, मनुष्य की चन्द्र-यात्रा के विज्ञान-मिथ में ही केन्द्रित है जिसके बारे में हम इन दिनों ढेर सारी खबरें पढ़ते हैं। फिल्म की कला गोपनीय रह जाती है, अलोकप्रिय होती है, सिर्फ इसलिए कि विभिन्न कारणों से समाज की जनता किसी कला के मर्म को ग्राह्य करने की शिक्षा लेने वास्ते अपने को अनुकूल नहीं बनाती है। बहरहाल, कला ही (भौतिक यथार्थ नहीं) फिल्म का सर्वाधिक महत्त्वपूर्ण कर्म है, और वह ही उसकी सर्वाधिक चुनौती भरी समस्या भी है।

अनुवाद : **इन्दुप्रकाश कानूनगो**

सिद्धान्तों में ज्ञानशास्त्रीय परिवर्तन

डेविट बोर्डवेल

फिल्म की अधिकांश आधुनिक सैद्धान्तिकता ने आइजेंस्ताइन के कृतित्व पर सामूहिक रूप से ही विचार किया है। बजे मेट्ज, परकिन्स और ट्यूडर जैसे अलग-अलग लेखकों ने यह परिकल्पना की है कि उनकी कृतियाँ केवल एक ही प्रकार की प्रणाली से अनुशासित हैं। परिणामस्वरूप उनकी कृतियों के सैद्धान्तिक पक्ष का केन्द्र बिन्दु स्थानीय विसंगतियाँ (जैसी कि पीटर वुलेन द्वारा बतायी गयी हैं) हैं। इस निबन्ध में आइजेंस्ताइन के सैद्धान्तिक लेखों का पुनरावलोकन प्रस्तावित है। इसमें इस कल्पना का विरोध किया गया है कि उनकी रचनाओं में केवल एक ही सैद्धान्तिक प्रणाली क्रियाशील थी। अगर हम यह परिकल्पना करें कि फिल्म के सिद्धान्त में कम-से-कम सत्ता मीमांसा, ज्ञानशास्त्र और सिनेमा का सौन्दर्य-पक्ष शामिल है तो हमें आइजेंस्ताइन के कृतित्व में एक उल्लेखनीय अन्तर दिखाई देता है, उनके जीवन के 1923-1930 की अवधि में एक स्वतन्त्र सिद्धान्त का तथा 1930-1948 में एक अन्य सिद्धान्त का वर्चस्व परिलक्षित होता है। मेरा विश्वास है कि इस प्रकार की असम्बद्धता आइजेंस्ताइन के ज्ञानशास्त्र सम्बन्धी विचारों में बदलाव के कारण है : आइजेंस्ताइन की सौन्दर्य शास्त्रीय स्थितियाँ उनके द्वारा प्रत्येक चरण में परिकल्पित मन के सिद्धान्त से निर्मित होती हैं। इस परिप्रेक्ष्य में वे तथ्य, जो क्रमागत सिद्धान्तों के बीच स्थानीय अन्तरों के रूप में देखे जा सकते हैं, किन्तु इस पुनरावलोकन में प्रणालियों में स्वयं सन्निहित पारस्परिक गहन विरोधों के विश्लेषण के लिए गुंजाइश रखी गयी है। इससे यह निष्कर्ष निकलता है कि आइजेंस्ताइन की विचारधारा में जो कि दो ज्ञानशास्त्रीय स्थितियों से निर्मित है, दो सैद्धान्तिक रूपरेखाओं का चित्रण है। आइजेंस्ताइन का प्रारम्भिक सिद्धान्त आध्यात्मिक, ऐतिहासिक और वैज्ञानिक रूप से भौतिकवादी है। वे यह कल्पना करने में एंगेल्स और लेनिन का अनुसरण करते हैं कि अस्तित्व का अन्तिम स्वरूप

भौतिक कार्यों से नियन्त्रित और रूपायित किया जा सकता है। वह इतिहास के बारे में मार्क्सवादी दर्शन को भौतिक स्थितियों द्वारा निश्चित द्वन्द्वात्मक क्षणों की एक शृंखला के रूप में प्रस्तुत करते हैं। जैसा कि सर्वज्ञात है आइजेंस्ताइन उस दैहिक भौतिकवाद पर विश्वास करते हैं जो उन्होंने पावलोव के चिन्तन से प्राप्त किया था। दरअसल प्रारम्भिक सोवियत मार्क्सवाद ने पावलोव के उस विश्लेषण को आग्रहपूर्वक स्वीकार किया था जिसके अनुसार सम्पूर्ण मानवीय व्यवहार भौतिक सिद्धान्तों में रूपान्तरित होता है, किन्तु आइजेंस्ताइन पावलोव के विशेष रूप से ऋणी हैं। प्रत्येक विज्ञान में माप के लिए एक सामान्य हर (denominator) आवश्यक है। पावलोव के मत में उत्प्रेरक की प्रतिक्रिया के रूप में प्रतिबिम्ब ऐसा ही एक सामान्य हर (denominator) है तब सार्वजनिक रूप से अवलोकनीय तथा प्रयोग की दृष्टि परिवर्तनीय प्रतिबिम्ब को एक ऐसी आधारभूत तात्त्विक इकाई के रूप में देखा गया था जिसमें से सभी के उद्दीपन के लिए, प्रक्रियाओं के एक समूह के रूप में देखने के लिए आइजेंस्ताइन इस स्थिति का उपयोग करते हैं, "कला की कृति प्रथमत: एक ट्रेक्टर की तरह है जो कि एक विशेष श्रेणी की दिशा में दर्शक के मनोविज्ञान को खींचता है।" अपनी कृति एव्हरी वाइज मेन पर रचित निबन्ध में वे कहते हैं, "दर्शक स्वयं रंगमंच की आधारभूत सामग्री है : प्रत्येक उपयोगितावादी रंगमंच का लक्ष्य एक अभीष्ट दिशा (मन की स्थिति) की ओर दर्शक को निर्देशित करना है।" यदि ऐसा लक्ष्य दर्शक की सम्पूर्ण दैहिक स्थिति है तो कलाकार, सौन्दर्यात्मक प्रक्षेपक के प्रक्षेप पथ की रचना करता हुआ उद्दीपन तत्त्वों का संगणक बन जाता है। तब पावलोव की तरह वैज्ञानिक सिद्धान्तवादी आइजेंस्ताइन मापने की आधारभूत दैहिक इकाई से प्रारम्भ करते हुए आगे चलकर अपनी प्रारम्भिक कृति को **कलात्मक उद्दीपकों के सिद्धान्त** के रूप में उल्लिखित करते हैं।

लेकिन सवाल यह है कि किसी कलात्मक रचना में कौन-सा तत्त्व है जो उद्दीपन के सामान्य हर के रूप में कार्य करे? अपने सिद्धान्तों की रचना के प्रारम्भिक वर्षों (1923-26) में आइजेंस्ताइन आकर्षण को आधारभूत इकाई के रूप में निरूपित करते हैं। यह आकर्षण कोई भी ऐसी वस्तु है जो हमें अभिभूत करती है—यह एक प्रकार से आक्रामक झटके का विस्फोट अथवा थियेटर की क्रान्ति है। वस्तुत: आकर्षण थियेटर का आक्रामक पहलू है : यानी कि वह थियेटर का एक ऐसा तत्त्व है जो दर्शक की ऐन्द्रिय मानसिक स्थिति को प्रमाणित करता है तथा उसमें कुछ विशिष्ट प्रकार के भावनात्मक आघात उत्पन्न करने के लिए प्रयोगात्मक रूप से नियमित तथा गणितीय रूप से परिकल्पित होता है, किन्तु 1927 में आइजेंस्ताइन आकर्षण के बदले सामान्य हर की अपेक्षाकृत अधिक साधारण धारणा को अपनाते

हैं : यह तथ्य है रूढ़िगत चिह्न। आइजेंस्ताइन इस परिकल्पना से प्रारम्भ करते हैं कि संस्कृति, आदर्शवाद, कला-माध्यम—ये सब विशिष्ट कलात्मक रूढ़ियों को उत्पन्न करते हैं। आगे चलकर आइजेंस्ताइन जापानी संस्कृति को एक विशिष्ट उदाहरण के रूप में उपयोग करते हुए यह बताते हैं कि किस प्रकार ये रूढ़ियाँ कार्य करती हैं। काबुकी थियेटर में वे ऐसी अद्वैतवादी समष्टि पाते हैं जिसमें समस्त परिदर्शात्मक सामग्री समान महत्त्व के तत्त्वों के रूप में कार्य करती है। एक काबुकी नाटक में जब एक व्यक्ति एक समर्पित किले का परित्याग करता है तो उसका प्रस्थान विशुद्धतः रूप उद्दीपकों के एक ऐसे चल-समूह के रूप में दिखाया जाता है जिसमें अभिनेता का संचलन, पृष्ठभूमि के लिए नये पर्दे का प्रयोग, अभिनेता के पीछे डाला गया काला पर्दा तथा अन्ततः सामिसेन का संगीत आदि शामिल हैं। आइजेंस्ताइन के लिए यह समष्टि रचना वास्तविक रूप से एकतत्त्ववादी है क्योंकि एक सम्पूर्ण क्षेत्र की विभिन्न ऐन्द्रिय वस्तुओं में यहाँ परस्पर पूरक सम्बन्ध पाया जाता है : आइजेंस्ताइन कहते हैं कि जो कुछ मैं अपनी वाणी के द्वारा व्यक्त नहीं कर सकता उसे मैं अपने हाथों से प्रदर्शित करूँगा। अतः सम्पूर्ण क्षेत्र और मूलभूत एकतत्त्ववाद वस्तुतः भौतिकवादी और दैहिक है। इस प्रकार काबुकी को मानव मस्तिष्क के उद्दीपन के रूप में देखा जाता है। इसी प्रकार आइजेंस्ताइन जापानी भावचित्रों, हाइकू और मुखौटों में विभिन्न प्रकार के रूढ़िगत चिह्नों (अवर्णनीय तथा स्वेच्छाचारी अथवा कि उनके विरुद्ध वर्णनीय और तर्क सम्मत) को निर्धारित करते हैं तथा सिनेमा की छवियों की तुलना वर्णनात्मक चित्रलिपियों से करते हैं। संक्षेपतः रूढ़िगत चिह्न ऐसी कलाकृति का सामान्य हर है जिसे दैहिक प्रतिक्रिया की इकाई से परस्पर सम्बन्धित किया जा सकता है।

सैद्धान्तिक ढाँचे के बिना आकर्षण या रूढ़िगत चिह्न आधारभूत इकाई के रूप में केवल आंशिक ही रहते हैं—वे सम्पूर्ण नहीं होते। इसके लिए आइजेंस्ताइन द्वारा प्रस्तुत समाधान मोन्ताज है, किन्तु सामान्य धारणा के विपरीत जहाँ तक प्रारम्भिक तथा उत्तरकालीन आइजेंस्ताइन का सवाल है उनके लिए मोन्ताज केवल सम्पादन ही नहीं था। मोन्ताज एक प्रभावी सन्दर्भ में मूलभूत तत्त्वों के संयोजन का सिद्धान्त है। उदाहरण के लिए आकर्षणों के मोन्ताज को अलग-अलग प्रभावों की सम्पूर्ण कथा-वस्तु के साथ एकीकरण के मार्ग के रूप में माना जाता है जबकि वर्णनात्मक चिह्नों के मोन्ताज को एक प्रकार की कलात्मक वाक्य रचना के रूप में देखा जाता है किन्तु इनमें से प्रत्येक प्रसंग में आइजेंस्ताइन के प्रारम्भिक सिद्धान्त के अनुसार मोन्ताज को विभिन्न अंगों के बीच तनाव के सिद्धान्त की तरह निरूपित किया गया है। सन् 1923 में ही उन्होंने मंच पर प्रस्तुतिकरण में सुसंगत रचना की धारणा का विरोध किया था। सर्कस के क्रियात्मक आकर्षणों की तरह नाटकीय

आकर्षण प्रभविष्णुता में पूर्णरूपेण एक समान है और इस प्रकार वे एक सहज सम्मिश्रण में अपना संविलयन अस्वीकार करते हैं : आस्टीजेव की चहक, प्रधान गायिका की चुस्त पोशाक के रंग से अधिक महत्त्वपूर्ण नहीं थी, नक्कारे पर पड़ी एक थाप रोमियो के स्वागत-भाषण के समान थी, घर में खेले गये क्रिकेट का महत्त्व दर्शक की सीटी के नीचे प्रवाहित जहर से कम नहीं था। इसके अलावा पेंटिंग की कला में रचनावादी सिद्धान्त के पक्षधरों की तरह, आइजेंस्ताइन मोन्ताज के संयोजन में प्रयुक्त सामग्री की विविधता को रेखांकित करते हैं, "एक क्रान्तिकारी कलात्मक रचना के लिए यह जरूरी है कि उसमें वस्तुओं की शृंखलाओं का द्वन्द्वात्मक एकीकरण हो यद्यपि इस शृंखला के अंग हों। वे बड़े विस्तार के साथ इस बात पर बल देते हैं कि सिनेमाई मोन्ताज छायांकित दृश्यों के बीच ही नहीं बल्कि भीतर के टकराव वस्तुतः प्रभावी टकराव की क्रिया है। "दृश्य के भीतर टकराव वस्तुतः प्रभावी मोन्ताज है।" इस प्राकर मोन्ताज विशिष्ट रूप से आधुनिकतावादी धारणा है जिसमें किसी कलाकृति के सन्दर्भ का अवलोकन ऐन्द्रिय एकता की समरूपता में नहीं बल्कि भौतिकी द्वारा प्रस्तुत समरूपता में किया जाता है : यह एकता एक प्रकार से विभिन्न हिस्सों में होने वाली अन्यान्य क्रिया का गतिशील तनाव है।

मोन्ताज के बारे में आइजेंस्ताइन की गतिशील धारणा रूस में उस समय पूर्व प्रचलित व्यवहार (उदारहरणार्थ भविष्यवादी, संरचनात्मकतावादी, कोलोजीय औपचारिक साहित्यिक सिद्धान्त के मोन्ताज तथा प्रयोग) पर ही पूर्णतः आधारित नहीं थी, क्योंकि वे मार्क्सवादी-लेनिनवादी द्वन्द्वात्मक सिद्धान्त की गहन विचारधाराओं को खोजने का प्रयास करते हैं। एंगेल्स के द्वन्द्वात्मकता से सम्बन्धित दो प्रस्तावित नियम आइजेंस्ताइन के सिद्धान्त के विरुद्ध हैं। प्रथमतः ऐक्य तथा परस्पर विरोधी तत्त्वों के टकराव से सम्बन्धित नियम इस बात पर बल देता है कि गणित, विज्ञान, समाज आदि प्रत्येक प्रणाली यह व्यक्त करती है कि गतिशील टकराव द्वारा सम्पोषित विरोधी प्रवृत्तियों से निश्चित रूप से गठित है। इसमें धन/ऋण, क्रिया/प्रतिक्रिया, पूँजी/सर्वहारा—प्रत्येक समूह परस्पर विरोधी तत्त्वों से बँधा हुआ है। इस भावना का सौन्दर्यशास्त्र में विस्तार करते हुए आइजेंस्ताइन कला की प्रकृति को आवयविक निष्क्रियता तथा सुविचारित रचना के बीच संघर्ष के रूप में देखते हैं। इनमें से अकेला कोई भी कलाकृति का निर्माण नहीं कर सकता : "प्रकृति तथा उद्योग के प्रतिच्छेदन पर कला स्थित है।" इस प्रकार किसी विशिष्ट कला-माध्यम (उदाहरण के लिए लय/छन्द, सादृश्य/विकृति इत्यादि) में सन्निहित अपेक्षाकृत अधिक स्थानीय संघर्ष केवल उनमें कार्यरत सामान्य संघर्ष के ही सूचक हैं। इस प्रकार मोन्ताज स्वयं कला की सत्ता-मीमांसा में द्वन्द्वात्मकता का एक

विशिष्ट उदाहरण बन जाता है।

किन्तु द्वन्द्वात्मकता का वह नियम और भी महत्त्वपूर्ण है जिसे एंगेल्स ने मात्रा का गुणवत्ता में परिवर्तन माना है : ''किसी भी वस्तु या गति (तथाकथित ऊर्जा) की मात्रा में जोड़ने या घटाने से ही गुणात्मक परिवर्तन हो सकते हैं।'' यथा—पानी के अणु समूह की गति को बढ़ा दीजिए तो किसी एक बिन्दु पर वे भाव में बदल जाएँगे : एक सामन्तवादी अर्थव्यवस्था में किसी वर्ग विशेष की पूँजी बढ़ा दीजिए तो वह प्रणाली बुर्जुआई अर्थव्यवस्था में बदल जाएगी। आइजेंस्ताइन इस बात पर बल देते हैं कि सिनेमा में भी इसी प्रकार की गुणात्मक प्रक्रिया पायी जाती है। ऐसा विचार व्यक्त कर वे अपने को उस विचारधारा का विरोधी पाते हैं जिसे वे संयोजन-समपादन के बारे में कुलेशोव-पुदोवकिन का यौगिक मत मानते हैं। मात्रात्मकता का गुणात्मक में परिवर्तन, एक नये आयाम में द्वन्द्वात्मकता की छलांग इस धारणा से फिल्म के प्रत्येक स्तर के मोन्ताज के बारे में आइजेंस्ताइन की परिकल्पना नियमत है। फिल्मी परिकल्पना का आधारभूत तथ्य यह है कि एक फ्रेम पर अध्यारोपण से गुणात्मक छलांग की उत्पत्ति होती है : यह एक प्रकार से अनुभूत गति है। प्रत्येक शॉट के बारे में आइजेंस्ताइन इस बात पर बल देते हैं कि शॉट कोई मोन्ताज तत्त्व (उदाहरणार्थ निश्चेष्ट, निष्क्रिय नहीं है)। दरअसल वह एक मोन्ताज कक्ष है। यह सादृश्य स्पष्टत: जैविक सौन्दर्य में घट जाता है : कक्ष के रूप में शॉट की परिकल्पना से विभिन्न अंशों के सामूहिक तनाव से उत्पन्न ऊर्जा के विखंडन की सम्भावना प्रस्तुत हो उठती है। ''जिस प्रकार कक्षों के विभाजन एक अन्य प्रकार की घटनाओं का आकार लेते हैं इसी प्रकार शॉट से द्वन्द्वात्मक छलांग की दूसरी ओर मोन्ताज की स्थिति होती है। दरअसल आइजेंस्ताइन तालिकाओं में शॉट के अन्तर्गत (रेखाचित्र निर्देशन, सोपान, परिमाण समूह, गहराइयाँ आदि) इस प्रकार के टकराव सिनेमा निर्माणकर्त्ता के लिए द्वन्द्वात्मक सम्भावनाओं को प्रस्तुत करते हैं, किन्तु दूसरे स्तर पर शॉट के भीतर का तनाव ''विभिन्न शॉटों में होने वाले मोन्ताज टकराव में अधिक तीव्रगति से विस्फोटित होता है।'' पुन: आइजेंस्ताइन अपने विचारों को श्रेणीबद्ध करते हैं : शॉटों के बीच में उनके मोन्ताज का प्रकार उनकी मानसिक प्रक्रिया के सिद्धान्त से पूर्णत: समाकृति के रूप में उभरता है। फिर अन्तिम स्तर पर आइजेंस्ताइन श्रव्य-दृश्य पूर्ण द्वन्द्वात्मक स्थिति प्रस्तावित करते हैं जिसमें ध्वनि क्षेत्र का संयोजन ध्वनि को एक स्वतन्त्र तथा टकरावपूर्ण मोन्ताज बना देता है तथा गमक की कला में गुणात्मक उछाल को स्वीकार करता है। इस प्रकार जो समीक्षक रूढ़िगत मार्क्सवाद में आइजेंस्ताइन के योगदान का समुचित मूल्यांकन नहीं करते वे वास्तव में उनके साथ अन्याय करते हैं। क्योंकि कला तथा सोपानगत गुणात्मक परिवर्तनों के बारे

में अपनी आधारभूत परिकल्पनाओं में वे वास्तविक रूप से फिल्म के रूपाकार के लिए द्वन्द्वात्मक दृष्टिकोण की रचना करते हैं।

मोन्ताज को सिनेमा के औपचारिक-द्वन्द्वात्मक सिद्धान्त की तरह निरूपित करने के लिए आइजेंस्ताइन इतना सायास प्रयास करते हैं कि शॉट में प्रयुक्त अनुबोधात्मक सामग्री के प्रत्येक अंश की सैद्धान्तिक समीक्षा के लिए विवश हो उठते हैं। इसके परिणामस्वरूप प्रस्तुत होता है उनका अत्यन्त विख्यात तथा अत्यन्त गलत समझा गया मोन्ताज के उपायों का प्रकार-विज्ञान। चूँकि आइजेंस्ताइन के ज्ञानशास्त्र के लिए यह योजना महत्त्वपूर्ण परिणामकारी है अतएव यह परीक्षण के योग्य है। प्रथम प्रकार—मापीय मोन्ताज (1) दो शॉटों के बीच पूर्णतः बाहरी सम्बन्धों से वास्ता रखता है तथा विषय-वस्तु से स्वतन्त्र रहता है : इसमें केवल ''शॉट के विभिन्न अंशों की सम्पूर्ण लम्बाइयाँ'' ही सार्थक हैं किन्तु ऐसा शॉट वर्णनात्मक तथ्यों का वर्गीकरण मात्र है जिसमें प्रत्येक अनेक गुणों से समन्वित है, किसी एक विशिष्ट शॉट में अनेक उद्दीपक तत्त्व रहते हैं। एक फिल्म निर्माता इस प्रकार उद्दीपक तत्त्वों के वर्गीकरण की कैसे गणना कर सकता है और उन्हें कैसे नियन्त्रित कर सकता है इसके लिए एक रास्ता लयात्मक मोन्ताज है। (2) जो कि सामान्यतः विषय वस्तु से शॉट की लम्बाई के सम्बन्ध पर विचार करता है। आइजेंस्ताइन का उदाहरण ओडेस्सा स्टेप्स में नीचे की ओर आने के सम्पूर्ण प्रकरण से अन्यान्य क्रिया के रूप में परस्पर प्रभावित होती है, परन्तु यहाँ भी विषय-वस्तु की श्रेणी फिर भी अत्यन्त विस्तृत है। अतः आइजेंस्ताइन उन्हें प्रधान स्वर और अधिस्वर की इकाइयों के रूप में विभाजित करते हैं। इसके परणिामस्वरूप स्वरात्मक मोन्ताज निरूपित होता है। (3) जो शॉट के अग्रभाग के संघटकप्रभावी प्रधान स्वर के सम्बन्ध पर विचार करता है। यहाँ मोन्ताज सम्बन्धित दृश्य की भावपूर्ण ध्वनि की विशेषता पर आधारित है। इसके लिए आइजेंस्ताइन का उदाहरण पोटेमकिन फिल्म के कोहरा दृश्य का है जिसमें प्रत्येक शॉट के प्राथमिक भावनात्मक दबाव से कटिंग निर्देशित होती है। इस सम्बन्ध में वे और चिन्तन करते हुए प्रधान स्वरों के सम्मिलित प्रस्तुतिकरण में प्रमुख तथा गौण स्वरों की सम्भावना पर विचार करते हैं। प्रत्येक शॉट के सहायक तत्त्व दूसरी श्रेणी—अधिस्वरात्मक मोन्ताज में निहित कर लिए जाते हैं। (4) यह समस्त अंशों के प्रभाव की सामूहिक संगणना है। इस प्रकार, सम्बन्धित प्रधान स्वरों की पंक्ति तथा अधिस्वरों की पंक्तियों के बीच अन्योन्य-क्रिया पर एक दृश्य के रूप की रचना की जा सकती है। उदाहरण के लिए ओल्ड एंड न्यू के धार्मिक जुलूस में प्रमुख तत्त्व धार्मिक उत्साह का स्वरूप है परन्तु इसके साथ ही उसमें अधिस्वरों (ऊष्मा, चमकीलापन, प्रणिपात, शॉट स्कूल इत्यादि) का संयोजन भी है। ये अधिस्वर प्रधान की विशेषता के सूचक हैं। मोन्ताज

के द्वन्द्वात्मक पूर्वग्रहों की सत्यता के अनुरूप आइजेंस्ताइन इस बात पर बल देते हैं कि ''अपने प्रारम्भिक चरणों में अधिस्वरात्मक मोन्ताज को एक ऐसी स्थिति ग्रहण करनी है जो प्रधान के सर्वथा विपरीत है।'' यदि स्वरात्मक मोन्ताज लयात्मक हो जो अधिस्वरात्मक मोन्ताज संवादी और बहुस्वरवादी है : अथवा कि दूसरे रूप में इस तरह का शॉट ऐसे काबुकी दृश्य के समतुल्य हो जाता है जिसमें उद्दीपक तत्त्वों का सम्पूर्ण समूह तथा समानान्तर माध्यम एक दूसरे को प्रभावित करते हैं। अन्त में एक और मोन्ताज है—बौद्धिक मोन्ताज (5) जो कि स्वरात्मक या अधिस्वरात्मक मोन्ताज का विशेष रूप है। अब यह आवश्यक है कि हम प्रधान स्वरों और सहायक उद्दीपकों के बीच परिकल्पनात्मक सम्बन्धों पर विचार करें। फिल्म अक्तूबर के ईश्वर और देश (गॉड एण्ड कंट्री) दृश्य में ईश्वर की धारणा के बारे में तर्क प्रस्तुत करते हुए एक प्रकार की फिल्मी तर्कवादिता निरूपित की जाती है। यह भावी बौद्धिक सिनेमा की आधारशिला है और अन्य सभी उल्लिखित प्रकारों के समान यह विभिन्न उद्दीपकों में टकराव के आमुख की तरह है।

शॉट 'अ'		**शॉट 'ब'**
बौद्धिक अधिस्वर	5	बौद्धिक अधिस्वर
अधिस्वर	4	अधिस्वर
अधिस्वर	4	अधिस्वर
प्रधान	3	प्रधान

1. मापात्मक मोन्ताज, 2. लयात्मक मोन्ताज, 3. स्थिरात्मक मोन्ताज, 4. अधिस्वरात्मक मोन्ताज, 5. बौद्धिक मोन्ताज।

अन्तिम प्रकार के मोन्ताज आइजेंस्ताइन की खुद की फिल्मों में इनके कार्यान्वयन के संक्षिप्त परीक्षण के द्वारा इनका स्पष्टीकरण किया जा सकता है। फिल्म **अक्तूबर** में ऐसे वर्णनात्मक चिह्न हैं जो सांस्कृतिक रूप से रूढ़िगत हैं किन्तु द्वन्द्वात्मक सम्बन्धों के सघन समूह की रचना के उद्देश्य से मोन्ताज की क्षमता का उपयोग करते हुए आइजेंस्ताइन प्रत्येक रूढ़िगत चिह्न की सन्दर्भित व्याख्या करते हैं। उदाहरणार्थ, ऐन्द्रिय अधिस्वर संहिताबद्ध संज्ञानात्मक प्रधान तथ्यों को बदल देते हैं, जैसा कि केरेन्स्की के शॉट में एक मोर, नेपोलियन की एक मूर्ति और सिपाहियों के रूप में खिलौने का आपस में 'कट' किया गया है। अनेक दर्शकों तक इन दृश्यों को तीन नुस्कों या फिल्मों में पहेली के रूप में आलोचित किया गया, किन्तु यह एक प्रकार से दृश्य विशेष के प्रधान तथ्यों का बौद्धिक अध्ययन है। एक अहमन्य मोर की तरह केरेन्स्की शक्ति के बारे में नेपोलियन की शक्ति का सपना देखते हैं। इसमें मोन्ताज का सन्दर्भ प्रभावकारी अधिस्वरों की पूर्ति करता है :

केरेन्स्की के द्वारा कल्पित निश्चल मुद्रा का विरोध घूमते मोर के द्वारा प्रदर्शित किया जाता है और इस पक्षी के सधे हुए संचलन (मोर का घड़ी के समान घूमना) केरेन्स्की तथा विंटर पैलेस में स्थित यन्त्रीकृत कृत्रिम रूपंकरों के बीच सम्बन्ध के सूचक हैं। इसी प्रकार केरेन्स्की के शक्ति से सम्बन्धित स्वप्न फिल्म निर्माता की चेतनता के माध्यम से अपवर्तित होते हैं जो उन्हें विजातीय और पूज्य बना देते हैं। यहाँ नेपोलियन एक मूर्ति है तथा सिपाही खिलौने हैं। इस दृश्य में सर्वाधिक महत्त्वपूर्ण तथ्य निश्चलता के प्रभावी अधिस्वर जीवनहीनता, पूजयनीयता और विजातीयता आदि फिल्म में प्रदर्शित हैं तथा ये सब बोल्शेविक क्रान्ति के आस-पास एकत्र अधिस्वरों की प्रणाली के द्वन्द्वात्मक विरोध द्वारा परिभाषित होते हैं। अब इसके साथ ही एक महत्त्वपूर्ण प्रभावी दृश्य के अधिस्वरों से इसका विरोध देखिए : जब केरेन्स्की जारीना के शयन कक्ष में टहलता रहता है तो लेनिन मॉस्को लौटने की व्यूह रचना करता है—केरेन्स्की का एक शानदार तकिए पर रखा हुआ जूता और लेनिन की झोपड़ी पास-पास दिखाई जाती है। चाय की केतली का पानी आग पर उबलता रहता है और इस प्रकार निरर्थक अभिजात्य और गतिशील क्रिया के बीच कार विरोध एक आदर्शवादी बिन्दु बन जाता है। अन्त में हम यह भी देख सकते हैं कि किस प्रकार सम्पूर्ण फिल्म में रूढ़िगत चिह्न को कार्य के रूप में निरन्तर बदला जा सकता है। जब लेनिन फिनलैंड स्टेशन पर आते हैं तो उन्हें एक लो-एंगल शॉट के द्वारा एक दूरस्थ घड़ी (अधिस्वर) के नीचे घोषणा (प्रधान स्वर) करते हुए दिखाया जाता है। किन्तु जैसे-जैसे फिल्म आगे बढ़ती है वैसे-वैसे समय एक अत्यन्त महत्त्वपूर्ण कारक बन जाता है, क्योंकि फिल्म में ऐसी योजना की गयी है कि राजमहल पर कब्जा करने के साथ ही लेनिन के रूसी जनता के नाम सन्देश को उसी समय दिखाया जाय। (अपने शीर्षनाम के सर्वथा अनुरूप **अक्तूबर** फिल्म केवल स्थान की नहीं बल्कि समय की भी क्रान्तिकारी पुनः परिभाषा प्रस्तावित करती है।) स्मालनी में लेनिन अपनी घड़ी को देखते हैं : बाद में जब बोल्शेविक विंटर पैलेस पर आक्रमण करते हैं तो एक हाई एंगल लम्बे शॉट में एक घड़ी को आधी रात के समय की सूचना देते हुए तथा दूर पर स्थित एक जन समूह को दिखाया जाता है और जिस राजमहल का आत्मसमर्पण होता है उस समय के दृश्य के चित्रण में आइजेंस्ताइन आत्मसमर्पण के दृश्य के साथ ही दुनिया के विभिन्न स्थानों की अलग-अलग समय बताती हुई घड़ियों को भी प्रदर्शित करते हैं। यहाँ घड़ी एक बौद्धिक और वास्तव में एक आदर्शवादी प्रधान स्वर बन जाती है। यह सूचित करता है कि राजमहल के आत्मसमर्पण का समय ऐतिहासिक रूप धारण कर दुनिया को बदल देगा। आइजेंस्ताइन का मत था कि एक द्वन्द्वात्मक प्रक्रिया में प्रत्येक तत्त्व को आत्मसमर्पण करते हुए

फिल्म की पुनरावृत्तियाँ हमारी अभिव्यक्तियों के भावनात्मक और बौद्धिक स्तरों को प्रभावित करती हैं। **अक्तूबर** फिल्म इतनी समृद्ध है कि इस प्रक्रिया से सम्बन्धित अनेकानेक उदाहरण दिये जा सकते हैं किन्तु यहाँ इतना ही जान लेना काफी होगा कि परस्पर विरोधी तत्त्वों (इस सम्बन्ध में केरेन्स्की तथा लेनिन के परस्पर विरोधी उदाहरण हैं—सांविधिक/जीवन शक्ति, कृत्रिम रूप/बन्दूकें, चाँदी के बर्तन/झंडे, स्थिर समय/गतिशील समय इत्यादि) का सम्पूर्ण ढाँचा विशिष्ट शॉट के सान्निधीकरणों से, जो कि अलग-अलग तत्त्वों को द्वन्द्वात्मक रूप से बदलते हैं, अस्तित्व प्राप्त करता है : प्रधान स्वरों तथा अधिस्वरों के परस्पर गुंफित सम्बन्धों का उपयोग प्रभावी तथा संज्ञानात्मक लक्ष्य प्राप्त करने के लिए किया जाता है। तो यह है आइजेंस्ताइन का प्रारम्भिक भौतिकवादी सौन्दर्यवाद। प्रश्न यह है कि उनके मानवीय चेतना से सम्बन्धित मत से किस प्रकार सम्बन्धित है? हम यह जानते हैं कि चेतना दैहिक प्रक्रिया है तथा एक कलाकृति में व्याप्त तत्त्व प्रतिक्रिया के लिए संकेतक की भूमिका का निर्वाह करते हैं किन्तु चूँकि आइजेंस्ताइन सर्वोपरि, रूप-विधान के सिद्धान्तवादी हैं अतएव वे और आगे बढ़कर यह मानते हैं कि चेतनता एक ऐसी औपचारिक प्रक्रिया है जो विभिन्न दैहिक प्रतिक्रियाओं को तीन स्थितियों में—संवेदन, मनोवग और संज्ञान—एकीकृत करती है। मनोवेगों की जीवन्त गतिविधियों के द्वारा संज्ञान की भावनाएँ थियेटर के लिए विशेष रूप से प्रयुक्त होती हैं। यदि चेतनता इन तीन स्थितियों में सन्निहित है और यदि चेतनता दैहिक भी है तो संवेदन, मनोवेग और संज्ञान में केवल भौतिक मात्रा की दृष्टि से ही अन्तर है। एक प्राथमिक मात्रात्मक मोन्ताज में हिलते हुए आदमी और उसके अन्तर्गत बौद्धिक में सिद्धान्त का कोई अन्तर नहीं है क्योंकि बौद्धिक प्रक्रिया भी उसी आन्दोलन से सम्बन्धित है यद्यपि यह प्रक्रिया अपेक्षाकृत उच्च स्नायु-तन्त्र में होती है। इसके अलावा आइजेंस्ताइन इस बात पर भी अत्यधिक बल देते हैं कि कला में मानव शरीर से सम्बन्धित सम्पूर्ण स्नायुविक प्रक्रिया का समावेश होना चाहिए ताकि कला, जो कि परिकल्पनात्मक रूप से शुष्क है, (मेरी पिकफोर्ड का मध्यवर्गीय मीठा जहर) उतनी ही अपूर्ण है जितनी कि भावनाहीन बौद्धिकता (प्रतीकों का आडम्बहीन सम्मिश्रण)। इसके परिणामस्वरूप प्राप्त होता है एक सिद्धान्त जो दर्शक की सम्पूर्ण प्रतिक्रिया को एक सामान्य हर में बल देता है : यहाँ संवेदन, मनोवेग और संज्ञान (विशेषतः प्रत्यक्ष आदर्शवादी संज्ञान) एकमात्र भौतिक प्रक्रिया में विभिन्न स्तरों के रूप में देखे जाते हैं।

ये विभिन्न स्तर स्वयं कृति की औपचारिक युक्तियों में कलात्मक आकार ग्रहण करते हैं। आइजेंस्ताइन के फिल्म सम्पादन की श्रेणी को चेतनता के इस क्रियात्मक प्रादर्श में रखा जा सकता है। अपने एक निबन्ध में वे तर्कसम्मत फिल्म

सम्पादन के तीन प्रकारों को अलग-अलग प्रस्तुत करते हैं—संचलन की कृत्रिम रूप से निर्मित छवि, भावनात्मक सम्मिश्रण और समय तथा स्पेस की परिभाषा से सम्पूर्ण गतिविधि की मुक्ति। ये तीनों संवेदन, प्रभाव और संज्ञान की भावनाओं के परिणाम के तद्नुकूल हैं। अपने मोन्ताज की रचना करते हुए आइजेंस्ताइन दर्शक के शरीर को प्रत्येक स्तर पर प्रोत्तेजित करने का लक्ष्य निर्धारण कर उपर्युक्त भावनाओं के अनुकूल दैहिक क्रियाओं को एक-एक कर बताते हैं। उनका मात्रात्मक मोन्ताज गतिबोध से सह-संयोजित है : लयात्मक, स्वरात्मक और अधिस्वरात्मक मोन्ताज की पहचान भावनात्मक प्रतिक्रिया के विभिन्न स्तरों के रूप में की जाती है तथा बौद्धिक मोन्ताज एक गतिक संज्ञान—एक अनुभूत विचार को उत्पन्न करता है। इनका प्रत्येक प्रकार किसी एक स्तर पर दैहिक प्रतिक्रिया के आकार में ढाला जा सकता है। अतएव धन्यवाद देना चाहिए व्यवहारवादी भौतिकवाद को जिसकी वजह से फिल्म का स्वरूप अपने प्रक्षेपण के दर्शक मस्तिष्क/शरीर को प्रभावित करता है। यहीं आइजेंस्ताइन यह दावा करते हैं कि कलाकृति के बारे में जब कोई भी नहीं कहना चाहेगा कि वह सुनता है या देखता है बल्कि यह कहना चाहेगा कि वह अनुभव करता है। निश्चित रूप से मानव मन के बारे में ऐसे सिद्धान्त को आदर्शवादी कार्य के दायित्व का निर्वाह करना होता है। आइजेंस्ताइन के मतानुसार मार्क्सवाद लेनिनवाद में द्वन्द्वात्मक नियम प्रकृति में मौजूद हैं तथा सही चिन्तन इन नियमों को प्रतिबिम्बित करता है यानी कि ऐसा चिन्तन स्वयं द्वन्द्वात्मक हो जाएगा। अत: आइजेंस्ताइन के मतानुसार प्रकृति का द्वन्द्वात्मक स्वरूप दर्शनशास्त्र में अमूर्त रूप से तथा कला में ठोस रूप से अभिग्रहीत किया जाता है, किन्तु यह प्रतिक्रियावादी कला के बीच की दरारों को बन्द कर विश्व की द्वन्द्वात्मकता को कोमल बनाते हुए रहस्यात्मक बन जाती है। प्रतिक्रियावादी कला, चेतनता का स्वरूप ग्रहण करते हुए, उस समय विस्तार करती है जबकि उसका ढाँचा प्रकृति की द्वन्द्वात्मकता से समाकृतिक होता है और इस प्रकार हमें विश्व को द्वन्द्वात्मक रूप से सोचने के लिए उत्प्रेरित कर देता है। आइजेंस्ताइन इसीलिए फिल्म के रूप विधान की धारणा से अभिभूत हैं। चूँकि सारा विश्व टकराव और परिवर्तन की एक औपचारिक प्रक्रिया का तथा ऐसी चेतनता का, जो टकराव के द्वारा निरन्तर अस्तित्व में आती है और आगे बढ़ती जाती है, का मात्रात्मक प्रादर्श होना चाहिए। पावलोव के दैहिक सिद्धान्त और द्वन्द्वात्मक भौतिकवाद के इस विलयन में हमें फिल्म के बारे में आइजेंस्ताइन के प्रारम्भिक सिद्धान्त की आधारशिला दिखाई देती है, किन्तु 1930 के आस-पास जब उनकी तार्किक विचारधारा में परिवर्तन होता है तब आइजेंस्ताइन के सौन्दर्य सम्बन्धी विचारों से हमें यत्र-तत्र गहरी दरारें दिखाई देती हैं। ईराक्लिट्स जैसे वयोवृद्ध अनुभवी व्यक्ति ने भी यह मत व्यक्त किया

था कि कोई भी व्यक्ति एक ही नदी में दो बार स्नान नहीं कर सकता। इसी प्रकार कोई भी सौन्दर्य-शास्त्रीय विचारक किसी भी एक तथा एक ही प्रकार नियमों के समुच्चय के आधार पर प्रगति नहीं कर सकता कि जिसके विकास में ऐसे नियमों के दो विचित्र चरण हों। 1935 के कुख्यात सोवियत सिनेमेटोग्राफ सम्मेलन में आइजेंस्ताइन द्वारा दिये गये भाषण के प्रारम्भिक अंश स्टालिन के द्वारा औपचारिकता के शुद्धीकरण अभियान के प्रति सामान्यतः उनके आत्मसमर्पण के संकेत के रूप में माने गये, किन्तु वास्तव में यह एक प्रकार से चरित्रगत स्व-चेतना का सद्भावनापूर्ण प्रदर्शन भी है अर्थात् यह ऐसे बौद्धिक तथा ज्ञान मीमांसापूर्ण अनुमानों को स्वीकारना है जो उनके प्रारम्भिक सिद्धान्त के भौतिकवाद से विभिन्न हैं। ये अनुमान आइजेंस्ताइन जिसे आन्तरिक वाणी निरूपित करते हैं प्रच्छन्न रूप में, सन् 1935 के बाद से उनके कार्यों में उभर पड़ते हैं।

आइजेंस्ताइन सन् 1932 में लिखते हैं "कितनी मनोहारी होता है स्वयं अपने विचारों की श्रृंखला को सुनना। यह और भी चित्ताकर्षक हो उठता है, विशेषकर उस उत्तेजित अवस्था में जब आप अपने स्वयं का एहसास करने के लिए तत्सम्बन्धी दृश्य को देखते और अपने मन के विचारों को सुनते हैं, तब आप यह भी अनुभव करते हैं कि आप किस प्रकार अपने बाहर की अपेक्षा स्वयं अपने से ही बात करते हैं।"

यह अवतरण आइजेंस्ताइन की नयी विचारधारा का सारांश प्रस्तुत करता है। इस विचारधारा के अनुसार विचारों की श्रृंखला अपने आप के लिए एक सहयोगी मनोविज्ञान के रूप में घोषित करते हुए एक ऐसी व्यक्तिगत भाषा का सुझाव देती है जो केवल अन्तर्दर्शर्न से ही प्राप्त की जा सकती है तथा आन्तरिक शब्दों की परिकल्पना ही ऐसी मानसिक शक्तियों के अस्तित्व को प्रस्ताावित करती है जो किसी एक दैहिक सामान्य हर के रूप में परिवर्तित नहीं की जा सकती। आइजेंस्ताइन का यह विवरण भी अनुभववादी है कि किस प्रकार आन्तरिक वाणी तर्कपूर्ण नहीं बल्कि भावनात्मक परिकल्पनाओं को जन्म देती है। आइजेंस्ताइन सुझाव देते हुए कहते हैं कि—यदि करिए कि हम किस प्रकार 'पाँच बजे अपराह्न' की परिकल्पना करते हैं। हम घड़ी के कांटो को एक विशिष्ट स्थिति में बार-बार देखते हैं और इस संरूपण के साथ ही अनुकरण करती हुई अनेक गतिविधियाँ भी इस दृश्य के साथ जुड़ जाती हैं—यथा "चाय, दिन के कार्य का समापन, उपमार्ग पर लौटते हुए लोगों की भीड़—सम्भवतः दुकानों का बन्द होना अथवा कि अपराह्न के अन्तिम चरण का विचित्र आलोक।" प्रशिक्षण अथवा आदत के अनुसार ये सब सहयोगी उपकरण 'पाँच बजे अपराह्न' की परिकल्पना के साथ ससम्बद्ध हो उठते हैं। दूसरे शब्दों में कहा जाए तो एक घटना के बार-बार प्रस्तुतीकरण का प्रभाव मन पर पड़ता है तथा ये सहयोगी

उपकरण मन में एकत्र हो जाते हैं जिसके फलस्वरूप वहाँ परिकल्पनाओं का सामान्यीकरण प्रविष्ट होता है। (परिक्रमाओं तथा चिह्नित पथों से सम्बन्धित पावलोव के यन्त्र-विन्यासक सिद्धान्त से इसकी तुलना करें)। वस्तुत: यह एक अनुभववादी दृष्टिकोण है : इसमें ह्यूम जिन्हें निरन्तरता संयोजक कहता है उनके द्वारा प्रभावों का जोड़ा किया जाता है। अत: एक प्रकार से आइजेंस्ताइन जिस व्यवहारवाद का उल्लेख करते हैं वह अपने भौतिक आधार से अलग है तथा सार्वजनिक रूप से अवलोकनीय उसके आँकड़े का स्थान अन्तर्दर्शन ले लेता है, उस दैहिक वाक्य विन्यास का स्थान विशुद्ध रूप से मानसिक प्रतिनिधित्व और बिम्ब ग्रहण कर लेते हैं।

आइजेंस्ताइन इस अनुभववादी तर्क का स्थान आदिम विचारधारा में निर्धारित करते हैं। तद्नुसार आन्तरिक वाणी एक पूर्वतार्किक ऐन्द्रिय गतिविधि है। इसमें विचारधारा का प्रवाह तथा क्रम तर्क पूर्ण रचनाओं में, जिनमें कि परिवर्तित तथा प्रतिपादित विचार व्यक्त किए जाते हैं, अप्रतिपादित होते हैं यथा, उपलक्षक, बाह्य सज्जा, बहुविधि पहचान और मूर्त्यात्मकता लेवी स्ट्रॉस की अस्पष्ट प्रत्याशा में ही आइजेंस्ताइन यह तर्क नहीं प्रस्तुत करते कि इस प्रकार के संरचनात्मक नियम आदिमजातीय संस्कृतियों में प्राप्त प्रथाओं के समरूप है लेकिन इससे भी अधिक महत्त्वपूर्ण बात यह है कि आइजेंस्ताइन ने पहले अपने सिद्धान्त में कला के औपचारिक सिद्धान्तों की पुन:प्रस्तुति में प्रकृति और विचार के द्वन्द्व की परिकल्पना की थी किन्तु अब वे कला के औपचारिक सिद्धान्तों को आन्तरिक वाणी की प्रक्रिया के समरूप निर्मित करते हैं। आन्तरिक वाणी कीगति रूप विधान और रचना के निर्माण का आधारभूत नियम है।

आइजेंस्ताइन के तर्क में बदलाव उनके द्वारा आगे चलकर प्रस्तुत किये गये सिद्धान्तों में स्पष्ट रूप से व्यक्त स्वच्छन्दतावाद में उनके पुन: आवर्तन के कारणों को स्पष्ट करता है। चूँकि आन्तरिक वाणी पूर्वतार्किक और ऐन्द्रिय है अतएव उद्दीपक, अमूर्त्त और आदर्शवादी तर्क विधा के प्रारम्भिक सिद्धान्त की योजना त्याग दी जाती है। नये सिद्धान्त के लिए संवेदन और प्रभाव ही काफी मान लिए जाते हैं। यदि आधारभूत विचारधारा उन अनुभूत अवधारणाओं का, अर्थात् भावनात्मक सहयोजकों के उन सम्मिश्रणों का, जिन्हें हम 'पाँच बजे' या 'बयालीसवीं स्ट्रीट' या 'नियति की घड़ी' कहते हैं, उपयोग करती है तो बौद्धिक मोन्ताज के योजनाबद्ध रूपकों को अस्वीकार करना होगा। ऐसी स्थिति में दर्शक की प्रतिक्रिया विचार नहीं बल्कि करुणा, उल्लास आदि होना चाहिए। इस प्रकार मोन्ताज की परिकल्पना को ही पूरी तरह से पुन: कल्पित किया गया है। चूँकि किसी भी कलाकृति को उस मार्ग का उल्लेख करना चाहिए जिसके द्वारा हम अनुभूत अवधारणाओं को

साकार करते हैं अतएव मोन्ताज की बिम्बों के प्रवाह को उकेरने की क्षमता उसे शीर्षस्थ औपचारिक सिद्धान्त के रूप में स्थापित करती है। इसी प्रकार आइजेंस्ताइन के द्वारा सर्जनात्मक प्रक्रिया का अभिभूत परीक्षण उनके उस नये दृष्टिकोण में प्रस्फुटित होता है जिसमें मोन्ताज को आन्तरिक वाणी का समरूप मानते हैं। यहाँ अत्यन्त महत्त्वपूर्ण तथ्य यह है कि आइजेंस्ताइन के द्वारा अपनी द्वन्द्वात्मक तर्क मीमांसा का परित्याग करने के साथ ही मोन्ताज की परिकल्पना तनाव से मुक्त हो जाती है। अब वे अवसरवाद पर बल देते हैं (लॉकाँ के अनुभाववादी सिद्धान्त ने पूर्वकालीन स्वच्छन्दवादियों को एक तुलना योग्य स्थिति की ओर प्रेरित किया था) अर्थात् कला के विभिन्न अंग आपस में टकराने के लिए नहीं बल्कि सहमिलन के लिए व्यवस्थित किये जाएँगे अत: लक्ष्य विलगाव नहीं बल्कि विलयन, विश्लेषण नहीं संश्लेषण है। गतिशील कला में ऐसी पुनरावृत्तियों की प्रणाली होगी जो सहयोगी उपकरणों से जुड़कर दर्शक में मानव-जीवन में निर्मित होने वाली धारणाओं को अनुभव कराएँगी। अत: यह कोई आश्चर्यजनक बात नहीं है कि लियोनार्दो, जोला और मिल्टन की कलाकृतियों में आइजेंस्ताइन तत्परता के साथ मोन्ताज को खोज निकालते हैं। वे अनुमान करते हैं कि ये सब विभिन्न तत्त्वों के सान्निधीकरण के द्वारा एक ऐसी उद्गामी गुरु-भावना का निर्माण करते हैं जो कि जैविक अस्तित्व में कार्य में एक सम्पूर्ण तत्त्व बन जाती है। अपनी फिल्मों में वे इस जैविक प्रादर्श का पश्चात अध्ययन भी करते हैं। (पोटेमकिन की रचना में जैविक एकता और करुणा के भाव) और इसके साथ ही वे ग्रिफिथ की रचना की भी समीक्षा करते हैं। यह एक विडम्बना ही है कि मानव मन के बारे में अठारहवीं शताब्दी का एक सिद्धान्त आइजेंस्ताइन के दृष्टिकोण को रूप-विधान की आधुनिक अवधारणा से उस जैविक-प्रादर्श की ओर परावर्तित करता है जिसे उन्होंने पूर्व में अस्वीकार कर दिया था। अब उनके लिए मोन्ताज सामंजस्य और एकता का प्रतीक बन गया था।

तो, कलाकृति के नये सिद्धान्त के अनुरूप आइजेंस्ताइन के द्वारा ग्रहीत अर्थान्वयता या अनुभूतियों के समक्रमण की भावना से कुछ इसी प्रकार का रूमानी सौन्दर्य निर्गमित होता है यानी कि इस सिद्धान्त के अनुसार कलाकृति अन्तर्गुम्फित अनुक्रमों की बहुस्वरता का ऊतक बन जाती है। इस प्रकार फिल्म के शॉट्स में तथा उनके बीच में मोन्ताज एक ऐसा अतिप्रधान तत्त्व बन जाता है जिसके द्वारा फिल्म का प्रत्येक चरण—अभिनय, प्रकाश व्यवस्था, सजावट, दृश्य रचना, कैमरे की स्थिति, कोण अनुभूति के उद्दीपन के चित्रपट में अनावृत्त होने वाले दृश्य में अपना स्थान निर्धारित करता है। काबुकी में आइजेंस्ताइन की रुचि होने के कारण जैविक भावना को अनुभूतियों के माध्यमों में परिवर्तित होने की सम्भावना ने मुखर

बना दिया है। ऐसी स्थिति में (और यहाँ भी यह महत्त्वपूर्ण विडम्बना है) आइजेंस्ताइन के लिए **वॉगनर** एक प्रादर्श बन जाता है। अत: 1939–1940 में जब आइजेंस्ताइन **वालकायरी** (Valkyrie) का मंचन करते हैं तो इस सम्बन्ध में वे जो विचार व्यक्त करते हैं वे शायद उनकी युवावस्था में उनके स्वयं के लिए तिरस्कारपूर्ण होते : ''मुझे ऐसा लगता है कि शायद एक लम्बे समय से मैं ठीक इसी तरह के कार्य की और प्रयासरत रहता आया हूँ। अत: मेरे सृजनात्मक मार्ग में वॉगनर एक स्वाभाविक कदम के रूप में प्रमाणित हुए.....वॉगनर के संश्लिष्ट–प्रदर्शन सम्बन्धी विचारों ने मुझे सर्वाधिक आकर्षित किया।'' आइजेंस्ताइन ने व्यक्त किया है कि टाइस्टन और आइसोल्ड नाटक में मनोवेग को संगीत में परावर्तित कर देता है अत: वॉगनर की अर्थान्वयता की कला में काबुकी का प्रभाव स्पष्ट दिखाई देता है। ऐसी धारणा में रुचि होने के कारण आइजेंस्ताइन के सिद्धान्त तथा उनका फिल्म निर्माण—दोनों की कलाकृति की प्रत्येक अनुभूति और प्रत्येक चरण के अन्तर्गुम्फित में मोन्ताज को एक सन्दर्भपूर्ण नियन्त्रक रूप में प्रस्थापित करने का प्रयास करते हैं।

उदाहरण के लिए ''ऊर्ध्वाधर (व्हर्टिकल) मोन्ताज'' पर विचार किया जाय। द्वन्द्वात्मक उद्देश्यों के लिए ध्वनिपथ की असमक्रमणित स्पर्शग्राह्यता पर जोर देने की अपेक्षा आइजेंस्ताइन के पश्चातवर्ती सिद्धान्त में ध्वनिपथ को अनुक्रमों के एक ऐसे स्रोत के रूप में देखा गया है जो दर्शक के अनुभव को एक समक्रमण रूप में निर्मित कर सकता है। इसके लिए आइजेंस्ताइन दृश्य–श्रव्य के समक्रमण का सुझाव देते हैं। यह शैली उनके द्वारा प्रारम्भिक काल में प्रतिपादित मोन्ताज के उपायों की रूप–रेखा के उल्लेखनीय रूप से समानान्तर है। फिल्म का निर्माता (1) ध्वनिपथ पर आघातों से शॉट की लम्बाइयों की तुल्यता स्थापित कर सकता है। (2) ध्वनिपथ की लय से शॉट में प्रस्तुत होने वाली लय की तुल्यता स्थापित कर सकता है। (3) ध्वनिपथ के संचलन से शॉट्स के महत्त्वपूर्ण प्रधान अवयवों की तुल्यता स्थापित कर सकता है। (4) संगीतपूर्ण संचलन से रंग के अधिस्वरों की तुल्यता स्थापित कर सकता है। अतएव यह बताना आवश्यक नहीं है कि सम्पूर्ण फिल्म के रूप–विधान में दर्शक की सहभागिता को व्यवस्थित करने के लिए एक निश्चित सम्बन्ध की अनेक बार पुनरावृत्ति की जाएगी। ऐसी रूपरेखा की पृष्ठभूमि के विरुद्ध हमें एलेक्जेंडर नेव्हस्की फिल्म में बर्फ पर हुई लड़ाई के दृश्य के कुख्यात विश्लेषण को समझना चाहिए। अर्थान्वयता के अपने अनुमानों के प्रति पूर्णत: समर्पित आइजेंस्ताइन इस प्रकरण के प्रथम बारह शॉट्स में संगीतपूर्ण संचनन और प्रमुख तत्त्व के बीच एक प्रकार का सहसम्बन्ध प्रस्तावित करते हैं। यह विश्लेषण भ्रामक है किन्तु यह भ्रामकता इसलिए नहीं है कि वह इस तथ्य

के बारे में गलत है कि किस प्रकार बिम्ब तथा संगीत सहसम्बन्धित हो सकते हैं (इस सन्दर्भ में हमें यह संकेत प्राप्त होता है कि आइजेंस्ताइन के कथनानुसार यह उदाहरण उपयुक्त नहीं है अर्थात् जब फिल्म के दृश्य में कोई भी वस्तु गतिशील नहीं है उपर्युक्त (सभी बारह शॉट्स विशेष रूप से स्थिर हैं) तब जिस गति से हम देखते हैं उससे संगीत के ताल को समक्रमणित नहीं किया जा सकता, किन्तु उपर्युक्त विशेष उदाहरण के बावजूद नाटकीय गति तो स्पष्ट है : व्हर्टिकल (ऊर्ध्वाधर) मोन्ताज के लिए यह आवश्यक है कि अनुभूति के प्रत्येक तत्त्व को जैविक रूप से एकीकृत सन्दर्भ में मौजूद रहना चाहिए।

यहाँ इस बात पर भी ध्यान देना चाहिए कि आइजेंस्ताइन सिनेमा में किस प्रकार रंगों का एकीकरण चाहते थे। अर्थ और रंग की अप्रतिबन्धित प्रणाली की सौन्दर्यपरक प्रामाणिकता को अस्वीकार रखते हुए वे किसी भी कलाकृति (फिल्म) के इनमें समक्रमण की सम्भावना में इस समस्या का हल प्राप्त करते हैं। इसके अलावा भी ऐसा समक्रमण अत्यन्त महत्त्वपूर्ण है क्योंकि आन्तरिक वाणी की प्रक्रिया के साथ रूप-विधान समाकृतिक होता है अतः एक कलाकार के लिए लाल रंग अपने आप में ऊष्मा की उत्तेजना नहीं उत्पन्न करता किन्तु कलाकर ऐसे सन्दर्भ की रचना कर सकता है जिसमें किसी भी फिल्म की बहु-स्वरता में लाल रंग एक आवाज बनकर उक्त फिल्म के अन्य विषयों के साथ अनेक प्रकार के सम्बन्धों में सार्थक भूमिका का निर्वाह कर सकता है। अपनी रंग योजना और अपने माध्यम के द्वारा विभिन्न रंगों में अभिव्यक्ति फिल्म की विषय-वस्तु एक आनुषंगिक सुर से सम्पूर्ण में अपने स्वरूप को गुम्फित करते हुए आन्तरिक नाटक को अनावृत्त करती है। अतएव पुनः इसका उद्देश्य सावयविक ऐक्य है। "फिल्म की विषय-वस्तु और विचारधारा से पूर्ण सामंजस्य के साथ बिम्ब-रचना के द्वारा सम्पूर्ण फिल्म में प्रयुक्त एक निश्चित रंग विधा को सुसंगतता प्रदान करना चाहिए।" अतएव यह कोई आश्चर्यजनक तथ्य नहीं है कि अपने जीवन के सन्ध्याकाल में आइजेंस्ताइन मोन्ताज की अवधारणा में पिंड प्रदर्शन और सिनेमा के चौड़े पर्दे में अनुपातों के एकीकरण की दिशा में बढ़ रहे थे। "आदमी, संगीत, प्रकाश, भूपरिदृश्य, रंग और गति इन सबको केवल एक मर्माहत करने वाले संवेग, एक ही विषय-वस्तु और विचारधारा का एक एकीकृत सम्पूर्ण रूप में प्रस्तुतीकरण यही तो आधुनिक सिनेमेटोग्राफी का उद्देश्य है।"

आइजेंस्ताइन की बाद की फिल्में, सम्भवतः उनके सावयविक सिद्धान्त के ठोस निहितार्थ के सर्वश्रेष्ठ उदाहरणों को प्रस्तुत करती हैं। उदाहरणार्थ **इवान द टेरिबल** की समीक्षा करने पर हमें यह ज्ञात होता है कि आँखे, क्रॉस, पक्षी, प्याले, मोमबत्तियाँ, विनीत भावभंगिमाएँ, गायक मंडली के स्वर, संगीतपूर्ण तत्त्व तथा

अन्य प्रकार के अनेक तत्त्वों पर उक्त फिल्म की रचना की गयी है। अनेक ऐसे तत्त्वों के, जो फिल्म में आदि से अन्त तक एक-दूसरे के समानान्तर हैं तथा एक दूसरे का प्रतिच्छेदन करते हैं, सुगुम्फित ताने-बाने के द्वारा ये तत्त्व अनुभूति के सूचक बन जाते हैं। प्रत्येक प्रमुख एपीसोड अनेक चरणों के गठबन्धन की चरम स्थिति में समाप्त होता है। उदाहरण के लिए एनेसटासिया की अर्थी के दृश्य में मोमबत्तियाँ, गायक मंडलियों, दीवार पर लगे तैलचित्रों, क्रॉसों और विनीत भावभंगिमाओं के बिम्ब एक मिश्रित संश्लेषण में घुल-मिल जाते हैं। इस प्रकार फिल्म में मोन्ताज का उद्देश्य इन तमाम तथ्यों के प्रवाह की रचना करना है जिसके परिणामस्वरूप नोएल बुर्श के द्वारा उल्लिखित वास्तविक स्पेस का निरन्तर विखंडन होता है। फिल्म के दृश्य का प्रत्येक प्रकरण यह प्रदर्शित करता है कि किस प्रकार एक समृद्ध बहुस्वरवादी मोन्ताज में हस्तान्तरण के द्वारा फिल्म के विभिन्न तत्त्व एक ही विषय-वस्तु को और अधिक बल प्रदान करते हैं। इवान के द्वारा कजान की घेराबन्दी के प्रारम्भिक दृश्य में एक लो-एंगल शॉट के द्वारा गाड़ी के पहियों के स्पोक के सामने गाड़ी के द्वारा खींचकर लायी जाने वाली तोप दिखाई देती है। इस दृश्य के छायांकन के दौरान प्रकाश की रश्मि एक माध्यम से दूसरे की ओर जाती है तथा तेजी से गतिशील होते हुए संगीत भावभंगिमा और भाषा की चरम स्थिति में पहुँच जाती है। प्रकाश का तत्त्व, क्रमशः वेशभूषा (अधिकारी के बख्तरबन्द पर अंकित सूर्य के चिह्न), भू-परिदृश्य (पहाड़ी पर इवान के आगे से प्रक्षेपित बादल), एक हथियार (मोमबत्ती जिसकी किरणें विलयित होती रहती हैं), एक अल्प-कार्य से (गोली-बारी), विस्तृत कार्य से (विध्वंसित किले में होने वाले आलोकित विस्फोट, स्वाभाविक ध्वनि से विस्फोट का शोर), संगीत (तीन बिगुलों का घनघोर स्वर और उभरता हुआ संगीत) इन सबको छायांकित करता हुआ चरम बिन्दु के रूप में उस दृश्य में बदल जाता है जिसमें से एक तोप के सामने खड़े हुए इवान को यह घोषित करते हुए दिखाया जाता है कि ''अब मैं वास्तव में जार हूँ''। यद्यपि प्रकाश का यह बिम्ब उक्त प्रकरण का प्रधान तथ्य है किन्तु यह फिल्म में आदि से अन्त तक छाया रहता है (विशिष्ट रूप से एक प्रकाशित दाढ़ी वाली मूर्ति तथा शक्तिपूर्ण भावभंगिमा की पुनरावृत्ति में)। फिल्म **अक्तूबर** के प्रत्येक औपचारिक स्तर पर प्राप्त द्वन्द्वात्मक विरोध के बजाय इस फिल्म में एक ऐसा संश्लेषण दिखाई देता है जिसमें फिल्म के सहयोगी तत्त्वों के समुच्चय को प्रत्येक तत्त्व और अधिक बल प्रदान करता है। इस प्रकार इवान द टेबिल फिल्म उस अनुभववादी तर्क-मीमांसा तथा सावयविक सौन्दर्य का अत्यधिक मिश्रित परिणाम है जो आइजेंस्ताइन के पश्चातवर्ती सिद्धान्त का निर्णायक है।

तब हमें यह दिखाई देता है कि हमारे सामने एक नहीं बल्कि दो आइजेंस्ताइन

हैं। अपने प्रारम्भिक सिद्धान्तों में आइजेंस्ताइन अपनी प्रणाली को शरीर विज्ञान और द्वन्द्वात्मक भौतिकवाद में आधारित करते हैं। अत: मेरा सुझाव है कि यह विवेचना थियेटर की सम्पूर्ण रचना में असंगतियों के अभिप्राय को स्पष्ट करती है। आइजेंस्ताइन 1923 में पश्चिमी थियेटर को संश्लेषणात्मक बताकर उसकी निन्दा करते हैं किन्तु 1940 में वे संश्लेषणात्मक प्रदर्शन की प्रशंसा करते हैं। इसी प्रकार वे अपने प्रारम्भिक विचारों में इस बात पर जोर देते हैं कि कलाकार एक परिकलक इंजीनियर है किन्तु आगे चलकर वे वॉगनर की इस अभ्युक्ति के प्रबल समर्थक बन जाते हैं कि "जब तुम रचना करते हो तब तुम उसकी व्याख्या नहीं करते।" इसके अतिरिक्त उनकी मूक और सवाक् फिल्मों, द्वन्द्वात्मक **बौद्धिक सिनेमा** और दरबारी षड्यन्त्रों का चित्रण करने वाले संश्लेषणात्मक **ऑपेरा** में, उल्लेखनीय शैलीगत तथा औपचारिक अन्तरों का निरूपण कुछ हद तक व्यवहारवादी तर्क मीमांसा और व्यक्तिगत भाषा की तर्क मीमांसा में किया जा सकता है।

इन दो स्थितियों की कुछ सैद्धान्तिक समस्याएँ अवलोकनीय हैं। विशुद्धत: भौतिकवादी स्थिति, जिसमें कि मानसिक प्रक्रियाएँ शारीरिक प्रक्रियाओं में परिवर्तित हो जाती हैं, किसी आवश्यक सत्य पर नहीं बल्कि सम्भाव्य सत्य पर निर्भर रहती हैं। अनुसन्धान की प्रक्रिया से ज्ञात होता है कि यह सही है। लेकिन ऐसे अनुसन्धान की प्रक्रिया में ऐसी कठिनाइयाँ आएँगी जिनका उल्लेख व्यवहारवाद के आलोचकों ने बहुत पहले से ही किया है। शारीरिक घटना के साथ एक मानसिक घटना के काल और दिक् के सह-अस्तित्व को झुठलाया नहीं जा सकता है, इसके अतिरिक्त भी इस प्रकार के भौतिकवाद की सर्वसत्तात्मक आदर्शवादी कल्पनाएँ सन् 1923 में आइजेंस्ताइन के लिए उतनी स्पष्ट नहीं थीं जितनी कि वे आज हम लोगों के लिए हैं। अन्तत: वर्णनात्मक चिह्नों के बारे में आइजेंस्ताइन की सौन्दर्यात्मक कल्पनाएँ अस्पष्ट और परस्पर विरोधी हैं तथा उनकी अनुभाववादी स्थिति तो और भी समस्यापूर्ण है क्योंकि यह स्थिति अपने क्लैसिक फॉर्म के कारण अन्तर्दर्शन और व्यक्तिगत भाषाओं की धारणाओं में सन्निहित अहंमात्रवाद के विटगेंस्ताइन के प्रदर्शन के द्वारा अत्यन्त कटु रूप में आलोचित की गयी थी। दरअसल अन्तर्दर्शन अथवा आत्म विश्लेषण किसी तथ्य की गारंटी नहीं देता (यह मैं कैसे जान सकता हूँ कि हर बार मैं उसी सहयोगी तत्त्व को चुन पाता हूँ? मेरे लिए भूल जाने की स्थित कैसी होगी?) तथा आन्तरिक वाणी अन्य मस्तिष्कों के अस्तित्व को तर्कपूर्ण रूप से प्रस्थापित नहीं कर सकती (दूसरों की अनुभूतियों की सार्थकता मैं किस प्रकार प्रमाणित कर सकता हूँ?) अत: आइजेंस्ताइन के पश्चातवर्ती सिद्धान्त व्यंग्यात्मक परिणामों की ओर प्रेरित होते हैं। एक कलाकार, जो अपने विचार की प्रक्रियाओं की वास्तविकता को दूसरों में पुन: उत्पन्न करना चाहता है, मन से सम्बन्धित

ऐसे सिद्धान्त को अपनाता है जो स्वयं उसके अथवा दूसरों के विचारों की सार्थकता प्रमाणित नहीं कर सकता।

इस निबन्ध का मुख्य कार्य सैद्धान्तिक विवेचना तथा प्रतिपादन रहा है, किन्तु सवाल यह है कि सन् 1930 के बाद आइजेंस्ताइन ने जिस द्वन्द्वात्मक तथा भौतिकवाद के सिद्धान्त का परित्याग किया उसकी ऐतिहासिक विवेचना किस प्रकार की जाय? आइजेंस्ताइन के सिद्धान्त के भाग दो में वर्णित विशिष्ट अस्थिर तथा अस्पष्ट विचारों ने उक्त बदलाव को अपेक्षाकृत अधिक सरल बना दिया था। इसमें प्रथम तथ्य है एकात्मक समष्टि के बारे में परस्पर विरोधी आवधारणा। आइजेंस्ताइन का प्रारम्भिक सिद्धान्त यह सुझाव प्रस्तुत करता है कि जब प्रत्येक तत्त्व अपनी निजी विशेषता को बनाये रखता है (जैसी कि काबुकी में है) तो इनमें वैमनस्य और टकराव की सम्भावना रहती है किन्तु एकात्मक समष्टि के टकराव पक्ष का कभी विकास नहीं किया गया। इसके बजाय आइजेंस्ताइन संश्लेषणात्मक साम्य की भावना के प्रति आकर्षित हो जाते हैं : ''जिन भावों को मैं अपनी वाणी के द्वारा व्यक्त कर सकता हूँ उन्हें मैं अपने हाथों से प्रदर्शित करूँगा।'' द्वितीयत: आइजेंस्ताइन के मोन्ताज के विषयानुसार उल्लेख करने के उपाय द्वन्द्वात्मक नहीं हैं और वे पूर्वग्रह से अभिभूत होकर अधिस्वरात्मक मोन्ताज को सावयविक संगलन की ओर विशेष रूप से निरूपित करते हैं, यद्यपि वे यह दावा करते हैं कि अधिस्वरात्मक मोन्ताज को प्रधान तत्त्व का विरोधी होना चाहिए। जैसा कि वे स्वयं स्वीकार करते हैं उनकी फिल्म **ओल्ड एंड न्यू** से सभी उदाहरण संश्लेषणात्मक संयोजनों के दृष्टान्त हैं। उनके प्रारम्भिक सिद्धान्त में सन्निहित ऐसे सावयविक पूर्वग्रहों के कारण एकात्मक समष्टि और स्वरात्मक तथा अधिस्वरात्मक मोन्ताज का संश्लेषण उनकी मूक फिल्मों में नहीं बल्कि **एलेक्जेंडर नेव्हेस्की** और **इवान द टेरिबल** फिल्मों में अन्तिम रूप से प्रतिफलित होते हैं।

अत: अत्यन्त मोटे तौर पर कहा जा सकता है कि आइजेंस्ताइन का ज्ञानमीमांसात्मक परिवर्तन तत्कालीन सोवियत दर्शन में परिवर्तनों को दोहराता है। उनके प्रारम्भिक सिद्धान्त में रचनात्मकवाद, औपचारिक सिद्धान्त और पावलोव के व्यवहारवाद के उन तत्त्वों का संगम है जो 1920 के दशक में सोवियत विचारधारा ने भी, जिसके प्रमुख पावलोव थे, सम्भवत: आइजेंस्ताइन के चिन्तन को प्रभावित किया था, किन्तु सन् 1929 में डेबोरिन और उनके अनुयायियों का वर्चस्व दर्शन अकादमी पर स्थापित हो चुका था। इन व्यक्तियों ने हेगेल के आदर्शवादी द्वन्द्व के विचार पर बल दिया और 25 जनवरी, 1931 को बोल्शेविक पार्टी की केन्द्रीय समिति ने एक आदेश द्वारा इस प्रकरण पर समस्त विवाद को समाप्त करते हुए अपेक्षाकृत उच्च स्तर के तथ्य को अपेक्षाकृत निम्न स्तर के तथ्य

(यथा जीवन का भौतिक यान्त्रिकात्मक नियमों में परिवर्तन) में परिवर्तन की असम्भाव्यता को रेखांकित किया था। अन्य कारकों ने भी सोवियत विचारधारा को अपेक्षाकृत अधिक सावयविक दृष्टिकोण की ओर प्रेरित किया। इस सम्बन्ध में 1925 में प्रकाशित एंगेल्स का लेख डायलेक्टिक्स ऑव नेचर विशेष रूप से उल्लेखित है और अन्ततः आइजेंस्ताइन आन्तरिक वाणी सम्बन्धी अपनी पश्चातवर्ती अवधारणा के लिए लेवव्हिगोत्सकी के भी कुछ–कुछ ऋणी हैं। लेव का आदिकालीन और शैशवकालीन भाषा पर निबन्ध **थाट एंड लेंग्वेज** 1934 में प्रकाशित हुआ था। इसके तत्काल बाद आइजेंस्ताइन ने जनवरी 1935 में फिल्म फॉर्म न्यू प्राब्लेम्स विषय पर भाषण दिया, तो हम यह परिकल्पना का सकते हैं कि स्तालिनवादी फिल्म उद्योग के बारे में आइजेंस्ताइन के लिए जो समस्याएँ उत्पन्न हुई थीं वे उनकी सैद्धान्तिक विचारधारा में परिवर्तन का महज एक उत्प्रेरक कारण थीं तथा यह परिवर्तन अंशतः सोवियत आदर्शवाद में व्यापक परिवर्तनों से भी प्रभावित हुआ था।

इन निबन्ध में आइजेंस्ताइन के सैद्धान्तिक व्यवहार की सूचक दो अवधारणात्मक रचनाओं की रूपरेखा अस्थायी रूप से प्रस्तुत की गयी है। उनके फिल्म से सम्बन्धित कार्यों से ही नहीं बल्कि अन्य सैद्धान्तिक और फिल्म निर्माताओं से भी उनके सिद्धान्तों का सम्बन्ध स्थापित करने के लिए बहुत कुछ करना आवश्यक है। मेरे विचार से आइजेंस्ताइन जहाँ तक सन्दर्भ सम्बन्ध है, अभी तक सिनेमा के क्षेत्र में ज्ञात मीमांसकों में सर्वाधिक प्रखर तथा कुशाग्र मीमांसक हैं तथा मोन्ताज के बारे में उनकी दो अवधारणाएँ, अपनी अत्यन्त व्यापक परिधि में प्रभावी तथा औपचारिक निर्माणात्मक तथ्य बनी हुई हैं। अतएव ऐसा दावा करने से पूर्व कि हम उनके विचारों में व्याप्त सम्भ्रमों का सघन अध्ययन करते हुए उन्हें पूरी तरह समझ लें।

अनुवाद : **सुशील त्रिवेदी**

यथार्थ और फिल्म

रूडोल्फ आर्नहीम

फिल्म की पेंटिंग, संगीत, साहित्य और नृत्य विधाओं में अनुरूपता है। इस दृष्टि से इस माध्यम का उपयोग कलात्मक परिणामों को प्राप्त करने के लिए किया जा सकता है, किन्तु यह आवश्यक नहीं है कि ऐसा किया जाना चाहिए। उदाहरण के लिए रंगीन चित्रों वाले पोस्टकार्ड न तो कला है और न ही इन्हें कला माना जाना चाहिए। इसी प्रकार फौज के द्वारा मार्च करना या आत्म स्वीकारात्मक कोई कथ्य अथवा स्ट्रिप-टीज के प्रदर्शन को भी कला नहीं माना जाता और जहाँ तक फिल्मों का सवाल है वे आवश्यक रूप से फिल्म-कला नहीं है।

दरअसल आज भी अनेक शिक्षित लोग हैं जो इस बात को स्पष्ट रूप से अस्वीकार करते हैं कि फिल्म के कला होने की कोई सम्भावना है। वे कहते हैं ''फिल्म कला नहीं हो सकती, क्योंकि वह केवल वास्तविक तथ्य को यान्त्रिक ढंग से पुनः प्रस्तुत करती है।'' जो इस विचारधारा का समर्थन करते हैं, वे इसके कारण के लिए पेंटिंग से सादृश्य मूलता का तर्क प्रस्तुत करते हैं। पेंटिंग में चित्र में वास्तविकता से चित्रांकन तक के लिए चित्रकार सबसे पहले विषयगत वस्तु को देखता है, जिसका प्रभाव उसकी स्नायविक प्रणाली पर पड़ता है। इसके बाद अपने हाथ में तूलिका लेकर वह पटल पर चित्रांकन करता है। इन सब प्रक्रियाओं से गुजरकर ही वास्तविकता को चित्रांकित किया जाता है, किन्तु यह प्रक्रिया फोटोग्राफी जैसी यान्त्रिक नहीं है। फोटोग्राफी में विषय-वस्तु से परावर्तित होने वाली प्रकाश की किरण लेन्सों के द्वारा एकत्रित की जाती हैं और तब उन्हें एक संवदेनशील प्लेट की ओर प्रेषित किया जाता है जहाँ इनसे रासायनिक परिवर्तन होता है। प्रश्न यह है कि ऐसी स्थिति के कारण यदि फोटोग्राफी और फिल्म को कला देवी के मन्दिर में स्थान देने से इनकार किया जाय तो उसका औचित्य क्या है?

अतएव यह वांछनीय है कि इस आरोप का पूर्ण तथा व्यवस्थित रूप से खंडन किया जाय कि फोटोग्राफी और फिल्म केवल यान्त्रिक पुनःप्रस्तुतीकरण है। अतएव इनका कला से काई सम्बन्ध नहीं है। यही एक बढ़िया उपाय है कि जिसके द्वारा फिल्म-कला के स्वभाव को समझा जा सकता है।

इस उद्देश्य को ध्यान में रखते हुए यहाँ फिल्म माध्यम के आधारभूत तत्त्वों का अलग-अलग परीक्षण किया जाएगा तथा उनकी उन तदनुरूप विशिष्टताओं से तुलना की जाएगी जिन्हें हम वास्तविकता में देखते हैं। यहाँ इस बात पर भी विचार किया जाएगा कि दोनों प्रकार की छवियों में कैसा आधारभूत अन्तर है और यह कि ऐसे अन्तर से ही फिल्म के कलात्मक संसाधनों की पूति होती है। इसके साथ ही फिल्म-कला के कार्यान्वित होने वाले सिद्धान्तों को भी हम इस प्रकार समझ जाएँगे।

समतल सतह पर ठोस वस्तु का प्रक्षेपण

यहाँ हम घन जैसे एक निश्चित ठोस पदार्थ की चाक्षुष वास्तविकता पर विचार करें। यदि यह घन मेरे सामने एक टेबिल पर खड़ा है तो उसकी यह स्थिति यह निर्धारित करती है कि क्या मैं उसके आकार को समुचित रूप से समझ सकता हूँ। उदाहरण के लिए यदि मैं एक वर्गाकार पदार्थ के चार पार्श्वों को ही देखता हूँ तो मैं यह नहीं समझ पाऊँगा कि मेरे सामने घन रखा है, क्योंकि मैं केवल एक वर्गाकार को ही देखता हूँ। वस्तुतः मानव-दृष्टि और इसी प्रकार से फोटोग्राफी का लेन्स एक विशेष स्थिति से कार्य करता है और ऐसी स्थिति में उसके अवलोकन क्षेत्र में केवल वे ही भाग शामिल हो पाते हैं जो सम्बन्धित वस्तु के सामने के हिस्से से छिपे नहीं रहते। अब यह जो घन पदार्थ मेरे सामने है उसके पाँच पार्श्व छठे पार्श्व के पीछे छिपे हुए हैं इसलिए यह अन्तिम पार्श्व ही दिखाई देता है किन्तु इस दिखाई देने वाले पार्श्व के पीछे भी कोई बिल्कुल अलग-सी ही वस्तु छिपी हुई हो सकती है—उदाहरण के लिए वह किसी पिरामिड का आधार तल या किसी कागज के टुकड़े का एक पार्श्व हो सकता है—अतएव घन के बारे में हमारा अवलोकन उसकी विशिष्टता की दृष्टि से नहीं चुना जा सका है।

अतएव हम एक महत्त्वपूर्ण सिद्धान्त की स्थापना कर सकते हैं और वह यह कि यदि मैं एक घन का छायाचित्र लेना चाहता हूँ तो इसके लिए इतना ही काफी नहीं है कि मैं इस वस्तु को कैमरे के अवलोकन क्षेत्र में लाऊँ। वास्तव में महत्त्वपूर्ण प्रश्न उपयुक्त वस्तु से मेरी स्थिति की सापेक्षता का है अथवा यह है कि मैं इस वस्तु को कहाँ रखता हूँ। अभी हमने जो पार्श्व चुना है उससे घन के आकार के बारे में बहुत कम जानकारी मिलती है। फिर भी, ऐसी स्थिति से,

जिसमें घन की तीन सतहें दिखाई देती हों तथा उनका अन्तर्सम्बन्ध स्पष्ट होता हो, इतना कुछ दिखाई दे जाता है कि हम निश्चित रूप से उक्त वस्तु की जानकारी प्राप्त कर लेते हैं। हमारे अवलोकन के क्षेत्र में पूरी तरह से ठोस वस्तुएँ रहती हैं, लेकिन कैमरे के समान ही हमारी आँख किसी एक समय में किसी एक वस्तु बिन्दु का ही अवलोकन करती है तथा आँख अपनी समतल सतह रेटिना पर किसी वस्तु से प्रक्षेपित प्रकाश की किरणों को देख सकती है अतएव एक बिलकुल सामान्य वस्तु का पुन:प्रस्तुतीकरण अच्छी या बुरी तरह से भी किया जा सकता है।

दरअसल पहले पहलू की अपेक्षा दूसरे पहलू के घन का अपेक्षाकृत अधिक वास्तविक चित्र ज्ञात होता है। इसका कारण यह है कि दूसरे पहलू में घन के पहले पार्श्व की अपेक्षा तीन पार्श्व दिखाई देते हैं, लेकिन नियमानुसार, सत्य केवल किसी वस्तु की मात्रा पर ही निर्भर नहीं रहता। यदि यह जानना ही अधिक महत्त्वपूर्ण होता है कि सतह का सर्वाधिक हिस्सा किस पहलू से दिखाई देता है तो अवलोकन के लिए सबसे बढ़िया बिन्दु का निर्धारण केवल यान्त्रिक गणना के सहारे किया जा सकता है, लेकिन किसी वस्तु की सर्वाधिक उल्लेखनीय विशिष्टता के चयन के लिए कोई सूत्र या नुस्खा नहीं है : वास्तव में यह प्रश्न मानवबोध का है। दरअसल यह गणित के द्वारा निश्चित नहीं किया जा सकता है अथवा कि किसी व्यक्ति का निजत्व उसके पार्श्व चित्र या पूरे चेहरे से ज्ञात हो सकता है अथवा कि किसी व्यक्ति की हथेली या उसके हाथ का बाहरी हिस्सा अधिक अभिव्यक्तिकारक है या किसी एक पहाड़ का चित्रण से अधिक अच्छा होगा या पश्चिम से। दरअसल ये सारे विषय अत्यन्त संवेदनशीलता से जुड़े हुए हैं।

इसलिए, शुरुआती तौर पर यह मान लेना चाहिए कि जो लोग कैमरा को तिरस्कारपूर्ण ढंग से न केवल अपने आप चित्रांकित करने वाला यन्त्र मानते हैं, उन्हें यह अनुभव कराना चाहिए कि एक अत्यन्त सामान्य तौर से छाया चित्रांकन के द्वारा पुन: प्रस्तुतीकरण की प्रक्रिया में उक्त वस्तु का प्रकृति का अनुभव होना चाहिए, किन्तु मात्र मामूली-सी विषय-वस्तु के अत्यन्त यान्त्रिक संचालन से यह सम्भव नहीं है। आगे चलकर हम देखेंगे कि कलात्मक फोटोग्राफी और फिल्म में किसी वस्तु की सबसे अच्छी विशेषताएँ बताने वाले पहलू किसी भी प्रकार से हमेशा चयनित नहीं किये जाते, लेकिन इनके अलावा अन्य पहलू जानबूझकर चुने जाते हैं ताकि उनके विशेष प्रकार के प्रभाव प्राप्त किये जा सकें।

गहराई में कमी

यद्यपि आँखों का सपाट रेटिना (दृष्टिपटल) केवल दो आयामी छवियों को ही ग्रहण करता है, अतएव सवाल यह है कि ऐसा होते हुए भी हमारी आँखें किस

प्रकार त्रिआयामी प्रभावी दे पाती हैं? वास्तव में गहराई का प्रत्यक्ष बोध मनुष्य की दो आँखों के बीच की दूरी पर मुख्यतः निर्भर रहता है, जिसकी वजह से थोड़े अलग किस्म की दो छवियाँ दिखाई देती हैं। इन दो चित्रों के समेकन से त्रिआयामी प्रभाव प्रस्तुत होता है। इसके लिए दो चित्र एक साथ ही दूरी से लिये जाते हैं जितनी मनुष्य की दो आँखों के बीच होती है। लेकिन फिल्म में रंगीन प्रदर्शन जैसे बेढंगे उपायों को अपनाये बिना इस प्रक्रिया का उपयोग नहीं किया जा सकता विशेषकर, जबकि एक से अधिक व्यक्ति प्रक्षेपण के दर्शक हों। केवल एक दर्शक के लिए एक स्टीरियोस्कोपिक फिल्म बनाना सरल है। इसके लिए किसी एक घटना के समकालीन शॉट कुछ इंचों की दूरी पर एक साथ लिये जाते हैं तथा बाद में उन्हें प्रत्येक आँख से दिखाया जाता है, लेकिन बड़ी संख्या के दर्शकों के लिए स्टीरियोस्कोपिक फिल्म की समस्या अभी तक सन्तोषजनक ढंग से हल नहीं हो पायी है। फिल्म में लोगों या पदार्थों के सामने से पीछे की ओर संचलन से एक प्रकार की गहराई दिखाई देती है, किन्तु किस्टीरियोस्कोपिक से देखना आवश्यक होता है। ऐसी विधि में सभी वस्तुएँ अत्यन्त वास्तविक रूप में दिखाई देती हैं जिससे यह ज्ञात हो सकता है कि फिल्म का चित्र कितना सपाट है। चाक्षुष वास्तविकता और फिल्म के बीच आधारभूत अन्तर का यह दूसरा उदाहरण है।

वास्तव में, फिल्म का प्रभाव न तो पूरी तौर से द्विआयामी है और न ही पूरी तौर से त्रिआयामी है। यह प्रभाव इन दोनों के बीच का है। फिल्म के चित्र समतल और ठोस होते हैं। रटमैन की फिल्म बर्लिन के एक दृश्य में दो उपमार्गीय रेलगाड़ियों को एक–दूसरे की विरुद्ध दिशा में जाता हुआ दिखाई देता है। यह शॉट दो रेलगाड़ियों के ऊपर से लिया गया है। इस दृश्य के दर्शक को पहले यह महसूस होता है कि रेलगाड़ी उसकी ओर चली आ रही है तथा दूसरी उससे दूर जा रही है (त्रिआयामी छवि) वह फिर यह देखेगा कि एक रेलगाड़ी पर्दे के नीचे के हाशिये से ऊपर की ओर तथा दूसरी ऊपर से नीचे की ओर चल रही है (सामान्य छवि) पर्दे की सतह पर विभिन्न दिशाओं में संचलन के त्रिआयामी प्रक्षेपण से यह प्रभाव प्राप्त होता है।

त्रिआयामी प्रभाव के अभिलेपन से जो दूसरा परिणाम प्राप्त होता है उसमें परिदृश्य के अंशछादन में तीव्र वृद्धि परिलक्षित होती है। वास्तविक जीवन या स्टीरियोस्कोप में अंशछादन को पदार्थों के आकस्मिक व्यवस्थापन–मात्र के कारण के रूप में स्वीकार किया जाता है, लेकिन एक सतही छवि में अध्यारोपण के परिणामस्वरूप अत्यन्त उल्लेखनीय कट्स दिखाई देते हैं। यदि एक आदमी समाचार–पत्र को इस प्रकार लिये हुए है कि उसका एक किनारा उसके चेहरे पर आ जाता

है तो ये किनारे इतने तीव्र होते हैं कि ऐसा प्रतीत होता है कि उक्त किनारा उपयुक्त मनुष्य के चेहरे से अलग कर दिया गया है। इसके अलावा जब त्रिआयामी प्रभाव विलुप्त हो जाता है तो विषय-वस्तु की रूपरेखा तथा आकार की स्थिरता जैसे मनोवैज्ञानिक को ज्ञात दूसरे तथ्य भी विलुप्त हो जाते हैं अवलोकन के क्षेत्र में किसी भी विषय-वस्तु के द्वारा आँख की रेटिना (दृष्टिपटल) पर प्रक्षेपित छवि का आँखों से वस्तु की दूरी के अनुपात में घटता जाता है। यदि किसी वस्तु को, जो एक गज की दूरी पर है और एक गज आगे तक बढ़ाकर रखा जाता है तो आँख की रेटिना (दृष्टिपटल) पर प्रक्षेपित छवि का आँखों से वस्तु की दूरी के अनुपात में घटता जाता। यदि किसी वस्तु को, जो एक गज की दूरी पर है और एक गज आगे तक बढ़ाकार रखा जाता है तो आँख की रेटिना (दृष्टिपटल) पर उक्त वस्तु की छबि का आकार पहली छबि के एक चौथाई आकार से कम हो जाएगा। फोटोग्राफी का प्रत्येक प्लेट इसी प्रतिक्रिया से गुजरता है। इसलिए यदि किसी फोटोग्राफ में कोई मनुष्य अपने सामने पैर फैलाये हुए बैठा है तो उसके छायाचित्र में पैर बहुत बड़े दिखाई देंगे लेकिन सिर बहुत छोटा दिखाई देगा, लेकिन यह आश्यर्चजनक तथ्य है कि वास्तविक जीवन में हम ऐसे अनुभव नहीं प्राप्त करते जो आँख की रेटिना (दृष्टिपटल) पर दिखाई देने वाली छवियों के अनुरूप हों, यदि एक आदमी आँखों से तीन फीट की दूरी पर खड़ा है तथा उसी ऊँचाई का आदमी यदि छः फीट की दूरी पर है तो दूसरे आदमी की छवि का क्षेत्र पहले की छवि का केवल एक चौथाई ही नहीं होता। इसी प्रकार यदि एक आदमी किसी दूसरे आदमी की ओर हाथ फैलाता है तो उसका हाथ आनुपातिक रूप से बड़ा नहीं दिखाई देता। दरअसल दोनों आदमी आकार में बराबर दिखाई देते हैं और हाथ भी सामान्य आकार में दिखाई देता है। यह तथ्य को आकार की स्थिरता के रूप में ज्ञात है। कृत्रिम रूप से प्रशिक्षित ड्राइंग और पेंटिंग के अभ्यस्त लोगों को छोड़कर अधिकांश लोगों के लिए यह सम्भव नहीं है कि वे रेटिना (दृष्टिपटल) पर अंकित छवि के अनुरूप ही देखें। प्रासंगिक रूप से यह भी एक कारण है कि जिसकी वजह से एक औसत दर्जे के आदमी के लिए वस्तुओं को यथावत अंकित करना कठिन होता है। तो आकार की निरन्तरता के क्रियान्वयन में स्पष्ट रूप से त्रिआयामी प्रभाव आवश्यक है। एक साधारण फोटोग्राफ के लिए यह प्रक्रिया स्टीरियोस्कोप में बहुत अच्छी तरह से कार्य करती है, किन्तु एक फिल्म-चित्र में कैमरे से एक व्यक्ति दूसरे व्यक्ति से दुगुनी दूरी पर खड़ा है तो जो कैमरे के सामने है वह अपेक्षाकृत अधिक ऊँचा और अधिक चौड़ा दिखाई देता है।

आकृति की निरन्तरता तथा स्थिरता के विषय में भी यही बात लागू होती है। एक टेबिल के ऊपरी भाग का छाया-चित्र तथा उसके रेटिना (दृष्टिपटल)

की छवि में अन्तर नहीं होता। चूँकि उसका सामने का किनारा दर्शक के निकट रहता है, अतएव वह पीछे के किनारे से ज्यादा चौड़ा दिखाई देता है : (आयताकार सतह छवि में विषम चतुर्भुज बन जाती है। फिर भी जहाँ तक एक औसत दर्जे के आदमी का सवाल है। व्यावहारिक रूप से ऐसा नहीं होता) वह सतह को आयताकार देखता है और वैसा ही चित्रित भी करता है। इस प्रकार किसी विषय-वस्तु में, जिसका विस्तार गहराई में होता है, परिदृश्यात्मक परिवर्तनों का अवलोकन नहीं किया जाता लेकिन अवचेतन रूप से परिवर्तन समकृत किये जाते हैं। रूप विधान की स्थिरता और निरन्तरता का यही आशय है लेकिन पीछे का हिस्सा बहुत सँकरा प्रतीत होगा।

वास्तव में, ये तथ्य केवल त्रियामिता में कमी होने के कारण नहीं हैं बल्कि कुछ मिलाकर फिल्म-चित्र की अवास्तविकता के कारण भी हैं। इस अवास्तविकता का कारण रंग का अभाव, पर्दे की हदबन्दी इत्यादि भी है। इन सबका परिणाम यह होता है कि पर्दे पर परिणाम और आकार अपने वास्तविक अनुपात में नहीं दिखाई देते। वे परिदृश्य में विकृत हो जाते हैं।

एक फिल्म का निर्माण

यह बताया जा चुका है कि भौतिक विश्व से हमें जो छवियाँ प्राप्त होती हैं वे चलचित्र में अलग किस्म की रहती हैं। यह तथ्य इसलिए स्थापित किया गया कि इस विचार का खंडन किया जा सके कि फिल्म वास्तविक जीवन का केवल दुर्बल यान्त्रिक पुनः प्रस्तुतीकरण है। इस विश्लेषण से हमें ऐसी जानकारी प्राप्त होती है जिसके आधार पर हम फिल्म कला के सिद्धान्तों को निरूपित करने की आशा कर सकते हैं। अतएव यह बेहिचक कहा जा सकता है कि हमारी दुनिया में हो रही जिज्ञासापूर्ण, विशिष्ट तथा उत्तेजक हलचलों को ईमानदारी के साथ प्रस्तुत करने की इच्छा पूर्ति अपनी स्वभावगत विशेषता के कारण चलचित्रों से हो सकती है। फिल्म निर्माण के प्रारम्भिक चरण में, जबकि फिल्मों का प्रदर्शन संगीत-भवनों में किया जाता था, फिल्म से पहली सनसनी उस समय फैली थी, जबकि हमारे पास होने वाली दैनिक हलचलों को जीवन्त रूप में पर्दे पर दिखाया गया था। उस समय एक रेल इंजिन को तेज गति से चलते हुए या अंटेर डेन लिंडेन में एक सम्राट को सवारी से जाते हुए देखकर लोग रोमांचित ही उठते थे। उन दिनों फिल्मों की प्राय: विषय-वस्तु से ही आनन्द प्राप्त होता था। फिर जब चलचित्र निर्माता चलचित्र तकनीक की विशिष्ट सम्भावनाओं को चेतन अथवा अवचेतन रूप से अपनाकर कलात्मक प्रस्तुतीकरण के लिए उनका उपयोग करने लगे तब फिल्म कला का क्रमशः विकास हुआ, किन्तु यह एक महत्त्वपूर्ण प्रश्न

है कि अभिव्यक्ति के इन उपायों का बड़ी संख्या में दर्शकों पर किस हद तक प्रभाव पड़ता है। बेशक यह कहा जा सकता है कि टिकट खिड़की पर किसी फिल्म की सफलता के बजाय इसके कि फिल्म कितने कलापूर्ण ढंग से दिखाई गयी है, इस बात पर निर्भर करती है कि फिल्म में क्या दिखाया गया है।

फिल्म का निर्माता स्वयं वास्तविकता से अपनी छायांकित सामग्री की अति समानता से प्रभावित होता है। यह याद रखने योग्य है कि एक मूर्तिकार और एक पेंटर के उपकरण स्वयं ऐसी किसी वस्तु का निर्माण नहीं करते जो प्रकृति से समानता रखे, किन्तु इसके विपरीत कैमरे के द्वारा जब कार्य शुरू होता है तब वास्तविक दुनिया की प्रतिकृति यान्त्रिक रूप से प्रस्तुत हो उठती है। अब यहाँ इस बात का भी गम्भीर खतरा है कि ऐसे आकारहीन पुनः प्रस्तुतीकरण से एक फिल्म निर्माता कहीं सन्तुष्ट होकर निष्क्रिय न हो जाय। एक कलाकृति का निर्माण करने के वास्ते एक फिल्म-कलाकार के लिए यह महत्त्वपूर्ण है कि वह अपने माध्यम की विशिष्टताओं का प्रभाव डाले किन्तु यह सब कुछ इस प्रकार से करना चाहिए कि जिन चीजों का प्रस्तुतीकरण किया जाता है, उनकी विशिष्टता नष्ट न होने पाये तथा उसे और अधिक मजबूती मिले, वह और अधिक सान्द्रित तथा परिभाषित हो।

ऐसे लोग, जो फिल्म की कला के बारे में कुछ भी नहीं समझते, यह उदाहरण दिया करते थे कि इस कला की सबसे बड़ी कमजोरी फिल्म का मूक होना है। ये फिल्मों मे ध्वनि के प्रवेश को मूक फिल्म में हुई प्रगति अथवा उसकी सम्पूर्णता निरूपित करते हैं। यह मत उतना ही असंगत है जैसा कि त्रिआयामी तैल चित्रांकन के आविष्कार का यह कहकर स्वागत किया गया था कि उक्त आविष्कार पेंटिंग के बारे में अभी तक ज्ञात सिद्धान्तों के आगे का कदम है।

दरअसल अच्छे कलात्मक प्रभावों की उपलब्धि के लिए फिल्म का उसे मूक होने से ही प्रेरणा और शक्ति मिली थी। चार्ली चैप्लिन ने कहीं यह व्यक्त किया था कि उसकी सारी फिल्मों में एक भी दृश्य ऐसा नहीं है जहाँ उसने बोलने का यानी कि ओठों को हिलाने का अभिनय किया हो। मानवीय सम्बन्धों की सैकड़ों स्थितियाँ उसकी फिल्मों में दिखाई गयी हैं, लेकिन इसके बावजूद चैप्लिन को इस बात की जरूरत नहीं महसूस हुई कि वह वाणी जैसी सामान्य क्षमता का उपयोग करे और किसी भी व्यक्ति ने इसके अभाव का भी अनुभव नहीं कया। चैप्लिन की सारी फिल्मों में शब्दों के स्थान पर मूकाभिनय का प्रस्तुतीकरण एक नियम-सा रहा है। वह यह नहीं बोलता कि वह इस बात से प्रसन्न है कि उसे कुछ सुन्दर लड़कियाँ देखते आ रही हैं, किन्तु इस भाव को व्यक्त करने के लिए वह एक ऐसा मूक नृत्य प्रस्तुत करता है जिसमें दो फर्सों के ऊपरी हिस्सों

पर लगाये गये दो बेडरॉल एक टेबिल नृत्य करते हुए पैरों का अभिनय करते हैं। **(दि गोल्ड रश)** वह तर्क नहीं करता बल्कि लड़ता है। वह अपनी मुस्कुराहट तथा कन्धों को उचकाने और टोप हिलाने के द्वारा प्रणय को व्यक्त करता है। जब मंच पर रहता है तब वह डेविड और गोलियक की कहानी को शब्दों के द्वारा नहीं बल्कि अभिनय के द्वारा प्रस्तुत करता है। (दि पिलग्रिम) वह जब एक गरीब लड़की के लिए दुःखी होता है तब वह उसके हाथ की थैली में पैसे डाल देता है। वह त्याग की भावना प्रदर्शित करने के लिए चुपचाप चल पड़ता है **(फायनेल ऑव दि सर्कस)**। चैप्लिन की फिल्मों के प्रत्येक दृश्य में जो अविश्वसनीय चाक्षुष मूर्तिमानता दिखाई देती है उससे चैप्लिन की कला के औचित्य की बहुत कुछ पूर्ति होती है यह तथ्य उस समय स्मरण रखा जाना चाहिए जबकि यह कहा जाता है कि (यह प्रायः ही कहा जाता है किन्तु ऐसा कहने का आधार भी रहता है) उसकी फिल्में वास्तव में फिल्मी नहीं हैं क्योंकि उसका केवल अभिलेख यन्त्र की ही भूमिका का निर्वाह करता है।

इसके पूर्व स्टेन वर्ग की फिल्म **दि डाक्स ऑफ न्यूयार्क** के उस दृश्य का उल्लेख किया जा चुका है जिसमें एक रिवाल्वर के द्वारा चलायी गयी गोली का चित्रांकन पक्षियों के एक समूह को ऊपर उड़ते हुए दिखाकर किया गया है तो वह केवल कल्पना या युक्ति मात्र ही सही नहीं है। इसके विपरीत ऐसी व्याख्या से एक सकारात्मक कलात्मक प्रभाव प्राप्त होता है। किसी भी घटना का ऐसी विरोधाभासी वस्तु के द्वारा अपरोक्ष प्रस्तुत कने की यह प्रक्रिया सभी प्रकार की कला विधाओं का एक प्रिय उपाय है। उदाहरणार्थ, जब फ्रान्सेस्का दारिमिनी यह बताती है किस प्रकार वह एक व्यक्ति के, जिसके साथ वह पढ़ा करती थी, प्रेम में पड़ गयी तथा इसके लिए वह केवल इतना ही कहती है "उस दिन फिर हम और नहीं पढ़ सके" तब दान्ते इस दृश्य के चित्रण के लिए अपरोक्ष रूप से केवल उक्त घटना के परिणाम को व्यक्त करते हुए यह व्यक्त करता है कि उस दिन उन दोनों ने एक-दूसरे का चुम्बन किया था और यह अपरोक्ष प्रस्तुतीकरण बड़ा झटका देने वाला तथा प्रभावी है। इसी प्रकार पक्षियों का ऊपर की ओर उड़ना भी विशेष रूप से प्रभावी है। पिस्तौल से गोली दागने के वास्तव में सुनाई देने वाली आवाज से सम्भवतः यह अधिक प्रभावोत्पादक है और तब एक और तथ्य प्रस्तुत हो उठता है : दर्शक केवल इसी नतीजे पर नहीं पहुँचता कि पिस्तौल से गोली दागी गयी है बल्कि वह एक प्रकार की आवाज को देखता है, क्योंकि पक्षियों की एकाएक उड़ान से उसे वही चाक्षुष अनुभव होता है जो कि पिस्तौल के दागने से उत्पन्न हुई आवाज से होता। जेक्विस फेयेडर के (लेस नो व्ही युक्स मेसियर्स) नामक फिल्म में एक राजनीतिक सभा में बड़ा हंगामा मचता है अतएव

उमड़ती हुई भावनाओं के आवेश को शान्त कने के लिए सुजाने एक यान्त्रिक प्यानो में एक सिक्का डालता है। तत्काल पूरा सभा भवन सैकड़ों विद्युत बल्बों से प्रकाशित हो उठता है और इसके साथ ही संगीत की लय उत्तेजक होकर वक्ता के भाषणों से एक सामंजस्य स्थापित कर लेती है। फिल्म के मूक होने की वजह से संगीत सुनाई नहीं देता लेकिन इस दृश्य के छायांकन में फेयेडर पहले तो यह दिखाता है कि श्रोता उत्तेजित होकर वक्ता के भाषण के सुन रहे हैं और फिर एकाएक श्रोताओं के चेहरे सौम्य और शिथिल हो जाते हैं। प्यानों से निकलने वाले संगीत की लय से श्रोताओं के सिर हिलने-डुलने लगते हैं। संगीत की लय और अधिक स्पष्ट हो उठती है और अन्ततः नृत्य करने की भावना से सारे श्रोता प्रभावित हो उठते हैं। फिर जैसे किसी अनसुने आदेश से निर्देशित होकर वे अपने शरीर को बड़ी उमंग के साथ इधर से उधर हिलाने लगते हैं। ऐसी स्थिति में वक्ता संगीत के आगे समर्पित हो जाता है।

वास्तविक संगीत के सुनने से उत्पन्न होने वाले प्रभाव की अपेक्षा इस प्रकार का छायांकन उस शक्ति को, अपेक्षाकृत अधिक स्पष्ट रूप से प्रदर्शित करता है, जो एकाएक उन सभी असन्तुष्ट लोगों को एकजुट करते हुए उन्हें प्रसन्नचित्त बना देती है। इसके साथ ही इससे संगीत की विशिष्टता के साथ ही लोगों को थिरकने के लिए प्रेरित करने की उसकी शक्ति और लय को निर्दिष्ट करती है। इस प्रकार के दृश्य में विशेष रूप से जानने योग्य यह बात नहीं है कि एक निर्देशक किस प्रकार सरलता और चालाकी से जो नहीं दिखाई देता उसे दृष्टिगोचर बना देता है अपितु यह कि इस उपाय से वह वास्तव में दृश्य को कैसे और प्रभावी बना देता है। उपर्युक्त दृश्य में यदि संगीत सुनाई दे रहा है, लेकिन निर्देशक ने इसके छायांकन में अप्रत्यक्ष उपाय अपनाकर दृश्य के विशेष बिन्दु को, अर्थात संगीत की लय तथा इस लय के द्वारा लोगों को एक कर उन्हें संचालित करने, स्पष्ट रूप से प्रस्तुत किया है। संगीत ने इन लाक्षणिक तत्त्वों को ही छायांकित किया है और इनसे ऐसा लगता है कि जैसे वास्तव में संगीत प्रस्तुत हो गया है। इस प्रकार से यह तथ्य कि एक पिस्तौल से दागी गयी गोली आकस्मिक, विस्फोटक और चकित कर देने वाली है, दृष्टिगोचर के साथ पक्षान्तरक्ष से दुगुना प्रभाव उत्पन्न करता है, क्योंकि इस दृश्य के छायांकन में पिस्तौल से गोली दागने के लाक्षणिक तत्त्वों को ही प्रस्तुत किया गया है। अतएव मूक फिल्मों को अपने मौन रहने की विशेषता से ही निश्चित कलात्मक क्षमताएँ प्राप्त होती हैं। एक ध्वनिपूर्ण घटना के प्रस्तुतीकरण में मूक फिल्म जिस बात पर विशेष बल देना चाहती है वह उसे दृष्टिगोचर करने के लिए पक्षान्तरण किया जाता है। इस प्रकार लाक्षणिक विशेषताओं को, प्रस्तुत कर उसे आकार दिया जाता है तथा अभिव्यक्त किया जाता है। ठोसपन

के अभाव में एक मूक फिल्म किसी प्रकार से मूकाभिनय का प्रभाव नहीं देती। वास्तव में तब तक किसी अभिनय की चरम परिणति ध्वनि में नहीं होती जिसका कि कोई विकल्प नहीं है अतएव जिसकी वजह से ऐसा लगता है कि कुछ कमी रह गयी है तब मूक फिल्मों के मौन की ओर ध्यान नहीं जाता। यही स्थिति उस समय भी होती है जब दर्शक सवाक फिल्मों के देखने का अभ्यस्त रहता है। भविष्य में आने वाली सवाक फिल्मों की वजह से ध्वनि को मूक रूप में दिखलाने के लिए काफी कुछ कठिनाई का सामना करना पड़ेगा। इसके बावजूद यह एक अत्यन्त प्रभावी कलात्मक उपाय है, क्योंकि यदि एक आदमी को बोलते हुए सुना जाता है तो उस आदमी के चेहरे की मुद्राएँ केवल की गयी बात के महत्त्व को दर्शाने के लिए सहयोगी भूमिका का निर्वाह करती हैं, लेकिन यदि दर्शक यह नहीं सुन पाता कि क्या कहा जा रहा है तो उसका आशय अप्रत्यक्ष रूप से स्पष्ट हो जाता है तथा शरीर के अवयवों और चेहरों की मुद्राओं से उपयुक्त आशय अभिव्यक्त हो जाता है। ऐसी प्रक्रिया में वार्तालाप का भावात्मक गुण ऐसे स्पष्ट और निश्चित रूप से उजागर हो उठता है कि जो वास्तविक सम्भाषण के माध्यम से असम्भव है। इसके अलावा वास्तविक तथा मूक प्रदर्शन का अन्तर अभिनेता तथा उसके निर्देशक का कलात्मक आविष्कार के लिए अनुवातगमन की काफी सुविधा प्रदान करता है (जब वास्तविकता और उसका प्रतिनिधित्व करने वाले माध्यम एक ही साथ नहीं होते तभी एक कलाकार को अपनी सर्जनात्मक क्षमता प्रदर्शित करने का अवसर प्राप्त होता है)।

मूक फिल्मों में वार्तालाप केवल वास्तविक रूप से बोले गये शब्दों का दृष्टिगोचर हिस्सा नहीं होता यदि बिना आवाज के संवाद को दिखाया जाता है तो दर्शक प्रायः यह समझ नहीं पाता कि उक्त संवाद किसके बारे में है। पर्दे पर दिखाए जाने वाले चेहरे की विभिन्न मुद्राएँ दर्शक की समझ के बाहर रहती हैं। एक मूक फिल्म अभिनेता के ओठ केवल शब्दों का निर्माण करने वाले अवयव नहीं हैं बल्कि वे चाक्षुष अभिव्यक्ति के माध्यम हैं—एक उत्तेजित चेहरे की विकृतियाँ अथवा कि ओठों से बड़ी तेजी के साथ निकलने वाली बड़बड़ाहट को बात करने का केवल उप-फल ही नहीं कहा जा सकता। वास्वत में इस तरह के दृश्य साधिकार रूप से सम्प्रेषण है। वास्तव में हँसी की सुनी गयी ध्वनि की अपेक्षा मूक हास्य अधिक प्रभावी होता है। एक खुला हुआ मुँह हास्य के तथ्य का स्पष्ट तथा अत्यन्त कलात्मक ढंग से परिभाषित करता है फिर भी यदि आवाज सुनाई देती है तो मुँह का खुला होना स्पष्ट रूप से दिखाई देता है। ऐसी हालत में अभिव्यक्ति के रूप में उसका कोई मूल्य नहीं रह जाता। रूस निवासियों के द्वारा मूक फिल्म की इस सुविधा का एक बार बड़े प्रभावी ढंग से उपयोग किया

गया था। उनके द्वारा छायांकित दृश्य में युद्ध के दौरान पागल होकर एक सैनिक को बड़े वीभत्स ढंग से हँसने तथा उसके मुँह के पूरी तरह से खुले रहने के शॉट को एक ऐसे शॉट से जोड़ा गया था जिसमें एक सैनिक जो जहरीली गैस से मरा हुआ था तथा इस मृत सैनिक के चेहरे पर मौत के भय के आतंक के साथ ही कठोर मुद्रा की ठहरी हुई मुस्कुराहट थी। बोले गये शब्दों के अभाव की वजह से दर्शक का ध्यान अभिनेता के द्वारा किये गये अभिनय के दृश्य की ओर अधिक केन्द्रित होता है। इस प्रकार सम्पूर्ण घटना का दृश्य स्वयं ही दर्शकों की विशेष रुचि अपनी ओर आकर्षित कर लेता है। जैसे एक फेरीवाले के द्वारा घूम-घूमकर अपनी सामग्री के बारे में जोर से आवाज के जोरदार अभिनय का वृत्त-चित्रात्मक शॉट। अगर उसके बोल सुनाई दे सकते तो उक्त अभिनेता के अभिनय की मुद्राओं का पचास फीसदी प्रभाव भी नहीं होता और तब ही सम्पूर्ण घटना दर्शकों का बहुत कम आकर्षण अपनी ओर खींच पाती। इसके विपरीत यदि शब्दों का लोप कर दिया जाता है तो अभिनेता के द्वारा प्रस्तुत अभिनय मुद्राओं की अभिव्यक्ति की शक्ति के प्रति दर्शक पूर्णतः समर्पित हो जाता है। इस प्रकार किसी घटना के कुछ अंश-ध्वनि को विलोपित कर देने मात्र से—इस तरह की घटना का आकर्षण बहुत बढ़ जाता है।

अनुवाद : **सुशील त्रिवेदी**

फिल्म और वर्णनात्मकता

रॉबर्ट स्कोल्स

आइए हम मान लें कि वर्णना कहलाने वाली कोई एक चीज है जो वर्णन करने की किसी एक खास विधि के अथवा विशिष्ट वर्णनात्मक उद्गार के अलावा भी अस्तित्व में रह सकती है, उसी तरह जैसे हम यह जानते हैं कि अंग्रेजी भाषा नाम की कोई चीज है जो अंग्रेजी में बातचीत के किसी विशिष्ट रूप या किसी व्यक्ति के बोलने की प्रक्रिया के बगैर अस्तित्व में है। सबसे पहली बात तो यह कि वर्णन करना मानव स्वभाव का एक तरीका है। यह विशिष्ट रूप से अनुकरण करने वाला अथवा प्रतिरूपक व्यवहार है, जिसके जरिये मनुष्य कुछ खास प्रकार के सन्देश को सम्प्रेषित करता है। वर्णन की विधियाँ अद्भुत रूप से अलग-अलग हो सकती हैं। (चलते-चलते मैं यह कहना चाहूँगा कि बोले जाने और मंचित किये जाने के बीच हम जो अन्तर करते हैं, मैं उससे वाकिफ हूँ। यह अन्तर नाटकीय मंचन से वर्णन प्रतिरूपीकरण का विरोध करने की ओर ले जाता है। बहरहाल, इस मामले में, मैं वर्णन शब्द का प्रयोग अधिकतम व्यापक रूप में कर रहा हूँ जिसमें नाटक और कहानी तथा अनुकरण करने के अन्य रूप शामिल हैं।) और तब, कोई वर्णना मौखिक रूप से की जा सकती है, लिखित रूप में प्रतिबद्ध की जा सकती है, कलाकारों के समूह या एक कलाकार द्वारा अभिनीत की जा सकती है, शब्दरहित पेंटोमाईम के रूप में (मूक अभिनय) प्रस्तुत की जा सकती है, चाक्षुष बिम्बों की शृंखला में प्रतिपादित की जा सकती है, शब्दों के साथ या शब्दों के बगैर या ध्वनि, सम्भाषण, संगीत और लिखित भाषा के साथ या उनके बगैर, चलचित्रों के सिनेमेटिक प्रवाह के रूप में प्रस्तुत की जा सकती है।

व्यवहार के इन अनुकरणकारी रूपों में कुछ सर्व सामान्य गुण हैं जिनकी वजह से हम उन्हें सम्मिलित रूप से लेते हुए वर्णन मानते हैं। सर्वप्रथम तो ये सभी रूप प्रतीकात्मक क्रिया के एक खास वर्ग के हैं जो व्याख्या करने वाले को

इस बात के लिए मजबूर करते हैं कि वह अपनी स्वत: की तात्कालिक स्थिति और किसी अन्य स्थिति के बीच एक अन्तर करे, जो वर्णन के माध्यम से उसके समक्ष प्रस्तुत की जा रही है। वर्णना में सदैव ही एक दर्शक या व्याख्या करने वाला होता है जो वर्णित घटनाओं से अलग सन्दर्भ वाले दिक्काल में अवस्थित होता है। वर्णन की प्रक्रिया व्याख्या करने वाले के सन्दर्भ की तात्कालिक दशा में जाकर सम्पन्न हो जाती है, किन्तु यह प्रक्रिया उस तात्कालिक स्थिति से बाहर की घटनाओं का सन्दर्भ देती है। यह बात खाने की मेज पर मेरे द्वारा छोटी-छोटी घटनाओं का वर्णन देने के सम्बन्ध में उतनी ही सच है जितनी कि वह **किंग लीयर** अथवा **स्वानलेक** के प्रस्तुतीकरण अथवा **वार एंड पीस** के अध्ययन करने के सम्बन्ध में और तब वर्णन व्याख्या करने वाले अथवा वर्णना माध्यम (कलाकार, पुस्तक, फिल्म आदि) की उपस्थिति तथा वर्णित घटनाओं की अनुपस्थिति पर निर्भर करता है। ये घटनाएँ कथा के रूप में उपस्थित रहती हैं, परन्तु यथार्थ रूप में अनुपस्थित। ऐसी स्थिति में यह सम्भव है कि परिवर्तनकारी उन सीमाओं के जरिये वर्णन के विभिन्न प्रकारों और गुणों के बीच अन्तर किया जा सकेगा जिन पर ये सीमाएँ वर्णन की तात्कालिक प्रक्रिया पर जोर देती हैं (जैसे कोई कलाकार एक प्रदर्शनकारी के रूप में खुद की ओर ध्यान आकर्षित करे) अथवा दूसरी ओर मध्यवर्ती घटनाओं पर जोर दे। समीक्षा की आम शब्दावली का हम प्रयोग करें तो यह कहना सम्भव है कि वर्णन कहीं अधिक कथात्मक है, क्योंकि वह वर्णित की घटनाओं पर जोर देता है, वह अधिक गीतिमय है क्योंकि वह अपनी खुद की भाषा पर जोर देता है, वह अधिक अलंकारपूर्ण है, क्योंकि वह प्रतीतिकारक लक्ष्यों को प्राप्त करने के लिए भाषा अथवा घटनाओं का उपयोग करता है।

वर्णन की प्रक्रियाओं का बारीकी से निरीक्षण करने के पहले यहाँ कुछ क्षण के लिए रुकना और वर्णना का साहित्य के सिद्धान्तों तथा साहित्यिक मूल्यों से सम्बन्ध पर विचार करना उपयोगी होगा। रूसी औपचारिक सिद्धान्तवादियों और संरचना सिद्धान्तवादियों के प्रागस्कूल और विशेषकर रोमन जैकबसन ने साहित्यिक के गुण को सामान्य भाषा से जुड़े एक गुण के रूप में अलग-थलग करने की कोशिश की है। उन्होंने साहित्यिक की परिभाषा इस तरह की है, ''वह भाषा द्वारा स्वयं की ओर ध्यान आकर्षित करने की प्रक्रिया है, या वह एक ऐसा सन्देश है जिसमें उसकी निर्देश्य क्षमता के बजाय अभिव्यक्ति के रूप पर जोर दिया गया है।'' वर्णना का अध्ययन करने वाले विद्यार्थियों के लिए, बहरहाल यह स्पष्ट है कि धारणा किसी अभिव्यक्ति के गीतिमय आयाम पर ही लागू हो सकती है। यदि वर्णनाओं को साहित्यिक माना जा सकता है तो उन्हें उस रूप में भी साहित्यिक

होना चाहिए जो कहीं अधिक शुद्ध रूप से वर्णनात्मक हैं। मैं इस समस्या को कहीं ज्यादा ठोस रूप में प्रस्तुत करने की कोशिश करना चाहता हूँ।

हम एक सवाल पर विचार करने से शुरुआत कर सकते हैं : दिन में हुई घटनाओं के सम्बन्ध में मैं जो कहूँ उससे, कोई साहित्यिक वर्णन किस प्रकार भिन्न है। क्या किसी साहित्यिक कथावाचक की तुलना में यह प्रदर्शन की शैली का मामला है, मेरी भाषा वाक् मुद्रा की बात है या यह केवल खुद घटनाओं का मामला है—मेरे दिन में तुच्छ मामूली तौर पर व्यवस्थित घटनाएँ किसी अधिक सौन्दर्यशास्त्रीय दृष्टि से सन्तोषजनक स्वरूप ग्रहण की हुईं, कहीं अधिक महत्त्व की घटनाओं के विपरीत। इस प्रश्न का उत्तर देने की जरूरत नहीं है। यह प्रश्न इस धारणा को मजूबत करता है कि वर्णनात्मक अभिव्यक्ति के दो स्पष्ट औपचारिक आयाम हैं : प्रदर्शन सम्बन्धी रूप जो कि तात्कालिक (भाषा, मुद्रा आदि) है और दूसरा प्रतिनिधिकारक रूप, जो कि प्रदर्शन के स्तर से हटाया गया है उपन्यास में, उदाहरण के लिए, एक स्तर पर तो लेखक की भाषा होती है और दूसरे स्तर पर चरित्र, परिस्थिति तथा घटना का प्रतिनिधित्व करने वाली भाषा होती है। नाटक में लेखक की भाषा होती है, अभिनेता का प्रदर्शन होता है ओर चरित्र का कार्य होता है जिन पर विचार किया जाना होता है : ये तीन ऐसे स्पष्ट स्तर हैं जिनका रूप परखा जा सकता है और फोटोग्राफी की प्रक्रिया के जरिये फिल्म इन तीन स्तरों में एक स्तर जोड़ देती है; कैमरे के कोण, प्रकाश व्यवस्था, फोकस आदि एक मायने में इसमें से प्रत्येक औपचारिक स्तर इस प्रक्रिया में केवल अपनी उपस्थिति के जरिये एक अंश तक साहित्यिक उसमें जोड़ता है। उदाहरण के लिए, अगर हम कोई एक ऐसा पाठ्यांश लें जिस एक पुस्तक के रूप में पढ़ा जा सकता है, मंच पर अभिनीत किया जा सकता है या जिसे पर फिल्म बनाकर पर्दे पर प्रदर्शित किया जा सकता है, जैसे शेक्सपीयर का **हैनरी फिफ्थ**। प्रस्तुतीकरण शैली में जोड़े गये इन स्तरों में से प्रत्येक अपनी विशेष युक्ति के जरिये अनुभव की साहित्यिकता को ज्यादा गम्भीर बना सकता है : भाषा + अभिनय + फोटोग्राफी और फिर उपलब्ध कथा अपनी विशिष्टता के साथ यहाँ मौजूद रहती है, एक ऐसी कथा जिसका मुकाबला मुद्रित पाठ्यांश नहीं कर सकता। इस तीव्रता की कीमत के रूप में लिखित पाठ की व्याख्यात्मक समृद्धि कम हो जाती है, हर नये स्तर के जुड़ने के साथ ह्रास होता है। जब नाटक मंचित किया जाता है तो प्रत्येक प्रदर्शन पाठकों के लिए व्याख्यात्मक विकल्प उपलब्ध कराता है, किन्तु कभी भी दो प्रदर्शनों द्वारा पुस्तुत विकल्प एक समान नहीं होता। जब किसी कथा पर फिल्म बनायी जाती है तो सारे विकल्प चूक जाते हैं। इसका यह अर्थ हुआ कि किसी विशिष्ट कृति की साहित्यिकता सम्बन्धी गुण और व्याख्यात्मक समृद्धि

को एक-दूसरे से गड्डमड्ड करने के सम्बन्ध में हमें बहुत सतर्क रहना होगा। जिन्दगी अपने आप में अपनी एक रोजाना की सारी आकस्मिकताओं के साथ व्याख्या के लिए सर्वाधिक सम्भावनापूर्ण समृद्ध क्षेत्र उपलब्ध कराती है। कला इस क्षेत्र को पूरी तरह से छोटा बना देती है और यही कारण है कि हम उसे मूल्यवान मानते हैं—उसे मूल्यवान मानने का यह एकमात्र कारण नही है, किन्तु एक प्रमुख कारण जरूर है। निश्चय ही मैंने जो उदाहरण दिया है—(किसी विशिष्ट समृद्ध शाब्दिक आलेख के अभिनय पर आधारित फिल्म) वह मुद्दे को अत्यधिक सरल बना देने वाला है और कुछ मामलों में भ्रम पैदा करने वाला हो सकता है और व्याख्या की दृष्टि से सिनेमा का आलेख कमजोर होता है। इसकी बजाय मेरा एकमात्र उद्देश्य यह संकेत देना है कि शाब्दिक और सिनेमेटिक आलेख व्याख्या दृष्टि से अलग-थलग रूप हैं और मैं इस बात को हाल ही की अमेरिका फिल्मों से कुछ संक्षिप्त उदाहरण देकर स्पष्ट करना चाहूँगा। पर सबसे पहले व्याख्यात्मक व्यवहार के सामान्य पक्षों पर विचार करना जरूरी होगा।

घटनाओं की शृंखला का बयान करने या उनका विवरण देने को वर्णन कहा जा सकता है, किन्तु प्रत्येक वर्णन वर्णना हो, यह जरूरी नहीं है और न ही प्रत्येक वर्णना से कोई कहानी बन सकती है। एक कहानी बनकर या कहानी बनने का दावा करने वाला वर्णन कथात्मक स्तर की साहित्यिकता अर्जित करता है। कहानी ऐसा वर्णन है जो विशिष्ट अंश की सम्पूर्णता अर्जित करता है और कहानी के एकाध अंश या अधूरी कहानी भी अपने सूचनात्मक सिद्धान्त के जरिये यह सम्पूर्णता ली हुई होती है। उसमें वह सोद्देश्यता होती है जो उसकी संरचना का नियमन करती है। उसका जो रैखिक और परिणामात्मक स्वभाव है उसे देखते हुए वह आश्चर्यजनक नहीं है कि फिल्म प्रमुख रूप से वर्णनात्मक माध्यम बन गयी है। बहरहाल, यह अधिक आश्चर्य की बात है कि फिल्म में कहानियों का प्रभुत्व है, मुद्रित पुस्तकों में जितने उपन्यास हैं, उनकी तुलना में फिल्म में कहानियाँ अधिक हैं।

यहाँ पहुँचकर शब्दावली की समीक्षा करना उपयोगी होगा। वर्णन अभिनय या कथा की एक प्रक्रिया है जो हमारे सांस्कृतिक अनुभव का एक सर्वसामान्य गुण है। हम सब हर दिन कोई न कोई वर्णन करते हैं। जब यह प्रक्रिया पर्याप्त रूप से सुसम्बद्ध होती है और इतनी विकसित होती है कि सांस्कृतिक अन्त:परिवर्तन के प्रवाह से अलग हो जाय तो हम उसे एक वर्णना के रूप में अनुभव करते हैं। अनुभव की गयी वर्णना में एक खास किस्म की तीव्रता अथवा प्रयोजन शामिल होता है और तब हम उसे एक कहानी के रूप में पहचानते हैं और हम उसकी अभिव्यंजनात्मक शैली और उसकी शब्दार्थ सम्बन्धी अन्त:वस्तु को लेकर उससे

कुछ खास अपेक्षाएँ करते हैं। यहाँ एक निरन्तरता होती है, उसी तरह जैसे कि रंगों के वर्णक्रम में निरन्तरता होती है। इस निरन्तरता को हमारी अनुभवगत यान्त्रिकता अलग स्तरों में विभाजित करती है और जिस स्तर को हम कहानी के रूप में पहचानते हैं वह प्रस्तुति के कुछ संरचनात्मक गुणों से युक्त होती है और ये गुण अनुभव करने वाले से सक्रिय सहभागिता की माँग करते हैं। इस सहभागिता को मैं वर्णनात्मकता कहना चाहूँगा। इस शब्द को इन दिनों फ्रेंच समीक्षकों द्वारा बुनियादी तौर पर फिल्मों व एक खास गुण को बताने के लिए उपयोग में लाया जाता है। फिल्मों के वर्णनात्मक गुण को बताने के लिए अंग्रेजी में यह शब्द कुछ भ्रम उत्पन्न करता है। अंग्रजी में इस शब्द में इतने भावनात्मक गुण सम्मिलित होते हैं जो किसी कलाकृति के सम्बन्ध में की जाने वाली अपेक्षा से ज्यादा ही होते हैं। इसी तथा अन्य कारणों से मैं यह बतलाना चाहूँगा कि वर्णनात्मकता शब्द का प्रयोग हम एक ऐसी प्रक्रिया को सूचित करने के लिए करते हैं जिसके जरिये अनुभव करने वाला व्यक्ति किस वर्णनात्मक माध्यम के द्वारा उपलब्ध कराये गये कथात्मक आँकड़ों से कहानी की रचना सक्रियातापूर्वक करता है। हमारे समक्ष कोई कहानी एक वर्णन के रूप में प्रस्तुत की जाती है, जो हमें मार्गदर्शन देती है, जबकि खुद की सक्रिय वर्णनात्मकता इस प्रक्रिया को इस तरह पूरा करती है जिससे कि कहानी उपलब्ध हो जाय।

एक सीमा तक वर्णनात्मकता की प्रकृति संस्कृति आबद्ध है। जिस तरह हम कोई भाषा सीखते हैं, उसी तरह यह भी सीखी जा सकती है, या इसे अलग से अर्जित किया जा सकता है, परन्तु इस विशिष्ट प्रकार के व्यवहार को अर्जित करने की बात मानव की पूर्व प्रवृत्ति या क्षमता पर आधारित होती है। समकालीन पश्चिमी जगत में वर्णनात्मकता की संस्कृति पर्याप्त रूप से संभागी प्रतीत होती है जिससे कि उसे एक भाषा की भाँति एक व्यवस्थित समग्र के रूप में स्वीकार किया जा सकता है। हम "पाठकों के अध्ययन" को समझना शुरू कर रहे हैं, पाठ को पढ़ने के विपरीत, इसलिए वर्णनात्मकता पर मेरी टिप्पणियाँ रफ और पहले से तैयार ही हैं जो एक सीमा तक 'अध्ययन' के एक पाठक और एक शिक्षक के रूप में मेरे खुद के अनुभव की अन्त: प्रज्ञा से प्रेरित व्यवहार पर आधारित है, किन्तु यह भी सम्भव है कि वर्णनात्मकता के अध्ययन को आंशिक रूप से पाठ पर भी आधारित करें। यदि हम भिन्न-भिन्न माध्यमों में पाठों को अपने विचार में लें, कुछ माध्यमों में ऐसी चीजें, जो पाठक की वर्णनात्मक के लिए छोड़ दी जाती हैं वे कुछ अन्य माध्यमों में सीधे-सीधे उपस्थित रहती हैं। वर्णना परिदृश्य पर फिल्म के आने से कथा की कुछ विशेषताएँ ज्यादा रूप से समझना हमारे लिए सम्भव हुआ है, क्योंकि जहाँ वे फिल्म में वर्णन का अंग थीं, वहीं कथा में वे

पाठक की वर्णनात्मकता का ही अंग रही हैं। यदि हम एक सर्वाधिक स्पष्ट उदाहरण लें तो फिल्म का चाक्षुष गुण हमें इस बात की जबरिया याद दिलाता है कि कथात्मक वर्णनात्मकता में भौतिक विवरण उपलब्ध कराना अथवा वाचिक संकेतों को बिम्बों में अन्तरित करना कितना शामिल है। ऐसे पाठक जो इस तरह का चाक्षुषीकरण पूरी तरह नहीं कर सकते वे अक्सर कथात्मक पाठों के महत्त्वपूर्ण पहलुओं को अनुभव करने में अक्सर असफल रहते हैं। निश्चय ही फिल्म चाक्षुषीकरण की ऐसी समस्याओं को नहीं उठाती। वह कुछ अन्य समस्याएँ उठाती हैं, जिनकी चर्चा मैं बाद में करूँगा। इस मौके पर सौन्दर्य शास्त्रीय व्याख्या की प्रक्रियाओं को और बारीकी से समझना उपयोगी होगा।

कलात्मक तथा मनोरंजनात्मक पाठों के रहते हुए पाठकों और दर्शकों की गतिविधियों में लक्षण विशेष की परम्पराओं को समझ में आने वाले तत्त्वों में निष्क्रिय या स्वप्रेरित रूप से अन्तरित करना और पाठात्मक संकेतों को विशिष्ट संरचनाओं में सक्रिय अथवा व्याख्यात्मक रूप से संयोजित करना शामिल है। इन क्रियाओं का स्वप्रेरित अंश भाषागत अथवा लक्षण विषयक क्षमता का मामला है, न कि इस मौके पर किसी विशेष रुचि का। यहाँ पर हमारा ताल्लुक व्याख्यात्मक अंश से है। उदाहरण के लिए, गीति काव्य की व्याख्या करने वाले व्यक्ति के लिए यह अनिवार्य है कि वह कविता जिस भाषा में लिखी गयी है उस भाषा को उसकी वाचिक परम्पराओं को जाने। उसके लिए यह अनिवार्य है कि वह कविता को समझने की क्षमता के स्तर से भी आगे जाय। विशेषकर उसके लिए यह अनिवार्य है कि वह कविता में दिये गये संकेतों से एक परिस्थितिजन्य संरचना निर्मित करे, (कौन कह रहा है? किससे कह रहा है? किन परिस्थितियों मे कह रहा है, आदि) और उसके लिए यह अनिवार्य है कि वह काव्यात्मक शब्द संग्रह, व्याकरण और वाक्य रचना की विशिष्ट भाषागत विशेषताओं को उद्‌घाटित करे जिससे कि उन्हें समझा जा सके। उसके लिए जरूरी है कि गद्यात्मक संरचना के विरुद्ध काव्यात्मक संरचना को समझे क्योंकि उसके लिए जरूरी है कि वह काव्यात्मक ढंग से कही गयी बातों के बिल्कुल अलग गुणों को समझे। उसके लिए यह अनिवार्य है कि सह रूपक के छूटे हुए अंशों को उपलब्ध कराये, उन सामान्य शब्दों को स्वीकार करे जो कि असामान्य शब्दों के द्वारा बदल दिये गये हैं। जिससे कि सामान्य शब्दों की क्रियाओं को समझा जा सके। इन संरचनओं के कुछ पहलुओं को ढँकने वाले वाक्यों में बुनियादी वाक्य-विन्यास संरचनाओं को उद्‌घाटित करें। काव्यात्मक पाठ के लिए यह जरूरी है कि वह इस तरह डिजाइन किया जाय जिससे व्याख्यात्मक गतिविधियाँ सम्भव हो सकें। यह गतिविधि उन लक्षण विषयक विशेषताओं को उपलब्ध करने का मामला है जो पाठ की

व्याख्या के लिए जरूरी होती हैं, यह पाठ के स्वयं के आस-पास व्याख्यात्मक संरचना निर्मित करने का मामला है। कविता केवल पाठ नहीं है, बल्कि उसके एक समग्र और बोधगम्य व्याख्या संरचित करने के लिए उपयोग में लाया गया पाठ है। कोई कविता ऐसा पाठ होती है जिसके लिए काव्यात्मक प्रक्रिया (काव्यात्मकता) उसकी व्याख्या के लिए जरूरी होती है और जो उसे पुरस्कृत करती है।

इस तरह वर्णना ऐसा पाठ है जिसके लिए वर्णनात्मकता की आवश्यकता है और जो वर्णनात्मकता पुरस्कृत करती है। वर्णनात्मकता में व्याख्यात्मक संरचना की अनेक प्रक्रियाएँ शामिल हैं; किन्तु इनमें से एक सर्वथा महत्त्वपूर्ण गुण के रूप में रेखांकित की जा सकती है। जिस तरह गीति रचनाएँ व्याख्या के लिए वाचिक संरचना को सरल बनाने की आवश्यकता से पहचानी जाती हैं उसी तरह वर्णना की मुख्य विशेषताएँ वर्णन में कुछ तथ्यों को सरल बनाने की आवश्यकता से रेखांकित होती हैं। हम कविता को समझने के लिए उसकी अनन्य शाब्दिक संरचना के भीतर परिचित वाक्य विन्यास को समझते हैं। हम वर्णन का ठीक इसी तरह अर्थ लगाते हैं, किन्तु वह पाठ के एक अलग स्तर पर होता है। किसी कहानी में शब्दों की व्यवस्था की बजाय घटनाओं को एक सन्तोषजनक क्रम में संयोजित करने की होती है। ऐसा करने के लिए हमारे लिए यह जरूरी है कि हम दो विशेषताओं को पहचानें अथवा उपलब्ध कराएँ : भौतिकता और कारणता।

वर्णनात्मकता एक मानसिक संक्रिया पर आधारित है जो एक तार्किक हेत्वाभास "बाद की घटना को समझने का प्रयास" के समान है। तर्कशास्त्र में जो हेत्वाभास है, व कथा का एक सिद्धान्त है : किसी वर्णन शृंखला में भौतिक तत्त्वों का कारण और प्रभाव के सम्बन्ध द्वारा जोड़ा जाता है। मैं यह नहीं सुझा रहा हूँ कि उसकी रचना इस तरह से की जाती है जिससे कि यह हेत्वाभास कथा संसार का एक गुण बन जाय। जब हम यह कहते हैं कि कोई कृति अप्रस्तुत है, तो हमारा अर्थ यह होता है कि इस कृति में कारणगत सम्बन्ध के लिए वर्णनात्मकता का आकर्षण सम्भव नहीं होता है और उसे हम एक कथागत कमी मानते हैं (यद्यपि स्पष्ट तौर पर उस कृति में कुछ दूसरे गैर कथात्मक प्रतिपूरक हो सकते हैं) इन सबसे ऊपर बात यह है कि जब हम किसी कृति को एक कथा के रूप में अभिस्वीकृत करते हैं तो हम यह मानते हैं कि उसमें कारण अथवा प्रभाव पर आधारित एक भौतिक शृंखला है। इसका यह अर्थ है कि किसी कहानी में यदि घटनाएँ उनकी भौतिक शृंखला में प्रस्तुत की गयी हैं तो हमारा वर्णनात्मकता का बड़ा हिस्सा एक घटना और दूसरी घटना के बीच कारण-सम्बन्ध सपष्ट करने को समर्पित रहता है। इसका यह भी मतलब है कि यदि घटनाएँ स्वयं को भौतिक शृंखला

से परे प्रस्तुत करती हैं तो हम सबसे पहले वास्तविक भौतिक श्रृंखला को समझने की कोशिश करते हैं और फिर भौतिक श्रृंखला को सूचित करने वाली कारणगत श्रृंखला को समझते हैं। वर्णनात्मकता प्रक्रियाएँ बहुत जटिल हो सकती हैं, जब हम मात्र विवरण तथा आकस्मिक चीजों से कारण को अलग करते हैं, जब हम कारणगत प्रस्तुति को विश्लेषित कर भविष्य की घटनाओं को अनुमान लगाने की कोशिश करते हैं और जब हम वर्तमान की समझ के आधार पर भूतकाल की घटनाओं पर विचार करते हैं। ''पो'' द्वारा आविष्कृत जासूसी कथाओं के आविर्भाव के समय से ही उसकी साधारण लोकप्रियता इस बात पर निर्भर है कि इस कथा रूप में स्वयं वर्णन में ही वर्णनात्मकता निहित होती है। हम जासूसी का अपराध होने के समय से लेकर अपराध का पता लगाने तक पीछा करते हैं, जबकि जासूस स्वयं अपराध के वर्णन की संरचना करने की प्रक्रिया में जुटा रहता है। वह यह संरचना उन सुराग के आधार पर करने की कोशिश करता है जिनमें भौतिक और कारणगत परिस्थितियाँ स्पष्ट नहीं हैं। स्पष्ट सुरागों के आधार पर जासूस एक आपराधिक वर्णना की रचना करता है जो हमारे खुद की वर्णनात्मकता के लिए सत्यापन व संशोधन को अन्तिम रूप से उपलब्ध कराता है। इस तरह का एक गुण 'इडिपस' जितना पुराना है और जिसकी झलक अनेक नाटकों तथा नाटकीय कथाओं में मिलती ही है। रंगमंच के मामले में मंच पर प्रस्तुत घटनाओं का कथानुक्रम संक्षिप्तता और भौतिक प्रवाह की ओर प्रवृत्त रहता है, परन्तु वह बारम्बार ऐसे तथ्य उद्घाटित करता है जो नाटक शुरू होने के पहले होते हैं। नाटक में अक्सर एक कहानी होती है जिसमें ऐसी महत्त्वपूर्ण घटनाएँ शामिल होती हैं जो कि मंच पर मंचित प्लाट से पहले की होती हैं।

सरल वर्णनात्मकता की ओर मानव रुझान की शक्ति को आंशिक रूप से इस तरह नापा जा सकता है कि इस रुझान पर विभिन्न आधुनिक तथा आधुनिकोत्तर माध्यमों द्वारा कितना जबर्दस्त हमला किया जा रहा है। रंगमंच पर वर्णनात्मकता की ओर दर्शकों के भावावेग के विरुद्ध जो दो वृत्तियाँ कार्यरत रही हैं उनका प्रतिनिधित्व पिरांडेलो और ब्रेख्त करते हैं। पिरांडेलों ने भ्रम की शक्ति को प्रदर्शित करने के लिए तथा इस दृष्टिकोण को प्रस्तुत करने के लिए कि जीवन स्वयं मंचन करने और भ्रम का एक मामला है, सौन्दर्यशास्त्रीय कारणों से भ्रम को तोड़ा है। अपने रंगमंच के सैद्धान्तिक क्षेत्र को तर्कशास्त्रीय लक्ष्य प्राप्त करने की इजाजत देने के लिए ब्रेख्त वर्णनात्मकता को ध्वस्त करने की कोशिश करता है और फिल्म में रेसनाइस तथा गोडार्ड उन्हीं सिद्धान्तों को प्रस्तुत करते हैं जो मंच पर पिरांडेलो और ब्रेख्त प्रस्तुत करते हैं। हम रोबग्रिले की भूल-भुलैया में तथा नार्मल मेलर की औपन्यासिक पत्रकारिता में इन विभूतियों के कथागत समतुल्य पा सकते हैं।

फिर भी वर्णनात्मकता और उसके पूर्वज सर्वांटीज, कॉल्ड्रन, डाइडरोट, स्टर्न आदि पर किये जाने वाला हमला वर्णनात्मकता पर ही आधारित है और वह बिना वर्णनात्मकता के कार्य नहीं कर सकता है। यह भी हो सकता है कि चर्चा का लम्बा रूप किसी पाठक, दर्शक या अंकेक्षक द्वारा तब तक समझा नहीं जा सकता जब तक कि वह अपने दर्शकों के लिए वर्णनात्मकता को एक खास अंश में बने रहने की इजाजत न दे और जब तक उसे प्रोत्साहित न करे।

वर्णनात्मक की प्रकृति को एक-दूसरे तरीके से भी देखा जा सकता है। वह न केवल तर्कशास्त्र के हेत्वाभास पर आधारित है, वरन् ऐसे व्यवहार पर आधारित है जिसे मनोविज्ञान में उत्तेजना, भ्रम या मनोविक्षिप्ति के रूप में ही देखा जाता है। वर्णनात्मकता मानसिक उन्माद का एक अनुज्ञप्त और सात्विक रूप है। (शालाओं में पढ़ने वाले कितने बच्चे किसी पुस्तक के लेखक को 'वे' कहकर सम्बोधित करते हैं?) वर्णना प्रक्रिया की व्याख्या करने वाला वर्णन की गतिविधि में एक उद्देश्यपूर्ण भूमिका अपना लेता है। जो यदि इस संसार में अस्तित्व में रहे तो हम व्यष्टिगतता और व्यक्तित्व को जिस रूप में जानते हैं, उसे पूरी तौर पर नष्ट करने वाली होगी। (मैं इस सवाल को छोड़ देता हूँ कि क्या यह स्थिति कोई बेहतर स्थिति होगी) किसी वर्णना का दर्शक अथवा पाठक यह मान लेता है कि वह एक ऐसी प्रक्रिया के पंजे में है जो कि किसी अन्य द्वारा नियन्त्रित होती है, जो इस तरह बनी है कि जिसका वास्ता तो उससे है किन्तु जिसका सामना करने में वह शक्तिहीन है और यह कि उसका सारा संघर्ष उसे लेखक की कारगुजारियों में और भी ज्यादा उलझा देंगे। घटिया किस्म की कथा को लेकर हम जो उतावलापन महसूस करते हैं उसके बहुलांश का कारण यह है कि हम लेखक की शक्ति में अपना विश्वास खो देते हैं। जब वह हमारी प्रतिक्रिया का पूर्वानुमान लगाने में असफल होता और एक ऐसे जाल को बिछाने में असफल होता है जिसमें हम आनन्दपूर्वक लड़खड़ा जाते, तब हम इस बात का आश्चर्य करने लगते हैं क्या वह सच में नियन्त्रण में है और यह भय होने लगता है कि हमें अपनी वर्णनात्मकता से निकलकर स्वयं वर्णना में प्रवेश करना हो—अथवा हमें पूरी तौर पर गैर वर्णन व्यवहार की ओर लौटना होगा।

वर्णनात्मकता का एक गुण हमारी यह इच्छा होती है जिसके तहत हम अस्तित्व के कुछ आयामों, रोजाना की चुनिन्दा जिम्मेदारियों को त्याग देने की इच्छा करते हैं और हम अपने आपको वर्णना के किसी रचनाकार के भ्रमपूर्ण मार्गदर्शन के अधीनस्थ कर देते हैं। रचनाकार की शक्तियों का याद करने के कारण हम उस पर भरोसा करते हैं। इस सारे मामले में कोई ऐसी चीज है जो अत्यधिक अलोकतान्त्रिक, साथ ही असमीक्षात्मक है। समीक्षा तब शुरू होती है जब वर्णनात्मकता

समाप्त होती है, तब जीवन शुरू होता है। चाहे इस सच्चाई से भागना कहें या फिर अनुभवातीत कहें, वर्णनात्मकता हमारी चेतना की आनन्दमयी स्थिति है जो अन्य स्थितियों से उसी तरह भिन्न है, जैसे कि नींद के अन्य हिस्से से सपने देखना अलग है। वर्णनात्मकता का यह तत्त्व, जो शायद उसका सबसे बुनियादी और सबसे आदिम आयाम है, समकालीन लेखकों और फिल्म निर्माताओं के लिए असन्तोष का मूल है। समर्पण और परित्याग का यह गुण ही वर्णनात्मकता गतिविधि की एक विशिष्ट पहचान है, वर्णनात्मकता को उसके परिचित रूपों में से बाहर निकाल कर लाया और उन्हें अधिक पाठ के अधिक गत्यात्मक रुख की ओर ले गया। लेखक द्वारा शून्य अंश की तलाश, जिसमें लेखक ऐसी सामग्री उपलब्ध कराता है जिससे पाठक स्वयं एक पाठ रचता है, वास्तव में वर्णना को वर्णन में ही रूपान्तरित करने की कोशिश है। इस प्रवृत्ति की अन्तिम परिणति एक ऐसी पुस्तक होगी, जिसके पन्ने कोरे होंगे, शायद एक मूक संगीत सभा होगी (जान केज ने हमारे लिए प्रस्तुत किया है) एक खाली पिक्चर फ्रेम होगा। एक ऐसा चलचित्र पटल होगा जो प्रोजेक्टर के लैम्प से प्रकाशित हो, परन्तु जिस पर केवल उसके पटल की बुनावट और शायद मध्य दूरियों पर मौजूद तथा लैंस पर लगे धूल-कण दिखाई दे रहे हैं। इस तरह के सब अरूपों को या तो परखा जा चुका है या परखा जाएगा, परन्तु इनमें विकास करने की कोई क्षमता नहीं है। मूक संगीत सभा को दर्शकों की माँग पर पुनः प्रस्तुत करना एक समस्या है और जीवन का शून्य अंश मृत्यु है। मैं यह सुझाना चाहूँगा कि वर्णनात्मकता के कलाकार के लिए सही मार्ग यह है कि वह अपने दर्शकों को एक ऐसा अनुभव उपलब्ध कराये जो समर्पण की कमजोरी की अपेक्षा अधिक मूल्यवान है और ऐसा करते समय कहानी का सन्तोष ही नहीं दिलाये वरन् उनके लिए कहानियाँ उत्पन्न करे जो वर्णनात्मकता के सर्वाधिक ओजस्वी और कठोर रूप को पुरस्कृत करे। जैसे शेक्सपीयर जानता था कि किसी सामान्य या थके हुए व्यक्ति को सहज सन्तोष उपलब्ध कराते हुए उन लोगों को भी पुरस्कृत करना होगा जो अपनी मानसिक और भावात्मक शक्तियों का पूरा ध्यान वर्णना में लगाते हैं। इस परचे के बाकी हिस्से में मैं अपना ध्यान उस तरीके की ओर लगाना चाहूँगा जिसे विशिष्ट रूप से फिल्म अर्जित कर सकता या सौन्दर्य शास्त्रीय शिखर अर्जित करने की आकांक्षा नहीं करने वाली मध्यम श्रेणी की फिल्में अर्जित कर रही हैं। यह करते हुए और अपने दर्शकों के लिए स्वपरिचित क्षेत्र की ओर जाने का खतरा उठाते हुए मैं सिनेमा चिह्नों की प्रकृति की संक्षिप्त समीक्षा करने से अपनी बात शुरू करना चाहूँगा।

जैसा कि क्रिश्चियन मेट्ज ने बिल्कुल स्पष्ट किया है कि फिल्म तथा वर्णना में इतना सशक्त आकर्षण है कि उनके सम्बन्ध शीर्ष पर स्वाभाविकता अर्जित कर

लेते हैं। अठारहवीं सदी में लेसिंग ने शाब्दिक वर्णन और चित्रगत प्रतिनिधित्व की अभिनय सम्भावनाओं के बीच स्पष्ट अन्तर करने की कोशिश की थी, उसने इन दोनों के बीच संसार को स्पष्ट रूप से (निश्चय ही बहुत स्पष्ट रूप से) बाँटने की कोशिश की थी—कथा के शृंखलागत और मनमाने चिह्नों को क्रियाओं का वर्णन देकर तथा चित्रकला के स्वप्रेरित या बाह्यप्रेरित चिह्नों को वस्तु तथा व्यक्ति का वर्णन देकर। यदि आज फिर वह जिन्दा हो गया होता तो उसने सिनेमा में अपने इस विभाजित संसार को एक किया हुआ देखता। चूँकि चलचित्र हमें ऐसी वस्तु तथा व्यक्ति उपलब्ध कराते हैं जो वर्णन के एक चाक्षुष तन्त्र में चलित तथा अभिनयरत होते हैं। इस तन्त्र में कविता और चित्रकला की शक्तियों का असाधारण समन्वय रहता है।

बहरहाल, इस संश्लेषण के परिणामस्वरूप हमें जो चीज प्राप्त होती है वह वर्णन से बिल्कुल अलग किस्म की चीज है, कई बार हम उसे जैसा समझते हैं उससे वह कहीं बहुत ज्यादा होती है, लेसिंग ने उसे जिस रूप में समझा था, उससे कहीं बिल्कुल अलग, क्योंकि सिनेमा के चिह्न शाब्दिक कथा के चिह्नों से अलग ढंग से काम करते हैं। शाब्दिक वर्णन की भाषा में प्रत्येक चिह्न का पहले एक अवधारणा या श्रेणी के रूप में व्याख्या की जाती है और फिर जहाँ यह संगत और सम्भव है, उसे किसी अन्य किस्म के निर्देशन के साथ जोड़ा जाता है। इस तरह, यदि मैं आपसे कहूँ, ''लॉन पर एक कुत्ता है'', आप ''कुत्ता'' के ध्वनि-बिम्ब को अपने मन की किसी श्वान श्रेणी में रूपान्तरित करते हैं और यदि आप खिड़की के बाहर देखने के लिए बढ़ते हैं और खुद ही देखते हैं तो आप एक विशिष्ट निर्देश्य को अन्तिम रूप से ग्रहण करते हैं जो आपकी व्याख्यापरक संक्रिया में अवधारणात्मक श्रेणी का स्थान लेता है। यदि मैं आपको एक कथात्मक कुत्ता उपलब्ध कराऊँ तो रिक्त श्रेणी का आपके द्वारा किया जाने वाला सम्पूर्तिकरण मेरे वर्णन और आपको वर्णनात्मकता को बीच अन्तःक्रिया पर निर्भर करेगा। यदि मैं कहूँ, ''वह अपने पैर उठा रहा है'', तो आपके बिम्ब द्वारा अनिवार्य रूप से पैर उठाया जाएगा, बहुत करके पिछला पैर, के सम्बन्ध में पसन्द आप पर छोड़ दी जाती है, जब तक कि मैं आपको नयी शाब्दिक सूचना न दूँ जो आपको अपने बिम्ब को सुधारने के लिए मजबूर करे।

दूसरी ओर यदि मैं आपको एक सिनेमेटिक कुत्ता प्रस्तुत करूँ—तो चिह्न की प्रक्रिया पूरी तौर पर अलग होती है। आपके समक्ष एक ऐसा चिह्न होता है जो एक विशिष्ट निर्देश्य से पूरी तरह बँधा रहता है, जिसे आप किसी श्रेणीगत अवधारणा तथा किसी संक्रिया के अवधारणा-समुच्चय से जोड़ सकते हैं जो आंशिक सचेतन हो सकता है और आंशिक रूप से सचेतन नहीं भी। यदि मैं

अपनी फिल्म में शब्दों का इस्तेमाल कर सकूँ तो एक पुल्लिंग कुत्ते को ''लैसी'' नाम देकर आपको भ्रमित भी कर सकता हूँ और यदि कुत्ते के शरीर पर पर्याप्त बाल हैं और कैमरे तथा सम्पादन का कार्य पर्याप्त कुशलता से किया गया है तो आप इस छल को पकड़ नहीं पाएँगे और इस तरह निर्देश्य को एक ऐसी श्रेणी में रखेंगे जो कथात्मक रूप से तो सही किन्तु तथ्यगत गलत तो—यह एक ऐसी समस्या है जो शाब्दिक वर्णन में शायद ही सामने आ सके, उसमें तो मैं किसी कुत्ते को ''लैसी'' पुकारता हूँ तो आप इस बात के लिए बाध्य हैं कि आप उसके उपकरणों को उसी रूप में उपलब्ध कराएँ जब तक कि मैं उसके शरीर के अंगों की ओर आपका ध्यान न दिलाऊँ, उसके शरीर के हिस्सों को खाली छोड़ दूँ।

चिह्न-भाषा की ओर इस विचलन की बात यही बताने के लिए की गयी कि यद्यपि शाब्दिक और सिनेमेटिक रूप में एक ही वर्णना प्रस्तुत की जा सकती है तो भी वर्णन और वर्णनात्मक पूरी तौर पर अलग होंगे। यही वजह है कि मैंने पहले हैनेरी पाँच का जो उदाहरण दिया था वह एक सीमा तक भ्रामक था। चूँकि किसी नाटक का शाब्दिक अंश पूरी तौर पर मौखिक होता है, उसे पूरी तौर पर फिल्म में पुन: उत्पादित किया जा सकता है। बहरहाल, किसी उपन्यास में भाषा का अधिकांश प्रयोग विवरण देने और स्मरण करने के लिए किया जाता है जिसे कि सिनेमेटिक रूपान्तरण में अनिवार्यत: हटाना पड़ता है। उपन्यासों पर बनी फिल्मों में ध्वनिगत वर्णन अत्यन्त ही चुना हुआ होता है। यदि उसे मूल कृति को सम्पूर्ण शब्दाडम्बर की दृष्टि से देखें। इसी तरह का ध्वनिगत वर्णन 'फेयरवेल माई लवली' जैसी अच्छी फिल्म तथा ''जूल्स एट जिम'' जैसी महान् फिल्म में अधिकतम प्रभावशाली ढंग से किया गया है। वर्णन का यह अन्तर वर्णनात्मकता के महत्त्वपूर्ण अन्तरों के अनुरूप है, मुद्रित कथा के मामले में पाठक की वर्णना प्रक्रिया मुख्य रूप से चाक्षुषीकरण की ओर उन्मुख रहती है। यही कारण है जिसकी वजह से साहित्य समीक्षा की तुलना में फिल्म-समीक्षा अधिक रोचक है। एक अच्छी बनायी गयी फिल्म के लिए व्याख्या जरूरी होती, जबकि एक अच्छी तरह सृजित उपन्यास के लिए केवल समझ की जरूरत होती है। किसी शाब्दिक वस्तु के लिए शाब्दिक व्याख्या उपलब्ध कराना अनावश्यक है। यह बात लागू नहीं होती जब कोई चीज जो विशिष्ट रूप से चाक्षुष होती है।

समकालीन कथा के कुछ आन्दोलनों को फिल्म की अपारदर्शिता तथा अवधारणात्मक विचार से मुक्ति अर्जित करने की कोशिश के रूप में देखा जा सकता। एलन राबग्रिले ने एक कैमरा बनाने की बहुत कोशिश की और उसने कुछ रोचक शाब्दिक श्रेष्ठ कृतियाँ प्रस्तुत कीं, परन्तु शाब्दिक वर्णन की संरचना के विरुद्ध लेखन के ये प्रयोग उनकी विकासात्मक सम्भावनाओं तक सीमित हैं।

जो लेखक एक कैमरा बनाना चाहता है, उसे सम्भवत: फिल्म बनानी चाहिए। वर्णना फिल्मों के निर्माता भी इस संरचना के विरुद्ध कार्य कर सकता है और ऐसी फिल्में बनी हैं जो इतनी अधिक अवधारणा करने की कोशिश करती हैं कि वे सिद्धान्त के सागर में डूब जाती हैं। दो भिन्न-भिन्न वर्णना माध्यमों को निश्चय ही दो अलग-अलग किस्म की वर्णनात्मकता की जरूरत होती है और वे उसे प्रोत्साहित करती हैं, यद्यपि दोनों में ही अत्यधिक तीव्रता और फिल्मों की वर्णनात्मकता के कुछ पहलुओं को उद्घाटित करना चाहूँगा जिससे कि मैं उन प्रक्रियाओं के उदाहरण प्रस्तुत कर सकूँ जिनकी बाबत शायद अमूर्त ढंग से चर्चा करता रहा हूँ। इन प्रक्रियाओं में बिम्बों का अवधारणीकरण और ऐसी अवधारणाओं के आस-पास कारणता तथा मूल्यों की संरचना करना शामिल है।

विगत वर्ष मुझे 3 फिल्मों **द ग्रेट वाल्डो पीपर, गाडफादरदो तथा दपैरदालेक्स व्यू** में प्रस्तुत अमेरिकी बिम्बों द्वारा जो अलग-अलग प्रकार वर्णनात्मकता देखने को मिली उससे मैं अनेक तरह से प्रभावित हुआ। इस तीनों फिल्मों को मैंने केवल एक-एक बार देखा है। इसलिए मैं इस स्थिति में नहीं हूँ कि उनके गुणों के सम्बन्ध में पूरी शक्ति के साथ तर्क कर सकूँ तथा उनका विश्लेषण करने का कोई बहाना भी कर सकूँ, परन्तु इन तीनों में से प्रत्येक फिल्म मुझे विशिष्ट लगी और इन तीनों ने ही वर्णनात्मकता की जो छाप छोड़ी वह प्रज्ञा शक्ति का एक अंग बन गयी। **वाल्डो पीपर** एक मनोहारी फिल्म है, शायद वह अपने आकर्षण के प्रति बेहद सचेत भी है। यह एक ऐसे अमेरिका की याद दिलाती है जिसका संकेतीकरण **नार्मेन** राकवेल ने पहले ही कर दिया है, किन्तु यह फिल्म इस गुण को अनेक अवसरों पर पार करती जाती है। घातक हवाई दुर्घटना के आस-पास जो भीड़ के दृश्य हैं उनमें हमें राकवेल के संसार को ''नैथेलियलवेस्ट'' के संसार से मिलते-जुलते रूप में रूपान्तरित हो पाते हैं—किन्त ''सिनेमेटिक डे ऑफ द लोकस्ट'' के बोझिले वेस्टगत अनुराग से कहीं आगे बढ़कर यह फिल्म क्षमतावान और मितव्ययी है। एकाएक मध्य अमेरिका का शान्त धरातल से रक्त पिपासु तथा क्रूरता राकवेल के मुखौटे को कहीं अधिक भरोसेमन्द रूप से स्थापित किया गया है। इसकी वर्णनात्मकता की प्रक्रिया में, जो फिल्म देखने के बाद काफी लम्बे समय तक चलती रही, जो अब भी चल रही है और जब वह उस मेटा फिल्म के बिम्बों को जोड़ती है, जिसे मैं अपने दिमाग में रच रहा हूँ, तो उस फिल्म को भुला देने वाले दूसरे बिम्ब अब मेरे दिमाग में छा गये हैं, राकवेल गत चेहरे नहीं हैं और न अद्‌भुत हवाई कलाबाजी हैं, परन्तु प्राकृतिक दृश्य तथा मानवता के विशिष्ट गुण हैं जो राकेवल की अपेक्षा ग्रांट वुड के ज्यादा करीब हैं। खासकर, मैं एक फ्रेम हाउस एक पेड़, घर में एक या दो लोगों को इस

वातावरण में देखता हूँ और उनके पीछे खेत तथा आकाश देखता हूँ, एक कैमरा या तो ठहरा है, या धीरे-धीरे चल रहा है और शान्ति की भावना, प्रकृति के साथ मनुष्य के तालमेल की भावना दिलो-दिमाग पर छा जाती है। ये बिम्ब मेरे मन में वही भावना जागृत करते हैं जो तब अनुभव करता हूँ, जब आयोवा जाता हूँ, जहाँ आप जमीन की उर्वरता को सूँघ सकते हैं और यह समझ सकते हैं कि लोग उस जमीन को कितना प्यार करते हैं और धरती के प्रति किसान का यह प्यार राष्ट्रीय सीमाओं को किस तरह लाँघ जाता है और इतिहास शुरू होने से भी पहले की शताब्दियों में पहुँच जाता है। आसमान के प्रति, बेचैनी के प्रति, जमीन पर आराम करने की जगह न पाने वाले लोगों के प्रति बनी इस फिल्म में धरती के सम्बन्ध में जो गहरा लगाव है वह महत्त्वपूर्ण है। यही बात फिल्म में जटिलता का मापदंड है जो कि अनेक मायनों में सरल है और यह एक ऐसी जटिलता है जो बिम्बों के प्रति प्यार भरे आकर्षण से आती है और जो हमें उन बिम्बों से परे जाकर उनके अर्थ को समझने के लिए प्रेरित करती है।

वाल्डो पीपर जैसी फिल्म के मामले में हमारी वर्णनात्मकता बिम्बों को इकजायी करने, उन श्रेणियों में बाँटने और हमारी अपने सांस्कृतिक संकेतों के आधार पर उन्हें आँकने की एक सहज कोशिश से शुरू होती हैं। मैं यही जिस तरह नार्मेन राकवेल और ग्रांटवुड का प्रयोग करता हूँ वहीं कोई और व्यक्ति भिन्न उदाहरणों का प्रयोग करना चाहेगा जिनमें शायद लेबल चस्पा न हो, परन्तु हर हालत में हम फिल्म के वर्णन ट्रैक पर आगे बढ़ते चलते हैं तो हमारे समक्ष जो घटनाएँ प्रस्तुत की जाती हैं, उनमें हम स्वयं वाल्डो की कथा की संरचना करते हैं और हम कथा को मूल्य तथा भावना के साथ अत्यन्त जटिल तौर पर आवेष्टित करते हैं। मैं यह सुझाना चाहता हूँ कि वर्णन को ओजस्वी बनाने की यह महत्त्वपूर्ण और जटिल प्रक्रिया उन चीजों पर आधारित होती है जो खास बिम्बों को आवेष्टित करने और मूल्य निर्धारित करने पर निर्भर होती है। इस मामले में वाल्डो की नियति ऐसी है उसकी जिन्दगी प्रेयरी के घास के मैदान, जो मानव जोतकर तैयार किये हैं, की शान्ति तथा सामाजिक प्रेरणा के रूप में मानवता के घटियापन और क्रूरता के बीच बँटी हुई है। वाल्डो अपनी संस्कृति के इस पक्ष की शान्ति को स्वीकार नहीं कर सकता है और वह दूसरे पक्ष की सांसारिक तृष्णा और सनसनी को प्राप्त करने की कोशिश, एक ऐसी कोशिश जिसके जरिये वह एक काल्पनिक संसार रचना चाहता है जिससे वह आराम से रह सके, परन्तु किसी न किसी कारण हवाई जहाज नीचे आ जाते हैं। कल्पनाएँ रची जा सकती हैं, पर उनमें जीवन नहीं बिताया जा सकता।

इस फिल्म को पसन्द करने वाले कुछ लोग मेरे तर्क पर आपत्ति कर सकते

हैं कि यह डिसाल्व की यथार्थता से बहुत दूर चला जाता है और विषयगत अनुमान के हवाई दायरे में छलाँग लगाता है, परन्तु मैं इस मुद्दे को बताना चाहता हूँ कि किसी वर्णनात्मक फिल्म को समझने में हमें यही अनिवार्य रूप से करना चाहिए। सिनेमेटिक संसार अवधारणीकरण को आमन्त्रित करता है—सिनेमा के लिए अवधारणीकरण जरूरी है। हमारे सामने जो बिम्ब प्रस्तुत किये जाते हैं, वे जिस रूप में व्यवस्थित होते हैं। वे जिस ढंग से एक-दूसरे के आस-पास रखे जाते हैं, वे किसी कथा के वर्णनात्मक ब्लूप्रिंट होते हैं, और जिसे दर्शक की वर्णनात्मकता के द्वारा अनिवार्य रूप से निर्मित किया जाना चाहिए।

गॉडफादर टू अमेरिका के जो बिम्ब प्रस्तुत करता है वे वाल्डो पीपर के बिम्ब से अलग हैं, निश्चय ही उतने ही अलग जितने कि नेब्रास्का से निटिल इटली, या क्योकक से लास बेगास, परन्तु हमारे मन में ये बिम्ब वर्णनात्मकता की एक जैसी प्रतिक्रियाएँ जागृत करते हैं। मेरे लिए एलिस आइलैंड के दृश्य इतिहास की ढेर साारी पुस्तकों के बराबर हैं। एक विशिष्ट लाँग शॉट में कैमरा अप्रवासी लोगों के समूह के पास से धीरे-धीरे गुजरता है, ये समूह इस तरह आगे ले जाय जा रहे हैं मानो कि वे जानवर हों। ये दृश्य अमेरिकी के सपने और सच्चाई को करीब ले आते हैं और मैं इस समूह में अपने पूर्वज देखता हूँ, इतने करीब उन्हें महसूस करता हूँ जितने कि मैंने पहले कभी नहीं किये थे। धीमे चलता हुआ कैमरा, ऊष्मा प्रकाश, भीड़ का आशापूर्ण धैर्य, एक ऐसा बिम्ब उपलब्ध कराते हैं जो किसी में फ्लावर या प्लाईमाउथ राक की अपेक्षा इस देश के दिल के कहीं ज्यादा करीब हैं। निश्चय ही यह फिल्म इस सपने के धोखा बन जाने की बाबत है अपने किले में बैठे माफिया, अपने वेश्यालय में बैठे सीनेटर, बहिस्ता के क्यूबा में ठगों और राजनीतिज्ञों के सम्मेलन इन बिम्बों को अप्रवासियों की धीरज भरी पंक्तियों के बाजू मे रखा जाना चाहिए जिससे कि फिल्म की व्यंग्योक्ति पूरी तौर पर प्राप्त हो सके। एक बार जब हम उसे पूरी तौर पर जान लेते हैं तो वह हमारे साथ लम्बे समय तक रहती है।

मैं जिस अन्तिम फिल्म का उल्लेख करना चाहता हूँ वह अन्य दोनों की अपेक्षा कम उल्लेखनीय मानी जाती है और मैं भरोसा करता हूँ कि यह फिल्म व्यवसाय की दृष्टि से भी कम सफल रही है, परन्तु मेरे लिए यह फिल्म असाधारण किस्म की एक फिल्म है, बावजूद इसके कि इसमें कमजोरियाँ हैं और मेरे लिए इन्हीं कमजोरियों की वजह से यह फिल्म असाधारण रुचि की रही है। पैरालेक्स व्यू ने वर्णना के कमाल दिखलाने की कोशिश की है। वर्णना प्रक्रिया के मूल में उस विभ्रम को जो सात्विक रूप मे उपस्थित रहता है और एक दूसरे विभ्रम को जो हमारे राष्ट्रीय जीवन पर छा जाने का खतरा पैदा करता रहता है, दोनों

को इस फिल्म में एक साथ लेकर संगत बनाने की कोशिश की गयी है। किसी भी फिल्म में सर्वाधिक प्रेरक वर्णनात्मकता के किसी एक दृश्य का अगर मैं स्मरण कर सकता हूँ तो वह इसमें ही है। इस फिल्म में एक ऐसी कहानी है जो अनेक उदार राजनीतिक व्यक्तियों की हत्या के पीछे के षड्यन्त्र को उद्घाटित करती है और इन हत्याकांडों की जाँच कर रहे लोगों की आत्मतुष्टि या षड्यन्त्र में साझेदारी पर व्यंग्य करती है। इस फिल्म में अमेरिका के विरुद्ध रचे जाने वाले षड्यन्त्र की जानकारी जिस व्यक्ति को मिलना शुरू हो जाती है उसकी हत्या कर दी जाती है। अन्तिम साहसिक नायक एक ऐसी स्थिति में फँस जाता है जिसमें वह स्वयं एक हत्यारा बन जाता है और उसे उन लोगों द्वारा मार डाला जाता है जो कि सच्चे अर्थ में अपराधी होते हैं, किन्तु जो उसकी गिरफ्तारी में मदद करने की स्वांग रचते हैं। यह ऐसी फिल्म है रोंगटे खड़े कर देती है तथा जो समकालीन वास्तविक घटनाओं के अत्यन्त करीब है। स्कैंडल मैगजीन के तर्क-विमुख पाठकों और विभ्रम षड्यन्त्र के सिद्धान्तों के अन्धभक्त लोगों का अमेरिका के सम्बन्ध में जो दृष्टिकोण है उसे यह फिल्म सामने लाती है। एक फिल्म के रूप में यह सफल नहीं हो सकी। उसका सम्भवतः कारण यह है कि इस फिल्म के सम्भावित दर्शक अपने प्रवक्ता नायक का वध स्वीकार नहीं कर सके। लोकप्रिय कथाओं के सूत्रों में इस फिल्म में एक ऐसे विजयी नायक की जरूरत थी जो देश को षड्यन्त्रकारियों के राक्षसी गैंग से बचा सके। दर्शकों के एक वर्ग में छुपी हुई विभ्रम की स्थिति को स्वीकार कर और शक्तिमयता की फैंटेसी तथा मनोकामना की पूर्ति को जो कि उससे सदैव जुड़ी रहती है, अस्वीकार कर इस फिल्म ने अपने अधिकांश सम्भावित दर्शकों से अपने आपको दूर कर लिया और निश्चय ही, जो अपने आपको इन चीजों से ऊपर मानते थे वे लोग शुरू से ही अयोग्य ठहरा दिये गये।

फिल्म की कुछ और समस्याएँ थीं—उसकी गति को लेकर तथा कथा कहने के तर्क को लेकर, जिसमें प्लाट के बिखरे बिन्दुओं को समेटने के लिए षड्यन्त्र के अदृश्य अगुआ लोगों पर बहुत ज्यादा जोर दिया गया था, जो दर्शक की दिशाविहीन तथा लापरवाह वर्णनात्मकता को प्रेरित करता है, परन्तु इस फिल्म ने एक असाधारण दृश्य हमें दिया। इस एपीसोड में निडर नायक, जो षड्यन्त्र में घुसपैठ करने की कोशिश कर रहा है, एक अत्याधुनिक व्यक्तित्व परीक्षण का सामना करता है। प्रशिक्षु हत्यारे के रूप में योग्य सिद्ध होने के लिए उसके लिए यह जरूरी है कि वह यह परिपक्वता प्रदर्शित करे कि उसका भावात्मक व्यक्तित्व एक अत्यधिक मनोविक्षिप्त व्यक्ति का है। उसके प्रशिक्षण के दौरान एक ऐसी इलेक्ट्रॉनिक कुर्सी में बाँधा जाता है जो उसकी प्रतिक्रिया तब मानीटर करती है

जब उसके मन में जोरदार भावात्मक प्रभाव डालने के लिए उसे स्लाइड्स दिखलाए जाते हैं। ये स्लाइड्स सत्ताधीशों, यौन वस्तुओं, झंडों, हिंसा तथा क्रूरता, माँम किस्म की महिलाओं, समलैंगिक लोगों सेव के समोसे, कैप्टन अमेरिका, आदि के थे। ये सब स्लाइड्स बार-बार तेजी के साथ और एक दूसरे के साथ मिलकर दिखलाए जाते थे। प्रशिक्षण को पास करने के लिए हमारे नायक के लिए यह जरूरी था कि वह उन्मादी मनोविक्षिप्त व्यक्ति द्वारा प्रदर्शित की जाने वाली प्रतिक्रिया को अस्वाभाविक रूप से, किन्तु उपयुक्त ढंग से बतलाए और इन्हीं स्लाइड को देखते हुए अपनी कुर्सी में से उसे सहायता करने के लिए अपरिहार्य जबरदस्ती पैदा करने की कोशिश करते हैं। फलस्वरूप हमारी इन्द्रियों पर बहुत बोझ पड़ता है और दिमाग बौखला जाता है। वर्णनात्मकता को इस तरह शार्ट सर्किट करने से हमसे बहुत तेजी के साथ, बहुत ज्यादा करने की अपेक्षा की जाती है। मॉनीटरिंग की पद्धति स्वयं अस्पष्ट है। इस खेल में नियम क्या हैं, यह नहीं मालूम, इससे यह पता चलता है कि वह फिल्म को बनाने वाले व्यक्तियों का स्वयं अवधारणा पर कल्पनागत नियन्त्रण नहीं था। अत: वर्णना गतिविधि के मूल में जो सात्विक विभ्रम है उसे तामसिक अथवा वास्तविक विभ्रम से बदलने की कोशिश यह फिल्म बार-बार करती है। फिल्म अपनी खुद की कल्पनागत कमजोरियों, अपने कमजोर अवधारणा वाली कथाओं को पीछे छिपाने की कोशिश करती है। यह निश्चय ही एक शिक्षात्मक असफलता है, क्योंकि हम इसमें देखते हैं कि ऐसे विचार, जो ओजस्वी रूप से कार्य कर सकते थे, वे हमारी आँखों के सामने सनसनी पैदा करने वाले तमाशे के रूप में आ गये हैं।

सिनेमेटिक वर्णनात्मकता की प्रक्रियाओं के इन तीन दृष्टिपातों में मैंने वर्णना फिल्मों की समझ के मामले में दर्शकों की अवधारणा की शक्ति तथा महत्त्व को बताने की कोशिश की है। निश्चय ही सिनेमेटिक वर्णना इससे भी कहीं बड़ी चीज है और इससे भी कहीं छोटी चीज। वर्णना फिल्म के कुछ पहलू प्रेरणा और प्रतिक्रियाओं के मामूली मामले हैं जिनमें अवधारणीकरण के स्तर न्यूनतम रहते हैं। मैं इसे फोनोग्राफी हो या पीड़ा का। हमें कामोद्दीन तथा क्रूर क्रियाओं की आवश्यकता इसलिए नहीं होती कि हम उनकी क्रियाओं से उत्तेजित हो जाएँ। वास्तविकता के फोटोग्राफ से हम ज्यादा उत्तेजित होते हैं, किन्तु ऐसी गति, चाहे वह कितनी भी हिंसात्मक हो, किसी वर्णना प्रक्रिया से नहीं उपजती है। किसी व्यक्ति को प्रताड़ित होते या यौन रूप से सन्तुष्ट होते अपनी आँखों के सामने देखना उससे कहीं ज्यादा उत्तेजित होना होता है और ऐसी स्थिति में खुद ही प्रमुख भूमिका निभाना सर्वाधिक उत्तेजित होने वाली स्थिति होती है। और यह स्थिति वर्णना अनुभव नहीं रह जाती है। तब वह जीवन बन जाती है, कथा नहीं।

चूँकि फिल्म अन्य सभी वर्णना माध्यमों की तुलना में भौतिक वस्तुओं तथा प्राणियों की क्रियाओं के रूपान्तरण में सबको पीछे छोड़ देती है और वास्तविकता, अविभेदित विचार शून्य अनुभव के कहीं अधिक करीब है। भाषा से शुरुआत कर, साहित्य के लिए यह अनिवार्य होता है कि वह वास्तविकता के कुछ प्रभाव का अर्जित करने के लिए असाधारण पीड़ा अनिवार्य रूप से उत्पन्न करे। यही कारण है कि लिखित कथा ने लगभग सदैव मूल्यगत मापदंड के रूप में यथार्थवाद की किसी न किसी अवधारणा का उपयोग किया है, किन्तु फिल्म के लिए समस्या दूसरी है। उसके लिए यह अनिवार्य है कि स्मरण तथा अवधारणीकरण किसी न किसी स्तर पर जरूर करे जिससे कि वह वर्णना के रूप में अधिकतम परिस्थिति अर्जित कर सके। सर्वोत्तम वर्णना फिल्मों ने सदैव ही यह अर्जित किया है और ऐसे दृश्यों तथा बिम्बों के जरिये पाया है, जो दर्शको के मन में उपयुक्त वर्णनात्मकता पैदा करें।

अनुवाद : **सुशील त्रिवेदी**

उपन्यास और फिल्म

जार्ज ब्लूस्टोन

अब यह एक सामान्य रूप से जाहिर बात है कि उपन्यास की प्रवृत्ति बाहरी क्रियाओं से आन्तरिक विचार की ओर, प्लाट से चरित्र की ओर, सामाजिक सच्चाइयों से मनोवैज्ञानिक यथार्थताओं की ओर लौटने की हो गयी है। यद्यपि ये परस्पर विरोधी प्रवृत्तियाँ **फील्डिंग** और **ईस्टर्न** की ध्रुवीयता में पहले से ही उपस्थित थीं, तथापि टाईस्ट्राम **सेंडी** की परम्परा ने **टामजोन्स** की परम्परा का अतिक्रमण हाल ही में किया। उपन्यास के स्वरूप को ऐसे अनुभवों में परिणत हो जाना, जिसे उपन्यासकार की तात्कालिक चेतना में सत्यापित किया जा सके यही है, जिसे **मेंडीलो** ने आधुनिक अन्तर्मुखता कहा है और जिसे **ई. एम. फास्टर** ने 'छिपी हुई जिन्दगी' कहा है। फास्टर जब यह कहते हैं कि "छिपी हुई जिन्दगी परिभाषा के अनुसार छिपी हुई तब वह उस अन्तर को ही स्पष्ट करते हैं। बाहरी चिह्नों में प्रकट होने वाली 'छिपी हुई जिन्दगी' अब 'छिपी हुई' नहीं रह गयी है। उसका कार्य के क्षेत्र में प्रवेश हो गया है और अब यह उपन्यासकार का कार्य है कि वह छिपी हुई जिन्दगी को उसके स्रोत पर प्रकट करे, परन्तु यदि छिपी हुई जिन्दगी उपन्यास का विषय बन गयी है तो उसने कुछ असामान्य समस्याएँ भी खड़ी की हैं।"

होवर्ड ममफोर्ड जोन्स ने लिआन एडल की कृति 'द साइकोलॉजिकल नॉवेल' 1900-1950 की हाल ही में समीक्षा करते हुए उन केन्द्रीय समस्याओं पर निष्कर्ष दिया है जिनसे आधुनिक उपन्यासकार परेशान हैं : गैर शाब्दिक अनुभव की शाब्दिक सीमाएँ आत्म कथात्मक कृतियों की ऐसी दुविधा जिसके सम्बन्ध में उपन्यासकार के लिए यह अत्यन्त आवश्यक हो जाता है कि वह अनन्य चेतना जागृत करे और उसके साथ ही दूसरों तक सम्प्रेषित करे, स्थिर भाषा में समय के प्रवाह को थामने की कठिनाई। इसका सारांश एक निरन्तर वर्तमान विषयगत उपन्यास में कार्य बिन्दुओं को पकड़ने की बारीकी में निहित है जिनमें विगत समय

की धारा में से निकाले गये बिम्ब नाटक के स्पष्ट प्रभाव के लिए एक खास प्रकार के द्वन्द्वात्मक मन में चल रहे तर्क का स्थान ले लेते हैं।

बेला बालेज्स ने हमें यह बताया है कि मनुष्य के चेहरे के जरिये विषयगत भावनाओं को सम्प्रेषित करने और विचारों को सुझाने की शक्ति को हम कम आँकने की कितनी अधिक कोशिश करते हैं, किन्तु फिल्म एक प्रस्तुतिगत माध्यम होने के कारण (केवल संवाद के उपयोग को छोड़कर) उसमें वह शक्ति नहीं होती जो अस्थिर रूपों की होती है। जहाँ उपन्यास उपदेश देता है, वहीं फिल्म के लिए यह जरूरी हो जाता है कि वह चित्रण करे, लेकिन हम इसका यह अर्थ नहीं निकालें जैसा कि **जे. सी. मेयर** ने किया है कि हमारी आँख हमारे दिमाग के मुकाबले कमजोर है, क्योंकि जिस तरह हमारी कल्पना चित्र प्रभाव को पकड़ कर रहती है, हमारी आँख उसे पकड़ कर नहीं रहती। शब्द प्रतीकों की भाँति, इन्द्रिक प्रभाव हमारी स्मृति के सामान्य भंडार में जमा किये जा सकते हैं। प्रत्यक्षनिष्ठ ज्ञान के लिए जरूरी नहीं है कि उसकी शक्ति अलग हो, किन्तु निश्चय ही वह अलग ढंग का होता है।

मानसिक स्थितियों—स्मृति, स्वप्न, कल्पनाओं का फिल्म द्वारा उचित अनुवाद उसी तरह नहीं हो सकता जिस तरह कि भाषा के द्वारा किया जा सकता है। यदि चेतना के प्रभावों को प्रस्तुत करने में फिल्म को कठिनाई होती है तो मस्तिष्क की स्थितियों को प्रस्तुत करना तो और भी कठिन है, क्योंकि उनमें दिखाई देने वाले विश्व की अनुपस्थिति से ही वे परिभाषित होती हैं। परिभाषा के अनुसार, वैचारिक बिम्बीकरण के स्थान पर स्थानगत कोई अस्तित्व नहीं है। बहरहाल, जब मैं एक बार विचार पटल के जरिए ही वाक्य के चिह्नों को पहचान लेता हूँ तो उसकी चेतना गैरशाब्दिक विचार से अलग नहीं पहचानी जा सकती है। बिम्बों के विभिन्न प्रकारों के बीच के अन्तर को ध्यान में रखते हुए भावनाओं, धारणाओं, शब्दों के बिम्बों के बीच के अन्तर को ध्यान में रखते हुए हम देख सकते हैं कि शाब्दिक प्रेरणा से उत्प्रेरित वैचारिक बिम्ब अन्त में गैरशाब्दिक उत्प्रेरित बिम्बों से मुश्किल से ही अलग पहचाने जा सकते हैं। प्रेरणा चाहे वह भाषा के चिह्नों से उपजी हो या फिर भौतिक संसार की संवेदना संख्या से, वह अपना स्थानगत चरित्र खो देती है और उस एक समग्र समन्वय का हिस्सा बन जाती है जो चेतना कहलाती है।

दूसरी ओर फिल्म-बिम्ब, स्थान में बाह्यगत होने के कारण, इसी तरह विचार पटल के जरिये रूपान्तरित नहीं किया जा सकता। हमने पहले ही देख लिया है कि लाक्षणिक प्रयोगों की भव्यता चित्रपटल के लिए बाहर की बात है। इन्हीं कारणों से, स्वप्न और स्मृतियाँ, जो और कहीं नहीं केवल व्यक्ति की चेतना होती

है स्थानगत तत्त्वों में उपयुक्त रूप से अभिव्यंजित नहीं की जा सकती अथवा यह कहें कि फिल्म के पास केवल स्थान के आयाम में ही काम करने की व्यवस्था है इसलिए यह विचार को रूपान्तरित या अनूदित नहीं कर सकती, क्योंकि जिस क्षण ही विचार बाह्यजगत होता है वह विचार नहीं रह जाता। फिल्म हमारे चाक्षुष प्रत्यक्षीकरण के लिए बाह्य चिह्न की व्यवस्था कर अथवा हमारे समक्ष संवाद प्रस्तुत कर हमें इस दिशा में ले जा सकता है जिसमें कि हम विचार का अर्थ लगा सकें, पर वह हमें विचार को सीधे-सीधे दिखला नहीं सकती। फिल्म हमें विभिन्न पात्रों को विचार करते हुए, अनुभव करते हुए और बोलते हुए तो दिखला सकती है, किन्तु वह हमें उनके विचारों और भावनाओं को नहीं दिखला सकती। क्योंकि फिल्म विचार नहीं है, वह तो प्रत्यक्ष अनुभव है।

यही वजह है कि सिनेमा के परदे पर सपनों तथा स्मृतियों का प्रतिनिधिकरण प्रायः सदैव निराशाजनक होता है। **हालीडे फॉर हेनरीटा** और **राशोमन** में जो स्वप्न और स्मृतियाँ प्रस्तुत की गयी हैं वे स्वप्न और स्मृतियों के स्थानगत निर्देश्य हैं न कि स्वप्नों और स्मृतियों के यथारूप अनुवाद। किसी स्मृति या स्वप्न की कल्पना के लिए यह आवश्यक होता है कि एक अलग बिम्ब को फ्रेम में बहुत फैलाव दिया जाय (**दि इनफार्मर** में फ्रेंकी के साथ गुजारे अपने सुखद समय को जीसो द्वारा याद करना); या किसी एक बिम्ब को अध्यारोपित किया जाय (कटी के साथ समुद्र में यात्रा करने के सम्बन्ध में जीपो द्वारा दिवास्वप्न देखना), या फ्रेम को किसी चाक्षुष समतुल्य के लिए साफ कर दिया जाय (बुदरिंग हाइट्स) में एलेन का चेहरा उस मकान में डिजाइन हो जाता है, जैसा कि वह वर्षों पहले था)। इसी तरह की स्थानगत युक्तियाँ एक हद तक असन्तोषकारी होती हैं। प्रत्यक्षनिष्ठ रूप में हम पर प्रभाव डालते हुए स्वप्न और स्मृतियों के वैचारिक अनुभव को वे अनूदित नहीं कर पातीं। फिल्म के यथार्थगत सूत्र अत्यन्त दृढ़ हैं। स्थानगत प्रतिनिधित्व और गैर स्थानगत अनुभव के बीच के अनुभव को पाटने की कोशिश में यदि हम इन युक्तियों को स्वीकार कर लेते हैं तो हम उन्हें सिनेमा की परम्पराओं के रूप में स्वीकार करते हैं, न कि विचार चेतना के अनुवाद के रूप में।

फिल्म और उपन्यास द्वारा विचारगत चेतना को अनूदित करने की परस्पर अलग-अलग क्षमता को ध्यान में रखते हुए इस बात का पता लगाने की कोशिश कर सकते हैं कि मीडिया समय को किस प्रकार व्यवहार में लाता है।

मनोवैज्ञानिक समय : समय परिवर्तनमयता

हम जैसे ही परिवर्तनमय समय के क्षेत्र में प्रवेश करते हैं, हम न केवल उपन्यास

के सारे न सुलझने वाली समस्याओं का सामना करते हैं वरन् हम गद्य और सिनेमा के बीच स्पष्ट अन्तर भी पाते हैं। भाषा का अस्थिर, अनुक्रमिक और परिवर्तनीय चरित्र इस तरह के समय अनुभव के लिए जब पर्याप्त नहीं रह जाता। समय-परिवर्तन के दौरान भूतकाल और वर्तमानकाल बाह्य रूप रमणीय बन जाता है, क्योंकि दूसरी बार दृष्टिपात करने पर वह भूतकाल साथ घुला-मिला नजर आता है, जिसमें वर्तमान और भूत के बीच की रेखा विलुप्त होती रहती है। मेंडीलो ने अनिवार्य आधुनिकता पर विचार-विमर्श करते हुए इस विचार का समर्थन किया था कि समग्र अनुभव वर्तमान के प्रत्येक क्षण में घुला-मिला है। उनकी यह धारणा स्टार्ट के **सायकोलाजी ऑफ टाइम** पर आधारित है। स्टार्ट एक इस तरह के विचार को पाने की कोशिश करता है जिसमें इस स्थायी वर्तमान द्वारा जकड़ लिए गये हैं जिसमें भूतकाल परिव्याप्त है—

"भूतकालता की भावना अनुभव करने का एक कारण यह है कि हम उन चीजों अथवा घटनाओं से परिचित हैं जिन्हें हम भूतकाल के रूप में पहचानते हैं, परन्तु यह सत्य बना रहता है कि पहचानने की यह भावना एक वर्तमान अनुभव है और इसलिए तार्किक रूप से उसे भूतकाल के विचार जागृत नहीं करना चाहिए। दूसरी ओर किसी चीज का वर्तमान प्रभाव (अथवा स्मरण), जो कि भूतकाल है किसी ऐसी चीज के वर्तमान प्रभाव से अलग है, जो कि वर्तमान है किन्तु भूतकाल से परिचित है।"

जाहिराना तौर पर यह परस्पर विरोधी क्रिया किस तरह कार्य करती है यह तब देख सकते हैं जब हम यथातथ्य रूप से यह मापने की कोशिश करते हैं कि दो विगत घटनाओं में से कौन-सी पहले हुई है और विगत की किसी चीज की स्मृति तथा किसी वर्तमान चीज के प्रभाव के बीच हम किस तरह अन्तर करते हैं। प्रथम दृष्टि में हम पूरी तौर पर इस बात का अन्दाजा लगा लेते हैं कि हमें यदि दो घटनाओं में से कौन-सी पहले हुई है और विगत की किसी चीज की स्मृति तथा किसी वर्तमान चीज के प्रभाव के बीच हम किस तरह अन्तर करते हैं। प्रथम दृष्टि से हम पूरी तौर पर इस बात का अन्दाज लगा लेते हैं हमें यदि दो घटनाओं में से कौन-सी पहले हुई है। उदाहरण के लिए, आज सुबह भंडार की ओर जाते हुए मेरी मुलाकात स्कूल जा रहे बच्चों के समूह से हुई थी। मैंने अपना एक पत्र भी तब डाकघर में डाला था जब पोस्टमैन आया ही था। मैं जानता हूँ कि आमतौर पर बच्चे 9 बजे स्कूल जाते हैं और पोस्टमैन 11 बजे आता है। अत: मैं अनुमान लगाता हूँ कि मैं अपना पत्र डाकघर में डालने के पहले भंडार गया था यद्यपि मैं भंडार को जाने की अपनी क्रिया को भूतकाल में एक निश्चित स्थान नहीं दे सका हूँ पर मैं उसकी प्राथमिकता तय कर सका हूँ।

दूसरी बार विचार करने पर, बहरहाल, ऐसा प्रतीत होता है (सम्बन्धों की ओर खासतौर से ध्यान देकर जो अनुमान लगाये जाते हैं उन्हे छोड़कर) मानो विगत घटना की याद मुझे उसमें पहले से ही निहित भूतकाल के साथ आती है। मेरे मित्र के सम्बन्ध में मेरे मन में जो बिम्ब है उसमें यह सूचना शामिल है कि जिस वर्ष उसकी मृत्यु हुई थी उसके एक साल पहले वह इस तरह दिखाई देता था। इसी तरह यदि काबुल की ओर जाने वाली ट्रेन में मैं जब सफर कर रहा था तो उसके सम्बन्ध में यदि कोई मानसिक बिम्ब मेरे पास है तो उसमें मेरा खुद का एक ऐसा बिम्ब भी उभरता है जिसमें मैं शाहबलूत फल खाता हुआ दिखता हूँ। मैं जानता हूँ कि पहला बिम्ब एक विगत वस्तु का है और दूसरा बिम्ब एक वर्तमान वस्तु का है, क्योंकि सफर कर रहे खुद के सम्बन्ध में जो बिम्ब है उसमें यह सूचना भी शामिल है यह घटना पिछले साल हुई थी। उसी क्षण मैं जानता हूँ कि ठीक इस वक्त मैं शाहबलूत फल खा रहा हूँ। यही मेरी वर्तमान क्रिया का स्थायी साक्षीकरण मेरे मानसिक बिम्बों को नियन्त्रित और परिमार्जित करता है, यह रेलयात्रा की प्राथमिकता और खाने की वर्तमानता दोनों की ही पुष्टि करता है।

पर मान लीजिए मैं एक ऐसी वस्तु की ओर अपना ध्यान ले जाता हूँ जो कि इस वक्त उपस्थित है और जो बीते कल में इसी समय, इसी जगह, इसी प्रकाश में उपस्थित थी। उदाहरण के लिए, यदि मैं अपने कमरे में लैम्प को देखूँ जो इन सारी आवश्यकताओं को पूरा करता है और फिर अपनी आँखें बन्द कर उसके मानसिक बिम्ब को पकड़ता हूँ तो मैं किस तरह यह जान सकता हूँ कि यह बिम्ब उस लैम्प का है जो कि आज यहाँ है। इस उदाहरण में जिसमें किसी वस्तु के विगत को उसके वर्तमान के साथ मिलाने की कोशिश है, सभी व्यावहारिक उद्देश्यों से मेरा वर्तमान बिम्ब विगत और वर्तमान के अन्तर को नहीं मानता। वह मुझे किसी तरह भी सहायता नहीं देता कि मैं यह जान सकूँ कि उसके भौतिक अस्तित्व का वास्तविक स्थान क्या है।

विगत और वर्तमान के बीच के अन्तर को मिटाना बिल्कुल वैसी समस्या है जिसका सामना उस उपन्यासकार को करना पड़ता है जो परिवर्तमय-समय को भाषा में पकड़ना चाहता है और वह एक ओर तो चेतना की वर्तमानता का सामना करता है तो दूसरी ओर भूतकाल और वर्तमानकाल के अलग-अलग चरित्रों को घुलाने-मिलाने का भी सामना करता है, वह इन घटनाओं को ऐसी भाषा में किस तरह व्यक्त कर सकता है जो कि कालों पर आधारित है।

हम जिसे देखें, चाहे वह **विलियम जेम्स** की चेतना का प्रवाह हो, **फोर्ड मेडाक्स** का **काल क्रमानुगत ग्रन्थन** अथवा **वर्जसेन की दूरी** हो, हम पाते हैं

कि ये सब सिद्धान्तवादी एक सही समस्या का हल ढूँढ़ने में लगे हैं : भाषा चूँकि सीमित, अलग-अलग इकाइयों वाली है इसीलिए असीमित और निरन्तर चीजों का सन्तोषजनक प्रतिपादन नहीं कर सकती। हमारे पास किसी चीज के **होने की धारणा** के लिए एक और चिह्न है और किसी चीज को **हो जाने की धारणा** के लिए एक और चिह्न है। पर होना एक वर्तमानकालिक कृदन्त है जबकि **हो जाना** एक भूतकालिक कृदन्त है और इस तरह हमारी भाषा इन दोनों स्थितियों के बीच निरन्तरता को प्रदर्शित करने के लिए कोई रास्ता नहीं सुझा सकी है।

दूरी इतनी भ्रान्तिजनक अब तक रही है कि उपन्यासकार समय से पूरी तौर पर बच जाने की कोशिश करने के निरन्तर आकर्षण का शिकार हो गया है, परन्तु यहाँ भी इस असफलता के माध्यम की सीमाओं को नाटकीय रूप देने में सहायता की है। समय के अत्याचार से कथा को मुक्ति दिलाने के लिए जर्टूड स्टीन की चर्चा करते हुए ई. एम. फार्स्टर ने गतिरोध का उल्लेख किया है— ''वह असफल होती है क्योंकि जैसे ही कथा समय से पूरी तौर पर मुक्त हो जाती है वह किसी बात को अभिव्यक्त नहीं कर सकती।''

प्राउस्ट और **वुल्फ** की कृतियों में ऐसा प्रतीत होता है कि प्रकाशन के अन्तर्दृष्टि के क्षण रहते हैं, जिसके दौरान एक विस्मृत घटना अचेतन से उभरकर अपने मूल स्वरूप से उभर आती है और ऐसे प्रस्तुत होती है कि मानो वह समय से मुक्त हो गयी। प्राउस्ट की स्वेच्छा-विरुद्ध स्मृति उनकी माँ की **मेडलीन केक** सम्बन्धी अनुभव को **आंट लेवनी** के पूर्व अनुभव के साथ घुला-मिला देता है और एक क्षण के लिए ऐसा लगता है कि बीच का समय विस्तृत हो गया है पर प्राउस्ट ने जो अत्यन्त पीड़ादायी कोशिश की वह यही थी कि स्वेच्छा विरुद्ध स्मृति के बावजूद बीच के अनेक दिनों के अन्तराल के साथ वाली अलग-अलग घटनाओं को एक साथ अनुभव करने की हमारी क्षमता के बावजूद हमेशा ही एक भावना रहती है जिनमें ये घटनाएँ समय में एक दूसरे से बहुत अलग-अलग होती हैं। इन संघर्ष की अभिस्वीकृति हमें यह समझने में मदद करती है कि क्यों किसी उपन्यास में समयहीनता के गुण को परिभाषित करने की हमारी कोशिश का प्रत्येक सूत्रीकरण असन्तोषकारी प्रतीत होता है। काफ्का में आदर्श समय पाने के लिए मेंडीलो की जो कोशिश है यह कहती हुई प्रतीत होती है कि काफ्का इस समस्या से ग्रसित नहीं था। अन्त में 'समयहीन क्षण' जुमला एक दुस्तर प्रतिवाद प्रस्तुत करता है।

थामस वुल्फ की कृति **द हिल्स बियांड** में इस समस्या को हम साक्षात उदाहरण के रूप में देख सकते हैं। कृति के इस पद्यांश में सेंट लुई के उस घर में यूजीन ग्रांट की यात्रा को वर्णित किया गया है जिसमें उसका परिवार 30 वर्ष

रहता था, युजीन 30 साल पुराने दृश्यों, रूपों, ध्वनियों और सुगन्धों की याद कर सकता है किन्तु फिर भी कुछ चीज खोई हुई होती है। अनुपस्थिति की भावना : "और उसने यह महसूस किया कि यदि वह अपराह्न में अकेले तथा अनुपस्थिति में सीढ़ियों पर एक बार फिर बैठ सका तो वह फिर से वह सब कुछ पा सकेगा। तब वह सारी चीजों की याद कर सकेगा जिन्हें उसने देखा था और जो वह है खुद का सारांश रूप अपने 4 वर्षों का विश्व जिस पर समय का सारा प्रकाश पड़ा था, यह विश्व जो कि माप की दृष्टि से बहुत छोटा था, लेकिन याद करने के लिए इतना बड़ा, इतना अन्तहीन था और तब वह अपने छोटे से चेहरे को फिर से देख सकेगा। हाल में अँधियारे में डूबे दर्पण में और फिर उसमें वह अपने समय के अकेले व्यक्तित्व के 3 शान्त वर्षों को पा सकेगा, यह जानते हुए कि 'यह वह मकान है, यह मकान सुन रहा है, यहाँ अनुपस्थिति है, अपराह्न में अनुपस्थिति है और यहाँ इस घर में इस अनुपस्थिति में मेरा अन्तःकरण, मेरा हृदय है—यहाँ मैं हूँ।"

उपयुक्त गद्यांश स्मृति का सहारा लेकर समय को बिताने से बचने की उस मनोग्रस्त आकांक्षा को प्रदर्शित करता है जो आधुनिक उपन्यास का गुण है। इसमें यह स्वीकृति भी है कि समय को लाँघा या उसका विलोप नहीं किया जा सकता : गैरस्थान का समायोजन उपन्यास में एक यथार्थता है—केवल अनुपस्थिति की भावना नहीं बल्कि अनुपस्थिति ही यथार्थ है।

उपन्यास और फिल्म के बीच जो सबसे बड़ा और सबसे ज्यादा तार्किक अन्तर है वह हमें यहीं मिलता है। उपयुक्त गद्यांश के लिए कोई सन्तोषजनक फिल्म समतुल्य पाना बहुत कठिन है। हम यूजीन को घर में इन्तजार करते हुए दिखला सकते हैं, फिर जैसा वह 30 वर्ष पहले दिखता रहा है उस तरह के एक बच्चे के बिम्ब को अध्यारोपित कर सकते हैं, उसे दरवाजे की ओर देखते हुए प्रदर्शित कर सकते हैं मानो कि वह ग्रोवर के लौटने का इन्तजार कर रहा है, किन्तु विचार को चित्र में अनूदित करने के लिए हमारी सिनेमेटिक कोशिशों में जिस तरह होता है उसी तरह ऐसे प्रक्षेपण निश्चय ही असफल होते हैं। विगत अनुपस्थिति और वर्तमान आकांक्षा के सम्मिश्रण को हम किस तरह प्रदर्शित कर सकते हैं यदि दोनों ही स्थितियाँ स्थानगत तथ्य के विपरीत हैं।

फिल्म निर्माता अपने खुद के और शायद कहीं अधिक विकट तरीके से समय के परिवर्तन को अनूदित करने की समस्या का सामना करते हैं। बालेज्स कहता है कि चित्र का कोई काल नहीं होता। चाक्षुष प्रत्यक्ष ज्ञान की भाँति चित्र एक स्थायी वर्तमान को उद्घाटित करता है। वह न तो भूतकाल और न भविष्यकाल की अभिव्यक्ति कर सकता है। यह तर्क तो दिया जा सकता है कि संवाद और संगीत

के प्रयोग के माध्यम से एक रास्ता मिल जाता है जिसके विगत और भविष्य की भावना प्रवेश कर सकती है।

आखिरकार संवाद भाषा है और भाषा का निर्देश्यकाल होता है। जिस चरित्र का चेहरा हमारे सामने प्रकट होता है वह अपने विगत की बाबत बात कर सकता है और इस तरह अपनी उपस्थिति को एक प्रकार की भूतकाल से आपूर्ति कर सकता है। इसी तरह हमने सम्पादन में ध्वनि के बावत चर्चा में देखा था कि संगीत किसी वर्तमान बिम्ब (जैसा कि **हाईनून** और **एलेक्जांडर नेवस्की** में है) के प्रतिबिन्दु के रूप में और किसी भविष्य की घटना की सूचना के लिए व्यक्ति का प्रयोग किया जा सकता है और इस तरह जाहिर है वर्तमान बिम्ब की श्रेणियाँ विगत और भविष्य के गुण से आवृत्त की जा सकती हैं।

बहरहाल, ध्वनि अधिक-से-अधिक द्वितीयक लाभ देने वाली चीज है जो स्थानगत बिम्ब की प्राथमिकता के लिए गम्भीर खतरा पैदा नहीं करती। जब **बुदरिंग हाईट्स** में हाउस कीपर एलन, जिसका कुम्हलाया चेहरा अग्नि से दीप्त होता रहता है, अपनी कहानी लाकवुड का बतलाना शुरू करता है तो हम कहानी कहने वाले और कहानी के बीच एक विशेष प्रकार के तनाव की भावना का अनुमान लगाते हैं, किन्तु इस फिल्म में हम कहानी कहने वाले की ओर से अपना ध्यान पूरी तरह कभी भी हटा नहीं सकते। उसकी कही गयी बात की बजाय उसके चेहरे का बिम्ब अधिक महत्त्वपूर्ण है। **आन द वाटर फ्रंट** में जब टेरी मेलोन अपने बचपन के बाबत एड़ी को बताता है तो उसके चेहरे का वर्तमान बिम्ब हमारे चेतन को इतना आप्लावित कर देता है कि उसके शब्दों का सार न्यूनतम रह जाता है। उसकी आँखों के आस-पास जो चोट के चिह्न हैं वे हमें विगत की बावत अधिक बताते हैं, बजाय किसी अटक-अटक कर दिया जाने वाला स्पष्टीकरण। यह घटना वही है जिसे पेनुफस्की 'समान अभिव्यक्तता' का सिद्धान्त कहता है जिसके अनुसार एक गतिवान चित्र ही बना रहता है, वह अभिनीत किये जाने वाले लिखित गद्यांश में परिवर्तित नहीं होता। यही वजह है कि शेक्सपीयर की कृतियों पर बनी फिल्मों में जब मंच के निश्चित स्थान का सिनेमटिक स्थान के अनुरूप बदल नहीं पाती तब वह अक्सर जड़ और बड़बोली नजर आती है।

उपन्यास में संवाद की रेखा निपट और अकेली होती है। फिल्म में बोले हुए शब्द के साथ स्थानगत बिम्ब जुड़ा रहता है। यदि हम मारलन ब्रेंडो के शब्दों को अपने विचारों में परिवर्तित करने की कोशिश करें तो हम उसके चेहरे के चाक्षुष नाटक के एक क्षण के लिए खो देते हैं, उसी तरह जैसे कि हम किसी किताब से दूर हो जाते हैं। अन्तर यही है कि जहाँ हम किताब में कुछ भी नहीं चाहते हैं वहीं फिल्म में ब्रेंडो का चेहरा अभिनय करता रहता और जिस क्षण को हमने

खो दिया, शायद क्रान्तिक रहता है। पेनोफस्की के अनुसार फिल्म में हम जो सुनते हैं, चाहे वह अच्छा हो या बुरा, वह हम जो देखते हैं उससे निकट ढंग से संविलयित रहता है। इस संविलयन में हमारे देखने (और इसलिए वर्तमान के सम्बन्ध में हमारा ध्यान) प्राथमिक महत्त्व का बना रहता है।

बहरहाल, यदि संवाद और संगीत समय के परिवर्तन को पकड़ने की कोशिश करने के लिए अपर्याप्त हैं तो स्थानगत बिम्ब दो गुण उद्घाटित करता है जो फिल्म को कम-से-कम एक दृष्टिकोण अपनाने देते हैं। इसका पहला गुण है परिचय का। परिचय का गुण किसी भी चीज से हमारे पहले के परिचय के बाद उसके स्थायी बिम्ब से सदा जुड़ा रहता है। जब मैंने **ला स्ट्राडा** में जेल्सोमिना को पहली बार देखा तो मैंने उसे एक अजनबी की तरह एक ऐसी लड़की के रूप में देखा जिसकी एक खास भौतिक प्रवृत्ति है, किन्तु जिसका न कोई नाम है, न ज्ञात इतिहास। बहरहाल, जब मैं एक बार उसे विगत में मेरे सामने उपस्थित होने वाले पहचाने आकार के साथ जोड़ सकता हूँ, मेरे लिए यह जरूरी नहीं है कि मैं हर क्षण अपने परिचय का नवीनीकरण करूँ और तब यह परिचय विगत का सन्दर्भ देने का एक साधन बन जाता है और यह विगत सन्दर्भ उस समेकन में घुल-मिल जाता है, जो कि वर्तमान जेल्सोमिना है। फिल्म के अन्तिम अंश में मैं जेल्सोमिना के स्थानगत बिम्ब को पूरी संरचना में देखता हूँ और यह जानता हूँ कि उसने फूल से बातचीत की है और वह जम्पानो के पास लौट आयी है। निर्देश के सन्दर्भ में विगत एक अन्दर की चीज है।

चूँकि फिल्म लगातार गतिशील रहती है इसलिए फिल्म के हक दूसरे गुण का पता चलता है—परिवर्तनमय समय के अनुमानीकरण का। पहली दृष्टि में फिल्म अलग-अलग शब्दों में बँधी हुई नजर आती है, उसी तरह जैसे कि उपन्यास अलग-अलग शब्दों में बँधा नजर आता है। फिल्म की बाहरी सीमा फ्रेम रहता है और फ्रेम के भीतर प्रक्षेपित विषयों की अलग स्पष्ट रूपरेखा उभरती है। ऐसा लगता है मानो हर एक रूपरेखा रेजर से काटकर बारीक तराशी गयी है किन्तु फ्रेमों के एकाएक पलट जाने का प्रवाह वाक्यों के एकदम बढ़ जाने के प्रभाव से पूरी तरह अलग होता है। उपन्यास में शब्द मेरे पास गैर शाब्दिक बिम्ब के रूप में आये अथवा शाब्दिक अर्थ के रूप में, मैं दोनों स्थितियों में उद्देश्य और विधेय को अलग-अलग इकाइयों में पहचान सकता हूँ। यदि मैं कहूँ, टेबिल पर एक भौंरा घूम रहा है, तो मेरे दिमाग में सबसे पहले एक भौंरा आता है। फिर उसका घूमना और फिर टेबिल। ''निश्चय ही मैं वाक्य को पूरी तौर पर एकाएक समझ जाने में सक्षम हूँ तो ऐसे मामले में यह प्रक्रिया अलग-अलग वाक्यों से बने हुए गद्यांश पर लागू हो सकती है।'' पर परदे पर मैं एक टेबिल पर घूमते हुए भौंरे के शॉट की बाबत विचार करता

हूँ जिसमें उद्देश्य और विधेय मेरे समक्ष घुला-मिला नजर आता है, न केवल भौंरा अपने घुमाव से पूरी तौर पर सम्पृक्त है वरन् भौंरे की गति के हर क्षण में उसके विगत की गति का इतिहास शामिल है। यह सच है कि मेरे दिमाग में वाक्य द्वारा प्रेरित भौंरे का बिम्ब फिल्म द्वारा प्रेरित भौंरे के बिम्ब से इस अर्थ में मिलता-जुलता है कि दोनों में लगातार गतिमयता का भ्रम है। फिर भी यह एकरूपता परिचय की प्रक्रिया में सामने नहीं आती। वह भी तभी प्रगट होती है जब संयोजक शब्द, जैसा वह होता उस रूप में, एकत्र कर लिया गया है। यद्यपि भौंरे की गति की निरन्तरता को अनूदित करने में मानसिक और फिल्म बिम्ब एक हो जाते हैं, तथापि उन्हें समझने की जो विधि है उस मामले में हम गुणात्मक अन्तर पाते हैं।

सिनेमा में अच्छे या बुरे के लिए, हम फिल्म प्रोजेक्टर के जरिये सेल्यूलाइड के अग्रणी लूपिंग के जरिये बँधे हुए हैं। इस निर्मम विमोचन में प्रत्येक फ्रेम समग्र विकास में धुँधलाया हुआ है। हमारी धारणाओं की वर्तमानता के सम्बन्ध में स्टर्ट द्वारा किये गये विश्लेषण को ध्यान में रखते हुए हम कह सकते हैं कि विगत से आपूरित वर्तमानता और इस तरह काल के नियन्त्रण से लगभग पूरी तरह मुक्त गति फिल्म के वर्तमान में रहती है और वह अनन्य मोन्ताज अपने प्रभाव के लिए विभिन्न स्थानकालिक इकाइयों के स्वप्रेरित बढ़ते जाने के प्रभाव पर निर्भर करता है। जबकि ये इकाइयाँ निरन्तर एक-दूसरे के विरुद्ध विस्फोटित होती रहती हैं किन्तु इस तरह के चार का प्रभाव शीघ्र ही अगम्य बन जाएगा जसमें उन्हें स्थायित्व देने वाला कोई नहीं होगा। फिल्म में गति अचर है। इससे कोई अन्तर नहीं पड़ता कि एक दूसरे के विरुद्ध विस्फोट करते गतिमान स्थान एक दूसरे से कितने अलग हैं, गत अपने आपको एक शॉट से दूसरे शॉट में ढाल देती है, उन शाट्स को धुँधला करके वह उन्हें आबद्ध करती है और सेल्युलाइड की रील के निर्मम तरीके से खुलते जाने की प्रक्रिया को मजबूत बनाती है।

लिंडरग्रेन ने एवरक्राम्बी की धारणा को प्रस्तुत करते हुए कहा कि कला में जो पूर्णता है उसका वास्तविक जीवन में कोई भी समतुल्य नहीं है, क्योंकि नैसर्गिक घटनाएँ कभी भी पूर्ण नहीं होतीं : ''प्रकृति भी किसी दिये गये बिन्दु पर न कोई चीज शुरू होती है और न किसी दिये गये बिन्दु पर कोई चीज समाप्त होती है। सारी चीजें पूरी तौर पर निरन्तरता में रहती हैं।''पर एवरक्राबी नैसर्गिक घटनाओं में चीजों को स्थानगत रूप से अलग-अलग देखने की हमारी क्षमता और पूरी तौर पर निरन्तरता प्राप्त करने में फिल्म की क्षमता दोनों को ही नजरअन्दाज करता है। यह निरन्तरता इतनी शक्तिशाली है (गति की दिशा को ध्यान में रखे बगैर) कि कई बार हम फ्रेम और प्रक्षेपित विषय की सीमाओं को भूलने लगते हैं। हम केवल गति की ओर ध्यान देते हैं। जिन क्षणों में गति की ओर हमारा

ध्यान रहता है और स्थानगत गुण विस्मृत नजर आते हैं उन क्षणों में हम अचानक वहाँ पहुँच जाते हैं जहाँ फिल्म समय परिवर्तन की आवश्यकताओं में से एक की पूर्ति करता नजर आता है। ये सीमाएँ अब नजर आती हैं। शाट की क्षण-भंगुरता गत के सर्वत्र फैले स्थायित्व के सामने पराजित हो जाती है। भूतकाल और वर्तमानकाल एक-दूसरे में संलयित नजर आते हैं और समय परिवर्तन का एक स्थानगत समतुल्य हमारे सामने प्रस्तुत होता है।

यदि फिल्म विभ्रम को लम्बे समय तक बनाये रहने में अक्षम है, तो उसके स्थानगत गुण, प्राथमिक होने के कारण वर्तमान रूप से उभरे हुए नजर आते हैं तथा फिल्म की आँख के प्रति स्थानगत अपील, उसकी मस्तिष्क के प्रति भौतिक अपील पर छा जाती है, तो यह फिर भी सत्य है कि अन्य सभी गैर शाब्दिक कलाओं को दिलाने में फिल्म समय परिवर्तन को अनूदित करने में सबसे करीब है। परिचय, फिल्म के रैखिक विकास और वह जिसे पेनोफस्की के स्थान गत्यात्मकता कहा है—ये सब मिलकर हमें स्थानगत कला में जहाँ तक हो सकता है वहाँ तक दूरी का अन्तर्ज्ञान प्राप्त करने में सहायक होती है।

और इस तरह फिल्म विचार के गुणों (रूपक अलंकार, स्वप्न, स्मृति) को अनूदित नहीं कर सकती, किन्तु वह ऐसे मनोवैज्ञानिक समय के पर्याप्त समतुल्य प्राप्त कर सकती है जिनका गुण गति-दर-परिवर्तन, (प्रसार, संकोच, बढ़ती रफ्तार, रेलण्टी) होता है और वह वर्जसन द्वारा बताये समय-परिवर्तन को अनूदित करने के लिए आगे बढ़ती है, किन्तु उपन्यास की भाँति अन्ततः असफल हो जाती है। इन दोनों की माध्यमों की असफलता उन्हें अन्ततः कला तथा चेतना की संरचनाओं के अन्तर की ओर ही ले जाती है।

बहरहाल, हमारे विश्लेषण इन दोनों माध्यमों के बीच एक अन्तर का उपयोग करने की अनुमति देता है। उपन्यास और फिल्म दोनों ही समयगत कला हैं किन्तु जिस तरह उपन्यास में निर्माणकारी सिद्धान्त-समय है उसी तरह फिल्म में निर्माणकारी सिद्धान्त-स्थान है। जहाँ उपन्यास स्थान को अपना मानकर चलता है और अपने वर्णन को समयगत मूल्य के समतुल्य रूपायित करता है, वहीं फिल्म समय को अपना मानकर चलती है और अपने वर्णन को स्थान की व्यवस्था में रूपायित करती है। फिल्म और उपन्यास दोनों ही मनोवैज्ञानिक रूप से विकृत समय और स्थान का विभ्रम निर्मित करते हैं, किन्तु दोनों में से कोई भी समय या स्थान को नष्ट नहीं करता। उपन्यास स्थान के विभ्रम के समय में एक बिन्दु से दूसरे बिन्दु तक जाकर अनूदित करता है, वहीं फिल्म समय के विभ्रम को स्थान के बिन्दु से बिन्दु जाकर अनूदित करती है। उपन्यास मनोवैज्ञानिक विधि की सम्भावनाओं से आबद्ध रहकर भी उसको अन्वेषित करता है, वहीं फिल्म भौतिक विधि की सम्भावनाओं में बँधकर

उनका अन्वेषण करती है।

जहाँ 20वीं सदी के उपन्यास के शब्दों के विस्फोट के जरिये नवीनता का आघात अर्जित किया है, वहीं 20वीं सदी की फिल्म के चाक्षुष बिम्बों के विस्फोट के जरिये एक समतुल्य आघात अर्जित किया है और यह एक ऐसी घटना है जिसकी विस्तृत जाँच-पड़ताल जरूरी है—प्रकृति के वस्तुओं के चित्रण का स्थान ग्रहण करने वाली फिल्म का उदय और मानव चेतना के अनुवाद का स्थान लेने वाले उपन्यास का उदय एक साथ हुआ।

अन्त में हमारे इन दो माध्यमों के निर्माणकारी अलग-अलग सिद्धान्तों की गवेषणा का मतलब यह नहीं कि कलागत उद्देश्यों के लिए हम भूल जाएँ कि अन्ततः समय और स्थान सम्पृक्त है। 'एक तत्त्व आकस्मिक है'; कहने का यह अर्थ नहीं कि वह तत्त्व अप्रासंगिक है। स्पष्टतः फिल्म में स्थानगत प्रभाव समय की अवधारणा के बिना उसी तरह असम्भव होगी, जैसा कि उपन्यास में स्थान की धारणा के बिना भौतिक प्रभाव। हम सिर्फ प्राथमिकता और जोर देने की एक व्यवस्था की बात कर रहे हैं और हमारे मुख्य दावे को—कि उपन्यास में समय प्रमुख है और फिल्म में स्थान प्रमुख है—अपवाद चुनौती नहीं देते, बल्कि समर्थन देते हैं।

अनुवाद—**डॉ. सुशील त्रिवेदी**

आख्यान में काल और चित्रण

आले रॉब्ब ग्रिये

आलोचना मुश्किल काम है, देखा जाय तो सृजन से भी ज्यादा मुश्किल। उदाहरणार्थ, उपन्यासकार, अपने हरेक विकल्प को सदैव ही समझने का प्रयास किये बिना, स्वयं के विवेक पर बिलकुल निर्भर रह सकता है और उसके सामान्य पाठक अपने ऊपर पुस्तक के किसी प्रभाव से बेखबर, पसन्दगी या नापसन्दगी से उदासीन, अपने लिए उसके किसी योगदान से अनभिज्ञ रहकर भी असन्तुष्ट रहते हैं, लेकिन आलोचकों के लिए इन सभी बातों का कारण बताना जरूरी है। उसे स्पष्ट करना ही होगा कि पुस्तक का योगदान है या फिर कि उसने उसे क्यों पसन्द किया, उसे उसका चरम मूल्यांकन करना ही होगा।

आज जो भी मूल्य विद्यमान हैं वे अतीत के हैं। सिर्फ ये मूल्य ही जो कि कसौटियों की तरह हो सकते हैं इनकी स्थापना हमारे पुरखों की महान् कृतियों, बल्कि और भी पुरानी कृतियों के माध्यम से हुई है और ये वे कृतियाँ थीं जो कि अपने दिनों में नकार दी गयी थीं क्योंकि से उस समय के जीवन मूल्यों का प्रदर्शन नहीं करती थीं, बल्कि इन्होंने संसार को नये अर्थ प्रदान किये, नये मूल्य, नयी कसौटियाँ, जिनके कि जरिये हम आज जी रहे हैं।

लेकिन आज अतीत की तरह ही नयी कृतियाँ तभी प्रामाणिक मानी जाएँगी जबकि वे अपनी बारी में संसार को नये अर्थ प्रदान करें और ये अर्थ वे होंगे जिनसे स्वयं सर्जक अभी तक अनभिज्ञ होंगे, ये वह अर्थ होंगे जो कि नयी कृतियों के कारण ही भविष्य में लागू होंगे और उसकी बुनियाद पर समाज नये मूल्यों की स्थापना करेगा.......जो तत्कालीन साहित्य की जाँच-परख करके अवसर पर पुन: निरर्थक बल्कि हानिप्रद हो जाएँगे।

सो, आलोचक इसी विरोधाभासी स्थिति में हैं, उन्हें समकालीन कृतियों को उन कसौटियों के हवाले से जाँचना-परखना पड़ता है जो कि अपने सर्वश्रेष्ठ

रूप में भी इन कृतियों के लिए किसी काम की नहीं हैं। यानी आलोचकों के प्रति कलाकार की नाराजगी जायज है जो उन्हें इर्ष्यालु या जड़बुद्धि मानना गलत है। माना कि वह किसी नये संसार और नये पैमाने को खोजने की प्रक्रिया में है, लेकिन उसे यह स्वीकारना होगा कि उसे नये संसार को स्वयं ही नापना और अपने गुण–दोषों की यथोचित पूरा कर लेना यद्यपि असम्भव नहीं, फिर भी कठिन तो है।

सर्वाधिक सम्भव तरीका, अभी भी, बाह्यकलन करने का ही है और अक्लमन्द आलोचक ठीक वही करने का प्रयास करता है।

उदाहरणार्थ पश्चिम उपन्यास में रूपों और उनके अर्थों के ऐतिहासिक उद्‌भव को ध्यान में रखकर चेष्टा और कल्पना की जाय कि कल के अर्थ क्या होंगे और तब कलाकार के द्वारा आज प्रस्तुत रूपों के ऊपर कोई सामयिक राय दे दी जाय।

जाहिर है कि यह तरीका बड़ा खतरनाक हो सकता है, क्योंकि वह भविष्य जान लेने योग्य नियमों के आधार पर किसी विकास का सम्पन्न होना तय मान लेता है और बातें तब ज्यादा ही जटिल हो जाती हैं जब हम एकदम ताजी कला, उदाहरणार्थ सिनेमा को लेते हैं कि जहाँ सही दृष्टिकोण के अभाव में कैसा भी बाह्यकलन दुष्कर ही होगा। अत: सदैव ही इसमें चौंकने की कोई बात नहीं कि जब लेखक जो कि स्वभावत: गुरु ज्ञानी नहीं होते हैं वे इस खोज में अपना सैद्धान्तिक योगदान देते हैं।

लोगों ने अक्सर और वास्तव में ही, इस नया उपन्यास कहलाने वाले साहित्य के (खासकर मेरी स्वयं की पुस्तकों के) बारे में यह सही सवाल उठाया है कि उनमें चित्रणों की भरमार है। यद्यपि ये चित्रण (जड़ वस्तुओं या दृश्यों के टुकड़ों का वर्णन) अमूमन अपने पाठकों पर सन्तोषजनक प्रभाव डालते हैं, लेकिन अनेक विशेषज्ञ उन्हें नापसन्द करते हैं और उन्हें निरर्थक या भ्रान्त बतलाते हैं। निरर्थक क्योंकि गतिविधि के साथ उनका कोई वास्तविक सम्बन्ध नहीं होता और भ्रान्त क्योंकि वे उनका आधारभूत समझे जाने वाला अर्थ पाठक को दर्शक बना देना नहीं साधते।

लेखकों के अभिप्रायों पर अटकल लगाते हुए इतना कहा गया है कि समसामयिक उपन्यास महज निष्फल फिल्में हैं कि उनके बिखराव को जोड़ने के लिए तो कैमरे की जरूरत है ताकि एक ओर जहाँ लेखक दर्जनों पन्ने भरकर जो कुछ चित्रण करने का निरर्थक प्रयास करता है उसे सिनेमाई बिम्ब चन्द क्षणों में दिखा देगा और दूसरी ओर, फालतू विवरणों का विस्तार कराकर नियन्त्रण में रहेगा और कि नमूने फलक पर सम्मोहिनी दृश्य का एकाधिपत्य नहीं होगा।

लेकिन यह बात तभी सच होगी जब समसामयिक उपन्यास के चित्रणों

के वास्तविक अर्थ को समझा जाए। मगर पुनः ऐसा लगता है कि वास्तव में ही लोग अतीत के हवाले से आज के प्रयोगों को जाँचते (और पुरस्कृत करते) हैं।

निश्चय ही विस्तृत चित्रण करना आधुनिक अन्वेषण नहीं है। उन्नीसवीं शती का महान फ्रांसीसी उपन्यास खासकार बाल्जाक का लेखन, घरों, फर्नीचरों और परिधानों के चित्रण से (और उनके विस्तृत ब्योरों से) खचाखच भरा पड़ा है और उनमें अनेक चेहरे-मोहरे आदि तो खैर हैं ही। निस्सन्देह इन चित्रणों का प्रयोजन पाठक को दर्शी बनाना है और उसमें से सफल भी होते हैं। उन दिनों अधिकतर उद्देश्य यही रहता था कि मंच व्यवस्थित करें, गतिविधि की सीमाएँ निर्धारित करें और लेखक के नायकों की स्थूल छवि प्रस्तुत करें। इतनी बारीकी से व्यवस्थित की गयी चीजों के प्रभाव से ही स्थायी और ठीक-ठाक सृष्टि का ज्ञान होता था कि कोई भी उसका हवाला दे सकता था और जो सच्चे संसार से अपने साम्य के कारण उपन्यासकार द्वारा प्रस्तुत घटनाओं, शब्दों और गतिविधियों की प्रामाणिकता की गारंटी देता था।

वह गम्भीर आश्वासन कि जिसके द्वारा मंच जमाया गया, वह अन्तरंग साज-सज्जा, वे परिधान, समुदाय या चरित्रों की ये विशिष्टताएँ भी थीं कि जिन्हें हर चीज व्यक्त करती थी ताकि वे वहाँ अपनी उपस्थिति का दावा रखें, यानी कुल मिलाकर ये महीन और अनन्त से लगते हुए चित्रण लोगों को वस्तुनिष्ठ अस्तित्व का (साहित्य के बिलकुल पार के अस्तित्व का)—एक ऐसे संसार के अस्तित्व का यकीन दिलाते थे जिसका कि उपन्यासकार महज उद्धरण देता, नकल करता और प्रचार करता था जैसे कि वह कोई रिपोर्ट, कोई आत्मकथा या ऐसा ही अन्य कोई दस्तावेज हो।

इस कथा संसार में लोग बिल्कुल वैसी ही जिन्दगी जीते थे जैसा कि वह उस संसार में जी जाती थी कि जहाँ से उसकी नकल की गयी, यहाँ तक कि पाठक को समय के बीत जाने का भी एहसास होता था। सिर्फ एक अध्याय से दूसरे अध्याय में जाते हुए ही नहीं, वरन् किसी भी साधारणतम घरेलू वस्तु में उसके लम्बे उपयोग की झाँई, या किसी भी आम फहम चेहरे में समय की मार के निशान पहचाने जा सकते थे।

मनुष्य की इमेज में यह बनाव-शृंगार इस तरह जमा-जमाया था, घर की हर दीवार या फर्नीचर या चरित्र का प्रतिरूप थी जो उसमें रहता था, फिर वह गरीब हो या अमीर, संकीर्ण या विराट, लेकिन सबसे बड़ी बात यह थी कि वह वस्तु भी उसी नियति को उसी विपत्ति को झेलती थी। यदि कोई पाठक यह जानने को उतावला होता कि क्या होने जा रहा है तो यह चित्रण को छेड़छाड़ कर आगे बढ़ सकता था और यह कोई गलत बात नहीं थी—वे तो महज उस फ्रेम की

तरह होते थे, जिनका आशय ठीक वही होता था कि जो उसके भीतर बसे हुए फोटो का होता है।

लेकिन यदि पाठक बीच-बीच में चित्रणों को उसी तरह छोड़-छोड़कर आज की पुस्तकें पढ़े तो वह निश्चय ही बड़ी गम्भीर भूल हो जाएगी—पंक्तियों के नीचे तेजी से उंगली फिराकर, एक के बाद दूसरा पन्ना उलटते हुए सारी पुस्तक के अन्त में जब वह पहुँचेगा तो देखेगा कि विषय वस्तु का कुछ भी उसकी समझ में नहीं आया। यदि वह सारे समय सोचता हुआ सिर्फ फ्रेम से ही निपट रहा हो तो अन्ततः वह देखता है कि उसके बीच का फोटो नदारद है, जिसे खोजने के लिए मशक्कत करना अभी शेष है।

बात यह है कि अब चित्रण के स्थान और आशय एक दूसरे से बिलकुल अलग हैं और फिर सारा उपन्यास कथाबयानी के किसी सिलसिले का लिहाज किये बगैर चल रहा हो तो वे चित्रण अपना पारम्परिक महत्त्व खोते हैं। अब उनका पहले से ही नियत होना कतई जरूरी नहीं है। उन दिनों चित्रण दृश्य की स्थूल रूप रेखाएँ तय करते थे और फिर उनमें किन्हीं खास रहस्योद्घाटन करते तत्त्वों को उजागर करते थे। अब वे चित्रण निरर्थक पदार्थों (या फिर उन पदार्थों जिन्हें कि निरर्थक सिद्ध करना हो) के विषय में होते हैं। उन दिनों चित्रण पहले से ही मौजूद यथार्थ को पुनः प्रस्तुत करने का प्रयास करते थे, अब वे सृजनात्मक कर्म का दावा करते हैं और अन्त में कि वे लोगों की चीजों को देखने योग्य बनाते थे जब कि अब वे उन्हें नष्ट करते से मालूम देते हैं। जैसे कि उनका विस्तृत वर्णन लिखने की उनकी उत्कंठा चीजों की रूपरेखाओं को अस्पष्ट करने के लिए, उन्हें दुर्बोध बनाने के लिए और अन्ततः उन्हें बिलकुल अदृश्य बना देने के लिए ही हो।

वास्तव में, आधुनिक उपन्यास में यह बिलकुल आम बात हो गयी है कि चित्रण ऐसा हो कि जो बेमतलब बात से शुरू हो। वह पाठक को कोई सामान्य तस्वीर दिखाता हुआ आरम्भ नहीं होता, वह तो किसी तुच्छ और महत्त्वहीन ब्योरे से फूटता हुआ मालूम देता है जो किसी ज्यामितीय बिन्दु के सिवाय और एक समूचे स्थापत्य का आविष्कार करता है और हमारा यह विचार कि चित्रण के दौरान उनका आविष्कार होता जाता है—इस तथ्य से दृढ़ होता है कि वह एकाएक स्वयं का प्रतिवाद करता है, स्वयं को दोहराता है, उस पर ज्यादा सोचता है, किसी अन्य दिशा में चमकता है, आदि-आदि। पाठक का, बहरहाल किसी बात की झलक लेना आरम्भ करता है, सोचता है बात अब स्पष्ट होगी, लेकिन चित्र की रेखाएँ इकट्ठी होती जाती हैं और वह बोझिल हो जाती है और रेखाएँ एक दूसरे पर प्रतिघात करती हैं और स्थान बदलती जाती हैं। अन्ततः बिम्ब की संरचना

ज्यादा-से-ज्यादा संदिग्ध होती जाती है। चन्द एक परिच्छेद और पार किये और जब वृत्तान्त पूरा हुआ तो पता चला कि उसने कुछ भी स्थायी बात शेष नहीं छोड़ी है, आखिर में वह रचने की और ठहरने की दोहरी हलचल बन जाता है और यह गोलमाल पुस्तक में हर स्तर पर खासकर उसकी संरचना के कुल योग में मिलता है और यहीं पर ही आज के लेखन में निहित छल उत्पन्न होता है।

बात की बारीकी पर इतनी घोर एकाग्रता कि, जो कभी-कभी लगभग उन्माद-सी बन जाये (वाम और दक्षिण की खूब परिचित अवधारणाएँ हैं वे गणनाएँ अनुमान और ज्यामितीय संकेत) वह संसार के भ्रमण को रोक नहीं सकती—उनके न्यूनतम भौतिक पहलुओं में भी ब्रेक नहीं लगा सकती—स्थिर से दिखने वाले उसके केन्द्र में भी फाँस नहीं गाड़ सकती है। काल के संक्रमण से जब हमारा कोई ताल्लुक नहीं रहा, क्योंकि उसके विपरीत प्रत्येक गतिविधि, विरोधाभासी मति के साथ, किसी खास क्षण पर, किसी स्तब्धता पर पहुँची हुई-सी सिर्फ प्रदार्शित की जाती है। पदार्थ जो स्वयं ही हर पल स्थिर भी है और अस्थिर भी। हर क्षण यथार्थ भी है और स्वप्न भी, मनुष्य से बाहरी होकर भी मनुष्य के दिमाग से खोजे जाने की सनातन प्रक्रिया में है। अत: चित्रण के विस्तार की सारी दिलचस्पी यानी उन पृष्ठों में मनुष्य का स्थान-वर्णित वस्तु में कहीं नहीं बल्कि चित्रण की वास्तविक गतिविधि में है।

तो यह कहना गलत है कि ऐसा लेखन फोटोग्राफी होने की और सिनेमेटोग्राफिक बिम्ब के सदृश होने की ओर प्रवृत्त है। वह तो बिम्ब ही है कि जो एकान्त में लोगों को देखने वाला बना सकता है (जैसा कि बालजाक के चित्रणों ने किया है), इसलिए उलटकर उन न चित्रणों के प्रतिस्थापन हेतु गढ़ा गया मालूम देता है और वास्तव में ऐसी गतिविधि है कि नेचुरलिस्टिक सिनेमा स्वयं को जिससे वंचित नहीं करता।

अनेक नये उपन्यासकारों में सिनेमा के प्रति उत्पन्न हुए जबर्दस्त आकर्षण का कारण अन्यत्र खोजा जाना चाहिए। वे कैमरे की वस्तुपरकता से नहीं बल्कि उसकी आत्मपरकता और कल्पनात्मक सम्भावनाओं से सम्मोहित हुए हैं। वे सिनेमा को अभिव्यक्ति का माध्यम नहीं, बल्कि अन्वेषण का माध्यम मानते हैं और उन्हें स्वाभाविक ही, उस पदार्थ में सर्वाधिक दिलचस्पी हुई जिसे लेखन में व्यक्त करना जरा भी सम्भव नहीं और अब बिम्ब उतना नहीं जितना कि साउंड ट्रेक है, आवाजें, शोर, विभिन्न प्रभाव, भाँति-भाँति के संगीत और सर्वोपरि दो इन्द्रियों आँख और कान पर एक साथ खेल करने की सम्भावना और अन्तत: ध्वनि और बिम्ब में उनकी दिलचस्पी खरी-खरी वस्तुपरकता के हर चेहरे (बल्कि स्वप्न या स्मृति अथवा एक ही शब्द में कहें तो कल्पना) को प्रस्तुत करने की सम्भावना में है।

दर्शक जो ध्वनि सुनते हैं और जो बिम्ब वे देखते हैं उसमें कोई आदिम गुण है और वह जो है वह वर्तमान का ही हिस्सा है। मोन्ताज में टूट, दोहराते दृश्य, अन्तर्विरोध, चरित्रों का एकाएक ठहराव, जैसा कि किसी शौकिया फोटोग्राफर के चित्रों में होता है, ये सब इस सनातन वर्तमान को उसका समूचा ब़ल और उसका सारा वेग प्रदान करते हैं। अत: अब यह बिम्बों की प्रकृति का नहीं बल्कि उनकी संरचना का सवाल है और सिर्फ वहीं पर ही उपन्यासकार कुछ चीजों से जो कि लेखन के दौरान उसके मन में घर सकती है, उनसे पुन: भिड़ सकता है।

ये नयी फिल्मी संरचनाएँ बिम्बों और ध्वनियों की ये हलचलें आम दर्शक की समझ में फौरन आ जाती हैं। यहाँ तक कि अनेक लोगों के लिए उनकी ताकत साहित्य की ताकत से भी बेहद बड़ी है। लेकिन परिपाटीगत आलोचकों द्वारा ये अत्यन्त दिलचस्प प्रतिक्रियाओं के साथ उछलती है।

मुझे स्वयं इसका अनुभव मेरी दूसरी फिल्म ली **मौरतैल** के प्रसारित होने पर हुआ। चलताऊ पत्रकारों की प्रतिकूल सम्मतियों से चकराने की कोई बात नहीं, गोकि उनके द्वारा की गयी कुछेक निन्दाएँ दिलचस्प हैं और वे अधिकतम प्रशंसा की अपेक्षा ज्यादा ही कुछ उजागर करती हैं। जहाँ जरा उन मुद्दों को सामने रखें जो कई-कई बार तीव्र उत्तेजनाओं के शिकार हुए हैं। पहला कि फिल्म में अभिनेता स्वभावत: अभिनय नहीं करते, दूसरा कि उसमें सच्चे और मानसिक के दरम्यान तथा स्मृति और भ्राँति के दरम्यान विभेद करना सम्भव नहीं और तीसरा कि उसमें भावनाओं से भरपूर आवेशमय तत्त्वों को पिक्चर पोस्टकार्डों (इस्ताम्बूल के बदले पर्यटक कार्डों, नायिका के बदले कामुक कार्डों आदि) में तब्दील करने की प्रवृत्ति रहती है।

गौर से देखें तो ये तीन निन्दाएँ वास्तव में एक ही हैं : कि फिल्म की संरचना लोगों को चीजों, की वस्तु परक सच्चाई के बारे में पर्याप्त भरोसा नहीं दिलातीं इस बावत दो टिप्पणियाँ विशेषकर नोट करने योग्य हैं। पहली, कि इस्ताम्बुल एक सच्चा शहर है और निश्चय ही यही शहर फिल्म के आरम्भ से अन्त तक दिखाई देता है और उसी तरह स्क्रीन पर नायिका की भूमिका किसी सच्ची महिला ने अदा की है। दूसरी ओर जहाँ तक कथा का सम्बन्ध है वह जाहिर ही झूठी है—चूँकि फिल्म निर्माण के वक्त अभिनेता या अभिनेत्री दोनों में से कोई भी और कुत्ता भी नहीं मरा। यथार्थवाद से अत्यन्त मुग्ध दर्शकों की वर्जना यह है कि यहाँ उन्हें तक कह सकता हूँ कि बात बिलकुल उलटी है......। सच, झूठ और यकीन दिलाना प्रत्येक आधुनिक कृति की कमोबेश विषयवस्तु बन गये हैं, लेकिन यह विषयवस्तु यथार्थ का कोई हिस्सा होने का दावा करने के

बजाय, यथार्थ (या यथार्थ के अभाव, जैसे भी कहना चाहें) पर प्रतिक्रिया-रूप में विकसित होती है। वह अपने को किसी ऐसे कहानी में गढ़कर कि जो सच में घटी हो, अपने अनिवार्यतः झूठे चरित्र को अब छिपाने का यत्न नहीं करती। यह बात सिनेमा के लिए तराशे गये लेखन पर बखूबी लागू होती है जो कि साहित्य में चित्रण के द्वारा ग्रहण किये हुए व्यवहार के बिलकुल समान है : बिम्ब कि उसकी साज-सम्भाल उक्त तरीके से की जाय (जहाँ तक कि अभिनेताओं, साज-सज्जाओं, मोन्ताज और ध्वनि से उसके सम्बन्ध का सवाल है) तो वह अविश्वसनीय भी होता है और विश्वसनीय भी बना रहता है ठीक उसी तरह से जैसे चित्रण पाठक का वो सब देखना बन्द भी करा देता था कि जो कुछ वह उसे दिखाता था।

काल की व्याख्या में भी बिलकुल यही विरोधाभासी डगमग (संहार के बीच से गुजर कर सृष्टि) नजर आती है। ऊपरी तौर से, फिल्म और उपन्यास का कालतत्त्व तात्कालिक है—कि जो उदाहरणार्थ, चित्रकला या वास्तुशिल्प जैसी कलाओं के कालतत्त्व के विपरीत है। संगीत की तरह फिल्म का भी उसका अपना सूक्ष्म काल गुण है, (देखा जाय तो एक पृष्ठ को पढ़ने में लगने वाला समय दूसरे पृष्ठ को पढ़ने में लगने वाले समय से भिन्न हो सकता है कि एक व्यक्ति को पढ़ने में जितना समय लगता है कि वह दूसरे व्यक्ति को पढ़ने में लगने वाले समय से अत्यन्त भिन्न हो सकता है) और फिर, जैसा कि पहले भी बताया जा चुका है कि सिनेमा को एक किसी एक ही भाषा वैज्ञानिक क्रिया भेद-वर्तमान बोधक के दायरे में अपने को घेरे रखना जरूरी नहीं है और हर हालत में, आज के फिल्म और उपन्यास, क्षणों, अन्तरालों और क्रमों की बनावट में एक समान है और घड़ियों या कैलेंडरों के क्षणों, अन्तरालों और क्रम से उनका कोई सम्बन्ध नहीं है। आइए इस पर जरा ज्यादा गहराई से सोचें।

पिछले कुछ वर्षों के दौरान समसामयिक उपन्यास में काल को प्रमुख चरित्र माने जाने की खूब चर्चा हुई है। पूरत के समय से ही, फॉकनर के समय से ही, कालक्रमानुसारी-लेखन में फ्लैश बैक और क्रमभंग, आख्यान (नेरेटिव) के गठन और शिल्प की जड़ में जम से गये हैं। बिल्कुल यही बात सिनेमा पर भी लागू होना चाहिए ताकि हरेक आधुनिक सिनेमेटोग्राफिक काम मानवीय स्मृति पर किसी टीका—उसकी आशंकाओं, उसके दुराग्रहों और उसकी विपदाओं की तरह लगे।

यह सब कहना बड़ा आसान लगता है या कदाचित् पिछली सदी के मोड़ पर लिखी गयी अनेक पुस्तकों में (और बहरहाल, पिछली सदी की तो सारी कृतियों में) गुजरता जाता काल उनका अनिवार्य लक्षण है, जबकि उसके विपरीत, वर्तमान प्रयोग अक्सर ही कालहीन बौद्धिक संरचनाओं को प्रस्तुत करते हैं और

ठीक बिलकुल यही बात है जिस कारण वे शुरू-शुरू में विचित्र से लगते हैं। मैं अपनी स्वयं की पुस्तकों और फिल्मों में से चन्द दृष्टान्त रखता हूँ कि जिनके अर्थ को अधिकांश आलोचकों ने हमेशा ही विकृत किया है।

मेरियनबाद में पिछले साल

उसके शीर्ष के कारण और आले रेने की पिछली फिल्म के कारण भी, एकदम शुरू से, खाए हुए प्यार और विस्मृति और स्मृति के मनोवैज्ञानिक रूपों में से ही किसी एक रूप की तरह समझा गया। अक्सर पूछे गये सवाले थे : क्या वह पुरुष और नारी सच में मेरियनबाद में पिछले साल मिले और उनमें प्रेम हुआ? क्या युवा नारी याद रखती है फिर भी बहाना बनाती है कि उसने सुन्दर अजनबी युवक को पहचाना नहीं? या क्या वह अतीत के उनके परस्पर सम्बन्ध को सच में ही भूल गयी? आदि। दो टूक बात कहें तो : ये सवाल बेकार हैं। वह परिवेश जिसमें कि समूची फिल्म घूमती है, वह स्वभावतः ऐसे सनातन वर्तमान का है जिसमें स्मृति के किसी प्रसंग का कतई कोई वास्ता नहीं। यह वह संसार है जो कि अतीत-हीन है, जो प्रति पल स्वयं-समर्थ है और चलते-चलते खुद-ब-खुद मिटता जाता है। पुरुष और नारी जब तक वे पहली बार पर्दे पर दिखाई नहीं देते तब तक वे अस्तित्व में आना आरम्भ नहीं करते, उसके पूर्व वे कुछ भी नहीं थे। और जिस क्षण फिल्म आरम्भ समाप्त होती है वे पुनः कुछ भी नहीं हैं। उनका अस्तित्व तभी तक है जब तक कि फिल्म जारी है उसमें बिम्बों के अतिरिक्त, कि जो हम देखते हैं और शब्दों के अतिरिक्त जो कि हम सुनते हैं, इन दोनों से भिन्न अन्य कोई सच्चाई नहीं हो सकती है।

अतः किसी आधुनिक कृति का जीवन काल किसी ज्यादा लम्बे और ज्यादा सच्चे जीवन-काल (चाहे वह कथानक हो या आख्यान) का सारांश या संक्षिप्त संस्करण नहीं है, बल्कि दोनों जीवन-काल बिलकुल अभिन्न हैं। **मेरियनबाद** में पिछले साल में हर बात जो है वह दो वर्ष, या तीन दिन की अवधि में नहीं बल्कि एकदम डेढ़ घंटे में ही घटती है और फिल्म के आखिर में जब नायक और नायिका मिलते हैं और साथ-साथ चले जाते हैं तो ऐसा है कि जैसे युवा नारी स्वीकार कर रही हो कि पिछले वर्ष मेरियनबाद में उनके बीच वास्तव में कुछ जरूर था, लेकिन हम महसूस करते हैं कि समूची फिल्म के दौरान यह वह दरअसल पिछला वर्ष ही था और कि हम मेरियनबाद में ही हैं। जो प्रेम-कहानी अतीत की किसी बात की तरह हमें सुनाई गयी वह वास्तव में हमारी आँखों के सामने बिलकुल तत्काल घटित है। क्योंकि, दरअसल यहाँ अन्यत्र जैसा कुछ भी या अतीत जैसा कुछ भी अब सम्भव नहीं।

लेकिन तब यह सवाल उठता है कि वे दृश्य जो देखे जा रहे हैं कि वे किस लिए हैं? खासकर दिन और रात के दृश्यों के भाँति-भाँति के सिलसिलों का, या परिधानों के बारम्बार बदलने का तब क्या अर्थ है जबकि वे काल के साथ बेमेल हैं क्योंकि वह (काल) उनके पासंग में छोटा है। चीजें जाहिर है कि अब ज्यादा जटिल होती जा रही हैं। अत: यहाँ सिर्फ आत्मपरक, मानसिक, वैयक्तिक गतिविधि की चर्चा हो सकती है। ये चीजें किसी न किसी दिमाग में अवश्य घट रही होंगी, लेकिन किसके? सूत्रधार नायक के? या सम्मोहित नायिका के? या, क्या वे उन दो के बीच लगातार बिम्बों की अदला-बदली के द्वारा उसके दिमाग में एक साथ घट रही होंगी? बेहतर तो यह होगा कि किसी भिन्न अनुशासन को माना जाय—बिलकुल इस तरह से कि जैसे सार्थक समय फिल्म का समय ही है और उसी तरह महत्त्वपूर्ण चरित्र दर्शक ही है। सारी कहानी उसी के दिमाग में घट रही है ओर बिलकुल उसी की अवस्था में कल्पना में ही बह रही है।

फिर से गौर करें तो, कृति जो है वह किसी बाह्य यथार्थ का चित्रण नहीं है बल्कि वह अपने स्वयं का यथार्थ है अत: लेखक के लिए असम्भव है कि ऐसे दर्शक को, द एंड (समाप्ति) के बाद, नायक और नायिका की नियति के बारे में पूरा यकीन दिलाए। इन शब्दों (द एंड), के पश्चात् परिभाषा के अनुसार कुछ भी नहीं घटता है। कृति का केवल एक ही भविष्य है कि वह वैसे के वैसे ही ढंग से, पूरा-का-पूरा दोबारा घट सकती है यदि फिल्म की रील की प्रोजेक्टर से पुनः घुमाया जाय।

उसी प्रकार यह सोचना भी बिल्कुल बेहूदगी है कि उपन्यास **ईर्ष्या जालूजी** जो कुछेक वर्ष पहले छपा था, में कोई स्पष्ट और एकसुरा घटनाक्रम ऐसा है कि पुस्तक में बखाने गये तारतम्य से इस तरह भिन्न है मानो मैंने किसी पूर्व निर्धारित सिलसिलों के जोड़तोड़ का (ताश के पत्तों को फेंटने की तरह) कोई मनोविनोद किया हो, बल्कि इसके विपरीत, कहानी इस प्रकर रची गयी है कि किस बाह्य कालक्रम के पुनर्गठन का कोई प्रयास, कभी-न-कभी अन्तर्विरोध की शृंखला में और फलस्वरूप किसी चरम अन्त में समाप्त होने का बाध्य हो और यह अकादेमी को किसी जड़बुद्धि इरादे से भ्रम में डालने के लिए नहीं बल्कि वैसा सिर्फ इसलिए है क्योंकि मेरे पास वास्तव में ही पुस्तक में प्रस्तुत तारतम्य के अतिरिक्त दूसरा कुछ था ही नहीं। वह ऐसा चित्रण नहीं है जो अपने से बाहर के किसी आसान प्रसंग के साथ घोलघाल दिया गया हो, बल्कि यहाँ फिर कहा जाय कि कहानी के रहस्यों के खुलने में पुस्तक के यथार्थ के अतिरिक्त दूसरा कोई यथार्थ नहीं है—वह एक कहानी है कि जिसका विकास और कहीं नहीं, वह तो अदृश्य नरेटर यानी उपन्यासकार के और पाठक के मस्तिष्क में ही हो रहा होता है।

जब काल कहानी का (या फिल्म का) प्रमुख गुणधर्म हो तब पुस्तक के इस तत्काल भाव-बोध के साथ सामंजस्य कैसे हो सकता है? यह परिभाषा तो पारम्परिक उपन्यासों (जैसे कि बालजाक के उपन्यासों) के लिए ज्यादा उपयुक्त रहेगी। निश्चय ही, उनमें काल की एक प्रमुख भूमिका थी, क्योंकि वह एक आदमी को पूरा बनाता था और वह ही उसकी नियति का नियामक था, विकास जो कि किसी समाज की विश्व विजय के उल्लास का और साथ-ही-साथ मानवीय प्रकृति की विपदा मनुष्य की नश्वरता का भी लक्षण था। आवेगों और घटनाओं की परिकल्पना कालगत विकास (जन्म, वृद्धि, चरमोत्कर्ष, उतार और पतन) के अन्तर्गत ही की जा सकती है।

जबकि यह सच है कि आधुनिक आख्यान में कालगति से काल कटा हुआ है। वह अब कतई बहता नहीं है। वह अब किसी बात का नियामक नहीं रहा और कदाचित् इसी कारण ही, पाठकों या दर्शकों को आधुनिक उपन्यासों और आधुनिक फिल्मों से निराशा मिलती है। कोई नियति चाहे वह दुःखद (ट्रेजिक) ही हो, हमें, बहुत तृप्ति देती है और उसकी तुलना में सर्वश्रेष्ठ समसामयिक कृतियाँ शून्य में, असमंजस में डालती हैं। वे पढ़ने या देखने तक सीमित यथार्थ से बाहर के यथार्थ की महत्त्वाकांक्षा रखती ही हैं और अपनी रचना के पूरे समय अपने को चुनौती देती हुई, अपने पर सन्देह करती हुई नजर आती हैं। उसमें दिक् काल का विनाश करता है और काल दिक् का विध्वंस करता है। उनमें चित्रण काल को मारता है, स्वयं का ही खंडन करता है, वृत्तों में घूमता है। उनमें क्षण समूचे सनातन को तोड़ता है।

यदि कालगति पाठक (या दर्शक) की अपेक्षाओं को तृप्ति देती है तो तात्कालिकता उन्हें कुंठित करती है और उसी प्रकार दिक्-भंग (स्पेस का छिन्न-भिन्न) उसे कथानक के वश के बाहर कर देता है। इन चित्रणों के उतार-चढ़ाव पाठक के मन पर उनमें बखानी गयी बातों का विश्वास नहीं जमाते, इनके नायक ऐसे कि जिसका कोई स्वभाव नहीं, कोई पहचान नहीं, यह वर्तमान ऐसा जो निरन्तर स्वयं को खोज रहा है मानो लेखन की कृपा से ही स्वयं को दोहरा रहा है, स्वयं को ही तोड़ रहा है, स्वयं का हेर-फेर कर रहा है और यह सब वह किसी अतीत (यानी कथा यदि हम शब्द को पारम्परिक अर्थ में लें तो) को संगठित करने के लिए पर्याप्त ताकत एकत्र किये बिना करता है। कुल मिलाकर इससे पाठक (या दर्शक) को उसकी अपनी चिर परिचित साझेदारी से बिलकुल भिन्न किस्म की साझेदारी के लिए ही पुकारा जा सकता है और कदाचित् कभी-कभी वह अपने ही युग की कृति को—ऐसी कृति को जो कि बिल्कुल सीधे उस स्वयं को सम्बोधित हो उसे ही तिरस्कृत करने की कगार पर खड़ा हो, यदि वह शिकायत

करे कि आधुनिक लेखकों द्वारा जानबूझ कर उसकी उपेक्षा की जा रही है कि उसे किनारे धकेला जा रहा है, तिरस्कृत किया जा रहा है, तो यह सब एकमात्र इसीलिए हो रहा है कि वह अभी भी किसी ऐसे संवाद को खोजने के लिए अड़ा हुआ है कि जो लम्बे समय से वैसा जरा भी नहीं है जैसा उसे पेश किया जा रहा है।

क्योंकि उसे उपेक्षित रखने के बजाय समसामयिक लेखक उसके सहयोग की नितान्त आवश्यकता का, किसी सक्रिय, सचेत **सृजनात्मक** सहयोग की आवश्यकता का दावा करता है। अपेक्षा यह है कि भीतर के बन्द किसी बने बनाए, पूरे संसार, ठोस संसार को स्वीकार करने की जरूरत नहीं बल्कि इसके विपरीत किसी सृजनात्मक भूमिका में, कृति—और संसार के—अन्वेषण में और इस तरह अपनी स्वयं की जिन्दगी का अन्वेषण करना सीखने में साझेदारी की जाय।

अनुवाद : **इन्दु प्रकाश कानूनगो**

गैर-कथात्मक फिल्में

रिचर्ड मेरनबार्सम

सिनेमा-सिनेमेटोग्राफी और वास्तव में खुद फोटोग्राफी—का उद्‌गम जीवन को जैसा वह है उस रूप में आलेखित करने की इच्छा से हुआ है। वास्तव में सिनेमा और भौतिक संसार को कलात्मक कार्य के औपचारिक गुणों के द्वारा पुनः रखने में सक्षम है। सीग्फ्राइड क्राकोर और आन्द्रे बाजें जैसे प्रमुख सिद्धान्तकार लगभग सभी बातों पर असहमत होते हैं, किन्तु वे सिनेमा के यथार्थवाद पर एकमत हैं। उनसे हमें यह ज्ञात होता है कि सिनेमा की अन्तर्वस्तु का उसके रूप से कहीं ज्यादा महत्त्व है, फोटोग्राफी के जरिए पुनः रचित संसार-फिल्म सम्पादन के जरिए रचे गये संसार के ठीक विपरीत—ही फिल्म बनाने वालों की उपयुक्त चिन्ता का विषय है और गैर-कथात्मक फिल्म का सैद्धान्तिक आधार यथार्थवादी परम्परा में निहित है।

क्राकोर ने बतलाया है कि फिल्म को भौतिक संसार को आलेखित और उद्‌घाटित दोनों ही करना चाहिए, परन्तु ऐसा करते समय उसे एक नैतिक आवश्यकता, जैसा कि जोसेफ कोनराड ने उपन्यास के सम्बन्ध में कहा है, ''हमें देखने के लिए तैयार करने'' का दायित्व है। सिनेमा चाक्षुष माध्यम के अपने गुणों के जरिए हमें चीजों को दिखलाता है, किन्तु गैर-कथात्मक फिल्म बनाने वाले की चिन्ता केवल यह नहीं है कि हम क्या देख रहे हैं, परन्तु उसकी चिन्ता यह भी है कि हम उसे किस तरह देख रहे हैं। क्राकोर से कहीं आगे बढ़कर बाजें ने हमारे आस-पास के संसार के लोगों और चीजों के महत्त्व को हमें दिखलाने की कलाकार की क्षमता पर कहीं अधिक भरोसा किया था। डीप फोकस फोटोग्राफी और चौखटे के—भीतर नाटकीय-अन्तर सम्बन्ध (जिसे हम मिजा-एन-सीन कहते हैं) जैसे प्रचलित सिनेमेटिक गुणों पर जोर देकर, बाजें सिनेमा को स्वाभाविक रूप से यथार्थवादी माध्यम के रूप में स्वीकार करता है और क्राकोर नहीं, बल्कि वह

बाजें था जिसने रॉबर्ट फ्लाहर्टी के कृतित्व के प्रति ऐसे समय में सम्मान प्रदर्शित किया था, जबकि अनेक समीक्षकों ने संसार के प्रति उसके दृष्टिकोण को ही कालदोष से पूर्ण नहीं बल्कि और शायद यथार्थवादी सिनेमा की प्रकृति के ठीक विरोध के रूप में पाया था।

यथार्थवादी फिल्म के सम्बन्ध में प्रचलित सिद्धान्त इस शताब्दी के छठे दशक में प्रकाशित हुए थे, जबकि पहली गैर-कथात्मक फिल्म बन चुकी थी। पिछली सदी के नवें दशक में सिनेमा का उद्गम होने के समय से लोग फिल्म बनाने वाले माध्यम और भौतिक संसार के कच्चे माल के बीच सम्बन्धों की बात यदि सदैव सिद्धान्तों का निर्माण न करते रहे तो कम-से-कम सोचते तो रहे ही हैं। वास्तव में गैर-कथात्मक फिल्म उतनी ही पुरानी है जितना कि सिनेमा स्वयं है। इस माध्यम के इतिहास में जो पहली फिल्में बनीं वे यथार्थ को बिना कथात्मकता या नाटकीय चौखटे को आलेखित करने के सरल प्रयास ही हैं। किन्तु नाटकीय प्रेरणा ने इस नयी कला को शीघ्र ही उस माध्यम में रूपान्तरित कर दिया जिसे हम आज जानते हैं, किन्तु यथार्थवादी प्रेरणा निश्चय ही सबसे पहली प्रेरणा थी और आज भी वह एक महत्त्वपूर्ण प्रेरणा है।

पिछली शताब्दी के नवें दशक में आगस्टी और लुई तुमरे से लेकर इस शताब्दी के आठवें दशक के डेविड और अलबर्ट मेसल्स तक, इस शताब्दी के तीसरे दशक के प्रारम्भिक समय के रॉबर्ट फ्लाहर्टी और इस शताब्दी के चौथे दशक के प्रारम्भ में जॉन ग्रियरसन तक, गैर-कथात्मक फिल्म बनाने वाले लोगों का जोर न तो रूप पर था और न अन्तर्वस्तु पर, परन्तु उस अनिवार्य क्षेत्र पर था जिसमें रूप और अन्तर्वस्तु एक-दूसरे में समाहित हो जाते हैं। रूप और अन्तर्वस्तु के प्रति यह चिन्ता और "लोग किसी चीज को किससे देखते हैं और कैसे देखते हैं", सम्बन्धी चिन्ता को जानने से हमारी अधिक प्रचलित कथात्मक फिल्मों में गैर-कथात्मक फिल्मों को अलग करने में मदद मिलती है।

गैर-कथात्मक फिल्म के लिए बहुत सारी परिभाषाएँ दी गयी हैं और उनका वर्णन भी किया गया है। फिल्म शब्दावली में सर्वाधिक प्रचलित, किन्तु सर्वाधिक निन्दित और सर्वाधिक गलत ढंग से समझा गया शब्द डॉक्यूमेंटरी है। प्रचार फिल्म, न्यूज रील, यात्रा विवरण, सैन्य और शालेय प्रशिक्षण, रॉक संगीत सम्मेलनों की फिल्म जैसे विविध सिनेमा रूपों के लिए डॉक्यूमेंटरी शब्द का प्रयोग किया गया है। डॉक्यूमेंटरी के अर्थ को फिल्म सैद्धान्तिकों, इतिहासज्ञों और समीक्षकों ने और उनके साथ-साथ फिल्म दर्शकों ने तथा विशिष्ट राजनीतिक विचारकों को बढ़ावा देने के लिए एकजुट हुए फिल्म बनाने वालों द्वारा अलग-अलग ढंग से विवेचित किया गया है। स्पष्ट है कि डॉक्यूमेंटरी के अर्थ को लेकर बहुत असहमति है।

गैर-कथात्मक फिल्म का इतिहास बताता है कि प्रमुख गैर-कथात्मक फिल्म बनाने वालों की कृतियों में नहीं के बराबर ही आलेखित समानता है। ऐसे बड़ी फिल्म बनाने वाले लोगों में से यदि कुछ ऐसे लोगों का ही नाम लिया जाय, जिन्होंने सर्वाधिक विशिष्ट रूपों का निर्माण किया है तो वे हैं : रॉबर्ट फ्लाहर्टी, डीजीगा वर्तो, लेनी रीफेनस्टाल, जॉन ग्रियरसन, पौल रोथ, अलबर्टो केवलकेंटी, हम्फरे जैनिन्गस, विलार्ड वानडायिक, पारे लोरेन्ज, रिचर्ड लीकॉक, अलबर्ट और डेविड मेसल्स, फ्रेडरिक वाइसमेन और मास्त्रह आफल्स। मेरा मत है कि इस विशिष्ट प्रकार की फिल्म को हम डॉक्यूमेंटरी शब्द के बजाय गैर-कथात्मक फिल्म शब्द के द्वारा बेहतर ढंग से अभिसूचित कर सकते हैं।

सभी डॉक्यूमेंटरी गैर-कथात्मक फिल्म हैं, किन्तु सभी गैर-कथात्मक फिल्मों की श्रेणी ऐसी है जिसके अन्तर्गत हम फिल्म निर्माण के विभिन्न दृष्टिकोण पाते हैं जिनमें प्राथमिक उद्देश्य के प्रति निष्ठा प्रदर्शित करने से लेकर वास्तविकता दर्शाने का प्रयास होता है, परन्तु गैर-कथात्मक फिल्म की परिभाषा में इस बात को आवश्यक रूप में स्वीकार किया गया है कि फिल्म एक कला है और उसके कला की एक निजी दृष्टि और तकनीक है। कला के इतिहास को देखने का तरीका यह है कि उसे एक ही प्रकार की घटनाओं के प्रति अलग-अलग प्रक्रियाओं, आलेख के रूप में देखा जाय। गैर-कथात्मक फिल्म का इतिहास इससे कोई अलग नहीं है। उदाहरण के लिए इसमें रॉबर्ट फ्लाहर्टी की फिल्म **नानुक ऑफ द नार्थ** (1922), माइकल वाडले की फिल्म **वुडस्टाक** (1970) शामिल हैं। इनमें से फ्लाहर्टी की फिल्म लघु बजट पर साधारण से हेंड क्रेन्कड कैमरे को लेकर बनाई गयी थी, जबकि माइकल की फिल्म कम्प्यूटरीकृत सम्पादन उपकरण सहित सभी आधुनिक फिल्म निर्माण सामग्री को लेकर हर सम्भव तकनीकी सुविधा के सहारे बनाई गयी थी। यह तर्क दिया जा सकता है कि इन दो फिल्मों के निर्माण में जो अन्तर है उसके आधार पर फिल्मों में उतना ही बड़ा अन्तर होने की बजाय एक निकट का कारण है—उदाहरण के लिए दोनों ही फिल्मों में जीवन के आनन्द को प्रदर्शित किया गया है—परन्तु यह स्पष्ट है कि दोनों ही फिल्मों के सिनेमेटिक कला की परिभाषा करते वक्त समय, तकनीक, कलात्मक दृष्टि, सिनेमा बजट, सुविधाओं और दर्शक के तत्त्व को ध्यान में रखना होगा।

गैर-कथात्मक फिल्म की किसी भी परिभाषा के लिए यह जरूरी होगा कि वह समावेशी हो जिससे वे वर्तो की फिल्म **कीनो प्रावदा,** फ्लाहर्टी की फिल्म **मेन ऑफ अरेन**, आइवन की फिल्म **द स्पेनिश अर्थ**, ह्यूस्टन की फिल्म **लेट देयर बी लाइट,** एंडरसन की फिल्म **एवरी डेय एक्सेप्ट,** क्रिसमस और मेजल्स भाइयों की फिल्म सेल्समेन शामिल की जा सकी। किसी एक विषय को लेकर

फिल्म निर्माण के बहुरंगी आयाम को परिभाषित करने की कोशिश 100 खाती हो सकती है। फिर भी यह सम्भव है कि गैर-कथात्मक फिल्मों के सर्वाग्रही विषय के अन्तर्गत डॉक्यूमेंटरी को रखा जा सके।

गैर-कथात्मक फिल्म : रूप और कार्य

गैर-कथात्मक फिल्म बनाने वाला व्यक्ति भौतिक यथार्थता को वास्तविक तरीके से एक ऐसे रूप में रखता है जो कि वास्तविकता के प्रति विश्वसनीय होने की कोशिश करते हैं। जहाँ कथात्मक फिल्म बनाने वाला अपने कल्पनाशील यथार्थता के जरिए संसार को रूपान्तरित कर देता है वहीं उसके ठीक विपरीत गैर-कथात्मक फिल्म बनाने वाला संसार को बिना काफी परिवर्तित किये रचनात्मक रूप से अभिलेखित और व्याख्यायित करता है। यह मामला सिर्फ विषयगत ही नहीं है वरन् अनुपात का भी है। स्पष्टत: जहाँ कुछ गैर-कथात्मक फिल्में दूसरों की बजाय अधिक कल्पनाशील होती हैं उसी तरह जैसे कुछ गैर-कथात्मक पुस्तकें उन पारम्परिक सिद्धान्तों को तोड़ देती हैं जो पुस्तकालय की आलमारियों में कथात्मक और गैर-कथात्मक पुस्तकों को अलग करती हैं। उसी तरह इन फिल्मों के दर्शकों को प्रभावगत और प्रबुद्ध प्रतिक्रियाएँ भी अलग होती हैं। फिल्म के प्रति दर्शक की प्रतिक्रिया फिल्म सौन्दर्यशास्त्र का एक बुनियादी तथ्य है, लेकिन इसे फिल्म सिनेमा अध्ययन को अक्सर विस्मृत कर दिया जाता है। दर्शक की प्रतिक्रिया को इस समस्या के लिए फिल्म माध्यम के विश्लेषण की जरूरत है जो एक सांस्कृतिक घटना के रूप में उसके शैलीगत विस्तार और महत्त्व को स्वीकार करता है। 1950 के दशक से सीधे सिनेमा के विकास में हमें इस बात को बेहतर ढंग से समझने में मदद दी है। उदाहरण के लिए फ्रेडरिक वाइसमेन की फिल्म मीट (1975) के प्रति दर्शकों की इतनी वैविध्यपूर्ण प्रतिक्रिया मिलती है कि वह वैधता को वहन कर सकती है। किसी भी दशर्क की इस फिल्म के सम्बन्ध में प्रतिक्रिया इस बात पर निर्भर कर सकती है भोजन, तकनीकी, थोक उत्पादन, काम, जीवन जीने की अमेरिकी शैली के प्रति उसकी क्या भावनाएँ हैं और माँस पैक करने के उद्योग के सम्बन्ध में उस व्यक्ति का पूर्व ज्ञान कितना है। उपभोक्ता कामगार और प्रबन्धकर्त्ता की इस फिल्म के सम्बन्ध में अलग-अलग प्रतिक्रिया होती है फिर भी फिल्म बनाने वाले सहित इस बात पर सहमत हैं कि यह फिल्म वास्तविकता को विश्वसनीय ढंग से प्रतिपादित करती है। गैर-कथात्मक फिल्म किसी घटना या विषय को पुन: प्रस्तुत करने की कला है।

गैर-कथात्मक फिल्म तत्कालीन क्षणों के सम्बन्ध में प्रतिक्रिया करती है और इसीलिए वे एक ऐसे सांस्कृतिक सन्दर्भ में मूल बाधक होती है जिसका फिल्म के

साथ-साथ अध्ययन किया जाना चाहिए। गैर-कथात्मक फिल्म विशिष्ट सामाजिक परिस्थतियों से उत्पन्न होती है : कई बार किसी समस्या, कई बार किसी संकट, कई बार किसी गैर-नाटकीय और जाहिराना तौर पर गैर-महत्त्वपूर्ण व्यक्ति या घटना के सम्बन्ध में होती है। इस तरह की फिल्म का फिल्मान्तर वास्तविक दृश्य पर वास्तविक लोगों को लेकर बिना दृश्यबन्ध, बिना रंगभूषा, बिना लिखित संवाद, या कृत्रिम रूप से उत्पादित ध्वनि प्रभाव के किया जाता है। वह वहाँ होने का अनुभव पुनः रचने की कोशिश करत है और इसके लिए वह समाज के प्रति परिस्थितियाँ जितनी अधिक निष्ठा सम्भव बनाती हैं उतनी निष्ठा को बनाए रखती हैं। गैर-कथात्मक फिल्म की संरचना दो या तीन हिस्सों में होती है जिससे प्रस्तावना और एक सिंहावलोकन होता है। वह एक ऐसी विधि को अपनाने की कोशिश करती है जो समस्या के कथन से शुरू होकर समय के हल का प्रतिपादन करती है इससे भी अधिक विशिष्टता सूचक बात यह है कि यह फिल्म स्याह और सफेद होती है और इसमें सीधे ध्वनि रिकार्डिंग की जाती है (या कृत्रिम ध्वनि)। इसमें ऐसा संगीत होता है जो उस विशिष्ट फिल्म के लिए खासतौर पर तैयार किया गया होता है और समग्र सिनेमा के एक हिस्से के रूप में जिसकी अवधारणा की गयी होती है और यदाकदा इससे शाब्दिक वर्णन होता है। पारम्परिक तौर पर ऐसी फिल्मों की लम्बाई 30 मिनट की होती है, परन्तु लेनीटिफेन स्टहल की फिल्म ओलम्पिया (1938) तीन घंटा चालीस मिनट लम्बी थी, मार्स ओफल्स की फिल्म **द सारो एंड द पीटी** (1971) 4 घंटे और 30 मिनट लम्बी थी और लुई माल की फिल्म **फेंटम इंडिया** (1938) छः घंटे लम्बी थी। इस समय फिल्मों की लम्बाई के विषय में यह चलन है कि उसे इतना लम्बा होना चाहिए कि जिससे कि वह अन्तर्वस्तु की माँग को पूरा कर सके, न कि परम्परा द्वारा सुझायी गयी लम्बाई के अनुसार।

गैर कथात्मक फिल्म : तीन प्रमुख दृष्टिकोण

गैर-कथात्मक फिल्म निर्माता ऐसी फिल्मों के सम्बन्ध में भिन्न-भिन्न दृष्टिकोणों में से किसी एक को भी अपना सकते हैं, परन्तु इस माध्यम के संक्षिप्त इतिहास में तीन दृष्टिकोण सबसे अधिक स्पष्ट रूप से सामने आये है : तथ्यगत दृष्टिकोण, डॉक्यूमेंटरी दृष्टिकोण और सीधा सिनेमा दृष्टिकोण।

तथ्यगत दृष्टिकोण

आम धारणा के विपरीत, तथ्य अपने आप ही चीजों को उद्घाटित नहीं करते हैं, खास करके सिनेमा, उन्हें संरचना और व्याख्या की आवश्यकता होती है, ऐसे तत्त्वों की आवश्यकता होती है जो फिल्म बनाने वाले की दृष्टि को प्रतिबिम्बित

कर सकें। डॉक्यूमेंटरी फिल्म के विपरीत, तथ्यगत फिल्मों में आमतौर पर विशिष्ट सन्देश नहीं रहता, बहरहाल, यदि उसमें कोई सन्देश हो तो उसे फिल्म के सिनेमेटिक पक्षों में अधिक महत्त्व नहीं दिया जाता। उसमें जो महत्त्व की बात है वह है तथ्य, परन्तु जब हम यह स्वीकार करते हैं कि फिल्म एक कला है तो हम यह भी स्वीकार करते हैं कि पूरी तौर पर तथ्यगत एक असम्भव सरीखी चीज है।

तथ्यगत फिल्म की प्रकृति को शायद अभिव्यक्ति के दूसरे माध्यमों के साथ तुलना कर स्पष्ट किया जा सकता है। गैर-कथात्मक फिल्म और पत्रकारिता के अनेक गुण समान हैं और डॉक्यूमेंटरी तथा तथ्यगत फिल्म के बीच मोटे तौर पर वही अन्तर है जो दैनिक समाचार-पत्र के सम्पादकीय पृष्ठ और समाचार पृष्ठों के बीच होता है।

सम्पादकीय पृष्ठ पर इस तरह शीर्षक लगा रहता है कि जिससे पाठक को यह पता चल सके कि वह ऐसे तथ्य को पढ़ रहा है जो उन बातों पर आधारित है जिसे तथ्य माना जा सकता है। समाचार पृष्ठ बिलकुल अलग ढंग से होते हैं। कई बार उनमें समाचार अभिकरणों द्वारा जारी किये गये समाचार रहते हैं और कई बार उनमें संवाददाताओं के नाम से समाचार दिये रहते हैं जिन्होंने उन समाचारों को लिखा है, जिसे उन्होंने स्वत: देखा है। ये संवाददाता चाहे कितना भी विषयगत होकर लेखन करें फिर भी उनके संवाद में उनकी खुद की विषयगत प्रतिक्रियाएँ आवश्यक रूप से होती हैं, यद्यपि संवाद के अधिकांश हिस्सों में तथ्यों की प्रमुखता रहती है।

अब यह स्पष्ट हो जाना चाहिए कि डॉक्यूमेंटरी और तथ्यगत दृष्टिकोणों के बीच अत्यन्त स्पष्ट अन्तर करने का कार्य अर्थ होगा, ऐसी अनम्य धारणाओं का सूत्रीयकरण करना जो कि प्रवाहमय विश्लेशण को निरुद्देश्य बना देगी। यह याद रखना पर्याप्त है कि डॉक्यूमेंटरी फिल्में तथ्य और मत से सम्बद्ध होती हैं। लेनी रीफेनस्टाइल की **ओलम्पिया** (1938), लींडसे एंडरसन की **एवरी डेथ एक्सेप्ट क्रिसमस** (1957) और माइकल वाडले की **वुटस्टाक** (1970) को तथ्यगत फिल्म माना जाता है, क्योंकि इन फिल्मों को बनाने वालों के यथार्थ-सत्ता की व्याख्या करने के मनोवेग की बजाय यथार्थ सत्ता के तथ्यगत अभिलेख को अधिक महत्त्व दिया है, परन्तु यह सामान्य दर्शक के लिए भी तथ्यों को, दर्शक द्वारा दी जाने वाली व्याख्या को प्रभावित किये बिना प्रस्तुत करना चाहिए यदि असम्भव नहीं तो कठिन अवश्य है और यह बात इन फिल्मों को देखने से साफ जाहिर होता है।

गैर-कथात्मक फिल्म बुनियादी तौर पर व्यावसायिक नहीं होती और न ही

उन्हें व्यावसायिक वितरक रिलीज ही करते हैं, जब तक कि उन्हें यह विश्वास न हो कि इन फिल्मों का आकर्षण असामान्य रूप से बड़ा होगा। 1960 और 1970 के दशकों के दौरान रॉक संगीत सम्मेलनों पर बनी फिल्मों को देखने वालों में रॉक संगीत प्रमियों की बहुत बड़ी संख्या होती थी, परन्तु इस विशिष्ट कल्पना को छोड़कर जो कि उस संगीत के घटते प्रचलन का अनुसरण कर रही थी। गैर-कथात्मक फिल्मों को गैर-नाटकीय श्रेणी में शामिल किया जाता है, जिसका यह अर्थ हुआ कि उन्हें स्कूल, कॉलेज, पुस्तकालय-संघों, चर्चों और औद्योगिक, सामाजिक तथा सांस्कृतिक संगठनों में बिना टिकट के प्रदर्शित किया जाता है। यद्यपि इसके अनेक अपवाद हैं, किन्तु वे अपवाद ही हैं कोई नियम नहीं। कथात्मक फिल्मों के कुछ महत्त्वपूर्ण निर्देशक जैसे माइकल ऐंन्जलो एंटीनीओनी, स्टेनले कुबरिक और लींडसे एंडरसन ने अपना फिल्म जीवन गैर-कथात्मक फिल्मों में शुरू किया था; अनेक गैर-नाटकीय फिल्म वितरण के बीच के अन्तर में इस बात में सहायता मिलती है कि फिल्म निर्माण के दो अत्यन्त स्पष्ट रूपों को कैसे अलग किया जा सके और कैसे उनकी व्याख्या की जा सके : कथात्मक और गैर-कथात्मक से जबकि कुछ ऐसी फिल्में हैं जो इन दोनों ही नावों में पैर रखती हैं यद्यपि उनकी व्याख्या अत्यन्त कम है—ऐसी फिल्में हैं **जार्जेस रिक्वायर फारेबिक्ये** (1946) और सीडनी मेयर दी **द क्वाएटवन** (1949) और फिर हमें यह स्मरण रखना चाहिए कि सिनेमा किसी चीज को वर्गीकरण का प्रतिरोध करता है और यह कि उसकी सम्भावनाएँ अनन्त हैं।

डॉक्यूमेंटरी दृष्टिकोण

गैर-कथात्मक फिल्म के अग्रदूत और उपस्कर्ता, फ्रांसीसी, अमेरिका, रूसी और ब्रिटिश, मोटे तौर पर इसी क्रम में रहे हैं, परन्तु डॉक्यूमेंटरी दृष्टिकोण के सम्बन्ध में सर्वाधिक प्रभावकारी सिद्धान्त दो ब्रिटिश लोगों द्वारा विशेषकर जॉन ग्रियरसन और पोल रोटा द्वारा प्रस्तुत किये गये हैं।

जॉन ग्रियरसन वास्तव में कृतपित्री पुरुष थे। उन्होंने डॉक्यूमेंटरी शब्द का सबसे पहली बार प्रयोग किया जब उन्होंने फ्लाहर्टी की फिल्म **मोअना** की 1926 में समीक्षा की थी और 1928 में उन्होंने ब्रिटिश सरकार द्वारा प्रायोजित प्रथम डॉक्यूमेंटरी फिल्म निर्माण इकाई की स्थापना की थी। डॉक्यूमेंटरी फिल्म के निर्माण और विकास के लिए उनके विचारों ने दार्शनिक आधार पर कार्य किया। प्रारम्भ से ही उन्होंने सामुदायिकता की भावना विकसित करने की कोशिश की जिसमें उन्होंने अपनी फिल्मों को लेकर जो भी निजी उपलब्धियाँ प्राप्त की हों उनसे कहीं अधिक महत्त्व उसने देशभक्ति और राष्ट्रीय लक्ष्यों में नहीं, बल्कि सामाजिक

लक्ष्यों में, फिल्म के प्रति कला के रूप में किसी सोच में नहीं, बल्कि राष्ट्रीय संचार के माध्यम से फिल्म में विश्वास करने में रहा है। ग्रियरसन से प्रभावित होनेवाले फिल्म निर्माताओं ने 1930 के दशक में इस प्रकार की फिल्म के सौन्दर्यशास्त्रीय क्षमताओं को अनुभव किया और उसे विस्तार दिया, किन्तु ग्रियरसन सन्देश से, न कि माध्यम से ही पूरी तौर पर सम्बद्ध रहा।

ग्रियरसन का दृढ़ मत था कि डॉक्यूमेंटरी दृष्टिकोण बुनियादी तौर पर प्रचारवादी है न कि सौन्दर्यवादी और उसके लिए समुदाय और विश्वशान्ति के प्रति उसके विचारों को कार्य रूप में परिणत करने के लिए फिल्म माध्यम सर्वाधिक सहज और सर्वाधिक नाटकीय उपाय था। दो विश्वयुद्धों के कारण वह गहरे संकट में पड़ा था यद्यपि उसके प्रमुख सिद्धान्त दूसरे विश्वयुद्ध के पहले ही सूत्रबद्ध हुए थे और उसका प्रमुख प्रभाव इंग्लैंड तथा अमेरिका में 1930 के दशक के दौरान अनुभव किया गया था। विश्व को जिस रूप में वे जानते थे उसके सन्दर्भ में उनके लिए सामाजिक सन्देश वाली फिल्म बनाना सर्वाधिक महत्त्वपूर्ण बात थी। ग्रियरसन इस बात तो सिद्ध करने के लिए दृढ़ संकल्पित थे कि जिस संसार में हम रहते हैं उसे जो शिक्षा और जनसंचार के जरिए रहने की एक बेहतर जगह बनायी जा सकती है। उसके लिए कला और सौन्दर्यशास्त्र राष्ट्रीय शिक्षा के लक्ष्य को प्राप्त करने को लिए उपाय मात्र था।

डॉक्यूमेंटरी के सम्बन्ध में ग्रियरसन के बुनियादी सिद्धान्त हैं। सबसे पहला तो यह कि वह विश्वास करता था कि डॉक्यूमेंटरी फिल्म बनाने वाला वास्तविक संसार को उद्घाटित कर सकता है; दूसरा यह कि कथात्मक फिल्म में बनाने वालों की बजाय उसका अपने उपकरणों पर कहीं अधिक कल्पनाशील ढंग से नियंत्रण था (और यह शायद एक विडम्बना है); और तीसरा यह कि वह अभिनीत किये गये विषय के बजाय रोजाना की जिन्दगी के कच्चे माल से ली गयी वस्तु और कथाओं को कहीं अधिक यथार्थ रूप में पेश कर सकता था। यह बात नहीं है कि उसके सिद्धान्त में कोई समस्या निहित नहीं है, परन्तु उसकी अनिवार्य निष्ठा यह थी कि डॉक्यूमेंटरी फिल्म को रोजाना की वास्तविकता के एक रचनात्मक उपचार के रूप में होना चाहिए और यह कि फिल्म बनाने वाले को नागरिक भावनाओं को दृढ़ स्वरूप देने तथा राष्ट्रीय लक्ष्यों को आगे बढ़ाने की प्रति समर्पित होना चाहिए। उसके सिद्धान्त के मूल में यह सरल-सा विश्वास था कि "चाहे जैसे हो हमें शान्ति को उत्तेजक बनाना होगा" यदि हमें युद्धों से बचना है। यह एक सरल धारणा है कि हमें शान्ति को उत्तेजक बनाना है और यही मेरा प्रचार रहा है। यदि इस बात में फिल्म सिद्धान्त के मूल तत्त्व की कमी नजर आती हो तो वह भी कला की नैतिक शक्ति में एक विश्वास के रूप में उसकी कहीं अधिक

पूर्ति हो जाती है। पोल रोटा ने अनेक डॉक्यूमेंटरी निर्माण और निर्देशन दोनों ही किये हैं। ग्रियरसन के समान वह आदर्शवादी हैं, परन्तु ग्रियरसन के विपरीत वह चूँकि एक कलाकार हैं इसीलिए सिनेमेटिक स्वरूप और उसके गुणों में भी विश्वास करते हैं। वह विश्वास करते हैं कि वे ज्यादा कुशल दस्तकार हैं और यह कि फिल्म निर्माण की अन्य शाखाओं में अपने साथियों की अपेक्षा वे विषय और दृष्टिकोण के चयन में कहीं अधिक गहन तर्कशीलता प्रयोग में लाते हैं। रोटा के प्रभाव के विस्तार को 1930 के दशक के अन्तिम चरण और बाद के समय में इंग्लैंड में निर्मित डॉक्यूमेंटरी फिल्मों का उपाय सिनेमेटिक गुणवत्ता में देखा जा सकता है।

रोटा ने सिनेमेटिक गुणों पर जोर देने के अलावा मानववादी आदर्शों पर भी जोर दिया है। समय और स्थान से परे जाने वाले मामले उसकी चिन्ता के विषय हैं और इसी तरह वह इन विषयों का उदाहरण प्रस्तुत करने वाली चीजों को समकालीन संसार में अपने आस-पास खो जाने में संलग्न रहता है। रोटा कहता है कि डॉक्यूमेंटरी फिल्म बनाने वालों को एक समाजशास्त्री और सिनेमेटोग्राफर दानों ही होना चाहिए और जब कभी भी सम्भव हो उसे एक कवि भी होना चाहिए। संक्षेप में कहें तो डॉक्यूमेंटरी फिल्म कलाकार एक सद्भावना वाला व्यक्ति है, ग्रियरसन के शब्दों में वह व्यक्ति शान्ति को उत्तेजक बना सकता है। वास्तव में कलाकार को एक शिक्षा देने वाली किसी चीज को उद्घाटित करने वाले और अन्त में समन्वय करने बाले के रूप में उसने देखा था। फिल्म बनाने वाले की भूमिका को भी इस रूप में फ्लाहर्टी ने देखा था, लेकिन रोटा ने इस तथ्य का बहुत पहले प्रतिपादन किया था और अब रोटा का प्रभाव सर्वाधिक था। रोटा यह चाहते थे कि उनके फिल्म बनाने वाले मानवजाति के प्रतिनिधि हों। वह यह भी पसन्द करते कि इन प्रतिनिधियों को अभी स्वीकृत किया जाय, सम्मानित किया जाय और समर्थन दिया जाय। 1930 के दशक के दौरान इंग्लैंड में राज्य शासन समर्थित डॉक्यूमेंटरी फिल्म बनने की इकाइयाँ जिस तरह से फली-फूली उससे यह आदर्शपरक लक्ष्य प्राप्त किये जाने वाले लक्ष्य के रूप में नजर आने लगा था। रोटा के सिद्धान्त और उसकी फिल्मों पर ऐसे निश्चित चिह्न हैं जो निष्ठावान और कल्पनाशील व्यक्ति के हों और एक ऐसे व्यक्ति जिसकी कला चाहे कितनी ही पूर्वग्रहग्रस्त हो अन्ततः मनुष्य जाति को एकता में बद्ध करने की कोशिशों के जाल में अन्ततः गैर-राजनीतिक थी, समाज के प्रति रोटा के दृष्टिकोण में 1930 के दशक की सामाजिक चेतना प्रतिबिम्ब होती है जिसमें विज्ञान और कला संसार की समस्याओं को हल करने के लिए एकजुट होकर कार्य कर सकती थी, परन्तु उसके बाद से हम चन्द्रमा तक जा सके हैं और वापस आ सके हैं और संसार

की अनेक समस्याएँ आज भी वहीं हैं और बल्कि उनका परिणाम कहीं अधिक घातक हो गया है। यदि आज फिल्म बनाने वाले के सम्बन्ध में रोटा की दृष्टि समयातीत प्रतीत होती है तो वह उसकी गलती नहीं है। आज के फिल्म बनाने वाले एकमत होकर एक अन्तर्मुख हो गये हैं, वे व्यक्तिनिष्ठ हो गये हैं, बजाय सामाजिक समस्याओं की ओर उन्मुख होने के वे निजी मामलों की ओर ज्यादा ध्यान देने लगे हैं। बजाय सार्वजनिक मामलों के; वे सवालों की ओर ज्यादा ध्यान देने लगे हैं। बजाय उनके उत्तर की ओर ध्यान देने के अपने आस-पास के संसार को खोजने के लिए ये भी तो तरीके हैं। ग्रियरसन और रोटा हमें यह भरोसा दिलाते हैं कि सभी गैर-कथात्मक फिल्में सिर्फ डॉक्यूमेंटरी दृष्टिकोण ही नहीं, एक कला रूप हैं और जिस तरह अन्य कोई कला मानव की परिस्थिति को उजागर करती है उसी तरह गैर-कथात्मक फिल्मों की सेवा करती हैं।

डॉक्यूमेंटरी फिल्म, तथ्यगत फिल्म से अपने सामाजिक-राजनीतिक उद्देश्य, अपने सन्देश के कारण भिन्न किस्म की होती है। डॉक्यूमेंटरी फिल्म कला में उन दो चिन्ताओं को एक करने की कोशिश करती है जो कि समतुलनीय नहीं है; माध्यम और सन्देश। माध्यम और सन्देश रूप और अन्तर्वस्तु के पर्यायवाची नहीं हैं, इसकी बजाय वे एक भिन्न स्थिति की पुष्टि करती हैं जिसमें माध्यम कुछ लोगों द्वारा (दुर्भाग्वश इन लोगों में ग्रियरसन भी शामिल था। सन्देश से कम महत्त्वपूर्ण समझा जाता है) यह सन्देश अन्तर्वस्तु से अलग चीज है, एक ऐसा लक्ष्य है जिसे हर स्थिति में प्राप्त करना आता है। अपने अत्यन्त निजी रूप में कला शक्तिशाली निजी प्रतिक्रियाएँ और भावनाएँ उत्पन्न कर सकती है। जबकि अपने सर्वाधिक सार्वजनिक रूप में भी शक्तिशाली समूह क्रियाएँ और प्रतिक्रियाएँ उत्पन्न कर सकती हैं। कला सामाजिक प्रभाव और परिवर्तन उत्पन्न करने के लिए साधन बन सकती है।

यद्यपि वह शायद ही कभी अपने इस उद्देश्य से प्रवृत्त होता है। बहरहाल, डॉक्यूमेंटरी फिल्म का यह उद्देश्य होता है और इस दृष्टिकोण को अपनाकर कार्य करने वाला फिल्म निर्माता मनोरंजन करने से कहीं अधिक महत्त्वपूर्ण उद्देश्यों के लिए सिनेमा का उपयोग करना चाहते हैं। वह अपने दर्शकों को किसी एक उद्देश्य के लिए राजी करना चाहते हैं, प्रभावित करना चाहते हैं और परिवर्तित करना चाहते हैं। सबसे पहले तो डॉक्यूमेंटरी फिल्म की अन्तर्वस्तु उस शैली से कहीं अधिक महत्त्वपूर्ण होती है जिसके द्वारा अन्तर्वस्तु सम्प्रेषित की जाती है। यहाँ रूप और अन्तर्वस्तु का अन्तर महत्त्वपूर्ण है। मेरे कहने का यह अर्थ नहीं कि डॉक्यूमेण्टरी फिल्म बनाने वाले राजनीति को सौन्दर्यशास्त्र से कहीं अधिक महत्त्व देते हैं। हमें यह याद रखना चाहिए कि फिल्म बनाने वाले का कोई प्रायोजक होता है जिसके

प्रति वह उत्तरदायी होता है और उसका एक विशेष लक्ष्य होता है जो उसे प्राप्त करना होता है जबकि इन कारकों की वजह से महान् कला अलग कहीं छूट जाती है, वे हमेशा महान् कला को प्रोत्साहित नहीं करते। जैसा कि लींडसे एंडरसन ने कहा है : ''डॉक्यूमेंटरी फिल्मों को नीरसता का पर्याय नहीं होना चाहिए—और उसे नीरस होने के लिए कोई कारण भी नहीं है। उसे समकालीन रूपों का एक सर्वाधिक उत्तेजक और प्रेरक रूप होना चाहिए।'' गैर-कथात्मक फिल्म बनाने वालों सहित सभी फिल्म बनाने वाले लोगों को उन्हें उपलब्ध सिनेमेटिक तत्त्वों का उपयोग करने में तकनीकी रूप से प्रवीण होना चाहिए और उनमें इतनी प्रतिभा होनी चाहिए कि वे यह समझ सकें कि अपने लक्ष्यों को प्राप्त करने के लिए उन तत्त्वों में निहित किस तरह सबसे अच्छे ढंग से इस्तेमाल कर सकते हैं, परन्तु रूप और अन्तर्वस्तु एक-दूसरे से अलग नहीं किये जा सकते। जब डॉक्यूमेंटरी दृष्टिकोण को नीरसता का पर्याय समझा जाता है तो वह इस कारण नहीं है कि डॉक्यूमेंटरी रूप अपने स्वभाव में नीरस है, परन्तु इसलिए कि डॉक्यूमेंटरी फिल्म बनाने वालों ने सन्देश को माध्यम से कहीं अधिक महत्त्व दिया है।

सीधा सिनेमा दृष्टिकोण

सीधा सिनेमा (जिसे फ्रांस या अन्यत्र सिनेमा वैरायटे पुकारा जाता है) फिल्म बनाने वालों द्वारा 1950 के दशक के उत्तरार्द्ध में सृजित किया गया था। ये ऐसे फिल्म बनाने वाले थे जो तथ्यगत और डॉक्यूमेंटरी दृष्टिकोण की इस स्वभावगत सीमाओं के कारण हताश हो चुके थे। इस धारणा को स्वीकार करते हुए कि गैर-कथात्मक फिल्म एक कला रूप हो सकती है और यह जरूरी नहीं है कि यह रूप नीरस हो। इन फिल्म बनाने वालों में एक ऐसी सिनेमेटिक भाषा की खोज की जो उन्हें अपने रूप को साकार करने में सहायता दे सके। इन फिल्म बनानेवालों की उपलब्धि में सभी गैर-कथात्मक फिल्म की पृष्ठभूमि में कार्यरत मौलिक यथार्थवादी मनोवेग की पुन:पुष्टि की।

सीधे सिनेमा के विकास की पृष्ठभूमि में सौन्दर्यशास्त्रीय विचार एक मनोयोग था, दूसरा मनोयोग तकनीकी विचार था और शायद यह कहीं अधिक महत्त्वपूर्ण विचार थे। सीधे सिनेमा में उपयोग में लाये गये कैमरे और साउंड रिकॉर्डिंग उपकरण रहते। हालाँकि वे कम वजन के और एक स्थान से दूसरे स्थान ले जा सकने वाले थे। इस वजह से ऐसी फिल्म बनाने वालों के लिए पहली बार यह सम्भव हुआ कि वे अपने विषय के साथ एक भौतिक नजदीकी और एक भावनात्मक सम्बन्ध स्थापित कर सकें। कन्धे पर कैमरा रखकर और पीठ पर टेप रिकार्डर बाँधकर फिल्म बनाने वाला अपने आप में एक सम्पूर्ण निर्माण ईकाई बन गया।

जो घटनाएँ जिस रूप में हो रही हैं उनका पीछा करने और स्वतन्त्र रूप से घूम-फिर सकने में सक्षम हो सकें। इस नये दृष्टिकोण के लाभ तकनीकी द्वारा किये गये हैं, किन्तु निकटता और अनौपचारिकता के कलात्मक गुण तकनीकी और सौन्दर्यशास्त्र के मिलन से उत्पन्न हुए हैं और इसी वजह से सिनेमा अन्य कलाओं से अलग नजर आता है।

सीधे सिनेमा में दो प्रकार की भाषाएँ महत्त्वपूर्ण हैं : नये उपकरण द्वारा प्रभावित सिनेमेटिक भाषा और ध्वनि पथ (साउंड ट्रेक) पर सुनाई देने वाली (बोली गयी और नैसर्गिक ध्वनि) भाषा। तथ्यगत और डॉक्यूमेंटरी फिल्म के विपरीत सीधा सिनेमा वृत्तान्त का उपयोग नहीं करता। मार्सल ओफल्स की फिल्म **द सारो एंड द पिटी** (1971) जैसी फिल्मों को छोड़कर जिसमें अव्यवधानकारी शीर्षक या ध्वनित वृत्तान्त अनिवार्य सूचना उपलब्ध कराता है और जहाँ साक्षात्कार लेने वाला व्यक्ति लोगों से प्रतिक्रिया प्राप्त करता है। मेयसल्स बन्धुओं की फिल्म **ग्रे गार्डन्स** ने बेअल्स द्वारा बोले गये शब्द अथवा फ्रेडरिक वाइसमेन की फिल्म **मीट** में लोगों द्वारा बोले गये शब्द ऐसे बिम्ब उपलब्ध कराते हैं जो हमें दिखाई देनेवाले चाक्षुष बिम्बों से यदि अधिक महत्त्वपूर्ण नहीं तो उनके समतुल्य अक्सर होते हैं। इन लोगों से हमारे प्रगाढ़ सम्बन्ध और हमारी यह समझ कि वे हमसे सीधे बात कर रहे हैं (किसी आलेख से पढ़ नहीं रहे हैं) इन फिल्मों को कहीं अधिक यथार्थवादी बनाते हैं। इसी वजह से हम भाषा के अन्य गुणों जिसमें उसकी अलग-अलग ध्वनि, टोन, वाल्यूम और लय शामिल है, के गुणों के सम्बन्ध में कहीं अधिक सम्पूर्णता के साथ प्रतिक्रिया व्यक्त करते हैं। सिनेमा के इतिहास में पहली बार सीधे सिनेमा ने यह कर दिखाया जिसमें बोली गयी भाषा चाक्षुष भाषा की सम्प्रेषित शक्ति को अर्जित कर सके।

और यही सीधा गुण है जो इन फिल्मों को अलग खड़ा करता है। फिल्म बनाने वाला व्यक्ति दर्शक और विषय के बीच एक मध्यस्थता है, न कि पूर्व निर्धारित वृत्तान्त या पूर्व विचारित विषयगत वक्तव्य, आलेख के अधीनस्थ एक बाधा। स्वप्रेरणा से प्रेरित, फिल्म बनाने वाले का क्षण विशेष के प्रति एक दायित्व होता है, अपने कैमरे और टेप रिकार्डर से वह वास्तविक स्थिति के अधिक-से-अधिक पक्षों को रिकार्ड कर प्रस्तुत करने के लिए। कला में कलाकार की उपस्थिति की पूर्वापेक्षा होती है, जबकि सीधे सिनेमा में कलाकार अपने आपको अपनी सामग्री में समाहित कर लेता है यह तथ्य स्थापित करते हुए कि उसका पतन महत्त्वपूर्ण नहीं है, क्योंकि उसकी चेतना से फिल्म का आन्तरिक रूप से इस तरह का हिस्सा है कि वह हमारे लिए एक बाधा नहीं बनता। फिल्म एक ही है, वे एक ऐसा अस्तित्व उपलब्ध कराते हैं जो हमें सिनेमेटिक यथार्थ के इतने करीब ले जाता है

कि जितने करीब हम कभी नहीं गये थे।

कोई भी कलाकार घटनाओं को सिर्फ रेकार्ड नहीं करता, क्योंकि एकदम सामान्य-सी घरेलू भी कैमरे का प्रयोग करने वाले व्यक्ति के रुख को प्रतिबिम्बित करती है और यही रुख रचनात्मक प्रक्रिया का आधार है। फिल्म कला इतनी अधिक जटिल है, समय और स्थान के सिद्धान्त से सीधे और परोक्ष रूप से इतनी ज्यादा प्रभावित है, सम्पादन के सिद्धान्तों, फिल्म, लेन्सेस के प्रकारों द्वारा स्टाक के गुणों के द्वारा, उपकरणों के वजन के द्वारा, वित्त के द्वारा तथा अनेक अन्य कारकों से इतनी प्रभावित है कि सीधे सिनेमा के सैद्धान्तिकों ने जो सुझाया है वह केवल सिद्धान्त में सम्भव है, व्यवहार में नहीं। आखिरकार घटनाओं की प्रस्तुति और व्याख्या ने ही तो फोटोग्राफी की प्रक्रिया (आज स्वयं अपने आप में कला है), फिल्म की कला बन जाती है, परन्तु सीधा सिनेमा न केवल सम्भव है वरन् मनोयोग का शायद तार्किक और वांछित लक्ष्य भी है जो कि फिल्म बनाने वालों को जीवन की यथा रूप में रेकार्ड करने के लिए प्रेरित करता है।

जो डेविड मेयसल्स ने सुझाव दिया है कि सीधा सिनेमा शब्द इस्तेमाल करने की बजाय गैर-कथात्मक फिल्म शब्द इस्तेमाल करना बेहतर है, परन्तु वे गैर-कथात्मक फिल्म शब्द का उपयोग इसी तरह करते हैं जैसे ट्रू मेन कापोत गैर कथात्मक उपन्यास शब्द का उपयोग करता है। समकालीन कथ्य लेखन पर प्रभाव डालने में कापोत की धारणा चाहे कितनी भी सफल रही हो वह एक ऐसा सिद्धान्त है जो अपने परस्पर विरोधी स्वरूप के कारण, बजाय कि स्पष्टता के कारण कहीं ज्यादा जानी जाती है। सीधे सिनेमा से सम्बन्धित सिद्धान्त विभ्रमकारी नहीं हैं। फिल्म निर्माण की कला चयन की प्रक्रिया है : विषय के चयन, काम करनेवालों के चयन (छवि और ध्वनि के सम्पादन), प्रतिबिम्बों के चयन और वितरण के चयन की प्रक्रिया है, किन्तु सीधे सिनेमा की बावत इन सारे सिद्धान्तों में विषय के चयन के महत्त्व पर विचार करने की ओर ध्यान नहीं दिया जाता। विषयपरकता पर जोर देना कहने के लिए तो आसान है यदि विषय का एक बार चयन कर लिया गया, परन्तु यदि विषय नीरस है, निस्तेज है तथा उसमें उस मौलिकता की कमी है, जो ऐसी फिल्मों का प्राण होती है तो फिल्म नीरस ही होगी चाहे हम प्रकाश कैमरे, ध्वनि, रिकॉर्डिंग, सम्पादन या संगीत का कहीं भी प्रयोग करें, यह तथ्य मिट नहीं पाएगा। फिल्म बनाने वाले ने इस तरह का विषय अगर एक बार चुन लिया और अपने आपको उसमें डुबो देने का कठिन कदम भी उठा लिया—अपने से कहीं अधिक विषय को महत्त्व दे दिया और यदि उसमें पूरी तौर पर अपने आपको घुला-मिला नहीं लिया है तो भी तब वह सीधे सिनेमा बनाने के लिए तैयार होता है। यदि अलबर्ट और डेविड मेयसल्स ने वास्तविक

लोगों के उनके घर में ही चित्रित कर **ग्रे ग्रार्डन्स** (1975) फिल्म बनायी थी। यदि अलबर्ट और डेविड मेयसल्स ने ऐसा करने के बजाय अपने दो स्त्री चरित्रों की आनुषांगिक तीव्रता को पकड़ने वाली कथा का आलेख लिखकर कथात्मक दृष्टिकोण अपनाया होता और फिर एक पूर्व निर्धारित लक्ष्य को प्राप्त करने के लिए दो नायिकाओं (उन्हें कितनी असाधारण नायिका होना होता) को निर्देशित करना पड़ता। इसके बजाय मेयसल्स ने सीधा सिनेमा दृष्टिकोण अपनाया और उन्होंने न केवल यह सिद्ध किया कि गैर-कथात्मक फिल्म अपने स्वयं से और अपने दर्शकों से किसी कथात्मक फिल्म के समान ही अपेक्षाएँ कर सकती है।

गैर-कथात्मक फिल्मों के सम्बन्ध में अन्य दृष्टिकोण

जैसा कि हमने यहाँ चर्चा की है गैर-कथात्मक फिल्मों में तथ्यगत डॉक्यूमेंटरी और सीधा दृष्टिकोण सिनेमा शामिल होते हैं : उसमें पर्यटन फिल्में शैक्षिक परीक्षण और कक्षा फिल्में तथा न्यूज रील शामिल होती हैं। यद्यपि वे लघु स्वरूप फिल्म कला के विशिष्ट उदाहरण प्रस्तुत नहीं करते हैं फिर भी अपनी विशिष्ट सीमाओं में ऐसी सम्भावनाएँ सँजोए रहते हैं जिन्हें पूरी तौर पर उद्घाटित नहीं किया गया है। इस तरह के प्रत्येक विवरण से हमारी परिभाषा का विस्तार होता है।

पर्यटन फिल्में जिन्हें यात्रा विवरण के नाम से ज्यादा माना जाता है, लोगों को एक दूसरे के करीब लाने के सम्बन्ध लोकप्रिय फिल्म रूप है। शुरू की पर्यटन फिल्मों के लिए फ्रांसीसियों के डॉक्यूमेंटेयर्स शब्द का उपयोग किया था, परन्तु अंग्रेजी के शब्द डॉक्यूमेंटरी से इसका अर्थ भिन्न है। प्रारम्भिक यात्रा फिल्मों में डॉक्यूमेंटरी नहीं बनाये थे या यों कहें कि उन्होंने तथ्यगत चाक्षुष रेकार्ड नहीं तैयार किये थे, बल्कि डॉक्यूमेंटरी फिल्म में हमने जो परिभाषा की है उसके अनुरूप वे कार्य नहीं करते थे। संक्षेप में कहें तो उन फिल्मों का ताल्लुक सन्देश से नहीं था बल्कि मनोरंजन से था। यात्रा फिल्में आज भी घर बैठे यात्री पसन्द करते हैं, परन्तु इस तरह की फिल्मों की और गम्भीर गैर-कथात्मक फिल्म बनाने वालों की वास्तविक रुचि नहीं बन पायी है। दर्शकों को आकर्षित करने, उसके ध्यान को खींचने और उसके व्यवहार को प्रभावित करने के सम्बन्ध में गैर-कथात्तक फिल्म की शक्ति इस तरह की फिल्मों में सबसे अच्छे रूप में उनमें प्रदर्शित होती है जो लोगों को शिक्षित और प्रशिक्षित करती हैं। इस तरह की प्रशिक्षण फिल्में बाल मन्दिरों से लेकर युद्ध क्षेत्र के सूचना केन्द्रों तक हर जगह काम में लायी जाती हैं और उनसे जो मामूली अपेक्षा की जाती है, वे उसे पूरा करने में आमतौर पर सफल होती हैं। सौन्दर्यशास्त्रीय दृष्टि से उनका विशिष्ट महत्त्व न हो फिर भी उद्देश्य की दृष्टि से वे कला की कमी को पूरा कर देती हैं। बच्चों को सुरक्षा

उपाय, किशोरों को सेक्स की शिक्षा, सैनिकों को गुप्त सूचनाओं को फूटने से बचाने की शिक्षा (और अपना बिस्तर किस तरह से लगाएँ) और कृषकों को फसल-क्रम परिवर्तन के लाभ बताने के लिए ऐसी फिल्मों का प्रयोग किया जाता है। इस तरह की प्रशिक्षण या सूचना फिल्मों का यूनेस्को जैसी संस्थाओं द्वारा लोगों को स्वास्थ्य और कृषि जैसे विषयों की सूचना और शिक्षा देने के अपने उपायों में बड़े पैमाने पर उपयोग किया जाता है। ऐसी फिल्मों की लगभग हर चीज, लगभग हर व्यक्ति को शिक्षित करने के लिए उपयोग की जा सकती है और उनका गुण तथा उन्हें सफलता केवल प्रयासों की गम्भीरता तथा फिल्मों को बनाने में दृष्टिकोण की परिपूर्णता से ही सीमित होती है। किसी समय न्यूज रील फिल्म उद्योग की एक फलती-फूलती शाखा थी, परन्तु आज समाचार संघर्ष ही हमें परदे पर देखने को मिलता है। आज परदे के समाचार-पत्रों के रूप में साप्ताहिक या अर्द्ध साप्ताहिक रूप में दिखाई देने वाली फिल्में बड़े शहरों के सिनेमाघरों में विशेष न्यूज रील के रूप में और कई बार कार्टून यात्री फिल्म या एक या दो फीचर फिल्मों के साथ दिखाई जाती हैं। **मार्च ऑफ टाइम** और **दिस इज अमेरिका** शृंखला एक विशिष्ट प्रकार के सम्पादन रुझान को प्रदर्शित करते थे।

न्यूज रील अपने कच्चे माल के लिए वास्तविक घटनाओं पर निर्भर रहती थी, लेकिन असाधारण घटनाओं को ज्यादा पसन्द करती थी जो उन्हें प्रमुख रूप से प्राप्त होती थी। न्यूज रील अपनी सामग्री को सरल विवरणात्मक रूप में प्रस्तुत करती थी और यह प्रस्तुतीकरण कम-से-कम समय में किया जाता था। लुमियर बन्धुओं की फिल्मों के समान ही न्यूज रील दर्शकों की उनकी आसपास की जिन्दगी के सम्बन्ध में जिज्ञासा को सन्तुष्ट करती थी, यद्यपि न्यूज रील अब भी दैनिक घटनाओं के सम्बन्ध में इस प्रकार की रुचि को पूरा करने में समर्थ है, किन्तु उनका स्थान टेलीविजन न्यूज रिपोर्ट ने ले लिया है।

गैर-कथात्मक फिल्म परम्परा

सिनेमा के प्रारम्भिक समय से ही उसकी एक बुनियादी प्रेरणा यथार्थवादी प्रेरणा रही है, जिन्दगी—जस-का-तस रेकार्ड करने की इच्छा! गैर-कथात्मक फिल्म बनाने वाला जिन्दगी को केवल उसी रूप में चित्रित नहीं करता जिस रूप में वह बतायी जा रही है, परन्तु वह यह बतलाकर कि व्यक्तियों की परस्पर विरोधी आवश्यकताओं के कारण सर्वाधिक जटिल सामाजिक सवाल उठाती है—यह बतलाकर जीवन की जटिलताओं को समझने की सहायता देता है। फिल्म के अन्य किसी रूप की भाँति ही गैर-कथात्मक फिल्म उसके बनानेवालों को अनेक तरह के दृष्टिकोण उपलब्ध कराती है और अपने दर्शकों पर अलग-अलग प्रकार का

प्रभाव डालती है—वह तथ्य प्रस्तुत कर सकती है। वह तर्क कर सकती है, वह प्रदर्शित कर सकती है कि सीधे सिनेमा दृष्टिकोण को अपनाकर किसी घटना की अनन्त सम्भावना को प्रदर्शित कर सकती है, किन्तु गैर-कथात्मक फिल्म हमेशा ही यथार्थ से सम्बद्ध होती है—उसका सम्बन्ध वास्तविक लोगों और वास्तविक परिस्थितियों से होता है और हम इसी वास्तविकता में उस प्रेरणा को पाते हैं जो उस फिल्म के पीछे कार्यरत होती है और जो हमें आकर्षित करती है।

अनुवाद : **सुशील त्रिवेदी**

समय में गढ़ते हुए दृश्य-विधान और पटकथा

आन्द्रेई तारकोवस्की

किसी फिल्म के निर्माण के आरम्भिक और अन्तिम चरणों के दरम्यान, निर्देशक का सामना इतने सारे लोगों और इतनी सारी समस्याओं (जिनमें से कई अलंघ्य रहती है) से होता है कि प्राय: ऐसा लगने लगे जैसे उसे जानबूझकर सुविचारित परिस्थितियों से घेरा गया ताकि वह यही भूल जाय कि पिक्चर बनाने के पीछे उसकी मंशा क्या थी।

अपने बाबत कह सकता हूँ कि मेरे लिए किसी फिल्म की **अवधारणा** से विशेषतया सम्बद्ध कठिनाइयों का उसकी आरम्भिक प्रेरणा के साथ कोई सम्बन्ध नहीं होता; प्राय: समस्या यह रही कि काम करते जाने के लिए प्रोत्साहन के रूप में और समूची पिक्चर के प्रतीक के रूप में उसे, यानी मूल अवधारणा को चरितार्थ करने की प्रक्रिया में कहीं मूल अवधारणा ही विकृत, विरूप या नष्ट न हो जाय।

उद्भव से लगाकर अन्तत: उसकी **प्रिंटिंग** तक फिल्म का विकास हर तरह की बाधा से भरा होता है। ये बाधा हैं केवल तकनीकी समस्याओं तक ही महदूद नहीं होतीं बल्कि फिल्म-निर्माण में जुटे तमाम लोगों को लेकर भी अनेक अड़चनें सामने आती हैं।

जैसे फिल्म के किसी पात्र को निर्देशक ने अपनी कल्पना में जिस तरह बनाया और जिस तरह वह उस पात्र को निरूपित करना चाहता है—इस बात को अगर वह अपने अभिनेता के गले न उतार पाये तब तो उसकी **अवधारणा** तत्काल गड़बड़ाने लगेगी। चाक्षुष और रूपातम्ब अभिव्यंजनाओं के स्तर पर पिक्चर कितने ही आलीशान ढंग से क्यों न फिल्मांकित की गयी हो, लेकिन अगर छायाकार (कैमरामेन) ने अपने उद्यम को बिलकुल परिपूर्णता के साथ न समझा हो तब वह अपने स्वयं ही के विचार (आइडिया) की धुरी पर नहीं घूमेगी, और

अन्ततः सामंजस्य खो देगी।

डिजाइनर ने अपनी भरपूर क्षमता के साथ चाहे जितने भव्य सैट्स का निर्माण किया हो, लेकिन अगर वे निर्देशक की मूल कल्पनाओं से प्रेरित न हों तो फिल्म को बाधा ही पहुँचाएँगे। यदि संगीतकार **निर्देशक** के नियन्त्रण में न चले, अपने स्वयं ही कल्पना से प्रेरित संगीत रचे और परिणाम अत्यन्त आश्चर्यजनक हो, लेकिन वह फिल्म की जरूरत के अनुकूल न हों तब तो फिल्म की **अवधारणा** के चरितार्थ होने में खतरा बना रहेगा।

यह कहना कोई अतिरेक नहीं कि **निर्देशक** हर मोड़ पर पटकथा लेखक को लिखते, डिजाइनर की सैट बनाते, अभिनेता को एक्टिंग करते और सम्पादक को कैंची चलाते देखता महज ठगा-सा खड़ा रह जाने की आशंका से घिरा होता है। अत्यन्त कॉमर्शियल किस्म के फिल्म-निर्माण में दरअसल ऐसा ही होता है; उसमें निर्देशक का उद्यम टीम के विभिन्न सदस्यों के व्यावसायिक कार्य व्यापारों (प्रोफेशनल फंक्शन्स) का महज समन्वय करना भर है। कुल मिला बात यों कि फिल्म-निर्माण की सामान्यतः व्यवहारिक परिस्थितियों के साथ टकराते हुए आपके सारे प्रयास विचार (आइडिया) को जरा-सा भी टूटने से बचाने और उसके किसी भी अंश को छूटने न देने में अत्यन्त सघनता से लगे हों तब यह दरअसल जबर्दस्त मुश्किल ही होता है कि सर्जक की फिल्म के आग्रह को कायम रखा जाय। किसी सन्तोषदायक परिणति की आशा तभी तक रखी जा सकती है जब तक मूल अवधारणा निर्मल और विशद बनी रहे।

तत्काल यह कह सकता हूँ कि मैं पटकथा को साहित्यिक शैली (जेनर) नहीं मानता। दरअसल, पटकथा जितनी अधिक चलचित्रमय होगी, वह अपने ही पक्ष को मजबूत करती हुई साहित्यिक महत्ता के दावे को न्यूनतम करती जाएगी, ठीक उस तरह जैसे नाटक की स्क्रिप्ट प्रायः करती ही है। और फिर, व्यावहारिक तौर पर कोई पटकथा साहित्य के स्तर पर कभी नहीं पहुँच सकती।

आखिर साहित्यक प्रतिभा से लैस कोई व्यक्ति पटकथा लेखक क्यों बनना चाहेगा (बशर्ते उसे धन कमाने का लालच न हो) लेखक का धर्म लिखना है, जबकि चलचित्रात्मक बिम्बों के बाबत सोचने-विचारने में मगन व्यक्ति को निर्देशन का काम करना चाहिए। क्योंकि, फिल्म के बाबत सोच-विचार और प्रयोजन और उनको चरितार्थ करना अन्ततः निर्देशक सर्जक ही की जिम्मेवारी है; अन्यथा फिल्मांकन (शूटिंग) पर उसका प्रभावशाली नियन्त्रण नहीं रह सकता।

निःसन्देह कोई **निर्देशक** उसके सोच के अनुकूल किसी लेखक की ओर आकृष्ट हो सकता है, बल्कि प्रायः होता है। अतः लेखक अपनी इस, यानी पटकथा लेखक की हैसियत से फिल्म का सह-सर्जक (को-ऑथर) बन जाता है; फिल्म

का साहित्यक आधार उसके सहयोग से आयोजित होता है; हालाँकि इस स्थिति में उसे **निर्देशक** की **अवधारणा** के साथ मिल-जुलकर चलना होगा, हर पल उसके (उस अवधारणा के) मार्गदर्शन में चलने के लिए तत्पर रहना होगा और सर्जनात्मक स्तर पर जरूरत के मुताबिक उसका विकास या वृद्धि करने की सामर्थ्य रखनी होगी।

अगर दृश्य-विधान (सिनेरिओ) स्वयं ही साहित्य का उज्ज्वल सृजन हो तब तो उसका सुन्दर साहित्यिक गद्य बना रहना ही बेहतर है। अगर उस पर फिल्म बनाना ही हो तो तब सर्वप्रथम उसे पटकथा में रूपान्तरित करना होगा ताकि वह **निर्देशक** के काम के लिए तर्कसंगत आधार बन सके। इस बिन्दु पर वह नयी रचना होगी जिसमें साहित्यक बिम्ब फिल्मीय 'पर्यायों' में तब्दील हो जाएँगे।

और अगर दृश्य-विधान (सिनेरिओ) फिल्म की विस्तृत योजना को दर्शाने वाला ही हो, यानी अगर वह सिर्फ यही बताये क्या फिल्मांकित किया जाना है और कैसे किया जाना है तब तो हमारे पास पूरी बन चुकी फिल्म की पूर्वाभासी प्रतिलिपि जैसी कोई चीज होगी, जिसका साहित्य से कतई सम्बन्ध नहीं। **मूल संस्करण** को फिल्मांकन (शूटिंग) के दौरान जैसे ही रूपान्तरित कर लिया गया हो (जैसा प्राय: मेरी पिक्चरों के साथ हमेशा होता है) वैसे ही वह **अपनी संरचना** खो देता है फिर वह किसी खास फिल्म के इतिहास से सम्बद्ध विशेषज्ञ ही की दिलचस्पी के अतिरिक्त किसी और काम की चीज नहीं रह जाएगा। लगातार बदलते संस्करण उन्हें आकृष्ट करेंगे ही जो **फिल्म-के-सर्जक** की कला के स्वभाव का अन्वेषण करना चाहें, लेकिन वे साहित्य नहीं कहला सकते।

साहित्यिक गुणवत्ता वाला दृश्य-विधान (सिनेरिओ) केवल उनको फुसलाने की युक्ति के रूप में ही उपयोगी होगा कि जिन पर फिल्म-निर्माण को **प्रक्षेपित फिल्म** की जीवन-क्षमता के लिए निर्भर रहना है। पूरी बनी फिल्म की गुणवत्ता के लिए पटकथा स्वंय कोई गारंटी नहीं हो सकती : हम खूब जानते हैं। 'अच्छे' दृश्य-विधान (सिनेरिओ) के बावजूद दर्जनों रद्दी फिल्में बनीं या निम्नस्तरीय दृश्य-विधान (सिनेरिओ) होने पर भी 'अच्छी' फिल्में बनीं। और, यह कोई गुप्त बात नहीं कि किसी दृश्य-विधान (सिनेरिओ) के आधार पर काम तभी आरम्भ हो सकता है जब उसे स्वीकार कर खरीद लिया गया हो; और यह भी गोपनीय नहीं कि इस काम में स्वयं निर्देशक को भी लिखना होता है या अपने साहित्यिक सहकर्मियों के एकदम निकट बैठे सहयोग करना जरूरी है ताकि वह अपनी आवश्यकतानुसार उनकी प्रतिभाओं को प्रवाहित कर सके। बेशक, में **निर्देशक-की-फिल्मों** (ऑट्यूर फिल्मों) के बाबत चर्चा कर रहा हूँ।

किसी पटकथा के विकास की प्रक्रिया के दौरान मैं अक्सर अपने दिमाग

में फिल्म की सही-सही तस्वीर उतारने का प्रयास करता था जिसमें सैट्स कैसे हों यह भी शामिल रहता था। अब, बहरहाल, अत्यन्त सामान्य तरीके से मैं किसी दृश्य या चित्र की योजना बनाता हूँ ताकि वह फिल्मांकन (शूटिंग) के दौरान अनायास उभर आये। क्योंकि, स्थान (लोकेशन) की प्राणवत्ता, सैट का वातावरण और अभिनेताओं का मूड अनेक नये, चमत्कारी और अप्रत्याशित कला-कौशल सुझा सकते हैं कल्पना जीवन से कमतर सम्पन्न होती है और आजकल मैं कुछ ज्यादा ही प्रबलता से महसूस करने लगा हूँ कि सारे-के-सारे विचार और मूड खूब पहले ही से पूर्व निर्धारित नहीं होने चाहिए। हमारे अन्दर दृश्य की भावना के भरोसे रहने का सामर्थ्य होने चाहिए ताकि हम खुले दिमाग सैट की ओर मुखातिब हो सकें। ऐसा भी वक्त था जब मैं प्रसंग की समूची योजना की युक्ति निकाल लेने के बगैर फिल्मांकन (शूटिंग) आरम्भ नहीं कर सकता था, लेकिन अब सोचता हूँ ऐसी कोई योजना निरर्थक है और वह कल्पना को संकुचित करती है। कदाचित् हमारे दिमाग से फिलहाल उसे खारिज करने के लिए कुछ कहना होगा।

यहाँ जरा प्रूस्त को याद करें :

''मीनारें बहुत दूर दिखाई पड़ीं, लगा जैसे उन तक पहुँचने के लिए हमारी चाल निहायत धीमी है, लेकिन कितने अचरज की बात कि कुछ ही क्षण बाद हम मार्टिनविले की चर्च के सामने खड़े थे। क्षितिज पर उन्हें देख खुश होने का कारण नहीं मालूम और उस कारण तो प्रयास कर खोज लेना बड़ा कष्टप्रद लगा; सूरज की किरणों में थरथराती उन पंक्तियों की मुझे जरूरत थी, ताकि उन्हें मस्तिष्क के किसी कोने में सुरक्षित रख दूँ, उन पर जरा विचार न करूँ...

''स्वयं ही से कहे बिना कि मार्टिनविले की मीनारों के पीछे जो कुछ छिपा है उसका सम्बन्ध किसी सुन्दर वाक्य से होना चाहिए, क्योंकि वह सुखद शब्दों के रूप में मुझे मिला था, मैंने डॉक्टर से पेन्सिल और कागज माँगा और बग्गी के हिचकोलों के बावजूद, अपने अन्त:करण को ढाँढस और उत्साह को प्रवाह देने के लिए इन पंक्तियों को रचा...

''बाद में इस पन्ने के विषय में मैंने फिर कभी नहीं सोचा, लेकिन जैसे ही मैं उन्हें लिख चुका, कोच के उस कोने में कि अमूमन जहाँ डॉक्टर का कोचवान मार्टिनविले के बाजार से खरीदी मुर्गियाँ रखता, मुझे इतनी खुश हुई, मीनारों और उनके पीछे जो कुछ छिपा हो उससे उन्हें अलग कर मैंने स्वयं को इतना मुक्त महसूस किया, जैसे कि खुद ही हाल अंडा जनी मुर्गी हूँ, तभी ऊँची आवाज में गाने लगा।''

मिरर बना चुकने के बाद मैं भी बिलकुल इसी तरह के मनोभावों के बीच

से गुजरा। बचपन की वे स्मृतियाँ जिन्होंने वर्षों बेचैन रखा यकायक लुप्त हो गईं, जैसे पिघल गयी हों और मैंने उस घर का स्वप्न देखना बन्द कर दिया जिसमें कई साल पहले रहता था।

फिल्म बनाने के कुछेक वर्ष पूर्व मैंने अपने भीतर घुमड़ती स्मृतियों को कागज पर उतारा भर था; उस वक्त लेकिन फिल्म बनाने के बारे में जरा भी नहीं सोचा था। युद्धकालीन पलायन के विषय में एक **उपन्यासिका** जैसा कुछ लिखने का इरादा था जिसका कथानक मेरे स्कूल के सैनिक-प्रशिक्षक के इर्द-गिर्द घूमता। फिर लगा विषय किसी **उपन्यासिका** के रूप में विकसित होने के मामले में बहुत कमजोर है, सो उसे कभी नहीं लिखा। लेकिन बचपन में जिस घटना ने मुझ पर गहरी छाप छोड़ी वह मुझे बेचैन करती रही और फिल्म का एक छोटा-सा प्रसंग बनने तक मेरी स्मृति में बसी रही।

जब मैंने **मिरर** की पटकथा के पहले संस्करण (आरम्भ में जिसका शीर्षक **उजला उजला दिन** (अ व्हाइट, व्हाइट डे था) को पूरा किया और उसे सिनेमाई दृष्टिकोण से परखा तो लगा फिल्म **अवधारणा** जरा भी स्पष्ट नहीं होती; वह स्मृति की महज एक साधारण रचना यानी, अपने बचपन के प्रति करुणा और नॉस्टेल्जिया से भरी एक कृषि से ज्यादा कुछ नहीं; मैं जो चाहता था वैसी कतई नहीं। समझ गया पटकथा में कुछ खामी थी और वह कोई अत्यन्त महत्त्वपूर्ण बात थी। जब पटकथा आरम्भ ही में टटोली गयी तभी लगा देह में फिल्म की आत्मा ने स्थान ग्रहण नहीं किया। मैं किसी ऐसे मूल-भाव की खोज के प्रति अत्यन्त तीव्रता से सचेत हुआ जो पटकथा की गीतात्मक यादगार के स्तर से ऊपर उठा दे।

तब पटकथा का दूसरा संस्करण लिखा गया। मैंने यों सोचा कि उपन्यासिका में उल्लिखित बाल्यावस्था के प्रसंगों को अपनी माँ के साथ लिये जा रहे प्रत्यक्ष साक्षात्कार के अंशों के साथ छितरा दूँ, और इस तरह अतीत के दो तुलनात्मक अवबोधों (परसेप्शन्स) (माँ के और नरेटर के) को **जक्स्टापोज** करूँ जो दर्शकों के लिए एक-दूसरे के खूब निकट लेकिन भिन्न पीढ़ियों के दो लोगों की स्मृतियों में अतीत के दो भिन्न मन:चित्रों की पारस्परिक गतिविधि का रूप धरें। अभी तक सोचता हूँ वैसा तरीका हमें किन्हीं दिलचस्प और अप्रत्याशित नतीजों की ओर ले जाता।

हालाँकि, उस परिवर्तन के बावजूद भी वह संरचना ज्यादा ही प्रत्यक्ष और स्थूल होती, इसलिए कोई अफसोस नहीं कि उसे भी त्याग कर मैंने माँ के साथ प्रस्तावित साक्षात्कारों को अभिनेय दृश्यों में तब्दील किया। मुझे जरा ऐसा भान नहीं हुआ कि अभिनय और वृत्तचित्रात्मक-तत्त्व (डॉक्यूमेंटरी एलमिंट्स) इतनी

उर्जस्विता के साथ निकट आ जाएँगे। वे परस्पर टकराये, उन्होंने एक-दूसरे का खंडन किया; अगर उन्हें एक साथ जोड़ा जाता है वह सम्पादन की बौद्धिक मशक्कत से ज्यादा कुछ नहीं होता, यानी वह धारणाओं पर आधारित महज मिथ्या घोल भर होता। दोनों तत्त्वों में पदार्थ की एकदम भिन्न सघनताएँ भरी हुई थीं, उनके समय और समय के दाब भिन्न थे—एक ओर साक्षात्कारों का **वास्तविक, वृत्तचित्रात्मक, सही समय था** तो दूसरी ओर अभिनय के द्वारा **पुनर्सृजित स्मृतियों में बसा नरेटर का समय।** अतः इस तरह सबकुछ **सिनेमा-वेरायटी** और **ज्याँ राउच** की याद ताजा करती बात ही होती जैसा मैं कतई नहीं चाहता था।

कथा-बद्ध, आत्मनिष्ठ समय और प्रामाणिक वृत्तचित्रात्मक समय के दरम्यान सारे संक्रमण मुझे एकाएक अविश्वसनीय लगे-कृत्रिम और उबाऊ-पिंगपांग जैसे खेल के समान।

दो भिन्न **समय-तलों** पर फिल्मांकित किसी पिक्चर का सम्पादन न करने के मेरे निश्चय का यह कतई अर्थ नहीं कि अभिनेय और वृत्तचित्रात्मक पदार्थ सिद्धान्ततः संयुक्त नहीं हो सकते। दरअसल मेरे ख्याल से मिरर में न्यूजरील और अभिनीत दृश्य बिलकुल स्वाभाविक-रूप से एक साथ उभरते हैं; इतने कि मैंने कई बार लोगों को यह कहते सुना कि उन्हें लगा जैसे न्यूजरीलों का पुनर्सृजन किया गया, उन्हें जानबूझकर ऐसा बनाया गया ताकि वे वास्तविक न्यूजरीलों का भाव उत्पन्न करें; अतः **वृत्तचित्र** पूरी फिल्म का सुव्यवस्थित अंग बन गया।

मुझे कुछ विलक्षण सामग्री मिली थी जिस कारण वह परिणाम सम्भव हुआ। सोवियत सेना द्वारा **सिवाश झील** पार करने के प्रसंग (सीक्वेंस) को रचने के पूर्व मुझे हजारों मीटर लम्बी फिल्म चला कर देखनी पड़ी; तभी मैं चकित हुआ। ऐसी किसी बात से मेरा पहले कभी सामना नहीं हुआ था। आमतौर पर, निम्नस्तरीय फिल्में ही देखने को मिलती हैं या फिर सैन्य जीवन सम्बन्धी दैनन्दिन बातों की दर्शाती फिल्में या ऐसी प्रदर्शन-फिल्में जिनमें योजनाओं का तो जिक्र भरा होता लेकिन सत्य नदारद होता।

एक अकेले **समय-बोध** में उपयुक्त रूप से पिरोनो के लिए ऐसी खिचड़ी-न्यूजरीलों को छानते-छानते मुझे निराशा होने लगी, तभी एकाएक 1943 के सोवियत आक्रमण के इतिहास में दर्ज अत्यन्त नाटकीय क्षण देखने में आया—जो किसी वृत्तचित्र के अकेली घटना का अवलोकन करने को दर्ज (रिकॉर्ड) करती इतनी लम्बी फिल्म की मुझे जरा कल्पना नहीं थी। बिलकुल साफ बात थी कि वह किसी विलक्षण प्रतिभावान छायाकार के द्वारा ही फिल्मांकित की गयी होगी। जब, जैसे किसी शून्य से निकलते हुए, पर्दे पर, मेरे सामने, इतिहास के उस त्रासदायी क्षण के भयानक और अमानवीय प्रवास से चकनाचूर ये लोग प्रगट हुए,

तभी मुझे लगा कि महज मेरे अंतरंग गीतात्मक स्मृतियों के रूप में जिस पिक्चर को रचने की मैंने कल्पना की थी उसके लिए इसी घटना को **प्रधान, मूलतत्त्व, मर्म** और **ताकत** बनना होगा।

पर्दे पद जबर्दस्त नाटकीय ताकत का बिम्ब उभरा—और वह मेरा था, विशिष्टतया मेरा, जैसे कि सारा बोझ और दुःख मैंने ही उठाया हो (प्रसंगवश, खासकर इसी दृश्य को हटाने के लिए राज्य सिनेमा नियंत्रण संस्था के प्रधान ने मुझ पर दबाव डाला था।) दृश्य उस वेदना के बावत था जो ऐतिहासिक प्रगति के नाम से प्रचारित सिलसिले की और उसके द्वारा न जाने कब से कुर्बान किये गये असंख्य लोगों की कीमत है। एक पल के लिए भी ऐसा सोचना नामुमकिन था कि वह वेदना निरर्थक थी। बिम्ब चिरस्मरणीयता दर्शा रहे थे और **आर्सेनिय तारकोवस्की** की कविताएँ प्रसंग का समापन कर रही थीं क्योंकि उन्होंने ही उस चिरस्मरण को चरम अर्थ प्रदान किया। वृत्तचित्र में ऐसा सौन्दर्यात्मक गुण था कि उसने भावनात्मक प्रगाढ़ता को विलक्षण अवस्था प्रदान की। सत्य जब एक बार फिल्म पर अंकित हुआ यानी इस उपयुक्त इतिवृत्त में दर्ज हुआ तो वह महज जीवन जैसा नहीं रहा। वह एकाएक ओजस्वी **बलिदान का बिम्ब** और उस **बलिदान की कीमत** बन गया; वह अनगिनत कीमत चुका **ऐतिहासिक बदलाव लाने का बिम्ब** बन गया।

फिल्म चुभते हुए, पीड़ादायक मर्म के साथ हमें प्रभावित करती है क्योंकि दृश्य में सिर्फ लोग हैं। सफेद-से, सपाट आकाश के नीचे, क्षितिज के पार तक फैले अपार दलदल को पार करते, घुटने-घुटने कीचड़ में धँसे लोग घिसटते चल रहे हैं। उनमें से शायद ही कोई बचा हो। दर्ज करे हुए (रिकॉर्डेड) इन क्षणों के असीम परिप्रेक्ष्य ने भावोन्नयन-सा प्रभाव उत्पन्न किया। बाद में मुझे पता चला कि अपने आस-पास घटती उन घटनाओं को इतनी अद्वितीय गहराई से फिल्म में दर्ज करता वह फौजी छायाकार उसी दिन मार डाला गया।

जब मिरर में केवल चार सौ मीटर यानी पर्दे पर लगभग तेरह मिनिट फिल्म चली, तब तक फिल्म जरा भी अस्तित्त्व में नहीं आयी। आख्यानकर्ता (नरेटर) के बाल्यकालीन स्वप्न तय किये जाकर फिल्मांकित हो गये, लेकिन उन्होंने भी फिल्म को कोई एकीकृत संरचना प्रदान नहीं की।

आख्यान (नरेटिव) की बनावट में आख्यानकर्ता (नरेटर) की पत्नी के प्रवेश के साथ ही फिल्म अपने प्रस्तुत रूप में आयी; वह (पत्नी) न तो मूल योजना में कोई पात्र थी न पटकथा ही में।

हमने **मार्गरिता तेरेखोवा** को माँ के रूप में खूब पसन्द किया, हालाँकि हर समय महसूस करते रहे कि मूल पटकथा में निर्धारित भूमिका उनकी विपुल

क्षमता को प्रकाशित करने या उसका उपयोग करने के लिए नाकाफी है। तब हमने कुछ अतिरिक्त वृत्तान्त लिखने का तय किया और उन्हें पत्नी की भूमिका दी गयी। उसके बाद हमारे मन में लेखक के अतीत और वर्तमान के प्रसंगों को सम्पादन के दौरान फिल्म में इधर-उधर बिखेर अलंकृत करने का विचार आया।

शुरू में, मेरे सहयोगी लेखक—**एलेक्जेंडर मिशारिन** और मैंने नये संवाद में **कलाकृति के सौन्दर्यात्मक** और **नैतिक आधार** पर हमारे दृष्टिकोणों का एक वक्तव्य प्रकाशित करने का इरादा बनाया; तथापि, कोमल चित्र कर, हमने उससे **कुछ ज्यादा बेहतर बात** सोची। मेरा यकीन है कि इनमें से कुछ की झलक (रिफ्लेक्शन्स) वास्तव में ही **सूक्ष्म रूप से** समूची फिल्म के भीतर मँडराती है। मिरर की यह रचना-प्रक्रिया दर्शाती है कि मेरे लिए दृश्य-विधान (सिनेरिओ) भुरभुरा, सक्रिय, हर पल बदलता ढाँचा है और यह कि फिल्म तभी बनती है जब उस पर काम अन्तिम रूप से पूरा होता है। पटकथा वह आधार है जहाँ से हम अनुसन्धान आरम्भ करते हैं; और हाँ, फिल्म बनाने के सारे वक्त मुझे लगातार यही चिन्ता लगी रहती है कि कहीं ऐसा न हो कि उनमें से कुछ भी न उभरे।

दृश्य-विधान बाबत मेरे व्यवहार्य सिद्धान्तों के उनकी तर्कसंगत परिणतियों तक पहुँचने का प्रत्यक्ष उदाहरण मिरर है। बहुत-सारा सोच-विचार, निरूपण और सिरजन फिल्मांकन के दौरान ही हुआ। पहले की मेरी फिल्मों की पटकथाएँ ज्यादा-ही स्पष्ट रूप से संरचित थीं। मिरर पर काम आरम्भ करते हुए हमने दृढ़ रह कर सिद्धान्तः तय किया कि वस्तु के फिल्मांकन के पूर्व ही पिक्चर को आयोजित और पहले से व्यवस्थित नहीं रखेंगे। ज्यादा महत्त्वपूर्ण था यह देखें कि कैसे और किन परिस्थितियों के अन्तर्गत फिल्म छायांकित दृश्यों पर, अभिनेताओं के सम्पर्क में आने पर, मंच-सज्जा (सैट्स) के जमाये जाने पर और फिल्मांकन के लिए चुने गये स्थानों के अनुकूल होने की युक्ति पर निर्भर होकर **जैसे अपने आप ही रूप** अख्तियार करती है।

पूर्ण दृष्टव्य सत्ताओं के रूप में दृश्यों और प्रसंगों के लिए हमने कोई चिरकालिक ढाँचे तैयार नहीं किये; हमने केवल पात्रों के साथ जुड़े वातावरण और समानुभूति (एंपेथी) के स्पष्ट अभिप्रायः पर विचार किया जो ठीक सैट पर ही **परिपूर्ण रूपंकर-परिणाम** की अपेक्षा रखते थे। अगर मैं फिल्मांकन के पहले कुछ भी देखता हूँ, यानी अगर मैं आमने-सामने कुछ भी 'देखता' हूँ तो वह केवल आन्तरिक अवस्था है; वह सिर्फ फिल्मांकित किये जाने वाले दृश्यों का विशिष्ट आत्मीय तनाव और पात्रों का मनोविज्ञान है। हालाँकि यह फिर भी नहीं जानता वह ठीक-ठीक किस साँचे में ढलेगी। मैं सेट पर काम जारी रखता हूँ ताकि समझ सकूँ कि फिल्म पर किस तरीके से उस **अवस्था** को अभिव्यक्त किया जाय और,

उसे समझते ही फिल्मांकन आरम्भ कर देता हूँ।

मिरर उस पुराने **घर** की कथा भी है जहाँ आख्यानकर्ता (नरेटर) ने अपना बचपन बिताया और वह ग्राम-निवास (फार्मस्टेड) भी जहाँ वह पैदा हुआ और जहाँ उसके माता-पिता रहते थे। वह इमारत जो अनेक वर्ष बीते अब खंडहर थी, उसी की भग्नावशेष नींव पर जैसी थी वैसी ही, पुनर्निर्मित की गयी और फिर वह फोटोग्राफी से पुनर्जीवित हुई। इस तरह वह बिलकुल ऐसी खड़ी हुई जैसे ठीक चालीस वर्ष पहले थी। बाद में जब माँ को हम वहाँ ले गये (कि जिसका यौवन उसी जगह, उसी घर में बीता था) तब उसे देख उसकी प्रतिक्रिया मेरे अत्यन्त अतिरेकी अपेक्षा के भी पार थी। उसे अपने अतीत में लौटने की अनुभूति हुई; तब मुझे लगा हम सही दिशा में बढ़ रहे हैं। घर ने उसमें वही भावना भरी जिसे अभिव्यक्त करने का इरादा फिल्म रखती थी...।

घर के सामने खेत फैला था; मुझे याद आया दूसरे गाँव जाती सड़क तक कोटू (बकव्हीट) उगे थे। खिले होते तब खूब सुन्दर दिखते। बर्फ बिछे मैदान का भान कराते सफेद फूल मेरी स्मृति में बचपन के कुछेक विशिष्ट और सारभूत ब्योरे के रूप में बसे थे। लेकिन जब हमने फिल्मांकन शुरू करना चाहा तब दृश्य में कोटू (बकव्हीट) कहीं नहीं थे—पिछले कुछ वर्षों से **कॉलकोज** (सोवियत रूस से साम्यवादी व्यवस्था के अन्तर्गत की जा रही सामूहिक खेती) के द्वारा वहाँ वनमेथी (क्लोवर) और जई उगाई जा रही थी। हमने उनसे अपने लिए कोट (बकव्हीट) उगाने का आग्रह किया तो उन्होंने हमें समझाया कि वहाँ की मिट्टी उसके लिए उपयुक्त नहीं है। इसके बावजूद, हमने खेत किराये पर लिया और जोखिम उठा **कोटू** बोया। **कोलकोज** के लोगों को वहाँ **कोटू** उगता देख बड़ा अचम्भा हुआ। उस कामयाबी को हमने शुभ शगुन माना। लगा जैसे वह घटना हमें हमारी स्मृति की विशिष्टता के यानी समय के बनाये पर्दों के पार देखने की उसकी क्षमता के बारे में बता रही हो और यही तो ठीक वह बात थी कि जिस बाबत फिल्म का होना था: वही तो बीजगर्भित विचार (आइडिया) था।

नहीं पता अगर कोटू नहीं उगता तो पिक्चर का क्या होता...। **जैसे ही अंकुर फूटे** उस क्षण को कभी नहीं भूल सकता।

मिरर पर काम करते ज्यादा-से-ज्यादा महसूस होता कि अगर हम अपने काम के बाबत गम्भीर रहे तो फिल्म हमारे जीवन (कॅरिअर) में महज एक अतिरिक्त विषय का प्रवेश ही नहीं, वरन वह ऐसा कर्म (एक्शन) है जो हमारी सम्पूर्ण जिन्दगी को प्रभावित करेगा। इसीलिए मैंने निश्चय किया कि इस फिल्म में, पहली बार, सिनेमा की विधा का उपयोग, सर्वाधिक मूल्यवान लगती सारी बातों को दर्शाने के लिए वह भी एकदम प्रत्यक्ष रूप में और कोई दाँव-पेंच लगाये

बिना ही करूँगा।

हालाँकि लोगों को यह समझाने में मुझे जबर्दस्त मुश्किल पड़ी कि फिल्म में कोई प्रच्छन्न या गुप्त अर्थ नहीं है; उसमें सत्य को दर्शाने की इच्छा के अतिरिक्त कुछ भी नहीं है। प्राय: मेरे आश्वासन सन्देह (और निराशा भी) उभारते। कुछ लोग उसमें स्पष्टतया ज्यादा चीजें-जैसे, **रहस्यात्मक** या **गोपनीय अभिप्राय** डलवाना चाहते थे। वे **सिनेमाई-बिम्ब** के काव्यशास्त्र के अभ्यस्त नहीं थे। अपने तईं मैं निराश था। दर्शकों में बैठे विराधी दल की ऐसी प्रतिक्रिया थी; और मेरे अपने सहयोगियों ने मुझ पर तीखे हमले किये, मुझ पर धृष्ट होने के आरोप लगाये, मेरे अपने ही बारे में फिल्म बनाने की इच्छा रखने के लिए मुझे कोसा।

अन्तत: हम केवल एक ही कारण से बच पाये और वह था वह विश्वास, वह भरोसा कि चूँकि हमारा काम हमें दरअसल इतना महत्त्वपूर्ण लग रहा है तो वह दर्शकों को भी उतना ही महत्त्वपूर्ण लगेगा ही। जिन्हें मैं चाहता था कि भलीभाँति जानता था, फिल्म उन्हीं लोगों की जिन्दगियों के पुनर्निर्माण का उद्‌देश्य सँजोये हुई थी। मैं एक आदमी द्वारा भोगी यातना की कहानी कहना चाहता था क्योंकि वह महसूस करता है कि उसके परिवार के लोगों ने उसे बहुत कुछ दिया और वह उनका ऋण नहीं चुका सकता। उसे लगता है उसने उन्हें पर्याप्त प्रेम नहीं लौटाया; उसका यह ख्याल उसे यातना पहुँचाता है और स्थिर रहने नहीं देता।

एक बार जब बहुमूल्य चीजों के बारे में बोलने लगा तो एकाएक उत्सुक हो जाते हो कि जो कहा उस पर लोग क्या प्रतिक्रिया करेंगे, लेकिन यह तो होता ही है कि हम अपनी उन चीजों का बचाव करना चाहते हैं और नासमझी के विरुद्ध उनकी सुरक्षा करने लगते हैं। हमें चिन्ता हुई, भावी दर्शक पिक्चर को चाहेंगे या नहीं, लेकिन उन्मादी जिद के साथ यह भी मानते रहे कि हमारी बात जरूर सुनी जाएगी। बाद में जो गुल खिले उन्होंने हमारी आशाओं को सिद्ध किया। आम दर्शकों से किसी ज्यादा ऊँचे स्तर की समझ की अपेक्षा तो मैं नहीं कर सकता था, लेकिन दर्शकों से मिली सराहनीय प्रतिक्रिया, अपने भावी काम की दृष्टि से, मेरे लिए अत्यन्त महत्त्वूपर्ण थी।

मिरर कतई ऐसी कोशिश नहीं थी कि मेरे ही बारे में बात करे; बिल्कुल नहीं। वह मुझे प्रिय लगते लोगों के प्रति मेरी भावनाओं के, उनके साथ मेरे रिश्तों के, उनके प्रति लगातार उमड़ती दया और मेरी अपनी ही असमर्थता के-मेरी अतृप्त कर्तव्यभावना के बारे में थी।

संकट के किसी चरम क्षण पर आख्यानकर्ता (नरेटर) के याद किये गये प्रसंग आखिरी पल तक उसे वेदना पहुँचाते हैं, दु:ख और चिन्ता से भरते हैं...।

जब कोई नाटक पढ़ें तो उसका आशय समझ सकते हैं, हालाँकि विभिन्न प्रस्तुतियों में वह विभिन्न तरीकों से व्याख्यायित हो सकता है; आरम्भ ही से उसकी अपनी पहचान है, जबकि फिल्म की पहचान उसके दृश्य-विधान (सिनोरिओ) से समझी नहीं जा सकती। फिल्म में दृश्य-विधान (सिनेरिओ) मर जाता है। सिनेमा साहित्य से संवाद ले सकता है, बस उतना ही करता है—इसके आगे साहित्य से उसका कोई तात्विक सम्बन्ध नहीं रहता। नाटक साहित्य का अंग होता है, क्योंकि संवाद में अभिव्यक्त विचार और पात्र उसके सार का गठन करते हैं; और फिर, संवाद तो सदैव साहित्यिक है। लेकिन सिनेमा में संवाद फिल्म की भौतिक बनावट के अनेक में से महज एक ही अवश्य है। दृश्य-विधान (सिनेरिओ) में साहित्य, यानी गद्य की आकांक्षा रखने वाली हर बात को सिद्धान्ततः फिल्म-सृजन के क्रम में सुसंगत-रूप से खप जाना चाहिए और अनुकूल बन रूपान्तरित हो जाना चाहिए। फिल्म में साहित्यिक तत्त्व पिघल जाता है; फिल्म बनते ही वह साहित्य नहीं रह जाता। काम होते ही, जो बचे वह महज प्रतिलिपि है, फिल्मांकन का आलेख, जिसे किसी भी परिभाषानुसार साहित्य नहीं कहा जा सकता। वह देखी हुई घटना का किसी अन्धे व्यक्ति को सुनाया गया बयान भर है।

समय में गढ़ते हुए फिल्मीय बिम्ब

''बात को कुछ इस तरह कहें : कोई आत्मिक-यानी महत्त्वपूर्ण फेनोमना महत्त्वूपर्ण है तो विशेषकर इसीलिए क्योंकि वह अपनी स्वयं ही की सीमा लाँघता है; वह किसी विशाल आध्यात्मिक और ज्यादा ही बड़ी सार्वभौमिक बात की अभिव्यक्ति और प्रतीक की तरह, बल्कि भावनाओं और विचारों का एक समूचा संसार अपने ही भीतर मूर्त कर प्रस्तुत होता है—यही उसके महत्त्व का पैमाना है।''

—टॉमस मान, दि मैजिक माउंटेन

यह कल्पना करना ही मुश्किल है कि *कलात्मक बिम्ब* जैसी कोई अवधारणा किसी ऐसे सुनिश्चित सिद्धान्त के रूप में व्यक्त की जा सकती है जो आसानी से सूत्रबद्ध और बोधगम्य हो सके। यह सम्भव नहीं है, और कोई भी नहीं चाहेगा ऐसा हो। मैं सिर्फ इतना ही कहूँगा कि बिम्ब अनन्त में फैलते हुए चरम की ओर बढ़ते हैं, और फिर, जिसे हम बिम्ब का विचार कहें—कि वह बहुआयामी और बहुअर्थी है—वह, ठीक अपने स्वभाव ही के तईं, शब्दों में व्यक्त नहीं हो सकता। लेकिन कला में वह अपनी अभिव्यक्ति खोज लेता है। *विचार* के किसी कलात्मक बिम्ब में अभिव्यक्त होने का अर्थ यही होगा कि उसके लिए कोई बिलकुल उपयुक्त रूप-रचनाकार के संसार को बहुत सूक्ष्मता के साथ सम्प्रेषित करने वाला रूप-

मिल गया है। यहाँ मैं यह कोशिश करूँगा कि आमतौर से जिन्हें बिम्ब कहा जाता है उसकी किसी सम्भाव्य व्यवस्था कि जिसके भीतर मैं सहज और मुक्त महसूस कर सकूँ ऐसी व्यवस्था—के पैरामीटर्स को परिभाषित करूँ।

यदि तुम अतीत को यानी अपने पीछे बिखरे पड़े जीवन को यानी उसके अनन्त जीवन क्षणों को याद करने के लिए दिमाग पर जोर डाले बिना ही, उस पर बिलकुल सहज नजर डालो, तब, जिनमें तुम हिस्सेदार रहे उन घटनाओं की एक-एक विशिष्टताओं को, और जिन पात्रों से मिले उनकी विलक्षण वैयक्तिक-विशिष्टताओं को याद कर चकित होते हो। यह अकेली-अकेली निजी विशिष्टता अस्तित्व के हर क्षण के प्रबल लक्षण की तरह है; जीवन के हर क्षण में, स्वयं जीवन-सिद्धान्त ही अपने आप में विलक्षण है। इसीलिए, कलाकार उस सिद्धान्त को ग्रहण करने की कोशिश करते हुए उसे देह प्रदान करता है, हर बार नयी देह और हर बार आशा करता है—हालाँकि व्यर्थ में कि वह मानवीय अस्तित्व के सत्य की सम्पूर्ण छवि हासिल कर लेगा। सौन्दर्य की गुणवत्ता जीवन के उस सत्य में है जो कलाकार के द्वारा नयी तरह से, उसके व्यक्तिगत स्वप्न के अनुरूप, आत्मसात किया जाय और प्रकट हो। कोई भी, जरा-सी सूक्ष्मता से देखे तो लोगों के व्यवहार में चालबाजी और असलियत, छल-कपट और ईमानदारी, पाखंड और सत्यनिष्ठा के बीच भेद को हमेशा चीन्ह लेगा। जीवन के अनुभव द्वारा हमारे बोध में एक तरह की छन्नी जन्म लेती है जो हमें उस चमत्कार पर चकित करने से रोकती है जिसमें संरचनात्मक विन्यास-अप्रासंगिक बन जाने या अनजाने टूटता है।

कुछ लोग झूठ बोलने में अयोग्य हैं। कुछ ऐसे हैं जो पूरे भरोसे और अन्तस्फूर्ति के साथ झूठ बोलते हैं। कुछ ऐसे भी हैं जो नहीं जानते कैसे झूठ बोलें, लेकिन झूठ नहीं बोलने में अयोग्य हैं, और बड़ी फूहड़ता और निकम्मेपन के साथ वैसा करते हैं। हमारे इस विचारणीय विषय-यानी, जीवन की तार्किक संगति के सूक्ष्म अवलोकन-के अन्तर्गत दूसरी तरह के लोग ही सत्य की धड़कन को पहचान पाते हैं और किसी प्राय: ज्यामितीय महीनता के साथ जीवन की चंचल प्रवृत्तियों को भलीभाँति समझ सकते हैं।

बिम्ब अभेद्य और मायावी होता है, हमारी **चेतना** पर और कि जिसे रूपाकृत करना चाहता है उस **यथार्थ-संसार** पर निर्भर रहता है। अगर संसार अभेद्य है, तब बिम्ब भी वैसा ही होगा। किसी-न-किसी तरह का यह समीकरण **सत्य** और **मानवीय चेतना** के (कि जो यूक्लिडियन द्वारा बँधी हुई है) दरम्यान किसी परस्पर सह-सम्बन्ध का सूचक है। हम ब्रह्मांड की समग्रता को ग्राह्य नहीं कर सकते, लेकिन काव्यात्मक बिम्ब उस समग्रता को अभिव्यक्त कर सकता है।

बिम्ब सत्य की एक धारणा है, यानी हमारे आगे छाये हुए अन्धकार की दरार में से प्रदान की गयी एक झलक। जब विभिन्न जोड़ सत्य की स्पष्ट अभिव्यक्ति बन ऐसा विलक्षण और बेजोड़ देहधारी बिम्ब बनाएँ कि अपनी सरलतम अभिव्यक्तियों में स्वयं जीवन ही जैसा है तभी वह देहधारी बिम्ब विश्वसनीय होगा।

जीवन के सूक्ष्मतम अवलोकन के रूप में बिम्ब हमें एकदम जापानी कविता की ओर ले जाता है।

मेरे लिए सर्वाधिक आकर्षक बात यह है कि यहाँ पहेली को शनैः-शनैः बुझाने जैसा-किसी अन्तिम बिम्ब की ओर इशारा करता कोई संकेत नहीं है। हाइकू कविता इस तरह अपना बिम्ब सहेजती है कि वे अपने स्वयं के सिवा और कोई अर्थ नहीं रखतीं, और उसी क्षण इतना कुछ अभिव्यक्त करती है कि उनके अन्तिम अर्थ को पकड़ना नामुमकिन है। बिम्ब जैसे-जैसे अपनी क्रियाशीलता (फंक्शन) के संगत होता जाता है वैसे-वैसे यह असम्भव हो जाता है कि उसे किसी स्पष्ट बौद्धिक सूत्र में संकुचित करें। हाइकू के पाठक को उसी तरह उसमें रमना चाहिए जैसे वह प्रकृति में रमा हो; डूब कर, गहराई में जा स्वयं को बहने देते हुए, ब्रह्मांड में तैरता-सा कि जहाँ आकाश है न पाताल।

एक पल बाशो की इन हाइकू पंक्तियों पर गौर करें :

तालाब पुराना निश्चल
एक मेंढक कूदा जल में
छप से आवाज उठी।
या :
छप्पर के लिए कटे सरकंडे
ठूँठ खड़े उपेक्षित
मुलायम बर्फ की बौछार तले।
या फिर :
कैसा आलस?
कोई मुझे उठा न पाया।
बसन्ती बारिश बुदबुदाती।

जिन्दगी को कितनी सरलता और बारीकी के साथ देखा गया है! **सोच** का कितना अनुशासन और **कल्पना** की कैसी शालीनता! पंक्तियाँ अत्यन्त सुन्दर हैं क्योंकि क्षण, उखड़ा और जमा है, अभिन्न और अनन्त भी है।

जापानी कवि 'अवलोकन की तीन पंक्तियों' में यथार्थ के अपने स्वप्नों को

अभिव्यक्त करना जानते हैं। उन्होंने उसे महज देखा नहीं, बल्कि दिव्य शान्ति के साथ उसके कालातीत अर्थ को खोजा। और फिर, अवलोकन जितना सूक्ष्म होगा वह उतना ही विलक्षण होगा और किसी बिम्ब का रूप लेने में उतना ही सक्षम होगा। जैसा दोस्तोवस्की ने गहरी अन्तदृष्टि के साथ कहा, ''जिन्दगी किसी भी गल्प से बढ़-चढ़ कर होती है।''

सिनेमा में यह बात कुछ ज्यादा ही अहमियत रखती है कि अवलोकन ही बिम्ब का महत्त्वपूर्ण सिद्धान्त है जो फोटोग्राफिक रेकॉर्ड से प्राय: अविभाज्य है। फिल्मी-बिम्ब अवतार-स्वरूप, दृष्टव्य और चार-आयामी हैं। लेकिन, किसी भी हालत में, हर फिल्मी-दृश्य संसार का बिम्ब नहीं हो सकता; जैसा कि अक्सर ही वह किसी विशिष्ट पहलू ही को नहीं बखानता। तथ्यों का जस-का-तस (नेचुरलिस्टिक) निरूपण सिनेमाई बिम्ब के सृजन के लिए अपने आप में कतई पर्याप्त नहीं है। सिनेमा में उभरा बिम्ब सिनेकार के स्वयं ही के भीतर उपजे किसी पदार्थ के बोध को अवलोकन के रूप में प्रस्तुत करने की योग्यता पर निर्भर है।

गद्य से एक दृष्टान्त उठाएँ—टालस्टॉय की कहानी **ईवान इलीच की मृत्यु** के अन्त ने हमें बताया गया किस तरह कैंसर की मृत्युशैया पर ओछे-स्वभाव की पत्नी और छिछली पुत्री से घिरा एक रूखा और घुन्ना आदमी मृत्यु के पूर्व उनके लिए क्षमा की याचना करता है। उस क्षण, बिलकुल अप्रत्याशित रूप से, वह भलमनसाहत के इतने गहरे भाव से भर जाता है कि सुन्दर वस्त्र पहनने में मग्न, नृत्य-पार्टियों में गाफिल, संवेदनहीन और विचारशून्य उसका परिवार उसे एकाएक गहरे दु:ख से भरा मालूम देने लगता है जो सारी दया और करुणा का हकदार है। और फिर, मृत्यु की नोक पर उसने महसूस किया जैसे कि वह अँतड़ी-समान किसी लम्बी, कोमल काली नली में रेंगता ही जाता है लेकिन किनारे नहीं पहुँचता, जीवन को मृत्यु से अलग करती अन्तिम प्राचीर को लाँघ नहीं पाता। उसकी पत्नी और लड़की पास खड़ी हैं। वह कहना चाहता है ''मुझे क्षमा करना।'' लेकिन इसके बनिस्पत अन्तिम क्षण में कहता है, ''मुझे जाने दो।'' (यहाँ अंग्रेजी में है 'फॉरगिव मी'' और ''लेट मी थ्रू''। लेकिन मूल रूसी शब्दों से बात ज्यादा स्पष्ट होती है। वह कहना चाहता है ''प्रोस्तीते'' लेकिन बोल निकलते हैं ''प्रोपोस्तीते'')। स्पष्टत: वह बिम्ब, जो हमें हमारे अस्तित्व ही की गहराइयों तक हिला देता हो, उसकी केवल एक ही व्याख्या नहीं हो सकती। उसके कई अर्थ—हमारी अपनी ही धुँधली स्मृतियों और अनुभूतियों को याद करते हुए, हमें अचम्भित करते हुए, किसी रहस्योद्घाटन की तरह हमारी आत्माओं का झँझोड़ते हुए—हमारी अन्तरतम भावनाओं तक पहुँचते हैं। तुच्छ कहलाने का जोखिम उठाते हुए कहूँ कि वह जीवन के और हमने जिस सत्य का अनुमान किया उसके इतने

समान है कि वह उन स्थितियों का मुकाबला कर सकता है जिन्हें हम पहले ही से जानते या कल्पना में बसाते आये हैं। अरस्तूई-सिद्धान्त के अनुसार किसी प्रतिभावान व्यक्ति द्वारा अभिव्यक्त वचन सामान्य-सा ही मालूम देता है। लेकिन, वह कितना गहरा और बहुआयामी बन जाता है यह पाठक के चित्त पर निभर करेगा। हमने लिओनार्दो के पोर्टेट **जूनियर के साथ एक युवती** को फिल्म **मिरर** में उस दृश्य के लिए उपयोग में लिया जिसमें छुट्टी ले घर आया पिता बच्चों संग कुछ वक्त बिताता है—जरा हम उस पर गौर करें।

लिआनार्दो के बिम्बों की दो चीजें आकर्षक हैं। पहली है, **पदार्थ** को बाहर से परखने की यानी, संसार को 'पीछे खड़े होकर' या 'ऊपर से' देखकर परखने की **कलाकार की क्षमता**—जो बाख या टालस्टॉय जैसे कलाकारों की विशिष्टता है। और दूसरी है ऐसी शिल्पकारी कि चित्र हमें एक ही पल में दो विपरीत तरीकों से प्रभावित करे। यह बताना सम्भव नहीं कि पोर्ट्रेट हमारे ऊपर अन्तत: क्या प्रभाव डालता है। यह भी निश्चित रूप से कहना सम्भव नहीं कि हम स्त्री को चाहते भी हैं या नहीं या कि वह मनोहर है अथवा अप्रिय। उसी क्षण वह आकर्षक है, अनाकर्षक भी। उसमें, अनिर्वचयनीय रूप से, कुछ-न-कुछ सुन्दर है और उसी पल कुछ-न-कुछ अरुचिकर या शैतान-सा भी कुछ है। यहाँ शैतान-सा कहने का अर्थ शब्द के रूहानी या **नकारात्मक-लक्षणयुक्त सौन्दर्य** से है। उसमें विकृति का कोई तत्त्व है—और सुन्दरता का भी। **मिरर** में, हमारी आँखों के समक्ष एक-दूसरे का पीछा करते क्षणों के दरम्यान कालातीत तत्त्व के समोवेश के लिए हमें उस पोर्ट्रेट को जक्स्टापोज करते हुए उसके और अभिनेत्री मार्गरिता तेरेखोवा के भीतर एक ही पल में लुभाने और जुगुप्सा उपजाने की वह क्षमता भरना चाहते थे।

यदि लिओनार्दो के पोर्ट्रेट को उसके अवयवों में विभक्त कर विश्लेषण करने की कोशिश करें तो वह फिजूल बात होगी। उससे किसी स्तर की कोई व्याख्या नहीं होगी। चित्र की स्त्री द्वारा हम पर डाला गया भावनात्मक प्रभाव खासकर इसलिए महत्त्वपूर्ण है क्योंकि उसमें अपनी पसन्दीदा किसी भी चीज को ढूँढ़ना या समग्र में से किसी एक विवरण को छाँट लेना या किसी एक क्षणिक प्रभाव को दूसरे से ज्यादा तरजीह देकर अपने स्वयं का बना लेना या प्रस्तुत बिम्ब की ओर देखने के तरीके में कोई सन्तुलन प्राप्त करना सम्भव नहीं। अत: यहीं पर हमारे लिए अनन्त के साथ 'खेल' करने की सम्भावना बन जाती है, क्योंकि कलात्मक बिम्ब की महान क्रियाशीलता (फंक्शन) किसी-न-किसी तरह से अनन्त का खोजी बनने ही में है...जिसकी तरफ हर्ष और रोमांच से भरी जल्दी में हमारी भावनाएँ उमड़ती रही हैं। बिम्ब की समग्रता के द्वारा इसी तरह की भावना उभरती

है; यानी, वह हमें खास इसी तथ्य से प्रभावित करती है कि उसे विच्छिन्न करना सम्भव नहीं। अलग-अलग पड़ कर प्रत्येक घटक मृत ही होगा—या शायद, इसके विपरीत, यह भी हो सकता है कि अपने लघुत्तम तत्त्वों में वह समग्र ही की यानी पूर्ण कृति की चारित्रिक-विशेषताओं को अभिव्यक्त करे और ये विशिष्टताएँ एक-दूसरे के विपरीत सिद्धान्तों की पारस्परिक क्रियाओं द्वारा उत्पन्न होती हैं, जिनका अर्थ, संचार-नलिकाओं में जारी कार्यप्रणाली की तरह, एक से दूसरे में फैलता जाता है (लिओनार्दो द्वारा चित्रित स्त्री का चेहरा किसी उदात्त विचार से सजीव हो उठता है और उसी क्षण धोखे से भरा भी दिखाई दे सकता है और निम्नस्तरीय आवेग भी उत्पन्न कर सकता है) पोर्ट्रेट में कितनी ही चीजों को देखना सम्भव है, लेकिन उसके सार को ढूँढ़ने के प्रयास में हम अनन्त भूलभुलैयों में भटक जाएँगे और कभी भी रास्ता पकड़ नहीं पाएँगे। हमें इस अनुभूति से गहरा आनन्द मिलेगा कि हम उसे सोख नहीं सकते या कि उसके कण-कण को सारा देख पूरा नहीं कर सकते। खरा कलात्मक बिम्ब प्रेक्षक को अत्यन्त जटिल, अन्तर्विरोधी और यदाकदा परस्पर वर्जित भावनाओं की समक्षणिक अनुभूति देता है।

यह भलीभाँति जान लेना चाहिए कि उस वक्त, जब गुणवाचक अपने ही विरुद्ध हो जाय या गुणहीन सगुण का रूप लेने लगे तब क्षण को पकड़ना सम्भव नहीं। बहुलता बिम्ब की संरचना ही के भीतर अन्तर्निष्ट है, अत्यन्त निकट से संलग्न है। बहरहाल, व्यवहार में, कोई व्यक्ति, सदैव ही, किसी एक चीज को दूसरी से ज्यादा तरजीह देता है, चुनाव करता है, अपने स्वयं की पसन्द के अनुसार खोजता है या अपने स्वयं के व्यक्तिगत अनुभव के बरक्स किसी कलाकृति को निर्धारित करता है। चूँकि अपने-अपने काम में हरेक की कुछ-न-कुछ विशिष्ट प्रवृत्तियाँ होती हैं, और वह बड़ी-बड़ी या छोटी-छोटी चीजों में अपने स्वयं ही के सत्य का आग्रह करता है, तब जब भी वह कला को अपनी दैनंदिन आवश्यकताओं के अनुकूल बनाएगा तो किसी कलात्मक बिम्ब की व्याख्या अपने स्वयं ही के 'लाभ' की दृष्टि से करेगा। वह किसी कृति को अपने ही जीवन के सन्दर्भ में निर्धारित करते हुए अपने सूत्रों के दायरों में घेरता है; क्योंकि श्रेष्ठ कृतियाँ परस्पर-विरोधी गुणोंवाली होती हैं और उनमें अनेकानेक विभिन्न व्याख्याओं की गुंजाइश रहती है।

किसी कलाकार को बिम्बों की उसकी अपनी की व्यवस्था के नीचे, जान-बूझकर, किसी-न-किसी प्रकार के उद्देश्य या विचारधारा का टेका लगाते देख मैं अकसर उदास हो जाता हूँ। अपनी विधियों को समझाने की जरा भी गुंजाइश रखने के उसके सारे प्रयासों का मैं सख्त विरोध करता हूँ। अपनी ही फिल्मों में कुछेक दृश्यों को बने रहने देने का मुझे हमेशा अफसोस होता है; अब वे मुझे

भेद-खोलने के साक्ष्य मालूम देते हैं जिन्हें मेरी फिल्मों में इसीलिए गुंजाइश मिली क्योंकि मैं पूरी तरह धुन का पक्का नहीं था। यदि अब भी सम्भव हो तो मैं **मिरर** में से मुर्गे के दृश्य को काटना चाहूँगा चाहे उसने अनेक दर्शकों पर गहरा असर डाला हो। दरअसल वह इसलिए फिल्म में आया क्योंकि मैं दर्शकों के आगे 'झुकने' का खेल खेलने लगा था।

जब, लगभग बेहोश-सी और खूब थकी नायिका, इरादा बना रही होगी है कि मुर्गे की गर्दन काटे या नहीं, तब हमने, 'क्लोज-अप' दृश्य रचते हुए, अन्तिम नब्बे फ्रेम के लिए, तेज गति से, प्रत्यक्षत: कृत्रिम प्रकाश में उसका फिल्मांकन किया। चूँकि पर्दे पर वह दृश्य धीमी गति में उभरता है अत: वह समय की रूपरेखा को फैला देने का प्रभाव डालता है—यानी हम, उस क्षण पर रोक लगाकर उसे विशिष्ट बनाते हुए, दर्शकों को नायिका की दशा जानने-समझने की ओर घुमा देते हैं। यह अनुचित है क्योंकि दृश्य शुद्ध रूप से साहित्यिक अर्थग्रहण करने के लिए आरम्भ होता है। हम नायिका के चेहरे को उससे स्वतन्त्र करते हुए (जैसे वह उसके लिए कोई भूमिका खेल रहा हो) विरूप कर देते हैं। हम भावावेग को, अपने स्वयं ही के हैं। उसकी दशा बिलकुल साफ हो जाती है और सरलीकृत ढंग से पढ़ी जा सकती है। जबकि, किसी पात्र की मनोदशा की व्याख्या करने में भेद भरा कुछ बना रहना चाहिए। इसी तरीके के एक ज्यादा सफल उदाहरण को, **मिरर** ही में से लेकर उद्धरित करता हूँ : प्रिंटिंग प्रेस वाले दृश्य के कुछ फ्रेम भी धीमी गति की विधि का उपयोग कर हम किसी विचार को रेखांकित नहीं कर रहे थे, बल्कि अभिनय के अतिरिक्त किन्हीं उपायों से मनोदशा को दर्शा रहे थे।

कुरोसोवा द्वारा रचित **मैकबेथ** का रूपान्तरण एक उत्कृष्ट दृष्टान्त है। दूसरा कोई औसत निर्देशक, मैकबेथ के जंगल में भटक जाने वाले दृश्य में धुन्ध के भीतर रास्ता खोजने की कोशिश करते अभिनेताओं को झाड़ों से टकरा देता। लेकिन अत्यन्त प्रतिभावान कुरोसोवा बड़ा ही सुन्दर खेल करते हैं। वह ऐसी जगह चुनते हैं जहाँ एक विलक्षण स्मरणीय पेड़ है। घुड़सवार, तीन बार उसका चक्कर लगाते हैं ताकि साफ पता चल जाय कि वे उसी जगह भटक रहे हैं। घुड़सवार स्वयं महसूस नहीं करते कि वे पहले ही से रास्ता भूल गये हैं। स्पेस की अवधारणा को अपने ही तरीके से निरूपित करने के लिए यहाँ कुरोसोवा का पहलू अत्यन्त सूक्ष्म रूप से काव्यात्मक हो जाता है जहाँ वे किसी विरूपण (मैनरिज्म) या आडम्बर का जरा-सा संकेत न देकर स्वयं को अभिव्यक्त करते हैं। क्योंकि तीन बार चक्कर लगाते पात्रों का पीछा करने के लिए कैमरे को घुमाने से अधिक सरलतम बात और क्या हो सकती है?

यों कहें कि बिम्ब निर्देशक द्वारा अभिव्यक्त कोई विशेष 'अर्थ' नहीं, बल्कि, पानी की बूँद के समान, एक समूची प्रतिबिम्बित सृष्टि है।

एक बार ठीक पता चला जाय कहना क्या है, अगर अपने चित्र की हरेक कोशिश को भीतर से देखकर उसे ठीक से महसूस कर लो, तो फिर सिनेमा, में अभिव्यक्ति की कोई तकनीकी समस्या नहीं है। उदाहरण के बतौर, नायिका की एक अजनबी (जिसकी भूमिका **अनातोलिय** ने अदा की है) के साथ आकस्मिक भेंट वाले दृश्य में यह बहुत जरूरी था कि उसके जाते ही अचानक आ मिले इन दो व्यक्तियों के बीच कड़ी बिठाने के लिए कोई धागा पिरोया जाय। जाते-जाते अगर वह किसी भावपूर्ण दृष्टि से पलट कर नायिका की ओर देखता तो दृश्य अनुक्रमिक बनता हुआ व्यर्थ हो जाता। तब हमें मैदान में हवा के झोंके को दिखाने का ख्याल आया जो अजनबी के ध्यान को आकर्षित करता है क्योंकि वह इतना अप्रत्याशित है कि उसे पीछे देखना पड़ा...। अत: इस स्थिति में, यों कह सकते हैं कि 'रचनाकार को उसी के खेल में पकड़ने' और उसी के अभिप्रायों को उसे ही दर्शा देने का कोई सवाल नहीं है।

जब दर्शक निर्देशक द्वारा उपयोग में ली गयी विधि से बेखबर हो, तभी वह पर्दे पर चल रही घटना के यथार्थ में यानी, कलाकार के द्वारा ध्यान से देखे गये जीवन में यकीन करने को बाध्य होगा। लेकिन अगर दर्शक, निर्देशिक को समझ लें और ठीक-ठीक जान जाय उसने क्यों उस विशिष्ट 'भावपूर्ण' करिश्मे को प्रयुक्त किया, तब वे पर्दे पर घटती घटना को सहानुभूतिपूर्वक समझना या उसमें बहना बन्द कर देंगे और उसके प्रयोजन और निष्पादन को जाँचना शुरू कर देंगे। दूसरे शब्दों में यों कहें कि **मार्क्स** ने जिस 'कमानी' के बाबत चेतावनी दी वह सीट के बाहर उभर आएगी।

गोगोल के अनुसार, बिम्ब की क्रियाशीलता (फंक्शन) यही है कि वह जीवन ही को अभिव्यक्त करे, जीवन के बाबत विचारों या तर्कों को नहीं। वह जीवन का अर्थ या प्रतीकात्मक प्रदर्शन नहीं बल्कि उसकी विलक्षणता को व्यक्त करती अभिव्यक्ति है। तब 'प्रतिरूप में खरा क्या', 'और कला में जो कुछ मौलिक और अद्वितीय है उसके साथ उसका क्या सम्बन्ध? अगर बिम्ब विलक्षण चीज सा उभरे तब 'प्रतिरूप में खरा क्या' इस सोच की क्या गुंजाइश?

विरोधाभास यों कि किसी कलात्मक बिम्ब में विलक्षण तत्त्व रहस्यात्मक ढंग से **प्रतिरूपक** होता है; **क्योंकि** अद्‌भुत-भाव से यह **प्रतिरूपक** तत्त्व उस चीज के साथ प्रत्यक्ष्यत: अन्योन्याश्रित हो जाता है जो वैयक्तिक है, स्वभावत: विशिष्ट है, किसी-किसी अन्य से भिन्न है। ऐसा नहीं कि फेनोमना को प्रकृत और वैसे-का-वैसा निरूपित करने पर ही 'प्रतिरूप में खरा क्या' का हमें पता

चलेगा (हालाँकि अमूमन माना यही जाता है कि तभी वैसा होगा), बल्कि दरअसल उसका हमें तब पता चलगा जब फेनोमना विशिष्ट हों। कह सकते हैं कि कोई **व्यापक** चीज या बात कसी **विशिष्ट** चीज या बात को आगे ठेलती है, जो पुन: लौट कर पुन:प्रस्तुति के दिखावटी (यानी सच को छिपा आगे आये हुए) ढाँचे के बाहर बनी रहती है। इसे किसी विलक्षण फेनोमना की उपसंरचना की तरह मान लिया गया है।

अगर यह बात सामने आते ही विचित्र लगे तब तो यह ध्यान में रखना होगा कि कलात्मक बिम्ब को सत्य बताने वाले संयोजनों के अतिरिक्त किन्हीं दूसरे संयोजनों को नहीं उभारना चाहिए। (यहाँ हम बिम्ब का सृजन करने वाले कलाकार की चर्चा कर रहे हैं न कि उसे देखने वाले दर्शकों की।) काम शुरू करते ही कलाकार को मान लेना होगा कि कसी विशिष्ट फेनोमना को रूप देने वाला सर्वप्रथम व्यक्ति वो ही है जो काम वह कर रहा है। वह बिलकुल पहली बार किया जा रहा है और ठीक उसी रूप में किया जा रहा है कि जैसा केवल वो ही उसे महसूस करता या समझता है। कलात्मक बिम्ब विलक्षण और अद्वितीय है, जबकि जीवन के फेनोमना पूरी तरह तुच्छ और नगण्य हो सकते हैं।

यहाँ मैं दोबारा हाइकू का उदाहरण प्रस्तुत करूँगा :

नहीं मेरे घर नहीं।
वह, वह टपटपाता छाता
पड़ोसी के यहाँ चला गया।

हाथ में छाता लिया कोई राहगीर, जिसे हमने अनेक बार जीवन में देखा होगा, उसे देखना अपने आप में कोई नयी बात नहीं; वह आम लोगों ही में से एक आदमी है जो बारिश से बचता हुआ सपाटे में चला जा रहा है। लेकिन, कलात्मक बिम्ब के भीतर, हम, कवि के द्वारा रचे जीवन के किसी बिलकुल अद्वितीय क्षण पर ध्यान जमाते हैं जो किसी उपयुक्त और सरल रूप में निरूपित है। उसकी मन:स्थिति को महसूस करने के लिए तीन पंक्तियाँ पर्याप्त हैं : उसका एकान्त, खिड़की से झाँकता धूसर बरसाती मौसम और एक ऐसी निरर्थक उम्मीद कि चमत्कारवश कोई उसके एकान्तिक, अभागे घर में आएगा। अत्यन्त सतर्कता के साथ निरूपित की गयी दशा और मन:स्थिति बिल्कुल अनोखी और व्यापक अभिव्यक्ति अर्जित करती है।

इन विचारों के आरम्भ में हमने जानबूझकर उसे टाला जिसे **गल्प के पात्र का बिम्ब (कैरेक्टर इमेज)** कहते हैं। उसे इस बिन्दु पर चर्चा में शामिल कर लेना उपयुक्त होगा। उदाहरणस्वरूप, **बाशमाचकिन** और **ओनेगिन** पर विचार

करें। साहित्यिक प्रतिरूपों की शक्ल में वे किन्हीं सामाजिक नियमों का आदर्श प्रस्तुत करते लगेंगे, जो उनके अस्तित्व की पूर्वमान्य शर्तें हैं—यह तो हुई एक बात। दूसरी ओर, उनमें कुछेक सार्वभौम मानवीय विशेषताएँ हैं। सबकुछ को यों कहें : साहित्य में कोई पात्र तब प्रतिरूपक बनेगा जब वह विकास के सामान्य सिद्धान्तों के परिणामस्वरूप प्रचलित प्रतिमानों को प्रतिबिम्बित करेगा। प्रतिरूपों की शक्ल में, इसीलिए, यथार्थ जीवन में **बाशमाचकिन** और **ओनेगिन** के अनेक तुल्यरूप मिल जाएँगे। बेशक! लेकिन कलात्मक बिम्ब की शक्ल में वे निःसन्देह नितान्त अकेले और अनुपम हैं। वे अत्यन्त ठोस हैं, अपने रचयिता द्वारा विशाल स्तर पर देखे गये रूप हैं, सर्जक के दृष्टिकोण को भरपूर वजन किये हुए हैं, ताकि हम कह सकें : "हाँ, हाँ; **ओनेगिन** वह बिल्कुल मेरे पड़ोसी समान ही है।" **रास्कोलनिकोव** का शून्यवाद (निहिलिज्म) ऐतिहासिक और समाजशास्त्रीय शर्तों पर निःसन्देह प्रतिरूपक है; लेकिन उसके बिम्ब की निजी और वैयक्तिक शर्तों पर वह बिल्कुल अकेला है। बेशक, हैमलेट भी एक प्रतिरूप है; लेकिन आसान सन्दर्भों के भीतर हैमलेट कहाँ देखा जा सकता है?

हम किसी विरोधाभास के सामने खड़े हैं; यानी, जो प्रतिरूपक है उसकी समूची सम्भव अभिव्यक्त को बिम्ब ही व्यक्त करता है और जितनी अधिक पूर्णता के साथ वह उसे अभिव्यक्त करता है उतना ही ज्यादा वैयक्तिक, उतना ही ज्यादा मौलिक वह बनता जाता है। वह, हाँ वह, यानी **बिम्ब** वह असाधारण चीज है! एक माने में वह जीवन ही से ज्यादा सम्पन्न है; खासकर शायद इसलिए क्योंकि वह चरम सत्य के विचार को अभिव्यक्त करता है।

निःसन्देह **लिओनार्दो** और **बाख** का व्यावहारिक रूप में कोई अर्थ नहीं है। बिल्कुल ही नहीं-उनके स्वयं का जो अर्थ है उसके अतिरिक्त उनका कोई मतलब नहीं; यही उनकी स्वायत्तता का पैमाना है। वे संसार को ऐसे देखते हैं जैसे पहली बार देखा हो, लेकिन, स्वयं को जरा भी नीचे झुका महसूस करते हुए कतई नहीं। वे उसकी ओर उन लोगों की स्वतन्त्रता के जरिए देखते हैं जो बिल्कुल अभी-अभी पहुँचे हैं!

सारे सृजनात्मक कर्म सादगी के लिए यानी परिपूर्ण सरलतम अभिव्यक्ति के लिए प्रयत्नशील रहते हैं; और इसका यही अर्थ हुआ कि जीवन के पुनर्सृजन की अथाह गहराइयों तक पहुँचना। लेकिन यह ही—यानी जो आप कहना या अभिव्यक्त करना चाहें उसके और तैयार किये गये बिम्ब में उपजे अन्तिम पुनरुत्पादन के दरम्यान कोई सुगम उपाय खोजना—यह ही सृजनात्मक कर्म का सर्वाधिक कष्टसाध्य अंग है। सरलता के लिए संघर्ष ही आपके द्वारा पूर्णरूपेण समझे गये सत्य के उपयुक्त रूप को साधने की कष्टप्रद खोज है। आप उपायों की मितव्ययिता

का ध्यान रखते हुए महान् चीजों को उपलब्ध बनाने की कुशलता हासिल करने के लिए तरसते हैं।

परिपूर्णता के लिए प्रयत्नशील रहना ही किसी कलाकार को आध्यात्मिक अन्वषणों की दिशा में यानी यथासाध्य नैतिक उद्यम का प्रयास करने की दिशा में ले जाता है। चरम की आकांक्षा मानवता के विकास के लिए गतिमान आवेग है। मेरे लिए कला में यथार्थवाद है जब वह किसी नैतिक आदर्श को अभिव्यक्त करने के लिए प्रयत्नशील हो। सत्य के लिए उद्यमशील होना ही यथार्थवाद है, और सत्य सदैव सुन्दर है। यहाँ पर ही सौन्दर्यात्मक के साथ नैतिक पर मेल होता है।

समय, लय और सम्पादन

फिल्मीय बिम्ब के बाबत मनन करते हुए मैं इस बहुप्रचारित विचार को एकदम निरस्त करना चाहता हूँ कि वह मूलत: 'संयोजित' है। मुझे यह धारणा नागवार लगी क्योंकि इसमें यह अन्तर्निहित मान लिया गया कि सिनेमा सगोत्र कला रूपों के गुणों पर आधारित है और उसमें अपने स्वयं का कोई विशिष्ट गुण नहीं है— इसका मतलब तो यही होगा कि सिनेमा कला नहीं है।

फिल्मीय बिम्ब का प्रबल और भरपूर-शक्तिशाली **तत्त्व फ्रेम** के भीतर **समय** के प्रवाह को अभिव्यक्त करती **लय** है। पात्रों के व्यवहार, दृष्टव्य हलचलों और ध्वन्यात्मक गतिविधियों के द्वारा **समय** का वास्तविक बहाव भी स्पष्टतया प्रस्तुत होता है—लेकिन ये सब प्रासंगिक घटक हैं जिनकी अनुपस्थिति, सैद्धान्तिक रूप में, फिल्म के अस्तित्व को कतई प्रभावित नहीं करती। ऐसी किसी सिनेमाई कृति की कल्पना नहीं की जा सकती जिसमें चित्र (शॉट) के भीतर **समय** के बहने का भाव न हो, हालाँकि ऐसी फिल्म की कल्पना हो सकती है जिसमें अभिनेता, संगीत, सज्जा, बल्कि यहाँ तक कि सम्पादन भी न हो। **ल्यूमियर-ब्रदर्स** द्वारा रचित विख्यात कृति **अराइवी दुरुन ट्रेन** का उदाहरण हमारे सामने है। उसी तरह दो-एक फिल्में अमरीकी अधो जगत् की भी हैं, जिनमें से एक में, सोया हुआ आदमी, जगता है, और उस **पल** में सिनेमा अपनी स्वयं ही की जादूगरी से बिलकुल अप्रत्याशित और अद्‌भुत सौन्दर्यात्मक प्रभाव उत्पन्न करता है।

इसी तरह **पास्कल ऑबिएर*** की दस मिनट अवधि की फिल्म में केवल एक चित्र (शॉट) है। पहले वह प्रकृति का जीवन दर्शाती है, भव्य और प्रशान्त, जो मानवीय हड़बड़ाहटों और आवेगों से शून्य है। फिर, कला-मर्मज्ञ कौशल के

* पास्कल ऑबिएर : (जन्म 1942) प्रयोगात्मक फिल्मों के सृजन में दिलचस्पी रखने वाले फ्रांसीसी फिल्म निर्देशक। गोदार और जाँसो के सहयोगी।

द्वारा नियन्त्रित कैमरा, एक नन्हें-से बिन्दु (किसी पहाड़ी की ढलान पर उसी घास में नहीं के बराबर दिखाई देते सोये हुए किसी आकार) पर घूमता है। उसके तत्काल बाद नाटकीय क्रमपरिणति होती है। **समय का प्रवाह** हमारी उत्सुकता से प्रेरित हो, तेज गति पकड़ता दिखाई देता है। सब कुछ यों जैसे हम कैमरे के संग-संग, गुपचुप, बड़ी सावधानी के साथ, उस बिन्दु की ओर बढ़ते हुए पास पहुँच, महसूस करते हैं कि आदमी मृत है। दूसरे क्षण हमें ज्यादा जानकारी दी जाती है, और वह यह कि दिवंगत की हत्या हुई है; वह एक बागी था जिसने जख्मों के आगे दम तोड़ दिया; लेकिन हम उसे नितान्त भिन्न स्वभाव की पृष्ठभूमि के बरक्स देखते हैं। हम हमारी स्मृतियों के जरिए बड़ी जोर से उन घटनाओं पर ध्यान आकर्षित करने को विवश होते हैं जो आज के संसार को झकझोर रही हैं।

आप गौर करेंगे कि उस फिल्म में सम्पादन है न अभिनय; सज्जा भी नहीं। लेकिन फ्रेम के भीतर समय की गतिविधि की लय ऐसी है जो, नितान्त जटिल नाटकीय हलचल को विन्यस्त करती एकमात्र ताकत समान है।

किसी फिल्म के एकाकी अवयव का पृथक-से से कोई अर्थ नहीं। **फिल्म ही कलाकृति** है। महज सैद्धान्तिक बहस की खातिर, फिल्म को कृत्रिम रूप से तोड़ कर ही, उच्छृंखलतापूर्वक हम उसके अवयवों के विषय में केवल बातें कर सकते हैं।

मैं इस धारणा को भी स्वीकार नहीं करता कि किसी फिल्म का प्रमुख रचनात्मक तत्त्व सम्पादन है जिसे **कुलेशोव** और **आइजेंस्ताइन** की तरह, 'मोंताज सिनेमा' के समर्थक सदी के तीसरे दशक में इस तरह मानते रहे जैसे कि फिल्म सम्पादन-कक्ष में रूप लेती हो।

यह सदैव सही बताया गया कि चुनाव और समायोजन की दृष्टि से अंगों और अवयवों की संयोजना के लिए प्रत्येक कला-रूप सम्पादन को अन्तर्निहित मानता है। फिल्मांकन के दौरान सिनेमाई-बिम्ब अस्तित्ववान होकर फ्रेम के 'भीतर' विद्यमान रहता है। इसीलिए, फिल्मांकन (शूटिंग) के दौरान, मैं फ्रेम के भीतर समय के प्रभाव पर ध्यान देता हूँ ताकि उसे पुनः प्रस्तुत करूँ और रेकॉर्ड करूँ। अपने में पहले से ही **समय** के भरे हुए चित्रों (Shots) को 'सम्पादन' के जरिए समीप लाकर फिल्म में अन्तर्निहित एकीकृत जीवन्त संरचना को व्यवस्थित किया जाता है; और ध्यान रहे कि फिल्म की धमनियों में धड़कता **समय** उसे सजीव रखने वाला **समय** घटते-बढ़ते लयात्मक प्रभावों का समय है।

मैं 'मोंताज सिनेमा' के इस विचार—कि सम्पादन दो अवधारणाओं को एक साथ लाकर किसी तीसरी नयी अवधारणा को जन्म देता है—को भी सिनेमा के स्वभाव के संगत नहीं मानता। कला अवधारणाओं की पारस्परिक क्रियाओं को

अपने अन्तिम लक्ष्य की तरह कदापि स्वीकार नहीं कर सकती। बिम्ब किसी **ठोस** और **ऐन्द्रिक** के साथ भले बँधा हो, फिर भी वह आत्मा के पार जाती रहस्यात्मक राह के किनारे-किनारे फैलता जाता है—शायद इसीलिए पुश्किन ने ठीक ही कहा, ''कविता को थोड़ा-बहुत संवेदनशून्य होना ही चाहिए।''

सिनेमा का सौन्दर्यशास्त्र यानी नीचतम भौतिक पदार्थों का ऐसा मिश्रण जिसे हम प्रतिदिन पग-पग रौंदते हैं, वह प्रतीकात्मकता का प्रतिरोधी है। एक अकेली फ्रेम ही यह दर्शाने के लिए पर्याप्त है कि पदार्थ के चुनाव और उसे दर्ज करने के मामले में **निर्देशक** प्रतिभावान है या नहीं, उसमें सिनेमाई दृष्टि या कल्पना है या नहीं।

सम्पादन अन्ततः चित्रों (Shots) के संकलन का आदर्श रूपान्तर भर ही है, अनिवार्यतः उस पदार्थ के भीतर नियन्त्रित जो फिल्म के कुंडल पर चढ़ा हुआ है। किसी फिल्म का बिल्कुल सही ढंग से, और पूरे दक्षता के साथ सम्पादन करने का यही अर्थ होगा कि विभिन्न दृश्यों और चित्रों (Scenes and Shots) के स्वतःस्फूर्त ही एक साथ आने देना क्योंकि एक मायने में वे स्वंय ही का सम्पादन कर लेते हैं; यानी, वे अपने स्वयं ही की आभ्यन्तरिक बनावट के अनुसार सम्बद्ध हो जाते हैं। 'काटने' और 'जोड़ने' के वक्त सवाल महज उस बनावट को पहचानने और उसका अनुसरण करने भर का ही है। सम्बन्धों की बनत का, दृश्यों के बीच सन्धियोजनाओं का—विशेषकर तब कि जब दृश्य पूरी तरह उपयुक्त रूप से नहीं खींचा गया हो—बोध कर लेना सदैव आसान नहीं होता; ऐसी स्थिति में विभिन्न टुकड़ों को सम्पादन के जरिए तार्किक और स्वाभाविक रूप से महज संयोजित करना ही नहीं बल्कि घनघोर परिश्रम करके सन्धियोजनाओं के आधारभूत सिद्धान्त का सुराग लगा लेना भी जरूरी है। बहरहाल, थोड़ा-थोड़ा करके, आपको पदार्थ ही के भीतर बसा सारभूत तारतम्य उभरता और स्पष्ट होता दिखाई देगा।

फिल्मांकन (शूटिंग) के दौरान पदार्थ के भीतर बने विशिष्ट गुणों के कारण ही, सम्पादन के वक्त जिज्ञासा से भरी पूर्व प्रभावी प्रक्रिया के तहत, एक आत्म-व्यवस्थित संरचना आकार ग्रहण करती है। सम्पादन के स्वरूप में फिल्मीय पदार्थ का सारभूत स्वभाव उभर आता है।

दोबारा अपने ही अनुभव के आधार पर बताऊँ कि **मिरर** के सम्पादन में बहुत ज्यादा काम करना पड़ा। हमारे सामने करीब बीस रूपान्तर थे। कुछेक दृश्यों (Shots) के क्रम में परिवर्तनों की ही बात नहीं, बल्कि मूलभूत संरचना ही में यानी प्रसंगों के सिलसिले (सीक्वेंस) ही में महत्त्वपूर्ण रद्दोबदल किया जाना जरूरी लगा। कई बार लगा फिल्म का सम्पादन नहीं हो सकता, अतः इसका यही अर्थ हो सकता था कि फिल्मांकन ही के दौरान असहनीय गलतियाँ हो गयी

हैं। फिल्म गुँथी हुई नहीं, अडिग नहीं, देखने पर बिखरी-बिखरी लगे, उसमें कोई तारतम्य नहीं, अनिवार्य अन्तरसम्बन्ध नहीं, कोई तर्कसंगति नहीं। और फिर किसी उजले दिन, किसी-न-किसी तरह हमने एक आखिरी हताश पुनर्विन्यास की कोशिश की—देखा, तो फिल्म तैयार थी। सारा पदार्थ सजीव हो गया; अंग-अंग अन्योन्याश्रित होकर क्रियाशील हो गये जैसे किसी रक्तप्रवाह से जुड़े गये हों; और जब उस अन्तिम, हताश हरकत को परदे पर प्रक्षेपित किया गया, तो फिल्म हमारी आँखों के सामने उत्पन्न हुई। कई दिनों तक मुझे विश्वास ही नहीं हुआ कि चमत्कार—यानी फिल्म का संयोजन हो गया।

यह हमारे फिल्मांकन (शूटिंग) के पारंगत होने का साक्ष्य था। जाहिर है विभिन्न अवयव तारतम्य में इसीलिए व्यवस्थित हो पाये क्योंकि पदार्थ ही में वैसा रुझान अन्तर्निहित था, वह फिल्मांकन ही के वक्त उद्‌भुत हुआ होगा; और सारी कठिनाइयों के बावजूद अगर हम उसके वहाँ होने के बाबत स्वयं ही को धोखा नहीं दे रहे थे तब तो पिक्चर को किसी सिलसिले में आना ही था, वही होना सारी बातों की मूलभूत प्रकृति ही में बसा हुआ था। उसका होना बिल्कुल वाजिब था, महज और तर्कसंगत, क्योंकि हमने पहले ही से दृश्यों (Shots) के सार और प्राणवत्ता को चीन्ह लिया था। और जब वह हो गया, ओह भगवान्—हम सबको बेइन्तहा राहत मिली।

स्वयं **समय** ही, दृश्यों (Shots) के बीच बहता हुआ, मिला और एक साथ जुड़ गया।

मिरर में लगभग दो सौ दृश्य हैं, जिन्हें बहुत कम ही माना जाएगा क्योंकि उतनी लम्बी फिल्म में प्रायः पाँच सौ दृश्य रहते ही हैं; संख्या का कम होना उनकी लम्बाई के कारण है।

यद्यपि किसी फिल्म की संरचना के लिए दृश्यों की संयोजना महत्त्वपूर्ण तो है लेकिन वह उसकी लय का सृजन नहीं करती, भले ही आमतौर पर मान लिया गया हो कि करती है।

दृश्यों के बीच बहता हुआ विशिष्ट **समय** ही फिल्म की लय रचता है; और लय सम्पादित अंशों की लम्बाई से नहीं, बल्कि उनके भीतर प्रवाहमान **समय** के द्वारा निर्धारित होती है। सम्पादन लय को कदापि निर्धारित नहीं करता (हद-से-हद वह शैली का लक्षण माना जा सकता है); दरअसल, सम्पादन के कारण नहीं बल्कि उसके बगैर ही **समय** पिक्चर के अन्दर बहता रहता है। फ्रेम में दर्ज **समय का प्रवाह** ही वह पदार्थ है जिसे सम्पादन के दौरान अपने सामने बिछे अंशों में निर्देशक को पकड़ना होता है।

फ्रेम में मुद्रांकित **समय** विशिष्ट सम्पादकीय सिद्धान्त तय करता है; और

वे अंश जो 'सम्पादित नहीं हो पाते'—यानी जो उपयुक्त तारतम्य में जोड़े नहीं जा सकते—वे, वे हैं जो अपने में मूलतः भिन्न प्रकार का समय दर्ज किये हुए होते हैं। मसलन, आप अवधारणात्मक समय के साथ वास्तविक समय को जोड़ नहीं सकते—वैसा करना भिन्न व्यास के नलों को जोड़ने की तरह ही हो सकता है। दृश्य के बीच बहते समय की संगत को यानी उसकी सघनता का 'ढलान' को **समय-का-दबाव** कहें तभी हम सम्पादन को अंशों के भीतर बसे **समय-के-दाब** के आधार पर बनी संयोजना मान सकते हैं।

सक्रिय दबाव या जोर कायम रखने से ही भिन्न दृश्यों का प्रभाव संयुक्त होगा। किसी दृश्य में **समय** अपने होने को कैसे महसूस कराता है? जब आपको पर्दे पर **घटनाओं के परे** कुछ सार्थक, कुछ सत्यनिष्ठ भाव की प्रतीति हो; जब आपको बिल्कुल सचेत रूप से लगे कि फ्रेम में जो दिख रहा है वह महज दृष्टव्य-चित्रण ही तक महदूद नहीं बल्कि फ्रेम ही के पार अनन्त तक फैली किसी बात का सूचक है; जीवन ही का संकेतन है—तब उसका अहसास होगा। बिम्ब के अनन्त की तरह, जैसा कि हमने पहले बताया, कोई फिल्म—अगर वह सचमुच फिल्म हो तो—अपने स्वयं ही से बड़ी होती है। उसमें उसके सर्जक के द्वारा सचेत रूप से भरे भावों और विचारों की अपेक्षा कुछ ज्यादा ही भाव और विचार अपने आप उभर आते हैं प्रत्येक को अपने की दृष्टिकोण से जिस **जीवन** के अर्थ लगाने और महसूस करने की अनुमति जीवन ही के द्वारा मिली हो उसे निरन्तर सचल और परिवर्तनशील **जीवन** ही के समान एक सच्ची पिक्चर भी, फ्रेम के किनारों के पार बहते **समय** को ईमानदारी से फिल्म पर दर्ज कर **समय** के भीतर ऐसे सजीव है जैसे उसके भीतर **समय** सजीव है; यह दोधारी प्रक्रिया सिनेमा के लिए निर्णायक तत्त्व है।

तब फिल्म अपनी किसी अनावृत्त और सम्पादित कुंडली (यानी कहानी या कथानक) के किसी प्रकट रूप के पार कुछ चीज बन जाती है। प्रेक्षक के सामने जाते ही वह अपने सर्जक से अलग हो जाती है, अपनी स्वयं ही की जिन्दगी जीने लगती है, रूप और अर्थ के परिवर्तनों में से गुजरती है।

मैं **मोंताज-सिनेमा** के सिद्धान्तों को नकारूँगा क्योंकि वे फिल्म को पर्दे की सरहदों के पार सक्रिय नहीं रखते; फिल्म में प्रेक्षकों के सामने जो कुछ हो रहा हो उसके ऊपर अपनी निजी अनुभूतियों की संगति करने की अनुमति वे नहीं देते। 'मोंताज-सिनेमा' प्रेक्षकों के सामने गुत्थियाँ और पहेलियाँ रखता है, उनसे प्रतीकों का मतलब निकलवाता है, दृष्टान्तों में रमता है, हर पल उनके बौद्धिक अनुभव के प्रति आग्रह बनाता है। बहरहाल, इनमें से प्रत्येक पहेली का उसका अपना निश्चित, शब्दशः हल है; अतः आइजेंस्ताइन—सिद्धान्त दृश्यों पर स्वयं

दर्शकों की ही प्रतिक्रिया के जरिए अनुभूतियों को प्रभावित होने देने से वंचित करता है। अक्तूबर में जब वे **कैरेंस्की** के साथ **बेबेलाइका** (रूसी वाद्ययन्त्र) को जक्स्टापोज करते हैं तब उनकी विधि उनका ध्येय बन जाती है, वेलरी ने जैसा चाहा उसी अर्थ में। बिम्ब की रचना स्वंय में लक्ष्य बन जाती है और इस तरह दर्शकों पर घटनाओं के बाबत अपना ही पहलू थोपता हुआ फिल्मकार दर्शकों का दिमाग कुंठित कर देता है।

अगर सिनेमा की बैले या संगीत जैसी समय-आधारित कलाओं के साथ तुलना करें तब सिनेमा **समय** को दृष्टव्य और वास्तविक रूप देती हुई कलाकृति मालूम देगी। फिल्म पर दर्ज होते ही, सारा फेनोमना—प्रदत्त और अपरिवर्तनीय—आपके सामने होगा, इस बात के बावजूद भी कि **समय** प्रगाढ़ रूप से आत्मपरक है।

कलाकार इस तरह विभाजित हुए कि कुछ अपने स्वयं ही का आन्तरिक संसार रचते हैं तो कुछ यथार्थ का पुनसृजन करते हैं। बेशक, मैं पहले वर्ग में हूँगा कि उससे कुछ फर्क नहीं पड़ता—मेरे आन्तरिक संसार में कुछ लोगों को दिलचस्पी हो सकती है, और कुछ उससे मायूस हो सकते हैं, नाराज भी; मगर मुद्‌दे की बात यह कि सिनेमाई विधि के द्वारा सृजित आन्तरिक संसार को सदैव यथार्थ ही के समान मानना होगा क्योंकि रेकॉर्ड किये गये क्षण की अनन्तरता में वह बाह्‌य वस्तु विषयक रूप में ही स्थापित हुआ।

संगीत की रचना के किसी अंश का कई तरीकों से गायन या वादन हो सकता है, उसकी समयाविधि अलग-अलग हो सकती है। उसमें **समय** किसी प्रदत्त व्यवस्था में प्रस्तुत कतिपय कार्य-कारणों की महज एक साधारण शर्त है; यानी उसका चरित्र अमूर्त है, दार्शनिक है। इसके विपरीत सिनेमा, भावनाओं को छूने वाले बाह्‌य और दृष्टव्य प्रतीकों में समय को दर्ज करने की योग्यता रखता है। अतः **समय** सिनेमा का मूलभूत आधार है : ठीक वैसे जैसे कि संगीत में ध्वनि, चित्र में रंग, नाटक में पात्र।

इसीलिए, लय, अंशों का परिमाणात्मक सिलसिला नहीं है; दरअसल, फ्रेमों के भीतर बसा **समय-का-दाब** ही उसे रचता है। सो, मेरा पूरा विश्वास है कि सम्पादन नहीं बल्कि लय सिनेमा का प्रमुख सृजनात्मक तत्त्व है।

जाहिर है सम्पादन हर एक कलारूप में मिलेगा, क्योंकि पदार्थ को सदैव चुनना और जोड़ना पड़ेगा। सिनेमा-सम्पादन की विशेषता यह है कि वह फिल्म के अंशों में '**छपे**' **समय** को एक साथ संयोजित करता है। सम्पादन में उन सभी छोटे-बड़े अंशों को तारतम्य में संजोना होता है, जिनमें प्रत्येक में, भिन्न समय प्रवाहित है। और उनकी संयोजना उस **समय** के अस्तित्व की उस नयी चेतना को रचती है जो

अन्तरालों के यानी प्रक्रिया के दौरान काटने-छाँटने के परिणामस्वरूप उभरती है; लेकिन, जैसा कि हमने शुरू ही में बता दिया कि संयोजना का विशिष्ट स्वभाव अंशों में पहले ही से मौजूद है। सम्पादन किसी नयी गुणवत्ता का पुनर्सृजन नहीं करता; वह संयोजित की जा रही फ्रेमों (Frames) में ही अन्तर्निहित है। फिल्मांकन (शूटिंग) के दौरान ही सम्पादन का पूर्वानुमान रहता है; जो कुछ फिल्मांकित हो रहा है उस बात के स्वभाव में, उसी के द्वारा आरम्भ से ही आयोजित होकर, वह (सम्पादन) पूर्वानुमानित है। सम्पादन को कैमरे द्वारा दर्ज **समय** की अतिश्योक्तियों और उनके अस्तित्व की तीव्रता की मात्रा के साथ जरूर कुछ करना होता है; लेकिन अमूर्त प्रतीकों, चित्रात्मक भौतिक-वास्तविक-सामग्रियों, दृश्य में गहरे विवेक और अत्यन्त सावधानी रखकर संयोजित की गयी संरचनाओं के साथ कुछ नहीं; दो **एक-सी अवधारणाओं** (जिनके बारे में कहा गया कि वे जुड़कर कोई **तीसरा अर्थ** उत्पन्न करें) के साथ कुछ नहीं; लेकिन कल्पना में लायी गयी जीवन की विभिन्नताओं के साथ जरूर कुछ करना होता है।

स्वयं आइजेंस्ताइन ही की कृति मेरे दावे को सिद्ध करती है। अगर उनके अन्त:करण का दखल न होता और अगर उन्होंने सम्पादित अंशों में किसी खास संयोजना के द्वारा आवश्यक **समय-के-दाब** को प्रयुक्त न किया होता, तब तो वह **लय** (जिसे उन्होंने प्रत्यक्ष रूप से सम्पादन पर निर्भर माना) उनके सैद्धान्तिक आधार ही की कमजोरी प्रकट कर देगी। मसलन, **एजेक्जेंडर नेवस्की** में बर्फ पर हो रहे युद्ध को ही लें। **समय-के-उपयुक्त-दबाव** के जरिए फ्रेमों (Frames) को भरे जाने की जरूरत टाल, छोटे—बल्कि कभी-कभी खूब छोटे—दृश्यों के द्वारा वे युद्ध की भीतरी ऊर्जा को हासिल करना चाहते हैं। बहरहाल, फ्रेमों (Frames) को बदलती सनसनाती गति के बावजूद, दर्शक (कम-से-कम वे दर्शक तो निश्चित ही कि जो खुले दिमाग सिनेमा देखने आये हों, जिनके दिमाग में यह न भर दिया गया हो कि यह तो 'क्लैसिकल' फिल्म है, और सम्पादन का 'क्लैसिकल' नमूना तो केवल **सोवियत सिनेमा संस्थान** ही में है) इस भावना से विचलित हुए कि पर्दे पर जो कुछ हो रहा है वह काहिल और अस्वाभाविक है। दरअसल कारण यह कि अलग-अलग फ्रेमों में **समय-सत्य** बसा हुआ नहीं है। अपने आप में वे रसहीन और गतिशून्य हैं। इस तरह स्वयं फ्रेम (जो विशिष्ट **समय-प्रक्रिया** से शून्य है) और सम्पादन की जल्दी-से-जल्दी परिणाम हासिल कर लेनी वाली शैली (जो स्वच्छन्द और सतही है क्योंकि वह दृश्यों के भीतर **समय** के साथ कोई रिश्ता नहीं रखती) के बीच अपरिहार्य अन्तर्विरोध है। अत: निर्देशक ने जिस सनसनी को उत्पन्न करना चाहा वह दर्शक तक नहीं पहुँची क्योंकि उसने पौराणिक युद्ध के प्रमाणिक **समय-बोध** से फ्रेम को भरने की परवाह नहीं

की। घटना पुनर्सृजित नहीं हुई बल्कि किसी पुराने तरीके से एक-एक साथ पिरो दी गयी।

सिनेमा में लय, फ्रेम के अन्दर दृष्टव्य रूप से दर्ज पदार्थ की जिन्दगी से सम्प्रेषित होती है। सरकंडे की थरथरान से जिस तरह पता चल जाता है कि नदी में कैसा प्रवाह और कैसा दबाव है, उसी तरह दृश्य (Shot) में पुनर्प्रस्तुत जीवन-प्रक्रिया के बहाव से हम **समय** की गतिविधि जान लेते हैं।

सर्वोपरि समय के बोध के यानी लय के द्वारा निर्देशक अपनी वैयक्तिकता प्रकट करता है। लय **शैलीगत निशानों** से कृति में रंग भरती है। वह सोची-विचारी नहीं होती और किसी स्वच्छन्द सैद्धान्तिक आधार पर रची नहीं होती, बल्कि जीवन के बाबत निर्देशक की अन्तर्निष्ट चेतना के और समय के बाबत उसकी अपनी 'तलाश' की प्रतिक्रिया की वजह से किसी फिल्म में स्वतः स्फूर्त अस्तित्ववान होती है। मुझे लगता है कि किसी दृश्य की लय महसूस करना कदाचित साहित्य में किसी ईमानदार सच्चे शब्द को महसूस करने समान ही है। लेखन में किसी अनुपयुक्त शब्द के समान फिल्म में अनुपयुक्त लय भी कृति के सत्य का नाश करती है (निःसन्देह लय की अवधारणा गद्य पर भी प्रयुक्त हो सकती है—हालाँकि बिल्कुल दूसरे तरीके से)।

लेकिन यहाँ अपरिहार्य समस्या आ खड़ी होती है। यों कहे कि मुझे फ्रेम के भीतर स्वाभिमान और स्वतन्त्रता के साथ बहता **समय** चाहिए, ताकि दर्शक ऐसा जरा महसूस न करे जैसे उसके अवबोधन (परसेप्शन) पर जोर-जबर्दस्ती की जा रही हो, और वह फिल्म के पदार्थ को आत्मसात कर और मन की ओर किसी नये एवं अन्तरंग अनुभव की तरह खींच कर अपने स्वयं के पदार्थ की तरह पहचानते हुए, सहज ही, कलाकार के द्वारा स्वयं को बन्दी बना लिया जाने दे। लेकिन फिर भी, एक प्रकट द्वन्द्व बचा रहता है : क्योंकि निर्देशक का **समय-बोध** दर्शक पर किसी-न-किसी तरह का जोर-जबर्दस्ती वाला होता ही है, क्योंकि वह अपने भीतर संसार को लेकर आग्रही होता है। दर्शक या तो आपकी लय (आपके संसार) में लीन हो आपका सहयोगी बनता है या फिर नहीं होता है (यानी इस स्थिति में कोई सम्बन्ध स्थापित नहीं हुआ)। अतः कुछ लोग आपके **अपने** बनते हैं और शेष अजनबी रह जाते हैं; सो, मेरे ख्याल से, यह न केवल एकदम स्वाभाविक, बल्कि, खेद के साथ कहूँ कि अपरिहार्य है।

अतः इसे मैं अपने **काम-का-उद्यम** (प्रोफेशनल टास्क) मान, समय के मेरे स्वयं हो के विशिष्ट प्रवाह का सृजन कर दृश्य (shot) में, काहिल और निद्राजनक गतिविधि को हटा, तूफानी और तेजतर्रार हलचल का भाव सम्प्रेषित करता हूँ—जिसे एक व्यक्ति एक तरह से तो दूसरा भिन्न तरह से देख सकता

है।

संयोजना और सम्पादन समय के प्रवाह में व्यवधान पहुँचाते हैं, उसका क्रमभंग करते हैं और उसी क्षण कुछ नया भी देते हैं। समय का विरुपण उसे लयात्मक अभिव्यक्ति देने वाला उपाय भी हो सकता है।

समय-उत्कीर्णन!

लेकिन विषम **समय-दाब** के जबरन जोड़े गये दृश्यों को यों ही प्रवेश नहीं देना चाहिए। उसे किसी भीतरी जरूरत में से यानी समग्र पदार्थ में चलती हुई किसी ऐन्द्रिक प्रक्रिया में से उभरना होता है। जिस क्षण संक्रमणों की ऐन्द्रिक प्रक्रिया को व्यवधान पहुँचे उसी क्षण सम्पादन का आग्रह दखल देना शुरू कर देता है (जिसे निर्देशक छिपाता है); वह अनावृत्त हो जाती है, आँखों की ओर झपटती है। अगर समय किसी आत्मिक विकास के आग्रह की प्रक्रिया में धीमा या तेज किया जाने की बनिस्बत कृत्रिम रूप से धीमा या तेज किया जाय, यानी लय का परिवर्तन गलत हो तो परिणाम झूठा और कर्कश होगा।

असमान **समय-मूल्य** के अंशों का जुड़ना अनिवार्यतः लय तोड़ देता है। बहरहाल, अगर यह टूटन संयोजित फ्रेमों (Frames) के भीतर मौजूद सक्रिय ताकतों द्वारा प्रोत्साहित हो, तब तो वह सही लयात्मक रूपरेखा को तराशने के लिए सारभूत तत्त्व हो सकता है। मसलन, कुछेक **समय-दाब**, जिन्हें रूपक के स्तर पर कुंड, नदी, बाढ़ झरना, समुद्र नाम दें—उन्हें एक साथ जोड़ उत्पन्न हुआ अनोखा रूपाकार सर्जक का ही **समय-बोध** है, जो नये सिरे से रूपाकृत पदार्थ की तरह अस्तित्व में आता है।

जहाँ तक **समय-बोध** जीवन के बाबत निर्देशक के अन्तर्निष्ठ अन्तबोध के संगत हो, और सम्पादन फिल्म के अंशों में लयात्मक दबावों में तय हो वहाँ तक उसके हस्ताक्षर उसके सम्पादन में नजर आ सकते हैं। वह फिल्म की अवधारणा के प्रति उसके रुख की अभिव्यक्ति और उसके जीवन-दर्शन की चरम रूपाकृति है। मेरे ख्याल से अपनी फिल्मों को सरलता से और भिन्न-भिन्न तरीकों से सम्पादन करने वाला फिल्मकार निश्चय ही छिछला होगा। जबकि हम **बर्गमेन, ब्रेसाँ, कुरोसावा या अन्तोनिओनी** के सम्पादन को सदैव पहचान लेंगे; उनमें से किसी एक का किसी दूसरे के साथ कभी भी घाल-मेल नहीं किया जा सकता क्योंकि अपनी फिल्मों की लय में अभिव्यक्त प्रत्येक का **समय-बोध** हमेशा एक समान होगा।

बेशक, अपने व्यवसाय (प्रोफेशन) के अन्य सभी नियमों की तरह आपको सम्पादन के नियम ज्ञात होने ही चाहिए; लेकिन कलात्मक-सृजन उसी बिन्दु से आरम्भ हाता है जहाँ ये नियम झुकाए या तोड़े जाएँ। लेव **टालस्टॉय** निसन्देह

बूनिन के समान दोषरहित शैलीकार (स्टायलिस्ट) नहीं थे, और उनके उपन्यासों में लालित्य और परिपूर्णता के उन लक्षणों का अभाव था जो बूनिन की कहानियों में पाये जाते हैं, लेकिन बूनिन को टालस्टाय से बड़ा लेखक नहीं माना जाता। टालस्टाय को उनके भारी-भरकम, प्राय: अनावश्यक-नीतिशास्त्रीय और बेडौल वाक्यों के लिए क्षमा नहीं किया जा सकता, लेकिन आप उन्हीं को मनुष्य के किसी रूप या लक्षण की तरह मान पसन्द करने लगते हैं। जब किसी महान व्यक्ति का सामना होता है; आप उसे उसकी तमाम 'कमजोरियों' के साथ स्वीकार कर लेते हो, वे उनकी सौन्दर्यात्मकता के विशिष्ट लक्षण बन जाते हैं।

जब आप दोस्तोवस्की की कृति के बरक्स उनके चरित्र-चित्रण को निचोड़ें तो वे आपको व्यग्र करते हैं : जैसे, 'सुन्दर', 'चमकीले', 'पीले चेहरे' आदि। लेकिन इस बात से दरअसल कुछ फर्क नहीं पड़ता क्योंकि आप किसी आम लेखक (प्रोफेशनल) की या शिल्पकार की बात नहीं कर रहे बल्कि किसी कलाकार और चिन्तक के विषय में विचार कर रहे होते हैं। टालस्टॉय को असीम आदर करने वाले **बूनिन** की नजरों में **अन्ना केरेनिना** खराब ढंग से लिखी पुस्तक थी और जैसा सर्वज्ञात है, उन्होंने उसे फिर से लिखने की कोशिश की—लेकिन पूरी तरह असफल रहे। कलाकृतियाँ, अपने तईं, ऐन्द्रिक प्रक्रिया से रची होती हैं; अच्छी या बुरी हों पर वे 'रक्त-संचार की अपनी ही प्रणाली' का **सृजन** हैं जिसे जरा भी अस्त-व्यस्त करना अनुचित है।

सम्पादन के लिए भी यही बात उचित है : यह हुनरमन्द व्यक्ति की तरह तकनीकी-कौशल में दक्षता हासिल करने का नहीं, बल्कि अपने स्वयं की विशिष्ट वैयक्तिक अभिव्यक्ति की ओजस्वी जरूरत का सवाल है। सर्वोपरि यह बखूबी जान लो कला की किसी अन्य विधा की बनिस्बत आपने **सिनेमा** ही को क्यों चुना और आप इसके सौन्दर्यशास्त्र के द्वारा क्या कहना चाहते हैं। प्रसंगवश, हाल के वर्षों में, **रूस** में या जहाँ खूब मुनाफा होता हो उस **पश्चिम** में, सिनेमा-संस्थानों में बहुत बड़ी संख्या में युवा लोगों का प्रवेश 'जैसी मर्जी वैसा करने' की इजाजत के साथ हुआ है। यह भयानक है। तकनीक की समस्याएँ तो बच्चों का खेल हैं; जितना चाहो सीख लो। लेकिन स्वतन्त्र रूप से और पूरी योग्यता के साथ सोचना 'कुछ करना' सीखने या अपना व्यक्तित्व बना लेने जैसी कोई बात नहीं है। किसी के लिए बाध्य नहीं कि वह ऐसा भार उठाये जो न सिर्फ मुश्किल बल्कि कभी-कभी बर्दाश्त ही के बाहर है; लेकिन इसके सिवा कोई चारा नहीं, उसे या तो **समूचा** होना है या कुछ नहीं।

वह आदमी जिसने इसलिए चोरी की कि दोबारा कभी नहीं करेगा सदा के लिए चोर हो ही गया। जिसने कभी भी सिद्धान्तों के साथ दगाबाजी की हो

वह जीवन के साथ पवित्र सम्बन्ध कायम नहीं कर सकता। अतः यदि फिल्मकार कहे वे जीविकोपार्जनार्थ कृति का निर्माण करेगा ताकि अपने स्वप्न साकार करती फिल्म रचने के लिए ताकत और साधन जुटा ले—तो यह बहुत बड़ा धोखा ही नहीं, आत्म-छलना है। वह फिर कभी अपनी फिल्म नहीं बना पाएगा।

कल बाट जोहती रही सुबह से,
वे जान गए थे नहीं जाओगे, भाँप गए थे।
मालूम कैसा सुन्दर दिन था वह?
छुट्टी का दिन! मुझे कोट की जरूरत न पड़ी।

तुम आज आए और ये
रूखा मनहूस दिन निकला,
ऊपर से बारिश और देर भी खूब हो चुकी
ठण्डी शाखाओं से टपटपाती बूँदें।

शब्द ढाढस दे पाता न रूमाल आँसू पोंछ पाता।

यथार्थ का भ्रम

जूरिज लोटमान

प्रत्येक कला का कुछ–न–कुछ हद तक इस बात से सरोकार रहता है कि दर्शकों तक वास्तविकता की संवेदना पहुँचाई जाय। क्षेत्र में सिनेमा का स्थान शिखर पर है। आगे चलकर हम सिनेमेटोग्राफी को कला के रूप में बदलने के लिए मेलोत की फिल्मों से शुरू होने वाली कल्पना प्रधान की भूमिका पर भी विचार करेंगे। लेकिन इस समय जिस **यथार्थ की संवेदना** के बारे में चर्चा की जा रही है वह कुछ और ही है : यद्यपि इस बात से कोई मतलब नहीं है कि पर्दे पर दिखाई देने वाली घटना चाहे कितनी भी कल्पना प्रधान क्यों न हो किन्तु वास्तव में दर्शक इसके साक्षी रहते हैं और एक प्रकार से वे इसमें सहभागी भी होते हैं। इसलिए दर्शकों को इस बात का एहसास रहता है कि वर्णित विषय वास्तविक नहीं हैं फिर भी वे कुछ ऐसी प्रतिक्रिया प्रदर्शित करते हैं कि जैसे उक्त विषय अथवा घटना प्रामणिक तथा वास्तविक हो। (1) जैसा कि हम आगे चलकर देखेंगे अतीत, भविष्य या सम्भाव्य काल तथा अन्य अवास्तविक मनोदशाओं के सिनेमाई विवरण में सिनेमेटोग्राफी के माध्यम में इन विषयों को प्रस्तुत करने में विशिष्ट कठिनाइयाँ हैं। अपनी सामग्रीगत विशेषता के कारण सिनेमा ठीक उसी प्रकार से केवल वर्तमान काल को ही जानता है जैसा कि अन्य दूसरी कलाएँ जो कि वर्णनात्मक प्रतीकों या चिह्नों का उपयोग करती हैं। डी. एस. लिक्सकेव ने थियेटर के सम्बन्ध में इस विषय पर चर्चा की थी।

दरअसल पर्दे पर प्रदर्शित सामग्री की प्रामाणिकता के बारे में दर्शकों का भावनात्मक विश्वास का तथ्य सिनेमटोग्राफी को संस्कृति के इतिहास की एक अत्यन्त महत्त्वपूर्ण समस्या से आवेष्टित करता है।

प्राय: सभी तकनीकी सुधार एक प्रकार से दुधारी तलवार हैं। उन्हें जहाँ सामाजिक प्रगति और जनकल्याण के क्षेत्र में अपनी भूमिका का निर्वाह करना

पड़ता है वहाँ नकारात्मक उद्देश्यों के लिए भी उनका उतनी ही सफलता के साथ उपयोग किया गया है। चिह्नों अथवा प्रतीकों के द्वारा सम्प्रेषण मानवता की एक सबसे बड़ी उपलब्धि है लेकिन इसकी भी नियति उपर्युक्त जैसी ही रही है। यद्यपि चिह्नों या प्रतीकों के उपयोग का उद्देश्य सही रचना देना है लेकिन प्राय: इनका उपयोग गलत रचना देने के लिए किया गया है। संस्कृति के इतिहास में शब्द प्राय: बुद्धिमत्ता, ज्ञान और सत्य के प्रतीक के रूप में प्रस्तुत होता आया है (देखें—बाइबिल का यह कथन शुरू में केवल शब्द था) लेकिन शब्द को धोखाधड़ी या असत्य का पर्यायवाची भी माना गया है (यथा—हेमलेट का शब्द-शब्द-शब्द अथवा कि गोगोल का कार्य के स्थान शब्दों को मयोत्पाद के राज्य) प्राचीन तथा मध्ययुगीन काल में अनेक पौर्वात्य संस्कृतियों में निरन्तर यह दिखाई देता है कि चिह्न अथवा प्रतीक को असत्य से जोड़ा गया है किन्तु साथ ही धन का उपयोग करने से इन्कार करने, सामाजिक प्रतीकों, विज्ञान तथा स्वयं वाणी के प्रयोग में चिह्नों अथवा प्रतीकों के विरुद्ध संघर्ष भी पाया गया है और हाल के युग में यह भावना रूसो से लेकर टॉलस्टॉय तक के यूरोपीय प्रजातन्त्र में एक अग्रणी विचारधारा मानी गयी है। चिह्न अथवा प्रतीक संस्कृति तथा उसके विकास के लिए चलने वाले संघर्ष के समानान्तर यह प्रक्रिया जारी रहती है। दरअसल इन दो प्रवृत्तियों का आपसी विरोध मानवीय सभ्यता के सुसंगत द्वन्द्वात्मक अन्तर्विरोधों में से एक है।

इस अन्तर्विरोध का पृष्ठभूमि के विपरीत एक अन्य प्रकार की विशिष्ट किन्तु अत्यन्त हठवादी विपरीत अवधारणा का विकास हुआ—''एक विषय जो कि असत्य हो सकता है बनाम एक ऐसा विषय जो कि असत्य नहीं हो सकता''। यह अवधारणा ''कल्पना बना इतिहास'' में अपने को व्यक्त कर सकती थी (ऐतिहासिक विषयों के उद्भव के पूर्व की अवधि में काल्पनिक अथवा पौराणिक विषयों को मुक्त रूप से वास्तविक विषय माना जाता था)। इसी प्रकार ''कविता बनाम दस्तावेज'' में भी यह अवधारणा स्वयं को व्यक्त कर सकती थी। अठारहवीं सदी की समाप्ति के बाद से तथा कला में सत्यता की बढ़ती हुई माँग के फलस्वरूप दस्तावेज के वर्चस्व में बड़ी तेज रफ्तार से वृद्धि हुई है। पुश्किन ने 1830 के दशक के वास्तविक राजकीय दस्तावेजों का एक कलाकृति के रूप में ''डुब्रोवस्किज'' में उपयोग किया था। किन्तु उपर्युक्त सदी के दूसरे भाग में रोमांसवाद में काव्यात्मक कल्पना की अवधारणा के विपरीत विश्वसनीय दस्तावेजों का स्थान समाचार-पत्रों में रिपोर्टिंग ने ले लिया था। अतएव यह स्वाभाविक ही था कि प्रामाणिकता की खोज की प्रक्रिया में दास्तोवस्की से लेकर जोला तक के गद्य लोक रिपोर्टिंग की ओर झुक गये थे तथा नेक्रासोव से लेकर-ब्लोक तक के कवियों ने अपनी रचनाओं

को उक्त प्रक्रिया के अनुकूल बना लिया था।

उन्नीसवीं शताब्दी में यूरोपीय बुर्जुआयी सभ्यता का तेजी से विकास हुआ। इस वातावरण में समाचार-पत्रों की रिपोर्टिंग की विधा अपने सांस्कृतिक महत्त्व के शिखर पर पहुँची और फिर बड़ी तेजी से उसमें गिरावट भी आयी। उस समय यह अभिव्यक्त किया जाने लगा था कि "वह एक पत्रकार की तरह झूठ बोलता है।" इससे यह प्रमाणित होता है कि उपर्युक्त शैली भी यथार्थ विषय-वस्तु की श्रेणी से अलग होकर विपक्षीधारा में शथमल हो गयी थी। तब इसका स्थान फोटोग्राफी ने ले लिया था। इस फोटोग्राफी में मुक्त रूप से दस्तावेजी तथा सत्य होने की सभी प्रामाणिक विशिष्टताएँ सन्निहित थीं और तब यह माना गया कि फोटोग्राफी सम्पूर्ण रूप से प्रामाणिक और वास्तविक जीवन का प्रतीक है तथा संस्कृति, आदर्शवाद कविता अथवा किसी प्रकार के पक्षपात की विरोधी है। उसने बड़ी मजबूती के साथ ऐसे विषय का रूप ग्रहण कर लिया जिसमें बीसवीं शताब्दी के प्रारम्भ में उद्भूत संस्कृति की विभिन्न प्रणालियों के तहत विषयगत विशेषताओं की सर्वाधिक दस्तावेजी विशेषता और विश्वसनीयता समन्वित थी। इस तथ्य को अपराध शास्त्र विशेषज्ञ से लेकर इतिहासकारों तथा पत्रकारों—प्राय: सभी ने स्वीकार किया था। एक तकनीकी आविष्कार के रूप में सिनेमेटोग्राफी ने तब तक कला का रूप धारण नहीं किया था। शुरुआत के दिनों में मुख्य रूप से वह चलता हुआ छायाचित्र ही थी। छायाचित्रों में संचलन की क्षमता होने के कारण फिल्मों की दस्तावेजी विश्वसनीयता के प्रति निष्ठा की भावना में वृद्धि हुई। मनोवैज्ञानिक आँकड़े इस बात का संकेत करते हैं कि स्थिर फोटोग्राफी संचलित फिल्मों की विधा में परिवर्तन को वर्णन क्षमता में अपेक्षाकृत अधिक वृद्धि की विशिष्टता के रूप में माना जाता है। तब यह सोचा गया था कि जीवन के पुन: प्रस्तुतीकरण में सटीक यथार्थवादिता के क्षेत्र में और आगे नहीं बढ़ा जा सकता।

फिर भी हमें इस तथ्य पर बल देना चाहिए कि इस नयी विधा में यह बात इतनी महत्त्वपूर्ण नहीं थी कि किसी विषय का मुक्त रूप से विश्वसनीय पुन: प्रस्तुतीकरण किया जाय। इसकी अपेक्षा दर्शकों का भावनात्मक विश्वास ज्यादा महत्त्वपूर्ण था। हम सब यह जानते हैं कि छायाचित्र कितने विकृत तथा सन्देहपूर्ण हो सकते हैं। दरअसल हम किसी व्यक्ति को जितना अधिक जानने लगते हैं उसके छायाचित्र में उसकी समानता उनती ही कम दिखाई देने लगती है। ऐसे प्रत्येक व्यक्ति के लिए जिसके चेहरे से हम पूर तरह से परिचित हैं, हम समान कलात्मकता के छायाचित्र के बजाय एक सक्षम कलाकार के द्वारा बनाये गये पोर्टेट को ज्यादा पसन्द करते हैं क्योंकि पेंटिंग में हमें ज्यादा समानता दिखाई देती है। लेकिन हमें यदि एक अपरिचित व्यक्ति का पोर्ट्रेट और छायाचित्र दिखाया जाय

तथा कहा जाय कि हम सम्बन्धित व्यक्ति से अत्यधिक समानता रखने वाले चित्र का चयन करें तो हम बेहिचक छायाचित्र का चयन कर लेते हैं—इस प्रकार के विषय का ''दस्तावेजी'' आकर्षण कुछ इसी प्रकार का है।

तब ऐसा प्रतीत होगा कि जैसे हमें यह निष्कर्ष मान लेने पर विवश होना पड़ रहा है कि सिनेमेटोग्राफी के दस्तावेजी और विश्वसनीय पहलुओं से उक्त विधा को इतना अधिक शुरूआती लाभ मिलता है कि कला को इस प्रकार में पायी जाने वाली केवल तकनीकी विशेषता के बल पर निर्माण हम इस विधा को इतना कलात्मक वास्तविकता से समन्वित मान लेते हैं कि इसकी तुलना में अन्य प्रकार के कलात्मक निर्माण में यही विशिष्टता हमारे लिए गौण हो जाती है। दुर्भाग्यवश यह विषय इतना सरल नहीं है। सिनेमा धीरे-धीरे और कष्टदायक तरीके से कला के रूप में विकसित हुआ। और अभी हमने जिन विशेषताओं का उल्लेख किया है, वे सिनेमा की विकास यात्रा के दौरान इस विधा के सहायक तथा बाधक दोनों रहे।

आदर्शवाद के क्षेत्र में 'प्रामाणिकता' के तथ्य ने सिनेमा को एक अत्यधिक सूचनादायक कलम के रूप में स्थापित करते हुए बहुत बड़ी संख्या में दर्शकों का समुदाय निश्चित कर दिया किन्तु इसके साथ ही फिल्मांकित चित्रों की वास्तविकता की भावना ने सिनेमा के शुरुआती दर्शकों में उन असंदिग्ध घटिया मनोभावों को उत्तेजित किया जो वास्तविक विध्वन्सकारी घटनाओं—ऑटो दुर्घटनाओं आदि के निष्क्रिय दर्शकों में विशिष्ट रूप से पाये जाते हैं तथा जो रोमन सर्कस के अर्द्ध सुन्दर और अर्द्ध खिलाड़ी भावनाओं से प्रेरित दर्शकों के मन को सन्तुष्ट करते थे। ये मनोभाव पाश्चात्य ऑटोमोबाइल की दौड़ स्पर्धा के वर्तमान दर्शकों के समान ही थे। चमत्कारिक प्रदर्शन के क्षेत्र में इस तरह के घटिया महत्त्व का दोहन समकालीन पाश्चात्य टेलीविजन ने व्यवसायिक उद्देश्यों के लिए किया क्योंकि इस विधा को यह ज्ञात था कि पर्दे पर दिखाए जाने वाले रक्तरंजित दृश्य और प्रदर्शित घटनाओं को दर्शक वास्तविक मानते हैं। इसी का लाभ उठाते हुए पाश्चात्य दूरदर्शन ने सैन्य गतिविधियों के क्षेत्र से जानकारी प्राप्त कर रोमांचक रक्तरंजित तथा वास्तविक जीवन नाटकों के दृश्यों का प्रदर्शन शुरू कर दिया है।

फिर भी सिनेमेटोग्राफी की वास्तविकता को अधिस्वीकृति के माध्यम में परिवर्तित करने की प्रक्रिया काफी लम्बी और कठिन थी।

सिनेमाई प्रामणिकता के सौन्दर्यपरक समीकरण के लिए किये गये प्रयासों में अनेक जटिल कठिनाइयाँ प्रस्तुत हो उठी थीं। यद्यपि यह आश्चर्यजनक लग सकता है फिर भी यह सत्य है कि फिल्म के शॉट में फोटोग्राफी की विशुद्धता सिनेमा को एक कला के रूप में जन्म देने की प्रक्रिया में सहयोगी हाने की अपेक्षा

बाधक ही रही।

यह स्थिति जिससे कि सिनेमा इतिहासकार परिचित हैं, सूचना सिद्धान्त के सामान्य तत्त्वों से स्पष्टतः प्रमाणित होती है। दरअसल यह जरूरी नहीं है कि किसी भी माध्यम से प्राप्त प्रत्येक सूचना का कोई मतलब हो अर्थात् किसी खास सूचना का प्रदायक हो। उदाहरण के लिए यदि हमारे सामने ए.बी.सी. जैसे अक्षर हों और हम यह पहले से जानते हों कि एक के बाद ही बी आएगा तथा बी के बाद सी. आएगा तो (पूर्णता आवश्यक) पहले अक्षर से लेकर सम्पूर्ण अनुक्रम के बारे में पूर्व कथन किया जा सकता है। वोल्गा कास्पियन सागर में मिलती है—जैसे कथन उस व्यक्ति को कोई सूचना नहीं देते जो कि इस तथ्य से पहले से ही परिचित है। दरअसल सूचना का मतलब किसी अनिश्चितता को दूर करना, अज्ञान का विनाश और इनके स्थान पर ज्ञान की स्थापना करना है। जहाँ किसी प्रकार का अज्ञान नहीं है वहाँ किसी प्रकार की जानकारी भी नहीं है। वोल्गा कास्पियन सागर में मिलती है अथवा कि एक पत्थर नीचे की ओर गिरता है—जैसे कथन कोई नयी जानकारी नहीं देते क्योंकि इन कथनों के बारे में केवल ऐसी ही प्रक्रिया सम्भव है तथा अपने अनुभव की सीमा में अपने सामान्य ज्ञान के बल पर हम इन कथनों का कोई अन्य विकल्प नहीं प्रस्तुत कर सकते हैं। नेल्स बोर ने कहा है कि एक महत्त्वपूर्ण कथन ऐसा होता है कि जिसके विपरीत कथन को रेखांकित करने का आशय स्पष्टतः निरर्थकता नहीं है। बहरहाल हम यह मानकर चलें कि हमारे सामने अक्षरों की निम्नानुसार शृंखला है :

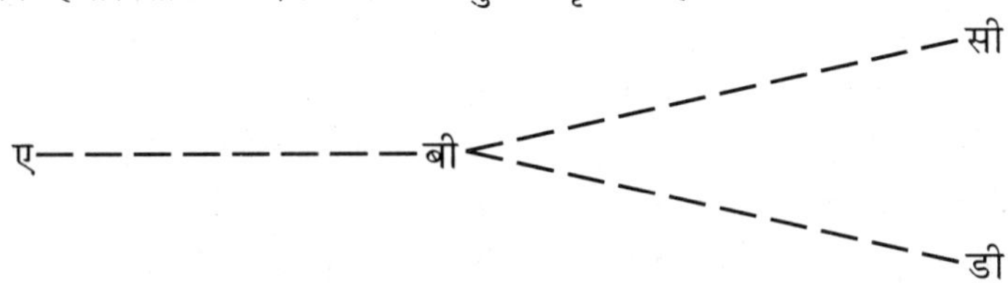

इस शृंखला में **बी** की घटना के बाद या तो **सी** हो सकती है या **डी** (अब यह मान लें कि ये दोनों बराबर सम्भावनाएँ हैं) तो इस कथन कि ''ए.बी.सी या कि ए.बी.डी. घटनाएँ हुई'', निश्चित रूप से अल्प जानकारी सन्निहित होगी।

इस प्रकार सम्भाव्य जानकारी की मात्रा वैकल्पिक सम्भावनाओं पर निर्भर करती है। वस्तुतः जानकारी स्व चलन पाद के विरुद्ध है : जहाँ एक घटना का परिणाम आप ही आप दूसरी घटना में होता है वहाँ किसी प्रकार की जानकारी होने का सवाल ही नहीं उठता। इस प्रकार की स्थिति में ड्राइंग के फोटोग्राफी में बदलने से यद्यपि पुनः प्रस्तुतीकरण की शुद्धता में वृद्धि जरूर हुई लेकिन

जानकारी देने की क्षमता के स्तर पर तेजी से गिरावट आयी। एक यान्त्रिक पुनः प्रस्तुतीकरण की अनिवार्यता से विवरण में विषय आप ही आप प्रतिबिम्बित हो जाता था। लेकिन जहाँ तब एक कलाकार का सवाल है उसकी दृष्टि में अपनी विषय-वस्तु को प्रस्तुत करने के तरीके के बारे में असीमित (याने की बहुत ज्यादा) सम्भावनाएँ रहती हैं जबकि कलात्मक फोटोग्राफी केवल एक स्वचलन पर निर्भर रहती है। कला और आईने में फर्क होता है। आईने में आप ही आप जीवनविहीन प्रतिबिम्ब होता है लेकिन कला-विश्व को इस प्रकार जीवनविहीन रूप में प्रस्तुत करती। विश्व की छवियों को संकेतों अथवा चिह्नों में बदलने के लिए कला विश्व को अनेक अर्थों में संयुक्त करती है। ऐसा नहीं कि संकेतों में अर्थ नहीं होता या उनसे जानकारी नहीं मिलती। अतएव भौतिक विश्व से आप ही आप हुए गठबन्धन के कारण किसी वस्तु में जो गुण होते हैं वे कला में मुक्त कलात्मक चयन की सुविधा के परिणामस्वरूप जानकारी का महत्त्व प्राप्त कर लेते हैं। एक गैर-कलात्मक क्षेत्र में या कि विषयागत क्षेत्र में यह सन्देश महत्त्वहीन है कि धरती नीचे की ओर तथा आकाश ऊपर की ओर स्थित है (बशर्ते कि हम एक हवाई जहाज के चालक का नहीं बल्कि धरती पर खड़े व्यक्ति के मनोभावों को व्यक्त कर रहे हों)। यह कोई जानकारी नहीं देता क्योंकि इसका कोई संगत विकल्प नहीं है। किन्तु चुखराई की फिल्म **बेलाड ऑफ ए सोल्जर** के एक दृश्य में जब एक जर्मन टैंक दौड़ते और हाँफते हुए एल्योशा का पीछा करता है तब पर्दे पर प्रदर्शित चित्र उलटा दिखाई देता है। फिर शॉट ऊपर से नीचे की ओर होता है तथा टैंक का ऊपरी तल पर्दे के ऊपरी हिस्से में छाया रहता है और अन्दर का बुर्ज आसमान में लटकता दिखाई देता है। फिर जब शॉट अपनी सामान्य स्थिति में आता है अर्थात् आसमान ऊपर की ओर धरती पुनः नीचे की ओर दिखाई देती है तब इस छायांकन से जो सन्देश प्राप्त होता है वह तुच्छ नहीं होता। इस दृश्य को देख दर्शक भी तब राहत की साँस लेता है। तो, अब हम यह जान जाते हैं कि धरती और आसमान की सामान्य स्थिति छायांकित विषय का आप ही आप प्रतिबिम्बन नहीं बल्कि एक कलाकार के मुक्त चयन का परिणाम है। इसी वजह से जहाँ एक गैर-कलात्मक सन्दर्भ में आसमान ऊपर और धरती नीचे के सन्देश का कोई अर्थ नहीं रहता वहीं उपर्युक्त स्थिति में वह असाधारण रूप से महत्त्वपूर्ण जानकारी देने में समर्थ हो जाता है। यहाँ फिल्म का नायक बचा लिया जाता है तथा अनेक के साथ उसके चले हुए द्वन्द्व में बदलाव की स्थिति आ जाती है। अतएव इसके बाद जलते हुए टैंक के रूप में लिया गया शॉट पूर्णतः सार्थक है। कला का उद्देश्य किसी विषय को केवल प्रस्तुत करना ही नहीं है बल्कि उस विषय को अर्थ संवाहक बनाना है। प्राकृतिक परिदृश्य में एक पत्थर या पाइन वृक्ष

को देखते हुए कोई यह नहीं पूछेगा कि इसका अर्थ क्या है कि वे कहना क्या चाहते हैं? (यह तभी तक सही है जब तक कि हम यह दृष्टिकोण नहीं अपनाते कि निर्माण के समझे-बूझे कार्य का परिणाम एक प्राकृतिक परिदृश्य है) किन्तु ऐसे परिदृश्य का चित्रण पेंटिंग में करने के साथ ही यह प्रश्न केवल सम्भव ही नहीं बल्कि पूर्णत: स्वाभाविक हो पड़ता है।

अब यह स्पष्ट हो गया कि स्थिर तथा गतिमान फोटोग्राफी—दोनों ही कला की प्रभावशाली सामग्री होते हुए भी ऐसी सामग्री थी जिसे नियन्त्रित करना जरूरी था तथा जिससे मिलने वाले फायदों से ही अनेक कठिनाइयाँ उत्पन्न हो गयी थीं। फोटोग्राफी ने तकनीकी-प्रस्तुतीकरण के नियमों के अनुसार विषय-वस्तु के अधिकांश भाग को स्वाचालनवाद के अन्तर्गत लाते हुए कला के कार्यक्षेत्र में बाधाएँ डालीं। ऐसे क्षेत्रों को स्वचलित नियन्त्रण से मुक्त कर निर्माण की विधियों के तहत लाना था। अतएव यह महत्त्वपूर्ण था कि प्रत्येक नये तकनीकी सुधार को, इसके पहले कि वह कला का तथ्य बन जाय, तकनीकी स्वचालनवाद से मुक्त किया जाय। यद्यपि जहाँ तक दृश्यों को रंगीन बनाने का सवाल था, इसका निर्धारण तकनीकी सम्भावनाओं के द्वारा किया जाता था अतएव यह कलात्मक चयन के क्षेत्र से बाहर का विषय था किन्तु यह कला का तथ्य नहीं था। प्रारम्भ में इसकी वजह से निर्देशक के चयन के लिए सम्भावनाओं के विस्तार की अपेक्षा उनके सीमित होने की समस्या का सामना करना पड़ा। किन्तु जब फिल्मों में रंग विधा भी स्वचालित हो गयी (सन्दर्भ—दि ब्लेकसन की साहित्यिक छवि) तथा जब निर्देशक अपनी इच्छा के अनुसार इसके उपयोग के लिए सर्वथा स्वतन्त्र हो गया तब इसका प्रवेश कला के क्षेत्र में हुआ। साहित्य से एक उदाहरण लेकर अपने इस विचार को यहाँ स्पष्ट किया जाय। **दिले ऑफ इगोर्स केम्पेन** एक अतिरिक्त विशिष्ट काव्यात्मक छवि का उदाहरण है। इसके एक प्रकरण में जो कि गम्भीर भविष्यवाणियों से सम्बद्ध था राजकुमार के लिए **नीली शराब** परोसी गयी किन्तु यह भी अनुमानित करने का कारण है कि बारहवीं शताब्दी की भाषा में सिनी (नीली) का अर्थ गहरा लाल भी हो सकता था तथा इस प्रकरण में कोई काव्यात्मक छवि नहीं थी, केवल रंग का संकेत था। स्पष्टत: उक्त रचना में यह प्रकरण बारहवीं शताब्दी के पाठकों की अपेक्षा कलात्मक दृष्टि से अपेक्षाकृत अधिक महत्त्वपूर्ण हो गया। ऐसा इसलिए है कि रंग के विश्लेषण में परिवर्तन हो गया तथा ''नीली शराब'' दो शब्दों का समुच्चय बन गया जिसका संयोजन केवल कविता में ही सम्भव है।

फिल्मों में ध्वनि पथ के आविष्कार से भी सिनेमेटोग्राफी को महत्त्वपूर्ण कठिनाइयों का सामना करना पड़ा। हम यह जानते हैं कि फिल्म जगत में चेप्लिन

जैसी विभूतियों ने सिनेमा में ध्वनि का प्रबल विरोध किया था। ध्वनि पर विजय पाने के लिए चेप्लिन ने अपनी फिल्म **सिटी लाइट्स** में प्रासपेरिटी की मूर्ति के अनावरण के दृश्य में अत्यन्त अस्वाभाविक गति से अपने को एक वक्ता को भाषण करते हुए प्रस्तुत किया था। इस दृश्य में चेप्लिन ने अपने भाषण की ध्वनि के स्तर को प्रस्तुत विषय के स्वचालनवाद के अनुसार नहीं बल्कि अपने स्वयं के कलात्मक अभिप्राय से नियन्त्रित किया था (दरअसल चेप्लिन के भाषण चें-चें की ध्वनि में परिवर्तित हो गया था)। अपनी एक अन्य फिल्म **माडर्न टाइम्स** में चेप्लिन ने एक अलग प्रकार की भाषा (जो वास्तव में कोई भाषा नहीं थी) में एक गीत प्रस्तुत किया था। इस भाषा में अंग्रेजी, जर्मन, फ्रान्स, इटली के साथ ही यीडिश शब्द भी थे। सन् 1928 में सोवियत निर्देशक आइजेंस्ताइन, एलेक्सेन्ड्रोव तथा पुडोवकिन आदि ने अपेक्षाकृत अधिक आधारभूत कार्यक्रम प्रस्तुत किया। उन्होंने यह विचार प्रतिपादित किया कि दृश्य तथा श्रव्य छवियों का संयोजन स्वचालित न होकर कलात्मक दृष्टिकोण से प्रेरित होना चाहिए तथा इस तरह की प्रेरणात्मक प्रक्रिया स्थानान्तरण की पद्धति से प्रदर्शित की जाती है। अतएव चित्रण और ध्वनि तथा फोटोग्राफी और शब्द—इन दोनों के सहसम्बन्धों के बारे में सोवियत निर्देशकों के द्वारा बताया गया उपाय सर्वाधिक रूप से स्वीकार किया गया। अपनी फिल्म **एशेज एंड डायमन्ड्स** में जब वाज्दा एक भोज के समय के वक्ता के शब्दों को दर्शकों तक पहुँचाता है तब कैमरा उस बड़े कमरे से, जहाँ कि उत्सव हो रहा था, पहले ही अलग हो गया रहता है और हम पर्दे पर देखते हैं एक सार्वजनिक शौचालय। जहाँ एक परिरक्षक वृद्धा नारी उन लोगों की प्रतीक्षा करती रही है जो शुरू से ही नशे में धुत हो चुके थे। एक अन्य फिल्म **हिरोशिमा मान एमोर** में फ्रान्सीसी नायिका अपने जापानी प्रेमी को उस तहखाने में बिताये गये लम्बे एकान्त के बारे में बताती है, जहाँ उसके माता-पिता ने अपने उन साथी नागरिकों के क्रोध से बचाने के लिए उसे छिपा दिया था जो उक्त लड़की को जर्मन सैनिक से प्यार करने के लिए उत्पीड़ित कर रहे थे। इस तहखाने में उस तक पहुँचने वाली एकमात्र एक बिल्ली थी। इस बिल्ली की जब चर्चा होती है तब वह पर्दे पर नहीं दिखाई देती किन्तु जब उस लड़की की कहानी उक्त घटना से काफी आगे बढ़ जाती है तब पर्दे पर छाये हुए अँधेरे में बिल्ली की आँखें चमकती हुई दिखाई दी जाती हैं। सो, तकनीकी ने ध्वनि और चित्रण के सुनिश्चित संक्रमण को सम्भव बनाते हुए कला को यह चयन करने का मौका दिया कि वह इस विधा को अपनाए या तिरस्कृत कर दे अर्थात् तकनीकी से सम्भ्रमण को जानकारी देने का माध्यम बना दिया। इस प्रकार हम किसी विषय के प्राकृतिक रूपों के अनिवार्यत: विकृत होने पर बहस नहीं कर रहे हैं (निरन्तर विकृति पर संकेन्द्रीकरण

से प्राय: कलात्मक उपाय का कच्चापन ही जाहिर होता है) परन्तु यहाँ हम विकृति की सम्भावना और इस प्रकार विकृति के अभाव में कलात्मक हल के लिए एक सचेत चयन पर विचार कर रहे हैं। दरअसल, कला के रूप में सिनेमा का सम्पूर्ण इतिहास ऐसे आविष्कारों की शृंखला है जिसका उद्देश्य उस प्रत्येक तत्त्व से जिसकी कलात्मक जाँच-पड़ताल हो सकती है, स्वचालनवाद को हटा देना रहा है। सिनेमा ने स्वयं को यथार्थ के जानने का सक्रिय माध्यम बनाकर चलित फोटोग्राफी पर विजय प्राप्त की। यह विश्व के ऐसे परिदर्श को प्रस्तुत करता है जो कि स्वंय विषय होने के साथ ही विषय का प्रतिमान भी होता है।

अब इस प्रबन्ध के शेष भाग में प्रमुखत: उन उपायों का वर्णन किया जाएगा जिनका उपयोग कलात्मक सत्य के नाम पर सिनेमेटोग्राफी ने, अपरिपक्व प्राकृतिकता के विरुद्ध संघर्ष करने में, किया था।

फिर भी हम पुन: इस बात पर बल देना आवश्यक समझते हैं कि यद्यपि सिनेमेटोग्राफी की अकृत्रिम समानता और वास्तविक जीवन के विरुद्ध सिनेमा का संघर्ष चलता रहा और इसके साथ ही उन दर्शकों के सहज विश्वास को छिन्न-भिन्न करता रहा जो फिल्म देखने से उत्पन्न मनोवेगों को वास्तविक घटनाओं से अनुभूत मनोवेगों के (जिनमें वास्तविक त्रासदीपूर्ण दृश्यों से तीव्र मनावेग प्राप्त करने की घटिया लालसा भी सम्मिलित है) समतुल्य मानते थे। किन्तु इसके साथ ही सिनेमा वास्तविकता के प्रति सहज विश्वास (कभी-कभी अत्यन्त सहज विश्वास भी) कायम रखने का प्रयास करता रहा। एक ऐसे अनुभवहीन दर्शक को, जो एक कलात्मक फिल्म और वृत्त चित्र में अन्तर को नहीं जानता, कदापि आदर्श दर्शक नहीं माना जा सकता किन्तु वह उस आलोचक से, कहीं अधिक फिल्म का दर्शक है, जो अपना ध्यान केवल उपायों पर केन्द्रित करता है। तथा जो यह एक क्षण के लिए भी फिल्म उद्योग के *रसोई घर* (निर्माण स्थल) को नहीं भूल पाता।

फोटोग्राफी पर कला को जितनी अधिक विजय प्राप्त होती है उनता यह और अधिक आवश्यक हो जाता है कि दर्शक अपनी चेतना के कुछ अंशों के साथ यह विश्वास करें कि वह केवल एक छाया चित्र—एक ऐसा वास्तविक जीवन देख रहा है जो कि निर्देशक के द्वारा निर्मित नहीं बल्कि अवलोकित है। इस तरह के विश्वास को प्रोत्साहित करना उन्हीं निर्देशकों का उद्देश्य रहा है जो जटिल आदर्शपूर्ण प्रतिमानों के आधार पर सिनेमा की रचना करते थे। ऐसे निर्देशकों में जितावतोव तथा आइजेंस्ताइन से लेकर दूर ली के नव यथार्थवादी फ्रान्स की नयी लहर के पक्षधर और इंग्मार बर्गमेन तक सम्मिलित थे। कलात्मक फिल्मों में युद्धकालीन वास्तविक वृत्त चित्रों के कुछ अंश शामिल करते हुए उपर्युक्त उद्देश्य को और आगे बढ़ाया गया। बर्गमेन की *पर्सोना* फिल्म में नायिका टी.वी.

पर एक ऐसे दृश्य को देख रही है जिसमें एक प्रदर्शनकारी के द्वारा आत्मदाह किया जाता है। फिल्म के इस दृश्य में पहले पर्दे पर हमें केवल नायिका के चेहरे की प्रतिबिम्बित करते हुए नायिका के द्वारा अभिव्यक्त सन्त्रास को दिखाया जाता है—तब हमारे सामने सिनेमा का अभिनय क्षेत्र ही रहा है। लेकिन फिर टेलीविजन सिनेमा के पूरे पर्दे पर छा जाता है। यह दृश्य हमें अभिनेताओं की दुनिया से अलग कर देता है और हम एक ऐसी वास्तविक त्रासदी के दर्शक बन जाते हैं जो कि काफी लम्बे समय तक दर्शकों को दु:ख देते हुए चलती रहती है। वास्तविक जीवन तथा सिनेमाई जीवन को पास-पास रखते हुए बर्गमेन ने अपने द्वारा वर्णित किये जाने वाले परिदर्श की कलात्मक परम्परावादिता के महत्त्व को रेखांकित तो किया ही और कला ऐसा कर सकने में सक्षम भी है किन्तु इसके साथ ही हमने परम्परावादिता को भुला देने में भी सफलता प्राप्त की। उक्त फिल्म में नायिका और टेलीविजन के क्षेत्र एक ही हैं तथा वे वास्तविक एवं अन्तर-सम्बन्धित क्षेत्र हैं। इसी प्रकार **सायसन** फिल्म के निर्माताओं ने भी, इटली को आजाद कराने की कहानी के एक एपीसोड में वास्तविक लाश का चित्रांकन करते हुए, ऐसा ही प्रभाव प्राप्त किया था।

लेकिन यह आश्चर्यजनक है कि सिनेमा के पर्दे के प्रति विश्वसनीयता उत्प्रेरित करने के संघर्ष में फिल्म के निर्माण में अनेक कथा-वस्तुएँ (यानी कि सिनेमा के अन्दर सिनेमा) आवेष्टित होती है। परम्परावादिता की भावना दर्शकों में सिनेमा के प्रति संवेदन की भावना (को बढ़ाते हुए इस प्रकार की फिल्में सिनेमाई पर्दे के ऊपर) पर्दे को दिखाने वाली एपीसोडों में सिनेमाई परम्परावादिता पर अधिक ध्यान केन्द्रित करती हुई प्रतीत होती हैं। इस प्रकार यह महसूस करने के लिए विवश किया जाता है कि अवशिष्ट अंश वास्तविक जीवन है।

यथार्थ के प्रति यह द्वैध सम्बन्ध ऐसा विश्लेषणात्मक तनाव उत्पन्न करता है जिसमें कला के रूप में सिनेमा स्थापित हो जाता है। पुश्किन ने सौन्दर्यपरक अनुभव के सूत्र को परिभाषित करते हुए कहा था कि ''मैं एक काल्पनिक घटना पर आँसू बहाता हूँ।''

यहाँ हमें, एक प्रतिभाशाली की परिशुद्धता से, कलात्मक रचना के बारे में दर्शक या पाठक की द्विविध भावनाएँ बतायी जाती हैं। वह आँसू बहाता है यानी कि वह विषय की प्रामणिकता और वास्तविकता पर विश्वास करता है। फिल्म में चित्रित दृश्य उसमें वास्तविक जीवन में अनुभूत मनोवेग के समान ही मनावेग जागृत करता है। किन्तु इसी समय वह यह भी याद रखता है कि सिनेमा का उक्त दृश्य एक काल्पनिक घटना है। एक काल्पनिक दृश्य पर आँसू बहाना घोर असंगति है क्योंकि, ऐसा प्रतीत होगा कि हमें यह जानने भर की जरूरत होगी

कि उक्त घटना काल्पनिक है और तत्काल उक्त दृश्य से सम्बन्धित मनोवेग को अनुभव करने की इच्छा समाप्त हो जाएगी। यदि दर्शक यह नहीं भूलते कि एक रंगमंच अथवा सिनेमाई पर्दा उनके सामने है यदि वे अभिनेताओं के मेकअप और निर्देशक की नीयत के बारे में निरन्तर सोचते रहते हैं तो यह स्वाभाविक है कि वे न तो आँसू बहाने की ओर प्रेरित हो सकेंगे और न ही वास्तविक जीवन की घटनाओं से सम्बन्धित मनोवेगों का अनुभव कर सकेंगे। किन्तु यदि दर्शक ने रंगमंच तथा सिनेमाई पर्दे और वास्तविक जीवन के बीच अन्तर नहीं किया और अत्यधिक रोते हुए यह भूल गया कि वह जो कुछ देख रहा है, वह केवल आविष्कार है तो उसे वास्तविक कलात्मक मनोवेगों का अनुभव नहीं होगा। वास्तव में कला द्विविध अनुभवों की अपेक्षा रखती है—यानी कि पहले तो यह भूल जाना है कि प्रदर्शित दृश्य काल्पनिक घटना है और फिर उसे भूलना भी नहीं है। कला में ही यह सम्भव है कि दर्शक घटना विशेष से भयभीत होने के साथ ही अभिनेता की अभिनय कुशलता की प्रशंसा भी करे।

कला की एक रचना के द्वैध बोध से यह तथ्य ज्ञात होता है कि कला तथा जीवन में जितनी अधिक समानता होगी दर्शक उतना ही अधिक परम्परावादिता का अनुभव करेगा। प्राय: यह भूलते हुए कि वह कला रचना का अनुभव कर रहा है दर्शक या पाठक के लिए यह जरूरी है कि वह पूरी तरह से इसे नहीं भूले। कला एक द्वन्द्वात्मक तथा परस्पर विरोधी तथ्य है। इस विशिष्टता के लिए यह जरूरी है कि वह समान रूप से प्रभावी है तथा उसमें समाविष्ट परस्पर विरोधी प्रवृत्तियों का समान महत्त्व हो। सिनेमेटोग्राफी के इतिहास में इस सिद्धान्त के अनेक उदाहरण हैं। सिनेमेटोग्राफी के ऊषाकाल में पर्दे पर जो चलती-फिरती छवियाँ दिखाई देती थीं उनसे दर्शकों का मन भयभीत हो उठता है (यथा—बड़ी तेज गति से सामने आती हुई रेलगाड़ी का शॉट) या उन्हें (बहुत बड़ी ऊँचाई से अथवा हिलते हुए कैमरे से लिये गये शूट को देखकर) चक्कर आ जाने लगता था। दर्शक, भावनाओं के स्तर पर छवि और वास्तविकता में कोई अन्तर नहीं कर पाते थे किन्तु सिनेमाई विवरण तभी कला का रूप ले सका जब मेलिएस ने कथा-वस्तु के स्तर पर कल्पना की चरमसीमा से अति सम्भाव्यता को विस्तारित करना और फिल्म संग्रन्थन (मोंताज) शॉट के समूहीकरण की कृत्रिमता को प्रदर्शित करना सम्भव कर दिया। फिल्म संग्रन्थन (मोंताज) के आविष्कार का श्रेय विद्वानों के द्वारा ब्राइटन की विचारधारा या ग्रिफिथ को दिया जाता है किन्तु **एल. कुलेशेव, आइजेंस्ताइन, जूतिनजानोव, व्ही. स्कालोव्सकिज** तथा 1920 के दशक के अनेक रूसी सिनेमेटोग्राफरों और विद्वानों के प्रयोगों और जाँच-पड़ताल के द्वारा ही इसका सैद्धान्तिक महत्त्व स्थापित हुआ था।

लेकिन समानता की अवधारणा ही, जो कि दर्शक के लिए तत्कालीन महत्त्व की तथा **अभिगृहतीय** प्रतीक होती है, वास्तव में संस्कृति का एक ऐसा तथ्य है जो पूर्वकालीन कलात्मक अनुभव तथा इतिहास की एक विशेष कालाविधि में प्रयुक्त कुछ विशेष प्रकार के नियमों से उद्भूत हुआ था। उदाहरणार्थ हमारे आस-पास का विश्व कई रंगों से निर्मित है अतएव श्याम और श्वेत रंग में उसका चित्रण एक परम्परा है। अतएव फिल्म के एक शॉट में आसमान को बादलहीन और नीले रंग के रूप में बिना किसी कठिनाई के तभी स्वीकार करना सम्भव हो सकता है जबकि उक्त परम्परा के ज्ञान के साथ ही वर्णित विषय के विश्लेषण के नियमों को मान लिया जाय। गरमी के एक उजले दिन के शॉट में धुँधली रंग की आकृतियों से हमें नीले और हरे रंग का बोध होता है और फिर संदर्भित विशेष रंगों (निर्दिष्ट विषयों) के साथ हम सही तरीके से उनकी समानता स्थापित करते हैं।

जब रंगीन फिल्मों की शुरुआत हुई तब दर्शकों ने आप ही आप रंगीन शॉटों को बहुरंगीय वास्तविकता के साथ ही सिनेमेटोग्राफी में यथार्थ की परम्परा से भी सम्बद्ध करना शुरू कर दिया। वास्तव में कुछ परम्परागत कारणों से अपेक्षाकृत अधिक परम्परागत श्याम-श्वेत फिल्म मौलिक और स्वाभाविक रूप की मानी गयी है। **आइव्होर मांटेगू** इस सम्बन्ध में एक महत्त्वपूर्ण तथ्य का स्मरण दिलाते हुए कहते हैं "जब पीटर उस्तीयोव से टेलीविजन पर यह पूछा गया कि उन्होंने अपनी फिल्म **बिली बहु** को रंगीन न बनाकर श्याम श्वेत में क्यों बनायी तो उन्होंने जवाब दिया कि ऐसा उन्होंने इसलिए किया कि वे चाहते थे कि फिल्म वास्तविक प्रतीत हो।" इस पर मांटेगू की टिप्पणी भी दिलचस्प है—"यह एक विचित्र जवाब था किन्तु इससे भी अधिक विचित्र बात तो यह थी कि किसी भी व्यक्ति को उक्त जवाब में कुछ भी विचित्रता नहीं दिखाई दी।"

स्पष्टत: परवर्ती तथ्य विचित्र न होते हुए पूर्णत: सार्थक है।

यह विशेष रूप से जानने योग्य है कि समकालीन फिल्मों में रंगीन तथा श्याम-श्वेत अंशों का जो संग्रथन किया जाता है उनमें नियमानुसार पूर्ववर्ती अंश कथा-वस्तु के विवरण अर्थात कला से सम्बन्धित हैं तथा परवर्ती अंश सिनेमाई पर्दे के बाहर की वास्तविकता का संकेत देते हैं। इस तरह की विशिष्टता का उदाहरण वाज्य की फिल्म एव्हरीथिंग फॉर सेल ऐसे सहसम्बन्ध जान-बूझकर की गयी जटिलता है। यह फिल्म विभिन्न स्तरों पर निरन्तर भ्रान्ति पर आधारित है। फिल्म का एक शॉट पर्दे के बाहर की वास्तविकता के साथ ही ऐसी वास्तविकता के बारे में कलात्मक फिल्म की कथावस्तु का भी संकेत दे सकता है। दर्शक को अग्रिम रूप से यह ज्ञात नहीं होने दिया जाता कि वह क्या देख रहा है : अर्थात् वह जो कुछ देख रहा है या तो आकस्मिक रूप से किसी वास्तविक घटना का

कैमरा के द्वारा छायाचित्रित अंश है अथवा कि कला के नियमों के अनुसार सुविचारित तथा निर्मित किसी वास्तविक घटना के बारे में फिल्म का कोई हिस्सा है। एक ही शॉट का विषय के स्तर से स्थानान्तरण (यानी कि एक शूट के बारे में शॉट) से ऐसी जटिल लाक्षणिक स्थिति पैदा होती है जिसका आशय दर्शक को उलझन में डालना तथा प्रत्येक वस्तु की असत्यता के बारे में अत्यधिक तीव्रता के साथ अनुभव करने के लिए विवश कर देना है; दर्शक में सादी और वास्तविक वस्तुओं और ऐसे वास्तविक सम्बन्धों तथा मूल्यों के प्रति इच्छा जाग्रत कर देना है जो कि किसी भी वस्तु के चिह्न नहीं है। और तब इस अस्थिर सिनेमाई विश्व में जहाँ कि मृत्यु तक संदिग्ध बना दी जाती है—एक सादा पूर्वाभ्यास हीन जीवन—एक कलाकार के अन्तिम संस्कार का दृश्य एकाएक दिखाई पड़ता है। जीवन की घटनाओं तथा उनके फिल्मी विवरण के दोनों स्तरों के रंगीन शॉट के विपरीत फिल्म का यह अंश दो रंगों में दिखाया जाता है। यह वास्तविक जीवन का दृश्य है जो कि निर्देशक के द्वारा पुनः प्रस्तुत नहीं किया गया है। बल्कि कैमरा इसका साक्षी रहा है। अतएव यह एक प्रामाणिक तथा वास्तविक दृश्य है जो प्रत्येक व्यक्ति को चकित कर देता है और इसीलिए वह सहज स्वाभाविक एवं निष्कपट दृश्य है। किन्तु यहाँ भी अन्तर सम्बन्ध जटिल हो जाते हैं। कैमरा पीछे हटता है और हमने जिसे वास्तविक जीवन का एक अंश समझा था वह सिनेमेटोग्राफी के अन्दर सिनेमेटोग्राफी साबित होती है। तब पर्दे के किनारे दिखाई देने लगते हैं तथा हम एक कमरा देखते हैं जहाँ हमें वही लोग दिखाई देते हैं जो कि पर्दे पर दिखाई पड़े थे। ये लोग इस बात पर बहस कर रहे हैं कि किस प्रकार घटनाओं को कलात्मक फिल्म में परिवर्तित किया जाय। अब सारा विरोध समाप्त हुआ प्रतीत होता है। लगता है कि अब तक कि प्रत्येक प्रक्रिया एक खेल मात्र थी तथा रंगीन और श्याम-श्वेत फिल्मों का पारस्परिक विरोध मूल्यहीन हो गया है। लेकिन यह सत्य नहीं है। सिनेमा के अन्दर सिनेमा की तरह प्रस्तुत होते हुए भी दो रंगीन फिल्म अभिनीत फिल्म नहीं बल्कि एक वृत्त चित्र है। अन्तर-मिश्रित अभिनय तथा सजीव अभिनय की पृष्ठभूमि के विपरीत ऐसी फिल्म सहज वास्तविकता की भूमिका का निर्वाह करती है। लेकिन इसके साथ ही यह तथ्य भी महत्त्वपूर्ण है कि फिल्म के इस अंश में फिल्म दुनिया से बाहर का एक व्यक्ति, एक दर्शक यह उल्लेख करता है कि मृत कलाकार अपने जीवनकाल में पौराणिक विभूति की तरह अलौकिक लेकिन ऐसे व्यक्ति का किस प्रकार से कोई अस्तित्व हो सकता था? ठीक, यह कथन ही (वक्ता के चेहरे के साथ) ऐसी विषयेतर वास्तविकता बन जाती है कि सम्पूर्ण जटिल सिनेमाई विषय अर्थात् फिल्म का आशय जिसके समतुल्य हो जाता है। इसके अभाव में कोई भी फिल्म सिनेमाई लक्ष्यों पर

प्रयोगशालेय प्रयोग और फिल्मी अभिनेताओं के व्यक्तिगत जीवन तथा रहस्यों के सनसनीखेज उद्घाटन की स्थिति के बीच में ठीक उसी प्रकार कहीं रह जाएगी जैसी कि लुई माल की **प्राइवेट लाइफ**। इस सन्दर्भ में आंद्रेई तार्कोवस्की द्वारा आंद्रे रुबलेव फिल्म की प्रस्तुतीकरण की विधि पर विचार करना रुचिकर होगा। वे एक ऐसा मौलिक कलात्मक निर्माण प्रस्तुत करते हैं जो हमें एक साथ अप्रत्याशित तथा स्वाभाविक प्रतीत होता है। इस फिल्म में 'जीवन' का क्षेत्र श्याम-श्वेत में दिखाया जाता है। हम अनुमान करते हैं कि यह एक तटस्थ सिनेमेटोग्राफी का दृष्टिकोण है और फिर फिल्म के अन्त में एकाएक आश्चर्यचकित कर देने वाले रंगों में निर्मित कुछ भित्तिचित्र दिखाए जाते हैं। यह विधि दर्शक को फिल्म के अन्त का बड़ी तीव्रता के साथ अनुभव करने को विवश करती है लेकिन इसके साथ ही दर्शकों को उस फिल्म के उस शेष हिस्से की ओर भी लौटा ले जाती है जिसका वैकल्पिक चित्रण श्याम-श्वेत रंग में हुआ था, करते हुए उक्त विधा के महत्त्व को रेखांकित किया गया है।

इस प्रकार सिनेमेटोग्राफी का जीवन में पूर्णतः समाहित हो जाने का प्रयास, सिनेमेटोग्राफी द्वारा अपनी विशिष्टताओं को अभिव्यक्त करने की इच्छा तथा उसकी भाषा की परम्परावादिता तथा अपने क्षेत्र में कला की सम्प्रभुता को दृढ़ता के साथ स्थापित करना आदि ऐसे परस्पर विरोधी तथ्य हैं जिनकी एक-दूसरे के लिए निरन्तर आवश्यकता रहती है। एक चुम्बक के उत्तर और दक्षिण शीर्ष की तरह अपने अस्तित्व के लिए वे एक-दूसरे पर ही निर्भर रहते हैं व संरचनागत तनाव के एक ऐसे क्षेत्र का निर्माण करते हैं जिसके तहत सिनेमेटोग्राफ के वास्तविक इतिहास की रचना होती है। जिगा वतोव तथा आजइजेंस्ताइन में मतभेद सोवियत सिनेमा के 1920 और 1930 के दशकों में *गद्यात्मक* और *पद्यात्मक* सिनेमा पर बहस, इटली में नवयथार्थवाद पर विवाद, आंदग्रेबाजे के निबन्ध जो फिल्म संग्रन्थन और वास्तविकता में विश्वास की धारणा जो फ्रान्स की नयी लहर का आधार थी, के बीच होने वाला विरोध बार-बार उपर्युक्त दो शीर्षों के द्वारा निर्मित संरचनागत तनाव के क्षेत्र में वास्तविक सिनेमाई कला की वक्री गति की नियमितता को परिपुष्टि करता है। इस सन्दर्भ में यह जानना रुचिकर है कि सैद्धान्तिक आडम्बर के विरुद्ध अपने संघर्ष में किस प्रकार इटली का नवयथार्थवाद कला तथा कला-इतर वास्तविकता के बीच पूर्णतः समतुल्यता स्थापित कर सका। इस सम्बन्ध में उसके सक्रिय तत्त्व सदैव नकारात्मक थे। इस विचारधारा में रूढ़िगत नायक का उपयोग या ठेठ फिल्मी दृष्टि से व्यावसायिक अभिनेताओं का उपयोग तथा स्टार प्रणाली को अस्वीकार किया गया। इसके साथ ही फिल्म संग्रन्थन (मोंताज) तथा लौहाच्छाछित दृश्य बन्धों, तैयार किये गये कथोपकथन या दृश्यों में संगीत को

जोड़ने की प्रक्रियाओं को भी अस्वीकार किया गया। किन्तु इस प्रकार की नकारात्मक भावना विरोधी प्रकार की सिनेमा कला की याद रहने वाली पृष्ठभूमि के विरुद्ध ही प्रभावी हो सकती है। ऐतिहासिक वीरगाथाओं, फिल्मी गीत नाट्यों तथा पश्चिमी या हॉलीवुड के सितारा अभिनेताओं के बिना ऐसी प्रक्रिया का कलात्मक आशय अधिकांशतः मूल्यहीन हो जाता है। सत्य अथवा किसी भी कीमत पर सत्य या कि कुछ अस्थायी उद्देश्यों की प्राप्ति के माध्यम के रूप में नहीं बल्कि जीवन की अनिवार्य स्थिति के रूप में सत्य की गैर-कलात्मक भूमिका यह सबकुछ नवयथार्थवाद के द्वारा उसी सीमा तक प्राप्त किया जा सकता है जहाँ तक कि उसकी अभिव्यक्ति को, दर्शक के द्वारा, निष्ठुर तथा अनम्य माना गया है। इस प्रकार यह और भी महत्त्वपूर्ण है कि नकारात्मक विचारधारा की चरमसीमा पर पहुँचकर तथा इस क्षेत्र में अपनी विजय का दावा करते हुए भी यथार्थवाद एकदम पीछे की ओर छिन्न-भिन्न परम्परावादिता को पुनः स्थापित करने की दिशा में पलट गया। सत्य की धारणा का विश्लेषण करते हुए एक फिल्म के बारे में दूसरी फिल्म (18 ×1/2) के निर्माण का फैलीनी के द्वारा किया गया प्रयास, फिल्मी अभिनय की धारणा तथा **कामेडिया डेलआर्टे** की राष्ट्रीय परम्परा के परस्पर विलयन के बारे में जर्पी के प्रयास—ये दोनों गम्भीर अर्थ के सूचक हैं। इस सम्बन्ध में **लुसिनो विस्कौंती** की प्रगति यात्रा विशेष रूप से दिलचस्प है और वह भी केवल इसीलिए कि उसकी फिल्मों में सिद्धान्तवादी हमेशा कलाकार के ऊपर हावी रहा है। **विस्कौंती** ने 1948 में यथार्थवाद की काव्यात्मकता की सर्वाधिक संगत उपलब्धि की प्रतीक ला टेरा ट्रेमा नामक फिल्म का निर्माण किया। इस फिल्म में हम सब कुछ पाते हैं। फिल्म में सिसली की बोली का उपयोग किया गया है जो कि इटली के दर्शकों की समझ के परे है किन्तु निर्देशक ने बिना अनुवाद के जिसका प्रदर्शन किया है (यद्यपि दर्शकों के लिए यह अपेक्षाकृत समझ से परे है किन्तु वह उस फिल्म की अपेक्षा, जो कि बोधगम्य तो है किन्तु जिसके कलात्मक होने का सन्देह किया जाता है, एक वृत्त चित्र का प्रामाणिकता की सौ- फीसदी विश्वसनीयता उत्प्रेरित करती है)। इसके अतिरिक्त इस फिल्म में कथा-वस्तु, सिनेमाई विवरण की संरचना आदि के चयन की विशिष्टता भी है। संक्षेप में यह फिल्म कला की कृत्रिमता के विरुद्ध एक स्पष्ट प्रतिवाद है किन्तु 1953 में उन्होंने **सेन्सो** नामक फिल्म का निर्माण किया जिसके संकल्पों को तो पूरी तरह से स्वीकार नहीं किया गया किन्तु जहाँ तक उक्त फिल्म के आशय का सवाल था वह अत्यधिक दिलचस्प था। फिल्म में 1866 के समय की गतिविधियों का विवरण है जबकि वेनिस में विद्रोह हुआ था तथा इटली और प्रसिया में लड़ाई चल रही थी। फिल्म की शुरुआत वर्दी के संगीत से होती है। कैमरे का फोकस एक थियेटर

के मंच पर केन्द्रित है जहाँ ट्रो टोरे नामक गीति नाट्य प्रस्तुत किया जा रहा है। वर्दी के राष्ट्रीय तथा वातावरण को सम्मोहित करने वाले संगीत का एक ऐसी मुखर प्रणाली के रूप में उपयोग किया गया है, जिसके अन्तर्गत फिल्म की कथा-वस्तु तथा नायकों के व्यक्तियों को नियमबद्ध कर दिया गया है, किन्तु प्रसंग से अलग कर देने पर यह फिल्म अपनी नाटकीयता तथा गीति नाट्य के खुले हुए नाटकीय दृश्य (जिनके प्रेम, ईर्ष्या, विश्वासघात और मृत्यु के दृश्य एक के बाद एक कर प्रस्तुत होते हैं) के साथ ही मंचीय प्रभावों की स्पष्ट पुरातनता और निर्देशक के प्राचीन दृष्टिकोण के कारण दर्शक का ध्यान आकर्षित करती है। किन्तु फिल्म ला टेरा ट्रेमो के साथ संयोजित करते हुए कला के समग्र संचलन के सन्दर्भ में यह फिल्म एक अलग ही आशय प्राप्त कर लेती है। नग्न सत्य की ऐसी कला के लिए, जो सभी प्रकार की कलात्मक परम्परावादिता से अपने को मुक्त करने का प्रयास कर रही हो, यह आवश्यक होती है कि उक्त कला को ऐसा समझने के लिए संस्कृति की वृहत् सामग्री हो। अपने आदर्शों की दृष्टि से प्रजातान्त्रिक होने के कारण वह अपनी अभिव्यक्ति में अत्यन्त बौद्धिक हो जाती है। ऐसी हालात में अप्रशिक्षित दर्शक ऊबने लगता है। उकताहट के विरुद्ध होने वाले संघर्ष के परिणामस्वरूप ऐसी भाषा पुनः स्थापित होती है जो कि प्राचीन और परम्परागत होते हुए भी दर्शकों के लिए ज्यादा बोधगम्य होती है। इटली में कॉमेडिया-डेल-आर्टे तथा गीतिनाट्य कला के ऐसे रूप में जो दर्शकों के एक बहुत बड़े समुदाय के लिए बोधगम्य तथा अपेक्षाकृत अधिक निकट हैं। और सिनेमेटोग्राफी को, जो स्वाभाविक की आखिरी हद तक पहुँच चुकी थी, कलात्मक भाषाओं की परम्परागत प्राचीनवादिता की ओर लौटना पड़ा क्योंकि, दर्शक बचपन से ही ऐसी भाषाओं से परिचित रहते हैं।

जर्मी की फिल्में **सिड्यूस्ड एंड एबांडंड** और खासकर **डायवोर्स** इटालियन स्टाइल अपने निष्ठुर दार्शनिकता से दर्शकों को स्तब्ध कर देती है किन्तु यहाँ हमें कठपुतली थियेटरों और कॉमेडिया डेलआर्टे की उस अभिव्यक्ति को भी याद करना चाहिए जिसमें मृत्यु एक प्रहसनात्मक एपीसोड, हत्या—मसखरापन और यातना—ऐसे पैरोडी हो सकती है। इटली (और केवल इटली के ही नहीं) के लोक थियेटर की निष्ठुर प्रकृति वास्तव में मूल रूप से अपनी परम्परावादिता से जुड़ी हुई है। दर्शक केवल यह याद करता है कि मंच पर प्रस्तुत कठपुतलियाँ या मुखौटे लगाए हुए पात्र हैं अतएव इनकी मृत्यु या पीड़ा प्रताड़ना और बदकिस्मती को वह वास्तविक जीवन के लोगों की मृत्यु या पीड़ा, नहीं मानता। वह केवल उन्हें आनन्दोत्सव अथवा कर्मकांड होने की भावना से देखता है। यदि जर्मी दर्शकों को अपनी फिल्मों को देखने के लिए आमन्त्रित करते हुए यह बताता है कि उसके

पात्र वास्तविक जीवन के लोग हैं तो उसकी फिल्में निश्चित ही असह्य रूप से दार्शनिक हो जाएँगी। किन्तु सामान्यत: सामाजिक प्रतिवाद के विषय को तथा सिनेमा ने नवयथार्थवाद मानवतावाद को मसखरेपन की भाषा में अभिव्यक्त करने के द्वारा जर्मी यह सुझाव देता है कि हम नायकों को कार्निबाल के विदूषकों और कठपुतलियों के रूप में देखने लग जाते हैं। उसकी फिल्मों में उजड्ड अनगढ़ और देहाती मेलों की भाषा का प्रयोग हुआ है। ऐसी भाषा में समाज की आलोचना के लिए उतनी ही सम्भावनाएँ रहती हैं जितनी कि उस शैली में जो ज्ञानोदय की यूरोपीय विचारधारा के काल से प्रचलित मानवीय पात्रों के अभिनेताओं तथा मानवीकृत रंगमंच से सम्बन्धित थी तथा जिससे बुद्धिवादी दर्शक अपेक्षाकृत अधिक परिचित थे। तब यदि **लियोनकेवेलो** ने अपनी फिल्म **एलपगलियासी** से देहाती मेले के मसखरेपन को मानवीय विचारों की भाषा में अभिव्यक्त किया तो जर्मी बिल्कुल इसके विपरीत लोक रंगमंच भाषा का उपयोग करते हुए वर्तमान की गम्भीर समस्याओं की चर्चा करता है।

विस्कौंती ने एक अन्य राष्ट्रीय, प्रजातन्त्रवादी गीतिनाट्य को अपनाया। अतएव इस परम्परा तथा **ला टेरा ट्रेमा** की कलात्मक भाषा के सन्दर्भ में ही **सेन्सो** फिल्म के निर्माता का आशय समझा जा सकता है। इस प्रकार प्रत्यक्ष बोधगम्यता के द्वारा वास्तविकता की अनुभूति अर्थात जीवन के सादृश्य की ऐसी अनुभूति, जिसके बिना सिनेमा की कला नहीं हो सकती कोई मौलिक तत्त्व नहीं है। एक जटिल तथा कलात्मक समग्र का अंश होने के कारण यह समाज के कलात्मक तथा सांस्कृतिक अनुभव के अनेक सूत्रों के द्वारा सहज तथा बाधाहीन बना दी गयी है।

टिप्पणियाँ :

1. इस अर्थ में सिनेमा की 'वास्तविकता' का परीक्षण क्रिस्चियन मेज ने एसेज-सर-ला-सिग्निफिकेशन-उ-सिनेमा, पेरिस 1968, पृ. 13-24 में किया है।
2. इस सम्बन्ध में और अधिक विवरण के लिए देखें—जू.एम. टाटमेन, टेजिस्की, के प्रोब्लेमे **इस्कस्तबो व्ही राज्द् भादेलिसजस्किस सिस्टम। ऑन दि प्राब्लेम ऑफ आर्ट एज मॉडेलिंग सिस्टम।** ट्रडी प्रोज्नाकोवित्र III, यूस्नेये जाविस्की ततुस्कोगो गोसुदरस्त वेनोगो युनीवसीतेता, व्हीआयपी, 198, टार्ट्र 1967-130-146।
3. इव्होर मान्टेगू—फिल्म वर्ल्ड, बाल्टीमोर 1964, पृष्ठ-113।

गैर बुर्जुआ कैमरा शैली की ओर

—ब्रेन एंडरसन

गोदार ने अपने उत्तर काल में कैमरे की एक नयी शैली विकसित की है। इसका मूल तत्त्व है एक लम्बा, धीमा ट्रैकिंग शॉट जो सैद्धान्तिक रूप से पार्श्व से चलता है—सामान्यतः एक ही दिशा में (बाएँ से दाहिने अथवा दाहिने से बाएँ) कई बार द्विगुणित होकर वापस बाएँ से दाहिने फिर दाहिने से बाएँ (दाहिने से बाएँ फिर बाएँ से दाहिने), किसी दृश्य पर जो कि स्वयं गति नहीं करता या ठीक-ठीक कहा जाय, जो कैमरे की गति के किसी भी सम्बन्ध में गति नहीं करता। इस शॉट के उदाहरण हैं—मोटरों की त्रयी या त्रिफलक : **वीक एंड** में कारों का सिलसिलेवार काफिला, **वन प्लस वन** में जमीन पर पड़ी ध्वस्त कारें एवं **ब्रिटिश साउंटस्** में वाहनों का क्रमिक संयोजन, **वन प्लस वन** में पत्थरों के अधिकांश स्टूडियो दृश्य; **वीक एंड** में कई गुरिल्ला दृश्य (आई सैल्यूट यू, ओल्ड ओशन तथा **ल चाइनीज** में नांतेर विश्वविद्यालय और परिवेश।) एक शैलीगत सम्मिश्र के एक अंश के रूप में तथा उन बहुविध सन्दर्भों में जिनमें यह उपस्थित होता है, हमारे इस शॉट पर विचार से पहले, हमें इस शॉट के स्वयं के बारे में विचार करना आवश्यक है—इसकी संरचना और शॉट के रूप में इसके निहितार्थ।

पहले हमें गोदार के ट्रैकिंग-शॉट को सिनेमा के इतिहास में ऐसे अन्य शॉट्स से अलग करना आवश्यक है। यह, सर्वप्रथम, अग्रगामी कैमरा गति नहीं है, अन्तराल की गहराई को प्रमाणित करते हुए, जैसे **मुनराऊ** में। गोदार का ट्रैकिंग शॉट अन्तराल में न तो आगे की ओर चलता है न ही पीछे की ओर, न ही कोई तिरछे या चाप में, न ही जिस दृश्य को यह छायांकित कर रहा है उसके सापेक्ष 90° के अतिरिक्त किसी अन्य कोण पर। गोदार का ट्रैक 0°/180° रेखा के ठीक साथ-साथ रहता है जो कि और आगे कैमरे की रेखा के ठीक समानान्तर है। यह चरम शैलीबद्धता, जहाँ कहीं विषय का समतल अथवा समतलें कला के

समतल द्वारा ठीक समान्तरित होते हैं, सिनेमा में असाधारण है तथा शॉट को बहुत हद तक एक चौरस पैंटिंग जैसा रूप प्रदान करती है। इस नियम का आंशिक अपवाद **वीक एंड** में ट्रैफिक जाम के शॉट में कैमरे की आसमान गति है, बाएँ और दाएँ इसकी हल्की-सी **कोणीयता** जब यह पार्श्व से चलता है, जिस दृश्य को यह फिल्मांकित कर रहा है, उससे थोड़ा आगे या पीछे निकलते हुए, शॉट के समान, सतत अन्तराल समय में एक प्रकार का विकार है। कैमरे की आधार रेखा एकदम सीधे रहती है, हालाँकि और दृश्य के एकदम समानान्तर होती है। पार्श्वीय ट्रैक से अन्य मूलभूत विचलन **वीक एंड** में क्रिया-संगीतात्मक (Action-Masicale) अनुक्रम-शॉट है, जिसमें कैमरा दृश्य के केन्द्र में बना रहता है तथा 360° का ट्रैक करता है। पहली बार कैमरा एक वृत्त के केन्द्र पर है, दूसरे में सीमा रेखा पर, किन्तु दोनों में एक वृत्तीय विषय का विचार सपाट एवं रैखिक रूप से प्रस्तुत किया गया है : ये शॉट्र्स पार्श्वीय ट्रैकिंग शॉट की भाँति दिखाई पड़ते हैं और उस प्रारूप में आसानी से खप जाते हैं जो उन्हें ऐसे शॉटस के साथ सिरे से सिरे तक जोड़ता है।

यह शॉट, दूसरी बात, ओफल्स के ट्रैकिंग-शॉट्स की भाँति नहीं है जो-यद्यपि अक्सर पार्श्वीक और इस प्रकार रूपगत दृष्टि से गोदार के शॉट की भाँति अनिवार्यतः अनुगामी शॉट्स हैं। ओफल्स अपने चरित्रों के अनुसरण के लिए ट्रैक करते हैं उन्हें गति देने अथवा उनकी गति को पकड़ने के लिए। उनके ट्रैस केन्द्रित, भरे हुए, अपने चरित्रों में से जीवन और गति व्युत्पन्न करते हैं, वह भी, व्यक्तियों से। गोदार, आइजेन्सनाइन की भाँति बुर्जुआ नायक की व्यक्तिवादी अवधारणा को अस्वीकार करते हैं और उनके ट्रैकिंग शॉट इसे प्रतिबिम्बित करते हैं। उनका कैमरा किसी एक व्यक्ति की उपासना नहीं करता तथा किसी अन्य की अपेक्षा कोई नहीं को प्राथमिकता देता है। वह किसी चरित्र के अनुसरण की पहल नहीं करता और यदि गति करते समय किसी एक को ज्ञात है तो उसे अकस्मात् पीछे छोड़ देता है (क्रिया-संगीतात्मक (Artion-Masicale) अनुक्रम में कामगार तथा वायजेम्स की तथा जूलियट वर्तो का भीतर-बाहर होते हुए शॉट, वीक एंड में।) यह भी यद्यपि कुछ लोग इस पर विवाद कर सकते हैं, ओफल्स के ट्रैकिंग शॉट अपने विषयों के प्रति अनिवार्यतः आलोचना रहित हैं जबकि गोदार के ट्रैकिंग शॉट का सार है उसकी उस वस्तु से क्रान्तिक दूरी। यह भी कि ओफल्स बार-बार अग्रभूमि में वस्तुओं को अन्तर्वेशित करने की गहन-रचना तकनीक का उपयोग करते हैं, चरित्र एवं कैमरे के मध्य। गोदार यह कभी नहीं करते। तीसरे, यह शॉट फेलिनी के और छोटे ट्रैक्स की भाँति नहीं है, यद्यपि फेलिनी भी गतिशील की बजाय अन्तराल में नियत व्यक्तियों का सर्वेक्षण करते हैं, कैमरे की गति में उन्हें जगह

पर **खोज** लाते हैं। यहाँ दो मुख्य अन्तर है। पहला, फेलिनी का कैमरा अपने चरित्रों को प्रभावित करता है, उन्हें जीवन में लेता है अथवा उन पर जीवन अर्पित कर देता है। गोदार का कैमरा जिस यथार्थ को उजागर करता है उसे प्रभावित नहीं करता और न उससे प्रभावित होता है। प्रत्येक में कैमरे की भिन्न द्वन्द्वात्मक पद्धति है : फेलिनी का कैमरा यथार्थ से टकराता है, स्पर्श करता है और स्पर्शित होता है, हेतु बनता है तथा प्रभाव भी अंकित करता है; गोदार का कैमरा यथार्थ के विरुद्ध ऊपर स्थान ग्रहण करता है, बाहर, पृथक। दूसरी बात, फेलिनी के ट्रैक्स बारम्बार विषयपरक हैं—इस अर्थ में कि कैमरे की आँख एक चरित्र की आँख है। 8 1/2 में चरित्र की प्रतिक्रियाएँ उनकी वे प्रति प्रतिक्रियाएँ हैं, जब हम उन्हें देखते हैं तो हम जिस पीड़ा का अनुभव करते हैं वह की पीड़ा है। विषय परक होने के कारण फेलिनी के ट्रैक्स आमतौर पर मध्यम निकट (क्लोज) या निकट शॉट (क्लोज अप) श्रेणी में है, कई बार केवल चेहरे निगाह में आते हैं; गोदार के ट्रैक्स, जो कभी विषयपरक नहीं हैं, अक्सर लाँगशॉट में हैं, घटना और उसके परिप्रेक्ष्य को यथासम्भव ग्रहण करते हुए। फिर फेलिनी चरित्रों और वस्तुओं की बहुगुणित समतलों में व्यूहरचना करते हुए गहनता को पुनः स्थापित करते हैं, कुछ कैमरे के अत्यन्त निकट, दूसरे कुछ दूरी पर, आकस्मिकता एवं विविधता की रचना हेतु, जैसे-जैसे कैमरा उन पर से गुजरता है। गोदार गहनता से बचते हैं, वे अपने चरित्रों को केवल एक एकाकी समतल में व्यवस्थित करते हैं—कोई भी किसी अन्य की अपेक्षा कभी कैमरे के अधिक निकट नहीं। गोदार के शॉट्स की परिणामी सपाटता, विशेषतः **वीक एंड** में, पर आगे विचार किया गया है।

गोदार का ट्रैकिंग शॉट लाँग टेक की एक उपजाति है, अधिकतर अनुक्रम शॉट की परन्तु इनमें वे विशेषाताएँ थोड़ी या बिलकुल नहीं हैं जिसके आधार पर आन्द्रे बाजें ने इस शॉट तथा इस पर आधारित सिने-शैलियों पर विचाार तथा बचाव किया। गोदार के शॉट में नाटकीय अन्तराल एवं समय की निरन्तरता है, लाँग शॉट टेक के तत्त्व (वस्तुतः इसी निकटतम परिभाषा), किन्तु यहाँ गहन रचना का दृढ़ परिहार है, बाजें के लिए शॉट का सार अथवा इसके उपयोग में इसका महानतम मूल्य। जैसा उल्लेख किया गया, गोदार के क्षणचित्र (Frames) सपाट हैं : उनके चरित्रों द्वारा धारित समतल के सन्दर्भ में संयोजित। अन्य समतल, जहाँ उपस्थित हैं : केवल इसके पृष्ठ पट के रूप में प्रयोग हुए हैं। न केवल गहनता बल्कि मूल्य भी जिन्हें बाजें ने गहन रचना में अर्जित किया, लाँग टेक के गोदार संस्करण में लुप्त है। (और गोदार के उत्तरवर्ती कार्य में समान्यतः) वृहत् यथार्थ, दर्शक के स्तर पर अधिक सहभागिता और फिल्म बिम्ब की संरचना में संदिग्धता का पुनःप्रवेश। यह स्पष्ट है कि गोदार यथार्थवादी नहीं हैं, **ला शिनॉय** में वे विशेष

तौर पर सौन्दर्यानुभूति (बाजें तथा अन्य की) से इन्कार करते हैं : ''कला यथार्थ का परावर्तन नहीं यह उस परावर्तन का यथार्थ है।'' गोदार की उत्तरवर्ती शैली दर्शक की सक्रिय सहभागिता की माँग करती है, किन्तु एक बहुस्तरीय बिम्ब में देखने के लिए बाजें के चयन के विचार में नहीं और, सम्भवत : इसके भीतर स्वयं उनके नैतिक सम्पर्कों का निर्माण करते हुए। गोदार एक स्वीकृत संश्लिष्ट, एकल-स्तरीय संरचना के स्थान पर, जिसका दर्शक आलोचनात्मक रूप से परीक्षण करे स्वीकारे या नकार दे। दर्शक बिम्ब में नहीं लाया जाता, न ही वह इसमें अपने विकल्प निर्मित करता है, वह बिम्ब के बाहर खड़ा होता है और इसका समग्रतः निर्णय करता है। यह भी स्पष्ट है कि बाद की फिल्मों में गोदार संदिग्धता में रुचि नहीं रखते-क्षणचित्र की सपाटता तथा क्रिया के द्वारा, वे संदिग्धता को विलुप्त करना चाहते हैं। अत: गोदार लाँग टेक का उपयोग किसी पारम्परिक कारण से नहीं करते, वस्तुत: वे लाँग टेक तथा ट्रैकिंग शॉट का पुनराविष्कार करते हैं, स्वयं अपने उद्देश्यों के लिए।

कैमरा धीमे-धीमे चलता है, जिस दृश्य को वह फिल्मांकित कर रहा है उसके पार्श्व पथ से वह ट्रैक करता है किन्तु क्या परिणाम होता है जब उसकी विषय-वस्तु पर्दे पर प्रक्षेपित होती है? यह यथार्थ की पट्टी अथवा फीता है जो अपने आप को धीरे-धीरे खोलता है। यह एक भित्ति अथवा कुंडली है जो दर्शक के सामने खुलती तथा उसके पीछे लिपट जाती है। इस दृश्य-पट्टी की प्रकृति को समझने के लिए हमें स्वयं ट्रैकिंग शॉट से भी आगे जाना होगा। हम यहाँ अंश एवं सम्पूर्ण की सौन्दर्यशास्त्रीय समस्या का सामना करते हैं। गोदार का ट्रैकिंग शॉट एक उल्लेखनीय रूप से समृद्ध तथा पूर्ण शैलीगत सम्मिश्रण या प्रतिवेदन हैं। यह पृथक्करण में नहीं बल्कि रूपगत संयोजनों में शॉट्स की दूसरी किस्मों के साथ तथा ध्वनियों के साथ उपस्थित होता है। संक्षेप में ट्रैकिंग शॉट को विभिन्न परिप्रेक्ष्यों जिनमें वह उपस्थित होता है, से अलग हटकर नहीं समझा जा सकता लॉ शिनॉय में वीक एंड में वन प्लस वन में, तथा ब्रिटिश साउंड्स में इसका एक भिन्न अर्थ एवं रूपगत कार्य है और एक ही फिल्म के भीतर भिन्न स्थानों पर भी। इसके अतिरिक्त, परिप्रेक्ष्य का विषय इतना साधारण नहीं है जितना कि वह दिखाई पड़ता है। बाद की फिल्मों में से प्रत्येक एक जटिल कैमरा ध्वनि अवधारणा या सिद्धान्त पर निर्मित की गयी हैं और इनमें से कोई भी दो, एक-जैसी नहीं है। हमारा मूल प्रतिपाद्य **वीक एंड** का कोई भी पक्ष नहीं समझेंगे, हालाँकि, जब तक हम उस फिल्म के लाक्षणिक शॉट को बाद की अन्य फिल्मों के वैकल्पिक परिप्रेक्ष्य में नहीं देखते और इन कृतियों के रूपगत सिद्धान्तों को इन्हीं के द्वारा नहीं समझते। अन्य फिल्मों में ट्रैकिंग शॉट का उपयोग **वीक एंड**

में इसके उपयोग तथा अन्य फिल्मों के रूपगत सिद्धान्तों के दृष्टिगत स्वयं **वीक एंड** के रूपगत सिद्धान्त को स्पष्ट करता है। **ला चाइनीज** में ट्रैकिंग-शॉट के कुछ दिलचस्प उदाहरण हैं यद्यपि यह फिल्म किसी भी तरह से इस शॉट पर बनी हुई नहीं है, जैसे कि **वीक एंड और वन प्लस वन** हैं। (बाद की फिल्मों में सम्पूर्ण मुख्य रूप से ट्रैकिंग शॉट्स के मध्य एक सम्बन्ध है, **ला चाइनीज** में सम्पूर्ण कई प्रकर के शॉट्स के मध्य सम्बन्ध है, सापेक्षतः जिनमें से कुछ ट्रैकिंग शॉट्स हैं) यहाँ सर्वप्रथम, बॉलकनी से लिए हुए उल्लेखनीय शॉट्स, जिनमें कमरे के भीतर का कार्य-व्यापार कैमरे की पकड़ के सन्दर्भ में सावधानीपूर्वक संयोजित किया गया है, कई गणितीय विचरणों में, कमरे की तीन खिड़कियों और दो दीवारों के आगे और पीछे, यहाँ दूसरी बात, शॉट का एक प्रयोग एक विशेष प्रकर के प्रलेखनीकरण की भाँति है। जब वैरोनिक नान्तेर में सामाजिक अन्तर्विरोधों के बारे में अपने अभियान का वर्णन करती है, कैमरा धीरे-धीरे ट्रैक करता है (दाएँ से बाएँ) अल्जीरियन कामगारों के भग्न, भीड़ भरे घरौंदों से होता हुआ जो विश्वविद्यालय परिसर की आधुनिक, प्रभावशाली इमारतों पर ठहर जाता है। कामगारों के टूटे-फूटे पर चौरस, क्षैतिजिक हैं विश्वविद्यालय की इमारतें ऊँची और लम्बवत किन्तु शॉट इस प्रकार व्यवस्थित किया गया है कि कैमरे को ऊँची, प्रभावशाली आकृतियों को समेटने के लिए पीछे की ओर न आना पड़े, वह एक इकहरे दृश्य में सब कुछ समेट लेता है। आइजेंस्ताइन शायद एक के शॉट से दूसरे के शॉट को अलग कर लेते, प्रेक्षक के लिए आसक्ति की रचना करते हुए, एक सुस्पष्ट सामाजिक सम्बन्ध की रचना के लिए समय एवं स्थान के सम्बन्धों को मिटाते हुए गोदार समय और स्थान के सम्बन्धों को मिटाते हुए। गोदार समय और स्थान के सम्बन्धों का निरीक्षण करते हैं और दर्शक को सामाजिक सम्बन्ध बनाने के लिए छोड़ देते हैं। उनका शॉट चरम-विपरीत और गहन सान्निध्य का वास्तविक समानुपात स्थापित करता है। वे ऐसा लाँग टैक के नाटकीय स्थान एवं समय सातत्य के गुण द्वारा करते हैं, जो कि यह प्रयोग अपने आपको युक्तियुक्त करण तथा प्रदर्शन की एक विधा के रूप में उद्घाटित करता है, शॉट के अपने अन्तर्सम्बन्ध, इसके अपने तर्क हैं। शॉट का यह उदाहरण बाजें वादी दिखाई देता है किन्तु यथार्थ के प्रति निष्ठा से दूर, गोदार फुटेज के इस अंश को यथार्थतः इसके मूल से काटकर अलग करते हैं और इस एक अत्यन्त अमूर्त फिल्म रचना के बीच लाकर रखते हैं—यथार्थ के अपने रूप की उपेक्षा करते हुए, वे दृढ़तापूर्वक उस पर स्वयं अपनी रूपगत संरचना के सन्दर्भ में विचार करते हैं। ट्रैकिंग शॉट्स के अतिरिक्त, 'ला चाइनीज, में कई स्थैतिक लाँग टैक्स भी सम्मिलित हैं। वेरोनिक एवं गिलौम के मध्य दो संवाद, वध का दृश्य इसी प्रकार मोंताज (अथवा कोलाज) संरचनाएँ। (आइजेंस्ताइन)

और बाजें के मध्य पड़ने वाले आधुनिक फिल्मकारों के लिए यह एक सहमतिस्थल बन गया है कि वे सम्पादन तकनीकों तथा लाँग ट्रैक्स का विभिन्न, विशिष्ट शैलियों में सम्मिश्रण करते हैं। ला चाइनीज का समग्र रूपगत सिद्धान्त कोलाज जैसा दिखाई देता है जो कि **द मेरिट वूमेन, ल गाइ सेवॉय** और, कुछ अर्थों में **प्रावदा** का भी रूपगत सिद्धान्त है।

मोंताज एवं कोलाज के मध्यान्त एक जटिल प्रश्न है। फिल्म समीक्षक सामान्यत: कोलाज शब्द का उपयोग उसके अर्थ यहाँ तक कि मोंताज से उसके अन्तर की भी व्याख्या किये बिना करते हैं। कई बार यह मत मिलता है कि कोलाज के हिस्से मोंताज की अपेक्षा अधिक छोटे या अधिक खंडित होते हैं, किन्तु इससे काम नहीं चलता। आधुनिक फिल्मकार **पोटेमकिन** में आइजेंस्ताइन के औसत शॉट की अपेक्षा किंचित् छोटे शॉटस का प्रयोग बड़ी मुश्किल से ही करते हैं। इसके अतिरिक्त कोलाज जिस प्रकार आधुनिकों द्वारा प्रयोग में लाया जाता है, लाँग टैक्स एवं ट्रैकिंग शॉट्स को स्वीकृति देता है; आइजेंस्ताइन मोंताज का प्रयोग जिस प्रकार किया वह (ऐसी स्वीकृति) नहीं देता। यह स्पष्ट दिखाई पड़ता है कि मोंताज एवं कोलाज के मध्य अन्तर अलग-अलग ढंग से पाया जाता है जिनमें कि वे संगठित होते तथा बिम्बों को व्यवस्थित करते हैं, न कि स्वयं बिम्बों की लम्बाई अथवा प्रकृति में। मोंताज यथार्थ का विखंडन उसे अत्यन्त संगठित, संश्लिष्ट संवेगात्मक तथा बौद्धिक प्रतिरूपों में पुनर्गठित करने के लिए करता है। कोलाज यह नहीं करता, वह अपने खंडों को इस प्रकार एकत्र करता या एक सात लगता है जो कि उसके विखंडन को पूरी तरह नहीं ढाँकता। वह अपने खंडों को "खंडों की भाँति" पुन: प्राप्त करना चाहता है। समग्र रूप से सम्बन्ध में, वह अपने अंशों के मध्यम अन्तर्सम्बन्धों की खोज करना चाहता है तथा वस्तुत: अपने अंशों को एक पूर्वनियोजित योजना को पूरा करने के लिए एकत्र अथवा सृजित करता है। (इस बिन्दु पर **वी एंड** एवं **वन प्लस वन** के दृश्य संगठन की कोलाज-सिद्धान्त से तुलना के अन्तर्गत आगे विचार किया गया है।)

वीक एंड में कोलाज-सिद्धान्त पूरी तरह से विद्यमान होते हुए भी अदृश्य है। अन्तर्विलुप्त नामावली-दिन एवं समय, कार का गतिमापक यन्त्र, अनुक्रमों के नाम अथवा **एक्शन म्यूजिकेल सीन्ज फ्राम प्रॉविन्शियल लाइफ** प्रदर्शित करते हुए टैक्स के भीतर तथा दृश्यों के मध्य विराम का कार्य करती है, किन्तु सब फिल्म के एक बिम्बीय सातत्य के भीतर। वे मोंताज का प्रतिरूप स्थापित करने के लिए चित्रात्मक बिम्बों से अन्त:क्रिया नहीं करते, **ला चाइनीज** की भाँति। विपरीत रूप से ला चाइनीज में जहाँ ट्रैकिंग शॉट प्रासंगिक है, **वीक एंड** में यह मुख्य शॉट है; पूरी फिल्म इस शॉट की शर्तों की आकांक्षा करती है। कट्स केवल

संयोजक हैं, एक दफा पेरिस अपार्टमेन्ट्स के बारह, राजमार्ग के साथ-साथ तथा आंचलिक प्रकृति छवि के आर-पार फिल्म एक एकाकी, निश्चित दूरी के चलित शॉट-जैसी लगती है। **वीक एंड** वस्तुत: अपनी उल्लेखनीय एकल-कैमरा परास के अनुवर्तन द्वारा इस आदर्श रूप के सन्निकट हो जाती है—यह करीब-करीब पूरी तहर से लाँग शॉट में फिल्मायी गयी है। अत: **वीक एंड** वह फिल्म है जिसमें ट्रैकिंग शॉट की संरचना तथा समग्र का रूपगत सिद्धान्त लगभग सम्पाती है। न केवल इसका लाक्षणिक शॉट बल्कि वीक एंड का सम्पूर्ण एक सत्ता दृश्य पट्टी है जो अपने आपको एक रैखिक अक्ष पर अनावरित करती है।

हमनें पाया है कि **वीक एंड** बाद की कृतियों में एक ऐसी फिल्म है जिसमें ट्रैकिंग शॉट की संरचना तथा सम्पूर्ण का सिद्धान्त लगभग समरूप हैं। क्योंकि **वीक एंड** के शॉट्स एक एकाकी स्थिति से व्यवहार करते हैं (दो या अधिक की अपेक्षा), वे सन्निहित नहीं हैं। (जैसे वन प्लस वन में) केवल शृंखलाबद्ध हैं—जैसे कि एक लम्बे संश्लिष्ट शॉट की रचना के लिए। इस सातत्य पर लाँग शॉट की लगभग निश्चित कैमरा-परास द्वारा बल दिया गया है, जो सम्पूर्ण फिल्म पुनराख्यान करता है, यहाँ तक कि स्थैतिक शॉट्स भी, यथार्थ की इकहरी पट्टी में। ट्रैकिंग शॉट की लाँग टेक के रूप में अपनी चर्चा में हमने इसे गहन-रचना शॉट्स से अलग किया है और इस प्रकार ट्रैकिंग शॉट को सपाटता की एक निश्चित किस्म के रूप में लक्षणकृत किया है। यदि **वीक एंड** की सम्पूर्ण संरचना ट्रैकिंग शॉट की रचना के समानान्तर है तो फिल्म को समग्रत: सपाटता का प्रदर्शन भी करना चाहिए। अंशों और समग्रों के मध्य हमारे द्वारा किये गये विभेद के प्रकाश में, समग्र की वह सपाटता अंश की सपाटता से कुछ भिन्न वस्तु होनी चाहिए तथा **वीक एंड** में एक सत्य पाया जाता है। इसके बावजूद सपाटता एक विषम कोटि दिखाई पड़ती है जिसममें एक कृति के रूपगत संगठन पर चर्चा करने, अंशत: क्योंकि यह एक नकारात्मक अवधारणा दिखाई पड़ती है, अंशत: क्योंकि **सपाटता का गहनता** के साथ सम्बन्ध छोड़कर कोई अर्थ नहीं है। वास्तव में; हालाँकि, **वीक एंड** अपने आप में नकारात्मक है—अपने विषय बुर्जुआई के सन्दर्भ में काई महत्त्वपूर्ण पहलुओं से। और जैसा कि हम देखेंगे भी **वीक एंड** की **सपाटता** का एक पूर्ववर्ती **गहनता** से विशिष्ट सम्बन्ध है—गहन संरचना, सिनेमा में बुर्जुआ प्रवृत्ति के आत्मप्रदर्शन का मुख्य तरीका।

अब यदि हम **वीक एंड** के रूपगत संगठन पर चर्चा का प्रस्ताव करते हैं, अंश एवं सम्पूर्ण, सपाटता के सन्दर्भ में, प्रभाव सम्भवत: प्रतिकर्ष तथा निराला का हो सकता है। यदि ऐसा है तो, यह विशाल पैमाने पर अनिश्चितता के कारण है कि ऐसे शब्द और विशेषत: यह शब्द, फिल्म विश्लेषण में लाये जाते हैं।

इसका अर्थ क्या है जबकि सपाटता की श्रेणी अपरिहार्य रूप से यहाँ और जहाँ कहीं भी आती है, यह है कि कुछ सैद्धान्तिक स्पष्टीकरण किये जाने की आवश्यकता है। यह कार्य यहाँ नहीं किया जा सकता परन्तु **वीक एंड** के हमारे विश्लेषण की स्वीकृति के लिए न्यूनतम स्पष्टीकरण अवश्य किया जाना वास्तव में कई अर्थ, न केवल विभिन्न फिल्मों के सम्बन्ध में बल्कि कई बार एक ही फिल्म के सम्बन्ध में। इकहरी कृति कई अर्थों मे सपाट हो कसती है अथवा अभी एक अर्थ में तथा अभी एक दूसरे अर्थ में। अत: सीधे-सीधे यह नहीं पूछना चाहिए कि कौन सी फिल्में तथा दृश्य दूसरों की अपेक्षा ''अधिक सपाट'' हैं बल्कि संक्षेप में वे किन अर्थों में सपाट हैं। एक उतना ही बड़ा **समस्या क्षेत्र** है कि समीक्षक सपाटता का निर्णय कैसे करते हैं—वे सपाटता तथा अन्य विषयों के मध्य जो सह-सम्बन्ध बनाते हैं, विशेषत: विषय एवं अर्थ के। स्पष्टत: सपाटता का एक अविश्लेषित निर्णय विषय की पर्याप्त व्याख्या या चर्चा का आधार नहीं हो सकता। **मेड इन यू.एस.ए.** अथवा **वीक एंड** और हुबर्ट मार्क्स के एक आयामी समाज सिद्धान्त की सपाटता के मध्य सह-सम्बन्ध अत्यन्त सामान्य हैं—दोनों तत्त्वों के सन्दर्भ में बहुत उपयोगी है। आलोचना इसकी अपेक्षा बेहतर होनी चाहिए अथवा वह सहायक नहीं है। अपेक्षया हमें प्रत्येक मामले में पूछना चाहिए कि सपाटता की अनेक किस्मों में से कौन सी प्राप्त की गयी है तथा उस/उन का उस अंश और/या सम्पूर्ण के विषय के साथ जिससे यह सम्बन्धित है, क्या विशिष्ट सम्बन्ध है।

सिनेमा, पेंटिंग की भाँति, एक द्विआयामी कला है जो एक तीसरे आयाम का भ्रम उत्पन्न करती है। पेंटिंग अपने दो आयामों में सीमित है; सिनेमा नहीं है। सिनेमा दो आयामों की सीमाएँ स्वयं अपने तीसरे, समय द्वारा तोड़ देता है। यह ऐसा अपनी परास एवं दृश्य-क्षेत्र को परिवर्तित करते हुए, अपने विषय के विभिन्न वीक्षण लेते हुए (मोंताज और अथवा कैमरा गति द्वारा) करता है। कैमरा अपनी 'घूमने-फिरने' की क्षमता के द्वारा द्विआयामिता पर विजय प्राप्त करता है जो कि साधारण मानवीय ऐन्द्रिक ज्ञान का भी एक मूल लक्षण है। ई.एच. गोम्ब्रिक के शब्दों में ''जबकि (कोई) पलटता है, दूसरे शब्दों, में वह उन विचारों के अनुक्रमण के प्रति सतर्क है जो कि उसके साथ भटक रहे हैं। हम जिसे 'आभास' कहते हैं, वह सदैव विचारों के ऐसे ही अनुक्रमणों से रचित होता है। एक सांगीतिक धुन, जहाँ होती है, जो कि हमें देरी और आकार का अनुमान देती है, स्पष्ट है कि यह सांगीतिक धुन का अनुकरण टीवी कैमरे द्वारा किया जा सकता है परन्तु चित्रकार द्वारा अपने ईजल से नहीं।'' (आर्ट एंड इल्यूजन, पृष्ठ 256-57)। कैमरा एक वीक्षण के अनेक वीक्षण ले सकता है, एक कैमरा-कोण से प्रतिवर्ती कोण या दूसरे कोण पर जाकर, लाँग शॉट से क्लोज-अप पर इत्यादि यह चरित्र या

वस्तु का जायजा कई ओर से ले सकता है, संक्षेप में, तीन आयामी में। मोंताज एवं गहन रचना दोनों इस **भ्रमण-परियोजना** का निष्पादन चरणों या खंडों में, ऐसा कहा जा सकता है। यह स्पष्ट है मोंताज इसे कैसे निष्पादित करता है विभिन्न कोण तथा विभिन्न दूरियों से शॉट्स के अनुक्रमण द्वारा यह भी उतना ही स्पष्ट है कि एक चलित कैमरा पहलुओं पर ऐसा अनुक्रमण एक इकहरे शॉट में पूरा कर सकता है। उन लाँग ट्रैक्स में भी जिनमें चलित कैमरा सम्मिलित नहीं होता, अभिनेता स्वयं कैमरे के सम्बन्ध में गति कर सकते हैं। यह है, वे आगे-पीछे चलते हैं या विकर्णों पर, सापेक्षिक आकार में परिवर्तन करते हुए आदि संक्षेप में अभिनेता हमारे लिए अपने आपको पलटते हैं, अपने आप पर विभिन्न कोणों एवं दृश्यों का सृजन करते हैं। कैमरे के घूमने के स्थान पर, वे कैमरे के सन्दर्भ में आस-पास घूमते हैं। यह भी पेंटिंग के दो आयामों से बहुत आगे हैं, जहाँ पर हम किसी आकृति का केवल एक पक्ष देखते हैं जो कि उसकी सम्पूर्णता का प्रतीक अथवा बोध कराता है।

यह सारांशत: गहनता के लिए सिनेमा की क्षमता है जिसे गोदार **वीक एंड** में त्याग देते हैं। उनका चलित कैमरा एकाकी दृश्य, पेंटिंग के एक पक्षीय वीक्षण से दृढ़तापूर्वक संलग्न रह कर पहलुओं के अनुक्रमण को विलग कर देता है। ट्रैकिंग-शॉट की पार्श्वीय गति इस एकाकी दृश्य विधान में परिवर्तन की बजाय इसका विस्तार करती है, बहुत कुछ जैसे एक भित्ति करती है। गोदार के कैमरे की गति पहलूओं के अनुक्रमण का नहीं बल्कि एक अनावरित होती विषय-वस्तु के एक एकाकी पहल का सृजन करती है। मोंताज एक सामान्य चलित कैमरा दोनों पहलुओं का दृश्यों को एक एकांकी विषय के सन्दर्भ में बहुगुणित करते हैं। यदि संगीत से शब्द उधार लिया जाय तो पहलुओं का अनुक्रमण एक प्रकार का राग-विस्तार है। विचारार्थ विषय को उसकी प्रकृति, अर्थ अथवा उपस्थिति के कुछ सीमा तक नि:शेषण हेतु बहुविध प्रकारान्तरों (अथवा दृष्टिकोणों) से रखा जाता है। गोदार का ट्रैकिंग शॉट इस अर्थ में विस्तार नहीं करता। काल के द्वारा इसकी विविधताएँ अद्यतन नवीन विषय-वस्तु को खोलती हैं; वे एक ही विषय का विस्तार अथवा बहुविध वीक्षण नहीं लेतीं, जैसे मोंताज और गहन-रचना (करीब-करीब) दोनों सदैव करते हैं। ट्रैकिंग शॉट की अवधि के दौरान एक-प्रत्येक सम्बन्ध कायम रखा जाता है : विषय-वस्तु के प्रत्येक प्रसार पर या प्रति परिच्छेद एक एकाकी दृश्य, किसी एकाकी विषय पर कभी भी दृश्य के द्वित्व अथवा विपथन के बिना।

इस पर जोर दिया जाना चाहिए कि एकाकी पहलू की यह सपाटता सम्पूर्ण का रूपगत गुण है, अंश का नहीं। केवल अंश के आधार पर हम पहलू के अनुक्रमण

अथवा अचलता का निर्णय नहीं कर सकते क्योंकि पहलुओं का अनुक्रमरण अक्सर शॉट्स का अनुक्रमण होता है। यह ठीक है कि **वीक एंड** का प्रत्येक ट्रैकिंग शॉट दृश्य के एकाकीपन के इस अर्थ में सपाट है, किन्तु किसी शॉट में जो कुछ किया गया है वह अपूर्ण अथवा किसी दूसरे के द्वारा अनुपूरित हो सकता है। यह मोंताज की पद्धति है। जहाँ किसी शॉट का कोण तथा परास और-और दूसरे के कोण तथा परास को मार्ग देता है, पहलुओं की समग्रता संचित होने तक। पार्श्वीय ट्रैकिंग शॉट के विषय का एक भिन्न वीक्षण दे सकता है। अत: हम किसी फिल्म के पूरी होने से पहले नहीं जानते कि क्या एक प्रदत्त विषय गुणित विस्तार प्राप्त करता है अथवा नहीं। हमे एक अनुक्रम अथवा फिल्म के सभी शॉट्स को देखना पड़ेगा पूर्व इसके कि हम कह सकें कि वे किसी एकाकी विषय के पहलुओं का अनुक्रमण प्रस्तुत करते है अथवा **वीक एंड** की भाँति किसी एकाकी अनावरित विषय का एक एकाकी पहलू। अत: भित्ति प्रभाव की सपाटता पूर्ण की विशेषता अथवा गुण है।

हमने सिद्ध किया है कि **वीक एंड** आद्योपान्त अथवा संरचनात्मक अर्थ में सपाट है जिसमें यह पहलुओं के अनुक्रमण को निरस्त करती है, जिसके द्वारा सिनेमा, तीसरे आयाम के सन्निकट होता है। यह एक चरम सपाटता है—एक अनुक्रम, एक फिल्म जो या तो पहलुओं को बदलती है अथवा नहीं बदलती। सामान्य तौर पर कहा जाए **वीक एंड** के क्षणचित्र कई चित्रकला सन्दर्भों के सापेक्ष भी सपाट है और यह सदैव एक सापेक्षिक सपाटता है, कमी-बेशी का प्रश्न हो सकता है। सपाटता की इस श्रेणी का सबसे स्पष्ट प्रकरण चरित्र अथवा चरित्रों को एक छोटी दीवार अथवा पृष्ठभूमि के विरुद्ध रखकर प्राप्त किया गया है, जैसे गोदार **मैस्कुलिन-फैमिनिन मेड इन यू एस ए** तथा अन्य फिल्मों में करते हैं और जिस प्रकार स्कॉलिमोव्स्की अपनी सभी फिल्मों में करते हैं। **वीक एंड** में ऐसे शॉट्स में से कुछ हैं, किन्तु इसमें पर्याप्त गहनता वाले अन्य शॉट्स भी हैं—कैमरा अपने विषय का अनुसरण करता है, बुर्जुआ युगल-एक सतत पृष्ठभूमि प्राकृतिक दृश्य के आर-पार जो कि कभी-कभी चौरस है (युगल के पीछे गहरे बेलबूटे), कभी-कभी गहन (राजमार्ग की पृष्ठभूमि)।

किन्तु चौरस की अन्य किस्में भी है। जर्जर दीवार का शॉट लाँग शॉट की परास का त्याग करते हुए और सम्भवत: मध्यम शॉट का भी, आसानी से चौरसपन प्राप्त करता है। गोदार का ट्रैकिंग शॉट क्लोज-अप, मध्यम क्लोज तथा अक्सर मध्यम शॉट परास का भी त्याग करते हुए सुपरिचत चौरसपन प्राप्त करता है अपने विषय तथा पृष्ठभूमि सब लाँग शॉट परास के भीतर व्यवस्थित करते हुए। यह बिन्दु गहन रचना से तुलना करते हुए स्पष्ट किया जा सकता है, जिसका लक्ष्य

गहनता के अधिकतम दृश्य तथा रचना अपने विषय को गहन फोकस शॉट की सभी सम्भव परिधियों में व्यवस्थित कर अपनी असीम गहनता का भ्रम खड़ा करती है और, निश्चित ही, इन विषयरासों के मध्य-नाटकीय सम्बन्धों का निमार्ण करते हुए। गोदार गहनता के केवल एक भाग का उपयोग करते हुए चौरसपन प्राप्त करते हैं जो गहन फोकस लैंसों द्वारा सम्भव है—वे लाँग शॉट परास का उपयोग करते हैं तथ लघुतर परासों को 'खाली' छोड़ देते हैं, ऐसा कहा जा सकता है अत: एक **वीक एंड** शॉट में वहाँ भी जहाँ अनेक समतल हैं—राजमार्ग देहात, वृक्षों की कतार आदि—वे सभी सापेक्षत: एक साथ सपाट हैं, क्योंकि सभी लाँग शॉट की परास में पड़ते हैं। (इसके अतिरिक्त, गोदार यह चौरसपन टेलीफोन लैसों के उपयोग से प्राप्त नहीं करते, जैसा कुरोसावा ने रेड बीयर्ड में किया)।

दूसरी बात, गोदार के समतल, जहाँ बहुगुणित हैं भी, कठोरता पूर्वक समानान्तर हैं—वे अन्तर्विभाजित या अन्तर-सम्बद्ध नहीं होते साथ-ही-साथ न तो क्षणचित्र की गहराई में न ही इसकी सतह के आगे की ओर ले जायी जाती है। हमें एक पेंटिंग अथवा क्षणचित्र को कैसे पढ़ना है यह उसकी गहराई का एक पहलू है। **वीक एंड** के क्षणचित्रों को पढ़ने के लिए, आँख कठोरतापूर्वक बाएँ-से-दाएँ चलती हैं (कई बार दाएँ-से-बाएँ), सामने से पीछे अथवा पीछे से सामने को कभी नहीं संघटनात्मक अर्थ में जो कुछ सत्य है वही इन क्षणचित्रों के विषय का भी सत्य है; फिल्म की क्रिया। चरित्र, उनकी गतिविधियाँ एवं क्रिया-कलाप, हमें कभी भी क्षणचित्र के भीतर अथवा बाहर नहीं बल्कि पार्श्व से पार्श्व तक ले जाते हैं। न तो संघटनात्मक अर्थ में और न कथात्मक अर्थ में ही हमें कभी वीक एंड में पृष्ठभूमि तथा अग्रभूमि को सम्बद्ध करने की आवश्यकता होती है। ठीक-ठीक कहा जाय तो, कोई अग्रभूमि तथा पृष्ठभूमि नहीं, केवल पृष्ठभूमि, ठीक उसी तरह से जैसे जर्जर दीवार के शॉट में केवल अग्रभूमि है। दूसरे अर्थ में, यहाँ अग्रभूमि तथा पृष्ठभूमि एक एकाकी समतल में विलीन हो गयी है। पुन: गहन रचना एक निश्चयात्मक प्रतिकूलन प्रदान करती है। पेंटिंग में बरोक की भाँति, गहन रचना अग्रभूमि/पृष्ठभूमि सम्बन्ध का एक महान सम्बन्ध बनाती है, अग्र संक्षेपण का, अग्रभूमि में विशाल वस्तुओं का आदि। यह कहना अतिशयोक्ति नहीं है कि अग्रभूमि/पृष्ठभूमि सम्बन्ध गहन रचना की अभिव्यंजनात्मकता की धुरी है। जैसे हम देख चुके हैं, यह इसका नैतिक आधार भी है।

तीसरी बात **वीक एंड** में समतलों का अविभाजन न केवल उनकी कठोर समान्तरता का बल्कि नियत, 90° कैमरा कोण का भी परिणाम है, जो सभी समतलों में से, सभी कथात्मक तथा संघटनात्मक दोनों अर्थों में निस्पन्द अथवा निष्क्रिय हैं, उन्हें छोड़कर जो चरित्रों द्वारा धारित है। सारी रुचि तथा गतिविधि चरित्रों

में अवस्थित होती है और वे सदैव एक समतल को धारित (अथवा संरचित) करते हैं, वे समतलों के मध्य गति नहीं करते। वीक एंड एकल-समतलीय है इस अर्थ में कि कैमरा और प्रेक्षक की आँख केवल एक समतल पर स्थिर रहते हैं, जो कि चरित्रों द्वारा धारित है, और उसका अनुसरण करते हैं केवल एक ही दिशा में, अनन्त दूरी तक। क्षणचित्र में अनेक समतल हो सकते हैं, किन्तु फिल्म समग्रत: इनमें से केवल एक के ही सन्दर्भ में रचित है। **वीक एंड** की एकल-समतलीय रचना इसे फिल्म-सौन्दर्य शास्त्र के किसी भी अन्य सम्प्रदाय से अलग करती है, मोंताज अथवा गहन रचना, **वीक एंड** की उनसे तुलना फिल्म के चौरसपन के विभिन्न विचारों को ऐतिहासिक रूप में समझने में हमारी सहायता करती है। यह स्पष्ट है कि मोंताज-सम्पादन (तथा अद्योपान्त फिल्म रचना) समतलों की शृंखला अथवा समतलीय दृश्यों में संलग्न अथवा परिणाम्ति होते हैं। क्लोजअप, मध्यम क्लोजअप, मध्यम शॉट्स तथा लाँग शॉट्स, किसी भी क्रम अथवा संयोग में स्पष्टत: दृश्य के समतलों का क्रमान्तरण है, और जब एकत्र किया जाय तो परिणाम होता है समतलों का एक अनुक्रम। दृश्य अथवा घटना उसके अवयवों अथवा समतलों में विघटित किये गये हैं फिर ये कई प्रतिरूपों में पुनर्गठित किये गये हैं, संगठनात्मक मोंताज सिद्धान्त की संगति मे ताल-बद्ध, संवेगात्मक अथवा बौद्धिक। कैमरा परास के परिवर्तनों के अलावा, कोण के परिवर्तन भी है, जो किन्हीं विशिष्ट समतलों की अपेक्षा समतलीय दृश्यों को क्रमित कर सकते हैं। एक ही दृश्य में भिन्न कोण पर विच्छेदन भी, हालाँकि, समतलों का क्रिया-कलाप पर भारित पुनर्व्यवस्थापन अथवा पुन: क्रमबन्ध है। समतलों का यह क्रमबन्ध अथवा अनुक्रम आइजेंस्टाइन की कला का परम रचना गुण है। गहन-रचना सिद्धान्त तथा आद्योपान्त उद्देश्य में बुनियादी तौर पर अलग नहीं है। गहन-रचना समतलों के अनुक्रम को शॉट के भीतर अन्तर्वस्थित करती है, इसका आदर्श बाजें इसे जिस प्रकार प्रस्तुत करते हैं, एक क्रिया पर भारित सभी समतलों का एक एकल-कैमरा-व्यवस्था के भीतर समावेश है। कैमरे के समक्ष अथवा उसे उपलब्ध सभी समतलों सहित, दृश्य का पूरा क्रिया-कलाप एक एकल शॉट के भीतरी पूरा किया जा सकता है। जैसा मोंताज सिनेमा के सिनेमा के साथ है, नाटकीय व्यापार समतलों के प्रत्यावर्तन तथा अन्त:क्रिया के माध्यम से आगे बढ़ता है किन्तु अब यह कैमरे के संचालन द्वारा तथा/अथवा अभिनेताओं के संचनल द्वारा, स्वयं समतलों अथवा समतलों के अंशों, सीधे अथवा दृश्य के समतलों को महत्त्व, नाटकीय अभिरुचि के आधार पर संगठित करना चाहिए। गहन रचना के द्वारा समतलों का अनुक्रम भली-भाँति द्रवित होता है, उछालों की अपेक्षा एक समान बहाव में, किन्तु एक प्रदत्त दृश्य का उचित समाधान अधिक कठिन एवं जटिल हो जाता है। शॉट के

पहले बिम्ब में निहित अथवा इसके प्रति परिग्रहणीय, दृश्य का सम्पूर्ण क्रिया-कलाप तथा इसके समतलों की पूर्ण गोपनीयता होनी चाहिए। शॉट्स पर सतर्कतापूर्वक काम किया जाना तथा सावधानीपूर्वक पूर्वाभ्यास किया जाना चाहिए। गहन रचना क्षणचित्र के भीतर समतलों को कैसे क्रमित करती है इसका एक उदाहरण बाजें द्वारा दिया गया है **द लिटिल फॉक्सेस** का दृश्य जिसमें कई चरित्रों द्वारा चाहा गया स्टील का बॉक्स क्षणचित्र की चरम अग्रभूमि धारण करता है जबकि इसके इच्छुक इसके पीछे बहुगुणित समतलों में पंक्तिबद्ध करता है। एक और चरम प्रकरण **सिटीजन केन** का वह दृश्य है जिसमें श्रीमती केन अपने पुत्र की विरासत के बारे में जानकारी प्राप्त करती हैं। स्थिर कैमरे का शॉट, यह शॉट अत्यन्त संकीर्ण एवं अत्यन्त गहन है, आभासी रूप एक दृश्य गलियारा। घुटे-घुटे केबिन कक्ष में है माँ की विशाल आकृति अग्रभूमि में देखते हैं, बैंक कर्मचारी को उसके पीछे पूर्व से, उनके पीछे केबिन की दीवार में बनी खिड़की और काफी दूरी पर नन्हा केन अपनी बर्फ गाड़ी से खेलता हुआ। न केवल शॉट की रचना बल्कि इसका नाटकीय व्यापार आँख को निरन्तर पीछे तथा आगे चलाने की माँग करता है। यह स्पष्ट है कि गोदार का समतलों का निरूपण इस शॉट के व्यवहार के सीधे विपरीत है, विपरीत दिशा में आत्यन्तिक। गोदार के दृश्य क्षेत्र में गहनता थोड़ी अथवा बिल्कुल नहीं है और है अथवा आकांक्षा करता है—अनन्त विस्तार की जो कि, एक एकाकी पार्श्वीय समतल में वर्तमान है।

वीक एंड का अनुचिन्तन मोंताज तथा गहन रचना में मध्य अन्तर्निहित समानताओं की ओर संकेत करता है तथा गोदार की फिल्म को फिल्म सौन्दर्य-शास्त्र के किसी भी सम्प्रदाय से अलग स्थापित करने का कार्य करता है, मोंताज एवं गहन रचना दोनों सिनेमा को समतलों की बहुगुणात्मकता के पदों में पारिभाषित करते हैं तथा दोनों रूप अथवा तकनीक की समस्या को एक सार्थक प्रारूप में समतलों के समावेश सम्बन्ध के रूप में देखते हैं। गोदार **वीक एंड** में समतलों की बहुगुणात्मकता का सिनेमा के प्रक्षेप के रूप में त्याग करते हैं तथा इस प्रकार दोनों सम्प्रदायों का अस्वीकार करते हैं।

तीन आयामों से दो पर, गहनता से चौरसपन पर इन परिवृत्तियों के निहितार्थ क्या हैं? एक विचारधारात्मक व्याख्या अपने-आप में संकेत देती है—गहन रचना बुर्जुआ-विश्व की अनन्त रूप से गहन, समृद्ध जटिल, संदिग्ध, रहस्यात्मक बनाकर प्रक्षेपित करती है। गोदार के सपाट क्षणचित्र इस विश्व की द्विआयामी वास्तविकता में ढहा देते हैं, अन्त एक-समतलीय सिनेमा की और यह प्रत्यावर्तन एक रहस्योद्घाटन है, बुर्जुआ विश्व-दृष्टि तथा आत्मपरकता पर एक प्रहार है। **वीक एंड** में बुर्जुआ रेखांकन बिना रहस्य के धन एवं यौन-सन्तुष्टि के सांसारिक लक्ष्यों के पीछे

हड़बड़ाते हुए भागते हैं। कोई संदिग्धता तथा कोई नैतिक जटिलता नहीं। यह स्थल जहाँ प्रेक्षक अपने आप खो सकता है, विभेद तथा सहबन्ध निर्मित करता है, तुलनाएँ तथा निर्णय, रद्द हो चुका है प्रेक्षक के समक्ष संसार का एक एकांकी सपाट चित्र रख दिया गया है जिसे उसे परीक्षित, समालोचित, स्वीकार अथवा निरस्त करना है। अत: **वीक एंड** का चौरसपन केवल इसके ही द्वारा विश्लेषित नहीं किया जाना चाहिए बल्कि बुर्जुआई के आत्म-प्रस्तुतीकरण के पूर्ववर्ती तरीकों के सम्बन्ध में, विशेष रूप से गहन-रचना के। **वीक एंड** का विषय ऐतिहासिक बुर्जुआजी है, बुर्जुआजी जो इतिहास में है; इस फिल्म की सपाटता आँकड़ों की भाँति नहीं देखी जानी चाहिए, किसी एकाकी क्षण की भाँति बल्कि द्वन्द्वात्मक रूप से, एक सपाटता की भाँति। यह आद्योपान्त सहसम्बन्ध देने पर चौरसपन के अनेक अर्थों के विशिष्ट सहसम्बन्ध जगह पर आ जाते हैं। पहलुओं का अनुक्रमण ने केवल बुर्जुआ-विश्व के दृष्टिकोणों को इस प्रकार बहुगुणित करता है कि अन्तिम निर्णय तथा किसी भी प्रकार की निश्चयात्मकता असम्भव हो जाती है, वह बुर्जुआ-विश्व को अनन्तकाल तक अक्षय तथा विस्तारणीय बनाकर प्रक्षेपित करता है। गोदार के ट्रैकिंग शॉट का स्वरूप एक एकाकी दृश्य पर तथा पारदर्शी की समझ के लिए एक एकाकी सर्वसमावेशी सर्वेक्षण की पर्याप्तता पर बल देता है, बुर्जुआ-विश्व को आसानी से समझने के लिए। जबकि मोंताज एवं गहन-रचना में, सरल कथ्य पर जटिल रूप कार्य करता है, ये भी जटिल बनाने हेतु, गोदार में सरल कथ्य पर सरल रूप कार्य करता है। ट्रैकिंग-शॉट तथा एकल-समतलीय संरचना एक अनन्त रूप से सूक्ष्म, पूरी तरह से सपाट बुर्जुआ वस्तु का संकेत देते हैं जो विस्तृत नहीं बल्कि केवल सर्वेक्षित की जा सकती है। अन्तत: एकाकी कैमरा-परास न केवल अग्रगामी कैमरा संचालन, कैमरा-परासों का अन्तर्विच्छेदन आदि के द्वारा संसार में भागीदारी से इनकार का प्रतिनिधित्व करती है, इससे आलोचनात्मक दृश्य का अनुरक्षण भी करना है। यह मानने पर कि फिल्म का विषय ऐतिहासिक बुर्जुआजी है, गोदार अपने विषय को हर समय अपने सामने ऱखते हैं। वे बुर्जुआ-विश्व के भीतर से लेने तथा चयन करने अथवा किसी अंश को किसी अन्य पर प्राथमिकता देने से इन्कार करते हैं—क्षणमात्र के लिए भी—क्योंकि वह पूर्ण के आंशिक अन्धकार में लिप्त बुर्जुआ समग्रता की प्रकृति तथा इसकी आलोचना का प्रक्षेप माँग करता है कि इसे कभी दृश्य से ओझल अथवा अंशों एवं पहलुओं में विघटित न होने दिया जाय बल्कि इसे प्रेक्षक के समक्ष सदैव एकाकी तथा सम्पूर्ण रूप में रखा जाय। स्वाभाविकता लाँग शॉट की परास समग्रता की परास है तथा ट्रैकिंग शॉट इसके आलोचनात्मक सर्वेक्षण का औजार है। इस कारण से भी गोदार क्लोज-अप तथा मध्यम-क्लोज परासों का भरा जाना स्वीकार नहीं

करते, अग्रभूमि में एक विशाल चेहरा अथवा आकार सम्पूर्ण को शब्दशः बाधित करता है तथा एक संवेगात्मक एवं बौद्धिक अर्थ में इससे ध्यान भी हटाता है। **वीक एंड** में सपाटता, इसके अनेक अर्थों में, वास्तव में एक रूपगत समग्रता का परिणाम है जो समाजैतिहासिक समग्रता के सम्पूर्ण दृश्य के परित्याग से इनकार करती है, जो कि इसका विषय है।

टिप्पणियाँ :

1. यह लेख एक वृहत्तर आलोचनात्मक अध्ययन **वीक एंड हिस्ट्री** का अंश है, जो कि इस फिल्म पर इसके विभिन्न ऐतिहासिक परिप्रेक्ष्यों में विचार करता है—सिनेमा तथा नाटक का इतिहास, बुर्जुआजी का इतिहास, मानव-इतिहास।
2. असम्पादित फिल्म का एक इकहरा टुकड़ा; निश्चय ही **लाँग शॉट** से सम्बन्धित है—कट ऑफ किसी मोंताज—प्रतिरूप के अंश की अपेक्षा ऐसा शॉट दिखाई पड़ता है जिसे पूर्णतः प्रभाव के लिए उपयोग किया गया है। आइजेंस्ताइन की आरम्भिक फिल्मों में से किसी में भी कोई एकाकी लाँग टेक नहीं है—उनके व्यवहार की सैद्धान्तिक शुद्धता ऐसी थी; गोदार की कोई फिल्म नहीं हैं जिसमें कई लाँग टैक्स न हो।
3. एक टेक में फिल्माया गया अनुक्रम एक एकल-शॉट अनुक्रम। अनुक्रम घनिष्ठ रूप से जुड़े दृश्यों की शृंखला है; दृश्य एक शॉट या शॉट्स हैं—जो एक एकल एवं सतत नाटकीय व्यापार को अपने में समाते हैं। हमें मस्तिष्क में रखना चाहिए कि गोदार के **अनुक्रम** वे नहीं हैं जो पारम्परिक आख्यानात्मक सिनेमा के हैं; अतएव अनुक्रम एवं **अनुक्रम-शॉट्स** अवधारणाएँ वह स्वभावतः स्पष्ट अर्थ खो देती हैं जो वे बाजें के लिए रखती थीं। उनका स्थान कौन से अर्थ लेंगे, हम अभी तक नहीं जानते। देखें आन्द्रे बाजे, **द इवॉल्यूशन ऑव द लैंग्वेज ऑव सिनेमा** (Hugbray) द्वारा अनूदित) व्हाइट सिनेमा, (बर्कले 1967, पृष्ठ 23; द न्यूवेब, पीटर ग्राहम द्वारा सम्पादित में भी संकलित (न्यूयॉर्क, 1968) पृष्ठ 25 (तथा यहाँ पुनर्मद्रित पृष्ठ 123-39), इस पुनर्मुद्रण में वह उद्धरण छोड़ दिया गया है जो ट्रैकिंग शॉट तथा अंश-सम्पूर्ण सम्बन्धों की चर्चा को गोदार द्वारा **वीक एंड** के बाद निर्मित फिल्मों **वन प्लस वन, ब्रिटिश साउंडस** (legai savoir) प्राब्दा तथा **विन्ड फ्रॉम ईस्ट** के परिप्रेक्ष्य में आगे बढ़ाता है। इन फिल्मों में, **वीक एंड** तथा **ला चाइनीज** की अपेक्षा कहीं अधिक, ध्वनि-बिम्ब सम्बन्ध का संगठन

(अंश तथा सम्पूर्ण के स्तर पर) बुनियादी है।—ब्रा.ए.

4. जैसे यह होता है, यह वाक्यांश आन्द्रे मालरों कृत **म्यूजियम विदाउट वॉल्स** के स्टुअर्ट गिलबर्ट द्वारा किये गये अनुवाद (गार्डन सिटी, 1967, पृष्ठ 75) में भी दिखाई पड़ता है। ''सिनेमा में पुनरूत्पादन का, साधन चलित चित्र है किन्तु इसकी अभिव्यक्ति का साधन समतलों का अनुक्रम है) जब कैमरा चलता है तो समतल परिवर्तित हो जाते हैं; यह उनका अनुक्रम है जो विच्छेदनों को गठित करता है। ऐसा ही एक अशुद्ध अनुवाद फ्रेंच 'Plane' गिलबर्ट द्वारा मालरों के **द सायकोलॉजी ऑफ आर्ट** 'म्यूजियम विदाउट वॉल्स' में इस उद्धरण के पाठान्तर के अनुवाद (न्यूयॉर्क 1949–51, पृष्ठ 112) तथा 'द वॉयसेज ऑव साइलेंस (न्यूयॉर्क 1953, पृष्ठ 122) में आता है। जिनमें मालरॉक्स ने सुनिश्चित किया है कि प्रत्येक (समतल) की औसत अवधि 10 सेकेंड है। किन्तु मालरॉक्स सीधे-सीधे शास्त्रीय मत प्रकट कर रहे थे कि विच्छेदन, शॉट्स का अनुक्रम, सिनेमा में अभिव्यंजनात्मकता का साधन है।

5. यह अनुवाद औपचारिक की अपेक्षा कहीं अधिक है। गहन संयोजन के प्रयोक्त तथा अधिवक्ता इस नैतिक गहनता तथा सन्दिग्धता में अकृत्रिम रूप से विश्वास करते हैं। बाजें संके देते हैं कि सिटीजन केन की अवधारणा तथा व्याख्या बिम्ब की संरचना पर निर्भर है। इससे अलग बड़ी मुश्किल से किसी महान् उत्कृष्ट कृति में ही हो सकता है। विलियम वायलर की गहन रचना फिल्में, जिन्में बाजें जैसा कहते हैं सिन्दिग्धता थोड़ी या बिल्कुल नहीं है, उत्कृष्ट कृतियाँ नहीं हैं। ऐसे प्रेकरण में गहन रचना केवल एक थोपा हुआ प्रारूप हो जाता है, आन्तरिक सहसम्बन्ध रहित एक शैली (बॉलयर की बेहतर फिल्में, जैसे **द लेटर** गहन रचना के दर्द-गिर्द संरचित नहीं है।) बेल्स, गहन रचना के महानतम निर्देशक, भी ऐसे निर्देशक हैं जिन्होंने अधिकतम रचनाएँ अक्षुण्ण रहस्य की विषय-वस्तु पर निर्मित की है। न केवल केन बल्कि वेल्स की अन्य फिल्मों में से अधिकांश अभेद्य रहस्य पर केन्द्रित और कई, केन जैसी भी, दृष्टिकोणों तथा दृश्यों की बहुगुणात्मकता द्वारा आगे बढ़ती है जो इसके बावजूद अन्तर्निहित प्रश्नों के सम्बन्ध में निश्चयात्मकता उत्पन्न करने में असफल रहते हैं।

फ़िल्मों में जादुई यथार्थवाद

फ्रेड्रिक जेम्सन

जादुई यथार्थवाद की अवधारणा कई समस्याएँ सामने लाती है, जो सैद्धान्तिक और ऐतिहासिक दोनों ही प्रकार की है। मेरा इससे सबसे पहली बार साक्षात्कार इस शताब्दी के छठे दशक के मध्य में अमरीकी चित्रकला के सन्दर्भ में हुआ था; लगभग उसी वक़्त जबकि एंजिल फ्लोरिस ने (अंग्रेजी में) एक प्रभावकारी लेख प्रकाशित किया था, जिसमें बोर्खेस के कृतित्व के लिए इस शब्द का प्रयोग किया गया था; परन्तु रियल मावविलोसो के सम्बन्ध में एल्जो की अवधारणा तत्काल ही उससे सम्बन्धित अथवा वैकल्पिक अवधारणा प्रस्तुत करती दिखती है, जबकि उसका खुद का कृतित्व और माइगुएल एंजिल आस्तुरियस का कृतित्व इस अवधारणा के विस्तार की माँग करता हुआ प्रतीत होता था। अन्ततः सातवें दशक में गेब्रियल गार्सिया मार्क्वेज के उपन्यास के साथ ही जादुई यथार्थवाद का एक समग्र नया क्षेत्र हमारे सामने खुल गया परन्तु पूर्ववर्ती सिद्धान्तों और औपन्यासिक व्यवहार से उसके सुनिश्चित सम्बन्ध निर्धारित नहीं थे। अवधारणा सम्बन्धी ये सवाल तब अधिकतम स्पष्ट रूप में उभरते हैं, जब कोई जादुई यथार्थवाद अवधारणा को प्रतियोगी या एक-दूसरे पर छा जाने वाले शब्दों में व्यक्त करने की कोशिश करता है। उदाहरण के लिए, शुरू में यह स्पष्ट नहीं था कि आमतौर पर सिर्फ़ अद्भुत साहित्य कहे जाने वाले एक विशाल समूह से उसे किस प्रकार अलग किया जा सकता था; इस मौके पर मुद्दा अनुमानित रूप से यह है कि एक विशिष्ट प्रकार के वर्णनात्मक अथवा प्रतिनिधि कार्य को यथार्थवाद से किस तरह अलग परखा जाय। बहरहाल, कॉर्पेंटियर ने लातिनी अमरीकी समझ के एक अधिक प्रामाणिक अध्ययन के रूप में अपना स्पष्ट मत प्रस्तुत किया, जिसने यूरोपीय सन्दर्भ में ज्यादा क्रियान्वित होकर अतियथार्थवाद का रूप ले लिया; ऐसा लगेगा कि वस्तुतः विश्व के एक विशेष काव्यात्मक रूपान्तरण पर ही उसमें ज़ोर दिया गया है—अवधारणा

में और अवधारित की गयी चीज़ों के रूपान्तरण पर ज़ोर दिया गया है—अद्भुत वर्ण पर उतना ज़ोर नहीं दिया गया है। (मैं जो चर्चा प्रस्तुत कर रहा हूँ, वह इस स्वीकृति के साथ कुछ सम्बन्ध बनाये रखेगी।)

अन्ततः गार्सिया मार्क्वेज में ये दो प्रवृत्तियों एक नये प्रकार का संश्लेषण अर्जित करती हुई प्रतीत होती हैं—एक रूपान्तरित वस्तु जगत्, जिसमें अद्भुत घटनाएँ भी वर्णित हैं। परन्तु इस बिन्दु पर जादुई यथार्थ की अवधारणा का केन्द्र, ऐसा लगेगा एक ऐसी जगह सरक गया है, जिसे नेतृत्वीय परिप्रेक्ष्य कहा जाना अनिवार्य है; अब जादुई यथार्थवाद को कृषक समाज से उपार्जित एक खास प्रकार के वर्णनात्मक कच्चे काल के रूप में जाना जाता है, जो ग्राम्य जगत् अथवा आदिवासी मिथ से बड़े सुसंस्कृत रूप में संग्रह करता है। इस बिन्दु पर प्रक्रिया का सशक्त झुकाव उन टेक्स्ट (Text) के साथ होगा जो कि नाइजीरिया में टुटुओला अथवा ब्राजील के लेखक मारियो दे आंप्रेद के **मेक्यूनाइमा** (1928) जैसे हैं। इस बीच, हाल में जो बहस हुई है, उनसे ये सारी बात एक भिन्न प्रकार के मसले के कारण जटिल हो गयी है; नामतः, अधिकांश ऊपरी तौर पर वामपंथी अथवा क्रान्तिकारी लेखकों (आस्तुरियस, कार्पेंटियर, मार्क्वेज) के राजनीतिक अथवा रहस्यकारक मूल्यों की समस्या वाले टेक्स्ट। शब्दावली की जटिलताओं के बावजूद—जो कि इस अवधारणा को पूरी तौर पर जोड़ देने के लिए आधार बन सकते हैं—उसमें एक अजीब-सी आकर्षणशीलता बनी रहती है। इस आकर्षणशीलता का पता लगाने की कोशिश मैं बाद में करूँगा। जैक्वेस लाकाँ और **अप्राकृतिक** के सम्बन्ध में फ्रॉयड की अवधारणा से लिये गये मुद्दों के सन्दर्भ में यह भ्रम बढ़ जाता है क्योंकि समकालीन परवर्ती आधुनिकवाद के वर्णनात्मक तर्क के एक सम्भव विकल्प के रूप में जादुई यथार्थवाद को (जिसे कि अब फ़िल्म के क्षेत्र में स्थानान्तरित किया गया है) देखने से बात और भी जटिल हो जाती है।

वास्तव में आग्नूस्ज़का हॉलैंड द्वारा निर्मित एक महत्त्वपूर्ण नयी पोालिश फ़िल्म **फीवर** (1981) ने मुझे रास्ता दिखाया है। यह मार्गदर्शन यदि जादुई यथार्थवाद के सम्बन्ध में उपयोगी नहीं था तो कम-से-कम इस शब्द के सम्बन्ध में निजी अथवा व्यक्तिगत अर्थ तो दे सका। आमतौर पर पोलैंड और विशेषकर 1905 के पोलिश क्रान्तिकारी आन्दोलन (फ़िल्म के विषय), एक अप्रत्याशित और अजीब सन्दर्भ में तब तक उभरते नज़र आये जब तक कुछ लातिनी अमरीकी फ़िल्मों के साथ उनका सम्बन्ध मेरे सामने ज्यादा स्पष्ट नहीं हो गया। मैं खास करके दो फ़िल्मों के सम्बन्ध में सोच रहा हूँ। एक तो हाल की ही वेनेजुएलाँ की निर्मित **ला कासा दे एगुआ** है, जो एक ऐतिहासिक चरित्र क्रूस एलियास लियों के सम्बन्ध में है। क्रूस वेनेजुएलाँ का 19वीं सदी का कवि था, जिसे कुष्ठ रोग

हो गया था। दूसरी फ़िल्म कोलम्बिया की एक फीचर फ़िल्म है **कांडोर्स नो एंटीरेन टोडस लास डीयस**, जो शताब्दी परिवर्तन के समय के अपराधी समूह के सदस्य और राजनीतिक हत्यारे के सम्बन्ध में है। दोनों फ़िल्में राजनीतिक हिंसा-जेल यातना, फाँसी और हत्या-प्रदर्शित करती हैं किन्तु उनका स्तर एकदम अलग है, पहली फ़िल्म एक विचित्र और काव्यात्मक चाक्षुष सत्य को सामने लाती है। दूसरी फ़िल्म अनवरत हिंसात्मक कार्रवाइयों की एक समाप्त न होनेवाली और वास्तव में निर्दय श्रृंखला प्रस्तुत करती है, जो कि बहुत शोख किन्तु पारम्परिक टेक्नीकलर में फ़िल्माई गयी है। इस बीच **फ़ीवर** कहीं ज्यादा शिद्दत के साथ हिंसा को प्रकट करती है और खास करके एक राजनीतिक अस्त्र के रूप में हत्या पर विशेष रूप से प्रकाश डालती है : यह आतंकवाद की अराजकतावादी परम्परा अथवा कृत्य के द्वारा प्रचार की परम्परा से सम्बद्ध है, यह प्रस्तुत हत्या के उद्देश्य से ज़ार पर किये गये आक्रमणों की भावना के अनुरूप है, बेंडी आ बोनट अथवा की भावना के अनुरूप है, कोनरेड के जासूस के अनुरूप है अथवा बिल्कुल हमारे समय के आई.आर.ए. के अनुरूप है। वास्तव में यह फ़िल्म एक बम की कहानी है : हम उसकी जटिल यात्रा और नियति को एक क्रान्तिकारी रसायनज्ञ द्वारा उसे निर्मित किये जाने की पहली अवस्था से लेकर एक विस्फोट विशेषज्ञ द्वारा झील में उसका विस्फोट किये जाने तक की घटनाओं के रूप में देखते हैं। अन्यथा, **ला कासा डी एगुआ** की लयात्मकता अथवा कुंडोरेस के उत्पीड़न भरे परपीड़ासुख और अविवेकपूर्ण बर्बरता वाली फीवर फ़िल्म में किसी प्रकार की समानता नज़र नहीं आती।

बहरहाल, इस तरह की शैलीगत विभिन्नताओं के बावजूद मेरे मन में सहअनुभूत गुणों की भावना है, जिसमें से मैं यहाँ तीन को अलग से बताना चाहूँगा। ये सभी ऐतिहासिक फ़िल्में हैं; प्रत्येक का बिल्कुल अलग रंग है, हर फ़िल्म एक अनन्य विशिष्टता प्रदर्शित करती है और अपने-आप एक में विशिष्ट आनन्द अथवा आकर्षण अथवा प्रमोद का स्रोत है; और प्रत्येक फ़िल्म में वर्णन की गतिशीलता को घटा कर सान्द्र और सरल रूप में पेश किया गया है; और यह काम-हिंसा के प्रति (कुछ कम अंश में कामवासना) जाग्रत कर किया गया है। इनसे अधिक पारम्परिक लातीनी अमरीकी धारणा के विपरीत ये तीन फ़िल्में मेरा ध्यान एक विशिष्ट जादुई यथार्थवाद के संगठक के रूप में क्यों आकर्षित कर सकीं—मैं इसे स्पष्ट करना चाहूँगा कि ये तीनों फ़िल्मों अलग-अलग तरीकों से एक चाक्षुष प्रभाव डालती हैं। समय की उपस्थिति में वे बिम्ब में रोमांचकता लाती हैं, जो कि अन्य वर्णनात्मक तन्त्रों में दृष्टि के अधीनस्थ अथवा द्वितीयक उपयोग से अथवा अस्तित्व को सामने लाने वाले शॉट के सम्बन्ध में आन्द्रे बाज़ें की तत्त्वशास्त्रीय अवधारणा

से पूरी तौर पर अलग है।

: 1 :

मैंने यह सुझाया है कि ऐतिहासिक फ़िल्म के प्रभेदों में एक कृति के रूप में ये फ़िल्में परवर्ती आधुनिकवाद में अपनी समान कृतियों से पूरी तौर पर अलग की जा सकती है—ये फ़िल्में नोस्टेलजिया फ़िल्मों से इतिहास की अवधारणा और सौन्दर्य शास्त्र की दृष्टि से पूरी तौर पर अलग हैं। ये फ़िल्में ज़्यादा पुराने ऐतिहासिक उपन्यास में वर्णित इतिहास का कहीं ज़्यादा पुराना प्रस्तुतीकरण हैं—जार्ज लुकाच के शास्त्रीय अर्थ में। मैंने अन्यत्र नास्टेलजिया फ़िल्म को कुछ इस तरह वर्णित किया है कि वह ऐतिहासिक प्रतिनिधित्व के एक ज़्यादा पुराने तन्त्र के लिए विकल्प जैसी चीज़ है, वास्तव में पूरी तौर पर चिह्नों के निर्माता के रूप में, हमारे अपने समय में ऐतिहासिकता के कमज़ोर होते जाने के लिए एक औपचारिक क्षतिपूर्ति के रूप में, मानो कि वह अतृप्त कामना की सेवा में एक चमकदार जड़ पूजा हो। नोस्टेलजिया फ़िल्म में बिम्ब को—अर्थात् किसी काल के फैशन की सत्यता को ऊपरी चमक को पूरी तौर पर सोख लिया जाता है क्योंकि वह बिम्ब एक चाक्षुष जिन्स में रूपान्तरित हो चुका होता है। जादुई यथार्थवाद वाली फ़िल्म से तीव्र चाक्षुष आनन्द मिलने के बावजूद मैं सोचता हूँ कि देखे जाने वाले विषय ऐसे नहीं हैं, जो दर्शक को अपने आप में बाँधे रख सकें।

जो बात हमें बाँधे रखती है, वह निश्चय ही इतिहास है, परन्तु यहाँ इतिहास छिद्रों के साथ है, एक छिद्रित इतिहास जिसमें ऐसे अन्तराल हैं, जो हमारी नज़र से ज्यादा नज़दीक हैं। ये छिद्र सबसे पहले तो सूचना के मामले में अन्तराल के रूप में वर्णित किये जा सकते हैं। स्थानिक स्थितियों का यह क्रम दिमाग के लिए इतने ज्यादा क़रीब से देखा गया है कि वह दूसरे सवालों को पूछने का मौका ही नहीं देता।

वास्तव में, कारण चाहे जो हो, हमारे सामने उपस्थित तीनों फ़िल्में ऐतिहासिक संरचना के विस्तृत पूर्व ज्ञान के सभी प्रकार के प्रदर्शन को समाप्त कर देती हैं और शुरुआत की पारम्परिक सांकेतिकता को होने ही नहीं देती : ''वर्ष 1812 के नवम्बर माह के दिन के धुँधलके में शहर के उत्तरी छोर की ओर कम्पोस्टेला सड़क पर दो खच्चर एक दो पहिए वाली बग्घी खींच रहे थे, इनमें से एक पर अच्छा सवार बैठा था, जो कि अश्वेत बग्घी वाला था, जैसा कि उन दिनों रिवाज़ था।'' इसके विपरीत मैंने यह सुझाया होता कि ये नवीनतर फ़िल्में हमारी आँखों के सामने से गुज़र रहे लोगों और स्थानों के सम्बन्ध में पहले से ही बने हुए परिचय की बात को अपने मन में रखती हैं, क्या मैं इस आवेशित शब्द को किसी

एक अलग बात के लिए आरक्षित नहीं रखना चाहता। क्या यह विभिन्न माध्यमों के महाकाव्य से किसी प्रकार तुलनीय नहीं है, जो किसी ऐसी चीज़ से कहीं ज़्यादा स्पष्ट रूप से अलग है, जो कि एक क्लैसिक उपन्यासकार का हो, जो किसी दी हुई चीज़ों के ऐसे समुच्चय से शुरू करता हो, जिसके मूल और महत्त्व के सम्बन्ध में बड़ी आसानी से यह आशा की जा सकती हो कि वह पारम्परिक रूप से उपयुक्त समय पर प्रदर्शित किया जाएगा।

सामान्य रूप से मैं यह अनुभव करता हूँ कि हमें वर्णन में प्रवेश करने के धक्के की अपनी चेतना को कहीं ज्यादा तेज करना होगा। यह अनुभव ही शरीर को किसी अपरिचित तत्त्व में अस्थाई रूप से डूब जाने के अनुभव से मिलता-जुलता है। इस तरह तिरोहित होने के साथ जो उदात्त आशंकाएँ रहती हैं, वे इस प्रवेश के साथ जुड़ी रहती हैं : ऐसा अर्द्धस्पष्ट भय कि पता नहीं इस द्रव के तल में क्या छिपा हुआ है; गन्दगी के साथ अशुद्ध सम्पर्क होने के पारम्परिक भय के साथ हमारे प्रभावित होने की भावना अज्ञात चरित्रों और उनकी विस्तृत परिस्थितियों के सम्बन्ध में धीमी शिक्षण प्रक्रिया के लिए की जाने वाली प्रबुद्ध कोशिशों के सम्बन्ध में होने वाले श्रम का पूर्वानुमान, ऐसा प्रतीत होता है कि वायदा की गयी साहसिकता के ऊपरी आवेश के नीचे वर्णनात्मक टेक्स्ट के लिए खुद को बलि कर देने की समीप आती स्थिति में कुछ गहरी द्वैध स्थिति रहती है। हमें ऐसे प्रवेश बिन्दुओं के ऐतिहासिक घटना शास्त्र की आवश्यकता है, जो ब्रेवुरा में अलग करने वाले परदों या विभिन्न फ्लैप और एपरचर, जिनसे हमें अपना सिर निकालने की अपेक्षा की जाती है; उन कोणों के अंशों की, जिनसे हम ताकते हैं; और उन छतों अथवा नीची झुकाई हुई दृश्यमयता का वर्णनात्मक स्थान जिसमें हम रहने जा रहे हैं की सूची हो। उदाहरण के लिए, एमिल जोलाँ के प्रकृतिवादी काव्य शास्त्र का यह कम उल्लेखनीय गुण नहीं है कि वहाँ भयावह, अन्धकारमय और अपशकुन सम्बन्धी चीज़ों से इस तरह सामना होता है जैसे कि वे उसके महान् उपन्यासों शुरू के पृष्ठों के कुपरिभाषित स्थान हों : ल वेन्त्रे दे पैरिस में पैरिस की ओर जा रही सब्जी गाड़ियों के आने के समय ऊषाकाल से पहले का झकझोर देने वाला अन्धकार; और फिर, **ला बेट ह्यूमइने** में गार सेंट लाज़ार के रेलवे टर्मिनस के दृश्य वाला मकान, एक स्पष्ट और हवादार स्थान ऊँचाई पर, जो अकथनीय हताशा के एक दृश्य द्वारा आवेशित होने को है। फिर भी जोलाँ में, जो बात अपशकुन सम्बन्धी है, वह है वर्णनात्मक परिप्रेक्ष्य का कार्य-एक प्रत्याशित प्रतिक्रिया जिसके द्वारा उपन्यासकार जो घटनाएँ होने वाली हैं उनकी शृंखला की घातक एकात्मकता को आक्रामक रूप से पुष्ट कर देता है।

जादुई यथार्थवादी फ़िल्मों के प्रवेश का बिन्दु इससे बिल्कुल अलग है,

यद्यपि उनमें बाद में होने वाली अथवा चरम बिन्दु वाली घटनाओं के पहले आ जाने वाले फ्लैश शामिल होते हैं : इस तरह **फ़ीवर** में बम के अन्तिम रूप से फोड़े जाने पर पानी की सीधी दीवार ऊपर फिंक जाती है। यह दृश्य रयासनज्ञ द्वारा बम के निर्माण के बिल्कुल शुरू के दृश्य में डाला गया है। इसी बीच **ल कासा एगुआ** में कवि के एक गहरे कुएँ में बन्द हो जाने का दृश्य शाल्ट फ्लैट के दृश्यों के द्वारा धुँधला दिया जाता है और यथार्थ से हटा दिया जाता है, परिश्रम कर रहे किसानों की आँखों के सामने इन्हीं फ्लैट्स के नीचे तानाशाह के सैनिकों द्वारा कुछ भागे हुए किन्तु निराश वीर क्रान्तिकारी मार डाले जाते हैं, बाद के दृश्यों में मछुआरों के गाँवों में कीचड़ और बरसात के बीच शवयात्रा के फ्लैश डाले गये हैं—यही कवि की अन्तिम नियति है। फिर भी इस तरह की प्रत्याशाओं का कोई मूल्य नहीं है, क्योंकि वर्णनात्मक टेक्स्ट एक ऐसी स्थिति का सूचक है जिसमें वर्णनात्मक एकात्मकता का कोई आश्वासन नहीं होता। इसके विपरीत, अजीब रासायनिक संयोगों के जरिए घुल-मिल जाते हैं। इन संयोगों में उन्हें बीच में इस तरह डाल दिया जाता है जैसे कि एक चाक्षुष एक्सपोज़र के विस्तार का एक बर्बर नमूना पेश किया जा रहा हो; बम विस्फोट से फूट पड़ी झील के मटमैले द्रव्य वाले लैंड स्केप के साथ में रसायनज्ञ की चमकदार अन्धकार वाली प्रयोगशाला, नमक के विस्तार की चकाचौंध कर देने वाली सफ़ेदी के साथ-साथ पत्थर कुएँ की क्षरित होती हरी अपारदर्शिता। फिर भी उन कारणों से जो कि बाद में बताये जाएँगे एकटक दृष्टि के ये संयोग, जो दिक् करते हैं और उसे सघन बनाते हैं, अपनी वस्तुओं को शब्द के सशक्त अर्थ में बिम्ब में इसीलिए रूपान्तरित नहीं करते, जैसा कि परवर्ती आधुनिकवाद और नास्टेलजिया फ़िल्म में है।

फिर भी इस तरह के प्रारम्भिक अवरोधों और अनिरन्तरता को पुराने आधुनिकतावाद के प्रदर्शन के रहस्यों से स्पष्ट रूप से अलग देखना होगा जिनकी पहेलियों का उच्च आधुनिकतावादी सृजनकत्ता के ज़रूरी और चरम आत्मनिष्ठ निर्णयों की अपेक्षा विषय-वस्तु की जटिलताओं से कम से कम ही लेना-देना था। इस दृष्टि से फ़ॉकनर के सेंक्चुरी का आरम्भ शंक्वाकार है : उसके चरित्र हमारे समक्ष 'हमेशा ही पहले से' परिचित रूप में कुछ अजीब ढंग से आते हैं, मानो हमसे यह पहले से ही अपेक्षा कर ली गयी है कि हम यह जानें कि टेम्पल और पोपेइ तथा वर्जिनिया सज्जन कौन थे—फिर भी यहाँ परिचय फ़ॉकनर का अपना है, पाठक का अब भी नहीं। यह तो वही है, जिसने मामले के तथ्यों और अपनी दो वर्णनात्मक धाराओं के समय पूर्व के मौसमी और संयोगवशात् संगम के कारणों (जो कि अत्यधिक जटिल नहीं हैं) को रोकने का निर्णय लिया है। यहाँ रहस्य आट्योर की प्रतिष्ठा को सशक्त बनाता है और उसके मस्तिष्क

में जो कुछ होना चाहिए, जिसके सम्बन्ध में भ्रमित कर देने वाली पूर्व धारणा है, उसके लिए ज़्यादा निजी शुभकामना को निर्धारित करता है। यह एक ऐसी संरचना है, जो दृष्टिकोण-वर्णनात्मक के कुख्यात **केटाफ़ोरिक** सर्वनाम के द्वारा शैली के लघुत्तम स्तर पर अनुकृत की गयी है, जिसमें प्रारम्भिक तृतीय पुरुष या खाली **वह** (पुरुष) अथवा **वह** (स्त्री) हमारे अध्ययन की पहचान अर्जित कर लेता है, जबकि वह हमें उसके व्यक्तिवाचक नाम और सामाजिक स्थिति के सम्बन्ध में जानने के लिए इन्तज़ार करने के लिए मजबूर करता है।

यद्यपि इन निर्णयों का फ़िल्म सिद्धान्त में प्रयोग किया गया है, विशेषकर पारम्परिक अलावा हॉलीवुड के वर्णनात्मक के विश्लेषण के लिए, फिर भी इस माध्यम की गहनतर संरचना में ये चीज़ें उन कारणों में शामिल नहीं हैं, जो समकालीन फ़िल्मों के उद्‌भव (बिल्कुल इस तरह की फ़िल्मों का सामने आना जिन पर कि यहाँ विचार किया जा रहा है) द्वारा आसान बना दी गयी हैं। एकीकृत विषय फ़िल्म में अब देखा जा सकता है, जो सामाजिक पाठों के द्वारा आसान बना दी गयी हैं। एकीकृत में अब देखा जा सकता है, जो सामाजिक पाठों के द्वारा आसानी से प्रस्तुत किया जाता है, बावजूद इसके कि वह महान् श्रेष्ठ अधिकारवादी **आट्‌योर** की कृतियों की शैलीगत एकात्मकता में अन्तिम रूप से प्रस्फुटित होता है : आने वाले विषयों को कैमरा, उपकरण और मशीन हटा देती है, आने वाली गति से एकीकृत वर्णनात्मक में हमारा प्रारम्भिक सुरक्षा भाव और विश्वास प्रयोगात्मक फ़िल्म के हस्तक्षेपों के द्वारा बिना किसी परिणाम के दूर कर दिया गया है : अब हम यह निश्चित रूप से नहीं कह सकते कि हम भरोसेमन्द हाथों में हैं, चीज़ें कभी भी समांगी नहीं हो सकतीं। और यदि ऐसा हो भी तो वर्णनात्मक प्रक्रिया पर एक बिल्कुल अलग दूसरे क़िस्म की त्वरण शक्ति दे दी गयी है। उदाहरण के लिए, फ़ीवर में दूसरे घंटे में ही पहुँचकर हम एकाएक रूप की अवधारणा करते हैं उस रूप में जिसे मैंने बड़े रूखे और गैर ईमानदार रूप में ऊपर सूत्रबद्ध किया है—'एकीकरण करने वाली युक्ति' के रूप में बस, राजनीतिक हत्या के **ला रांडी** तरीके की घटनाएँ, जिसमें मृत्यु उपकरण के रूप में है, न कि लाकाँ के तरीके के लिंग के रूप में जो आर-पार चलता है और इस तरह असम्बद्ध नियतियों (उस विशिष्ट असम्बद्ध पर जो नीचे है) शृंखलाओं को जोड़ता है। फिर भी वर्णनात्मक सूत्र की यह विलम्बित और विपरीत रूप से सक्रिय खोज-जिसकी औपचारिक मौलिकता की कॉलरिज की कल्पना के स्तर पर प्रशंसा की जा सकती है—फ़िल्म के भोगे गये अनुभव से असम्बद्ध बनी रहती है और उससे हमेशा ही एक संरचनात्मक दूरी बनाये रखती है, जिससे मस्तिष्क की आँख के दृश्य-पटल पर फ़ीवर के दो स्पष्ट अलग दृश्य बने रहते हैं।

निश्चय ही बम उससे बिल्कुल अलग अवधारणा की एक वस्तु के विषय के रूप में है और निश्चय ही वह फ़िल्म की शुरुआत से है; मानव उँगलियों की पोरों में घुसे हुए धातु के टुकड़ो के विशाल और चकरा देने वाले क्लोजअप इतने बड़े पैमाने पर बड़े करके दिखलाए गये हैं। विशाल और जटिल तथा फिर भी भय से सदैव ही अजीब से हो गये व इतनी कोमल और इतनी घातक वस्तु से सम्पर्क की परिस्थितियों के परिवर्तन पर कुछ-कुछ काँपते हुए। वह चीज़ अपने आपमें अब भी पहचानी नहीं गयी है फिर भी वह अत्यधिक अजीब है; एक सिलिण्डर किन्तु जिसमें काँटों के समान एक-दूसरे को काटती हुई रेखाएँ बनी हुई हैं, जैसे किसी तीर या किसी अजीब से वृक्ष की नंगी क्षैतिज शाखाएँ हों : सलाखों के दो परस्पर आते हुए समुच्चय, जो अनुमानतः कुल्हाड़ियाँ हैं, ये चार-चार के समुच्चय में हैं, जिन्हें उस युक्ति को बन्द करने या खोलने के लिए एक-दूसरे के विरुद्ध घुमाया जाना है, इस युक्ति को एक सिरे वाले स्क्रू के ट्यूब से बन्द कर दिया गया है, उसे उसके भीतर इस तरह डाला गया है जैसे कि किसी टारपीडो में डाला जाता है। फिर भी जो बात वास्तव में सबसे ज़्यादा आकर्षित करती है, रोलाँ बार्थीस के अर्थ में किसी फोटोग्राफ में जो चीज़ पंकटम बनाती है—वह किसी स्पर्श इन्द्रिय अथवा रंग की वस्तु (जिस पर वह बाद में असर डालती है) नहीं है बल्कि इस चमकादार धातुई वस्तु की पहली नवीनता है; और वह भी नहीं है अपने आपमें अथवा उसमें बार नयी धातु पर पड़े तेल की इस सफाई और उस पुराने बहुत पुराने ऐतिहासिक विश्व के बीच के विरोधाभास जिसमें यह फ़िल्म रूप ग्रहण करते समझी जाती है। मानो किसी तरह उस मध्य यूरोप के क्रान्ति के पूर्व के छिन्न-भिन्न संसार में आपको नये विषय नहीं मिल सकते थे—और निश्चय ही किसी समकालीन विज्ञान और उद्योग के अर्थ में टेक्नोलॉजी तो बिल्कुल ही नहीं मिल सकती थी! यह गड्डमड्ड विचार-किसी अवधारणा के सम्बन्ध में सोचने की कोशिश, वास्तव में आमतौर पर ऐतिहासिक उपन्यास के संरचनात्मक विरोधाभास को सामने लाता है और सघन बनाता है : समय के वर्तमान के जरिए भूतकाल को बढ़ने, वर्तमान में जीवन जीना, जो भूतकाल और बूढ़े, मृत्यु और दिवंगत के रूप में अंकित किया जा चुका है। इस तरह यह फ़िल्म हमारे सामने एक असम्भव नवीनता प्रस्तुत करती है, जिससे हमारे अपने समय के वर्तमान और इस प्राचीन इतिहास के बीच एक सोचे न जा सकने वाले सम्बन्ध को लेकर विभ्रम हमारे सामने आ जाता है : हम एक ऐसे बिन्दु पर पहुँच जाते हैं, जिस पर सिलिण्डर के ऊपर धीरे-धीरे ताज़े खून की बड़ी बूँदें गिरती हैं, कैमरा धीरे-धीरे उठता है, जिससे यह पता लग सके कि आविष्कार अपनी कटी हुई उँगली को चूसता है—यह आत्म विनाश के महान् खतरे को नहीं, बल्कि

एक बहुत छोटे से खेतरे को सामने लाता है, जिसमें उसके यथार्थ होने की सिर्फ़ पराभौतिक प्राथमिकता है। खून की बूँदे हमारे समक्ष धुँधले रूप में एक ऐसा समग्र प्रस्तुत करती हैं, जो विशाल दो आयामी बिम्ब के स्पर्श के परे हैं, इस न चाक्षुष क्षेत्र में खून से रंजित उँगलियों की चक्राकार, घूमती छोटी गोल इकाइयाँ रूपान्तरित होती हैं। फलस्वरूप अयथार्थीकरण के तकनीकी अर्थ से हमें जो मिलता है, वह बिम्ब नहीं है बल्कि कुछ और है, जिसे वर्णित किया जाना बाकी है और जो किसी नयी ऊर्ध्वाकार दिशा में कहानी के प्रकट होने के पारम्परिक वर्णनात्मक तर्क को एक दूसरी दिशा दे देता है, जबकि स्वयं शरीर के माध्यम से ये तत्त्व सक्रिय होते हैं।

ल कासा दे एगुआ (पानी का घर) के शीर्षक का महत्त्व उसके शुरू होने के शॉट में भी पदांकित है, जो अपने स्वयं के अधिकार से एक रूपक चिह्न में समाप्त होने में रूपान्तरित होता है : एक युवा व्यक्ति, नग्न, पत्थर की दीवारों से घिरे, काले पड़े हुए, उथले पानी के ताल में संघर्ष कर रहा है, मानो वह किसी पुराने कुएँ के तल में पड़ा हुआ है, एक आरामदायक स्थिति को खोजने की हताश कोशिशें (खड़े होने, लेटने, तैरने, झुकने और जो अन्त में एक मूक चीख से यातना में पीछे झुकने के मुखौटे को प्राप्त करता है।) बाद में यह सिद्ध करेगा कि यह एक आगे जाने वाला फ्लैश है : बाद के वर्णन के किसी बिन्दु में पानी में एकान्त रूप से बन्द किये जाने की घटना होती है जबकि कवि राजनीतिक कारणों से जेल में डाल दिया जाता है, जेल की इस अवधि के दौरान उसे कुष्ठ रोग हो जाता है। शुरू की रूपक वाली छवि इस तरह दृश्य के रूपान्तर का केन्द्र सिद्ध होती है। वास्तव में यह इस कृति के भीतर का निर्णायक विभेद अथवा प्रतिरोध है, जिसका रहस्य और भय अध्यारोपित, फिर भी अतार्किक और असहनीय द्विनियतियों से है, जो भोले-भाले समर्थकों को भोगनी पड़ती है। तानाशाह की पुलिस के द्वारा किये जाने वाले राजनीतिक अन्याय और प्रताड़ना (सूअर के समान लोगों की जाति का यह व्यंग्य चित्र है, जो नमक खोदने वाले और मछुआरों के ग्रामवासियों के बीच रहते हैं, मानो कि वे किसी विकृत और विदेशी जाति के हों, जिसने उन लोगों पर सत्ता जमा रखी हो) एक अवदान के रूप में जड़ी गयी नियति भी है, मानो प्रकृति की स्वयं की पराभौतिक निर्ममता में उस ऐतिहासिक यातना को प्रलम्बित कर दिया गया हो—प्राकृतिक बीमारी का दूसरा अन्धकारपूर्ण भविष्य जो समर्थकों के समूह पर उनके खुद के तर्क के अनुसार धीरे-धीरे सक्रिय होता है, अपने शास्त्रीय गुणों को चमड़े की किनार वाले विकृत नये मुखौटे में बदल देता है, उस तरह कि जैसे बाह्य अन्तरिक्ष का कोई दैत्य हो।

समकालीन बुर्जुआ साहित्य के एक खास किनारे पर, जो अस्तित्ववाद में

सर्वाधिक उल्लेखनीय है, प्रकृति और इतिहास के बीच सैद्धान्तिक विभ्रम चेतना के धरातल की ओर बढ़ता नज़र आता है। यह विभ्रम राजनीति और पराभौतिकी के बीच, "इतिहास के भयावह सपने"—जो कि दूसरे लोगों की निर्ममता के कारण हुआ बताया जाता है—और निर्दयी प्रकृति के कुछ और अधिक सत्तामूलक दृष्टिकोण के बीच, जिसमें ईश्वर पहला अपराधी है, क्योंकि उसने हम नश्वरों की रचना की है। यह विभ्रम अब भी परावर्तित रूप से स्पष्ट किया गया विरोधाभास नहीं है। कामू का **प्लेग** इस फिसलन की सर्वाधिक सान्द्रित अभिव्यक्ति को प्रदर्शित करता है, जो एक सम्पूर्ण विकसित विचारों के रूप में तब उभरती है, जब वह नाजी की ऐतिहासिक परियोजना में बिल्कुल अलग चीज़ के कथ्य के रूप में प्रतिपादित की जाती है, जो एक विकट बैक्टेरिया महामारी के रूप में होती है। यह महामारी लोगों को अन्यायी और पूरी तौर पर असंगत तरीके से नष्ट कर देने के लिए निजी मानव नियतियों के ताने-बाने में प्रवेश करती है। वास्तव में इन दो स्पष्ट, अलग परिप्रेक्ष्यों के बीच फिसलन, यह दो असंगत भाषाओं का यह संदूषण, हमारे समय में अराजनीतिकरण के एक खतरनाक स्रोत के रूप में पहचाना गया है। यह फिसलन दो अलग-अलग परिप्रेक्ष्यों में है। पहला परिप्रेक्ष्य वह, जो ऐसे किसी राजनीतिक, ऐतिहासिक विश्लेषण का प्रस्ताव करता है, जो अत्यधिक निराशामय ऐतिहासिक परिस्थितियों में भी परिवर्तन और अनुकरणीय उदाहरण के रूप में दर्शकों को ओजमय बनाने में सक्षम हो, जबकि दूसरा परिप्रेक्ष्य जैविक जीवन की अर्थहीनता उसके अन्तिम रूप आत्मतुष्टि, पराभौतिक दृष्टिकोण को स्थायी बनाता है, जिसमें किसी चीज़ के सम्बन्ध में प्रतिक्रिया अधिक-से-अधिक **सिसीफस के मिथ** की किसी निजी तार्किक स्थित प्रज्ञता के रूप में हो सकती है।

बहरहाल, **ला कासा दे एगुआ** में यही असंगतता स्वयं कृति के विषय के रूप में बिल्कुल सामने लायी गयी है—जो कि उसे एक अनसुलझे विरोधाभास के रूप में इस तरह नाटकीय रूप में पेश करती है कि सैद्धान्तिक हस्तक्षेपों और पुरानी पहचान की ध्वनियाँ संरचनात्मक रूप से अवरुद्ध हो जाती हैं। मैं इस अप्रत्याशित संरचना और वर्णनात्मक कार्य के सम्बन्ध में बाद में चर्चा करूँगा। इसी तरह मैं सैद्धान्तिक विषय और इस जादुई यथार्थवादी फ़िल्म के बार-बार उभरकर आनेवाले चाक्षुष धरातलों के बीच सम्बन्ध को लेकर कुछ और बुनियादी सवाल करूँगा। हर हालत में पानी स्पष्ट रूप से रूपान्तरण का केन्द्र है, जिसमें मानव विरूपता का विनिमय प्राकृतिक और जैविक बीमारी की आत्मीय शक्ति के लिए किया गया है : एक संकेतक (थमा हुआ पानी, दलदल वाला और सड़ता हुआ) विकसित और स्पष्ट किया जाता है और नमक वाले मैदान की चमकदार

शुष्कता के उल्लेखनीय ध्रुवों तथा समुद्र की स्वच्छता, जिसमें कवि का परिवार अपना एक बहुत पुराना धन्धा चलाता है, के विरोध के ज़रिए इसे निर्मित किया जाता है।

ज़ाहिराना तौर पर **कोनडोर्स नो एंटीरन टोडस लास डीयस** एक अधिक पारम्परिक कृति है, जिसकी रुचि और शिक्षा को निकालना हमारे लिए ज़्यादा आसान है। दक्षिण अमरीकी फ़िल्में (अपनी यूरोपीय खिचड़ी रचनाओं के साथ, जैसी कि कुछ वार्नर हरजोग की हैं) बारम्बार एक उद्घाटक पहचान चिह्न महाद्वीप के स्वयं की विशालता को प्रदर्शित करने के लिए बनाया गया है : किसी जंगल की वनस्पति के अपार विस्तार का एक ऊँचे कोण से लिया गया विहंगम दृश्य, जिसमें वह उठता है और एक असीम क्षितिज में गिर जाता है। परन्तु कोनडेर्स में इस पूरी तौर पर पारम्परिक शुरुआत को दृष्टिकोण के ज़रिए उत्प्ररित किया गया है, जब यह बात समझते हैं कि इस शॉट का उद्भव एक परभक्षी जीव की पूर्व की सम्पूर्ण उड़ान के दौरान विहंगम दृष्टि के शॉट के रूप में अद्भुत है और तब दृश्यावली हल्के धुँधलके में छिपी हुई कृषि भूमि की जादुई पहचान में बदले जाने में संघटित है और इसलिए वह स्वयं एक फॉर्म हाउस में बदल जाती है जिसमें एक खेती वाले क्षेत्र के मकान की सीढ़ी के सामने दो बच्चे खेल रहे हैं, जो किसी प्राचीनकालीन मिडिल वेस्ट की पृष्ठभूमि में बनी हो। इस ग्राम्य शान्ति में एक बात प्रवेश करती है, जिसका एक उत्तर अमरीकी समानान्तर है : एक गाड़ी असुविधाजनक सूट में बड़े आकार के अजीब से लोगों से भरी हुई है, अमरीकी अपराधियों वाली फ़िल्मों के साथ इसकी समानता पूरी तौर पर है। इसके बाद जैसा होना चाहिए परिवार की टॉमी गन से हत्या कर दी जाती है, बच्चे भी मार डाले जाते हैं। इस निरुद्देश्य आतंक का चिह्न इस पूरी प्रक्रिया के भोंडेपन, बन्दूक धारियों की कठोरता और बेढंगेपन में है, जबकि वे खेत के चौगान में गीली मिट्टी पर फिसलते हैं और कठिनाई से चल पाते हैं। इस पर कोई यह कहना चाहेगा कि यह स्थिति एक संवैधानिक बेढंगेपन सरीखी है और किसी व्यक्ति की अक्षमता या मूढ़ता या चारित्रिक झिझक के कारण नहीं है जैसी फ़ीवर के भयावह दृश्य में है, जिसमें एक सैनिक एक देशद्रोही को बहुत बुरे ढंग से मौत के घाट उतार देता है जबकि उस सैनिक ने कभी भी पिस्तौल नहीं चलायी थी, वह उस पर बारम्बार गोली चलाता जाता है, उसके शरीर के अलग-अलग हिस्सों पर, उसके आस-पास के उथले भरे मैदान पर तथा फिर उसके कोमल शरीर पर, जो अब उसका निशाना बन गया है, फिर भी चीख निकालने की एक बेढंगी कोशिश के कारण तनावग्रस्त है।

कोनडोर्स में हम उसे शैलीगत अथवा श्रेणीगत दरार के सबसे ज़्यादा करीब

हैं, जो नास्टेलजिया फ़िल्म से जादुई यथार्थ को अलग करती है। (निश्चय ही जैसा कि हम बाद में देखेंगे उसका बनाडो बातोलुची के इल कन्फार्मिस्टा, जो परवर्ती आधुनिकतावादी विकल्प का पूरी तौर पर एक प्रतिरूप है, से बहुत दूर से वैचारिक रूप से सम्बद्ध है) उदाहरण के लिए अपराधिक के समूह की लम्बी गाड़ी की चमक और चमकदार प्राचीनता दो तरीक़े से काम करती है और अब पारम्परिक नास्टेलजिया फ़िल्म एक विशिष्ट ऐतिहासिक (अथवा ज़्यादा सही ढंग से कहें तो पीढ़ीगत) समय और एक विशिष्ट श्रेणी के उदाहरण हैं, (इस मामले में अपराधी अथवा माफ़िया फ़िल्म) का संकेत करती है, जिसका उत्तर आधुनिकतावादी संस्करण एक खिचड़ी रचना के रूप में दिखाई देगा। इस तरह की प्रारम्भिक नास्टेलजिया फ़िल्म की गत्यात्मकता तब अनेक तरीकों से दबती जाती है, जब फ़िल्म बढ़ती है : विशेषकर यह तत्त्व फ़िल्म के अन्त में उसके बार-बार आने के कारण पूरी तौर पर रूपान्तरित हो जाता है, जिसमें (सभी आशाओं के विपरीत) कोंडोर अन्ततः मारा जाता है—रात्रि में एक छोटे शहर की खाली सड़क एक अपशकुन के रूप गतिहीन वाहन बिना किसी कारण बहुत पुरानी दीवारों के बाजू खड़ा है और बन्द लकड़ी के दोहरे पल्ले वाले दरवाज़े हैं, जैसी कि कोंडोर की आदत थी, बिना अंगरक्षकों के अँधेरे में अकेला जाता रहता है, जबकि उसे गोली से मार डाला जाता है (मनोविज्ञान और प्रतिष्ठा के समान कारणों से)। परन्तु इस अन्तिम दृश्य में ठोस भाषा का इस्तेमाल किया गया है, जो कि नास्टेलजिया फ़िल्म के चमकदार धरातलों के लिए बाहरी चीज़ है : घूमती हुई कार शॉट के अवकाश में एक स्पष्ट और शिल्पगत आयतन ग्रहण कर लेती है, जबकि कोंडोर का शरीर पत्थरों पर आगे आकर छोटा होकर फैलता है, इसमें एक मॉण्टेना पीटा की निष्क्रिय नोकें निकली हुई हैं।

बहरहाल, यहाँ विरोधाभास अनुत्तरीय आसानी के साथ खाई छोड़ देता है, जिसमें दैत्य समाप्त कर दिया जाता है : टाइटिल में यह बात बतला दी गयी है कि वह अभेद्य है—"आप हर दिन कोंडोर को नहीं दफ़नाते हैं"—इसलिए आप केन्द्रीय घटना को पहले से ही बतला देते हैं, जिसमें ज़हरीला फल कोंडोर के घर में पहुँचा दिया जाता है और वह हत्यारे द्वारा तथा उसके नौकर की पत्नी द्वारा खा लिया जाता है। इसके बाद उनकी मौत की पीड़ा की बड़े आराम के साथ और कभी समाप्त न होने वाली निरीक्षण प्रक्रिया सम्पन्न होती है—विवाह वाले बिस्तर पर दोनों शरीर एक-दूसरे के बाजू में छटपटाते हुए और फूलते हुए नज़र आते हैं। उनकी शान्त और न दिखाई देने वाली पीड़ा को उसके साथ दिखलाया गया है मानो इन दो मूक और प्रेमहीन विलग व्यक्तियों के समागम करने पर वह ब्याज टीका हो। एक मध्यम वर्गीय डॉक्टर इस पीड़ा की लम्बी

रात की अगुआई करता है, वह खुद भी अलग-थलग और सचेत है, अपनी खुद की भ्रमपूर्ण स्थिति से वह स्पष्ट रूप से परेशान है, उसे एक शक्तिशाली व्यक्ति की, जिससे लोग भय खाते थे और घृणा करते थे, जिन्दगी को बचाने के लिए व्यावसायिक रूप से कहा गया है, वह उस व्यक्ति को निश्चय ही गाँव के अन्य लोगों की भाँति मर जाने देना चाहेगा। इस बीच जब ज़हर देने की खबर शहर के लोगों तक पहुँचती है तब बाहर की सड़क पर रात्रि के समय लोक-मेले का रंग फैल जाता है, आतिशबाजी,गिटार, बेहद शराबखोरी, अब एक गाथा बन गये हत्यारे के अत्याचारी अस्तित्व से मुक्ति का आनन्द। परन्तु कोंडारे की अति-मानवीय आधुनिक शक्ति उसे इस पीड़ा से बचा ले जाती है। अगली सुबह की शान्ति एक खाई से छोड़ी गयी बन्दूक की गोली से उल्लेखनीय बन जाती है, यह खाई गाँव के सड़क के किनारे होती है, जिसमें पिछली रात के संगीतकारों (जो कि कोंडोर की पुत्री से अवांछित रूप से शादी के उत्सुक और प्रेम वेदना के गीत गाने वाले थे) के मृत शरीर बिना किसी औपचारिकता के डाल दिया गये थे। इस घटना में भी, तब ज़हर के शिकार बने लोगों के शरीर में पेट की मरोड़ और आँतों में पीड़ा के द्वारा आयतन का निर्माण किया गया है; इन लोगों के भीतर की पीड़ा एक रूप और आकार के शुद्ध चाक्षुष तर्क को नष्ट कर देती है।

इस वक़्त स्थिति यह है कि यह तर्क औपचारिक ही बना हुआ है, जो दो स्पष्ट रूप से अलग-अलग फ़िल्म-विधियों के बीच की विभिन्नता बताना चाहता है, जिनके द्वारा कोई निश्चित ऐतिहासिक कथ्य अथवा कच्चा माल प्रतिनिधित्व अर्जित कर सकता है (मैं इसके बदले **आकार अग्रहण** शब्द पसन्द करता हूँ)।

उत्तर आधुनिकतावादी प्रवृत्तियों के आमतौर पर अनुरूप नास्टेलजिया फ़िल्म व्यक्ति के बिम्ब और प्रतिछाया को उत्पन्न करने की कोशिश करती है और इस तरह एक ऐसी सामाजिक स्थिति में, जिसमें शुद्ध ऐतिहासिक अथवा वर्ग परम्पराएँ क्षीण हो गयी हैं, एक ऐसी चीज़ निर्मित करती है, जो नकली विगत के समान है और जो एक अलग क़िस्म के विगत के लिए, उसके विस्थापन के लिए भी एक क्षतिपूर्ति अथवा विकल्प सामने लाती है, जो अलग परिस्थितियों में रहने वाले लोगों के व्यवहार के प्रदर्शन और उनकी सम्मिलित परियोजना को गति देने के लिए एक आवश्यक साधन (भविष्य के सक्रिय दृष्टिकोण के साथ-साथ) रहा है।

इसके कुछ स्पष्ट औपचारिक विकल्प का विवरण, बहरहाल, अपूर्ण बना रहता है और उसे इस निबन्ध के शेष हिस्से में लगातार विकसित किया जाएगा। परन्तु इस मौके पर इस अनिवार्य औपचारिक विवरण को इस तरह की औपचारिक

भाषा और उपयोग में लायी जाने वाली कच्ची सामग्री की बुनियादी संरचना के साथ पूरा करना महत्त्वपूर्ण है : मैंने अन्यत्र जिसे **कथ्य का तर्क** (पदार्थ के सम्बन्ध में लोविस हेमस्लेब की धारणा) अथवा, दूसरे शब्दों में, एक औपचारिक संहिता के बोली-सम्बन्धी रूपान्तरण के किसी अर्थ में, जो कच्ची सामग्री की बुनियादी संरचना द्वारा सामने लाया जाता है और जिसके सम्बन्ध में वह समझता है कि उस पर वह खुद की सार्वभौमिक शक्ति अथवा योग्यता का प्रयोग कर रहा है। वास्तव में मेंने अन्यत्र यह सुझाया है कि नास्टेलजिया फ़िल्म के लिए एक विशेषाधिकार प्राप्त कच्ची सामग्री नज़दीकी सामाजिक विगत से ली गयी प्रतीत होती है, जो आइजनहावर युग और छठे दशक के अमरीका से लेकर चौथे और तीसरे दशकों तक फैली हुई है। इस तरह के चरण और झुकावों का अदृश्य सघनकारी समूह अनिवार्य रूप से पीढ़ीगत है (और हमारे भोगे हुए अनुभव और हाल ही के इतिहास के हमारे विस्तृत दृष्टिकोण के वर्णन रूप में इस पीढ़ी की अवधारणा अथवा समूह, जो कि सातवें दशक में फिर से उभरकर आया, वह अपने आपमें एक उल्लेखनीय लक्षण है)।

वह कच्चा माल, जिसे मैं जादुई यथार्थ फ़िल्म कहता आया हूँ, मुझे इससे बिल्कुल अलग नज़र आता है (यद्यपि यह स्पष्ट है कि यहाँ मेरा नमूना संख्या की दृष्टि से अपूर्ण है और निजी अवलोकन की घटनाओं पर बहुत ज़्यादा आधारित है। बहरहाल, यह मुद्दा कि ये फ़िल्म कहीं ज्यादा दूरस्थ ऐतिहासिक समय को प्रदर्शित करती हैं—यद्यपि वे किसी भी रूप में वर्तमान के साथ समानताएँ और एकरूपताएँ छोड़ नहीं पाती हैं; पीढ़ीगत विचार और पुनर्लेखन से एकजुट होने का विरोध करता है। 1905 के पोलैंड में क्रान्तिकारी गतिविधि, कोलम्बिया के गृह-युद्ध का आदि-इतिहास अथवा 19वीं सदी के वैनेजुएला का उससे भी पुराना इतिहास—इस तरह के कथ्य स्थायी युगों और उनकी प्रवृत्तियों के ज़्यादा अस्थायी प्रतिनिधित्व के काम में आने का विरोध करते हैं। हमें इन फ़िल्मों की अतुलनीय हिंसा के मामले की ओर एक अन्य सन्दर्भ में बाद में लौटेंगे : यहाँ यह ध्यान देना अनिवार्य है कि सम्बद्ध ऐतिहासिक क्षण के उत्प्रेरित अध्ययन अथवा किसी तरह से निरन्तरताविहीन अध्ययन को हिंसा अपरिहार्य बना देती है। अत: मैं इस अस्थायी परिकल्पना को सामने लाऊँगा कि एक औपचारिक माध्यम के रूप में जादुई यथार्थवाद की सम्भावना एक विशिष्ट प्रकार की ऐतिहासिक कच्ची सामग्री पर संवैधानिक रूप से निर्भर करती है, जिसमें विलगता संरचनात्मक रूप से उपस्थित है; अथवा इस परिकल्पना को ज़्यादा उघड़े रूप में सामान्यीकृत करने के लिए, जादुई यथार्थकार एक ऐसे कथ्य पर निर्भर करता है, जो पूर्व पूँजीवादी के नव-पूँजीवादी अथवा तकनीकी विशेषताओं के साथ सहअस्तित्व अथवा अतिव्यापन

को प्रकट करता है। तब इस तरह की दृष्टि से जादुई यथार्थवादी फ़िल्म का सघनकारी समूह पीढ़ी की अवधारणा नहीं है (जैसा कि नास्टेलजिया फ़िल्म में है) परन्तु एक बिल्कुल अलग क़िस्म की निर्माण शैली है और ऐसे निर्माण की शैली है, जो पुरानी शैली के चिह्न के अब भी विरोध में है (यदि वह एक भविष्य की शैली के सामने आने का पूर्व कथन नहीं है तो) मैं विश्वास करता हूँ कि यह ऊपर जो परिभाषा दी गयी है, उसके अनुसार साहित्यिक जादुई यथार्थवाद की नृशास्त्रीय दृष्टि में 'सत्य के क्षण' को सैद्धान्तिक रूप में सर्वाधिक पर्याप्त रूप से प्रस्तुत किया जाना है और **उत्कृष्ट यथार्थ** के सम्बन्ध में कारपेंटियर की अवधारणा के रणनीतिपूर्ण सूत्रबद्ध किये जाने के कारण को भी प्रकट करती है : यह ऐसा यथार्थवाद नहीं है, जो जादुई परिप्रेक्ष्य को जोड़ने से रूपान्तरित हो जाय परन्तु एक ऐसी यथार्थता है, जो पहले से ही हैं और अपने आप में ही जादुई अथवा अद्‌भुत है। इसी वजह से कारपेंटियर और गर्सिया मार्क्वेज इस बात पर ज़ोर देते हैं कि लातीनी अमरीका की सामाजिक यथार्थसत्ता में **यथार्थवाद** पहले से ही **जादुई यथार्थवाद** है। अत: अमरीका के छठे दशक की **इच्छा का लुप्त लक्ष्य** नहीं बल्कि वर्तमान में बसे विगत की समान परतों का अच्छी तरह से अध्यारोपण (भारतीय अथवा प्रि कोलम्बियन यथार्थताएँ उपनिवेश युग, स्वतन्त्रता के लिए युद्ध, राजनीतिक विभिन्नवाद, अमरीकी आधिपत्य का युग—जैसा कि एस्टुरियाज में 1954 की क्रान्ति के सम्बन्ध में **वीक एंड इन ग्वाटेमाला** फ़िल्म में है) इस नयी वर्णनात्मक शैली के उभरने के लिए औपचारिक पूर्व शर्त है।

: 2 :

किन्तु इन फ़िल्मों में विचित्र और अंगीभूत भूमिका पर विचार करने के लिए इतिहास के प्रश्न को निलम्बित करना आवश्यक है। अब तक इस विषय पर मेरी टिप्पणियों ने उपयुक्त रूप से यह नहीं स्पष्ट किया है कि किस प्रकार इस नवीन तथा वर्द्धित तकनीकी अर्थ में रंग उस छवि या चाक्षुष प्रतिरूप के तर्क से, जिसे हमने उत्तर-आधुनिकता से सम्बन्धित किया है—ऐसा तर्क जो रंगीन छवियों के अनुभव से शायद ही असम्बद्ध प्रतीत हो—अत्यन्त उग्र रूप से अनुपयुक्त है। अत: यहाँ रंग और चमक-दमक, जो कि नास्टेलाजिया फ़िल्म के लिए वास्तव में मेरे मतानुसार अधिक उपयुक्त श्रेणी है, के बीच विभाजन करने के द्वारा इस आधारभूत अन्तर पर विचार करने के लिए मुझे प्रयास करने दिया जाय।

जैसा कि हम यहाँ जानेंगे रंग वस्तुओं को एक-दूसरे से स्पष्ट ठोस पदार्थों के सम्मोहक प्रति दर्शक के रूप में अलग-अलग करता है। इन ठोस पदार्थों के अलग-अलग व्यक्तिगत अमिश्रित रंग आँखों में अलग-अलग प्रकार के स्पष्ट

कम्पन पैदा करते हैं और इस प्रकार प्रत्येक वस्तु को एक अनूठे, अनुपम, चाक्षुष आनन्द के बिन्दु पथ के रूप में अधिक आकर्षक बनाता है। दूसरी ओर चमकीलापन फ़िल्म में प्रिंट की विशेषता बतलाता है, जिसमें उसे विभिन्न अंगों का एकीकृत प्रदर्शन धुँधला बनाया गया होता है और वह कैमरे के द्वारा लोगों के उपयोग के लिए एक दर्शनीय वस्तु के रूप में चमकीले फूलों, भव्य आन्तरिक दृश्यों, महंगे अलंकरणों तथा सामयिक फ़ैशन की चीज़ों के एकीकरण के रूप में स्वच्छ काँच की आभा में रूपान्तरित होता है। लाँका की एक उल्लेखनीय टिप्पणी (ग्यारहवें सेमीनार में उसके द्वारा **स्कोपिक ड्राइव्ह** पर व्यक्त विचारों से बिल्कुल अलग सन्दर्भ में) यहाँ मौजूद है; सामान्य दृष्टि और टकटकी लगाकर देखने के बीच में जो यह महत्त्वपूर्ण अन्तर है, उसे यह उदाहरण स्पष्ट करता है।

''ज्यूक्सिस और पेरासियस की शास्त्रीय कहानी में, ज्यूक्सिस को ऐसे अंगूरों का चित्रकार बताया गया है, जो पक्षियों को आकर्षित करते हैं, यहाँ इस बात पर बल नहीं दिया गया है कि ये अंगूर किसी तरह से सम्पूर्ण रूपेण अंगूर ही है किन्तु यह रेखांकित किया गया है कि पक्षियों की दृष्टि को भी वे आकर्षित करते हैं। यह इस तथ्य से प्रमाणित होता है कि उसका मित्र पेरासियस दीवाल पर एक पर्दे का चित्र अंकित कर उससे भी आगे निकल जाता है। पर्दे का यह चित्र इतना सजीव है कि ज्यूक्सिस उसकी ओर मुखातिब होकर कहता है कि अच्छा अब यह तो बताओ कि इस पर्दे के पीछे तुमने क्या चित्रांकित किया है। इस प्रकार उसने यह प्रदर्शित किया कि विचारणीय विषय वास्तव में सामान्य दृष्टि को छलने से सम्बन्धित था। यह सामान्य दृष्टि पर टकटकी लगाकर देखने की विजय है।

पक्षियों की दृष्टि में दिखने वाले अंगूर का प्रतिनिधित्व करने वाली वस्तु का कुछ और लघुकृत तथा प्रतीक के निकट होना आवश्यक था। किन्तु इससे विपरीत पेरासियस का उदाहरण यह स्पष्ट करता है कि यदि कोई व्यक्ति किसी को छलना चाहता है तो वह उसके सामने एक पर्दे का रंगीन चित्र प्रस्तुत करता है। आशय यह है कि वह कोई ऐसा चित्र अंकित करता है, जो दर्शक को यह पूछने के लिए प्रेरित करता है कि उसके पीछे क्या है?

इसी सन्दर्भ में यह लघु कथा हमें यह बताने में उपयोगी हो जाती है कि चित्रांकन के भ्रम के विरुद्ध प्लेटो क्यों आपत्ति करता है? यहाँ मुद्दा यह नहीं है कि चित्र किसी वस्तु की भ्रामक समतुल्यता प्रदान करता है, यद्यपि प्लेटो ऐसा ही मत व्यक्त करता प्रतीत होता है। तथ्य यह है कि चित्र का सामान्य दर्शन कुछ ऐसा बताता है जो कि वास्तविकता से अलग होता है।

उस समय चित्रांकित वस्तु ऐसी प्रतीत होती है, जो वास्तविकता से भिन्न

थी अथवा अब भी वह कोई अन्य वस्तु ही प्रतीत होती है। ऐसा चित्र बाह्य स्वरूप से स्पर्धा नहीं करता। वास्तव में वह उस तथ्य से स्पर्धा करता है, जो प्लेटो के अनुसार बाह्य स्वरूप से काफ़ी हटकर विचार के रूप से निरूपित होता है। चित्र ऐसी बाह्य आकृति होता है, जो यह व्यक्त करता है कि चित्र ही बाह्य आकृति को रूपान्तरित करता है और इसी बाह्य आकृति के सन्दर्भ में प्लेटो चित्र के विरुद्ध अपने विचार कुछ इस प्रकार व्यक्त करता है कि जैसे उक्त क्रियाकलाप स्वयं उसके क्रियाकलाप का प्रतियोगी हो।

यह अन्य वस्तु ही वह शत्रु है, जिसके आस-पास ऐसा टकराव होता रहता है, जिसकी आत्मा वह पेंटिंग है, जिसमें किया गया निरूपण यथार्थ प्रतीत होता है।''

लाकाँ का प्रकरण (उसके ऐसे सन्दर्भ से अलग करते हुए जिसमें मूल प्रवृत्यात्मक अभियान के बारे में फ्रॉयड की धारणा को परिभाषित करने का प्रयास किया गया है) उत्तर आधुनिकता छवि को एक ऐसी दृश्य वस्तु के रूप में ग्रहण करने के लिए उपयोगी तथा सुझावात्मक प्रत्यन्तरित बिन्दु में हो सकता, जिसमें चित्रांकित पर्दे का अभिप्राय इच्छा का विषय बन गया है। यह कुछ ऐसी अन्तिम सतह बन गया है, जिससे उस अन्य वस्तु-अतिरिक्त वस्तु तथा उसके पीछे की वस्तुओं को चित्रांकित करने में अभिमानपूर्वक सफलता प्राप्त कर ली है और उसे एक ऐसे एकीकृत स्तर पर ला दिया है, जिस पर वस्तुएँ अपनी पूर्ण ठोस आकृति और गहराई को छोड़ देती हैं और स्वयं अपनी ही छवियों का प्रतिरूप बन जाती हैं और इस प्रकार स्वयं अपने ही अधिकार से किन्हीं अन्य वस्तुओं का प्रतिनिधि होने की अपेक्षा छवियों के रूप में मान्य होने के लिए प्रस्तुत हो उठती हैं।

लाकाँ अपने वर्ण्य-विषय के विकल्प अर्थात ज्यूक्सिस के काल्पनिक अंगूरों (हमारे पुनः लेखन में जो जादुई यथार्थ रंग और उसकी वस्तुओं का प्रमुख रेखा पथ है) के बारे में कुछ अधिक सहायक नहीं होता। अतः यह आवश्यक है कि यहाँ हम इस विषय पर पुनः किसी अन्य प्रकार से विचार करने का प्रयास करें।

''सबानाज को प्रदेश का सर्वाधिक कृषि प्रधान और प्रबुद्ध क्षेत्र माना गया है। खेतों में बीजारोपण का कार्य ऋतुओं के जो असामयिक रूप से नियमित थीं तथा भूमि के रंगों के अनुसार होता था। भूमि का रंग पूरी तौर पर श्वेत से लेकर एकदम काले रंग के बीच विस्तृत था। ऐसे रंग ताँबई, गुलाबी, जामुनी, पीले, हरे, धूसर, लाल और नीले थे।

सबानाज के लोग प्रायः मन्द 'धूसर', 'फीके' या 'चटकदार, धूसर, चमकीले लाल, ईंट के रंग के पूर्ण लाल, शरीर के रंग के समान लाल, जामुनी लाल, पीतवर्णी लाल, कपशवर्णी-ताँबई लाल, केसरी लाल, आग के समान लाल, किरमिची लाल,

गहरा लाल, सिन्दूरी लाल, जले हुए रंग की तरह लाल, रक्त के समान लाल या सूर्यास्त के रंग के समान लाल रंग की चर्चा करते थे। वे चितकबरे और लकीरदार तथा चित्तीदार और संगमरमरी रंगों के बीच अन्तर भी समझते थे तथा वे कुछ फ़सलों के विशेष गुणों को इन रंगों से जोड़ते थे।''

पावलो अरमांडो फ़र्नांडेज के महान् क्यूबीआई जादुई यथार्थवादी उपन्यास **लाल निनॉस से डेस्पीडेन** का यह अवतरण उस स्थिति का केन्द्रबिन्दु है, जिसमें एक नवीन सृष्टिकर्त्ता के रूप में शून्य से पुनः सृष्टि का निर्माण करती है (यह निर्माण ऐसी कृति है, जिसकी अन्तिम परिणति पूर्ण शून्य के रूप में होती है)। दरअसल, एक चाक्षुष कृति की अपेक्षा ऐसी शब्दिक रचना यह प्रदर्शित करता है कि कैसे प्रत्येक स्पष्ट रंग (और उसका नाम) का क़दम-दर-क़दम आविष्कार सम्पूर्ण प्रतिबिम्ब के विभिन्न क्षेत्रों के प्रति दृष्टि की सामान्य चेतना के अनुरूप ही नहीं होता बल्कि अनेक प्रकार की तथा स्पष्ट संवेदनाओं को भी अभिव्यक्त करता है। इनमें से प्रत्येक संवेदना सम्बन्धित विशिष्ट 'लाल' रंग को उद्दीप्त तथा उत्तेजित कर जीवन्त बनाती है। अतएव दृष्टि शक्ति के साथ ही लाल रंग की यह विशिष्ट श्रेणी देखने के अर्थ में एक प्रकार के अनुमानित बिन्दु-पथ की तरह एक इकाई के रूप में प्रस्फुटित की जाती है। इस नवीन गोचर भिन्नता में 'ईंट के समान लाल रंग' को देखने में एक ऐसी बोध-इन्द्रिय रहती है, जो कि 'जले हुए लाल रंग' को पहचानने की शक्ति से अलग होती है क्योंकि देखने का पुराना सामान्य तरीका सुनने या स्पर्श करने से सम्बन्धित था। इसी बीच, नवीन तथा अपूर्ण तौर पर खोजी गयी गोचर शक्तियों की अनेकता, प्रत्येक कथन की स्पष्ट क्रिया की मायावी विच्छिन्नताएँ प्रत्येक शब्द को जादुई शक्ति प्रदान करने के लिए, पुनः शब्दों की ओर लौट पड़ती हैं।

निस्सन्देह, आधुनिक भाषा विज्ञान का सिद्धान्त जीव और वस्तुओं, निर्मित प्राणियों तथा व्यष्टिगत वनस्पति और जीव समूहों के लिए आदिम कालीन पहचान करते की पद्धति की पुरानी तथा अदम्य कल्पनाओं से युक्त होने के लिए निरन्तर संघर्ष करता आया है। सासूरियन दृष्टिकोण से ऐसी कल्पनाएँ इस अशुद्ध और रहस्यात्मक धारणा को बल प्रदान करती हैं कि शब्द से वस्तु और व्यष्टिगत व्यक्त करने वालों से व्यष्टिगत व्यक्त के सम्बध में परस्पर एक-एक के आधार पर अर्थ उद्भूत होता है, किन्तु अपेक्षाकृत नवीन भाषा शास्त्रों के अनुसार सामान्यतः तथा शब्द योजना के तरीके से व्यक्त करने वालों के बीच और उनकी शब्द योजनाओं से सम्बन्धित भूमिकाओं तथा शब्द सम्बन्धी विरोधों से अर्थ उद्भूत होता है। फिर भी शायद **आणविक स्तर** (गिलेस डेप्ल्यू के शब्दों में) तथा व्यष्टिगत गुणों के स्तर पर आदिम-कालीन कल्पना का कोई अपेक्षाकृत गहरा सत्य ऐसे आयाम में

पुनः उदित होता है जहाँ **वस्तु** और **बिम्ब** और **संज्ञा** की निन्दित, आदर्शपूर्ण और एकीकृत करने वाली श्रेणियों की तब कोई सार्थकता नहीं रह जाती।

"आग, आग, आग। बयामो जल रहा है। जले हुए शरीरों की दीप्ति ने उनके आकार और आकृतियों को नष्ट कर दिया है। एक पागल औरत की तरह वह चिल्ला उठी; प्रथम को उद्‌भूत होने दो। लाल धुएँ का एक बादल उसके मुँह पर छा गया और वह पुनः एक सनकी की तरह चिल्ला उठीः अब दूसरे को आने दो। तब पीले बादल का एक टुकड़ा उसके पास बिना उसे देखे निकल गया। फिर नारंगी रंग का तीसरा, हरे रंग का चौथा, नीले रंग का पाँचवाँ, नील के रंग का छठा और बैंगनी रंग का सातवाँ बादल उसके पास से निकल गया। एक विजेता की तरह उसकी आँखें चमक उठीं, जिसने उसमें उल्लसित, विनम्र तथा अत्यन्त मधुर वाणी की शक्ति को जाग्रत कर दिया।"

यहाँ पुरानी वस्तुओं के समुच्चय से नयी दृष्टि (और वाणी) का उदय होता है, पावली अरमांडो का यह लघु रूपक हमें ज्यूक्सिस के अंगूरों के बारे में ऐसे सम्मोहक रंगों के सन्दर्भ में पुनः विचार करने को प्रेरित करता है कि उन्हें देखकर हम क्रमशः उन वस्तुओं को भूल जाते हैं, जो किन्हीं विशिष्ट गुणों से जुड़ी हुई समझी जाती हैं (जबकि हम पक्षियों की भूख के बारे में कल्पना करने में समर्थ होते हैं किन्तु गोम्बरिच की तरह इनके लिए कोई प्रतिनिध्यात्मक पहचान निरूपित नहीं की जा सकती)।

इन शाब्दिक रचनाओं के अपूर्व अनुभव फ़िल्म अथवा चाक्षुष माध्यम से उद्‌भूत अनुभव होते हैं। यहाँ मुझे विशेषकर (फ़ीवर में प्रदर्शित) एक अद्वितीय बैंगनी रंग के एप्रन का चलता-चलता विवरण याद आता है। अभूतपूर्व तीव्रता के इस समयनिष्ठ अनुभव की तुलना केवल बॉड लेचर के कथन—"ऐसा रमणीय हरा कि जो आहत कर देता है"—से की जा सकती है। ऐसे प्रसंग यह सुझाव देते हैं कि इन फ़िल्मों में रंग समांगी माध्यम का कार्य नहीं करता। इन फ़िल्मों में रंग ऐसे अपेक्षाकृत अधिक सामान्यीकृत उत्तेजक उपकरण के रूप में कार्य करता है, जिसे एक बार स्थान प्रयुक्त करने पर रंग में इस तरह की अनिरंतरित संवेदनाओं को जाग्रत करने का सामर्थ्य होता है। यदि ऐसा है तो मन यह सुझाव देने की ओर आकर्षित होता है कि नास्टेलजिया फ़िल्म में, जहाँ वह लाकाँ के द्वारा व्यक्त **टकटकी लगाकर देखने** के रूप में ऐसे समांगी क्षेत्र को प्रभावित करता है, जहाँ से ऊर्जा की इसी प्रकार की समयनिष्ठ धड़कनें उद्‌भूत होती हैं, प्रतिद्वन्द्वात्मक कार्य करता है।

जब सासूरियन तथा उच्च स्तरीकृत परम्परा में विशेषाधिकृत परिस्थिति तथा विभिन्न भाषाओं में रंग की प्रणालियों के उदाहरण (जो कि शब्द योजना सम्बन्धी

परस्पर विरोधों का मूल रूप है) के बारे में विचार किया जाता है तब यह सुझाव देने में कोई अधिक परिश्रम नहीं करना पड़ता कि ये प्रतीत होने वाले चाक्षुष अनुभव स्वयं भाषा के पूर्व चेतन क्षेत्र से जुड़े हुए अपेक्षाकृत कहीं अधिक गहरे रूप से जुड़े हुए हैं (अधिकांशतः ठीक उसी प्रकार जैसा कि फ्रॉयड और लाकाँ दोनों ने यह बताया है कि सेक्स सम्बन्धी इच्छाएँ और स्वप्नों का विवरण जैसी प्रतीत होने वाली अस्तित्वमयी घटनाएँ, भाषा शास्त्र सम्बन्धी या शब्द योजना सम्बन्धी विविधताओं के अनुपस्थित कारण का परिणाम हो सकती हैं)।

फिर भी, सामान्यतः फ़िल्म में रंग की प्रकृति और उसके महत्त्व के बारे में स्टेनले केव्हल का उल्लेखनीय चिन्तन ही सिद्धान्त से सम्बन्धित तात्कालिक सन्दर्भ रहना चाहिए। स्टेनले के कथनानुसार यह काल्पनिक भवितव्यता का सम्पूर्ण आयाम है, जिसमें विषयों को मनोवैज्ञानिकता तथा नाटकीयता से हीन करने की क्रिया सन्निहित रहती है।

यह बात नहीं है कि फ़िल्मों के रंग स्वाभाविक रंगों की सही अनुकृति नहीं थे। यह भी नहीं कि रंगीन फ़िल्मों की कहानियाँ स्पष्टतः अवास्तविक थीं। बात यह है कि रंगीन फ़िल्मों ने श्वेत-श्याम धुरी को तथा उसके द्वारा समर्पित चरित्रों और प्रसंगों के नाटक को, जिसके द्वारा चरित्रों तथा घटनाओं के बारे में हमारी समझ सुरक्षित रहती थी, अवगुंठित कर दिया।

फ़िल्मी रंगों तथा कुछ विवरणात्मक सम्भावनाओं के अनावृत्त होने अथवा पूर्वावृत्त होने के बारे में प्राप्त अनुभव के इस अंगीभूत विभाजन के बारे में अगले अध्याय में फिर समीक्षा की जाएगी। फिर भी यह उल्लेखनीय है कि केव्हल की पुस्तक के प्रथम प्रकाशन के समय से ही, ऐसी स्थिति में जहाँ फ़िल्म में रंग अपवाद न होकर सार्वभौमिक मान्य बन गया है, उसकी परिकल्पना एक शाश्वत गर्हित शक्ति को बनाये रखती है, जिससे यह सुझाव प्राप्त होता है कि यह कल्पना करना गलत है कि हमारे दैनिक जीव की दुनिया रंगों की दुनिया है तथा इस परिप्रेक्ष्य में यह कल्पित करना अधिक सही होगा कि जिस वास्तविक विश्व में हम चलते-फिरते हैं, काम करते हैं और देखते हैं वह श्वेत-श्याम रंग की अधिक उपयुक्त तौर से विशिष्टताओं से समन्वित है। फिर भी, रंगीन फ़िल्म का सामान्यीकरण इस गुण के, जो कि श्वेत-श्याम फ़िल्म के विरोध पर नहीं बल्कि रंगों की विभिन्न प्रणालियों के विरोधों पर निर्भर है, अग्रभाग का निर्माण करता है, जिससे जादुई यथार्थसत्ता और उत्तर आधुनिक विस्तार के बीच अन्तर करने की सम्भावना प्रस्तुत होती है।

इसके अलावा जिस अन्य सैद्धान्तिक सन्दर्भ को यहाँ स्थापित करना चाहिए, वह स्पष्टतः **अप्राकृतिक** के बारे में फ्रॉयड की धारणा है। इस धारणा के अनुसार

जिस घटना का प्रतिनिधित्व किया गया है, वह ऐसी प्राचीन कल्पना की पुनरावृत्ति के रूप में स्वाभाविक तौर पर रेखांकित हो जाती है कि विषय-वस्तु में उसके स्वतन्त्र अस्तित्व का कोई चिह्न तक नहीं रह जाता। ऐसी स्थिति में जो अति आवश्यक श्वेत-श्याम अवास्तविकता है, उसे अत्यन्त चमकीले और बहुरंगी प्रतिनिधित्व के द्वारा **दमित की वापसी** स्वयं अपना अनुभव कराती है। यथार्थवादी चित्र की पेंटिंग की तरह इसमें आकृतियाँ भद्दी तथा मोटै तौर पर निर्मित होती हैं तथा इसमें बिम्ब अपने संवेदी अस्तित्व की समग्रता के द्वारा अप्रत्यक्षीकृत हो जाते हैं, जिसकी वजह से केवल दर्शन सम्मोहन के रूप में उजागर होता है।

फ्रॉयड ने जिस विषय-वस्तु का (ई.टी.ए. हाफमेन की कहानी 'दि सैंडेमन') अध्ययन किया है, उससे सम्बन्धित उसके निबन्ध के बारे में प्रायः जो धारणा बनायी जाती है, उसकी अपेक्षा वह कहीं अधिक चुस्त तरीके से संयत है, विशेष कर एक ऐसे विवरणीय ढाँचे से जिससे विषय-वस्तु का अतीत अलग कर दिया गया है (ताकि एक मुक्त प्रतीत होने वाली शक्ति के रूप में उसे विस्फोटित होने दिया जाय)। इसके साथ ही फ्रॉयड का निबन्ध ऐसे मानव-मन के विचित्र तथा अवक्रोक्तिपूर्ण विलगाव के द्वारा भी संयत है, जिसका अन्ततः **उन्माद** की कल्पनाशीलता में नाटकीयकरण किया जाएगा। ये विशेषताएँ जिनसे स्वयं फ्रॉयड की धारणा का मूल विकास रेखांकित होता है, यहाँ चर्चित फ़िल्मों के सन्दर्भ में ज़्यादा सार्थक नहीं हैं, यद्यपि फ़िल्म के द्वारा हिंसा की भूमिका तथा विषय को वस्तुनिष्ठ बनाने की क्रिया स्वयं ही अस्पष्ट सादृश्य प्रस्तुत करती है। बहरहाल, फ्रॉयड के सैद्धान्तिक प्रदर्शन से हमें जिसे बचाये रखना है, वह ऐसी विधि है, जिसके विवरणीय तथ्यों को उद्दीप्त किया जा सकता है तथा जो उसके भीतर किसी अनुपस्थित कारण है द्वारा रेखांकित होता है; यह कारण अनुभव के द्वारा पहचाना तो नहीं जा सकता है किन्तु मात्र औपचारिक गुणों से ज्ञात किया जा सकता है।

फिर भी इन विभिन्न सैद्धान्तिक सम्भावनाओं का मुकाबला एक अलग प्रकार के विभिन्न लक्षणों को केवल समझा दिया गया है—विशेषकर फ़िल्म सामग्री के विचलन तथा फ़िल्म के निर्माण की प्रक्रिया के द्वारा—जिसका कारण अपेक्षाकृत अधिक उपयुक्त सौन्दर्यशास्त्रीय गतिशीलता की अपेक्षा तीसरी दुनिया के देशों में फ़िल्मोद्योग की आर्थिक स्थिति हो सकती है। निस्सन्देह, साहित्य के समाजशास्त्र की अपेक्षा अधिक नाटकीय ढंग से फ़िल्म का अध्ययन, आन्तरिक और बाह्य विश्लेषण, बाह्य और भीतरी ढाँचों के नियमों, औपचारिक गठन और इन शिल्प तथ्यों के आर्थिक तथा तकनीकी निर्धारकों के ऐसे विवरणों के बीच एक अविचल असंगति की स्थिति प्रस्तुत करता है। यह एक ऐसी स्थिति है, जिसमें **अत्यधिक**

निर्धारण का बाह्य प्रभाव बौद्धिक रूप से पूर्णतः सन्तोषप्रद नहीं प्रतीत होता। फिर भी, तीसरी दुनिया के सिनेमा के सिद्धान्तवादियों के द्वारा—विशेष उल्लेखनीय रूप से क्यूबा में—जहाँ छवि की तकनीकी परिपूर्णता (जिसकी पहचान पहली दुनिया की उत्तर आधुनिकता से की जा सकती है) समृद्धिशील पूँजीवादी अर्थव्यवस्था के रूप में मानी जाती है—अत्यधिक निर्धारण का एक प्रकार का प्रदर्शन तो प्रस्तावित ही किया गया है। ये सिद्धान्तवादी यह सुझाव देते हैं कि वैकल्पिक तीसरी दुनिया की सौन्दर्यवादी राजनीति अपने अपूर्ण सिनेमा को एक शक्ति तथा पसन्द और अपनी स्वयं के स्पष्ट मूल स्रोतों और मूल तत्त्वों के प्रतीक के रूप में रूपान्तरित करना चाहेगी। यहाँ तक तकनीक या उसका अर्धविकास सौन्दर्यानुभूति विषयक सन्देश के भीतर स्पष्टतः पृष्ठभूमि में चला जाता है ताकि अब वह बाह्य दुर्घटना अथवा आकस्मिक निर्धारक की अपेक्षा आन्तरिक अर्थ के रूप में कार्य कर सके।

फिर भी रंग, जिसे मैंने पहले ही शरीर की घटना तथा आयाम की अभिव्यक्ति से सम्बन्धित किया है, के विवरण को पूर्ण करने के लिए स्वयं फ़िल्मी विस्तार से सम्बन्धित उसके परिणामों को और अधिक सामान्य बनाने की आवश्यकता है। उदाहरण के लिए, **फ़ीवर** नामक फ़िल्म को विचित्र अति श्याम रंग से बनाया गया है, जिसकी सार्थकता स्वयं फ़िल्म के तत्त्वों से प्रमाणित करना कठिन है, जब तक कि जिस स्थान और जिन तमोवृत्त क्षेत्रों का छायांकन किया गया है, जहाँ कार्य सम्पन्न हुआ है उनको विचार में न लें! इस फ़िल्म में या तो सर्वव्यापी रात्रिकालीन दृश्य भी म्लान हो गये हैं। यहाँ सम्भवतः आँख में शलाका और उसके कोणों (जिसके सम्बन्ध में यह ज्ञात है कि वे गोधूलि के प्रारम्भ होने के साथ ही तदनुसार परिवर्तित हो जाते हैं) का इस प्रकार उद्दीपन होता है कि रात्रिकालीन दृष्टि में ये दुर्लभ चाक्षुष (बैंगनी एप्रन) बहुमूल्य विजय के विजय समान अनुभूत होने लगते हैं।

इसके विपरीत ला **कासा दे एगुआ** में बाह्य वातावरण और खुले क्षेत्र प्रधान हैं, जहाँ एक के बाद एक आने वाले दृश्यों के रंग की पारदर्शिता का बोध तथा नमक के समान श्वेत रंग के द्वारा हल्के किये हुए ठोस रंग सुख-भ्रान्ति के बिन्दु तक विस्तृत हो जाते हैं। यहाँ कारावास शिविर--कुष्ठ कॉलोनी—तक बाह्य वातावरण में हैं। यद्यपि उत्पीड़न अत्यन्त सान्द्रीकृत रहता है, जीवन की अवधि के संक्षिप्त विवरण में अतिथि कक्षों और उच्चस्तरीय वेश्यालयों में, किन्तु ऐसे प्रामाणिक आन्तरिक दृश्य केवल कवि के छात्र जीवन की अवधि के संक्षिप्त विवरण में पाये जाते हैं। यह संक्षिप्त विवरण तत्कालीन अतिथि कक्षों और उच्च स्तरीय वेश्यालयों, जो कि प्रतिक्रिया स्वरूप स्मृति में एक विलुप्त स्वप्नलोक के मूल्य की विशिष्टता लिये रहते हैं, की समृद्धि से सम्बन्धित हैं। ये दृश्य समृद्ध तथा नास्टलजिया प्रकार

की फ़िल्म की छवियों से युक्त रहते हैं, जिनसे फ़िल्म का शेष भाग दर्शक को कष्टदायक रूप में अलग कर देगा।

किन्तु मेरे द्वारा पूर्व वर्णित विशिष्टता के अतिरिक्त, इस कृति की एक और भी विशिष्टता है, जो कवि को युवावस्था के मछली मारने वाले ग्राम तथा कवि की अन्तिम नियति के उल्लेख से सम्बन्धित है। ग्राम में निर्मित इन काष्ठ झोपड़ियों, जिनमें तानाशाह का पुलिस मुख्यालय भी सम्मिलित है, की अस्थायी स्थिति समुद्र के किनारे एक औपनिवेशिक बस्ती तक होने का सुझाव नहीं देती। दरअसल, यह स्थिति मछुआरों के घुमन्तू निर्धनता और पुलिस के बैरकों पर सेना के अधिकार के महत्त्व को ही दर्शाती हैं। यही काम-चलाऊ स्थिति कवि के अन्तिम निवास—उस कुटिया को भी अंकित करती है, जिसमें वह अपनी शर्म को छिपाता है और अपनी कविताओं के पृष्ठों को बिखेर देता है तथा उपनिवेशवाद की अपेक्षाकृत अधिक ऐतिहासिक स्थिति में पृथ्वी पर ही मृत्यु की हीडेगेर के क्षणभंगुरता के सिद्धान्त को साकार कर देता है (यद्यपि अनुपस्थित तानाशाह, तकनीकी दृष्टि से, केवल एक स्थानीय लड़ाकू व्यक्ति ही है)।

इन दो समस्यामूलक भौगोलिक स्थितियों—समुद्र के किनारे स्थित ग्रामीणों के अस्थायी तथा अस्त-व्यस्त निवास अथवा रूसी गवर्नर जनरल सहित पूर्व यूरोपीय शहरी बस्ती, जिसमें परम्परागत रूप और बुरी हालत में अस्पताल, किराने की दूकानें, गोदाम और मकान हैं (जिनका छायांकन कैमरा के द्वारा दूर से नहीं बल्कि काफ़ी नज़दीक से किया गया है)—के विपरीत ऐसा प्रतीत होता है कि कोंडोर लातीनी अमरीकी एक छोटे शहर के अपेक्षाकृत अधिक पारम्परिक स्थायित्व के रूप में बसा हुआ है, जो कि निस्सन्देह आंशिक रूप से (जैसा कि वर्तमान में अल सल्वाडोर में है) विरोधाभास और स्थिति के आतंक को रेखांकित करता है, जिसमें एक स्थापित शहरी बस्ती की जनसंख्या की प्रतिदिन हत्या की जा रही है, जिसके परिणामस्वरूप बस्ती के मकान जनहीन होते जा रहे हैं। विभिन्न दूरियों से चलने वाली बन्दूकों और घोड़ों की टापों की पृष्ठभूमि से आती हुई ध्वनि फ़िल्म में चाक्षुष क्षेत्र के निर्माण में सम्भवत: अपेक्षाकृत अधिक भूमिका का निर्वाह करती है जैसे कि कैफ़े के एक दृश्य में—मदिरालय के एक जनविहीन कमरे में नायक पृष्ठभूमि से सुनाई देती पड़ोसी के कुत्तों की भौंकने की आवाज़ से क्रोधित हो उठता है तथा उन कुत्तों को मरवा देता है; या कि इसी सन्दर्भ का एक सतत् उदाहरण है मोटर गाड़ियों के आवागमन की निर्णायक पूर्वसूचक ध्वनि।

: 3 :

कोंडोर की उल्लेखनीय विशिष्टता किसी भी प्रकार से उसका विस्तार नहीं है, फिर भी उसकी विवरणात्मक गत्यात्मकता से उसकी मौलिकता को ज़्यादा अच्छी तरह से समझा जा सकता है। अपराधियों के गिरोह से या माफ़िया से सम्बन्धित फ़िल्मों के सम्पूर्ण वर्ग से इस फ़िल्म के महत्त्व को मैं पहले ही रेखांकित कर चुका हूँ। इस फ़िल्म में मनोवैज्ञानिक निदान में नायक की शुद्धाचारवादिता पर बल दिया गया है। यह उन दृश्यों से स्पष्ट हो जाता है, जिसमें अपनी पत्नी की नग्नता अथवा आँगन के भीतर खड़े होकर स्नान करने के लिए अपने शरीर पर बाल्टियों से ठंडा पानी डालते समय स्वयं अपनी नग्नता से नायक आतंकित हो उठता है।

इस तरह का रोग निदान बहुत पुराने समय के परम्परा अनुसार चला आ रहा है (और इसलिए यह आशा की जाती है कि यह विषय एक क़िस्म का स्वस्थ पलायनवाद है), यह बात सैन्यवाद अथवा फ़ासीवाद के पॉप मनोविश्लेषणात्मक व्याख्याओं की याद दिलाने वाली है। **एकाधिकारवादी व्यक्तित्व** के सम्बन्ध में थियोडार ए डोर नो की धारणा से शुरू कर **रिफ्लेशन इन ए गोल्डन आई** अथवा **इन कानफार्मिस्टा** तक दमित समलैंगिकता अथवा बचपन की तकलीफ़ में प्रतिक्रियावादी, बर्बरता का मूल स्थित है। बहरहाल, (फ़र्स्ट वर्ल्ड के परिप्रेक्ष्य से) कोंडोर की नवीनता इस तथ्य में निहित है कि पक्षधर पहले से ही राजनीतिक है, जो कि अपने दल के सम्बन्धों और विरोधों में गहरे असन्तोष के बीच ज़िन्दगी जी रहा है (जो उसके खुद के अस्तित्व के पहले की चीज़ें हैं, जो लिबरल और कंजर्वेटिव, नीले और लाल अथवा चाहे जो हो उनके बीच सनातन प्रतिस्पर्धा के रूप में है) उत्तर अमरीकियों ने भी राजनीतिक के इस स्थायित्व को दल के सम्बन्ध में निष्ठा और असन्तोष के एक संकीर्ण अर्थ में देखा था, जिसे सामान्य जीवन के एक अंग के रूप में लिया जाता है और जिसमें वंश प्रतिस्पर्धा की तेजी रहती है। कई बार यह स्थान की अथवा क्षणों की प्रतिस्पर्धा होती है (मेसाच्यूस्ट्स, ल्यूसियाना, इस शताब्दी के आगमन अवसर पर आया महान संरक्षण का सिद्धान्त, जिसे मेक्सवेबर ने बहुत सराहा था), परन्तु हमारे साहित्य ने इस सत्य को पारिवारिक नाटक और वंश गाथाओं में अध्यारोपित कर दिया है, बावजूद इसके कि वह हाल के चित्रों में माफ़िया—चक्र में पूरी भव्यता के साथ आएँ। अंग्रेजी में, सिर्फ कॉनराड का नौसट्रामों है, जिसका मुझे स्मरण आ रहा है, जिसमें इस अर्थ में राजनीति तथ्य की भूमध्य सागर यथार्थताओं को प्रस्तुत करने की कोशिश की गयी थी, फिर भी इस फ़िल्म में वह सामान्य जीवन का अंश होने की बजाय पृष्ठभूमि के रूप में है। कोंडोर में, बहरहाल राजनीतिक आकर्षण भविष्य के पक्षधर के

सामाजिक प्रतिरोध के साथ शुरू से ही घुला-मिला हुआ है। यह पक्षधर एक गरीब लिपिक की निम्न स्थिति तथा उन धनी शहरी लोगों के निराश कर देने वाले तानों का विषय बना हुआ है, जो कि एक अन्य राजनीतिक धड़े के हैं। फिर यह फ़िल्म इन मामूली बुर्जुआ अनुगामियों के एक ओजस्वी और घातक शक्ति के रूप में हिंसा और प्रतिरोध के अतिप्राकृतिक शक्ति के रूप में असाधारण रूपान्तरण का विवरण प्रस्तुत करती है, और इस तरह वह एक दैत्य के दहला देनेवाले प्रतिरोध को प्रस्तुत करती है (यह एक युवा नीरो का रैसिनी द्वारा किया गया नाटकीकरण है) यह निजी से सार्वजनिक बनने, मनोवैज्ञानिक चोट से राजनीतिक व्यवसाय बनने से कहीं अधिक बड़ी चीज़ है (इस तरह की मनोवैज्ञानिक जीवन-गाथा का हिटलर एक पारम्परिक अथवा विशेष अधिकार प्राप्त विषय है), क्योंकि वह इस ओज के स्तर को राजनीति के भीतर ही प्रदर्शित करने की कोशिश करता है।

फिर भी इस फ़िल्म की सबसे रोचक मौलिकता, जो उसे माफ़िया या गुंडों के जीवन पर बनी फ़िल्मों से बिल्कुल अलग बनाती है, इस बात में निहित है कि इसमें किसी भी प्रकार की सामूहिक संरचना का काम पूरे तौर पर अनुपस्थित है अथवा शान्त है। माफ़िया फ़िल्म एक मुखिया और उसके दल, परिवार अथवा जातीय समूह, जिससे कि वह उभरता हुआ दिखता है, के बीच एकता को लेकर बनायी गयी थी; इस तरह की कृतियों का गुप्त आकर्षण उन तरीकों से स्पष्ट किया जाता है, जिससे वे समाज की अवचेतन फैंटेसी का दोहन करते हैं और अपराध की निजी विकास रेखा को एक समूह की सामूहिक जिन्दगी की तीव्रता वाले जीवन प्रतिनिधित्व का आधार बना देते हैं, जो कि उसके दर्शक की निजी ज़िन्दगी के अनुभव में नहीं होती हैं, बहरहाल, कोंडोर इस नक़ली चमक को बिखरा देता है और इस तरह की पारम्परिक अपेक्षाओं को स्वीकार कर लेने से मना कर देता है : कुछ संदिग्ध चरित्र वाले ठग उसके प्रभाव क्षेत्र में यहाँ-वहाँ भटकते हैं और उसकी प्रतिष्ठा का लाभ लेते हैं, परन्तु यह अकेला व्यक्ति नितान्त अकेलेपन में भटकता है, उसमें भटकता है, उसमें भटकाव अथवा असामाजिकता के तेज़ स्वर नहीं उभरते (स्कार फेस अथवा लिटिल सीज़र जैसी शुरुआत की गैंगस्टार फ़िल्मों में यह बचकाने ढंग का मनोवैज्ञानिक विचार विकसित किया गया था।) कोंडोर के नायक का विकास और रूपान्तरण बिना किसी टिप्पणी के देखा जाता है और उसमें ब्रेख्त के 'मान इस्ट मान' के यथार्थवाद सरीखी चीज़ से यह रूपान्तरण होता है, जिसका आदर्श यह था कि आप लोगों को किसी भी ढंग से मोड़ सकते हैं।

अब भी ये निष्कर्ष ऐसे बिन्दु तक नहीं पहुँच सके हैं, जहाँ वर्णनात्मक

गतिशीलता का चाक्षुष (और उसके साथ ही इतिहास की विशिष्ट नयी उपस्थिति) के साथ विशिष्ट प्रकार के सम्बन्ध की समस्या स्पष्ट हो सके, फ़िल्म पर कैवेल का कार्य एक खोस क़िस्म की गम्भीर ऐतिहासिक प्रवृत्ति के सम्बन्ध में आश्चर्यजनक अन्तः प्रेरणा के द्वारा अथवा समकालीन फ़िल्म में रुकावट के द्वारा प्रेरित है, जिसे वह **गैर नाटकीयकरण** कहता है, परन्तु जिसे वह सही जगह पर देखता प्रतीत नहीं होता, चाहे वह ऐतिहासिक परिवर्तन के प्रति निजी चिन्तन की कमी के कारण हो अथवा वह अब भी उसे चित्रकला के इतिहास के समतुल्य रखकर विचार करना चाहता हो। मैं इसे गैर वर्णनात्मकीकरण की प्रवृत्ति कहना पसन्द करूँगा और मैं यह बताना चाहूँगा कि इसे किस तरह 'शारीरिक स्तर पर घटित' तथा अश्लीलता तथा हिंसा के अब तक के अदोहित साधनों तक क्षमताओं के सहयोगी उपयोग के रूप में उसका प्रयोग किया जा रहा है। इस तरह की बातें पूरी तौर पर वर्णनात्मक होती हैं और इनका किसी प्रकार का नैतिक उपदेश देने का उद्देश्य नहीं होता, फिर भी समकालीन उच्च साहित्य के कुछ कुख्यात समस्यात्मक रूपों के साथ उसकी तुलना टाली नहीं जा सकती। उदाहरण के लिए, मैं आले रॉब्ब ग्रिये के औपचारिक सिद्धान्त के परिनिन्दित और सुविख्यात कथ्य के सम्बन्ध में सोच रहा हूँ, उसमें वर्णित नारी शरीर के प्रति पर-पीड़ा-सुख तथा हिंसा को उपन्यासकार द्वारा दिये गये सुझाव के आधार पर भी स्वीकार नहीं किया जा सकता कि उसकी कृति को समकालीन संस्कृति में सर्वत्र व्याप्त हिंसा तथा अश्लीलता की मीमांसा के रूप में देखा जाय। बहरहाल, ग्रिये के उपन्यास हमारे समय की आधुनिकता में प्रचलित सामान्य नियमों अथवा गत्यात्मकता की कार्य विधि सुझाते हैं : कथ्य जितना ही ज़्यादा सरल बनाये जा सकने योग्य होना चाहिए। मार्शल प्रूस्त ने जो महान अवकाशीय बेलबूटे वाला काम किया है, वह जटिल कथ्य को संगठित करने के उदाहरण के रूप में बताया जा सकने वाला कार्य है। यह रोजाना की घटनाओं के दो तरीके हैं, स्वान का अथवा छोटी रेलगाड़ी के स्टेशनों का। इस कार्य को जोसेफ़ फ्रेंक ने अवकाशीय रूप कहा है (इस चर्चा में अवकाश को लेकर जो अर्थ व्यक्त किया गया है, उससे कहीं भिन्न) फिर, उसी तौर पर यदि रूप की जटिलता उसी तरह वांछित है, जैसी कि रॉब्ब ग्रिये के मौलिक विखंडनों और पुनः संयोजनों में है तो कथ्य बहुत ही प्राथमिक स्तर का होना चाहिए और उसे फिर से पहचान सकना आसान होना चाहिए, जिससे कि ऐसा लगे कि वह कार्य रूप में वर्णित और पहले से ही तैयार है : भौतिक हिंसा और अश्लीलता इस तरह के संक्षिप्त और लघुकृत फिर भी तत्काल उपलब्ध कच्चे माल का विशेषाधिकार प्राप्त और अन्तिम रूप है।

इस तरह शरीर को सामने लाना फ़िल्म का एक माध्यम के रूप में कार्य

करना है, पुनः मैं यह सुझाने के लिए उत्सुक हूँ कि उच्च क़िस्म की आधुनिकता के सर्वाधिक प्रामाणिक, साहित्यिक रूपों में स्पष्ट शरीर का स्थान वाक्य के द्वारा लिया गया रहता है, यह एक प्रकार की नयी भौतिकता में कार्य रूप सरीखा परिणत रहता है, फिर भी यह वैसा नहीं होता जैसा कि उत्तर आधुनिकता काल में होता है, यह अपने ही बिम्ब में रूपान्तरति रहता है। शब्द में प्रवृत्यात्मक स्वायत्तता एक ज़्यादा पुराने वर्णनात्मक आकर्षण की शक्ति की ओर मोड़ती है अथवा **यूलीसेस** का अध्ययन इस बात को प्रमाणित करता है : फिर भी इस तरह उत्पन्न बोध प्रक्रिया के जटिल नये कार्य फ़िल्म में इस तरह के समतुल्य रूपों के प्रभाव से स्पष्ट रूप से अलग हैं, जहाँ दृश्य उसके सम्बन्ध में वांछित नयी लघु अथवा अन्तर्वर्ती अपेक्षाओं को बहुत आसानी से और बिना किसी हिचक के पूरा करता है। फ़िल्म में शरीर के प्रति उपयुक्त रुचि को जिस नये ढंग से पृष्ठभूमि के रूप में रखा जाता है, वह वर्णनात्मकता की समस्याओं को एक अलग ढंग से हल करता है क्योंकि ये चीज़ें एक घटना के रूप में बनी रहती हैं, भले ही वे कितनी ही छोटी क्यों न हो! यह रुचि कोंडोर में ज़हर देने के दृश्य की पीड़ा अथवा विभिन्न हत्याओं, विस्फोटों, मौत के घाट उतार देने और उसके साथ ही सम्भोग के रूप में होती है। (इसके विपरीत शुरुआत में अथवा मध्य में अथवा अन्त में सम्भोग जैसी कोई चीज़ कहानी के रूप में ही होती है?) हमें इस विकास को उसके इतिहास में वर्णनात्मक फ़िल्म (पहले इसे उपन्यास कहते थे) के दार्शनिक अध्यवसाय के विकास के रूप में एक क्षण के रूप में देखना होगा, जिसे कि आमतौर पर अनुसन्धान, तोड़-फोड़ अथवा घटना की श्रेणी में परिवर्तन के रूप में वर्णित किया जा सकता है। निश्चित होकर कहने के लिए यथार्थवाद कुल मिलाकर घटनाओं अथवा क्रियाओं में पहले से दी हुई अथवा घिसी-पिटी श्रेणियों के भीतर प्रतिनिधित्वकारी कृति के रूप में देखा गया है (और इस तरह, यह आधिभौतिक रूप से यथार्थता का प्रतिनिधिकरण है)। यह स्पष्ट है कि आधुनिकता की यह समृद्धि इस तरह प्राप्त श्रेणियों के संकट के तदाकृत है घटनाओं की प्रकृति की नयी पृच्छा है, जो कि अरस्तु द्वारा जीवन में किसी पूरे कार्य को अलग किये जाने की धारणा से उत्पन्न है (वे दोनों एक क्यों नहीं हैं? अथवा वे जीवन में जो नियति के रूप में है एक-दूसरे से मिली जैसी? अथवा क्या नियति स्वयं एक आदर्श अथवा धर्म नहीं है?) यह सम्बद्ध किन्तु विरोधी पृच्छा दैनिक जीवन को मामूली बातों की दिशा में ले जाती है; वे संक्षिप्त और सारहीन घटना कालखंड कब है? इस तरह के वर्णनात्मक अभ्यास में आधिभौतिक अथवा आदर्शपरक शक्ति तब आती है जब घटना के सम्बन्ध में सवाल इतना उत्पीड़ित किया जाता है कि वह एक परिशिष्टात्मक उत्तर देता है कि वास्तव में जीवन जीना क्या है, अथवा

यथार्थता सबसे पहले (अथवा अन्त में) है क्या? निश्चय ही जैनरी जेम्स इस तरह घटनाओं को रचने अथवा मिटा देने को आधार बनाकर लिखे गये उपन्यास की विद्या का सबसे श्रद्धेय पक्षपोषक है। इन उपन्यासों में घटनाएँ घटित होने से परे जाकर वर्णित होती हैं, और घटना के सम्बन्ध में कहीं अधिक सामान्य दार्शनिक प्रश्न उठ खड़ा हो सकता है।

अब यह बात स्पष्ट होनी चाहिए कि फ़िल्म में शरीर प्रदर्शित करने का सौन्दर्य इस तरह के सवाल पूछने की बजाय और इस क़िस्म के मुद्दे उठाने की बजाय यह माँग करता है कि जहाँ तक सम्भव हो उनका परित्याग कर दिया जाय, उसे तार-तार कर दिया जाय, जो शारीरिक अनुभव के बिल्कुल बुनियादी रूपों पर पहुँचाने वाले, जैसे ब्लाक्स बनाना, है उन्हें हमारे चाक्षुष अनुभव से अलग कर दिया जाय, जिससे कि इस तरह के सवाल न तो उठ सकें, न उठाए ही जा सकें। शास्त्रीय फ़िल्म (या उससे भी बेहतर कहना यह होगा कि उपयुक्त फ़िल्म) श्रम पूर्वक इस उपन्यास के प्रारम्भिक विकास को अर्जित करती है अथवा अनुकूलित करती है, वर्णनात्मक आकर्षण का बारीक अथवा जटिल रूपों का एक सम्पूर्ण क्रम अब कबाड़ सरीखा माना जाता है और इसके कथन पर क़था के सबसे सरल न्यूनतम स्मरण को ले लिया गया है, जो कि तत्काल हिंसा प्रदर्शित करता है। प्रायोगिक फ़िल्म में जिस तरह मूर्ति खंडन होता है, उस तरह वर्णनात्मक फ़िल्म को ध्वस्त अथवा त्याग नहीं दिया गया है, बल्कि ज़्यादा प्रभावकारी ढंग से उसे निष्प्रभावी बना दिया गया है, जिससे फ़िल्म के वर्तमान को देखने का लाभ मिल सके। आधुनिक जीवन का आद्योपान्त विखंडन और प्राचीनतर समुदायों तथा समूहों का विध्वन्स इस तरह के विकास की ऐतिहासिक और सामाजिक शर्त होती है किन्तु वह आवश्यक रूप से पूरी तौर पर हानि या विपन्नता नहीं है, बावजूद इसके कि इससे एक पुराने क़िस्म की आधुनिकता की समृद्ध संस्कृति के खोने का संकेत मिलता है।

जैसा कि मैंने पिछले पन्नों पर तर्क दिया है, इस बात को इतिहास और अस्तित्व के साथ नयी क़िस्म के सम्बन्धों की विजय के रूप में समझा जाना चाहिए। उदाहरण के लिए, छिद्रों से भरा इतिहास और कुछ नहीं बल्कि नक्काशीदार इतिहास है, जिसमें सिर्फ़ शारीरिक विस्तार रखा गया है, उदाहरण के लिए हम उसमें बिना न्यूनतम दूरी के धँसे हुए हैं। विशालतर एतिहासिक परिप्रेक्ष्यों और वर्णनों के घट जाने से वर्णानात्मक रुचियों और आकर्षणों की पुरानी जटिल स्थिति के निष्प्रभावी हो जाने के कारण हमारे समक्ष एक अस्पष्ट ओज प्राप्त होता है। उसी तरह से कि जैसे दवाओं का रासायनिक प्रभाव वशीकरण में होने वाले तनाव और पुनः तनाव को घटाता है, जो हमारे समक्ष ऐन्द्रजालिक ढंग से प्रस्तुत हुआ

है। परन्तु यहाँ जिन फ़िल्मों पर विचार किया जा रहा है, वे उत्तर आधुनिकतावाद के समान ड्रग्स के अनुभव की नक़ल नहीं करना चाहतीं परन्तु अन्य आन्तरिक रूप से निर्मित साधनों के द्वारा उन्हें प्राप्त करना चाहती हैं (उसी तरह जिस तरह फ्रॉयड ने वशीकरण के बाह्य तकनीक को छोड़ देना उचित समझा था)। हमारे अनुभव में कैमरे यन्त्र की मध्यस्थता या उसकी टेक्नोलॉजी का प्रवेश होना उस अर्थ में बाहरी नहीं है। इसकी बजाय तकनीकी बाह्यता का रहस्य फ़िल्म के सौन्दर्यशास्त्र की समस्या के केन्द्र के लिए एक आन्तरिक और उसमें अन्तर्निहित बात है और यह उस जगह पर है, जहाँ मनोवैज्ञानिक विषय के केन्द्र से हटने का हमारा ऐतिहासिक अनुभव होता है और वह उसे एक नया महत्त्व प्रदान करता है, जो अब सिर्फ़ आकस्मिक नहीं होता। परन्तु हम आन्तरिक और संरचनात्मक वैज्ञानिक दूरियों (हिडे जेरियन की अस्तित्व के सम्बन्ध में अवधारणा के साथ के मनोविश्लेषणात्मक अनुसन्धान का ही सहारा ले सकते हैं, यदि हम कुछ नये इतिहासवाद को शामिल करें और उसके साथ एक नये ढंग से इतिहास को समझने और बूझने के सम्बन्ध में उससे जुड़े हुए और विशिष्ट अधिकार प्राप्त सम्बन्ध को ध्यान में रखें, जो कि ऐतिहासिक उपन्यास के समयक्रम तथा नास्टेलजिया फ़िल्म की फैशन प्लेट से स्पष्ट रूप से अलग है।

उदाहरण के लिए इस तरह के वर्णनात्मक-परिवर्तन का वैचारिकता और वैचारिक विश्लेषण के लिए बहुत यथार्थपरक तथा व्यावहारिक परिणाम होता है। पीढ़ी में व्यवस्थित रूप से एक संक्षिप्त रूप प्रदर्शित कर देना तथा वर्णनात्मक अर्थों को प्रक्षेपित कर देना पर्याप्त नहीं है, आमतौर पर यह काम इस तरह कर दिया जाता है जैसे कि वह सिर्फ़ कलात्मक चयन का मामला रहा हो। हमें निश्चित रूप से यह समझने की कोशिश करनी होगी कि इस तरह के उन्मूलन का एक राजनीतिक कार्य भी है। उदाहरण के लिए, हमने देख लिया है कि कोंडोर का वैचारिक सन्देश (यदि उसे ऐसा कहा जा सके) वर्णनात्मक परिवर्तन के द्वारा विशिष्ट रूप से संरचित है, इस मामले में वह माफ़िया समूह के जानबूझ के भंग हो जाने के द्वारा वर्णित है, जो अब तक इस तरह की फ़िल्मों का एक आवश्यक संरचनातमक वैशिष्ट्य रहा है। कोंडोर के घातक असन्तोष की सम्पूर्ण और सुस्पष्ट क्रूरता परिवार के सन्दर्भ में कामोत्तेजक आकर्षणों को छुपाकर सम्प्रेषित की गयी है, जिससे कि पक्षधर का शरीर ही अकेले में बाकी रह जाता है।

फ़ीवर भी इस वर्णन के अनुरूप है, यद्यपि उसकी निर्मिति और स्वीकृति की परिस्थितियाँ मुख्य मुद्दों को गड्ड-मड्ड कर देती हैं और ऐसा माना गया है कि उसमें कोई एक बिल्कुल अलग प्रकार का एक वैचारिक सन्देश है (जो पुराने ढंग का है)। पोलैंड में मार्शल लॉ लगने के ठीक पहले यह फ़िल्म की

सिर्फ़ एक प्रति उपलब्ध है) परन्तु इसका यह अर्थ लगाना ठीक न होगा कि उस कारण से ही यह एक सालिडेरिटी (एकता) की पक्षधर फ़िल्म है। **फ़ीवर** में राष्ट्रभक्त युवा अतिवादी विध्वन्सकारी तथा अधिकतम शुद्धता की छाप वाले **बालवत् वामपन्थी** हैं : किसी बड़े भूमिगत समाजवादी आम लोगों के दल की संरचना को इसमें लाया गया है परन्तु उसका प्रतिनिधित्व कभी नहीं किया गया और यह फ़िल्म बाहरी तौर पर यह मुद्दा सामने लाती है कि इसके आतंकवादी कारनामे किसी विशाल राजनीतिक आन्दोलन से पूरी तौर पर अलग हैं। दर्शक इस तरह की धारणा को फ़िल्म के सिर्फ़ शुरू के हिस्से में बनाता है परन्तु बाद की अवस्था में यह धारणा छिन्न-भिन्न हो जाती है। फ़िल्म में पहला पक्षधर (फ़िल्म का संगठन दो नायकों के इर्द-गिर्द दिया गया है, जो उसकी कोई मामूली विचित्रिता नहीं है। इन दो नायकों की कहानी एक के बाद एक कर आती है) आम जनता के साथ **एकता** की अभिव्यक्ति के रूप में अपने कारनामों का पारम्परिक रूप से बचाव करता है। (एकता शब्द का यहाँ एक भिन्न और व्यंग्यात्मक उपयोग है), वह ऐसा यह प्रदर्शित करने के लिए करता है कि वह संघर्ष में अकेला नहीं है और यह कि राजनीतिक कोशिश अन्यत्र ज़ारी है। वह किसी विशिष्ट राजनीतिक उद्देश्य को प्राप्त करने के एक तरीके के रूप में अपनी कार्रवाई का बचाव नहीं करता है।

कहने का मतलब यह नहीं है कि **फ़ीवर** में दूसरे पक्ष के लिए कोई बहुत सुख की स्थिति है। यह दूसरा पक्ष है—पुलिस के जासूस, दुतर्फ़ा गुप्त जानकारी देने वाले, देशद्रोही और चाटुकार अथवा बुर्जुआ समाज के भ्रष्ट लोग जिनने अपने आप को इस व्यवस्था के अनुरूप बना लिया है तथा जो प्रतिरोध के भविष्य की बात सोचकर ही आतंकित हैं। फिर भी क्रान्तिकारियों के प्रति हमारी सहानुभूति **सिर्फ़ परिभाषा द्वारा** है, यह परिभाषा अज्ञान अथवा आवश्यकता से अधिक मानवीय से लेकर नायकों की विशिष्ट मानसिक स्थिति के चारित्रिक रूप तक फैली है। अब हमें इन्हें ही देखना है। ये चीज़ें मृत्यु की इच्छा की द्वैधता जैसी हैं—एक अँधेरी और एक सुनहरी, एक ठंडी और एक दुःखभरी और दूसरी पागल बन जाने की हद तक उल्लसित है। ये मृत्यु के विशेषज्ञ हैं, जो वर्णन के दौरान सिर्फ़ एक बार आमने-सामने होते हैं। काला हत्यारा स्लैव लोगों के समान बड़ी-बड़ी मूँछें रखे रहने की वजह से हमारा ध्यान आकृष्ट करता है और जब मूँछे नहीं होतीं और तब वह और भी ज़्यादा हमारा ध्यान आकृष्ट करता है। यह हत्यारा अक्षमता के विभिन्न अंशों वाले उग्रवादियों से घिरा हुआ है तथा वह एक ऐसे गुण से सम्पन्न है, जिसे प्रेम सम्बन्ध कहने में संकोच होता है। जब उसका सुनहरे रंग वाला उत्तराधिकारी मित्रता अथवा सेक्स से पूरी तौर से अलग रहकर कार्य

करता है, राजनीतिक उग्रता के जगत् से नहीं बल्कि पुलिस जासूस और दोहरे खुफिया लोगों के भूमिगत जगत् से वह उभरता है। उसका अन्तिम कार्य पुलिस मुख्यालय और उसमें रहने वाले अपवित्र लोगों को अपने आप एक विस्फोट के ज़रिए उड़ा देने की कोशिश करना होता है (ओ! बम फूटता ही नहीं है)।

इस नारी फ़िल्म में यह नारी से सहानुभूति रखने वाले की आकृति होती है, जो पहले वर्णन के केन्द्र में होती है। (वह एक भव्य स्वागत समारोह में गवर्नर जनरल के साथ स्वयं की हत्या कराना चाहती है परन्तु इस समारोह में गवर्नर जनरल आता ही नहीं है) शहादत के लिए उसकी यह विचित्र कामना आतंकवादी धन्धे के गैर निजीकरण को स्पष्ट रूप में रेखांकित करती है। इस धन्धे में जिनी फ़न्तासी और निर्मम राजनीतिक रणनीति का विश्लेषण किया जाता है और उसके साथ ही उसे तत्काल ही एक जटिल ढंग की संरचना में बुन दिया जाता है। दो क्रूर सेक्स दृश्य इस मुद्दे को नाटकीय ढंग से सामने लाते हैं : जेल से बच निकलने के बाद जब पहला पक्षधर स्वच्छता के कारणों से उसके साथ एक पशु के समान सम्भोग करता है, तब उसे जो अपूर्व आनन्द मिलता है, यह बात एक ऐसी आकृति के लिए उसके मन की तीव्र इच्छा के फ़न्तासी चरित्र को सामने लाती है। यह आकृति कोंडोर की अपेक्षा चरित्र की दृष्टि से कहीं ज़्यादा तटस्थ है। यह आकृति किसी के अनुपस्थित होने से उत्तेजित और प्रेरित होने से कहीं अधिक है। दूसरी घटना में, वह दूसरे उग्रवादी के प्रति स्वयं को गहन कामोत्तेजना में आकर समर्पित कर देती है। यह उग्रवादी उसके प्रति बेहद प्रेम में डूबा हुआ है और इसके तीव्र लैंगिक व्यवहार बलात्कार सरीखे हैं, जो उस महिला को हिंसा का आनन्द लेने की कगार तक पहुँचा देता है।

समकालीन पौलैंड की राजनीति के लिए इसकी जो भी प्रासंगिकता रही है, **फ़ीवर** विध्वन्सकारी उग्रवादियों के धन्धे का एक स्पष्ट विश्लेषण प्रस्तुत करती है। उन लोगों का नाटकीय उत्कर्ष, उनकी सिर्फ़ ऐतिहासिक परिस्थिति में व्याप्त निराशा के द्वारा प्रकट होता है। कोंडोर की भाँति रणनीति की अनुपस्थिति आम जनता की अनुपस्थिति से ही वैचारिक प्रदर्शन बढ़ता है, जैसा कि कोंडोर में है। यह संगठनकारी तत्त्वों, फ़न्तासी और रणनीति, विक्षिप्त करने वाले निजी प्रेरणा-तत्त्वों तथा स्पष्ट रूप से राजनीतिक गणित से उसका कोई सम्बन्ध नहीं होता। ये तत्त्व एक रुके हुए प्रतिरोध में ही एक-दूसरे पर उलट जाते हैं। **ला कासा दे एगुआ** में इस तरह की संरचना का परीक्षण किया है, जिसमें इतिहास तथा प्रकृति के वैचारिक तत्त्व एक वर्णन के द्वारा एक-दूसरे से विचित्र तौर पर दूर रखे जाते हैं, जो अपने एक शिकार के ऊपर अत्यन्त भयावह शक्ति प्रयोग करते हैं।

अब वह सब प्रतीत हो सकता है कि इसका जादुई यथार्थवाद की अवधारणा

से कोई सम्बन्ध नहीं। हमने जादुई यथार्थवाद पर प्रारम्भिक चर्चा उस समय तक की जब तक कि हमने इन कृतियों और गैर वर्णनकारिता की प्रक्रिया में रंगों और शरीरों की तीव्रता के बीच आवश्यक एवं संगठनकारी सम्बन्धों को पूरी तौर पर समझ नहीं लिया था। गैर वर्णनकारिता की प्रक्रिया अन्त में वैचारिक विश्लेषण और संरचना को अलग-अलग कर देखने की प्रक्रिया है। वास्तव में वैचारिक अथवा अवधारणात्मक तत्त्वों द्वारा परिप्रेक्ष्यों की रणनीतिपरक अनुपस्थिति तथा रणनीतिपरक पुन: संयोजन तथा उसी इतिहास के शरीरों और ठोस चीज़ों से उनकी अत्यन्त संवेदनशील निकटता, ये दो विशिष्टताएँ एक ही चीज़ के दो पहलू हैं, उसी सौन्दर्य मूल प्रक्रिया में अनुपस्थिति और उपस्थिति के दो पहलू हैं, जो उन चीज़ों के अवशेषों को काममूलक ढंग से तीव्र बनाती है, जिन्हें अन्य वर्णनात्मक अलंकारों से अलग कर दिया गया था।

जन सिनेमा की तलाश

जॉर्ज सेनजिनेस

संस्कृति के देशज स्रोत

हम संस्कृति को वही चीज़ें प्रदान करते हैं, जो संस्कृति से हमें प्राप्त होती हैं—अर्थात् आत्मसात् किये गये सांस्कृतिक विचार, विभिन्न दृष्टिकोण और अवधारणाएँ, अपनी जनता की शैली और विशिष्टताएँ, जो हमारे व्यक्तित्व में समाविष्ट हैं। ये चीज़ें कार्यों को खास तरीके से सम्पादित करने का तरीका निश्चित करती हैं। जिससे हमारी सांस्कृतिक रचना का एक समान सप्तक बना रहता है, एक क्षेत्रीय या राष्ट्रीय भावना प्रवाहित होती है और सांस्कृतिक स्वरूप में किसी तरह के संशोधन की बजाय उसे अलंकृत करके हमारी सांस्कृतिक विरासत में वृद्धि होती है।

कोई रचनाकार, जो पास-पास, अस्तित्व वाली दो संस्कृतियों के संघर्ष के केन्द्र में अपने आप को पाता है, यदि यथार्थ की तलाश और उसकी अभिव्यक्ति के प्रयास में लगा है तो वह किसी एक संस्कृति का पक्षपाती नहीं हो सकता-ऐसा महज इसलिए नहीं कि वह उनसे बेहद प्रभावित महसूस करता है बल्कि इसलिए भी है कि वह समझता है कि उन संस्कृतियों के संयोजन या संश्लेषण से एक नयी संस्कृति का निर्माण होगा।

इसीलिए इस बात के बड़े स्पष्ट कारण हैं कि उपनिवेशवाद की यन्त्रणा को झेल कर उभरे देशों के कलाकारों और बुद्धिजीवियों में से अधिकांश पर पश्चिमी संस्कृति की छाप लगी होती है। उनके ज्ञान के स्रोतों, विचारों और दृष्टिकोणों का निर्माण उसी पश्चिमी संस्कृति को आत्मसात् करने और उसका ढोल पीटने के फलस्वरूप हुआ है।

हमारी जनता के मुक्ति संघर्ष से हमें जो सबक मिलता है, उसके आधार पर हम यह कह सकते हैं कि सही अर्थों में हम तब तक मुक्ति नहीं पा सकते

जब तक हम दमनकारियों से नैतिक और बुनियादी तौर पर अपने को अलग करने वाले बौद्धिक मूल्यों और सांस्कृतिक स्रोतों की तलाश में सही एवं प्रामाणिक सांस्कृतिक स्रोतों पर अपना ध्यान केन्द्रित न कर लें। यदि हम महसूस करते हैं कि दुश्मन अपने विचारधारात्मक दुराग्रह के लिए अलगाव में डालने वाली कार्रवाई को ही मुख्य हथियार के रूप में इस्तेमाल करता है तो हमें एक क्रान्तिकारी की विनम्रता के साथ अपने निजी स्रोतों में ही इस हमले का जवाब ढूँढ़ना होगा।

अपनी जनता की जीवन पद्धति का निरन्तर निरीक्षण करके-जो सदियों की सांस्कृतिक उत्तरजीविता के फलस्वरूप उनके दैनिक व्यवहार में परिलक्षित होती है—हम वाक्पटुता और अभिनय के नये रूपों को विकसित कर सकते हैं।

ऐतिहासिक अतीत का संयमपूर्वक अध्ययन-जो चिरकालिक है तथा जो आज भी सही अर्थों में क्रान्तिकारी रीति-रिवाजों तथा व्यवहारों में परिलक्षित है—ऐसे रूपों को गढ़ने में मदद देता है, जो और भी गम्भीरता के साथ हमारी जनता के तथा हमारे सत्य की उस सीमा और मात्रा तक अभिव्यक्ति करते हैं कि उनकी सांस्कृतिक प्रथा से जुड़ जाते हैं। हमारे अतीत के बारे में उपनिवेशवाद ने गलत जानकारी और मिथ्यापवादों की जो दीवार खड़ी की है, उसे हमें ध्वस्त करना ही होगा।

उन मूल्यों को जो बहुधा क्रान्ति के मूल्यों से मेल खाते हैं बिना पूरी तरह समझे कम करके आँकने तथा उनकी उपेक्षा करने का अर्थ यह है कि हम अपने को मुख्य दुश्मन के हाथ का खिलौना बना देते हैं। उसे इन मूल्यों का महत्त्व अच्छी तरह पता है। वह बखूबी जानता है कि इन मूल्यों को कम करके आँकने को बढ़ावा देने से ही उसके हितों की पूर्ति होती है—साथ ही वह हमेशा इन मूल्यों का सत्यानाश करने पर तुला रहता है।

हमारी जनता का ऐतिहासिक अतीत हमारा अतीत है और यह अतीत ही हमारी व्याख्या करता है। उपनिवेशवादियों का यह उद्देश्य रहा है कि इन मूल्यों को तोड़-मरोड़ कर पेश किया जाय और इसके इर्द-गिर्द गेलत सूचनाओं की दीवार खड़ी कर दी जाय। इन मूल्यों को सही परिप्रेक्ष्य में समझना तथा उन्हें बेशुमार मिथ्यापवादों से मुक्त करके उन्हें सही दिशा में विकसित करना ही हमारा क्रान्तिकारी दायित्व है। हमारी जनता के एक उल्लेखनीय अंश का अतीत आज भी जारी है। (जैसा कि अमरीका रेड-इंडियनों के मामले में है) इसके अन्दर आज भी यथार्थ की मानवीय और प्रिय अवधारणा विद्यमान है। इसके अध्ययन का अर्थ यह नहीं है कि हम प्रतिगामी या अतीतोन्मुखी हो रहे हैं। इसके विपरीत इसका अर्थ यह है कि हम उस सही मार्ग को विकसित करने में लगे हैं, जिसे उपनिवेशवादियों की साज़िश ने काट दिया था। यहाँ प्रश्न यह नहीं है कि हम

नवपाषाण युग के समुदाय को पुनःस्थापित करने के प्रयास में लगे हैं। यहाँ प्रश्न यह महसूस करने का है कि मानवता को गम्भीरता के साथ समझने के लिए आदिम युग के पहिये से लेकर सुपरसॉनिक विमानों के निर्माण तक की विकास यात्रा ही अनिवार्य प्रगति का सूचक नहीं है। सही परिप्रेक्ष्य को खो देने तथा जीवन और प्रकृति के प्रति-प्रेम से अद्‌भुत सभ्यताओं का विनाश कर देने का ही यह नतीज़ा है कि इन विमानों को विनाशकारी बमों के एक स्थान से दूसरे स्थान तक पहुँचाने के लिए इस्तेमाल करना आसान हो गया है।

रूप और विषय-वस्तु : एक विचारात्मक सम्बन्ध

जब हम देखते हैं कि कोई तथाकथित 'क्रान्तिकारी' सांस्कृतिक कृति रूपगत अर्थों में किसी प्रतिक्रियावादी विचारधारा से अनुप्राणित है तो हम उन कृतिकारों की विचारधारात्मक असंगता की तलाश करेंगे, जो बहुधा उस कुचक्र को नहीं समझते। ऐसा इसलिए क्योंकि ऐसी किसी क्रान्तिकारी रचना की कल्पना सम्भव ही नहीं है, जहाँ रूप और विषय के बीच भेद हो।

अमरीका की कोई व्यावसायिक फ़िल्म लोगों के अन्दर जागरुकता पैदा करने का कोई दावा किये बिना निरन्तर पूँजीवादी विचारधारा की अभिव्यक्ति करती है। उसी भाषा में क्रान्ति को अभिव्यक्ति देने वाली कोई क्रान्तिकारी फ़िल्म अपने विषय को बेचती है और रूपगत अर्थों में अपनी विचारधारा के साथ विश्वासघात करती है। यही बात उस कृतिकार के बारे में सच है जो 'बिना किसी व्यापारिक छूट के' अपनी 'ईमानदार' रचना की सृष्टि करता है और यह मान बैठता है कि उसने अपनी रचना को बचा लिया और व्यक्तिपरकता के लिए अपने सिनेमा का इस्तेमाल करने का अधिकार पा लिया। इससे क्या नतीज़ा निकलता है? क्या फ़िल्म निर्माण के इस प्रयास का कोई औचित्य है? क्या अपनी कुंठा और निराशा को व्यक्त करने वाले विषय को हमारे लिए पर्दे पर लाने के प्रयास में साधनों और धन की जो बर्बादी की गयी है, उसका कोई औचित्य है? क्यों कोई व्यक्ति हमारी बौद्धिकता से खेलने का प्रयास करे? हमें ऐसी पहेलियाँ क्यों बुझाये जिनके समाधान से हम कहीं न पहुँचते हों? क्रान्ति में कोई व्यक्ति आलोचना से ऊपर उठा नहीं है, बशर्ते वह अपने को क्रान्तिकारी कहता या समझता हो। किसी को इस बात का अधिकार नहीं है कि वह समाज और मानवता के जीवन को आबद्ध करने वाली ऐतिहासिक घटनाओं के ऊपर अपने को स्थान दे। न तो किसी को इस बात का अधिकार है कि वह अपने वामपंथी, बुद्धिजीवी कहने का दावा करे और केवल शुद्ध अपने से सरोकार रखे।

यह सही है कि लम्बी छलाँग लगाना, बाँध तोड़कर बढ़ना और अपने बारे

में हर चीज़ पर शंका पैदा करना कठिन है। अपनी कृति को एक निर्धारित रूप देने की अनजानी प्रवृत्ति को अस्वीकृत करके शुरू करने का अर्थ व्यक्तिगत सन्तोष के लिए सृजन करना है। व्यक्तिवादी संस्कृति के दायरे में काम करने वाले सभी कृतिकारों के सामने यह समस्या पैदा होती है—उन चीज़ों से छुटकारा पाना उन्हें असम्भव लगता है, जिसे वे अपनी शैली समझते हैं। वे यह समझ ही नहीं पाते कि यह रूप एक खास संस्कृति की शैली है, वस्तुगत यथार्थ के बारे में सोचने की पद्धति है और इसकी उत्पत्ति उन प्रभावों के कारण हुई है, जो कम या अधिक अंश में उन पर पड़ते हैं।

सामूहिक बोध

वह कौन-सी चीज़ है, जिससे हम अपने लिए न कि दूसरों के लिए सृजन कर सकते हैं? हमें इस तरह के प्रतिपादनों की खूब जानकारी है कि दुनिया का निर्माण एक व्यक्ति के जरिए हुआ है कि एक व्यक्ति का अनुभव महज उसके ही लिए वैध होना चाहिए और यह कि सबके बावजूद और सबके विरुद्ध अहमन्यता का उसे अधिकार है। यह बात सभी जानते हैं कि मनुष्य की चेतना का निर्माण उसके सामाजिक सम्बन्धों के जरिए होता है और स्वनिर्मित चेतना जैसी कोई चीज़ नहीं होती। इसलिए कोई व्यक्ति किस चीज़ का प्रतिनिधित्व कर रहा है, वह क्या समझ रहा है, वह किस तरह का जीवन बसर कर रहा है, वह व्यक्ति क्या है जिससे यह बात पैदा होती है कि उसके आस-पास के लोग क्या हैं?

यदि कोई फ़िल्म निर्माता किसी बिम्ब की रचना में दिलचस्पी रखता है, यदि उस फ़िल्म निर्माता की दिलचस्पी इस बात में है कि उसकी कल्पनाशक्ति के फलस्वरूप उसके मस्तिष्क में जो छवि तैयार हुई, उसे सेलुलाइड पर उतार दिया जाय और फ़िल्मों के माध्यम से उसे आम अभिव्यक्ति दे दी जाय तो उसे इस बात की कतई परवाह नहीं रहेगी कि उसे लोग समझ रहे हैं या नहीं।

यदि उसकी अनिवार्य आवश्यकता अपने आपको एक मनुष्य के रूप में अमर बनाने की है, यदि उसकी आकांक्षा यह है कि उसकी कृति को उसकी 'बेहद निजी कृति' समझा जाय, यदि वह इसी लक्ष्य को पाने के लिए ज़िन्दा है, इसी के लिए खाता-पीता है और इसी के लिए रचना करता है तो हमारे सामने उसकी एक ऐसे कलाकार की तस्वीर उभरती है, जो अपने को क्रान्तिकारी नहीं कह सकता—भले ही उसने क्रान्ति को अपनी रचना की 'थीम' क्यों न बनाया हो।

क्रान्ति के साथ क़दम मिलाकर चलने की कोशिश करने वाले कलाकार की दिलचस्पी किस चीज़ में होती है? सर्वाधिक महत्त्वपूर्ण सांस्कृतिक कृति क्या है? हमने यह बराबर कहा है कि प्रत्येक चीज़ के बीच एक अन्तर्सम्बन्ध है। किसी

भी घटना का हर चीज़ से अलग-थलग अस्तित्व नहीं है और जनता के सिनेमा की तलाश अपेक्षाकृत अधिक सुसंगत सामाजिक व्यवहार की भी तलाश है। हमारा दृढ़ विश्वास है कि अपनी क्षमता का पालन करना एक-एक व्यक्ति के लिए जरूरी है लेकिन व्यक्तियों का यह प्रयास, प्रारम्भिक परिणाम के रूप में, समूचे समाज के सुसंगत और समन्वित रूप से पालन किये जाने पर ही सम्भव है।

हम फिर कहते हैं कि किसी तरह के व्यक्तिगत कार्य सम्पादन की कल्पना तब तक असम्भव है जब तक यह सामूहिक कार्य सम्पादन के रूप में न प्रस्तावित हो। हम समझते हैं कि यही वह सही रास्ता है, जो लोकप्रिय कृतियों की रचना को सम्भव बनाता है, जिसमें कलाकार और बृद्धिजीवी किसी समाज के साधन हों न कि साध्य। कला की इस अवधारणा और इसके कार्य को डेढ़ हजार वर्ष से भी पहले दक्षिण अमरीका में पूर्व कोलंबियाई संस्कृतियों द्वारा व्यवहार में लाया गया था।

एंडियन मानव के सिद्धान्त की—जिसने सामूहिकता के परिणाम के रूप में वैयक्तिकता की कल्पना की, जिसने एकाकीपन के नहीं बल्कि एकीकरण के अधिकार के रूप में स्वतन्त्रता पर विचार किया—सही-सही अभिव्यक्ति एक ऐसे समाज द्वारा की जा रही है, जो द्वन्द्वात्मक ढंग से अपने प्रत्येक अवयवों को समृद्ध बनाता है। इस अर्थ में अतीत की तरफ देखने का अर्थ भविष्य की तरफ भी देखना है।

अन्दर से बाहर को : जनता से जनता को

किसी कार्य की उपलब्धि के लिए हम दो रास्ते या तरीके निर्धारित कर सकते हैं : पहला, बाहर से भीतर को और दूसरा भीतर से बाहर को।

जब हम 'बाहर से भीतर को' कहते हैं कि वह केवल व्यक्तिगत क्षमता, कला से होता है, जो यह मानकर चलती है प्रतिभा और कृतिकार की अन्तर्दृष्टि पर आधारित है तथा जो बिना यह सोचे-विचारे कि व्यक्ति का निर्धारण अन्य लोगों से ही होता है, यथार्थ को पकड़ने और उसकी तह तक पैठने में अपने को सक्षम महसूस करती है तो भी यह तरीका जो सत्य के अन्वेषण के लिए जीवन्त अनुभवों से अलग हटकर सिर्फ़ व्यक्ति की प्रतिभा को आधार बनाता है, जन सिनेमा की उपलब्धि का उपयुक्त तरीका नहीं है, क्योंकि इसके खुद के अन्तर्विरोध इसमें बाधा पहुँचाते हैं। इसके अलावा यथार्थ के जिस अंश को कृतिकार हम तक पहुँचाना चाहता है, वह निश्चय ही उस प्रिज्म के रंग में रँगा होगा जिसके जरिए उसने यथार्थ का अवलोकन किया है।

इस तरीके में अब हमारी कोई रुचि नहीं है। मनुष्य को मानव समुदाय के

इतिहास से अलग करके नहीं रखा जा सकता। कोरी सिद्धान्तवादिता के चक्कर में पड़े रहने का न तो कोई तुक है और न समय है। हमारी रुचि संघर्ष में है।

दूसरा तरीका अर्थात् 'अन्दर से बाहर को' वाला तरीका कुछ बने-बनाये विचारों से हटकर और निरन्तर व्यवहार के फलस्वरूप शुरू होता है। जन कला की तलाश का यह तरीक़ा संघर्ष के साथ घनिष्ठ रूप से अपने को जोड़ता है और संघर्ष में योगदान करने का दायित्व निभाता है। इसकी संकल्पना में हमें जन कला के वैचारिक रूप और संघर्ष के उपकरण तथा मुक्ति के बीच का द्वन्द्वात्मक सम्बन्ध देखने को मिलेगा। जनता संघर्ष में लगी हुई है और जनता की कला आज बुनियादी तौर पर इस संघर्ष को अभिव्यक्ति देती है और दमनकारियों के विरुद्ध इस संग्राम में वह एक हथियार का काम करती है।

इस परिप्रेक्ष्य में देखें तो व्यक्तिवादी दृष्टिकोण बेहद बेतुका लगता है और अपने पुरानेपन के कारण समाप्त हो जाता है। जन समुदाय ही इतिहास का निर्माण करता है। वही इसे महसूस करता और दिखाता है कि एकजुट होना, क़दम से क़दम मिलाकर चलना और जनता के साथ मिलकर रचना-धर्म का निर्वाह करना ही अनिवार्य है। उसके बीच ही इतिहास घटित हो रहा है और वे ही इसके मुख्य नायक हैं। जहाँ तक व्यक्तिवाद का प्रश्न है, वह दुश्मन के लिए अच्छा है और क्रान्तिकारी प्रक्रिया में यदि कोई श्रेष्ठ या प्रमुख दिखाई देता है तो उसका कारण यही है कि उसकी उपस्थिति का उसकी जनता के साथ अटूट सम्बन्ध है। उसके द्वारा निष्पादित कार्य जनता द्वारा निष्पादित कार्य है और चूँकि वह अपनी जनता से कटा न होकर घनिष्ठ रूप से जुड़ा हुआ है, इसलिए उसका व्यक्तिवाद समाप्त हो जाता है और जन समुदाय ही एक विशिष्ट अभिव्यक्ति का रूप ले लेता है।

लेकिन क्या इस दूसरे तरीके में किसी नयी भाषा के गढ़ने की भी बात शामिल है? क्या हम शून्य से शुरुआत करें? यदि हम साबित कर दें कि दर्शक के जिस वर्ग तक हम अपनी बात सम्प्रेषित करना चाहते हैं, वह आधुनिक सिनेमा की भाषा को ही समझ पाता है तो क्या हमें हर चीज़ को खारिज कर देना चाहिए? आधुनिक सिनेमा की भाषा में महज व्याकरण सम्बन्धी कठिनाइयाँ ही नहीं हैं बल्कि इसमें सैद्धान्तिक दोष भी हैं और इसीलिए ऐसा लगता है कि इसमें ऐसी कोई चीज़ नहीं हैं, जिसका हम इस्तेमाल कर सकते हैं।

हर चीज़ को खारिज करने का अर्थ यह होगा कि हम जनता की रचनात्मकता और ग्रहणशीलता का वास्तविकता से कम मूल्यांकन कर रहे हैं। जनता की रचनात्मक क्षमता अकल्पनीय है, यह एक स्थायी और अद्‌भुत शक्ति है और यह क्रान्ति का एक स्रोत है।

हम फिर मेलीज़ के युग में नहीं लौट सकते। हम प्रकाश विज्ञान की प्रगति से इनकार नहीं कर सकते और न तो हम अभिनय के साथ-साथ रिकॉर्डिंग की कला से, रंगों के चमत्कार से या मानव जाति के इतिहास से इनकार कर सकते हैं। टेक्नोलॉजी के क्षेत्र में हुई प्रगति को भी हम नामंजूर नहीं कर सकते। हमें बुर्जुआ कला के उद्देश्य और तरीक़ों को नामंजूर करने की जरूरत है। टेक्नोलॉजी के क्षेत्र में हुए इसके विकास का हमें लाभ उठाना चाहिए और इन तकनीकों को साधन सम्पन्न अभिजनों के पास से हटाकर जनता के हाथ में पहुँचाना चाहिए ताकि उनके बीच से सर्वोत्तम रचनाकार अपनी एक अलग पहचान लेकर आगे आएँ। तब जनता अपनी कल्पनाशक्ति, कविता और प्यार की अपनी अभिव्यक्ति की अपार रचनात्मक क्षमता का विकास कर लेगी। जनता के पास कोई साहित्य नहीं है, उसे नहीं पता है कि कैसे लिखा जाता है; उसका अपना कोई थियेटर नहीं है—उसकी रंगमंच परम्परा अतीत के अँधेरे में गुम हो गयी है; उसका कोई सिनेमा नहीं है—और हम सब जानते हैं कि ऐसा क्यों है? उसके पास काव्य नहीं है हालाँकि वह हर रोज़ काव्य की रचना कर रही है, जीवन की लय के साथ गीत गा रही है, अपने नृत्यों और कताई-बुनाई के दौरान कविता की सृष्टि कर रही है। यह बात हमने उनकी भाषा में भी देखी है। किसानों को देखिए—वे एक से एक रूपकों में बातें करते हैं और कलात्मक सर्जना के लिए अपनी भाषा को माध्यम बनाते हैं।

आज अपने को अभिव्यक्ति देने के लिए (यद्यपि फ़िलहाल यह अभिनय और प्रदर्शन के ही स्तर पर है) उनके द्वारा सिनेमा का इस्तेमाल किया जाना न तो दुर्लभ है और न असम्भव। जब यह सिनेमा किसी तरह उनकी अभिव्यक्ति का साधन बन जाता है तो वे अथक परिश्रम के साथ इसके निर्माण में जुट जाते हैं। ये बातें अनुभव पर आधारित हैं—जनता के साथ मिलकर जिन फ़िल्म-निर्माताओं ने काम किया है, उन्हें जनता की स्वतः स्फूर्तता का अनुभव हुआ है।

फ़िल्म के साथ जनता तक पहुँचने की और खुद के निर्माताओं तथा समर्थकों के ज़रिए अपने अनुभवों को अभिव्यक्त करने की ज़बर्दस्त सांस्कृतिक और राजनीतिक आवश्यकता को देखते हुए हमें जनता की रचनात्मक हिस्सेदारी की मदद से एक ऐसी भाषा का निर्माण करना चाहिए, जो हू-ब-हू वही सम्प्रेषित कर सके जो हम चाहते हैं। इस समस्या का समाधान इसकी सैद्धान्तिक अर्थवत्ता में निहित है।

इस तरह की तलाश क्यों जरूरी है? इसकी एकमात्र वजह है कि हम मानते हैं कि इस माध्यम के ज़रिए आम जनता तक पहुँचना बहुत ही ज़रूरी है क्योंकि मुख्य दुश्मन इसी के ज़रिए आम जनता तक पूरी तरह पहुँच रहा है। जनता की

राजनीतिक चेतना बढ़ाने में योगदान करना बहुत ज़रूरी है कि दुश्मन किस तरह अपनी कार्रवाई करता है, उसकी चालों और तिकड़मों का पर्दाफाश करते हुए उन रास्तों को भी बताना बहुत महत्त्वपूर्ण है, जिनसे दमनकारियों को क़रारी मात दी जा सकती है और अन्तिम विजय हासिल की जा सकती है। यह तभी सम्भव हो सकता है, जब हम एक ऐसे सिनेमा की तलाश कर लें, जो पूरी तरह सम्प्रेषणीय हो।

वर्ग और वृत्त

पॉलीन के एल

ऑतर सिद्धान्त का पहला आधार, निर्देशक की तकनीकी दक्षता उसके मूल्य का मापदंड है, दूसरा आधार है निर्देशक की खास शख्सियत मूल्य का मापदंड है और इस सिद्धान्त का तीसरा और अन्तिम आधार है कि ऑतर सिद्धान्त का सरोकार के आन्तरिक अर्थ से होता है जो सिनेमा को कलागत ऊँचाई देता है। आन्तरिक अर्थ निर्देशक के व्यक्तित्व और उसके काम के तनाव के कारण पैदा होता है।

कभी-कभी आन्तरिक अर्थों की खोज में बहुत सी धान-छँटाई करनी होती है। हाल ही मैंने रॉउल वाल्श की फिल्म **एवरी नाइट एट** देखी। यह वॉल्श की आम फ़िल्मों की ही तरह की एक फ़िल्म है जो उन्होंने अपने लम्बे कॅरियर में निर्देशित की है। 1935 में बनी इस फ़िल्म में **जॉर्ज राफ्ट, एलिस फाये, फ्रांसेस लांग फोर्ड** और **पेट्सी केली** हैं। फ़िल्म की कथावस्तु उस वक्त के रेडियो शोज पर आधारित उस समय की प्रचलित कथा है। फ़िल्म **वाल्श** की और फ़िल्मों की तरह बिना उतार-चढ़ाव के चलती रहती है कि अचानक एक अलग, भावनात्मक गहराई का सीन आता है जिसमें जॉर्ज राफ्ट नींद में हाथ-पाँव पटकता हुआ सपने में बड़बड़ाता है। उसकी बड़बड़ाहट में उसके भीतर के डर व्यक्त होते हैं। उसकी प्रेमिका इसी बीच कमरे में आती है और उसकी भावनाओं की यह अभिव्यक्ति सहानुभूतिपूर्ण तरीके से सुनती है। यह सामान्य से अलग लगने वाला सीन बाद में और विस्तृत हुआ **हार्ड सिएरा** में, जिसमें अभिनय किया हंफ्री बोगार्ट और आइडा ल्यूपिनो ने। यहाँ जिस बात पर विशेष ध्यान दिया जाना है, वह है कि एक पुरुषत्व के सभी गुणों से भरे निर्देशक ने अपने नायक के कमजोर क्षण दिखाने के लिए स्त्रियोचित कथन का सहारा लिया। यदि मैंने वॉल्श की **एवरी नाइट एट** नहीं देखी होती तो **हाई सिएरा** के साथ उसका यह महत्त्वपूर्ण सम्बन्ध मेरी नजरों से ओझल रहता। ऐसी होती हैं ऑतर सिद्धान्त की खुशियाँ।

—एंड सारीस नोट्स ऑन थ्योरी इन 1962, 'फ़िल्म कल्चर 62-63

शायद थोड़ी और धान की सफाई करनी पड़े, शायद हम शब्द आन्तरिक छाँट सकते हैं (क्या **आन्तरिक अर्थ** का मतलब अर्थ से कुछ अलग है)। हम यह भी पूछ सकते हैं कि यह सम्बन्ध महत्त्वपूर्ण क्यों है? क्या इसलिए कि यह एक अलग भावनात्मक गहराई लिये हुए था इसलिए वाल्श कोई ज़्यादा गहरा मतलब प्रस्तुत करते हैं?

लेकिन यदि इसका महत्त्व सिर्फ़ इसलिए है कि यह सीन बिना उतार-चढ़ाव की रचना में अचानक आया (जो मेरी नजर में स्क्रिप्ट की सीमाओं के कारण ज़्यादा कुछ न कर सकने की मजबूरी है) तो यह प्रक्रिया उस तरह से गलत और असम्बद्ध है जिस तहर कोई कॉमेडी नाटककार अचानक दर्शकों को भावुक करने के लालच से बच सके। हम यह भी पूछ सकते हैं कि कथन की यह प्रक्रिया क्यों मूलतः स्त्रियोचित है। क्या सोना या अपने में बड़बड़ाहट पुरुषोचित से अधिक स्त्रियोचित या अपनी भावनाओं का प्रकट किया जाना ऐसा है? या शायद सारीस की नजर में यह कथन प्रक्रिया इसलिए स्त्रीयोचित है कि इसमें स्त्री पात्र सहानुभूतिपूर्वक भावनाओं के प्रकट किये जाने को सुनती है और पुरुषत्व के सन्दर्भ में यह गुण स्त्रियोचित हो जाता है। हम यदि अपनी एक्शन फ़िल्मों में प्रचलित पुरुषत्व के ये तंग ख्याल स्वीकारें तब ही यह सीन हमें स्त्रियोचित लग सकता है। यह बात अपने आप में खासी मजेदार है कि एक आलोचक पुरुष समाज की इन पिटी उक्तियों का समर्थन भी करता है और उनके भंग होने पर खुशी भी जाहिर करता है। यह किसी दूसरे आलोचक से बहस करने का तरीका हो सकता है लेकिन सारीस के साथ हम किसी भी जगह नहीं पहुँच सकते। अगर हम यह देखने की चेष्टा वाक्यवार करें कि वे कहना क्या चाहते हैं? तो चलिए देखें ऊपर उल्लिखित उनके कथन का अर्थ क्या है? सारीस देखते हैं कि **हाई सिएरा** में (जो बहुत अच्छी फ़िल्म नहीं है), राउल वॉल्श एक कथन प्रक्रिया दुहराते हैं जिसका उपयोग उन्होंने पहले की एक इससे भी बुरी फ़िल्म में किया था। और सारीस अचानक एक न समझ में अपने वाली तर्क प्रणाली से इस नतीजे पर पहुँचते हैं कि वे खुशी का यह मौका ऑतर सिद्धान्त के बिना नहीं पा सकते थे।

लेकिन हर कलारूप में, आलोचक इस बात को देखते हैं और आमतौर पर बताते हैं कि हर कलाकार किस तरह स्वयं अपनी रचनाओं (दूसरे की रचनाओं से भी) से ग्रहण करता है और किसी तरह कुछ कथन शैलियाँ, कुछ कथ्य बार-बार अपने को दुहराते हैं और प्रकट होते हैं। यह संगीत सुनते समय, नाटक देखते समय, उपन्यास पढ़ते समय, अभिनेताओं को देखते समय, सामान्य बात समझी जाती है। हम यह मानते हैं कि यही वह आधार है जिस पर किसी कलाकार

का विकास या पराभव परखा जाता है (और यहाँ ऑतर सिद्धान्तकारों को यह बताना जरूरी है कि विकास के बिना दुहराव पराभव है)। जब आप हिचकॉक की फ़िल्म **सबॉटर** देखते हैं तो आपको कोई सन्देह नहीं रहता कि इस फ़िल्म ने 30 स्टेप्स से कुछ लिया है और यह लेना कोई अच्छी तरह नहीं हुआ है। इसी तरह जब आप **नॉर्थ बाई नॉर्थवेस्ट** देखते हैं तो आप जानते हैं कि वे एक बार फिर 30 स्टेप्स के कथ्य से खेल कर रहे हैं और बढ़िया तरीके से स्वयं इससे मनोरंजन पा रहे हैं। क्या सारीस बिना ऑतर सिद्धान्त के इस दुहराव को नहीं पकड़ सकते? या हम ज़्यादा सिनिक रुख लेते हुए समझें कि अगर वॉल्श को ऑतर के रूप में महत्त्व नहीं देते तो शायद उनकी फ़िल्में देखने में अपना वक्त खराब न करते?

यदि हम एक साहित्यिक रूपक का सहारा लें तो हम कल्पना कर सकते हैं कि सारीस **सेटरडे ईवनिंग पोस्ट** के पुराने अंकों में **क्लेरेंस बडिंगटन केलैंड** के विकास पर शोध कर रहे हैं और ऑतर सिद्धान्त के तहत वे दोस्तोवस्की से ज़्यादा महत्त्वपूर्ण लेखक सिद्ध होते हैं। चूँकि केलैंड ऑतर सिद्धान्त के तीन वृत्तों, उसके मूल आधारों पर ज़्यादा सही उतरते हैं। केलैंड तकनीकी रूप से दक्ष हैं, उनसे अधिक पहचाना जा सकने वाला व्यक्तित्व शायद ही किसी लेखक का हो, और यदि आन्तरिक अर्थ **कांटेंट** या **एडवाइज एंड कांटेंट** या **वाटऐवर हैपंड टू बेबी जेन** जैसी फ़िल्मों से निकाले जा सकते हैं तब तो केलैंड का लेखन जो जानी-पहचानी स्थितियों में हास्य और चरित्र लाना चाहता है, इस अर्थ से भरा पड़ा है। बेचारे दोस्तोवस्की, हमेशा कुछ ऐसा कहने को आतुर कि तकनीकी दक्षता के बारे में सोचते तक नहीं, हर नये काम में महत्त्वपूर्ण और नये कथ्य उठाते हुए (यकीनन ऑतर सिद्धान्त के अनुसार बड़ा अपराध) और चरित्रों और कथ्य की ऐसी आश्यर्चजनक एकता कि आन्तरिक अर्थ खोजने की गुंजाइश ही न बचे, वे कभी बड़े लेखक नहीं साबित हो सकेंगे। यदि मूवी के सम्पादक निर्देशकों की तरह लेखकों को भी सूचीबद्ध करते तो दोस्तोवस्की महत्त्वकांक्षी की अछूत श्रेणी में आते।

यह बात ध्यान रखने योग्य है कि सारीस का ऑतर सिद्धान्त का बचाव केवल सौन्दर्यशास्त्र के आधार पर नहीं है बल्कि उसके आधार में एक और व्यावहारिक कथन भी है (इसलिए अमेरिका में ऑतर सिद्धान्त का विरोध करना यह मान लेना है कि हमारे पास बाजा की संवेदना और समर्पण वाला कोई और व्यक्ति नहीं है।) मेरी समझ में इसका अर्थ हुआ कि ऑतर सिद्धान्त एक ऐसे आलोचक की अनुपस्थिति के कारण जरूरी है, जिसे इसकी आवश्यकता नहीं है। यह सौन्दर्यशास्त्र की ओर एक नयी दृष्टि है और मेरी समझ में सारीस अपनी

सज्जनता में इस तर्क के दुधारेपन को दिखाएँगे नहीं।

अगर सारीस का सौन्दर्यशास्त्र तुरन्त के आधार पर खड़ा है तो यह तुरन्त बताना उचित होगा कि कला में किसी भी सिद्धान्त के उपयोग के लिए गहरी बुद्धिमत्ता और समझ की जरूरत होती है और बिना इस सौन्दर्य की समझ के कोई भी सिद्धान्त एक फॉर्मूला बन जात है (जो कि ऑतर सिद्धान्तकारों के साथ हुआ भी है)। फ्रांस में बाजा और अमेरिका में एगी जैसे आलोचकों की महानता की वजह शायद यही है कि उन्होंने अपने सिद्धान्तों में गहरी समझ और नैसर्गिक प्रवृत्ति दोनों का पूरा उपयोग किया, फॉर्मूलों का नहीं। आलोचना एक कला है, विज्ञान नहीं और आलोचना में जो आलोचक नियमों से बँधा चलेगा वह अपने मूल काम में धोखा खाएगा, यह काम है किसी भी नयी कलाकृति में महत्त्वपूर्ण और नया देखना और दूसरों को इसे देखने में मदद करना।

: 2 :

ऑतर सिद्धान्त का पहला आधार है, निर्देशक की तकनीकी क्षमता उसके मूल्य का मापदंड है।

यह बात किसी सिद्धान्त का आधार के बजाय एक सामान्य निर्णय लगती है, जैसा कि सारीस खुद कहते हैं कि एक महान् निर्देशक को कम-से-कम एक अच्छा निर्देशक तो होना चाहिए। लेकिन यह सामान्य सी बात जो तार्किक भी लगती है, किसी सिद्धान्त के आधार के हिसाब से गड़बड़ है, कभी-कभी महान् कलाकार किसी माध्यम की असामान्य तकनीकी सीमाओं को छोड़ते और तोड़ते हैं जो मामूली कलाकर्मियों के लिए जरूरी होती है। जैसे **अन्तोनियोनी** शायद ही **जार्न स्टर्जस** के टाइप का सामान्य सीन निर्देशित कर पाएँ। ऐसे सीन स्टर्जस जिसके माहिर हैं (स्केप फ्राम फोर्ट ब्रावो या बैड डे एट ब्लैक रॉक) लेकिन अन्तोनियोनी की फ़िल्म **ला वेंचुरा** एक महान् निर्देशक की कलाकृति है। और काक्टाऊ जैसे निर्देशकों की महानता का सम्बन्ध तकनीकी दक्षता जैसी महानता के पैमाने है। और उसी तरह मेलविल और ड्रीस जैसे लेखक हैं जिन्होंने अपनी तकनीकी कमियों से परे जाकर अपने आपको आज के उन चमकदार तकनीकी रूप से दक्ष लेखकों से बड़ा लेखक साबित किया। इसी तरह आज एक महान् फ़िल्म निर्देशक आ सकता है जिसकी माहनता एक बड़ी कलाकृति को बनाने के, उसकी बारीकियों को चित्रित करने की मुठभेड़ से उपजेगी। एक कलाकार जो एक अच्छा तकनीकीकार नहीं है यकीनन कला के नये पैमाने गढ़ सकता है, क्योंकि तकनीकी दक्षता पुराने किये कामों की तुलना से ही उपज सकती है।

जिस तरह कला के क्षेत्र में नये कामों पर आक्रमण किया जाता है क्योंकि

वे कला के प्रचलित पैमानों पर पूरे नहीं उतरते, वे भद्दे और कुरूप दिखते हैं, उसी तरह एक नया और बड़ा निर्देशक इसी वजह से आलोचना का शिकार होता है। उसके बारे में कहा जाता है कि वह एक अच्छा निर्देशक भी नहीं है, और उसे अपने धन्धे तक के बारे में पता नहीं है। यह बात कभी-कभी सच भी होती है, लेकिन क्या यह बात इतनी ही सही है जब फ़िल्म की अभिव्यक्ति का धन्धे से कोई सम्बन्ध ही न हो? यह कभी-कभी रुकावट भी बन सकती है, जब यह उनमें सतही चमकदार तकनीकी दक्षता का मोह जगाए बजाय अभिव्यक्ति के अपने साधन खोजने के। कुछ लोगों के लिए क्राक्टाऊ का यह कथन उचित लगता है, सिर्फ वहाँ तकनीक अपने पास रखने लायक है जो हम खुद बनाते हैं।

एक निर्देशक को सिर्फ उसके द्वारा बनायी कृति—फिल्म के आधार पर तौला जा सकता है और यदि वह बिना तकनीक जाने, एक अच्छे निर्देशक का शिल्प जाने, महान फिल्में बना सकता है, जो यही उसके काम का, उसको मापने का तरीका है। मैं सारीस के सिद्धान्त के आधार को इस तरह बदलना चाहूँगी, कमजोर कलाकृतियों में तकनीकी दक्षता उसकी मूल कमी को छुपाकर उसे ऊपर उठा सकती है और लगता है कि ऑतर आलोचक इसी श्रेणी में ज़्यादा दिलचस्पी रखते हैं। एक सामान्य सी कमजोर बात जिसे एक अच्छी तकनीक तेज और मनोरंजक फ़िल्म बना दे। ऑतर आलोचकों को जो बात न समझे जा सकने वाला बनाती है वह उनका इस श्रेणी की फ़िल्मों के प्रति मोह नहीं है (यहाँ वे बच्चों की तरह हैं जो तेज एक्शन फ़िल्में और वेस्टर्न या हॉरर फ़िल्में पसन्द करते हैं, उन फ़िल्मों की तुलना में जो गम्भीरता की माँग करती हैं) बल्कि जो बात चकित करने वाली है वह है कि इस श्रेणी की फ़िल्मों में भी वे अपनी बुद्धि और सुरुचि का प्रयोग नहीं करते। इस श्रेणी की फ़िल्मों के विषय में बच्चे ऑतर आलोचकों से बेहतर गाइड होते हैं। उनकी नजर में हेनरी हाथवेज की नॉर्ट टू अलास्का एक मजेदार मनोरंजक फ़िल्म थी और हटारी महाबोर। (हटारी जिसे आधे 'कहिए, पीटर बागडेनोविच जैसे ऑतर व्याख्याकारों ने महान कृति बताया था)।

: 3 :

ऑतर सिद्धान्त का दूसरा आधार निर्देशक की खास शख्सियत मूल्य का मापदंड है.......

इस बिन्दु तक कोई सिद्धान्त नहीं और जब सारीस ने सिद्धान्त के आधार बनाने शुरू किये तो सुरुचि का सभ्य महल ढह गया। पारम्परिक रूप से किसी भी कला स्वरूप, उसे बनाने वालों के व्यक्तित्व उस कृति को मापने के पैमाने में कारक हुआ करते थे लेकिन कृतिकार का खास व्यक्तित्व उस पैमाने का मुख्य

मूल्य बन जाय, इस बात ने सामान्य परखने की प्रक्रिया को गड़बड़ा दिया। कोई तेज दुर्गन्ध, गुलाब की खुशबू से ज़्यादा आसानी से पहचान में आती है तो क्या यह उसे बेहतर बनाती हे? **हिचकॉक** का व्यक्तित्व, **डायल एम फॉर मर्डर, वीयर बिंडो**, वर्टिगो जैसी फ़िल्मों में आसानी से दिखता है बनिस्बत कैरोल रीड की स्टार्स लुक डाउन, ऑड मैन आउट, द थर्ड मैन, **एन आउटकास्ट ऑफ आलैंड** जैसी फ़िल्में से। इसकी वजह सिर्फ इतनी है कि हिचकॉक बार-बार नये विषय उठाते हैं। लेकिन यह व्यक्तित्व का कृति में दिखना किस तरह कृति के माप का पैमाना है? **हम कार्ने** और **प्रेवर्ट** को **ला** जूर शी लेव में पहचान सकते हैं लेकिन यह पहचान ही इस फ़िल्म को अच्छी फिल्म नहीं बनाती, हम यह पहचान क्या डे बाक्स में भी देख सकते हैं जो कि अच्छी फ़िल्म नहीं है। हम ला प्लासीर और ईअरिंग ऑफ मदाम देख कर कह सकते हैं कि दोनों ऑफल्स की फ़िल्में हैं जबकि **ला प्लासीर** महान नहीं है और **ईअरिंग ऑफ** मदाम एक महान फ़िल्म है।

ज्यादातर जिन फ़िल्मों में हम निर्देशक की शख्सीयत पहचान लेते हैं वे उस निर्देशक की सबसे बुरी फ़िल्में होती हैं जहाँ वह बार-बार उपयोग किये सिने साधनों का इस्तेमाल करता है। आज कोई महान निर्देशक फ़िल्म बनाता है तो हम फ़िल्म देखते हैं, हम निर्देशक के व्यक्तित्व के बारे में नहीं सोचते। जब वह कोई बेहद बुरी फ़िल्म बनाता है तब हमें उसकी पहचानी शैली दिखती है, जबकि वहाँ देखने को और कुछ नहीं होता। जब **प्रेमिंगर** एक कसी हुई, मनोरंजक, रोमांचकारी **लॉरा** जैसी फ़िल्म बनाते हैं तो हम उसमें उनका व्यक्तित्व नहीं खोजते (यह फ़िल्म के रूप गठन का हिस्सा बन जाता है) लेकिन जब वे **व्हर्लपूल** जैसी बेकार फ़िल्म बनाते हैं तो हमें उनका व्यक्तित्व देखने का समय मिल जाता है...अब यदि यही आपके अच्छे समय बिताने का जरिया है तो इस विषय में इस तरह से भी तर्क दिया जा सकता है कि हिचकॉक की एकात्मकता, उनकी सूझ-बूझ, होशियारी सब दर्शकों में एक खास तरह की प्रतिक्रिया जगाने के लिए है, ऐसी प्रतिक्रिया जो वे चाहते हैं और जो उन्हें मिलती है। यह बात उनकी व्यक्तिगत शैली के बजाय उनकी निजी दर्शक मनोविज्ञान की थ्योरी दिखाती है, यह बात उन्हें एक कलाकार से अधिक स्टेज का जादूगर बनाती है। उनकी फ़िल्मों की प्रतिक्रिया ऑतर आलोचक में उसी तरह होती है जैसा कि हिचकॉक आम दर्शक से चाहते हैं। यह आश्चर्यजनक नहीं है क्योंकि अक्सर ऑतर आलोचक जिन फ़िल्मों को महान बताते हैं वे निर्देशक की दर्शकों को हेय समझने वाली होती है।

यह सहज विश्वास करना सम्भव नहीं है कि सारीस गम्भीरता से निर्देशक

की शख़्सियत को मूल्य का मापदंड बनाना चाहते हैं, क्योंकि जब वे इस बात को लेकर उलझन में आते हैं तो वे दीदादिलेरी से इन उलझनों से बाहर आना चाहते हैं। उदाहरण के लिए अब जब ह्यूस्टन का काम अचानक सतही माना जाने लगा है तब सारीस उन्हें आसानी से खारिज करते हुए कहते हैं कि ह्यूस्टन एक भूले हुए व्यक्ति हैं जिनके पास कुछ महान कलाकारों द्वारा अभिनीत की गयी फ़िल्में भर हैं। अब यदि माल्टीज फाल्कन, जो कि शायद अमेरिका में बनी रोमांचकारी फ़िल्मों की सबसे अच्छी फ़िल्म है, जो ह्यूस्टन द्वारा लिखित और निर्देशित है, यदि यह निर्देशक की फ़िल्म नहीं है तो फिर कौन सी फ़िल्म है? और यदि निर्देशक खारिज कर सकते हैं जबकि उनका व्यक्तित्व **ट्रेजर ऑफ सिएरा माद्रे, द अफ्रीकन क्वीन या वीट द डेविल** जैसी फ़िल्मों में साफ दिखता है और तो और की लागो जैसी अटपटी फ़िल्म से भी उनका व्यक्तित्व झलकता है? अब यदि ये अभिनेताओं की फ़िल्में हैं तो निर्देशक की फ़िल्म क्या होती है?

ह्यूस्टन की फ़िल्मों को, उनके कॅरियर को समझने में क्या ऑतर सिद्धान्त कोई रोक लगाता है? ऑतर सिद्धान्त को अलग रखते हुए देखें तो हमें कुछ बेहद अच्छी सिनेकृतियाँ और एक अद्‌भुत निर्देशकीय प्रतिभा साफ दिखेगी, साथ ही हमें कुछ अन्तर से कुछ कमजोर काम भी दिखेगा जैसे अकास द **पैसेफिक** और **इन अवर लाइफ** में। फिर हमें **मलिन रूज** के बाद एक ऐसा कॅरियर भी दिखेगा जो महत्त्वाकांक्षी फ़िल्मों जैसे मोबीडिक में डगमगा गया। बीच में शायद बीट द डेविल भर एक बेहतर काम रहा। हम अटपटेपन से भरी फ़िल्में **रूट्ज ऑफ हेवन** या **मिसफिट** में और शुद्ध व्यावसायिक काम **डेवन नोज** और **मिस्टर एलीसन** में भी देख सकते हैं। इस तरह का कॅरियर फ़िल्म इतिहास को ज़्यादा बेहतर तरीके से दिखाता है खासकर अमेरिका में बजाय धीरे-धीरे उसका परिष्कृत होना और एक बेहतर कलारूप बनने के जैसा कि ऑतर सिद्धान्त बताना चाहता है। यह ऐसा सिद्धान्त है जो हिचकॉक की अमेरिकी दौर की फ़िल्मों को उनकी इंग्लैंड की फ़िल्मों से बेहतर मान कर ही चलता है। क्या ह्यूस्टन का कॅरियर फिट्ज लाँग से इतना भिन्न है? यह कैसे सम्भव है कि ह्यूस्टन का आरम्भिक अच्छा, लगभग महान काम, उनके बाद के कमजोर काम के साथ ही खारिज कर दिया जाय, जबकि लाँग जो ऑतर का सम्मान करते हैं जिन्होंने एम और यू आनली लिव वंस बनायी, यदि आप शैलीगत आधिक्य और खूबसूरत बेगानेपन की फ़िल्म **मेट्रोपॉलीस** को पसन्द करते हैं, जो यह सामान्य रुचि और समझ की बात है कि आप बेहद भद्‌दी और मूर्ख की कृति जर्नी ऑफ द लॉस्ट सिटी को अस्वीकार कर दें, किसी कलाकार की खराब कृति की उसकी अच्छी कृतियों के साथ प्रशंसा कलाकार का अपमान है, यह बताता है कि आप दोनों में फर्क

करने के काबिल नहीं हैं।

कुछ वर्ष पहले एक मित्र ने **ज्याँ रेनुआँ** द्वारा युनिवर्सिटी ऑफ कैलिफोर्निया के लिए निर्देशित उनके नाटक **करोला** को देखने के बाद लिखा कि यह एक महान् प्रतिभा का काम है। जब मैंने उससे पूछा कि वह इस दुर्भाग्यपूर्ण नाटक के विषय में ऐसा कैसे कह सकता है तब उसका कहना था कि 'यह यकीनन एक प्रतिभावान नाटक है क्योंकि रेनुआँ एक प्रतिभाशाली व्यक्ति हैं, इसलिए उनके द्वारा किया हर काम प्रतिभा से भरा होगा।' यह ऑतर सिद्धान्त का लगभग सही लघुकरण है (करोला की जगह हटारी को रख लें) इस विखंडित करने वाली लगातार खाली प्रक्रिया में, किसी कृति को देखना महत्त्वहीन हो जाता है क्योंकि फैसले तो किये जा चुके होते हैं। यह कुछ लेबल देखकर कपड़े खरीदने जैसा है, अगर कपड़ा दिआरे का है तो बढ़िया है। वैसे यह ऑतर सिद्धान्तकारों के काम करने के तरीके से खास अलग नहीं है।

सारीस अपने द्वारा रचे गये इस खेल को भी अपने नियमों से ठीक तरह नहीं खेलते, लॉग के हाल के बुरे काम की प्रशंसा उतनी ही विचित्र है जितना कि ह्यूस्टन के शुरू के अच्छे काम का अस्वीकार। शर्तिया तौर पर ह्यूस्टन के बुरे काम को समझाया जाना ज़्यादा तार्किक होता, इस सिद्धान्त के अनुसार। यह महान अभिनेताओं द्वारा अभिनीत महान फ़िल्मों की श्रेणी बनाये जाने से ज़्यादा तार्किक होता। यदि **माल्टीज फाल्कन** और **ट्रेजन ऑफ सिएरा माद्र** अभिनेताओं की फ़िल्में हैं तो **हॉक की टू हैव एंड हैव नाट** और **द बिग स्लीप** को कौन सी चीज क्लासिक बनाती है? जबकि दोनों ही फ़िल्में बोगार्ट और **बकॉल** के व्यक्तित्वों के इर्द-गिर्द रची हुई हैं? ये फिल्में कैसे किसी ऑतर की फिल्में हो जाती हैं?

सारीस के अनुसार ऑतर बनाने के लिए **आत्मा की जीवन्तता** जरूरी है। (यह बर्बर आलोचना भाषा है। जीवन्तता आत्मा के अलावा और कहाँ से आएगी यह कुछ पेट के पाचन जैसा कहना है। एक फ़िल्म आलोचक को सिद्धान्तकार होना जरूरी नहीं पर उसे भाषा का उपयोग तो आना ही चाहिए। यह किसी भी सिद्धान्त का पहला आधार होना चाहिए) जिनके पास यह आत्मा की जीवन्तता होती है, उनके पास यह शायद हमेशा रहती है और उनकी फ़िल्में एक जीवन्त एकात्मकता दिखाती हैं, और जिनके पास यह नहीं होती वे अभिनेता *क्लासिक* तो बना ही सकते हैं। यह विडम्बनावूर्ण स्थिति है कि एक आलोचक उन वस्तुपरक सिद्धान्तों की खोज कर रहा है जिनकी मदद कम सुरुचि और ज्ञान वाले आलोचक लेंगे और वह वहीं पहुँचता है जहाँ से वह शुरू हुआ होता है। रहस्यवाद की आन्तरिक नजर का सिद्धान्त। ऑतर सिद्धान्तकारों पर इस बात का खासा बोझ

रहेगा यदि वे यह आसान राह न चलें। आसान तरीका कि किसके पास यह है और किसके पास यह नहीं उनके यह निर्णय न केवल उनके सिद्धान्तों पर आधारित नहीं होते बल्कि वे आलोचना से भी परे होते हैं। यह करीब-करीब वैसी ही बात है जहाँ एक महिला किसी ड्रेस के विषय में कहे कि यह ड्रेस उसके लिए कुछ करता है। उसका यह सोचना उतना ही आलोचनात्मक निर्णय है जितना कि ऑतर सिद्धान्तकारों का कहना कि मिनेली के पास यह है और ह्यूस्टन के पास यह नहीं।

यदि किसी महिला के पास खासी मात्रा में यह हो भी तो यह हमेशा उसके पास नहीं रहेगा। लेकिन यह जीवन्तता निर्देशक के जीवन के उतार-चढ़ावों से अप्रभावित समझी जाती है, फिल्म बनाने की आर्थिक स्थितियों में अछूती, देश और निर्देशक की स्थितियों के बदलाव से परे समझी जाती है। सारीस तो यह भी कहते हैं कि अगर निर्देशक और कलाकारों को उनके ऐतिहासिक परिवेश से विच्छिन्न नहीं किया जाएगा तो सौन्दर्यशास्त्र एथनोग्राफी की शाखा मात्र बनकर रह जाएगा। यहाँ मैं यह कहना चाहूँगी कि यदि ऑतर आलोचक निर्देशक को उनके ऐतिहासिक परिवेश से विच्छिन्न करेंगे (जो कि असम्भव है) जीवन्तता की खोज में तो वह सौन्दर्यशास्त्र को मात्र मूर्खता की शाखा बना देंगे। जीवन्तता जिस तरह सारीस समझाते हैं, केवल व्यक्तित्व पूजा के सन्दर्भ में ही समझी जा सकती है। यहाँ मैं जीवन्तता को ज़्यादा अर्थवान तरीके से इस तरह समझाना चाहूँगी। जीवन्तता वहाँ होती है जहाँ हम कृति का सामना करते हुए अचानक यह कह उठते हैं ' इस समय उसने कर दिखाया है' या 'मौका मिलने पर वह क्या कर सकता है, वह दिखाती है कृति' या 'उसने अपनी शैली पा ली है' या 'मुझे एहसास नहीं था कि उसके भीतर यह सम्भावना है'। ये सब उसकी सृजनात्मकता के सामने होने की खुशियाँ हैं।

सारीस को खुशियाँ मिलती हैं जब वे राउल वॉल्श की फ़िल्मों के बीच विपन्न और बेचारे से सम्बन्ध खोज लेते हैं (वे यह बात कहीं नहीं बताते कि यह सम्बन्ध क्या फ़िल्मों को कहीं बेहतर बनाते हैं) लेकिन कलाकारों को उसके मूल स्वरूप में देखना चाहते हैं—उस पूरे जीवन से काटकर जो उन्हें बनाता है और जिसकी अभिव्यक्ति करना चाहते हैं कलाकार।

: 4 :

ऑतर सिद्धान्त का तीसरा और अन्तिम आधार है कि इप सिद्धान्त का सरोकार सिनेमा के आन्तरिक अर्थ से होता है जो सिनेमा को कलागत ऊँचाई देता है। आन्तरिक अर्थ निर्देशक के व्यक्तित्व और उसके काम की सामग्री के तनाव के

संकट का सामना करते हैं बनिस्बत बर्गमैन के। उन्हें अक्सर दूसरों के विचारों पर (जो बुरे होते हैं), दूसरों की स्क्रिप्ट और सामग्री पर निर्भर रहना होता है जो उनकी प्रतिभा से खासी दूर होती है। यह कभी-कभी हास्यास्पद (और/या दुखद) भी लगता है कि ऑतर सिद्धान्तकार लेखक-निर्देशकों की फ़िल्मों को कमतर आँकते हैं जबकि यही निर्देशक निजी अभिव्यक्ति करने के लिए सबसे अच्छी स्थिति में होते हैं।

सारीस ह्यूस्टन और बर्गमैन के सम्बन्ध में कुछ चतुर वक्तव्य देते हैं। वे साफ क्यों नहीं कहते कि उनके सिद्धान्त के तीसरे आधार पर लेखक-निर्देशक अयोग्य सिद्ध होते हैं? वे आन्तरिक अर्थ की कलागत ऊँचाइयों तक इन निर्देशकों की सहायता से नहीं पहुँच सकते क्योंकि एक लेखक-निर्देशक की सामग्री और व्यक्तित्व में कोई आपसी तनाव नहीं होता। ऐसा कुछ नहीं जिससे ऑतर आलोचक कोई अर्थ खोज सकें।

निर्देशक की शख्सियत और उसकी सामग्री के तनाव से आन्तरिक अर्थ खोजना, क्यों बेतुकी बात है। एक ठीक व्यावसायिक निर्देशक अपने को मिली सामग्री से ठीक तरह से काम करना चाहता है। वहाँ तनाव कहाँ है? और यदि कुछ तनाव दिखता भी है तो इससे इस बात के अलावा कि निर्देशक अपने को मिली-जुली सामग्री से जूझ रहा है या नापसन्द आने वाली सामग्री में फँसा है, और क्या मतलब निकाला जा सकता है? या वह इस खराब प्रोडक्शन को तेजी से समाप्त करना चाहता है और कोई ऐसा काम करना चाहता है जहाँ उसे कुछ उम्मीद नजर आती है? क्या ये आलोचक सचमुच आन्तरिक अर्थों की खोज कर रहे हैं या वे अपना गर्व बचाने के लिए कोई बौद्धिक खेल कर रहे हैं क्योंकि उन्हें मूर्खता से भरी फ़िल्में देखनी पड़ती हैं? होवार्ड हॉक की फ़िल्मों में कहाँ है यह तनाव? जब उनके पास अच्छी सामग्री होती है तो वे एक अच्छे निर्देशक से बेहतर साबित होते हैं जैसा कि ट्वेटिएथ सेंचुरी, ब्रिगिंग अप बेबी, हिज गर्ल फ्राइडे फिल्मों में दिखता है। और **टू हैव एण्ड हैव नॉट** और बिग स्लीप जैसी फ़िल्मों में वे यह दिखाते हैं कि कैसे अच्छे अभिनेताओं की मदद से एक अति साधारण स्क्रिप्ट से अच्छी फ़िल्म बनायी जा सकती है। लेकिन एक हल्की-फुल्की, मनोरंजक फ़िल्म **ओनली एंजल्स हैव विंग** से क्या आन्तरिक अर्थ निकाले जा सकते हैं? इस फ़िल्म में एक ऑतर आलोचक को सतही ग्लैमर, यौन उत्कंठा जो स्कूली लड़कों की दुनिया होती है, से परे क्या दिखता है? और जब हॉक की सामग्री उबाऊ होती है और उनका मन फ़िल्म के प्रोडक्शन में नहीं होता और ऑतर सिद्धान्त के अनुसार कृति में उनका व्यक्तित्व दिखना चाहिए तो नतीजा **बिग स्काई** जैसी सुस्त और ढीली फ़िल्म होता है।

जॉर्ज कुकोर का यह नम्र बयान कि 'मुझे एक अच्छी स्क्रिप्ट दें तो मैं सौ गुना बेहतर निर्देशक हो सकता हूँ', बताता है कि कभी-कभी कैसे निर्देशक को मिली सामग्री से मुश्किल होती है। चैपमैन रिपोर्ट की स्क्रिप्ट के साथ कुकोर क्या कर सकते थे सिवा इसके कि वे उसे सुन्दर कपड़े पहनाएँ, जेन फोंश क्लैरी ब्लूम और ग्लायनिस जान्स की प्रतिभा प्रदर्शन का मौका बनाएँ और पूरी कृति को एक तकनीकी चमक दें। ज़्यादा से ज़्यादा वे एक बुरी मगर मनोरंजक फ़िल्म बना सकते हैं। निर्देशक के पास वह जादू होता है कि वह खराब चमड़े से भी सिल्क के उम्दा बटुए बना सके। लेकिन उसमें अगर यह जादुई प्रतिभा है तो उसे जीवन में सिल्क के बटुओं से इतर कुछ गढ़ना है—चाहे उसके बनाए बटुए सोने से क्यों न मढ़े हों। लेकिन सिर्फ ऑतर सिद्धान्त ही इस छोटी विजय को महानतम क्षण बना सकता है। पता नहीं क्यों ऑतर सिद्धान्त की दुनिया में विचरने वालों को खराब चमड़े से बटुए बनाने का काम बड़ा लगता है बजाय एक बेहतर चमड़े का शानदार सूटकेस बनाने के (जैसा कि जिनमॉन बनाते हैं फ्रॉम हियर टू इटरनिटी या नंस स्टोरी में)।

मेरा ख्याल है कि सर्क और प्रेमिंगर के इस महान नाप से ऊपर आने पर हम खुश हो सकते हैं, पर मुझे लगता है कि खासकर प्रेमिंगर में उनकी शैलीगत निरन्तरता, उनकी सीमा भी है। और आप उनकी फ़िल्मों को उनकी फ़िल्में इसलिए बता सकते हैं क्योंकि उन्होंने अभिनेताओं को कई फ़िल्मों में दुहराया है (जैसे लिंडा क्रेन, जीनी क्रेन, डाना एंड्रूस आदि सब फ़िल्म को प्रेमिंगर शक्ल देते हैं)। लेकिन यह तर्क हास्यास्पद है क्योंकि यदि प्रेमिंगर अपनी शैलीगत निरन्तरता अलग-अलग विषय-वस्तुओं जिसमें क्रेमर जोंस एनाऑनी ऑफ मर्डर और एडवाइज एंड कंटेंट जैसी बिल्कुल अलग-अलग फ़िल्में हैं, में कायम रखते हैं तो किसी भी तार्किक ढंग से इस बात पर हमला होना चाहिए न कि प्रशंसा। मुझे नहीं लगता कि इन फ़िल्मों की शैली में कोई निरन्तरता है और न मुझे प्रेमिंगर कोई महान निर्देशक लगते हैं। इसका कारण मुझे लगता है कि उनकी फ़िल्म तेज, चंट और सतही होती हैं। (**एडवाइज एंड कंटेंट** जिसे मूवी के ऑतर आलोचकों इयान केमरून, पाल मेयर्सबर्ग और मार्क शिवास ने महान कृति माना है और जिसे कहिए टू सिनेमा के जाँ डोशे और सारीस बढ़िया फ़िल्म समझते हैं—मुझे प्रेमिंगर निर्देशित फ़िल्म न लगकर विभिन्न समूहों द्वारा निर्देशित फ़िल्म दिखती हैं जिसमें अलग-अलग समूहों के लिए ऐसा कुछ है जो वे देखना पसन्द करते हैं, इसमें उदार दृष्टिकोण वालों के लिए कुछ है तो कुछ अनुदार लोगों के लिए, कुछ समलैंगिकों के लिए है तो कुछ परिवार के लिए। मूवी का एक एडिटोरियल लिखता है कि प्रेमिंगर की फ़िल्मों का आनन्द लेने के लिए दर्शक को बिना भेदभाव

कारण पैदा होता है।

यह एक असाधारण अवधारणा है। यह कल
समझे गये विचारों के विपरीत है। हमेशा यह समझा ज
और रूप की एकात्मकता में अपने को अभिव्यक्त क
सिनेमा को कलागत ऊँचाई देने वाला आयाम है जो
कुंठा पैदा करता है जो उसे मिली काम की सामग्री से
सिद्धान्त का यह तीसरा आधार अपने अनोखेपन के
दो आधारों से नहीं होता। यह ऑतर सिद्धान्तकारों की
इसके पहले हम परेशान थे कि क्यों ऑतर सिद्धान्तकार
बने हुए हैं तो इस सैद्धान्तिक आधार के कारण हम क
में कूड़ा-कचरा ही उनकी रुचि के विषय हैं।

उनके अनुसार ऑतर वह व्यक्ति है जो एक लम्बे
है, उससे मिलने वाले हर स्क्रिप्ट को निर्देशित करता है अ
छिपी जगहों पर अपना शैलीगत कौशल दिखाता है। यदि उस
या कहानी में द्वन्द्व हैं तो अच्छी बात है—तनाव के ज़्यादा
देख सकते हैं क्यों इस सौन्दर्यशास्त्र में व्यक्तित्व का इतना
बात ग्रिफिथ, रेनुआँ या मर्नाऊ या ड्रयर के लिए कितनी अनुपयु
व्यावसायिक फ़िल्म निश्चय ही व्यक्तित्व का खासा उपयोग

जब हम आन्तरिक वृत्त में पहुँचे हैं तब हम देख सकते है
की सबसे ज़्यादा तारीफ होती है। विषय-वस्तु अप्रासंगिक है, (ज
निर्वाह बारीकी से न हो—जो कि एक खराब बात समझी जाती
विषय में ऑतर आलोचक जल्द टिप्पणी कर फारिग हो लेते हैं
है कि यह वैसे भी किसी होशियार निर्देशक का कार्यक्षेत्र नहीं है
उनके हिसाब से महत्त्वपूर्ण विषय पर आते हैं निर्देशक का मि
निर्देशक जो कुछ कहने के लिए संघर्ष करता है, प्रतिगामी समझा
हम समझना शुरू कर सकते हैं कि क्यों ह्यूस्टन के प्रति ऐसी वितृष्
मोबी डिक के सन्दर्भ में जो एक असामान्य प्रत्यन था, हालाँकि
रहा था। हम समझ सकते हैं कि क्यों मूवी के लिए रोजर फारमैन रुप
से बेहतर निर्देशक है और क्यों जोसफ लोसी भगवान् के बाद दूस
और क्यों बोडानोविच, मेकास और सारीस व्हाटएवर हैपंड टू बे
उच्चतम आलोचक अंक देते हैं (इसमें बहुत सी सलवटें हैं)। यदि वे
ने सिर्फ **मैन** बिटवीन जैसी फ़िल्म बनायी होती जिसमें उन्होंने एक
सामग्री को अर्थवान बनाने की कोशिश की थी, तो वे शायद बहुत अ

वाली बुद्धि का प्रयोग करना होता है। उसे लगातार न सिर्फ चरित्रों के निर्णयों का परीक्षण करते रहना होता है, बल्कि अपनी प्रतिक्रियाओं का भी निरीक्षण करना होता है, और वे दर्शक में एक ऐसी बुद्धि की उपस्थिति मानकर चलते हैं जो अन्तर्सम्बन्ध स्थापित कर सकती है, तुलना कर सकती है, निर्णय कर सकती है, क्या यहाँ मैं यह कहूँ कि इस दर्शक के पास, मूवी के सम्पादकों से, जिन्होंने प्रेमिंगर अंक निकाला है, ज़्यादा जरूरी काम है? उसे सेंटिनियल समर, फॉर ऐवर अम्बर, द लेडी इन एर्मी और थटीन्थ् लेटर के बीच सम्बन्ध जोड़ने की खुशी मिल सकती है लेकिन मैं ऐसी बौद्धिक कसरतों से सन्तुष्ट नहीं हूँ। ऑतर आलोचक मुझे सहमत नहीं करा पाते।

मुझे लगता है कि सारीस का सिद्धान्त उनके तीन आधारों पर नहीं टिका है (यहाँ जरूरी तार्किकता गैर हाज़िर है) बल्कि इन आधारों को सिद्धान्त खड़ा करने के लिए पैदा किया गया है। (यह तो अच्छा है कि वे तीन वृत्तों पर रुक गये नहीं तो पता नहीं हम किस नर्क में फँसते)। ये सभी आलोचक मस्तिष्कहीन, दुहराए जाने वाले कथानकों की व्यावसायिक फ़िल्मों के प्रति अपने मोह को बौद्धिकता का आवरण देने का बहुत प्रयास करते हैं। इस तरह की मेज मारधाड़ की फ़िल्में जिन्हें बड़े शहर में रहते जड़ों से कटे लोग देखना पसन्द करते हैं क्योंकि वे बिना सोचे-समझे इन फ़िल्मों पर प्रतिक्रिया कर सकते हैं।

ये फ़िल्में हमारा समय निगल जाती हैं। मेरा विचार है कि वे फ़िल्में बोगडानोविच, सारीस या मूवी के युवा सम्पादकों के लिए भी यही करती हैं चाहे वे अपने इस निगले समय को अर्थ देने के लिए कितने ही बौद्धिक सिद्धान्त क्यों न रचें। किसी सुशिक्षित व्यक्ति को आल वाज ए मेल वार ब.इड को समझने के लिए सचमुच अपने बौद्धिक क्षितिज का विस्तार करना होगा (यह फ़िल्म जो एक बेहतर व्यावसायिक फ़िल्म भी नहीं थी)।

आन्तरिक अर्थ है जो जानने वालों के लिए जाना हुआ है। यह रहस्यवाद है और गलत भी। ऑतर आलोचक हमें यह कभी नहीं बताते कि किस वरदान से उन्होंने मिनेली या निकोलस रे ला लियो **मेकेटी** में जीवन्तता तलाशी है। ये सिद्धान्तकार नहीं अन्दर की खबर देने वाले हैं। एक और वृत्त होगा सारीस हमें जिसकी खबर देना भूल गये, वह वृत्त जहाँ भेद और गुप्त बातें छिपाकर रखी जाती हैं।

❑ ❑ ❑